Nicolaus A. Huber · Durchleuchtungen

Nicolaus A. Huber

Durchleuchtungen

Texte zur Musik 1964–1999

herausgegeben und
mit einem Vorwort versehen von

Josef Häusler

Breitkopf & Härtel

Der Abdruck folgender Texte Nicolaus A. Hubers erfolgt mit freundlicher Genehmigung des Verlags edition text + kritik, München:
Zu Weberns Kammerorchester-Bearbeitung seiner *Sechs Stücke für Orchester op. 6*
Luigi Nono: *Il Canto Sospeso VI a, b*

Der Abdruck der Notenbeispiele erfolgt mit freundlicher Genehmigung der Verlage

Ars Viva Verlag, Mainz:
Luigi Nono, Sul ponte di Hiroshima
Bärenreiter-Verlag, Kassel:
Nicolaus A. Huber, Introitus – Exodus / Parusie / Traummechanik
Boosey & Hawkes / Bote & Bock, Berlin:
Louis Andriessen, Hoquetus / Melodie / De Tijd / Snelheid
Henle-Verlag, München:
Frédéric Chopin: Nocturne op. 27,2
Musikwissenschaftlicher Verlag, Wien:
Anton Bruckner, 7. Symphonie
C. F. Peters Verlag, Frankfurt:
John Cage, String Quartet
Schott Musik International, Mainz:
Dieter Schnebel, Quintett
Universal Edition, Wien:
Anton Webern: Sechs Orchesterstücke op. 6

Der Abdruck der Illustrationen Nr. 78 und 79 von Marcel Duchamp (*The Bride Stripped Bare by her Bachelors. Even*) erfolgt mit freundlicher Genehmigung von Jacqueline Matisse Monnier.

BV 328
ISBN 3-7651-0328-4

Foto des Schutzumschlages: Charlotte Oswald, Wiesbaden
Satz: Lihs GmbH, Medienhaus, Ludwigsburg
Druck: Weihert-Druck GmbH, Darmstadt
Printed in Germany

INHALTSVERZEICHNIS

VORWORT DES HERAUSGEBERS IX

I. BERICHT, STATEMENTS, ANALYSEN

Karlheinz Stockhausens *Ensemble* – Ein Bericht (1967) 1
Zu *Ensemble 1967* (1967) 6
Traummechanik und *Parusie* (1969) 8
Die Kompositionstechnik Bachs in seinen *Sonaten und Partiten für Violine solo* und ihre Anwendung in Weberns *op. 27/II* (1970) 21
Soll man heute noch Beethoven spielen? (1970) 39
Kritisches Komponieren (1972) 40
Der Komponist Günter Bialas (1972) 43
Zu *Aion* (1972/97) 50
Über einige Beziehungen von Politik und Kompositionstechnik bei Nono (1974) 57
Film- und Multimedia-Komponist (Josef Anton Riedl) (1975) 67
Gedanken zum Hören und Auffassen von Alban Bergs *Violinkonzert* (1978) 72
Über John Cage (Offener Brief an Hans Rudolf Zeller, 1979) 81
John Cage: *Cheap Imitation* (1979) 84
Zu Fritz Büchtger (1979) 95
Über *Gespenster* (1981) 97
Luigi Nono: *Il canto sospeso VI a, b* (1981) 118
Ist Komponieren lehrbar/lernbar? (1981) 140
Beispiele konzeptioneller Einstimmigkeit (1982) 141
Zu Weberns Kammerorchester-Bearbeitung seiner *Sechs Stücke für Orchester op. 6* (1982) 145
Günter Bialas: *Introitus-Exodus* für Orgel und Orchester (1983) 167
Einige Anmerkungen zum Problem Komponist und Gesellschaft (1983) 211
Über konzeptionelle Rhythmuskomposition (1983) 214
Politische Musik – Rhythmuskomposition (1983/87) 223
Gedanken zum Umfeld der Tonalität (1984) 225
Erlebniswanderung auf schmalem Grat (Louis Andriessen) (1984/85) 236
Prophetische Unbedingtheit (Helmut Lachenmann) (1987) 248
Zum 80. Geburtstag von Günter Bialas (1987) 251
Dieter Schnebels *B-Dur-Quintett* (1988) 252
Intention und Wirkung (1989) 264
Antwort auf eine Umfrage zu Mozart (1991) 265
Zu Olivier Messiaens Tod (1992) 266
Gedanken zum Tod von John Cage (1992) 268
Für Heinz-Klaus Metzger (1992) 270
Die Oper (1993) 271
Mund und Atem als Material und Sinn (1994) 274
Variations – Zur Situation der Neuen Musik (1995) 279
Vom körperlichen Grund in *Beds and Brackets* (1995) 280

Kerne und Streuungen in Luigi Nonos *A Carlo Scarpa* (1996) 287
Darabukka – Ein Versuch über Bedeutung (1997) 300
Zur Gattung Streichqartett (Offener Brief an Gisela Nauck, 1997) 312
Erfahrungen mit Fortschritt (1998) 315

II. GESPRÄCHE

Die Erfahrung Brecht – ein hilfreiches Erbe (Gespräch mit Albrecht Dümling, 1984) 317
Schwere und Kraft, die vom Körper kommen (Gespräch mit Reinhard Schulz, 1992) 321
Hören – eine vernachlässigte Kunst? (Gespräch mit Karl-Heinz Blomann und Frank Sielecki, 1996) 327

III. WERKKOMMENTARE

Spektrale (1964) 342
Rituale (1965) 342
Informationen über die Töne e-f (1965/66) 342
Parusie – Annäherung und Entfernung (1967) 343
Traummechanik (1967) 343
Epigenesis I (1967/68) 344
Epigenesis III (1968/69) 344
Aion (1968/72) 345
Versuch über Sprache (1969) 345
Harakiri (1971) 347
Anerkennung und Aufhebung (1971/72) 347
Gespenster (1976) 348
Darabukka (1976) 349
Lernen von (1977) 350
dasselbe ist nicht dasselbe (1978) 351
presente (1979) 351
Morgenlied (1980) 352
Solo für einen Solisten (1980/81) 356
Sphärenmusik (1981) 356
Sechs Bagatellen (1981) 357
Vor und Zurück (1981) 358
Aus Schmerz und Trauer (1982) 358
Turmgewächse (1982/83) 359
Trio mit Stabpandeira (1983) 360
Nocturnes (1984) 361
Der Ausrufer steigt ins Innere (1984) 361
La Force du Vertige (1985) 362
Auf Flügeln der Harfe (1985) 362
Demijour (1985/86) 363
Vier Stücke für Orchester und Tonband (1986) 364

Air mit ‚Sphinxes' (1987) 364
Doubles, mit einem beweglichen Ton (1987) 365
Go ahead (1988) 365
Töne suchen einen Autor (1988) 366
Clash Music (1988) 367
Herbstfestival (1989) 367
Seifenoper (OmU) (1989) 368
Beds and Brackets (1990) 368
Drei Stücke für Orchester mit Atmer/Sänger und obligatem Klavier (1990/91) 369
„Mit etwas Extremismus" (1991) 370
Offenes Fragment (1991) 371
Eröffnung und Zertrümmerung (1992) 373
An Hölderlins Umnachtung (1992) 374
Ohne Hölderlin (1992) 375
First play Mozart (1993) 376
En face d'en face (1994) 377
Don't fence me in (1994) 378
Disappearances (1995) 378
To „Marilyn Six Pack" (1996) 379
„Als eine Aussicht weit . ." (1996) 381
Mit Erinnerung (1996) 381
Covered with Music (1997) 382
„. . . . . in die Stille" (1998) 384
Modell im Rückspiegel (1998) 384
Lob des Granits (1999) 385
Ach, das Erhabene … (1999) 385

IV. POLEMIK

Jürgen Habakuk Traber/Friedrich Christian Reininghaus: Chronologie eines Kompositionsauftrags 387
Clytus Gottwald: Viel Lärm um nichts 393
Nicolaus A. Huber: Apropos „Viel Lärm um nichts" 397
Clytus Gottwald: „Harakiri" – zum letzten Mal 398
„Harakiri" – der Text 400
„Harakiri" – Nachwort des Komponisten 1998 400

V. BIBLIOGRAPHISCHE HINWEISE 402

VI. CHRONOLOGISCHES WERKVERZEICHNIS 408

VII. DISKOGRAPHIE 415

VIII. REGISTER 420

VORWORT DES HERAUSGEBERS

Die beste Charakterisierung der Schriften von Nicolaus A. Huber stammt von Huber selbst: „Neben Dieter Schnebel bin ich einer der wenigen, die über andere Komponisten gründlich, das heißt: analytisch, geschrieben haben. Dies war für mich immer ein demokratischer, zumindest ein nicht-egoistischer Akt. Auch Mathias Spahlinger hat über Kollegen analytisch gearbeitet. Aber in den verschiedenen Analysen wird, jenseits einer unabdingbaren Objektivität, der subjektive Standpunkt, die eigene Ästhetik in der Art der Darstellung, der Auswahl, der Präferenzen, der Beurteilungen deutlich. Insofern glaube ich, daß eine ganze Menge musikalisches Denken und seiner Traditionen erkennbar wird, das umso bestimmter ist, je bestimmter der Gegenstand ist, auf den es sich bezieht. Deswegen habe ich immer die Analyse einzelner Kompositionen bevorzugt. Der Standpunkt wird umso bestimmter! Man könnte also auch anders sehen: Das künstlerische Ego stellt sich umso bestimmter dar, je bestimmter es sich auf einen schon vorbestimmten Gegenstand einläßt." (Brief vom 15. Juli 1998 an den Herausgeber dieses Bandes.)

Es ist tief bezeichnend, daß am Anfang dieser Erklärung die Worte „demokratisch" und „nicht-egoistisch" stehen. Sie markieren Maß und Mitte dessen, was Hubers eigentlichen Lebensgrund im täglichen Dasein wie im künstlerischen Schaffen ausmacht. Es sind Verhaltensweisen, die sich nicht auf die ichbezogene Vereinzelung, die meditative Innenschau, die nur subjektive Emanation richten, sondern nach außen gehen, das Gegenüber suchen, zur Identifikation einladen, zur Solidarität aufrufen, das „Wir" an die Stelle des „Ich" setzen. Schon deutet sich der wahre Wesenskern von Hubers Denken und Verhalten an: ein politisches Künstlertum, sozial engagiert, humanistisch orientiert, mit allen Konsequenzen durchlebt und verwirklicht.

Zwar stand dies in solcher Deutlichkeit beileibe nicht von allem Anfang an fest. Doch mag man versucht sein, in der Entscheidung für Luigi Nono als dem „Abschlußlehrer" so etwas wie das Walten einer übergeordneten Notwendigkeit zu sehen. Denn es ist offenkundig, daß die Zeit bei Nono und ihre Auswirkungen in Huber das ideell, mental und psychisch Eigentliche und Wichtigste wachgerufen, ausgelöst hat – nachdem vor allem durch die Lehrzeit bei Günter Bialas die im engeren Sinne handwerkliche Basis gelegt worden war. Als „hoffnungsvoller junger Komponist" ging Huber zu Nono, aus Venedig zurückgekehrt entfaltete er in der Auseinandersetzung mit politischen und gesellschaftlichen Verhältnissen sein wirkliches Profil, das ihn – wiewohl das italienische Studienjahr im (erst viel später beigelegten) Zerwürfnis endete – in eine gewisse biographische und verhaltensmäßige Nono-Nähe führte: Gleich Nono engagierte er sich für die äußerste politische Linke, gleich Nono verwirklichte er eine „marxistisch geprüfte Lebens- und Tätigkeitseinstellung" (Nicolaus A. Huber) in Fortführung der Linie Majakowski – Eisler – Brecht, gleich Nono wurde er in diesem Rahmen aktiv und leistete Basisarbeit – wenn auch etwas andere –, gleich Nono verstand er seine Kunst als Appell nach der Brechtschen Devise „Ändere die Welt, sie braucht es", gleich Nono freilich mußte er in den Achtzigerjahren die sozialistischen Ideale hinsinken sehen, gleich Nono befand er sich vor der Notwendigkeit einer Neuorientierung, die er ebenfalls in der Besinnung auf musikalische Eigenwerte vollzog, ohne darum die als Lebensgesetz erkannten Leitlinien preiszugeben, die er vielmehr wie Nono verallgemeinerte und sublimierte. Mag auch der unmittelbare kämpferische Impetus der politischen Aktion, Agitation, Indoktrinierung nicht mehr vorhanden sein – den Weg des geringsten Widerstands, gar des Versinkens in Privatheit und Solipsismus hat Nicolaus A. Huber sich allzeit versagt, er hätte wohl auch seinem weltzugewandten, menschenoffenen Naturell nicht entsprochen; noch immer schreibt Huber eine Musik, die eher „Wir" sagt denn „Ich".

Man gestatte mir, die schon kräftig ausgezogene Huber-Nono-Linie noch um ein Weniges, aber Entscheidendes fortzuführen. 1973 schrieb Helmut Lachenmann, der andere bedeutende deutsche Nono-Schüler, am Ende einer Würdigung einen Satz, der zwar auf Nono gemünzt ist, doch für Lachenmann selbst wie für Nicolaus A. Huber einschränkungslose Gültigkeit hat: Was Nono die jüngere Generation lehren könne, sei, „daß es keinen glaubwürdigen Weg für die Musik ohne eine aufgeklärte Kompositionstechnik, daß es zugleich aber kein aufgeklärtes Komponieren geben kann ohne die Verankerung in einer verantwortungsvollen Gesinnung, die übers bloße Musikmachen hinausreicht, und daß es nicht geht ohne den Willen und die Bereitschaft, für solche Gesinnung mit seiner ganzen Existenz einzustehen".

Bei soviel Parallelität darf und muß man nach Ungleichartigkeiten fragen. Auch hier erteile ich am besten Nicolaus A. Huber selbst das Wort: „Die ‚Material'-Radikalität wollte (im Unterschied zu Nono) bis in die Triebstruktur und die Biologie des Menschen vorstoßen, die Musikveränderungen wollte ich in die Menschenveränderungen – zumindest im Sinne von ‚Arbeitspapieren' – weiter verlagern. Heute denke ich, daß nicht das Biologische etc., sondern das Bewußtsein Zulassungs- und Erweiterungsmöglichkeiten für uns eröffnen könnte, die biologische Reizrhetorik der Musik als alleinige Kommunikationsbasis aufgeben zu können, weg von vielen primitiven Mechanismen zu kommen, indem wir ihren totalitären Ansprüchen Grenzen zuerkennen können. In den Naturwissenschaften sind so viele Entdeckungen gemacht worden (aufgrund von Neugierde, die jede Beschränkung zu überwinden sucht, sich am Entdecken von Objekten objektiviert), die unsere Sinnen-Orientierung noch gar nicht nachvollzogen hat, obwohl wir ihrer (wissenschaftlichen) Wahrheit akzeptierend gegenüberstehen" (Brief vom 21. März 1999).

Die Schriften von Nicolaus A. Huber – auch dies deutet die eingangs zitierte Briefpassage an – sind zu ihrem überwiegenden Teil Analysen, und zwar zuvörderst Fremd-Analysen, denen gleichwohl an prominenten Stellen sich auch Eigen-Analysen beigesellen. In ihnen allen mag man den Reflex einer bei Huber stark ausgeprägten pädagogischen „Ader" erblicken, die nun freilich wieder eine andere Ausprägung von Hubers Welt- und Menschen-Zugewandtheit ist. In diesen Untersuchungen gibt Huber sich als der scharfsichtige und scharfhörende Beobachter zu erkennen, der bis in feinste Verästelungen von Struktur und Sprache einzudringen vermag, in der Eigen-Analyse *(Gespenster)*, aber auch in der akribischen Durchleuchtung von Günter Bialas' *Introitus – Exodus* die mannigfaltigen, in Tiefenschichten des Werkes verborgenen Webfäden der Reflexion ans Licht hebt, nicht selten numerischen Verhältnissen und Bauhütten-Geheimnissen auf die Spur geht – besonders deutlich abzulesen an der Analyse von Nonos *A Carlo Scarpa* –, wobei das häufige Aufspüren und Bloßlegen von Fibonacci-Proportionen zu einer Art Ostinato, ja fast Obsession wird.

Es versteht sich von selbst, daß aus den Objekten seiner Analysen und Essays Einblicke in Hubers künstlerische Wahlverwandtschaften, Vorlieben, Neigungen, Orientierungspunkte und persönliche Errungenschaften hervorgehen. Dabei ist es aufschlußreich, die Gewichtungen zu beobachten, die sich rein zahlenmäßig herauskristallisieren. Je dreimal hat er sich dem verehrten Lehrer Günter Bialas und seinem zweiten Präzeptor Nono zugewandt: dem einen mit zwei Geburtstags-Würdigungen und der schon erwähnten umfangreichen, überaus detaillierten, liebevoll aufgeschlüsselten Untersuchung der Orgel-Orchester-Komposition *Introitus – Exodus*, einer Arbeit, in der sich so etwas wie Hubers bisheriges analytisches opus summum erkennen läßt – dem anderen fast zwangsläufig, bedenkt man Hubers Einstellung und Bewußtseinslage von den späten Sechziger- bis zu den späten Achtzigerjahren, mit einer Studie über Zusammenhänge zwischen Politik und Kompositionstechnik, mit der eingehenden und eindringlichen Ausleuchtung zweier zusammenhängender Abschnitte des *Canto sospeso*, schließlich mit der ebenfalls schon genannten „Anatomie" des späten Orchester-Nekrologs *A Carlo Scarpa*. Fünfmal bislang hat Huber die Sonde auch auf Eigenes angesetzt und dabei jeweils Arbeiten herausgegriffen, die innerhalb seines Oeuvres besonders charakteristische Bedeutung besitzen: die Frühwerke *Traummechanik* und *Parusie* zunächst, sodann die seinen damaligen, stark von der Tiefenpsychologie beherrschten Blickwinkel illustrierende Tonband-Komposition *Aion*, drittens die für Hubers Standpunkt auf der Schnittstelle von Kunst und Politik bezeichnende Komposition *Gespenster*, die zum Objekt einer geradezu auffasernden Selbst-Durchleuchtung wird, des weiteren das Klavierwerk *Beds and Brackets*, kennzeichnend für Hubers gegenwärtig noch anhaltende „dritte Schaffensphase", an fünfter Stelle schließlich ein zum Zeitpunkt der Untersuchung schon zwei Jahrzehnte zurückliegendes Schlüsselwerk der „Rhythmuskomposition": *Darabukka* für Klavier. Doch kommt er im Konvolut der Schriftzeugnisse noch auf eine Anzahl anderer Werke seiner Feder zu sprechen, soweit sie für das zur Erörterung stehende Thema – politische Musik oder konzeptionelle Rhythmuskomposition – exemplarisch sind.

Die meisten Analysen Hubers finden ihr Objekt in der ferneren oder unmittelbaren Zeitgenossenschaft: Satie/Cage, Louis Andriessen, Dieter Schnebel. Eine gewichtige Ausnahme jedoch, und auch sie ein chef d'œuvre innerhalb Hubers schriftlich-verbaler Äußerungen: die Ausleuchtung der *Kompositionstechnik Bachs in seinen Sonaten und Partiten für Violine solo und ihrer Anwendung in Weberns op. 27/II*, eine eingehende Studie, die der versteckten Polyphonie in Bachs einstimmiger Musik auf den Grund geht und eine Schnitt-Technik demonstriert, wie sie nicht nur vom späten Webern, sondern auch von Pierre Boulez und Huber selbst angewandt worden ist. Diese Untersuchung, auf die Huber bei späteren Gelegenheiten je und je zurückkommt, hat übrigens so etwas wie persönliches Schicksal gespielt: Sie bildete Hubers „Antrittsvorlesung" an der Essener Folkwang-Hochschule, der er von da an verbunden blieb.

Mehrfach in dieser Introduktion bin ich schon auf das für Huber kennzeichnende Ideal einer Musik des „Wir" im Gegensatz zur Musik des „Ich" zu sprechen gekommen. Nicht verwunderlich, daß die Spannung zwischen den beiden Standpunkten in den Schriften ihre Spuren hinterlassen hat. Sie findet exemplarischen Ausdruck in den *Gedanken zum Hören und Auffassen von Alban Bergs Violinkonzert*, einer bewußt volkstümlich gehaltenen, für ein Publikationsorgan der Linken bestimmten Einführung, die ihren Autor selbst in einem deutlichen Zwiespalt zeigt, da er sich um der Überzeugung willen gegen etwas wenden muß, dem doch sein Respekt und seine Neigung gelten. Aber der Standpunkt des „Wir" setzt sich durch: „Was ist die abstrakte Verlagerung der Widersprüche auf das Leben und den Tod schlechthin wert, wenn feststeht, daß keiner dem Tod entgehen kann, in vielen konkreten Fällen aber Tod verhinderbar ist, etwa durch Kampf für Abrüstung und Frieden, gegen die Neutronenbombe, für Vorsorge gegen vermeidbare Katastrophen? (...) Zweifellos strahlt der Schluß des Konzerts große emotionale, beruhigende, ja sogar fordernde Wirkung aus. Hinterfragt man aber die Gedankenführung durch Vergleiche mit der objektiven Wirklichkeit, bleibt man dem eigenen Angetansein gegenüber mißtrauisch." In solchem Eingeständnis der Gespaltenheit wird ein bestimmender Charakterzug von Hubers Naturell deutlich: die uneingeschränkte Offenheit, die wie selbstverständliche Geradlinigkeit des Charakters, deren Spiegel die schnörkellose Sprachhaltung seiner Schriftzeugnisse ist.

Ich habe schon darauf angespielt, daß Hubers Schriften eine thematische Untergliederung in Analysen und in Studien kennen, die sich einerseits mehr allgemeinen, andererseits auch speziellen Fakten und Feldern zuwenden, auf denen Huber seine wichtigsten Funde getan hat, zu seinen charakteristischsten Errungenschaften gelangt ist: der politischen Musik, der Rhythmuskomposition, dem kritischen Komponieren. Eine ausgebaute Untersuchung gilt dem Umfeld der Tonalität, mithin einem Phänomen, das Hubers Denken von Anbeginn bis in neuere Zeit mehrfach und unter wechselnden Aspekten beschäftigt hat, das er aber nicht in konventionell-retrospektivem Sinn zu sehen vermag, sondern ihm auch psychologische Konnotationen verleiht, es als allgemeine musikalische Disposition des Menschen begreift und das er neuerdings als „Pflege und Entfaltung des Ich-Kerns", als „Versicherung des Nahbereichs" definiert. Diese Begriffsbestimmung findet sich in einer Untersuchung aus dem Jahr 1995, die anhand der Klavierkomposition *Beds and Brackets* eines der für Hubers Kunst bedeutsamsten Basis-Elemente in den Mittelpunkt rückt: die Körperlichkeit.

Eine dritte Textschicht besteht aus Beiträgen geringeren Umfangs: Statements, Nekrologe, Glückwünsche von bisweilen durchaus gelegenheitshaftem Charakter, aus dem Tag für den Tag bestimmt, die aber als bezeichnende Äußerungen dem Persönlichkeitsbild Nicolaus A. Hubers zusätzliche Lichter und Schattierungen verleihen. Auch deshalb war ich von vornherein darauf bedacht – worin ich mich allerdings ohne viel Erörterung mit Huber traf –, diesem Hauptteil des Bandes einen gewissen enzyklopädischen Anstrich zu geben, indem ich alle Texte aufnahm, deren ich habhaft werden konnte. Dabei hat Nicolaus A. Huber entscheidend mitgeholfen, wofür ich ihm sehr dankbar bin. Aber nicht nur dafür. Er hat das Entstehen des Bandes mit viel Aufmerksamkeit begleitet, hat ein Klima der vertrauensvollen Zusammenarbeit geschaffen, war jederzeit zu Auskünften, Zusatz-Informationen, auch zu inhaltlichen oder sprachlichen Retuschen bereit, soweit sich solche gegenüber dem „Urtext" als notwendig erwiesen. Ich habe allerdings darauf verzichtet, die Texte systematisch nach Gattungen oder Bereichen aufzugliedern. Die Anordnung ist streng chronologisch: Es sollte ein Bild über die innerhalb gut dreier Jahrzehnte sich herausbildenden Entwicklungen, Interessenlagen, Gedankenschwerpunkte einer Persönlichkeit entstehen. Dem Prinzip der Chronologie und dem Wunsch nach Vollständigkeit gehorchen auch die Werkkommentare, die eine eigene „Abteilung" des Bandes bilden. Bei den Gesprächen hingegen – auch eine der Groß-Sektionen des Bandes – war von vornherein keine „Gesamtausgabe" intendiert; hier wurden in gegenseitiger Absprache zwischen dem eigentlichen Autor des Bandes und mir drei Belege ausgewählt, die hinsichtlich der Themenstellung und des künstlerisch-persönlichen „Informationswertes" am gewichtigsten erschienen. Analog dazu verfuhren wir mit dem Kapitel „Polemik", das nur eine einzige Thematik enthält: die Auseinandersetzungen um *Harakiri* als jenem Werk, in dem die für Huber generell so bezeichnende Verbindung von Unbedingtheit und Elementarität zum erstenmal in all ihrer Brisanz vor der Öffentlichkeit zutage trat.

Nicht nur Nicolaus A. Huber schulde ich Dank. Ich bin dem Haus Breitkopf & Härtel auf doppelte Weise verpflichtet: zum einen dafür, daß die Edition des Buches überhaupt möglich wurde, zum anderen dafür, daß mir innerhalb dieses verlegerischen Rahmens in Dr. Jörn Peter Hiekel ein Partner zur Seite stand, der sich der nicht immer ganz einfach zu lösenden Fragen von Typographie und optischer Präsentation mit Enthusiasmus und Kennerschaft annahm.

Freiburg/Br., im März 1999 Josef Häusler

I. BERICHT, STATEMENTS, ANALYSEN

Karlheinz Stockhausens *Ensemble* – Ein Bericht

Am 29. August 1967 fand während der Darmstädter Ferienkurse für Neue Musik ein denkwürdiges Ereignis statt: Zwölf Komponisten, Tonbandgeräte oder Kurzwellensender bedienend, saßen mit je einem Instrumentalisten auf kleinen, im ganzen Saal verteilten Podien, die Instrumentalisten spielten abwechselnd und gleichzeitig. Die Komponisten überwachten das Spiel und mischten Tonband- oder Kurzwellen-Ereignisse ein. Die Instrumente waren über Mikrophon mit acht gestreut aufgestellten Lautsprechern verbunden, die von vier Reglern gesteuert wurden. Zwischen den Ausführenden waren Teppiche gelegt, auf denen Zuhörer geräuschlos ihren Standort und ihre akustische Perspektive verändern, beliebig kommen und gehen konnten; im Großen war infolge geringer Saalgröße ein stündlicher Wechsel des Publikums vorgesehen. Das Konzert dauerte vier Stunden. Die Oberleitung hatte Karlheinz Stockhausen, in dessen vierzehntägigem Vorkurs die Komposition dieses Abends erarbeitet worden war.

Der Begriff „Komposition" bedarf jedoch einer Einschränkung, denn was wir zwölf Komponisten erarbeitet hatten, waren nicht Kompositionen im traditionellen Sinn, die jetzt im Konzert übereinandergeschichtet wurden, das heißt: Es waren keine „Werke" mit „Objektcharakter", die unverwechselbar von *ihrem* Komponisten geschrieben worden wären, mit dessen alleiniger Verantwortung, sondern der Gedanke, dem *Nach*einander von „Stücken" im traditionellen Konzert ein *Mit*einander, eine Gleichzeitigkeit von „Stücken" als neue Form hinzuzufügen, bedurfte einer anderen Methode der Planung mit andersartigen Kategorien musikalischer Komposition.

Es standen uns je ein Instrumentalist zur Verfügung (insgesamt vier Holzbläser, drei Blechbläser, drei Streicher, ein Schlagzeuger und ein Hammondorgelspieler) und je ein Tonbandgerät oder Kurzwellensender. Wir hatten zuhause auf Band 20–30 einzelne musikalische Ereignisse vorbereitet, die vielfältiges Material enthielten und den Komponisten agieren und reagieren ließen, also eine Art Signal darstellten. Möglichkeiten der Beeinflussung beschränkten sich auf Geschwindigkeits- und Lautstärke-Änderungen. Hören Sie nun ein solches Ereignis (Klangbeispiel 1: cis-Oktaven, 0′53″).

Es handelt sich hier um ein stetig variiertes rhythmisches Motiv, dessen drängende Kraft vom Zirkelintervall der Oktave an ihrer natürlichen Expansion gehindert wird. Aus dieser Reibung kann neue musikalische Zeit entstehen, die zugleich das nur aus einem Intervall aufgebaute Feld rechtfertigt. Drei verschiedene Klangfarben waren als Feldschattierung gewählt.

Verwendungstechniken von Kurzwellengeräten zeige folgendes Beispiel (Klangbeispiel 2: Kurzwellenklang, 1′21″).

Nicht umsonst nennt Stockhausen Kurzwellengeräte „Volksgeneratoren", denn sie erzeugen nicht nur eine Unsumme von interessanten Geräuschen und Klängen, sondern auch das schnelle Ineinanderblenden verschiedener Programme und Ausdrucksqualitäten. Eine solche „Fenstertechnik", durch die man plötzlich eine neue musikalische Schicht wahrnehmen kann, war unserer Übereinanderschichtung mehrerer Stücke adäquat, ebenso das damit verbundene Hereinspielen von Unvorhergesehenem und Überraschendem.

Die zeitliche Organisationsarbeit begann nun damit, daß jeder Komponist eine *Richtung* sowohl für die Steuerung des Tonbands beziehungsweise des Kurzwellengeräts als auch für das

Material des Instrumentalisten festsetzte. Es mußten insgesamt zwei Tendenzen sein, eine eigene und eine, die das Verhalten den anderen Duos (= Komponist-Instrumentalist) gegenüber steuert, also Tendenzen für Aktion und Reaktion. Vor allem die eigene Tendenz mußte sehr einfach sein, da sie über vier Stunden hin hörbar sein sollte, und zwar im Zusammenhang mit allen anderen elf Tendenzen. Solche Richtungen waren zum Beispiel im Schlagzeug von gestrichenen zu gekratzten zu geschlagenen Tönen, oder in der Klarinette von Mittellage mit geringer Bandbreite und schwacher Dynamik zu hoher Lage mit sehr starker Dynamik, natürlich nicht exakt und regelmäßig, sondern nach statistischen Gesetzen. Dieselbe Tendenz konnte auch in extremer Verkürzung die Haupttendenz überlagern, um so deutlicher zu werden.

Hören Sie jetzt die Klarinette zu Beginn von *Ensemble* piano und in zurückhaltender Mittellage und anschließend die nach anderthalb Stunden Spiel erreichte äußerste Exponiertheit in Lage und Intensität (Klangbeispiele 3 und 4: 0′32″ bzw. 0′35″).

Darüber hinaus gab es natürlich auch eine differenzierte Materialordnung und eine genaue Zeiteinteilung wie in gewöhnlichen Kompositionen, aber insgesamt mit *mehr* Spielraum und Entscheidungsfreiheit. Es handelte sich um die Planung eines Prozesses mit nur im Groben vorhersehbarer Entwicklung.

Untrennbar mit dieser Planung war die Einbeziehung der Reaktion auf die Mitspieler verbunden. Stockhausen zeigte uns zunächst Reaktionsarten in seinen eigenen Werken wie *Mikrophonie I, Plus-Minus, Solo für ein Melodieinstrument* und *Prozession* sowie die von ihm dazu entwickelten Zeichen, Kombinationsmöglichkeiten, praktischen Auswirkungen und die Erfahrungen, die er selbst gemacht hatte. Im Großen und Ganzen übernahmen wir dann folgende Reaktionsarten:

gleich, ähnlich, verschieden, gegensätzlich
unterstützend, zerstörend, neutral.

Die Reaktions-Orientierungen waren gerichtet auf ein bis elf Duos (diese wieder geteilt in Tonband- beziehungsweise Kurzwellengerät und Instrument), auf deren Gegenwart, Vergangenheit und Zukunft, mit einem bis zu allen Parametern, also mit Tonhöhe, Bandbreite, Lage, Dichte, Dauer, Geschwindigkeit, Lautstärke, Klangfarbe, Einsatzabständen, Artikulation, Spielweisen, Schichtung usw. Die vom Komponisten gewählten Reaktionsarten erhielten ebenfalls eine leicht faßliche Richtung.

Das sah nun praktisch so aus, daß die Musiker mehrere Blätter bekamen, auf denen eine bestimmte Anzahl von sogenannten „Nestern“ zu sehen war mit musikalischem Material für den Spieler, mit der Reaktionsart, der genauen Orientierungsbezeichnung und der Zeitdauer. Zum Beispiel: Nestdauer 1′15″; reagiere auf Oboe oder Violoncello gegensätzlich in Dynamik. Der Spieler mußte nun zuerst hören, was die Oboe spielt, dann sein Material in gegensätzlicher Dynamik danach ausrichten. Eine kompliziertere Anweisung lautete zum Beispiel: „Spiele zwischen Staccato-Tönen der Posaune unterstützend“.

Die richtige Ausführung solcher Verknüpfungsgesetze verlangte von jedem Musiker eine ungeheure Intensität des Hörens und eine enorme Entscheidungskapazität darüber, wie aufgrund gegebener Anweisung am besten in den Energieverlauf der Musik einzugreifen sei. Für unsere Instrumentalisten auch nach Einzel- und Gesamtproben eine schwierige Aufgabe, die oft trotz intensiver Dirigiertätigkeit vonseiten der Komponisten mißlang. Als praktikabler erwies sich in diesem Zusammenhang etwa der Plan, dem Musiker mehrere Materialseiten zu geben und diese durch Anweisungszettel, die der Komponist je nach musikalischer Situation anwandte, zu beeinflussen.

Hören Sie als Beispiel das bereits vorgeführte Oktavenfeld, jetzt im Zusammenhang musikalischer Reaktion: Ganz langsam schleichen sich die Orgel-Oktaven ins Spiel. Anfangs kaum hörbar, bilden sie zunächst einen *unterstützenden* Hintergrund, bewegen sich aber durch ihre hartnäckige Feldqualität immer mehr in Richtung auf *gegensätzlichen* Charakter. Dieser wird dann wiederum entschärft durch die beginnende *ähnliche* Reaktion der anderen Musiker, die sich auch in der Tonhöhe sehr stark angleichen und gerade dadurch im Verlauf der Zeit immer mehr *zerstörend* zu wirken beginnen und die cis-Oktaven zeitweise auslöschen; nur der innerdynamische Rahmen bleibt vom Orgelsignal bestimmt. Abschließend wird durch einen Sforzato-Schlag der Hammondorgel das Oktavenfeld ins Schweigen getrieben (Klangbeispiel 5: 4′20″).

Eine Schwierigkeit beziehungsweise Schwäche der Reaktionsarten wird hier zugleich besonders deutlich, indem dieselbe Musik einmal ähnlich und unterstützend, das andere Mal zerstörend und auslöschend auf das Orgelsignal einwirkt. Wo ist die Grenze zwischen beiden Gegensätzen zu ziehen?

Diese Unsicherheit in der Grenzsetzung wie auch überhaupt in der Anwendung der Reaktionsarten ließ deren genaues Einhalten oft sich verflüchtigen zugunsten einer spontanen Reaktion, die weiter ein vom Plan unabhängiges freies Reagieren im Gefolge hatte, so daß mancher Komponist während des Konzerts ein Notenblatt ergriff, um dem Instrumentalisten die ihm im Augenblick richtig erscheinende Musik schnell aufzuschreiben. Trotz dieses Mangels exakter Durchführung der vorgefaßten Ordnung ist uns allen nie ein übereiltes Ins-Spiel-Bringen des Materials oder musikalisches Fehlverhalten passiert. Solche freiheitlichen Abweichungen mußten vielmehr schon deshalb einfließen, weil wir trotz eingehender Proben aller vier Stunden nie genau die Richtung des Musikverlaufs kannten.

Innerhalb dieses freischwebenden Spiels von Aktion und Reaktion gab es jedoch auch kompositorisch und zeitlich genau fixierte Abschnitte. Jeder Komponist hatte für sein Instrument ein in der Länge individuell von ca. 2–7 Minuten genau vorgeschriebenes Solo komponiert. Die zwölf Soli sollten schnelle Partien im Gesamtverlauf sein, der nach Wahrscheinlichkeitsrechnung viele langgezogene Töne und Klänge aufweisen würde. Alle Soli ergaben etwa ein Viertel der Gesamtlänge. Sie stellten zudem ein individuelles In-Erscheinung-Treten der einzelnen Komponisten dar. Hören Sie einen kurzen Ausschnitt aus dem Violinsolo (Klangbeispiel 6: ca. 3′00″).

Daneben gab es komponierte Duette, Sextette, Septette usw., deren Anfang und Ende ebenfalls genau fixiert waren.

Die Stundenwechsel waren markiert durch sogenannte Zäsuren, deren Material die Komponisten bereitstellten, deren Tendenz und Formung aber Stockhausen festlegte und dirigierte. Solch grobe Formumrisse waren: Verdünnung-Verdichtung, Blöcke, Punkte-alternierende Abschnitte. Diese Zäsuren brachten – was sehr wichtig war – eine Technik synchronen Spiels aller zwölf Duos.

Besonders zugeschnitten auf synchrones Tuttispiel als Gegengewicht zur polyphonen Schichtung der übrigen Partien waren die sogenannten „Einschübe“, die Stockhausen selbst komponiert hatte und dirigierte. Jeweils zwei Einschübe pro Stunde waren vorgesehen und jeweils an verschiedenen Stellen plaziert, zusammen also acht Einschübe.

Jeder dieser Einschübe hatte charakteristisches Material, etwa Verengung auf einen Ton, Folge von Akkorden oder chromatische Bewegung – charakteristisches Material also, das auf Vertikalität der Struktur sowie auf Faßlichkeit ausgerichtet war.

Bei der folgenden kleinen Analyse des ersten Einschubs, der in der 27. Minute begann, ist es aus Zeitgründen leider nicht möglich, den Einschub zweimal vorzuführen. Vielmehr wird immer ein Teilabschnitt erläutert, dann das klingende Beispiel gebracht. Durch progressives Vorgehen von Anfang bis Ende wird es leichter fallen, sich am Schluß eine zusammenhängende Vorstellung zu bilden.

Tempo des Einschubs: sehr langsam, Dynamik: ***pp***, Tendenz der Harmonik: Vertikalität, Formprinzip: Verengung auf einen Ton. Der Einschub beginnt mit einem zwölftönigen Sammelakkord, nach und nach fallen immer mehr Töne – jedoch *nicht* Instrumente – weg. Serielles Prinzip des Dichteabfalls: 12 9 6 5 4 3 2 1, also zunächst zweimal drei Töne weniger, ab Dichte 6 regelmäßiger Abfall um einen Ton bis das e^1 erreicht ist. Analog wird auch die Bandbreite immer geringer. Hören Sie diesen Abschnitt (Klangbeispiel 7a).

Das erreichte e^1 wird nun sieben Zeiteinheiten ausgehalten und erhält folgende Modulation: Klarinette-Trompete, Posaune-Flöte (also zwischen zwei Holzbläser werden zwei Blechbläser mit Wawa-Dämpfern eingeschoben), Einsatz der Instrumente nacheinander, Reihenfolge des Ausstiegs etwas variiert: Klarinette-Posaune-Flöte-Trompete. Zur Raummodulation ließen die Regler den Ton durch verschiedene Lautsprecher wandern, kurze improvisierte Einwürfe einzelner Instrumente waren erlaubt. Der folgende Abschnitt moduliert den Ton e durch Progressiv-Einsätze jetzt von Flöte-Trompete-Posaune, gleichzeitig Klarinette, dazu als neue Farben rhythmische und dynamische Impulse von Fagott und Vibraphon. Hören Sie diese beiden Kurzabschnitte (Klangbeispiel 7b).

Im folgenden Abschnitt wieder graduelle Dichtesteigerung um einen Ton bis zu sechs Tönen, genau spiegelbildlich zum Dichteabfall des Anfangs. Als neue Farben kommen Violoncello und Kontrabaß dazu. Daran sofort anschließend wieder regelmäßiger Abfall von Sechs bis Eins. Neuer Zielton jetzt c^1. Dieses c bildet den letzten Abschnitt, an den sich dann das „Ensemble"-Spiel wieder anschließt, und es wird in ähnlicher, aber reicherer Weise moduliert wie vorhin das formal korrespondierende e^1. Neue Modulationsfarben sind Glissando, Flatterzunge, Tremolo und Flageolett. Hören Sie jetzt die ganze zweite Hälfte des Einschubs, die formal eine variierte Wiederholung der ersten Hälfte darstellt (Klangbeispiel 7c).

Eine halb strenge, halb freie Kompositionstechnik mit Raum für kurze Improvisationen gliedert diesen Einschub mühelos in den großen Zusammenhang ein.

Der ausgehaltene Ton als räumliches Bindemittel war auch sonst von formaler Wirksamkeit, wie sich ähnliche Brückenfunktionen ebenso durch hohe Tamtamgeräusche, Wiederholungen aus den Solopartien oder ein musikalisch ausgenütztes Knopfschalten an Tonband- und Kurzwellen-Geräten ergaben.

Die Koordinierung aller Materialien, Einschübe, Ensembles usw. wurde im Kurs vorbereitet: Jeder Komponist sprach über seine eigene Arbeit, und am Schluß wurde ein Gesamtplan für alle vier Stunden mit sekundengenauer Angabe aller festgelegten Ereignisse aufgestellt. Die Einschübe wurden so verteilt, daß dazwischen sogenannte „Häuser" von verschiedener Länge entstanden, in denen jeweils *ein* Komponist das Hausrecht hatte, das heißt: Er konnte in dieser ihm zugesprochenen Zeit den Verlauf des Stückes nach seinem Willen lenken, alle anderen mußten ihm folgen. Besondere Handzeichen waren für Pausieren, Lauter- oder Leiserspielen usw. ausgemacht. Die Solopartie eines jeden Instruments erklang jeweils in dem ihm zugehörenden Haus.

Das Bedeutendste an *Ensemble* war wohl die spontane Aktivität, mit der jeder sein Material ins Spiel bringen mußte, ausgelöst von der ungeheuren Spannung umfassender Hörbereitschaft. *Ensemble* erfüllte in idealer Weise die Bedingungen eines Kompositionsstudios, indem es nicht nur uns alle in eine Erregung versetzte, die uns viele praktische Erfahrungen machen ließ, sondern darüber hinaus allgemeine, neue Kriterien musikalischer Komposition sichtbar machte.

Ensemble hat die Technik des Teamwork auf die Komposition übertragen. Diese war dann jedoch „mehr als die Summe der ‚Stücke', eine Komposition von Kompositionen", wie unser Programmtext verkündete. Vielleicht wird nur so in Zukunft unser großes Informationsbedürfnis befriedigt werden können. Auch der Komponist muß sich spezialisieren. Von da her gesehen stellt *Ensemble* nur einen bescheidenen Anfang dar, denn das Problem kompositorischer Spezialisierung ist durch bloßes Mitwirken in einer Gemeinschaft nur angedeutet. In Wirklichkeit hat immer noch jeder von uns *alle* Parameter und *alle* ihm möglichen Ausdrucksbereiche bearbeitet (wie Komponisten früher auch!), der Begriff „Spezialisierung" stand nicht im Vordergrund und wird für die Zukunft erst zu durchdenken sein: *Wie* können sich Komponisten spezialisieren, welche neuen Kompositionskategorien müssen gefunden werden, welche Spezialisierungen sind überhaupt fruchtbar, wie geht der Arbeitsprozeß eines solchen Spezialisten vor sich usw.

Die Informationsfülle von *Ensemble* beruhte nicht so sehr auf einer großen Anzahl verschiedener Materialien, sondern auf den 12 beziehungsweise 24 verschiedenen *Aktivitäten*, mit denen das Material ins Spiel gebracht wurde. Die Methode spontaner Reaktion veränderte das Material erheblich, und zwar ganz einfaches, wohlbekanntes Material. Nicht nur durch Spontaneität modifizierte Ein- und Ausschwingvorgänge, beim Instrumentalisten das Material in sich verändernd, bei Band- und Kurzwellen-Beispielen die Veränderung auf mikroformale Zusammenhänge übertragend, auch die unvorhergesehenen Aktivitäten der Mitspieler brachten subtilste Metamorphosen des eigenen gespielten Materials. Phänomene, die kein ernsthafter Komponist heute schreiben würde, erhielten überraschend neue Magie wie zum Beispiel dieser Rhythmus der Hammondorgel (Klangbeispiel 8: 1′00″).

Der soziale Aspekt des Gesamtprojekts bedeutete zunächst Verdunkelung des Individualismus zugunsten einer Ich-Integration, die bis an eine Ich-Vertauschbarkeit heranreichte und auch moralische Probleme auftauchen ließ. Daneben brachte er aber auch eine niemals komponierbare Materialveränderung mit sich wie etwa die soziale Wirkung der Pause, des Aus- und Einsetzens der Instrumente, gekennzeichnet nicht durch eine a priori festgelegte Ordnung, sondern durch einen Zurückhaltungswillen, der die Pausen ganz anders ein- und ausschwingen läßt und unkomponierbare Wirkungen erzeugt. Hören Sie jetzt ein Beispiel für eine ebenfalls den Bereich des Sozialen berührende ekstatische Massensuggestion aller 24 Musiker (Klangbeispiel 9).

Die Möglichkeit der Aktivierung bekannten Materials und dessen dementsprechendes musikalisches Schicksal ist in beschränktem Umfang auch im Begriff der „Interpretation" enthalten, die dasselbe Werk in ganz verschiedener Art und Weise, positiv und negativ, erscheinen lassen kann. Dies macht zugleich deutlich, daß die Materialveränderung durch Aktivität zwar nutzbar gemacht werden kann, aber ihre deutlichen Grenzen im Material selbst findet. So ist in *Ensemble* eine allzu unbedächtige Materialauswahl zu erkennen, ja ein geradezu schlampiges und bedenkenloses Vermischen der verschiedenen Materialkategorien. So wurden etwa Spielweisen der Barockmusik, Zitate aus Bruckner, Formen der Unterhaltungsmusik usw. in falschem Zusammenhang gebraucht. Auch unsere spontane Reaktion, die natürlich in den in uns gelegenen, das heißt traditionellen Kriterien musikalischer Komposition erfolgte, hätte eines genaueren Überdenkens dieser Prinzipien bedurft. Die gefühlsmäßige Befriedigung, die uns etwa ein hoher Ton im Fortissimo gibt, folgend auf eine längere Strecke indifferenter Mittellage mit wenig differenzierter Dynamik, sollte noch lange kein Grund sein, dieses Mittel auch schon für kompositorisch brauchbar zu halten. Daß solche Phänomene viel zu wenig analysiert wurden, lag natürlich auch in der sehr kurzen Vorbereitungszeit begründet, trotzdem sollten sie aber doch nicht übersehen werden.

1967

Zu *Ensemble 1967*

John Cage sprach vor Jahren von der Notwendigkeit, „den Klebstoff fahren zu lassen, auf daß alle Töne sie selber sein möchten".

In meinem Streichquartett *Informationen über die Töne e-f* habe ich versucht, durch besondere Zeitgestaltung dem großen Hindernis eines reinen Tonerlebnisses, nämlich unserer Sucht nach Reizwirkung, die Wortqualitäten wie interessant, schön, spannend, gut und schlecht gemacht, langweilig und andere nach sich zog, zu begegnen und eine *Entreizung* anzustreben, die den Ton oder eine Tongestalt in ihre „Epiphanie" kommen läßt.

In *Ensemble* nun konnte ich meine Erfahrungen über musikalische Gegenstände erweitern wie nie zuvor. Das Projekt war eine geniale Idee Stockhausens. Das, was sich ein Komponist nur wünschen kann, hatte man hier vor sich: eine immer frisch und aktiv reagierende, ungeheure Welt von Klängen, auf die man selbst Einfluß nehmen und mit der man Experimente anstellen konnte, ohne daß die allgemeine Klangwelt dadurch erheblich gestört worden wäre. (Der von uns häufig gebrauchte Befehl, „zerstörend" zu wirken, hat sich für mich, abgesehen von der Lautstärke, nur dann als brauchbar erwiesen, wenn der zu zerstörende Partner in diesem Sinne mitreagierte.)

Beispiele:
In den ersten 23 Minuten wollte ich, ähnlich wie in meinem Streichquartett, aber sozusagen „reiner" – durch viel geringere Dichte der Klangfarben-, Lautstärke- und Dauernveränderung – das Oktavintervall in seine „Epiphanie" kommen lassen. Es stellte sich heraus, daß die Töne D-d-d^1-d^2-d^3 beziehungsweise das Phänomen der Oktave von den Ereignissen der anderen Musiker vollkommen aufgesaugt wurden und aus der Wiederholung (als Methode!) eine Art Ostinato zu werden drohte, was keineswegs meinen Absichten entsprach. Vielmehr machte die fortschreitende Entreizung, die mitvollzogen werden sollte (und unter anderen Umständen auch konnte), einem Musikempfinden Platz, das mit den alten Qualitäten „Das paßt nicht", „Jetzt brauche ich *diese* Lage, Farbe, Dynamik usw." arbeitete. Ich begann zu horchen, was für die allgemeine Klangtendenz aus meinem Tonrepertoire (fünf „d") am günstigsten wäre. Nach der Allgemeintendenz richtete ich Pausen, Lagen, Spielweisen usw. ein.

Eine ähnliche Beobachtung machte ich mit meinen Tonbandereignissen, die ich ins Spiel brachte. Einige davon hatten eine ganz ausgeprägte, geschlossene Form, andere waren signalartig, bruchstückhaft. Während des Zusammenspiels mußte ich oft feststellen, daß im Gesamtverhältnis die Formwirkung ein und desselben Bandereignisses in verschiedenem Zusammenhang sehr unterschiedlich war, daß eine geschlossene Form plötzlich auftaktähnlich mit anderen Ereignissen korrespondierte (also eine Degradierung), oder daß ihre Selbständigkeit fast unverständlich und völlig verzerrt wurde, wenn man etwas zu spät kam und einem Klang mit seinem eigenen gleichsam nachhinkte. Oder aus einer beabsichtigten störenden Reaktion meines Bandereignisses zu einem Zitat aus Bruckners *7. Symphonie* resultierte überraschenderweise eine wunderbare Einheit. Eine ganze Skala solcher Abhängigkeitsgrade ließe sich bilden und mit ihr arbeiten.

Bei einer Kompositionsmethode strenger Fixierung müßte eine solche Skala anders definiert werden als bei einer freien Reaktion wie in *Ensemble*. Der Vorgang spontaner Aktivität und ihre verschiedenen Abstufungen verändern die Qualität des Materials erheblich. Was man am Schreibtisch nie komponieren würde, erhielt plötzlich eine neue Frische, abgebrauchtes Material wurde wertvoll und spornte zu Reaktionen an.

Alle Komponisten reagierten spontan. Es gab keine Diskussionen, was beispielsweise „interessant“ oder „sinnvoll“ zu beinhalten habe. Man reagierte nach üblichen Kategorien musikalischer Komposition. Trotzdem wurde *Ensemble* für die meisten Komponisten ein umwühlendes Erlebnis. Es war wie ein Griff nach den Wurzeln der Musik. Trug das Ergebnis im Großen auch die Züge Stockhausens, so war es durch zwölf verschiedene Materialien und Aktivitäten (vielleicht auch 24!) zu einer Riesensumme angewachsen. Nach *Ensemble* muß man anders komponieren als vorher! Es könnte für uns der Nährboden einer ganz neuen Musik und Musikpraxis sein.

Ensemble, glaube ich, ist ein Meilenstein auf dem Weg zu jenem Projekt, das sich meine Phantasie schon oft gewünscht hat. Ein noch zu verwirklichendes Projekt, obwohl es in unserer Gegenwart gebraucht würde. Es sei kurz beschrieben: Gemeint ist ein Raum, dessen Wände sich nach musikalisch brauchbaren akustischen Gesetzen formal verändern sowie auseinander- und zusammenschieben ließen, im Innern mit einer Vielzahl von in allen Richtungen und Geschwindigkeiten bewegbaren Lautsprechern und mit einem in einer Art Musikbox gespeicherten Klangreservoir versehen, dessen Einzelklänge man nach eigenem Wunsch selbst mischen könnte. Das Material sollte das in unserer musikalischen Gegenwart gebrauchte sein, und nur nach Wunsch sollte früher verwendetes hinzugespeichert werden. (Es kann ein Wunschbuch aufliegen!) Das Gesamtmaterial müßte sich in einer Art Rohzustand befinden, so daß die Mischungen erst die Struktur ergeben. Diese Kompositionsmaschinerie müßte natürlich sehr einfach zu handhaben sein, aber alle Vorstellungen verwirklichen lassen.

Es gäbe die Möglichkeit, auch als Nicht-Komponist spontan Musik zu machen oder Komponisten zu beauftragen, entweder für diese Kompositionsmaschinerie ebenfalls aus dem Augenblick heraus aktiv zu werden (sie sind dann eher reagierende Zuhörer), oder einen zu Hause genau ausgearbeiteten Plan (also eine Komposition) zu realisieren.

Eine solche Mechanik würde vielleicht durch die Möglichkeit, daß Musiker in direktem Kontakt mit dem Klangmaterial stehen, jene immer noch lebendige Diskrepanz zwischen Natur und Kunst aufheben, indem sie einerseits – immer im Bereich der Musik – den Klang „sich selbst werden lassen“ und ihn andererseits knechten und entstellen können bis zur höchsten Künstlichkeit. Allein die Tatsache schon, daß man dann Komposition spielen könnte wie man Klavier oder Flöte spielt, würde eine Brücke bauen, den Abgrund zwischen den beiden Sozialschichten Natur und Kunst aus der Schöpferkraft des homo ludens von selbst schließen.

1967

Traummechanik und *Parusie*

Theoretische und formale Aspekte

Obwohl der Kampf zwischen tonalem und seriellem System – vor Jahren noch mit erheblichem persönlichen Engagement geführt – heute sich allenthalben zu beruhigen scheint, wird doch von niemand eine scharfe Trennung geleugnet, auch wenn oft genug die Herkunft der Serialität geschichtlich bewußt gemacht wurde.

Heute ist es jedoch nicht nur möglich, sondern notwendig, auf den tonalen Gehalt serieller Kompositionen hinzuweisen. Das Neue und Fremdartige dieser Musik bestand hauptsächlich in der weitgetriebenen Differenzierung des Materials, zu dessen systematischer Sichtung das serielle Denken antrieb. Desungeachtet war es jedoch möglich, die meisten Phänomene der sogenannten tonalen Musik ins neue System zu integrieren, etwa die dort verwendeten Anschlagsarten oder die Lautstärken, die auch in ihrer Mischung tonalen Vorstellungen entsprangen. Durch den Schritt vom „Punkt“ zur „Gruppe“ schuf man sich die Möglichkeit, wieder „Tempo“ zu bekommen, was unzweifelhaft sublimierter Musizierfreudigkeit entgegenkam. Noch offenkundiger wurde dies durch eine bestimmte Art praktizierter Aleatorik, in der der instrumentale Gestus, von einem indifferent gewordenen Material nicht mehr getragen, in seiner ganzen regressiven Blöße erscheinen konnte. Ja, dem Interpreten sollte sogar wieder Raum gegeben werden, spontan und aktiv ins Musikgeschehen eingreifen zu können. Der einfache Aspekt der *Gegen*reaktion genügte hier schon, um diese beiden Verhaltensqualitäten als verwendungswürdig erscheinen zu lassen.

In Wirklichkeit war man auf Entwicklung des Materials ausgegangen, verletzte nach und nach die anfangs errichteten Tabus und öffnete sich heimlich das Paradies wieder, das offenkundig als verloren empfunden worden war. Das Vertrauen auf die Veränderungskraft neuen Materials allein erwies sich als unzureichend. Man hatte versäumt, auch den *Menschen* zu ändern und seine musikalischen Verhaltensweisen. Diese in psychologischer Sicht, in ihrer *Bedeutung* für den Menschen zu untersuchen, von der aus es ohne sonderlichen Belang ist, ob man einen Gartenschlauch oder eine Trompete verwendet.

Wurde um 1953 von Hermann Pfrogner[1)] der Tonalitätsbegriff ausgeweitet auf alles, was mit Tonbeziehungen arbeitet, also nach dem Sonanzprinzip und nicht nach dem Distanzprinzip abstrakt temperierter Zwölfordnung, so scheint es heute angebracht, den Begriff abermals auszudehnen: Tonalität umfaßt alles, was auf direkte Wirkung ausgeht, auf archetypischen Vorstellungen des Unbewußten basiert, uns *unmittelbar* erfaßt, *selbst* Aussage ist, wo keine Möglichkeit besteht, sein „Selbst“ zu distanzieren von dem, was uns jetzt noch eigentlich ausmacht, auf alter Projektion der Imago auf das Objekt beruht.

Im Bereich dieser inneren Entwicklung stehen die beiden Werke, über die heute gesprochen werden soll: *Traummechanik* für Schlagzeug und Klavier und *Parusie* für großes Orchester und Lautsprecher, beide 1967 entstanden und Beispiele für den beginnenden Versuch, sich in einer etwas anderen Richtung zu bewegen.

1) Hermann Pfrogner (1911 – 1988), österreichischer Jurist, Musiktheoretiker und Musikschriftsteller, erhielt 1958 eine Dozentur für „Problemgeschichte der Neuen Musik“ und für musikalische Akustik an der Musikhochschule München, veröffentlichte eine Reihe wichtiger Schriften und Bücher, darunter: *Von Wesen und Wertung neuer Harmonik* (1949), *Die Zwölfordnung der Töne* (1953), *Musik, Geschichte ihrer Deutung* (1954), *Zur Definition des Begriffes Atonalität* (1958). (Anm. d. Hrsg.)

In meiner *Traummechanik* werden Mechaniken des Traumes als Prinzipien verwendet, nach denen sich die einzelnen musikalischen Gestalten zueinander verhalten. Diese technische Arbeitsweise, *Prinzipien* aufzustellen, war eine Reaktion auf die Serie. Ein Prinzip ist keine Reihe und daher viel freier zu handhaben. Der musikalische Zusammenhang wird dabei auch hergestellt, wenn nur *ein* Parameter, etwa Dynamik, dem Prinzip gehorcht. Alles andere kann frei sein. Freiheit, die sich ausbreiten und verstanden werden kann. Je mehr Parameter gleichzeitig dem Prinzip gehorchen, desto eingeengter werden die einzelnen Erscheinungen, aber in ihren inneren Beziehungen interessanter. Unbedingt hierher gehört der Hinweis auf die Vorbilder der vier Inventionen des 3. Aktes von Bergs *Wozzeck*, die mir gerade diesbezüglich hochinteressant erscheinen: Invention über den Ton h, über einen Rhythmus, eine Achtelbewegung usw. *Ein* Parameter gehorcht hier einem faßbaren Prinzip, alle anderen Erscheinungen können frei sein. Bei solcher Technik ist der Zusammenhang direkt verständlich, da sie, wie ich glaube, phänomengerechter ist. Wenn Stockhausen in seinen *Kontakten* sechs Veränderungsgrade festgelegt hat, dann kann Eins bedeuten: einen Instrumentalfarbgrad weniger, eine Intensitätsstufe mehr und so fort, aber die musikalische Wirkung ist nicht Eins, sondern immer eine andere, vielschichtigere und direktere, die Zahl 1 ist nur Hilfsmittel einer Arbeitsweise, die willkürlich die Größe von 1 fassen muß, denn *eine* Veränderung geschieht in unzähligen Richtungen, die mehr sind als 1 und in sich wieder von verschiedenen Untergraden. Prinzipien dagegen sind Verhaltensweisen, also direkt umsetzbar, an sich abstrakt, a priori mehrdeutiger, in Musik ausschnitthaft konkretisiert.

Die verwendeten Mechaniken sind: übertrieben – untertrieben
gefesselt – befreit – natürlich
transponiert.

Sie sind in etwas allgemeiner Form vom Traum übernommen, der ja bekanntlich mit sogenannten Deckfiguren arbeitet, dabei auch die während des Traums gerade geschehenden natürlichen Ereignisse (zum Beispiel kalte Füße, brennendes Licht, Motorengeräusch) mit einbezieht und eintransponiert in die Traumwirklichkeit. Dabei ist es für die Komposition völlig gleichgültig, ob diese Deckfiguren durch eine „Zensur“ entstehen, wie Freud meint, oder nicht, wie C. G. Jung behauptet. Wichtig allein ist die funktionierende Mechanik.

Um ein Beispiel für Klangfarbentransposition zu geben: Gleich zu Beginn des Stückes bekommt ein Vibraphon-Cluster durch Auslöschen einzelner Töne Löcher, die aber gleichzeitig durch gezupfte Klaviertöne mit möglicher Oktavtransposition ausgefüllt werden. Die Klangfarbe verschiebt sich dabei, bleibt aber im Bereich des „Hellen“ (Beispiel 1).

Ein Beispiel für „gefesselt“: Klaviersaite wird mit Finger so gedämpft, daß der ursprüngliche Tastenton nicht oder kaum erkennbar ist, der Finger gleitet dabei die Saite entlang, so daß eine Art Befreiung an den Flageolettstellen möglich wird (Beispiel 2).

Vielschichtig wird das Ganze erst, wenn man den normalen Ton ideell mit den real hörbaren Manipulationen gleichzeitig erlebt. Als Analogien dazu sind die enharmonischen Integrationen bei Debussy zu nennen. Man erhält mit dieser Technik also Erscheinungen aufgrund von Prinzip- oder Mechanik-Manipulation.

Beispiel 1: *Traummechanik*, Takte 1–4

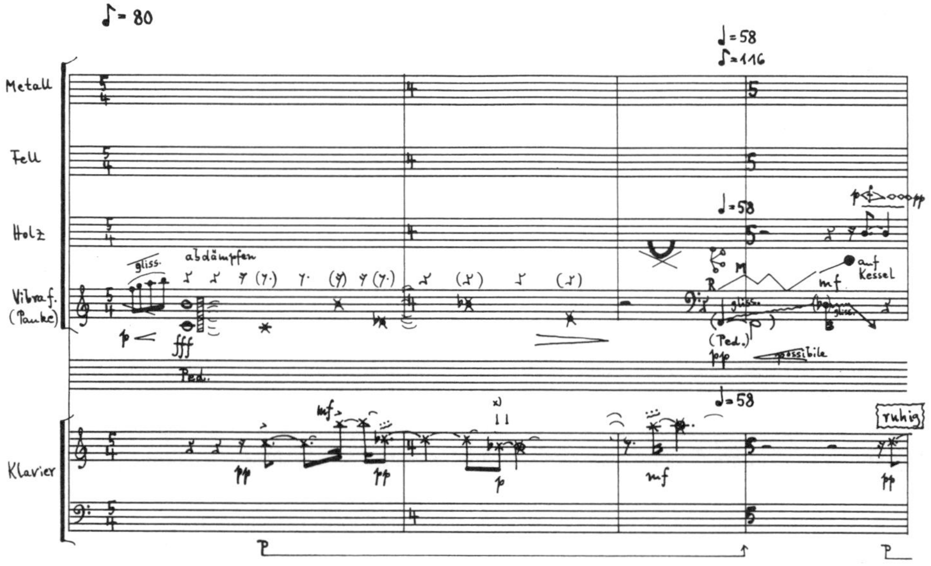

Beispiel 2: *Traummechanik*, Takte 13–25

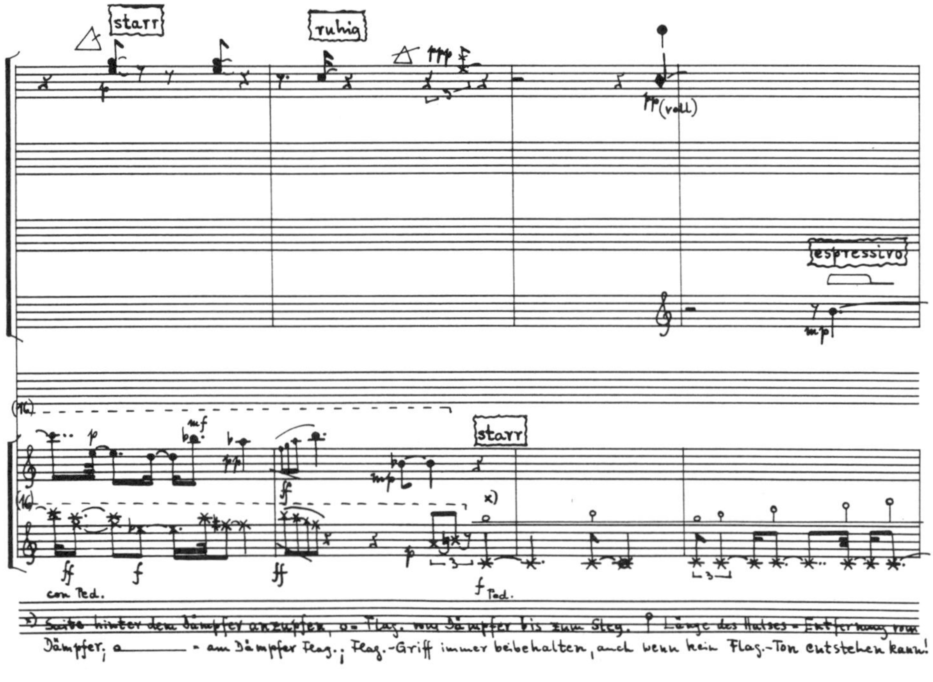

Eine andere Art von Deckfiguren, die wie Masken aufgestülpt werden, sind zahlreiche Affektanweisungen, die über den Noten stehen. Sie sind in drei Gruppen geordnet:

A)	B)	C)
leidenschaftlich	gehend	espressivo
hektisch	stockend	pathetisch
nervös	stehend	ruhig
flüchtig	beruhigend	starr
ängstlich	(als Hinführung zu C, oder von A zu B)	

Die Tendenz von A zu C ist statistisch von äußerer Bewegung zu innerer Energie und deren Er*starr*ung.

Zwei Verwendungsmöglichkeiten sind dabei benützt:

1. Eine Phrase ist so komponiert wie die angegebene Affekt-Aktion, zum Beispiel nervös. Dies ergibt eine Art Übertreibung.
2. Eine Phrase ist zum Beispiel sehr ruhig komponiert, muß aber ängstlich gespielt werden, das heißt also Gegensätzlichkeit von Kompositions- und Interpretations-Affekt. Es ergeben sich feine innere Spannungen.

Beide Möglichkeiten dienen einmal dazu, die Ein- und Ausschwingvorgänge zu differenzieren, zum anderen sind sie Methode, von der direkten = tonalen Wirkung wegzuführen, indem Affekte als Mechanismen fungieren und als solche dargestellt werden.

Ein besonderes Gerüst von gleichen oder ähnlichen Affekt-Anweisungen, nämlich „übertrieben", „leidenschaftlich", „espressivo" verdeutlicht diese Ebene des Stücks. Die dazu benützten Instrumente sind Flexaton (Partitur S. 3), Ratsche-Gong-Tamtam (S. 8), Tubo (Schüttelrohr)-Klavier (S. 14), Tamburin (S. 22), Klavier (Anfang des letzten Klangs, S. 22).

Diesem fünfteiligen Affektgerüst entspricht ein Gerüst von Tonhöhen, die sich zu fünf Großterz-Räumen innerhalb des gesamten Stücks ergänzen, von der Terz as-c chromatisch bis zur Terz c-e aufsteigend. Der Mittelton c – dem tiefsten und höchsten Terzraum gemeinsam – erscheint dabei in Art eines Orgelpunkts, ebenfalls fünfmal, in der zweiten Hälfte des Stücks im Baß des Klaviers (Beispiel 3).

Die Reihenfolge der Töne und ihre Zugehörigkeit zu den entsprechenden Terzräumen in der vereinfachten Beispieldarstellung zeigt, daß die *Einzel*töne der fünf Großterz-Räume irrational über die ganze Zeit hin verstreut sind. Der Terzraum a-cis als zusammenhängende Einheit am Anfang im Klavier, der Terzraum b-d, durch lange Töne gekennzeichnet, und die Terzräume h-dis und c-e, die ausgefüllt als Kleincluster auftreten, geben Hinweise auf diese Ebene.

Da einzelne Töne in mehreren Terzräumen vorkommen, erscheint die Deutlichkeit der Gliederung dieses Gerüstes während des Hörens verunklart und getrübt. Die horizontale Streuung fungiert als Deckfigur, nur einige Male herrscht Eindeutigkeit.

Man achte in Beispiel 4 auf das h^1 im Klavier, das erst nach fünf Takten und 28maliger Wiederholung zu b übergeht und so seine Zugehörigkeit zum Terzraum b-d offenbart.

Kurze Zeit später erscheint im Klavier das h^3 sforzato. Es kann sowohl zum vorhergehenden Terzraum b-d gehören, als auch zum nachfolgenden as-c, von dem zunächst nur vier Töne in stufenweisem chromatischen Abwärtsgang erklingen. Erst später erscheint der ergänzende Ton c^3 im Vibraphon (Beispiel 5).

Direkt auf denselben Terzraum bezogen ist der letzte Klavierklang. Aus der Chromatik wird ein kontinuierliches Glissando (Beispiel 6). Das h^1 bleibt am Schluß übrig, gehört aber, wie

Beispiel 3

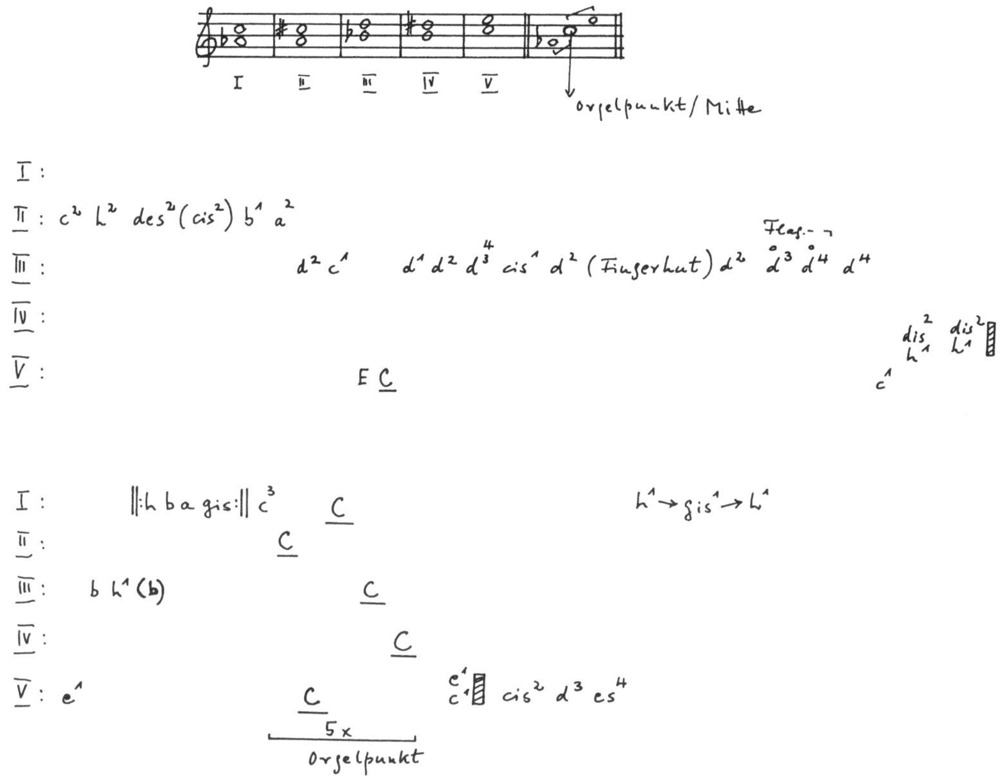

bereits gesagt, zu einem anderen Terzraum als das achtundzwanzigmal angeschlagene h^1 des früheren Beispiels.

Diese Technik, Phänomene, die an sich zusammengehören, in der Komposition zu zerschneiden und zu streuen, ist eine tonale Technik, die Bach in seinen einstimmigen Werken angewandt hat. Diese sind ja in Wahrheit mehrstimmig und kontrapunktisch höchst kunstvoll. Ein Beispiel aus der Sarabande-Double der *Partita h-moll* für Violine solo möge dies zeigen. Vier Scheinstimmen, von denen sich drei frei imitieren und eine die Umkehrung dazu bildet, ergeben die gehörte Realstimme und schließen sich mit dieser zu einem fünffachen polyphonen Gebilde zusammen. Im folgenden Notenbeispiel sind die vier Scheinstimmen durch unterschiedliche Notenköpfe gekennzeichnet. Scheinstimme I und III sowie Scheinstimme II und IV entsprechen sich im Umfang. Die Reihenfolge der Einsätze ist durch den Abstand zweier kleiner Terzen in spiegelbildlicher Richtung gegliedert: h^2-gis^1, a^2-c^3. Die Einsatzabstände vergrößern sich progressiv um drei Achtel von 5 zu 8 zu 11 Achteln. Kleine Notenköpfe zeigen den Rest der Realstimme an, der von den vier Scheinstimmen nicht erfaßt wird (Beispiel 7).

Formal interessant ist dabei, daß die Einzeltöne, die zu einer Scheinstimme gehören, zwar auseinandergeschnitten sind, aber direkt aufeinander bezogen werden müssen, um im Zusammenhang verständlich zu sein. Dabei muß die innere Intensität des Zuhörers während der Schnittpause die Energie von Ton zu Ton weitertragen, wodurch die Bachschen Linien erst ihre Tiefenschichtigkeit und Magie bekommen. Dasselbe ist in meiner *Traummechanik* auf die Ge-

Beispiel 4: *Traummechanik*, Partitur S. 14

samtform ausgedehnt und im Grunde als geschnittene oder horizontale Formtonalität zu bezeichnen. Beachtenswert diesbezüglich sind auch einige Werke Weberns (das *Streichtrio op. 20,* die *Klaviervariationen op. 27,* die *2. Kantate op. 31*) und Boulez' (die *Improvisations I, II, III sur Mallarmé*, die *Structures pour deux pianos, premier livre*).

In meiner *Parusie* für großes Orchester und Lautsprecher ist wie in *Traummechanik* Prinzipientechnik angewandt.

Parusie ist ein Begriff Platonischer Philosophie und bedeutet Gegenwart der Idee in den Dingen, das heißt: Wir können einen bestimmten Stuhl trotz seiner Verschiedenheit von anderen

Beispiel 5: *Traummechanik*, Partitur S. 15

Stühlen als Stuhl erkennen, weil unsere Seele früher die *Idee* des Stuhles geschaut hat und sich an diese Idee zurückerinnert. Die Idee in *Parusie* ist nur ein Bewegungsprinzip: Annäherung und Entfernung. Der etwas mosaikhafte Eindruck der Werkoberfläche erscheint bei richtiger Höreinstellung keinesfalls formlos und unzusammenhängend oder gar unsinfonisch. Schopenhauers Satz, daß „zwei Erscheinungen in Bezug auf die darin erscheinende Idee gleichviel Bedeutung haben", trifft hier den Kern der Sache. Die richtige Höreinstellung wäre die immer aktive innere Schau der Idee und das Beobachten der Schwerkraft ihrer Akzidentien und deren Einordnung in unsere menschliche Wirklichkeit, abzielend auf deren Veränderung.

Beispiel 6: *Traummechanik*, Partitur S. 22

Beispiel 7

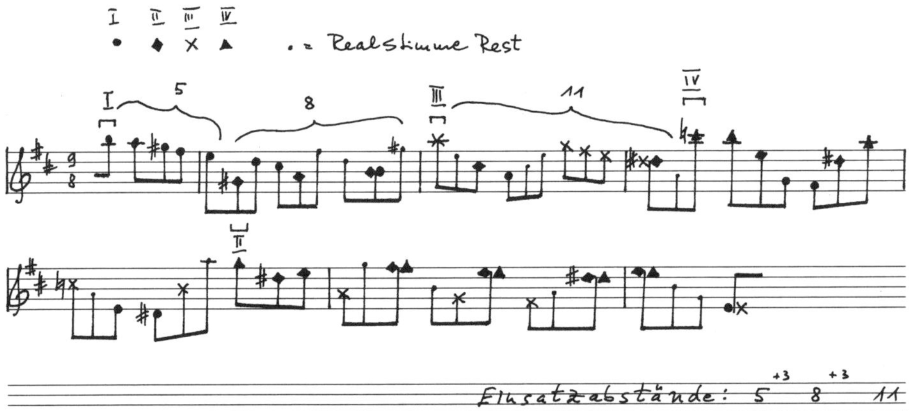

Beispiel 8: *Parusie*, Takte 1–6

Das Prinzip Annäherung und Entfernung strahlt in alle Parameter seine Kraft aus. Im Tonhöhenbereich resultieren daraus Satztechniken wie Kanon und Heterophonie, Spielweisen wie Glissando, Triller und Tremolo.

Eine horizontale Auffächerung eines Akkords – es erscheinen einzelne Ausschnitte daraus progressiv fortschreitend – findet sich am Anfang des Stücks (Beispiel 8).

Der erste Tutti-Akkord bildet in diesen sechs Takten die Orientierung für die verschiedenen Annäherungs- und Entfernungsgrade. Die nachfolgenden Einzeltöne und Akkorde kleiner Instrumentalgruppen sind durchweg Ausschnitte aus dem ersten Akkord. So spielen zum Beispiel die Fagotte im Orchestertutti des Anfangs denselben Akkord B-ges-f^1 (Dynamik ***ff***) wie in Takt 3/4, haben sich aber in der Dauer und gleichzeitig in ihrer Dynamik bis ***p*** entfernt, um sich dann wieder in einem Crescendo bis ***f*** anzunähern.

Auch im Violoncello bleibt die Tonhöhe gleich (Cis/Des/Cis). Entfernung findet in der Klangfarbe statt, von „ordinario“ zu „dicht am Steg“, und in der Lautstärke vom ***ff*** im Tutti zu ***ppp***, sodann Annäherung bis ***mp*** und wieder Entfernung zu ***ppp*** hin.

In der Oboengruppe haben auch die Tonhöhen sich entfernende Tendenz: Aus h^1-dis^2-c^3, ***ff***, ein Sechzehntel in Takt 1 werden dis^2-c^3-e^3, ***pp***, ganze Note in Takt 4.

Klangfarbenentfernung findet sich in Takt 5: Das Banjo spielt mit den 1. Violinen als kurzen ***ff***-Akzent den Doppelgriff gis-a. Gleichzeitig übernimmt zwei Oktaven höher die Piccoloflöte das a und decrescendiert innerhalb von sieben Achteln von ***ff*** zu ***pp***, das gis übernimmt ein Achtel später und drei Oktaven tiefer die Baßtuba mit der Dynamik ***pp*** crescendo ***p*** decrescendo ***pp*** auf eine Zeitdauer von vier Achteln.

In den Takten 1–3 nähern und entfernen sich die Lautstärken in fünffacher Polyphonie:

Beispiel 9

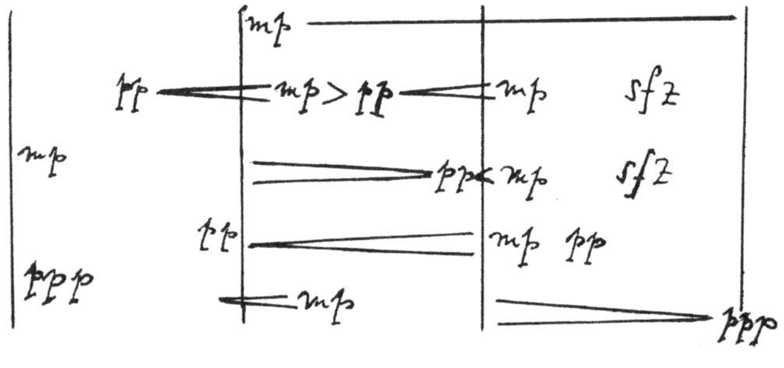

Mezzopiano ist hier für alle fünf Instrumente die Orientierungsgröße. Von ihr aus findet vielfach verschlungene Bewegung in beide Richtungen, lauter und leiser, statt. Eine viel interessantere Bewegung erfährt man aber, wenn man nicht nur die Dynamik allein, sondern deren Beziehung zu Klangfarbe und Klangenergie mitbeobachtet, da ja Mezzopiano keine absolute Größe ist. Das Mezzopiano eines Luftrauschens in den Hörnern erzeugt ja ganz andere Energien als etwa ein Beckenklang derselben Intensität.

In Takt 41 und folgend findet eine Annäherung und Entfernung an das temperierte Halbtonsystem statt. Zehn Takte lang halten sämtliche Streicher einen Halbtoncluster, in dessen Bereich die Blechbläser sich um Vierteltöne und weniger entfernen, im elften Takt beginnen auch die Streichinstrumente ihren Halbtonraster zusammenzuschieben und auseinanderzudehnen, sie werden gleichsam von den Bläsern zur Verhaltensänderung getrieben.

Ein Beispiel für rhythmische Auswirkungen des Prinzips sind die Takte 32/33 in Violoncelli und Kontrabässen (Beispiel 10). Gemeinsam ist die Viertel-Unterteilung in Triole, Quartole und Quintole (die Sextole als unterteilte Triole verstanden). Die Entfernung findet in der zeitlichen Aufeinanderfolge statt, wobei in Takt 33 auf Zählzeit 1 zwei Quintolen zusammentreffen:

Beispiel 10

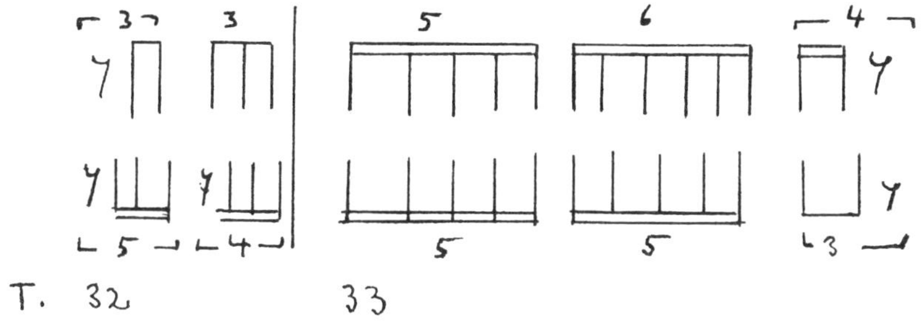

Insgesamt dreimal werden in dem Stück Lautsprecher eingesetzt, wobei zweimal musikalische Ereignisse über Lautsprecher gesendet werden, die hinter den Zuhörern angebracht sind. Beide Stellen befinden sich im letzten Drittel der Komposition und stehen in direktem Zusammenhang. Das erste Mal werden vom Orchester auf dem Podium und über Lautsprecher *ähnliche* Tongruppen ins Spiel gebracht, wobei jedoch die Lautsprecherklänge durch Filter und Frequenzumsetzung weiterverarbeitet sind. Das zweite Mal, kurz vor Schluß, hört man aus Orchester und Lautsprechern die *gleichen* Töne oder Akkorde. Die Lautsprecher-Ereignisse sind wieder weiterverarbeitet, mit Filter und Verhallung zu einer Art Echo umgewandelt. Beide Stellen, besonders deutlich die zweite, sollen die Hörer auf die Fähigkeit des Tones hinweisen, sich gleichsam in sein eigenes Innere entfernen (!) zu können. Sie sollen auch Bedeutung auf die übrigen Töne abstrahlen, die nicht weiterverarbeitet und nicht in den realen Vergleich von Live- und Lautsprecherklang einbezogen sind. Unterhalb der direkten Oberflächenwirkung der Musik soll *jede* Tongestalt fortwährend zu sich selbst in Beziehung gesetzt werden, indem ihre Wandelbarkeit stets einkalkuliert und zum immer präsenten Erlebnis gemacht wird. Innerhalb des gesetzten geistig-musikalischen Rahmens sind so die realen Klangereignisse des Stücks nur ein individuell nach Maßgabe des Kompositionsprinzips per se zu ergänzender Teil des Gesamterlebnisses.

Noch ein anderer Aspekt dieses Prinzips Annäherung und Entfernung kommt hinzu, indem es auf die Musikgeschichte übertragen wird. Es ergibt sich daraus eine Zitattechnik, die aber mit der Praxis bloßen Zitierens nur die Tatsache selbst gemeinsam hat. Dabei wird eine ganze Skala der Deutlichkeit vom echten Zitat bis zur bloßen Analogie gebraucht:

a) direktes Zitat
   1. gut erkennbar
   2. schwer erkennbar
b) nachkomponierte Techniken
c) Spielweisen als Zitat.

In der Mitte des Stücks erscheinen aus Weberns *op. 9 Nr. 5* die Takte 1–7. Dieses deutlichste und einzig echte Zitat ist der Schlüssel zur gesamten Zitat-Ebene. Zwar entfernen sich die

Intervalle in dieser Streichquartett-Bagatelle nach und nach voneinander, haben also gleiches Bewegungsprinzip wie das für die *Parusie* gewählte, jedoch wird durch die exponierte Stellung und die Realisation über einen eigenen Lautsprecher, der auf der rechten Seite vorne angebracht ist, die Fremdheit betont. Sie ist nur verständlich, wenn die ganze Zitat-Ebene der Komposition erkannt wird.

Eine Fülle weiterer, schwer erkennbarer Zitate reicht von Robert Franz' „*Es hat die Rose sich beklagt*" (Rückert) bis zu einzelnen Tönen, etwa dem Subkontra-B aus Weberns *op. 6 Nr. 5* im Kontrafagott oder dem f^1 der Pauke aus Beethovens Scherzo der *9. Symphonie*. Diese einzelnen Töne sind im Grunde kein Zitat mehr, nur noch als Analogie verständlich.

Zitatmäßig *nachkomponiert* sind beispielsweise die schnellen Tonwiederholungen der Holzbläser und Hörner, später aller Blechbläser über einem kompakten Streichersatz – einem sechsstimmigen Kanon mit drei verschiedenen Intervallabständen. Das historische Modell der schnell repetierenden Holzbläser ist Mendelssohns *Italienische Symphonie*, Anfang des ersten Satzes.

Dem Einsatz einer Solovioline liegt das Vorbild romantischer Orchesterpraxis zugrunde. Dies führt zur dritten Zitatart, auch Spielweisen und instrumentale Gesten als zitiert hinzustellen, etwa ein Harfenglissando, ein Klarinetten-Arpeggio, Triller, Tremolo, kreisende Melodiebewegungen usf.

Dadurch, daß diese Zitate und Analogien so eingewoben sind, als wären sie Originalteile der Komposition, erhalten sie eine Art Hinterhältigkeit und Infamie. Nur wer diese indirekte Ebene verfolgt, wird das Larvenartige und Gerippehafte spüren können. Die direkten musikalischen Wirkungen, die ich für tonale halte, werden durchschnitten und verfremdet, werden in Distanz gebracht, sind nur scheinbar frisch und lebendig. Diese Technik bringt eine mit tonalen Mitteln hergestellte Untergrabung der Tonalität. Musik versucht sich selbst darzustellen.

1969

Die Kompositionstechnik Bachs in seinen *Sonaten und Partiten für Violine solo* und ihre Anwendung in Weberns *op. 27/II*

Die Violinsonaten und -partiten Bachs, in der Köthener Zeit um 1720 entstanden – Bach war also damals erst fünfunddreißig Jahre alt –, sind immer schon Gegenstand uneingeschränkter Bewunderung gewesen. Dabei wird jedoch vor allem die Meisterschaft Bachs gerühmt, die mehrstimmig-polyphone Schreibweise bei einem Instrument angewandt zu haben, das vorzüglich zur Einstimmigkeit geeignet erscheint, und doch ganz innerhalb der technischen Grenzen dieses Instruments geblieben zu sein. In der Tat verdient dies höchste Bewunderung, wenngleich des Österreichers Heinrich Ignaz Franz Biber sieben Partiten mit komplizierter Anwendung der Scordatur und des gehäuften Doppelgriffspiels bereits 1712, acht Jahre nach dem Tod des Komponisten, veröffentlicht worden waren.

Bach wäre aber nicht der große Komponist, als der er gilt, hätte er sich bei solcher Äußerlichkeit aufgehalten und „nur" beispielsweise die Fuge auf die Violine übertragen oder nur die technischen Möglichkeiten des Instruments erweitert. Vielmehr sind die polyphon-mehrstimmigen Stellen vergleichsweise die am wenigsten interessanten, auch wenn sie durch ihre technische Schwierigkeit erhebliche Ausdrucksenergie erzeugen. Sie haben innerhalb der Sätze ihren wohldosierten Anteil und sind im Zusammenhang direkt so verständlich, wie sie komponiert sind, oder anders ausgedrückt: genau so direkt komponiert wie zu verstehen. Als Beispiel möge der Anfang der *C-Dur-Fuge* dienen:

Die erwähnte direkte Verständlichkeit bedeutet, daß der Hörer keine andere Arbeit leisten muß, als sie eben für jeden fugierten Satz zu leisten ist. Arbeit wird hier verstanden nur in Bezug auf die kompositorische Technik und deren Tendenz, musikalischen Zusammenhang herzustellen, nicht in Bezug auf Größe und Qualität der Musik.

Der musikalische Scharfsinn Bachs hat aber noch ganz andere Möglichkeiten der Phänomene Akkord und Mehrstimmigkeit erkannt. Der Akkord und die mit ihm verwandte Mehrstimmigkeit sind in noch komplizierterer und verschlungenerer Weise in den horizontalen zeitlichen Ablauf transponiert. Der Akkord, das heißt im Grunde die Möglichkeit des Doppelgriffs auf der Geige, erweist sich als Angelpunkt, um auch in den sogenannten einstimmigen Linien Perspektive und Räume entstehen zu lassen. Die Bachsche Einstimmigkeit ist keine Melodie, auch keine Linie, selbst Debussys Ausdruck „Arabeske“ trifft nur einige Aspekte; sie ist wohl am umfassendsten als vielschichtiger Organismus zu bezeichnen.

Bach verwendet den Doppelgriff an vielen Stellen so, daß er in der eben angedeuteten Funktion des Angelpunktes für Raumgliederung deutlich wird. Zunächst ein einfaches Beispiel aus dem Anfang der *h-moll-Partita*, Takte 1–3 (die Angaben der Taktzahlen beziehen sich auf die Ausgaben von Carl Flesch im Peters-Verlag):

In der ersten Hälfte des ersten Taktes fallen Hauptstimme und Oberstimme zusammen, die beiden Doppelgriffe sind zunächst nur als unterstützende Harmonisierung Tonika-Subdominante zu verstehen. Beim Quintsext-Akkord der Dominante auf Zählzeit 3 endet die Oberstimme auf fis^2, gleichzeitig aber beginnt eine neue zweite Stimme auf e^2. Diese Stimme ist vorbereitet durch d^2 und e^2 in den ersten beiden Akkorden, die dadurch jetzt nachträglich von bloßen Harmonisations- zu polyphonen Stimmträgern umgedeutet werden müssen. Diese zweite Stimme hat in sich eine dritte, h-ais-h-a-g, woraus sich auch die phantastischen Sprünge erklären lassen, und mündet wieder in fis^2 im zweiten Takt, mit dem die vorher scheinbar abgebrochene Oberstimme fortfährt. Der Subdominantdoppelgriff auf Zählzeit 1 im zweiten Takt ist Mündungsgebiet für alle drei Stimmen. Besondere Beachtung verdient das fis^2 in Takt 2, da es Ende der zweiten Stimme und gleichzeitig wieder Anfang der ersten Stimme ist. Verfolgt man den Energieverlauf, dann hört man das fis^2 in doppelter innerer Intensität, zu der noch eine dritte, die seiner Vorhaltsqualität, kommt. Wir haben hier ein Beispiel für musikalische Tiefenschichtung: an der akustischen Oberfläche *ein* Ton, der aber in sich ein dreifaches Intensitätsverhältnis birgt.

Das fis erhält aber eine noch viel weitergehende Bedeutung. Die Übergabe der Führungsrolle der ersten Stimme an die zweite und in Takt 2 wieder an die erste, wobei vorher eine untere dritte Stimme auftaucht, ist sozusagen als Prinzip auf einen vergrößerten Zeitabschnitt übertragen. An ziemlich markanten metrischen Punkten stehen die in Frage kommenden fis. Fis^2: Takt

1 Zählzeiten 1 und 3, Takt 2 Zählzeit 1; fis^1: Takt 2 Zählzeit 3und, Takt 3 Zählzeiten 2, 2und, 3. Aus erster und zweiter Stimme werden hier Oberschicht (fis^2) und Unterschicht (fis^1). Jedoch ist auch das fis^1 vorbereitet: in Takt 1 ganz im Verborgenen auf den Zählzeiten 1 und 3. Es tritt erst im zweiten Takt deutlich hervor, erzeugt eine dritte Stimme auf die Zählzeiten 3 und 4 (fis^1-e^1-d^1-cis^1), die im dritten Takt wieder in das fis^1 zurückkehrt.

Beachtung verdient die Leuchtkraft des fis^1 in Takt 3 – besonders auch als Quinte zu h – und die Umdeutung des fis in Takt 3 Zählzeit 3 als Unterterz zu a^1 (Tonikaparallele D-Dur). Hier gleitet man nämlich von einem kompositorischen Abschnitt in einen neuen, und das fis^1 ist hier nicht einfach als Klangunterstützung des a^1 zu verstehen, weil es sozusagen auf der Geige gut liegt. Das auf Zählzeit 4 erscheinende d^2 ist vorbereitet in Takt 2/3 (h^1-cis^2-d^2) und findet jetzt seine Fortsetzung. In der zunächst einfach erscheinenden abwärtsgehenden Tonleiter in Takt 2 ereignet sich innermusikalisch also sehr viel mehr, zumal in e^2-cis^2-ais^1-fis^1 (Zählzeiten 2/3) der Vorhaltsakkord des Taktanfangs seine Auflösung erfährt:

Die Akkorde, die zunächst mehr aus klanglichen Gründen eingesetzt scheinen, sind von Bach zum Umschlagplatz musikalischer Raumwirkungen gemacht. Da aber später hervorstechende Dinge im Geheimen vorbereitet sind und umgekehrt abbrechende Tonräume ihre spätere Fortsetzung finden, wäre es falsch, von einem Übergang eines Raumes in einen anderen zu sprechen. Im Gegenteil sind alle von Bach genau definierten Tonräume immer vorhanden, nur mit verschieden starker und verschiedenartiger Energieausstrahlung. Dies ist ein statisches Moment der Bachschen Musik, der Ton kommt auch in seinem innerzeitlichen Wert zur Geltung, nicht nur im Verband horizontal verlaufender Figuren- und Motivzeitlichkeit. Gerade das ist der ungeheuer moderne Aspekt Bachs. Der Ton behält ein Stück seiner Natur, seiner Eigenständigkeit. Man denke nur an diesbezügliche Anregungen Cages, an Ligeti oder an einzelne Stellen aus Stockhausens *Hymnen*, wo Vorhalte, Verzögerungen und Umspielungen einen oft mehr ideell als real vorhandenen Ton in die Tiefe deuten – und das kann psychologisch wörtlich verstanden werden.

Ist in dem eben angeführten Beispiel von Einführung im Verborgenen, das heißt leicht zu Überhörenden, die Rede gewesen, so kann im folgenden Beispiel geradezu von einer Verschleierungstechnik gesprochen werden. Aufgrund verschiedener Verbindungsmöglichkeiten – der Ausdruck „Deutungsmöglichkeiten" wird absichtlich nicht gebraucht –, die bewußt eingesetzt sind, scheinen die einzelnen Ereignisse aus dem rationalen Gerüst wie aus dem Unbewußten aufzutauchen. Als Beispiel dienen die ersten beiden Takte aus dem *Adagio*-Kopfsatz der *g-moll-Sonate*:

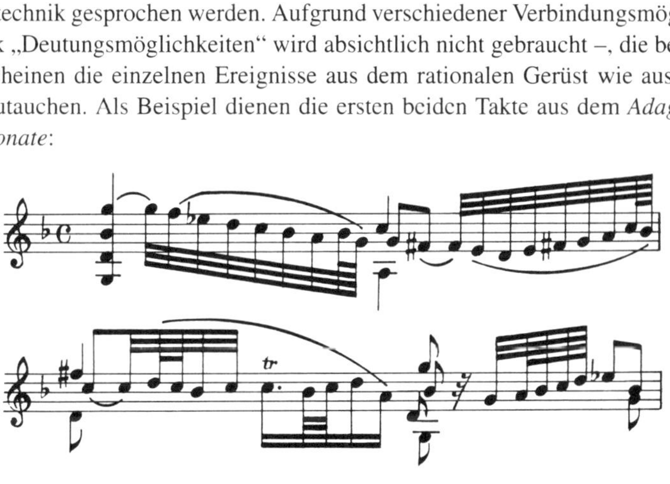

Die Verschleierungstechnik besteht darin, daß einzelne Töne zu verschiedenen Linienzügen gehören können und so formal mehrfach belastet sind. Das erste übergeordnete Liniengerüst hat die evidenteste Logik:

Ein regulärer vierstimmiger Satz: Die Außenstimmen Sopran und Baß schreiten in etwas verzögerter Gegenbewegung, Baß/Alt in Terz-Parallelbewegung, der Tenor bildet eine Liegestimme, die eine sichere Ortung der übrigen, nur in Sekundschritten sich bewegenden Stimmen ermöglicht. In dieses übergreifende, ganz klare Harmonie- und Stimmführungsgerüst sind die Verschleierungen eingebettet: Die Oberstimme führt in der Realstimme ja nicht einfach von g^2 zu fis^2 und wieder zu g^2, wie in dem übergeordneten Gerüst angegeben, sondern auf Zählzeit 2 in Takt 1 weit abwärts, besonders betont durch das übergebundene Zweiunddreißigstel g^2, das ganz allein vom vorausgehenden Akkord übrigbleibt. Diese Stimme setzt sich fort in die tiefe Mittellage und steigt wieder auf bis zum c^2 in Takt 2. Sie setzt sich eindeutig auf diesem c^2 fort und löst sich nach b^1 auf. Beispiel der Takte 1/2:

Wie ist aber nun das in Takt 2 auf Zählzeit 1 plötzlich erscheinende fis^2 zu erklären, das ja auch eindeutig zur Oberstimme gehört? Es gibt nur eine logische Erklärung: Man muß eine Spaltung der Oberstimme in zwei Stimmen annehmen:

Das ergibt anstelle eines vierstimmigen Satzes einen fünfstimmigen. Der erste Akkord ist also ein fünfstimmiger Akkord! Eine erneute Schwierigkeit stellt das c^2 in Takt 1 auf Zählzeit 3 dar. Man kann es als Fortsetzung von b^1 des Anfangs deuten; dieses c^2 muß sich aber als Septime der Dominante wieder nach b^1 auflösen, es fände also eine direkte Fortsetzung im c^2 des zweiten Taktes, das sich zwar nach b^1 auflöst, aber – wie gesagt – auch Teil der zuvor erwähnten

Oberstimme ist. Man muß also ein latentes sechsstimmiges Gefüge annehmen. Die sich ergebenden Einklangsparallelen, indem eine Stimme für einen kurzen Abschnitt gleichzeitig sich selbst und eine völlig andere repräsentieren kann, sind im wahrsten Sinne des Wortes keine echten Parallelen, sind Einstimmigkeit mit zwei divergierenden Energien.

Ein dritter Aspekt kommt hinzu: Die drei Zweiunddreißigstel-Arabesken können auch zu drei verschiedenen Stimmen gehören. Die erste Zweiunddreißigstel-Figur führt dann nicht nach g^1, sondern ins c^2 und löst sich in Takt 2 im b^1 auf. Das g^1 auf Zählzeit 3 in Takt 1 wäre ein neuer Einsatz, springt in Takt 1/2 von b^1 nach fis^2 und löst sich in g^2 auf. Die dritte Stimme setzt auf c^2 in Takt 2 ein. Alle drei Stimmen hätten einen gemeinsamen variierten motivischen Anteil von zwei Vierteln Dauer.

Auf die Spitze getrieben könnte man von einer Neunstimmigkeit dieser Stelle sprechen. Für die Auflösung der drei ähnlichen Figuren in drei verschiedene Stimmen spricht zum Beispiel Takt 3 Zählzeit 4 und Takt 4 Zählzeit 1:

Diese Figur ist auflösbar in drei Teile, die sich in ihrer motivischen Bewegung immer mehr dem Triller nähern. In Takt 4 zeigt der dreistimmige Akkord den Stimmaufbau der vorausgehenden Figur:

Hier laufen eindeutig Motivaufteilung und Stimmteilung parallel, so daß man dieses Prinzip auch auf den Anfang anwenden kann. Die Verschleierung besteht darin, daß in den ersten beiden Takten die vorhergehende Stimme mit demselben Ton endet, mit dem die folgende anfängt. Wichtige Doppelfunktionen haben die Töne g^2 und c^2.

Diese Beispiele zeigen die Akkordfunktionen, die höchst kompliziert sind und nur für oberflächliches Hören allein geigentechnische und klangsinnliche Aspekte haben. Mögen sie auch zunächst etwas zufällig und in vordergründiger Unterstützungstendenz auftreten, so sind sie doch ganz genau kalkuliert und wesentliches Element der Magie des Undeutlichen, Nicht-gleich-Faßbaren. Handelte es sich hier immerhin noch um Akkorde, so gibt es auch reine Einstimmigkeit, die nach Mustern von Mehrstimmigkeit gebaut ist.

Eines der einfachsten Modelle ist das des Orgelpunkts oder der Liegestimme mit gleichzeitiger Seitenbewegung. Da nun aber keine reale, sondern nur mehr eine scheinbare Mehrstimmigkeit angestrebt ist, muß die Liegestimme ebenso durchbrochen werden, wie auch die Seitenbewegung ihrerseits Raum für die Liegestimme frei lassen muß. Beide Stimmen müssen sich so verzahnen und ineinanderschieben, daß sie nur *eine* Realstimme ergeben. Einfachste Beispiele findet man in der *E-Dur-Partita* am Anfang des *Präludiums*:

Liegestimme ist das h, das in der zweigestrichenen Oktave bereits im ersten Takt auftaucht, im zweiten Takt in die eingestrichene Oktave fällt und dort für längere Zeit bleibt. Die Unterbrechungen der Liegestimme, in die die Seitenbewegung sich eingliedert, sind ziemlich regelmäßig, da im Verlauf des *Präludiums* die Sechzehntelbewegung so gut wie ausschließlich vorherrscht. Die zeitlichen Lücken von h zu h sind anfangs (Takt 3) ein Sechzehntel, in Takt 4 drei Sechzehntel. Besonders ausgenützt wird diese Technik ab Takt 13 und ab Takt 63 für die Verschiedenfarbigkeit der leeren E- beziehungsweise A-Saite und des gegriffenen selben Tones auf der Nachbarsaite.

Etwas komplexere Einsatzabstände finden sich beispielsweise in Takt 33:

Cis^1 ist Liegestimme, die Lücken betragen 1 3 3 1, da eis^1 in Takt 34 neuer Liegeton ist. In der Mitte von Takt 33 taucht aber eine neue Liegestimme gis^1 auf, die erst in Takt 36 ins h^1 mündet.

Die überlagerten gis^1-Einsatzabstände sind 3 6 3 3 1 3 3. Abwechslung in der Bedeutung des gis^1 im Stimmverband wird auch dadurch erreicht, daß das gis^1 in Takt 33 höchste, in Takt 34 mittlere und in Takt 35 tiefste Stimme ist. Es handelt sich also wieder um die schon beschriebene Technik: In einem Ton oder einer Tonschicht treffen sich verschiedene musikalische Bedeutungsebenen. Dies ist hier besonders deutlich hörbar.

Der gestochene Charakter dieses *Präludiums* rührt von den einfachen und präzisen Einsatzabständen der Liegetöne her, die sich in verschiedenen Dichten durch das ganze Stück ziehen. Eine sehr interessante Liegestimme mit ziemlich unterschiedlichen Einsatzabständen erscheint in den Takten 34–37 des letzten Satzes (*Allegro*) der *a-moll-Sonate*:

Es handelt sich um das g^2. Die Einsatzlücken sind in Sechzehnteln: 2 1 7 7 $3^1/_2$ 3 8. Innerhalb einer metrischen Kleingruppe von vier Sechzehnteln tritt das g^2 auf 1 und 4, dann viermal auf 2 beziehungsweise 2und, dann in Takt 37 einmal auf 3 auf. Regelmäßigkeit und Unregelmäßigkeit halten sich die Waage. In großen Dauern ausgedrückt würde die Liegestimme so aussehen:

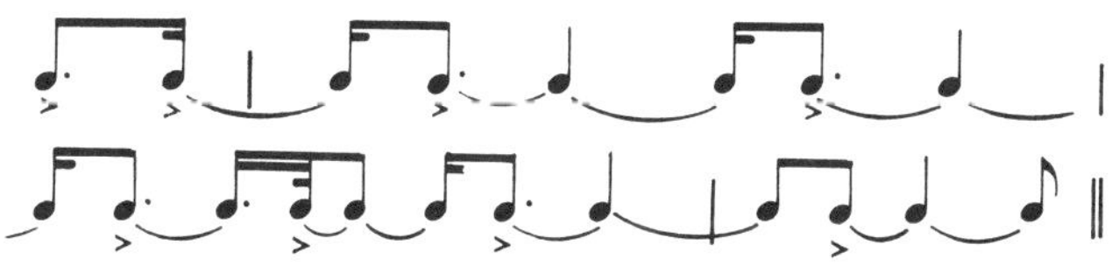

Die einzelnen Dauern in einer Reihe aufgestellt zeigen die Regelmäßigkeit im Aufbau, mit einem unregelmäßigen Sprung von sieben Zweiunddreißigsteln nach vier Dauern von insgesamt sechs:

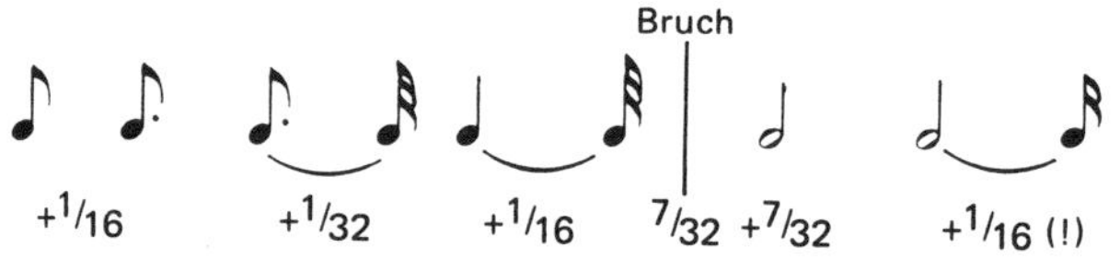

Regelmäßige Abstände, die zu verschiedenen metrischen Plazierungen führen, findet man in der bekannten *d-moll-Chaconne* Takt 86:

Es handelt sich um die drei sich immer wiederholenden Töne d³, e³, f³. Vor ihrem Wiedererscheinen sind bei f³ immer zwei Zweiunddreißigstel eingeschoben, bei d³ zunächst einmal drei, dann immer zwei Zweiunddreißigstel, bei e³ einmal ein, dann ebenfalls zwei Zweiunddreißigstel. Diese verschiedene Plazierung innerhalb des Metrums ist ein Musterbeispiel exakt komponierter Tonwiederholungen von schwebendem Charakter – man beachte auch die hohe Lage – durch stetige Schwerpunktverlagerung, gehalten von einem thematischen Linienzug d³-f³-e³-d³ auf den Hauptschwerpunkten.

In derselben *Chaconne* Takte 32–36 ist die vorhandene latente Zweistimmigkeit deutlich herausgestellt durch Lagenwechsel, an die Orgel erinnernd gleichsam Nebenwerk = hohe Lage (a-Saite), piano – und Hauptwerk = tiefe Lage (g-Saite), forte. Die metrischen Positionen sind die ganze Variation hindurch die gleichen, das Thema in chromatischer Ausprägung in der tiefen Lage:

Gleich die nachfolgende Variation macht den Sinn der vorhergehenden regelmäßigen metrischen Positionen deutlich, denn das chromatische Thema ist hier in den Sechzehntel-Organismus kunstvoll eingewoben und im Sinne einer Steigerung jetzt schwerer im Zusammenhang erfaßbar.

Erstens werden die Thematöne nicht mehr tonleitermäßig nebeneinander gesetzt, sondern auf verschiedenste Oktavlagen verteilt, wodurch große Sprünge bis zu zwei Oktaven entstehen.

Zweitens ist auch die metrische Verteilung von ebensolcher Kühnheit: d^1 in Takt 36 als zweites Sechzehntel, cis^2 in Takt 37 als erstes, c^2 als viertes Sechzehntel, h in Takt 38 als erstes, b^2 als erstes, a^1 in Takt 39 als viertes Sechzehntel. Zu diesen Sechzehntel-Positionen auf 2, 1, 4, 1, 1, 4 sind noch die Verschiebungen auf das erste, zweite oder dritte Viertel des 3/4-Taktes mit einzukalkulieren. Durch die unregelmäßige Verteilung der Tonhöhen und ihrer Dauern entgeht Bach einer ermüdenden stetigen Sequenzierung, die der abwärtssteigende Ostinato mit sich bringen würde. Es ist zu empfehlen, sich das Thema in der oben gezeigten Gestalt gleichzeitig mit der komponierten Originalgestalt vorzuspielen.

In den Sequenzführungen verwendet Bach die aus der Mehrstimmigkeit leicht zu übernehmende Parallelbewegung. Die Möglichkeit der Auflösung in Scheinstimmen ist etwa im folgenden Beispiel aus dem ersten Satz der *d-moll-Partita*, Takte 11/12, ebenso klar wie einfach komponiert:

Es ist eine einfache Abwärtsbewegung von eigentlich zwei Stimmen – man beachte die Phrasierungsbögen Bachs! –, wobei die untere Stimme nochmals in zwei Stimmen aufgespalten erscheint. Alle Stimmen bewegen sich jedoch in gleicher Richtung und offenkundiger Stufenfolge. Die Parallelstimmen haben die Abstände eines Quartsextakkords.

Die Takte 55–58 des letzten Satzes der vorhergehenden *a-moll-Sonate* bilden zwar auch eine Sequenz, sind aber aufgrund geringfügiger Unregelmäßigkeiten bedeutend komplexer. Oberstimme und Unterstimme dieser als dreistimmig aufzufassenden Stelle bilden eine eindeutige Sequenz:

Beide Stimmen imitieren sich im chromatischen Gang von a bis e, beide Stimmen haben Oktavumfang. Die Mittelstimme dagegen ist von Anfang an nicht an der Sequenz beteiligt. Dies ist bis zur Mitte des vorletzten Taktes 57 allerdings kaum auffallend, da diese Stimme in die Mitte zwischen die beiden klar sequenzierenden Außenstimmen gelegt ist. Erst in Takt 57 erhebt sie sich in einem sprunghaften Stimmkreuzungsvorgang von a^1 zu a^2 über die ursprüngliche Oberstimme, geht nach h^2, von da die Tonleiter abwärts, mündet mit der ursprünglichen Oberstimme über d^2 nach c^2 in Takt 58, trennt sich wieder von ihr, nach d^2-a^2-gis^2 gehend und sich ideell in a^2 auflösend, dem vierten Oberton von a. Hier die ganze Mittelstimme:

Durch diese Stimmkreuzung wird die Abwärtstendenz aufgefangen und die Sequenz durch legitime Raumerweiterung nach oben interessant gemacht, obwohl diese bis zum Schlußton regelmäßig weitergeht. Beispiel: Takte 55–58

Eines der komplexesten Sequenzbeispiele findet sich kurz vorher in den Takten 44–47. Äußerlich gesehen eine dreifach aufsteigende Sequenz, wobei Takt 46 sogar notengetreu das Sequenzmodell von Takt 45 (eine Stufe höher) wiederholt:

Die Unregelmäßigkeit in Takt 44 deutet aber auf kompliziertere Verhältnisse unter der Sequenz-Oberfläche hin: Wir haben es in Wahrheit mit einer fünffachen Imitation zu tun. Die einzelnen Stimmen sind folgende:

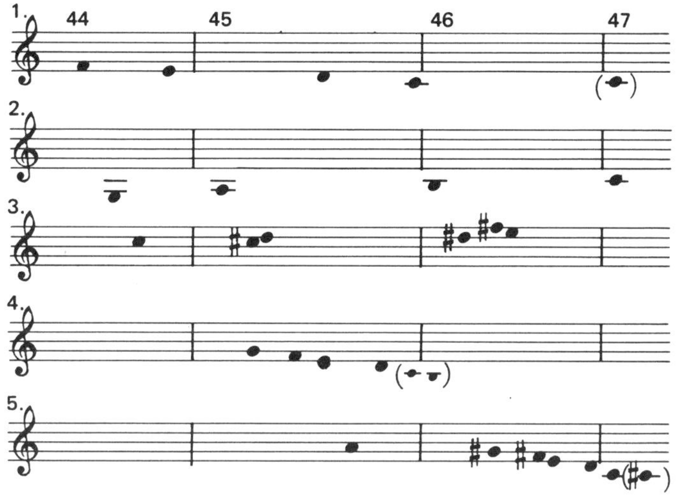

Folgender Hörvergleich ist zu empfehlen: zunächst die Stimmen, von denen eine chromatisch verläuft, zwei Aufwärts-, drei Abwärtsbewegung haben und alle fünf den Quartumfang nicht überschreiten, sofern man die fünfte Stimme a¹-c¹ in zwei Teile teilt: a¹-e¹ und fis¹-c¹ (als Umkehrung zur dritten chromatischen Stimme, die sich von c² nach fis² bewegt); sodann die Stimmen in ihrer zusammenhängenden Aufeinanderfolge, siehe Beispiel oben als Partitur; zuletzt die Stelle im Original, die durch ihre starke Rhythmik den Stimmenverlauf fast verdeckt.

Der Quartumfang der Stimmen deckt sich mit dem Quartumfang der Sequenzimitation im vorhergehenden Beispiel, wie auch am Anfang dieses Satzes – etwa in den Takten 1–3 – die Quarte und ihre Umkehrung, die Quinte, eine große Rolle spielen:

Man kann hier unschwer einen Zusammenhang herstellen zwischen den fünf Stimmen der vorhin besprochenen Imitation und dem thematischen Material des Satzes überhaupt, das innerhalb der Einstimmigkeit in mehrere sich überlagernde Zeitdimensionen projiziert ist.

Daß Bach in seinen einstimmigen Linien tatsächlich die Künste des Kontrapunkts – Umkehrung, Verlängerung, Verkürzung, Bereicherung durch (zum Beispiel chromatische) Zwischennoten – anwendet, zeigt ganz klar der letzte Satz der *g-moll-Sonate*, etwa in den Takten 17–43. Das Tonleitermaterial wird in Takt 5 exponiert:

Takte 17–24:	Tonleiter aufsteigend in punktierten Halben (doppeltaktig)
Takte 25–28:	Tonleiter aufsteigend, jetzt um die Hälfte verkürzt (ganztaktig), punktierte Viertel
Takt 29:	Tonleiter absteigend, um das Zwölffache verkürzt, in Sechzehnteln
Takt 30:	Tonleiter aufsteigend, um das Sechsfache verkürzt, in Achteln
Takt 31ff:	Tonleiter abwechselnd in Sechzehntel- und Achtelbewegung.

Von Verzahnungen der thematischen Schichten wurde ganz abgesehen. Sie erlauben Bach mit ihrer Verschiedenzeitigkeit einen Satz in reiner Sechzehntel-Bewegung im Presto zu schreiben, ohne daß daraus ein Perpetuum mobile würde. Jede Tonhöhe taucht zwar real nur als ein Sechzehntel auf, jedoch die Dauer bis zum nächsten zur Schicht gehörenden Sechzehntel muß miterlebt werden. Nur daraus resultiert die Komplexität der Zeitschichtung. Da Dreiklang und Tonleiter das thematische Material bilden, möchte man wegen dieser Allgemeinheit und eigentlich Unprofiliertheit des Materials – man denke auch an die Ähnlichkeit barocker Instrumentalfiguren! – versucht sein, seine Hauptaufmerksamkeit nur auf diese Zeitverflechtung zu konzentrieren.

In der großen *C-Dur-Fuge*, Takte 253–273, nützt Bach seine Technik der Einstimmigkeit aus, um aufzulockern. Man denkt, ein Zwischenspiel zu hören, und bemerkt kaum, daß auf g^2 und auf c^3 zweimal das Fugenthema mit dem dazugehörigen chromatischen Kontrasubjekt hineinverwoben ist.

Eine genaue Komposition von vier Scheinstimmen, die sich imitieren und denen thematisches Tonleitermaterial zugrunde liegt, ist in den Takten 10–16 des *Sarabanden-Doubles* aus der *h-moll-Partita* zu erkennen. Die Realstimme lautet folgendermaßen:

Anschließend die Einzelstimmen mit den entsprechenden Pausen:

1.)

2.)

3.)

4.)

Vier Stimmen, von denen die zweite die Umkehrung ist, imitieren sich. Dabei setzen die Stimmen im kleinen Terzabstand ein: auf h^2 und gis^1 beziehungsweise auf a^2 und c^3. Die Umfänge sind ebenfalls paarweise aufeinander abgestimmt. Zwei Stimmen haben ca. eineinhalb Oktaven, die anderen beiden ca. eine Sext als Umfang. Die Stimmanfänge ordnen sich tonleitermäßig zueinander: c-h-a-gis, eine auf die Einsätze transponierte Schicht. Die Einsatzabstände von fünf, acht und elf Achteln erweitern sich progressiv jeweils um drei Achtel. So schließt sich die Realstimme mit den vier Scheinstimmen zu einer fünffachen inneren Polyphonie zusammen.

Das interessanteste Beispiel horizontaler Tonbeziehungen ist der erste Teil der *Courante* der *d-moll-Partita*:

13
14
15
16
17
18
19
20
21
22
23
24
a2
a1
a

Als ein besonders exponierter Ton erscheint das a, das als a, a^1 und a^2 vorkommt. Es ist zunächst Dominantton und wird gegen Ende des Teiles Tonikaton, da in die Dominante moduliert wird. Besondere Aufmerksamkeit wird durch den Anfang auf das a gelenkt. Es wird deutlich als Quintton exponiert und nimmt für sich den Erwartungs-Charakter in Anspruch, der dem Quintintervall vor allem anhaftet. Das Überraschende ist, daß die verschiedenen Achtel auf das Genaueste kalkuliert sind und sich eindeutig zu Gruppen zusammenschließen. Bei der folgenden Zählung wird die ideelle Auflösung des gis^1 in a^1 im letzten Takt, als dem ersten Oberton zum real erklingenden a, nicht mitgerechnet. Am häufigsten, nämlich 21 Mal, ist a^1 vertreten, das a^2 sechsmal und a ebenfalls sechs Mal. Jede Zahl ist durch drei teilbar. Die beiden außenliegenden a wechseln sich zunächst ab: Takte 2–6 drei a, dann Takte 9–11 drei a^2. In den Takten 16–24 sind die beiden a-Schichten ineinandergeschoben:

$$\text{aa}\ \ \underline{a^2a^2a^2}\ \text{a}$$
T. 20–22

Der Gesamtplan der Verteilung aller drei a-Schichten sieht folgendermaßen aus:

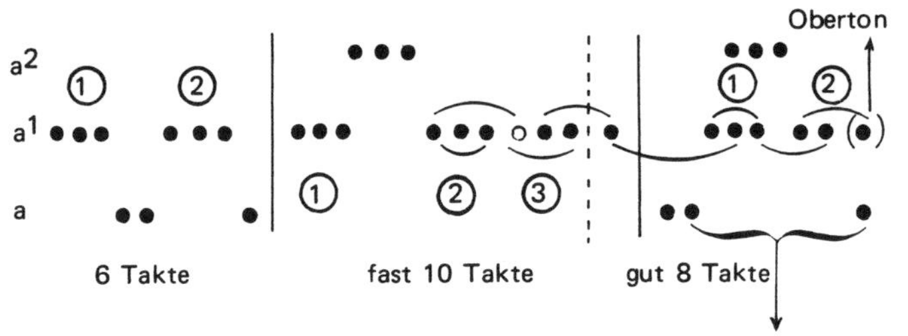

o deutet die Möglichkeit an, die Großeinteilung zu verschieben (⁝), um die Dreiergruppen beizubehalten. Sinnvoller ist eine Vierergruppe. o korrespondiert mit (●), eine Unregelmäßigkeit in der Regelmäßigkeit.

Lücke von 53 Achteln, direkter Bezug erleichtert durch a-gis gis-a (T. 16/17- T. 22/24). Exponierte Stellung des gis!

Die Zahlenverhältnisse geben einen Einblick in die fast serielle Verteilungsweise. Purer Zufall scheint kaum glaubhaft. Zugleich sind wir am Punkt extremster formaler Bezogenheit angekommen. Was hier im Kleinen vollzogen ist, ist eine formale Technik, die ausgeweitet werden kann und an formaler Kraft weit die üblichen Formen übertrifft. Die Durchführung einer Sonate etwa hat zwar das Themenmaterial der Exposition, ist aber auf diese nur indirekt, nicht direkt bezogen, da sie ihren Charakter von der Themenverarbeitungstendenz des Blockes Durchführung allein erhält. Bei Bach ist hier keine Form aus Teilen entstanden, sondern eine Form durch Teilung *einer* Schicht. Jedes a ist direkt auf das folgende a zu beziehen. Die a-Bänder hier, wie auch die Teile, die sich in den früheren Beispielen zu einer Scheinstimme ergänzten, sind in verschieden große Teile zerschnitten. Gleichzeitig haben wir es mit einer typisch tonalen Technik zu tun. Eine Einheit wird nur auseinandergenommen. Man muß hier von einer horizontalen, geschnittenen Tonalität und Formtonalität sprechen. Was für Bach ein kühnes Vorgreifen mit tonalen, also für ihn legitimen Mitteln war, war bei Webern, dessen Material für ihn auf atonaler, also entgegengesetzter Position zu liegen schien, wiederum ein kühner ordnender Griff, was uns nur zeigt, daß Tonalität mit Webern keineswegs aus der Welt geschafft war, zumal Webern selbst fest daran glaubte, auch in seinen Werken einen Grundton zu haben. Bezug genommen werden soll hier auf den zweiten Satz der *Klaviervariationen op. 27.* Ein Hörvergleich der Bachschen *Courante* mit dem Webernschen Satz wird empfohlen.

Weberns Tonalität besteht im Schaffen einer direktbezüglichen Einheit innerhalb eines tonhöhentonal auseinanderklaffenden Zwölfton-Raumes. Die Technik Bachs lief auf eine Differenzierung und Sprengung eines einheitlichen tonhöhentonalen Kadenz-Energieraumes durch geschnittene horizontale Formtonalität hinaus. Bach und Webern erscheinen als Gegenpole extremer Ausgangspositionen, deren technisches und musikalisches Vorwärtsschreiten sich aber beinahe im selben Punkt zu treffen scheint, der *Sinn* jedoch ist verändert.

Der zur Rede stehende Webernsche Satz aus *op. 27* ist durchgehend zweistimmig, wovon aber nur drei kurze zeitliche Überlagerungen Zeugnis geben. Der ganze übrige Satz scheint in der Abfolge einstimmig zu sein. Jede Schicht wird von einer Reihengestalt repräsentiert, die eine vom Krebsgang (K), die andere von der Krebsumkehrung (UK). Jede Schicht hat zweimal zwei Reihenabläufe. Der letzte Ton der Reihe ist gleichzeitig der erste Ton der nachfolgenden, ausgenommen beim letzten Reihenwechsel, wo UK mit dem letzten Ton von K beginnt und umgekehrt.

Sinn dieser Ausnahme von der Regel ist die tonale Schließungstendenz: K fängt das Stück mit gis an und beschließt es mit gis, UK desgleichen mit b. Diese Koppelung von gis und b, mit der der Satz anfängt und endet, verweist auf einen weiteren besonderen Umstand: Obwohl die beiden Reihengestalten K und UK in drei verschiedenen Intervallabständen zueinander geordnet sind, ist die Reihe doch so gebaut, daß immer, also alle vier Mal, dem gis von K oder UK ein b von UK oder K, dem a ein a, dem f ein cis, dem g ein h, dem e ein d, dem c ein fis, dem es ein es zugeordnet ist. Das sind sieben Tonhöhenkonstellationen, die in jedem Doppelreihen-Ablauf zweimal vorkommen, die beiden Einklänge a/a und es/es sind bei den Konstellationen als Intervalle ebenfalls doppelt, aber im Gegensatz zu allen anderen Intervall- und Tonhöhenpaaren in ihrer Tonhöhe verschieden. Also: sieben verschiedene Tonhöhenpaare, aber nur sechs verschiedene Intervallpaare im permutierten Spiegelbild (6/6) und vier verschiedene Intervalle:

1, 2^+, 3^+, 4.
(1 = Prim, 2^+ = große Sekunde oder 7° = kleine Septime, 3^+ = große Terz oder 6° = kleine Sext, 4 ↗ = übermäßige Quarte)

Intervallordnung der beiden korrespondierenden Reihenhälften im ersten Reihenablauf:

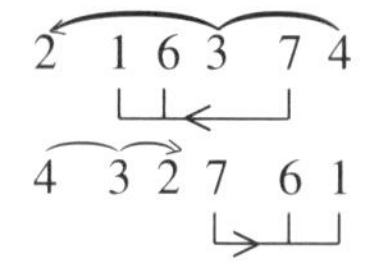

Webern hat eine Tonalität des Intervalls (vier Intervalle: 1, 2^+, 3^+, 4 ↗) zwischen beiden Reihenabläufen geschaffen und weiterhin eine Tonalität der Zahl, das heißt des Reihenstellenwertes. In jeder Reihenschicht werden jeweils die Töne gleicher Platzziffer in K und UK gleich behandelt. Die zum Beispiel öfter sich wiederholenden a^1 sind demnach keine Tonwiederholungen, sondern Treffpunkte der beiden Reihen im Einklang. Daß diese a immer in der eingestrichenen Oktave sind, deutet auf ein weiteres einheitschaffendes Prinzip hin: Von zwölf Tönen der Reihe sind acht immer in derselben Oktavlage. Hier ist die Anwendung des Bachschen Prinzips der direkten Beziehung bei Webern am eindeutigsten. Freilich handelt es sich bei Bach um eine Art von Sprengung der Einheit, bei Webern um Herstellung von Einheit. Beide Komponisten benützen ähnliche technische Mittel. Zum Beispiel bleiben bei Webern die vier Inter-

valle immer dieselben. Ein Auftreten eines Intervalls muß direkt auf sein nächstfolgendes Erscheinen bezogen werden, zwei- bis dreimal pro Reihenablauf. In dieser Logik sind die Reihen aufgebaut und untrennbar miteinander verbunden.

Abschließend soll darauf hingewiesen werden, daß die Werke von Pierre Boulez bezüglich dieser Schnitt-Technik besonderes Interesse verdienen. Auch meine Arbeiten *Traummechanik* und *Epigenesis III* sind – in erheblich erweiterter Form – in solcher Technik konzipiert.

1969

Literatur: Ernst Kurth: *Grundlagen des linearen Kontrapunkts,* Einführung in Stil und Technik von Bachs melodischer Polyphonie, Bern ⁴1956.

Soll man heute noch Beethoven spielen?

Beethovens Gang war der aufrechteste. Er versuchte zu verwirklichen, was unter den Nägeln brannte: soziale Freiheit des Mittelstandes. Dabei unterlief ihm die heroische Geste, das feierliche Pathos der Menschlichkeit. Seine Musik erhielt so den Anspruch des Absoluten. Darin liegt Beethovens Gefahr für uns. Auf die weihevolle Dramatik des Edlen konnten sich Adel und Bürgertum in gleicher Weise verpflichten. Die fortschreitende Fetischisierung verschliff die Scharfkantigkeit seines musikalischen Anspruchs, Beethoven wurde zum Schmucktempel des Bürgertums, die heroische Geste verwandelte sich in eine heroische Pose. Beethovens Edelmut, Kampfgeist, erhabenes Ringen, unerbittlicher Idealismus wurden mißbraucht als Reklame für eben die Werte, die längst zum bloßen dumpfen Gefühl einer wohlig-etablierten Klasse herabgesunken waren.

Was tun gegen hymnischen Leerlauf?
Zerstörung des Absolutheitsanspruchs durch Bewußtmachung der Genesis, des Abgeleitetseins der Musik: richtig verstandene Texttreue! Beethoven gegen „Beethoven heute" zu Hilfe rufen, nicht nur Beethoven beethoven-spielen, sondern auch Mozart, Strauss, Schönberg beethovenspielen. Radikales Abstoßen dessen, was sich als schädlich an Beethoven erwiesen hat.

Ein Fidelio werden, der als braver Junge auftritt, um im entscheidenden Augenblick die Pistole zu ziehen!

1970

Kritisches Komponieren

Was bedeutet kritisches Komponieren? Bei Beantwortung dieser Frage muß man sich im klaren sein, daß „kritisch" ein Veränderliches ist und daß je nach den historischen Bedingungen nur ein *bestimmtes* Verhalten als kritisch bezeichnet werden kann. Wenn Webern zum Beispiel versucht, nach der Denkweise, die Goethe zu dem Begriff des „inneren Modells" gebracht hat, vorzugehen, also nicht von festen gegebenen Gestalten ausgeht, sondern von Urgestalten, die in gleicher Weise alles, was seine Musik ausmacht, bedingen, und wenn er so im Ergebnis eine stimmige Materialkonzeption erreicht, so war das damals kritisches Komponieren. Die Analyse solcher Musik stellt die Elemente, ihren Zusammenhang untereinander und ihre Ausbreitung in der Zeit fest. Was leistet diese Analyse? Sie erläutert die Logik der Struktur in ihren Einzelbereichen. Solche Analyse und solche Kompositionsweise passen zusammen, und Weberns Musik unterscheidet sich in *dieser* Hinsicht nicht von früherer Musik. Insofern hat sie unkritische Elemente, da sie Probleme solchen musikalischen Denkens nicht als problematisch empfindet. Die Problematik liegt darin, daß eine Analyse die Auswahl der Elemente und die Spielregeln ihrer Komposition feststellt und sonst nichts; das heißt, sie bestätigt zwangsläufig das Werk. Man könnte diese Situation eine a-cappella-Situation nennen.

Derartige Analyse, die gleichzeitig das vergangene kompositorische und musikalische Denken charakterisiert, sagt nichts aus *über* die Elemente der Komposition. Im jetzigen Abschnitt unserer Geschichte aber treffen wir Voraussetzungen an, die uns befähigen, diese Problematik als solche zu erkennen und nicht mehr der alten, jetzt reaktionären und opportunistischen Methode zu folgen, schon Dagewesenes zu variieren, neue Schläuche für altes Wasser zu produzieren, die Verpackung zu ändern, damit die Ware sich leichter und öfter verkauft. Viele heutige Musikproduktionen weisen diese Widersprüche in unerträglichem Maße auf.

Heute bedeutet ein kritisches Komponieren analytisches Komponieren, das nicht einfach Musik herstellt, sondern über Musik Auskunft gibt. *Neue* Musik sagt etwas *über* Musik. Das aber geht sinnvoll nur, wenn sie etwas über den Menschen aussagt. Unabdingbare Voraussetzung ist dialektisches Bewußtsein. Wenn der Mensch sich musikalisch verhält, gehorcht er zwar den Bedingungen musikalischen Materials, aber sinnlos wäre es, zu behaupten, er würde sich plötzlich gänzlich anders verhalten als sonst. Die Radikalität steckt genau darin, wo Marx sie gesehen hat: „Die Wurzel für den Menschen ist aber der Mensch selbst". Der Platz, von dem aus die verschiedenen Richtungen einschlagbar sind, ist die menschliche Praxis. Von da her gesehen wird deutlich, wie blind ein Denken bleiben muß, auch wenn es äußerst differenziert, spezialisiert und gescheit ist, wenn nur in entfremdeten Einzelsphären gearbeitet, gedacht und analysiert wird, denn diese Produktionen ergeben ein sinnloses und zufälliges Ganzes. Niemand hat heute etwas davon, daß sie da sind, nur die leer funktionierenden Apparate. Hat man aber einmal in Bewußtsein und Praxis die Basis erreicht, von der aus der Mensch im Mittelpunkt steht und nicht etwa die Musik, weil man zufällig Komponist ist, beginnen alte Nebelfelder sich zu lichten, macht man nicht Kultur, sondern leistet Arbeit, nützliche für den Menschen, den Menschen als Gattung wohlgemerkt, und dies *bewußt* in einem bestimmten historischen Zeitabschnitt mit bestimmten historischen Bedingungen. Ich denke, jetzt wird auch deutlich, wo die Probleme der neuen Musik liegen: nicht im Material, in der Technologie und anderem, sondern im Menschen, in der Gesellschaft. Gleichzeitig sind die Probleme keine speziellen mehr, sondern allgemeine. Sie gibt es auch in anderen Bereichen menschlichen Lebens: Die Problematik der Musik drückt sich aus in der Problematik der menschlichen und gesellschaftlichen Wirklichkeit und nicht in der entfremdeten Musiksphäre allein.

Soweit gekommen, ist es unmöglich, die Schwierigkeiten zu verkennen. Avantgardisten- und elitären Marxisten-Hochmut wird man sich angesichts der wahren Einsicht in die lebendige Wirklichkeit nicht leisten können. Ein „Ablehnen" kommt nicht mehr in Frage, nur ein „Aufarbeiten".

Dabei ist eben nicht zu übersehen, daß die oben angedeutete abgekapselte musikalische Denk-, Kompositions- und Analyseweise durchaus von Menschen getragen, also menschliche Wirklichkeit war und noch ist. Heute hat kritisches Komponieren hier seine Arbeit zu leisten. Ausgepichter Avantgardismus hat keinen Platz.

Dem Versuch, durch kritisches Komponieren und kritisches Hören es Musik möglich zu machen, aus ihrer bisherigen Sphäre herauszugreifen und ihre Scheinwirklichkeit abzustoßen, setzen sich Bedingungen eben dieser Musik entgegen, Bedingungen ihrer geschichtlichen Konkretion und der Arten ihrer Konsumtion.

Die Schallschwingungen von Musik haben die Kraft, sich unmittelbar und direkt umzusetzen und Parallel-Schwingungen im Menschen zu erzeugen. Durch derartige Mitresonanz, die durch Beeinflussung eines schwingenden Systems auf ein anderes schwingungsfähiges System entsteht, wird der Hörer meist vollständig in Anspruch genommen. Töne und Klänge sowie deren Zeitprojektion erhalten so die nicht zu unterschätzende Aura des Selbständigen. Sie vergegenständlichen sich, werden so gegeben und fertig wie Natur selbst. Dem passen sich Komposition und Musikhören allzu leicht an, die die alte magische und kultische Gebrauchsfunktion der Musik immer noch ermöglichen, sich den bewährten Griff in die Nebelkiste gefallen lassen. Musik ist noch gar nicht säkularisiert.

Solchermaßen entstehende Verabsolutierungsgefahr schafft Gefahr von Scheinwirklichkeiten und hindert uns daran, aus Musik zu lernen, aber nicht nur irgendeine nebulose, fetischisierte Sensibilität, sondern die Beziehungen zwischen Musik und menschlicher Praxis. Gemeint ist, das sei unmißverständlich gesagt, nicht Musik mit politischen Texten oder Widmungen an politische Opfer – das tastet Musik nicht an –, sondern Beziehungen, die sich ausdrücken im verschlossensten Inneren, nicht nur etwa das Verhalten von Lautstärken, sondern auch deren Beziehung zu der sie tragenden Tonsubstanz bis hinein in die subtilsten Klangfarbennuancen. Kritisches Komponieren bedeutet da also aufdecken und Bewußtsein schaffen dafür, womit in Musik eigentlich umgegangen wird. Verselbständigung der Klänge muß dazu zerstört werden.

Das hat Konsequenzen für Komposition überhaupt. Gewisse eingefahrene Praxen werden unbrauchbar, ja gefährlich und feindlich. Kritisches Komponieren behandelt Probleme, die den Menschen betreffen, aber sich in Musik widerspiegeln – unter deren Bedingungen, versteht sich. Dabei werden zwei Dinge fallen: 1. Komposition, die fertige Wirklichkeiten zu konstruieren versucht, das heißt: der Werkcharakter. Die Folge daraus ist natürlich nicht Improvisation oder das probate Mittel, statt Konzertsälen Marktplätze als Aufführungsorte zu nehmen, statt Stücke einzeln diese gehäuft und gleichzeitig anzubieten, den Hörer also zwischen Gleichartigem eine Scheinwahl treffen zu lassen. Das scheinen mir wenig grundsätzliche Änderungen, die zudem zu nichts verpflichten. 2. Das Hören und die Beschäftigung mit derartiger (kritischer) Musik findet im Konzertsaal nicht mehr die richtige Atmosphäre. Diese ist gekennzeichnet vom Kulturbetrieb, der keinerlei Wille zur *Arbeit* aufkommen läßt.

Musikhören bedeutet in unserem Falle kritisches Hören und kritische Arbeit an sich selbst. Es gibt also nicht mehr den Starkomponisten, den Macher von fertigen Wirklichkeiten, aus denen er sich selbst elegant zurückziehen kann, nicht mehr das Publikum, das durch Beifall seine Teilnahmslosigkeit demonstrieren kann. Vielmehr stehen Komponist und Mitmenschen dadurch, daß die Probleme keine individuellen, sondern allgemeine sind, in gleicher Weise als Arbeiter vor den Problemen, die der Komponist zwar gesehen und dargestellt, aber nicht gelöst hat. Allgemeine Probleme sind nur gesellschaftlich zu lösen. Die Beziehung zwischen Individuum und Gesellschaft ist dialektisch. Nur die Arbeit, aufgefaßt als Bestimmungsmittel des menschlichen *Wesens*, wird schöpferisch diese jetzt bestehende Kluft zwischen den Menschen verschwinden lassen. So sieht Verantwortung dem Menschen als Gattung gegenüber aus. Der Eigennutz wird zum menschlichen Nutzen.

Die Voraussetzung kritischen Komponierens ist kritisches Hören. Solches Hören ist genauso schwer und mit den gleichen Hindernissen belastet wie kritisches Komponieren. In unserer jetzigen historischen Situation besitzt das Hören und mit ihm die Musik diesbezüglich noch erhebliche Undeutlichkeit und Unverbindlichkeit. Auch die Kompositionen, die in die oben dargelegte Richtung gehen, besitzen diese Undeutlichkeit.

Ein von mir in *Aion* und *Anerkennung und Aufhebung (Lukács)* angewandtes Mittel ist das, verschiedene Sphären menschlicher Praxis, darunter auch die der Musik, zusammenzubringen, so daß die eine Sphäre die andere aufschlüsselt und umgekehrt. Dabei sind die Schichten in verschiedener Deutlichkeit anzulegen, um Undeutlichkeiten – zum Beispiel von Musik – deutlicher zu machen, auch und besonders in ihrer Beziehung zu Sphären, die angeblich mit Musik nichts zu tun haben, in sich selbst aber eine eindeutigere Sprache sprechen.

Texte sind wertvoll, wenn sie als eine zusätzliche Sicherungsvorrichtung fungieren. Texte können aber Musik und deren konkrete Wirklichkeit nicht ersetzen. Es handelt sich um praktische Theorie. Daß Texte in Komposition nichts zu suchen hätten, weil die Probleme in der Komposition ausgetragen werden müßten, kann nur behaupten, wer die Probleme und deren Schwierigkeiten nicht kennt. Auch Musiker müssen Menschen mehr lieben als Musik. Sie ist kein Selbstzweck, sondern soll dienlich sein. Gerade da muß man präzisieren: dienlich wofür? Wer einer Musik das Wort redet, die etwas über sich und damit über den Menschen, der mit ihr umgeht, aussagt, darf sich nicht durch Legalität oder Illegalität, beide von herrschenden Ideologien festgelegt, behindern lassen. Da gibt es kein ästhetisches, politisches, technologisches oder avantgardistisches Tabu, das zu beachten wäre, da sind auch Peinlichkeiten nicht zu ersparen. Dürfen und Nichtdürfen darf sich *der* nicht vorschreiben lassen von herrschenden Meinungen, die bestimmen, wie Musik oder neue Musik zu sein habe, sondern nur von seiner *eigenen* dialektischen Radikalität, der also, der die Probleme, und zwar die menschlichen Probleme, an der Wurzel anzupacken sucht. Dazu ist er angewiesen auf die Hilfe kritischer Hörer. Diese Hilfe hat aber nur Sinn, wenn kritische Hörer an sich selbst zu arbeiten mindestens ebenso bereit sind wie an dem, was für ihre Mitmenschen gedacht ist. Den Arbeitsprozeß haben Hörer und Komponist, aber auch Nicht-Hörer und Nicht-Komponisten *gemeinsam* durchzustehen.

29. April 1972

Der Komponist Günter Bialas

Zum 65. Geburtstag meines Lehrers

Wenn ein Schüler über seinen ehemaligen Lehrer zu schreiben versucht, muß er gleichzeitig Arbeit an sich selbst leisten. Er hat über etwas nachzudenken, durch das er selbst hindurchgegangen ist. Es ist also gleichzeitig eine Reflexion über sein eigenes Verhalten zur Musik und Komposition. Die Spurenelemente, die vom Lehrer kommen, müssen als von ihm abhängige analysiert werden. Solches Wissen, das zum Bewußtsein wird, gehört wesentlich zum Lehrer-Schüler-Verhältnis, und niemand sollte es sich ersparen.

Gerade ein solch notwendiges Unterfangen scheint bei Bialas schwer, hat man doch als Schüler den Eindruck, wenig beeinflußt, überhaupt nicht zu etwas gezwungen zu werden. Es bleibt auf der Ebene der Kritik, so scheint es, bis man merkt, daß gerade *das* das Persönlichste an Bialas ist: Er kann mit Intelligenz und Sachverstand in künstlerischen Dingen urteilend denken, auch da, wo er eben diese Dinge für seine eigene kompositorische Arbeit nicht verwendet. Völlig fehl ginge man, Bialas einen toleranten Lehrer zu nennen, der sozusagen nur duldet, was er selbst nie machen würde. Im Gegenteil entspringt sein Lehrverhalten einer genauen Kenntnis der Leistung seiner Schüler – oder seiner Kollegen – und seiner eigenen. Bialas ist menschlich in einer Art, auf die zu horchen noch schwer ist. Seine innere Präzision und sein eminenter Kunstverstand haben auch seine Stellung zum Avantgardismus nach 1945 geprägt. Nie hat er einen Entnazifizierungs-Zwölfton-Stil sich angeeignet, der manchen Kollegen und ihrer Musik reklameträchtig genug aufgeholfen hat. Heute, wo man beginnt, zum Avantgardismus westlicher Prägung ein anderes Verhältnis sich zu erarbeiten, andere Dinge für wichtiger zu erachten, werden Komponisten wie Bialas in die vorderste Reihe rücken. Man wird sich der Analyse des Menschlichen mehr zuwenden als der bloßen Analyse entfremdeter Werke und ihres „rein musikalischen" Entwicklungsstandes. Doch wäre es verfehlt, in Bialas diesbezüglich einen Kämpfer zu sehen. Man wird so etwas bei ihm nur finden können, aber nicht serviert bekommen.

Beispiel 1

Klavierkonzert, 3. Satz, Takt 104

Dies würde ganz der Bialasschen Haltung widersprechen, die Musik nicht zu sehr zu belasten mit irgendwelchen Ausdrucksgesten. Extreme finden sich in seinen Partituren nicht. So arbeitet

Beispiel 2

Klavierkonzert, 3. Satz, Takte 102–104

er meistens mit Dauern von Achteln, Sechzehnteln und Vierteln (natürlich in verschiedenen Tempi), Zweiunddreißigstel finden sich selten, lange Töne oder Akkorde halten sich in Grenzen, auch die Lautstärken, obwohl von ***pp*** bis ***ff*** reichend, machen nie den Eindruck einer Überdosierung, desgleichen die Klangfarben, die nie überstrukturiert sind. Seine Werke basieren auf tonalen Tonbeziehungen. Diesem Material entsprechen die Spielweisen, Rhythmen, Lautstärke- und Klangfarbengesten. In sich ist das Material nach allen Richtungen stimmig. Selbst ein Harfenglissando bleibt als diminuiertes Tonmaterial deutlich (Beispiel 1):
Es handelt sich hier eindeutig um Strukturierung der Dauer ♩ beziehungsweise ♩. durch verschiedene Unterwerte: 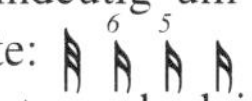; die Harfe behält die Vierteldauer und hat von allen Instrumenten die schnellste und gleichmäßigste Skalenbewegung aufwärts. Es ist nicht nur ein Klangeffekt, sondern das Tonmaterial ist aus den übrigen Instrumenten zusammengeholt. Betrachtet man diese Stelle genauer, gibt sie Aufschluß über das logische Verhältnis der Parameter. Dazu seien die Takte 102–104 hier abgebildet (siehe Beispiel 2).

Das Problem der Einheit, ein Problem der Tonalität und ihrer verschiedenen Konkretionen, ist hier kompositorisch dem Tonhöhenmaterial analog richtig behandelt. Diese Stelle zeigt genau dieselben Fluktuationen zwischen Einheit und Vielheit wie die tonalen Verhältnisse der Tonhöhen. Das Tonhöhenmaterial hat folgende Ordnung:

Beispiel 3

Alle Töne zusammen ergeben die chromatische Totale. Die Einzelausschnitte sind jedoch bei a, a¹ und c nach dem Dreiton-Gesetz diatonisch, b und b¹ bis auf die angekreuzten Töne ebenfalls diatonisch verständlich. Die Lage dieser beiden chromatischen Töne macht deutlich, daß b¹ der Krebs der Intervalle von b ist, ein Prinzip, das auch a¹ von a abhängig macht; c und d sind aus a und b zusammengesetzt und spiegeln sich selbst. Fünf Elemente bilden das Material. Bei Einheit des Umfangs und gleichen Symmetrieachsenverhältnissen von a/a¹ und b/b¹ Verschiedenheit der Beziehungen durch Spiegelung, bei Einheit der Richtung und Verwandtschaft Verschiedenheit in den Umfängen: Quinte, verminderte Quinte, Quarte, Sexte, Septime (regelmäßige Reihung: 4 4↑ 5 6 7). Geht man von cis aus und setzt diese Intervalltöne der Umfänge darüber, ergibt sich eine Variante von Material b¹ (mit a statt b).

Im rhythmischen Bereich entspricht der Einheit der Ausfüllung der Vierteldauer (Dauer ♩. immer mit Gruppe c verbunden 

♩ = Quarte)

die Verschiedenheit der Untergruppierungen, und zwar in doppelter Hinsicht: der Dauern, der Tonhöhengruppen und der Instrumente. Die Dauernschichten zeigen Einheit in sich, Verschiedenheit im Verhältnis zueinander:

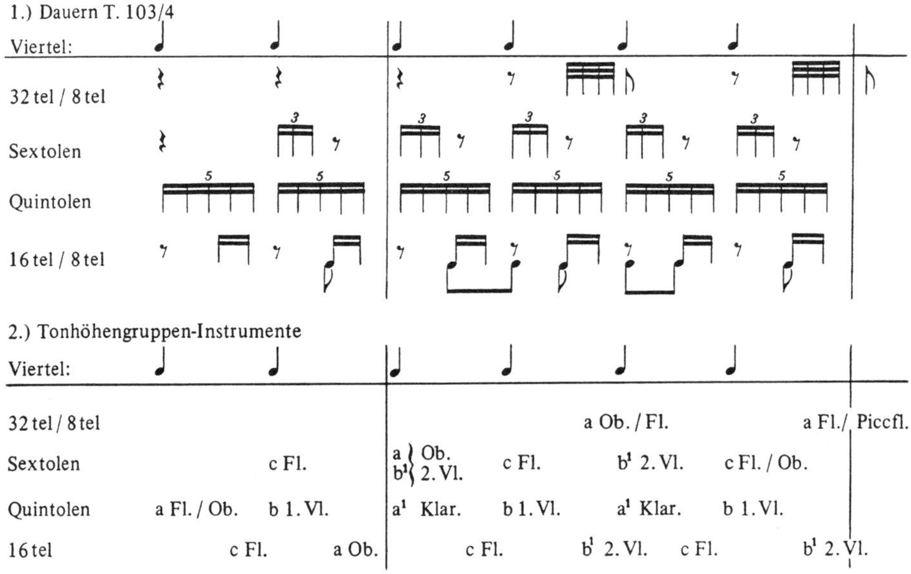

Aufgrund dieses Schemas ist deutlich zu erkennnen, wie durch Kreuzung mehrerer Schichten Verschiedenheiten entstehen, zum Beispiel: a Oboe Flöte/a Oboe Flöte: Einheit, 1. Mal Quintole, 2. Mal Zweiunddreißigstel: Verschiedenheit; oder: a zweimal in der Zweiunddreißigstel-Schicht, Instrumente Oboe Flöte/Flöte Piccolo verschieden. In der Quintolen-Schicht finden sich die stärksten Einheiten: zum Beispiel a^1 zweimal Klarinetten, b dreimal 1. Violinen. Diese Einheiten sind aber wiederum verschieden lang gebündelt. Zwei weitere Einheiten, nämlich Oktavkoppelung und überhaupt Oktaven (des^3-cis^4-Cis) sowie die Tatsache, daß die einheitliche Lautstärke ***ff*** ist, sind nur innerhalb dieser aus dem chromatischen Total herauskristallisierten, vorwiegend diatonisch gebundenen Gruppen möglich. Immerhin haben Violoncelli und Kontrabässe einen Akzent, die Fagotte nicht. Auch wird die große Trommel das Quintintervall verschieden verzerren.

Die Neigung von Bialas, nichts aus der Strukturierung zu entlassen und aus tonalen Einheiten logische Verschiedenheiten zu machen, eine Methode, die ihm gestattet, tonale Spielweisen überhaupt zu verwenden, läßt ihn auch Stimmen komponieren, so daß Farben moduliert werden. Beispielsweise *Klavierkonzert* 1. Satz Takt 1: Grundfarbe f^1-c^2 Viola/2. Violine, Dauer ♪‿𝅗𝅥‿𝅗𝅥, gleichzeitig Harfe, Dauer ♪‿𝅗𝅥 und Oboe, Dauer ♪, Lautstärken ***pp*** con sordino, ***p***, ***p***; oder e^3 1. Violine Flageolett, Dauer 𝄿 ♪. 𝅗𝅥. ‿ ♩, gleichzeitig Harfe, Dauer 𝄿 ♪ 𝄿 und Flöte, Dauer 𝄿 ♪ 𝄾, Lautstärken ***pp*** con sordino, ***mf***, ***p***. Das Tremolo der 1. Violinen bekommt Färbung durch ***tr*** ~~~~~~ der kleinen Trommel. Diese Technik läßt sich in vielen Werken feststellen.

Auch so einfachen Phänomenen wie dem Triller entreißt Bialas Struktur: zum Beispiel ist Takt 79 im 3. Satz des *Klavierkonzerts* so strukturiert, daß der tatsächlich vorkommende Triller mit seinen einheitlichen Notenwerten und den ihn konstituierenden skalenmäßig benachbarten Tönen als ein Sonderfall zu hören ist, innerhalb einer Skala von Ruhe zu Bewegung:

Beispiel 4

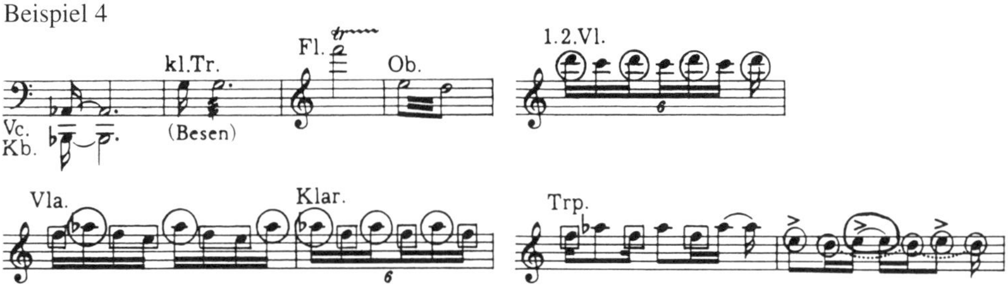

Die Übereinanderschichtung von Viola, Klarinette, Trompete bedingt eine strukturierte Trillerbewegung von e^2/f^2 und e^2/d^2 sowie eine Wiederholungsbewegung des as^2 mit drei ineinandergehenden Klangfarben, die eine Weiterentwicklung des As im Violoncello darstellt.

Von dieser Art genauen Komponierens ist es nicht mehr weit zur großen Fläche des „Klangsatzes", der bei Bialas in verschiedenen Gestalten zu finden ist. Von der Technik, Einheiten genau zu komponieren, ausgehend, ist der Klangsatz doch eine andere musikalische Sphäre, verwandt auch mit Heterophonie. Der Klangsatz ist es, dem Bialas größere Längen zubilligt (dafür eben die genaue innere Strukturierung), die kreisenden Bewegungen, die jetzt wie eine Einheit der Vielfalt wirken. Dazwischen gibt es eine ganze Skala von Übergängen zwischen den beiden Polen, wo einmal die Einheit zerstört und einmal die Einheit hergestellt wird – mit verschiedenen Quantitäten gleicher Technik!

Wenn sich Bialas Einfachheiten erlaubt, dann sind sie distanziert, als Zitate zu verstehen. So gibt es in seiner Oper *Die Geschichte von Aucassin und Nicolette* zum Beispiel Tremolo von Kontrabaß, Pauke und kleiner Trommel bei der Gefangennahme Nicolettes oder Fortissimo und Tremolo für Erregung (gespielte!) des Sich-wieder-Treffens, ein Jagdfinale im Triolenrhythmus, einen Marsch, eine Barcarole, einen Walzer, ein Notturno und Serenade, ein Chanson, ein Lied etc. Alles dies genauso distanziert wie etwa das Klopfen mit Fingern auf dem Holz der Violinen und Bratschen als eine Art makabren Tuschs zu den Worten: „Der König, meine Herrn Richter, der König ist tot." Selbst einen Refrain gibt es, den man leicht nachpfeifen kann:

Beispiel 5

Bialas ist das, was man als echten Künstler bezeichnen kann. Er besitzt einen untrüglichen Geschmack, der nie irgendwelche Dinge entgleisen läßt. Es ist in der Musik nicht einfach, diesbezüglich Deutliches zu sagen. Aber ein sicheres Anzeichen für Präzision, *menschliche* Präzision, ist die Behandlung von Crescendo und Decrescendo in einer Komposition. Dabei muß sehr deutlich noch unterschieden werden zwischen Komposition und der Persönlichkeit des Ausführenden, der seine eigene Geste noch mit ins Spiel bringt. Crescendi und Decrescendi haben mehr als doppelten Boden. Einige Beispiele seien noch angeführt, hier zunächst die Oboenstimme der Takte 6–8 im 2. Satz des *Klavierkonzerts* (Beispiel 6):

Beispiel 6

Dieses Crescendo, zu Anfang noch eine Verinnerlichung im Sinne des Espressivo, reicht – je nach Quantität – fast bis an die Grenze eines Crescendos, das sich gleichsam von der es tragenden Melodie abzuspalten sich anschickt mit der Geste „wie espressivo mache ich doch die Melodie", einer Geste der Schenkung, der Huld und Herablassung, einer unreinen Geste. Bialas mildert dies durch die dünnere Klangfarbe der hohen Lage (im Crescendo können dadurch Spuren von Anstrengung wahrgenommen werden, die eine andere Art von Crescendo darstellen) und durch die Senkung der Melodiekurve nach unten mit gleichzeitig verinnerlichendem Decrescendo. Wie schon erwähnt, kommt es hier auf die Interpretation in hohem Maße an. Außerdem sei noch verwiesen auf den weichen Horn-Streicher-Akkord, gegen den die Oboe sich durchzusetzen hat und der dem Oboen-Crescendo Quantität wegnimmt.

In den Takten 8–15 des 1. Satzes seines *Klavierkonzerts*, eines besonders schönen und zarten Klangsatzes, gibt es ab Takt 12 ein Crescendo, gekoppelt mit Stringendo. Dieses Crescendo leistet den Ausbruch aus den kreisenden Bewegungen und gibt sein Forte an die Blechbläser weiter. Es ist der Typ des Crescendos, der Konturen schärft, aktiviert, umschlagen läßt (man vergleiche dazu mein *Harakiri*). Töne können sich horizontal wie vertikal verschieben und gruppieren, Lautstärken machen sie dick oder dünn, breit, wichtig, gewichtig, zart, roh usw. Lautstärken bilden Körper, Lautstärkeverhältnisse Gruppen oder Gesellschaften von Körpern. Solches Sich-Verhalten läßt Rückschlüsse auf den Produzenten zu und öffnet gleichzeitig eine schmale Gasse, durch die der Musik Gefährliches entrissen und gegeben werden kann. Bialas benützt Lautstärken in üblicher Konzeption. Trotzdem gibt es nie Rohes und Brutales in seinen Kompositionen. Vor allem die Zeit, in der sich Dynamik ereignen darf, meidet jegliche Extreme, die ein Phänomen zu sehr exponieren könnten. Besonders interessant ist der Vergleich der Lautstärken des Anfangs der *Invokationen* mit seiner Korrespondenzstelle am Schluß ab Takt 163 ff. Dem Anfangs-Crescendo, das demgemäß typisch um Aufmerksamkeit des Hörers sich sorgt, entspricht ein nachfolgendes Decrescendo. Dieses wird ab Takt 163 ff. alleinherrschend, ohne Crescendo, und nimmt sich so selbst zurück. Im Gegensatz dazu vergleiche man aus dem 3. Satz von Ravels *Klavierkonzert in G-Dur* die Lautstärkeentwicklung jener bekannten Haltestelle, die viermal erscheint (Beispiel 7).

Beispiel 7

T. 90/93

T. 109/13

Anfangs noch mit Decrescendo zurückgenommen, sind die beiden Analogstellen der Reprise eindeutig Fortissimo endend (fis-moll- beziehungsweise a-moll-Akkord). Dem Schliff und der sonstigen Präzision des Konzertes entfremdet, gerät diese Entwicklung immer mehr zur pornographischen Geste: Ausbeutung von Lautstärken zu Zwecken, die sie, nicht entfremdet, nie erfüllen könnten. Ein Zitat aus *Aucassin und Nicolette* mit Ironie und ohne Schmalz kommt ganz ohne Crescendo aus:

Beispiel 8

Bialas lehrt Genauigkeit der Materialkonzeption und Komposition. Das Wichtigste scheinen mir aber jene Nuancen zu sein, die schwer wahrzunehmen sind, gleichwohl menschliche Verhältnisse zeigen. Daran sollte weitergearbeitet werden, eine Arbeit, die Musik und Komposition als *gesellschaftliche* Aneignung bereiten wird.

1972

Zu *Aion*

Als ich 1967/68 bei Nono studierte, wurde ich zum ersten Mal deutlich mit der Tatsache konfrontiert, daß ich „tonal“ komponiere, aber viel Neue Musik kenne. Nono sah Tonalität als etwas, das bestimmte Zeitverhältnisse, Spielweisen, Dauernkonstellationen, Intervalle, dynamische Verhältnisse usw. in bestimmten historischen Formen ausgeprägt habe, die nicht einfach auf irgendein Material übertragen werden dürften. Wer so komponiere, komponiere kapitalistisch, mit der *bürgerlichen* Konzeption von Kunst, die mit dem „Ding an sich“ operiere und die Errungenschaften des historischen Materialismus außer Acht lasse. Auf dieser Basis kam ich zu einer exakten Stellung zu Phänomenen wie Glissando, Echo, tonalen Spielweisen, Virtuosität und den damit verknüpften Problemen, spezifischen Materialproblemen im Sinne eines einheitlichen „richtigen“ Komponierens, Verwendung von Vierteltönen in einem zwölftönigen seriellen Zusammenhang usw., sowie zu einer klareren Beurteilung der Materialbehandlung bei Boulez, Stockhausen, Nono selbst, Cage, Ligeti, oder von sogenannten Techniken wie Aleatorik, Gruppenkomposition und ähnlichen Verfahrensweisen. (Reaktion auf Materialfetischismus!)

Aion, dessen Konzeption in das Jahr ’68 fällt, ist ein – von Nono unabhängiges – Weiterarbeiten aufgrund des Denkanstoßes von Nono, den ich übrigens auch Lachenmann vermittelte, der seinerseits in persönlicher Weise darauf reagierte, zum ersten Mal meines Wissens in *Air* für großes Orchester mit Schlagzeug-Solo. In *Aion* wird versucht, das Problem von Tonalität, aber auch von musikalisch-struktureller Äußerung überhaupt, psychologisch anzugehen. Es ist wichtig, dies im Auge zu behalten, denn ich hatte bei der Beschäftigung mit dem geschilderten Problemkomplex immer ein Unbehagen, vor allem hatte ich Angst, bestimmte Dinge nur zu vermeiden, sie zu verdrängen, aber nicht aufzuarbeiten und zu überwinden. Ich suchte nach einem grundsätzlicheren Schauplatz. Musik allein konnte das ja nicht sein. Ich fand es sinnvoller, vom psychischen Verhalten des Menschen auszugehen, Tonalität also nicht als etwas rein Musikalisches zu betrachten, sondern als ein menschliches Verhalten, das sich auch anders als in Musik ausdrückt, natürlich immer bestimmt durch die Bedingungen eines bestimmten Materials. Die zufällige Lektüre von C. G. Jungs Erinnerungen und anderer Bücher von ihm ließ mich zu folgendem Schluß kommen: Hermann Pfrogner hatte in seiner „Zwölfordnung der Töne“ Tonalität als etwas definiert, das unabhängig von der Dur-Moll-Tonalität auf „Tonbeziehungen“ beruhe, auf dem Sonanzprinzip. Darauf aufbauend definierte ich Tonalität so: Material äußert sich als tonales, wenn es unter archetypischer Spannung steht. Das hieß, Musik war noch nicht einmal säkularisiert. Tonalität erscheint verankert in der psychischen Struktur des Menschen, die ihr irgendwie entsprechen muß. Also: Neue Musik ist kein Problem mehr von Material, das zu finden wäre, sondern von Menschen, die sich verändern müßten, um wirklich neue Musik machen zu können. Musik befand sich somit in einer Übergangsphase, in der Komponieren bedeutete, etwas *über* Musik und den sie produzierenden Menschen auszusagen, Musik klarer und deutlicher zu machen in dem, *was* sie ist. In diesem Sinne ist *Aion* keine Komposition – das wäre eine unlogische Folgerung –, sondern eine Art Arbeitspapier als Arbeitshilfe für den Menschen. Behält man alle diese Voraussetzungen im Auge, wird man den *Weg* nicht verlieren und nicht die Sicherheit während dieses vorgeschlagenen Arbeitsprozesses, da man Basis und Ziel kennt.

Zwei Dinge spielen in *Aion* eine Rolle: 1. die Schichtung in verschiedene Lebensbereiche, 2. der Hinweis auf die archetypische Arbeitsweise unserer Psyche.

Das Schichtennetz sieht folgendermaßen aus:

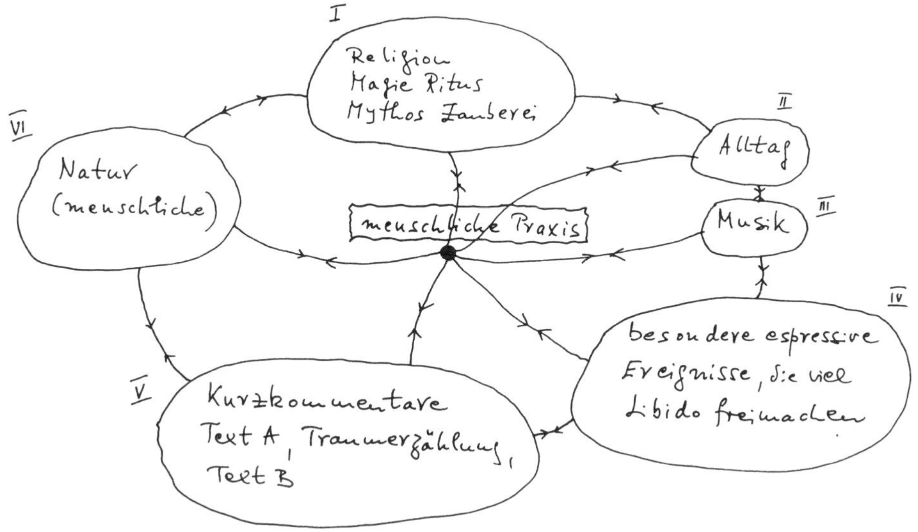

Jeder Bereich ist repräsentiert durch Klänge oder Geräusche als Voraussetzung der Hörbarkeit. Jedoch sind diese oft nur akustische Zeichen für einen viel größeren Komplex, der in ihnen mitverborgen ist. Es gibt keine abstrakte Hierarchie der Abstufungen, da je nach Erfahrung und Kenntnissen des Hörers verschieden. Die stattfindenden Spannungssprünge sind von individueller Heftigkeit.

Materialaufstellung zu „Aion"

A) Konkrete Klänge

Herzschläge verschiedenen Tempos, Nasenatmen, Mundatmen, Pferdegetrappel, Massenschrei, brausendes Wasserrauschen, Glaszertrümmerung, Bremsenquietschen, Feilen auf hohem Blech, Preßluftbohrer, Finger- und Zungenschnalzen, Haarekratzen, Wasserstrahl, Zähneputzen, Ticken vieler verschiedener Uhren, kochendes Wasser mit Deckelklappern, Türenquietschen, Quietschen auf Glasscheibe, wildes Gänseschnattern, Bienensummen, Kinderkreisel mit klingender Hauptkadenz, Isar-Stausee (Wasser-, Schilf-, Wind-, Schaumrauschen), fernes rollendes Flugzeuggeräusch, Pfeilschwirren, zwei Weingläser anstoßend, Luftballon reibend, Würfelwurf aus Lederbecher, langer erregter Atem, Fingernägelknacken, undeutlich sprechende und gehende Masse in großem Raum, ein fahrender Schnellzug, prasselndes Händeklatschen, heftiger Wind, schnell fließendes Flußwasser, Meeresrauschen, starkes Feuerknistern, Traumerzählung, nervöse Alltagsgeräusche als Hintergrund, ein Kinderspielzeug, Sechs-Personen-Ballspiel mit verschiedenen Bällen, eine Radleier, Steinwurf ins Wasser, Grillenzirpen, mit Wasser vollgesogenes Stück Wäsche an Land ziehen (Tropfgeräusche), ein scharfer, krächzender Vogelschrei, kurze Struktur: Klavier, Stuhlrücken auf Parkett, Haarföhn, eine Kinderstimme, ein Violoncello, ein Husten, ein Blitzschlag. (Alle diese Geräusche kommen gewöhnlich nur einmal vor, ihre Dauer schwankt zwischen ca. fünf Sekunden und fünf Minuten.)

B) Stimmen

Ein Sprecher, sechs Bässe (Brummchor für Zaubersprüche), ein gemischter Chor (*ein* Akkord), Einton-Zitate: lyrischer Tenor (Romanze aus *Aida* ohne Orchester), Mezzosopran dreimal, Bariton viermal (aus Schubert, Wolf, Brahms, Schumann, Schönberg, Boulez, Verdi, jeweils nur *Silben* ohne die Begleitung!)

C) Instrumentalisten

Ein Klavier, drei Violinen, ein Violoncello, eine Klarinette, eine Oboe, eine Gitarre, eine Harfe (quasi Kitharas), alle nur für einige kurze Einwürfe.
Ein Schlagzeuger mit mehreren Instrumenten, darunter ein Schwirrholz, eine Äolsharfe, ein Schofar, eventuell kleines Alphorn (wurden in der Realisation nicht benützt)

D) Elektronik

25töniger Sinus-Cluster, Rechteck, Impulsgenerator, Rauschen, Filter, Sägezahn, Generatoren von Sinus zu Rechteck übergehbar, Ringmodulator, Rhythmus- und Klangfarbenmodulation (Übertragung von einem Ausgangsklang auf einen anderen), künstlich hergestelltes Flugzeuggeräusch, Schwebungen von 1/24-Sekunde, meist ziemlich elementare Verwendung der Generatorklänge

E) Gerüche

Verstärkbar, quasi Crescendo und Decrescendo-Wirkung:
Modrig feuchter Abfallgeruch
Orangen-Rosen-Veilchen-Heu-Minze-Kamille-Heidekraut-Duft
Herb-würziger Duft
Kultisches Räucherwerk
Verschiedene süßliche Parfums
Ätzender, scharfer Geruch
Die Gerüche sind eingesetzt wie musikalische Ereignisse.

Bevor ich einige Ketten von verknüpften Klängen zeige, einiges über Archetypen: Das Unbewußte ist als eine objektive und kollektive Psyche zu verstehen[1]. Die Seele ist nicht von heute! Ihr Alter zählt viele Millionen Jahre[2]. Es ist uns bloß gelungen zu *vergessen*, daß uns eine unauflösliche Gemeinschaft mit den Menschen der Antike verbindet[3] (zum Beispiel Ödipus). Die Menschen sind nicht vom Mythos losgekommen. Mythen sind Bilder, urtümliche Bilder mit großer Aufladungsmöglichkeit. Der *Archetypus* ist ein an sich unbewußtes, psychisches Gebilde, das aber Wirklichkeit besitzt, *unabhängig* von der Einstellung des Bewußtseins[4]. Psychische Energien werden mit sinnlichen Vorstellungen verbunden, wobei eine Relationsmöglichkeit zwischen beiden vorhanden sein muß, die sogenannte Imagofähigkeit, das heißt: Die seelische Projektion nach außen muß möglich sein.

1) C. G. Jung: *Symbole der Wandlung,* Zürich [4]1952, S. IX.
2) a. a. O., S. X
3) a. a. O., S. 6
4) a. a. O., S. 94, Anmerkung 28

Es gibt nach C. G. Jung drei Arten der Symbolisierung der Libido:

1. den *analogen Vergleich*: gleich/wie Sonne und Feuer
2. die *kausativen Vergleiche*

a) Objekt-Vergleich: Die Libido wird durch ihr Objekt bezeichnet, zum Beispiel durch die wohltätige Sonne

b) Subjekt-Vergleich: Die Libido wird durch ihr Instrument oder dessen Analogon bezeichnet, zum Beispiel durch Phallos oder – analog – Schlange

3. den *Tätigkeitsvergleich*, zum Beispiel: Die Libido befruchtet wie der Stier[5]

Jung bezeichnet Archetypen nicht als „vererbte Vorstellungen", sondern als „funktionelle Dispositionen"[6]. Sie sind angeborene Dispositionen zu parallelen Vorstellungsbildungen beziehungsweise universelle, identische Strukturen der Psyche, entsprechend den „patterns of behavior"[7]. Archetypen sind jene Formen oder Strombetten, in denen sich der Fluß des psychischen Geschehens von jeher bewegt hat[8].

Es wird deutlich, daß Tonalität auf funktionellen Dispositionen unserer Psyche beruht. Die Projektionen ändern sich, variieren je nach geschichtlicher Epoche der Menschheit. Beispiele für dieses Verhaltensprinzip gibt es etwa in der Geschichte der Instrumentation: Mozart 2 Hörner, Beethoven 3–4, Bruckner 8 Hörner als Anhäufungsvariante der Produktionsmittel, oder harmonisch: etwa Schumann – Wagner – Schönberg. Das „Wie" der Produktion ändert sich laufend, jedoch sehr gering das „Was" der Produktion, das wäre in diesem Falle die funktionelle Energiedisposition, die, je nach den besonderen Bedingungen der Produktionsmittel modifiziert, sich wenig oder nicht verändert hat. Gerade aber darin scheint mir die Zukunftsaufgabe zu liegen. Das „Was" der Produktion muß in größerem Maße veränderbar sein. Das ist ohne den Menschen und von ihm separiert in der entfremdeten Musiksphäre alleine nicht möglich. Ich glaube, das ist eine Lehre, die aus den Erfahrungen der Darmstädter Schule und ihres *Anspruchs*, mit dem sie angetreten ist, zu ziehen ist.

In *Aion* sind die einzelnen Klangereignisse nicht nach akustischen oder seriellen Prinzipien geordnet, das heißt als Elemente für Spielregeln eines sekundären Systems. Insofern gehört das oben Gesagte nicht nur zur ideologischen Ebene des Stückes, sondern sagt gleichzeitig etwas über die Konzeption des Materials. Bis auf ganz wenige Ausnahmen erscheint in *Aion* jedes akustische Ereignis nur ein Mal. Ihr Bedeutungszusammenhang bündelt sie zu bestimmten Schichten und zu thematischen Spannungssteuerungen archetypischer Energieverläufe. Aion selbst ist ein Gott der Mithrasreligion, dessen Statue im Vatikanischen Museum zu sehen ist. Sie ist vollbeladen mit archetypischen Symbolen wie Löwenkopf, Flügel, Donnerkeil, Schlange usw.

Zur kurzen Erläuterung möchte ich eine Archetypenkette vorführen, die sich auf weite Strecken durch das Stück zieht.

I) Archetypenkette

Zündholz (an-aus) – ausatmen – Pferdegetrappel – Sprache: τῷ βοέῳ ποδὶ θύων, ἄζιε ταῦρε, ἄζιε ταῦρε – Rauschen gefiltert (windähnlich/künstlich) – Rauschen/mundhöhlenmoduliert beim Zähneputzen – Pauke – Donnerschlag – Sprache: vel – Φελχᾶνος – Vulcanus (Hephai-

5) a. a. O., S. 161
6) a. a. O., S. 170
7) a. a. O., S. 260
8) a. a. O., S. 385

stos) – Harfe (Kithara-Apollo-Sonnengott) – Lyrischer Tenor sol (Aida/Harfenakkord) – Pfeilschuß und Einschlag – Atem – fahrender Schnellzug (vergleiche Pferdegetrappel) – echter Wind – Liedzitate: „mer", Meer, Wi-(nd), bre-(nnen), rau-(schtest) [Gitarre] – Flußrauschen (Quelle) – Meeresrauschen – Feuerknistern – Instrumente mit welligem Ein- und Ausschwingvorgang: Maracas, Tamtam, kleine Trommel als Tonkern geschnitten, Flexaton, Oboe als Tonkern geschnitten – Schwirrholz – Steinwurf *ins* Wasser – Wäschestück *aus* Wasser ziehen – Woodblock-Schlag – Baumfällen/Holzbrechen

Das Prinzip, das der Verschiedenartigkeit der einzelnen Kettenglieder zugrunde liegt, ist ihre Tauglichkeit, die unterschiedlichen Bereiche des Netzes zu berühren: Natur – Alltag – Musik – Mythologie – Magie – Espressivo (als besonders libidoreich!) – Sprache/Kommentar. Dadurch analysieren und beeinflussen sie sich gegenseitig und zeigen, zumindest ausschnittartig, die Komplexität von Lebensdurchdringungen der verschiedenen Symbole *eines* Archetyps, der ja selbst formal und im Sinne eines Urbildes nicht inhaltlich bestimmt ist[9].

Die archetypische Symbolkette bekommt also durch ihr Wandern durch die verschiedenen Bereiche des Netzes Bedeutung und läßt durch verschieden starke Ladekapazität der Einzelbereiche den Hörer Distanz gewinnen, trennt, ja schützt ihn vor der direkten Wirkung des „Gefangenwerdens". Er ist Beobachter; aber wer nicht viel Arbeit leistet, hat nichts oder wenig vom Stück.

Wie gesagt: Das Verbindende aller dieser Symbole ist, daß sie für Gleiches oder Ähnliches stehen. Feuer – Wind – Glut – Hauch – Ton – Rede sind zeugend; die Sonne *tönt* nach alter Weise, der Sonnenwagen rollt (hörbar), der stampfende (***sfz***?) Pferdefuß erzeugt wie der Blitz, die Sonne „sol" (Verdi, *Aida*-Zitat) tönt hell, hoch, (Tenor, hohes B); der Windgott ist der befruchtende (πνεῦμα); indogermanisch bhâ = leuchten, scheinen, *sprechen*, tönen, glühen[10], ähnlich auch drückt der indogermanische Stamm vel[11] diese Bedeutungsbeziehung aus.

Weitere Dispositionszusammenhänge:
Das Meer und das Wasser sind die gebärende und verschlingende Mutter, die die Sonne verschlingt und morgens blutig gebiert
Baum = Lebensbaum = Mutter, Fruchtbringerin, weibliche Gottheiten wohnen in Bäumen
(Baum – Lebensspender – Totensarg – Wiedergeburt – Totenschiff)

Roßtrappen sind sagen- und fruchtspendende Symbole / Beziehung zum Dämon, Teufel, Blitz
Pfeil als Befruchtung, Begehren, Selbstbefruchtung (eigener Pfeil verwundet = Introversionszustand)

Fällen des Baumes = Entmannung (in ihrer phallischen Bedeutung), Identität mit Mutternatur und dem Sohn (Pentheus-Sage) vorhanden.

Zur Erhärtung dieser Jungschen Deutungen sei ein Text eingefügt, der voller archetypischer Symbole ist und von C. G. Jung in der Übersetzung von Deußen zitiert wird: Was das „geopferte Pferd" bedeutet, sagt Bṛhadâranyaka-Upanishad I, I:

9) Vergleiche C. G. Jung/A. Jaffé: *Erinnerungen Träume Gedanken von C. G. Jung*, aufgezeichnet und herausgegeben von Aniela Jaffé, Zürich und Stuttgart ^{4}1967, S. 410
10) a. a. O., S. 267
11) a. a. O., S. 268/269

„Om!

1. Die Morgenröte wahrlich ist des Opferrosses Haupt, die Sonne sein Auge, der Wind sein Odem, sein Rachen das allverbreitete Feuer, das Jahr ist der Leib des Opferrosses. Der Himmel ist sein Rücken, der Luftraum seine Bauchhöhle, die Erde seines Bauches Wölbung; die Pole sind seine Seiten, die Zwischenpole seine Rippen, die Jahreszeiten seine Glieder, die Monate und Halbmonate seine Gelenke, Tage und Nächte seine Füße, die Gestirne seine Gebeine, das Gewölk sein Fleisch. Das Futter, das es verdaut, sind die Sandwüsten, die Flüsse seine Adern, Leber und Lungen die Gebirge, die Kräuter und Bäume seine Haare. Die aufgehende Sonne ist sein Vorderteil, die niedergehende sein Hinterteil. Was es bleckt, das ist Blitz, was es schauert, ist Donner, was es wässert, Regen, seine Stimme ist Rede.

2. Der Tag fürwahr ist entstanden für das Roß als die Opferschale, die vor ihm stehet: Seine Wiege ist in dem Weltmeere gen Morgen; die Nacht ist für es entstanden als die Opferschale, die hinter ihm stehet: Ihre Wiege ist in dem Weltmeere gen Abend; diese beiden Schalen entstanden, das Roß zu umgeben. Als Roß zog es die Götter, als Kämpfer die Gandharven, als Renner die Dämonen, als Pferd die Menschen. Der Ozean ist sein Verwandter, der Ozean seine Wiege.“[12]

II) Neben dieser Technik, archetypische Symbole als Kette von Klangbildern im psychischen Dispositions- und kompositorisch definierten Sphärennetz (Natur – Alltag usw.) verweilend und wandernd zu benützen, gibt es in *Aion* noch Techniken, die selbst archetypisch sind. Ich habe sie als Bewegungs- und Willenselemente aus den Mythologien herausgenommen. Sie sind verblüffenderweise zunächst in ihrer abstrakten Charakteristik, aber eben auch in ihren Symbol-Konnotationen und geheimen Symbol-Gehalten in aller Musik zu finden. Es sind folgende: reiben, bohren, zupfen (in einem gewissen Rhythmus als Libido-Äußerung), drehen, zerstückeln (Wiedergeburt → Auferstehung des Seelenvogels), verwunden, aufgehen – untergehen, umschlingen (Polyp, Weide, Alge), verschlingen (Muttersymbolik), einsaugen, schlürfen (Schlunddenken), gebären, zermalmen.

Diese archetypischen Techniken setzen ihrerseits die einzelnen Bereiche des Netzes und ihre Klangvertreter unter archetypische Spannung. Sie bilden dadurch gleichzeitig Strukturen, die man auch in anderer Musik nachweisen kann, funktionieren aber lehrstückhaft metasprachlich. Zum Beispiel könnten die Schichtenineinanderschiebungen etwa bei J.S. Bach, Webern, Boulez oder in meinem Stück *Epigenesis III* und ihre übergreifende Gestalthaftigkeit, ja Neubildung von Gestalt mit den archetypischen Techniken „zerstückeln – verschlingen – wiedergebären“ beschrieben und erlebt werden: Der Archetyp bliebe, nur die Symbole hätten sich gewandelt.

Um „zeigende Querverbindungen“ und Hinweise komponieren zu können, werden mit diesen Techniken auch elektronische Modulationen hergestellt. Binsenrauschen moduliert so zerhackend und zerfressend Flugzeuggeräusch. Quellwasser wird zerhackt durch modulierendes Preßluftbohren oder durch einen Rhythmus, der sich durch das ganze Stück zieht: 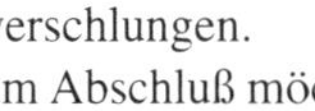 . Oder ein d-moll-Quartsextakkord (aus dem *Requiem* von W.A. Mozart) wird durch eine derartig modulierende Strukturübertragung eines Bienensummens zerfressen und verschlungen.

Zum Abschluß möchte ich ein Zitat von E. Neumann, einem Schüler Jungs, bringen, das wenigstens in psychologischer Hinsicht zu einer Standpunktklarheit verhelfen kann. Es lautet:

12) C. G. Jung, a. a. O., S. 725

„Solange der Inhalt total unbewußt ist und so die Ganzheit dirigiert, hat er die größte Wirksamkeit. Wenn es dem Ich gelingt, ihn dem Unbewußten zu entreißen und zu einem Inhalt des Bewußtseins zu machen, ist er – mythologisch formuliert – überwunden. Aber dieser Inhalt verbraucht auch dann noch weitere Libido, das Ich muß sich mit ihm beschäftigen, ihn bearbeiten usw., bis er endgültig dem Bewußtsein einverleibt und ‚verdaut' ist. So hat das Ichbewußtsein auch mit dem ‚besiegten' Inhalt noch weiterhin zu tun und leidet an ihm"[13]. „Das Symbol mit seiner komplexen Inhaltlichkeit ergreift immer noch das Bewußtsein, aber es überwältigt nicht mehr, sondern *beschäftigt*"[14].

Wie weit sind wir mit den „besiegten Inhalten", im Sehen, im Hören, im Alltag?

1972/97

13) E. Neumann: *Ursprungsgeschichte des Bewußtseins*, Zürich 1949, zitiert nach der Lizenzausgabe bei Kindler, München o. J., S. 278
14) E. Neumann, a. a. O., S. 263

Über einige Beziehungen von Politik und Kompositionstechnik bei Nono

Als in den frühen fünfziger Jahren junge Komponisten darangingen, mit musikalischer Unerbittlichkeit von Webern Strenge der Materialkonzeption und Genauigkeit bestimmten Arbeitens zu lernen und gleichzeitig schöpferisch auf das dort ausgebreitete musikalische Denken reagierten, hatte dieser Avantgardismus auch einen politischen Aspekt. Der Nachholbedarf an Wissen und Verwendung dessen, was vorher als „entartet" galt, hatte die politische Funktion, sich von der Nazi-Kultur zu befreien oder wenigstens sich von ihr zu distanzieren. Für einige Komponisten reichte diese Emigration in die moderne Musik zwar nur bis zu einer Art Entnazifizierungs-Zwölftontechnik, aber wenn ihnen auch diesbezüglich die jüngeren Komponisten bald davonliefen, so schaffte diese Kampfatmosphäre des Nachkriegs-Neuaufbaus doch eine gewisse Solidarität, die alle individuellen Gegensätze überbrückte.

Nono bediente sich wie andere Kollegen der erarbeiteten seriellen Technik. Während Stockhausen den *Gesang der Jünglinge im Feuerofen* nach dem Buch Daniel komponierte, Boulez *Le marteau sans maître* mit surrealistischen Gedichten von René Char schrieb, benützte Nono in *Il canto sospeso* Texte aus Briefen zum Tode verurteilter europäischer Widerstandskämpfer. Damit waren eigentlich die Weichen für die getrennt verlaufenden Wege gestellt. Nur konnte man Nonos Werke damals bestens in die politische Situation als gegen den Faschismus gerichtete „engagierte" Arbeiten einordnen. Die Gemeinsamkeit war noch nicht zerbrochen zwar, gleichwohl im Zerfall begriffen. In dieses Verwendungskonzept paßte auch die Komposition *Canti di vita e d'amore* noch mit ihrem ersten Teil: *Sul ponte di Hiroshima* nach einem Text von Günther Anders: *Sein oder Nichtsein – Tagebuch von Hiroshima und Nagasaki*. Waren doch die Amerikaner gemeinsamer Weltkriegsfeind von Hitler-Deutschland und Japan. Die 260 000 Toten und 163 300 Verwundeten und Vermißten als Opfer der ersten amerikanischen Atombombe vom 6. August 1945 sowie die fast völlige Zerstörung von Nagasaki durch eine zweite Atombombe nur drei Tage später rief ohne Benötigung einer Analyse den berechtigten Protest wach und den Abscheu vor dieser verbrecherischen Grausamkeit. Aber auch auf Solidarität mit den Atomwaffengegnern, die scharf gegen Adenauers Kalte-Kriegspolitik protestierten, konnte ein solches Werk rechnen. Wirklich, die Palette war bunt. Denn bereits 1956 wurde die KPD in Deutschland verboten. Die Gemeinsamkeiten waren mehr auf moralische und andere Entrüstungen als auf marxistische Analyse aufgebaut, Nonos Kompositionen aber auch noch nicht so scharf formuliert wie etwa später *A floresta*, das der nationalen Befreiungsfront Vietnams gewidmet ist. Doch bereits in diesem *Sul ponte di Hiroshima* gibt es Elemente, die sich innerhalb des seriell organisierten Materials unterschieden von der Arbeitsweise anderer seriell arbeitender Komponisten und die ausnützbar sind für politische Musik in ihrer Kleinproduktion des Details.

Wenn von politischer Musik die Rede ist, ist meines Erachtens unmißverständlich festzustellen, daß diese nur dann auf der vollen Höhe des gesellschaftlich erreichten Produktionsniveaus steht, wenn sie auf marxistisch-leninistischer Grundlage aufbaut. Dabei ist die marxistisch-leninistische Erkenntnistheorie einmal allgemein anwendbar auf alle existierenden Objekte und im besonderen auf die Gesellschaft. Dadurch ergeben sich unter anderem erklärtermaßen auch für Nono gewisse Konsequenzen bereits in der Stellung zum Material und seiner Analyse: Es gibt keinen subjektiven Ausdruck im solipsistischen Sinne oder dem des Subjektiv-Abhängig-Machens der objektiven Außenwelt, keine persönliche Stimmung, die den Augenblick für das Ganze nimmt und mittels Originalität gut konsumierbar macht, keinen abstrakten Formalismus der Komposition, keine direkte emotionale Wirkung, sondern nur ihren gestischen Einsatz für analytisch fundierte Ziele, keine ahistorische Materialtransportation.

So verwendet Nono in *Sul ponte di Hiroshima* zum Beispiel Vierteltöne und Ganztöne innerhalb des Ganztongeschlechts:

Beispiel 1

5
46 ca.
accel.
Fl.
Clar.
Fag.
Tr.
Cor.
Trbne.
Timp.
Piatti sospesi
46 ca.
accel.
pizz.
arco
(senza sord.)
con sord.
sul ponte
div.
Viol. 1
Viol. 2
Vle.
Vcl.
Cb.

Es zeigt sich im Detail der ideologische Standpunkt! Die Mikrointervalle werden hier nicht im Sinne exotischer Anreicherung und erfrischenden Kolorits verwendet, sondern ausgegangen wird vielmehr von der europäischen konkret-historischen musikalischen Situation, die den Halbton als kleinstes Intervall kennt. Die Erweiterung des Materials setzt hier an, das heißt: Vierteltöne werden vom chromatischen System her musikalisch verständlich eingeführt. Ähnlich erfährt die Ganztonleiter, die früher so verwendet wurde wie heute Elektronik in Science-fiction-Filmen, bei Nono eine konzeptionelle Bindung an das chromatische System. So wie Vierteltöne als Verengung, werden Ganztonleiter-Töne als spiegelbildliche Erweiterung komponiert. Der Orientierungsraster für beide bleibt das gleichwertige chromatische System. Komponiert ist dies folgendermaßen: Der chromatische Cluster am Anfang, von c^2-f^2 reichend, ist durch die Holzbläser (drei Flöten und drei Klarinetten) so abgefärbt, daß jede Instrumentengruppe Ausschnitte aus den zwei Ganztonleitern markiert: die Flöten c-d-e, die Klarinetten cis-es-f. Diese Ganztonleiter-Ausschnitte ergänzen sich vertikal chromatisch. Um aber *melodisch* ebenfalls die Ableitung der Ganztöne von der Chromatik kenntlich zu machen, schreitet jeder Ton der Flöten um einen Halbton aufwärts, jeder Ton der Klarinetten um einen Halbton abwärts.

Weder die Chromatik noch das Prinzip der Ganztonabfärbung innerhalb des Clusters ändert sich. Was scheinbar wie ein einfacher Tonhöhenaustausch aussieht, ist in Wirklichkeit Resultat der vorher geschilderten und begründeten Tonhöhenkonzeption. Die Klangfarbe der *Streicher* wird kompositorisch eingesetzt, um vom Halbtonraster der Holzbläser aus die Vierteltonkonzeption verständlich zu machen. So folgt zum Beispiel die 1. Violine genau den Tönen f-e der 1. Klarinette, spielt aber unmittelbar anschließend je einen um einen Viertelton gesenkten weiteren Ton, das heißt: Melodisch wird das Vierteltonsystem vom chromatischen System her eingeführt. Dadurch entstehen halb- und vierteltönige sich kreuzende melodische Diagonalen. Diese Diagonalen benützt Nono weiter zur Gestaltung der ***fff***-Stellen, die eigentlich auskomponierte Akkorde sind. Auch hier tauscht zum Beispiel die 4. Posaune ihr g-as diagonal mit dem 3./4. Horn as/g aus. Diese Spiegelbild-Diagonalen bestimmen weiter die häufigen Krebsformen der Dauernanordnungen in den Strukturen. So wie zum Beispiel das f-e der 1. Klarinette den Krebs des e-f der Flöte bildet, so ist die Dauernanordnung der vier Töne etwa der 1. Violine mit 9:5/5:9 Triolenachteln ebenfalls krebsförmig.

Wir haben hier eine typische Materialkonzeption Nonos vor uns, die, ausgehend von einem bestimmten Material*gesichtspunkt*, dieses Material in bestimmter, angemessener Weise komponiert und das daraus resultierende Kompositionsprinzip auf alle Dimensionen der Musik vereinheitlichend ausdehnt. Selbst die erscheinenden Tonrepetitionen sind als Ableitung der geschilderten Tonhöhen-Austauschtechnik zu verstehen (Beispiel 1).

Hat Nono 1957 in den *Varianti* das Problem der Einheit durch Unisono-Verdoppelungen im Orchestersatz so gelöst, daß zum Beispiel fünf Kontrabässe ein c spielen, aber Dauer und Lautstärke fünfmal verschieden komponiert sind, also auch das Unisono sich punktuell aufspaltet, um der fortwesenden tonalen Technik der bloßen Verdoppelung entgegenzuwirken und die Instrumentation noch mehr der seriellen Differenzierung anzugleichen, so gibt Nono bei der Textstelle „la loro non è una morte abituale" („Es ist für sie kein gewöhnlicher Tod") dieses Prinzip, das auch in *Sul ponte di Hiroshima* von 1962 konzeptioneller Standard bleibt, technisch aber durch die beschriebenen „Diagonalen" anders gelöst wird, in sehr plastischer Weise auf. Der Sopran endet auf a^2 mit einem Crescendo von Piano zu Forte bei „abituale", und alle hohen Streicher mit einigen Holzbläsern übernehmen die gleiche Tonhöhe a^2 mit der vom Sopran

Beispiel 2

T. 26

28

erreichten Forte-Dynamik und crescendieren dieses Forte weiter bis zum ***fff*** (Beispiel 2). In der anschließenden Orchestermusik tritt dann die gesamte Crescendo-Skala ***p*** – ***fff*** noch mehrmals mit *nicht* aufgespaltenen Unisono-Verdoppelungen auf.

Nono verläßt hier sofort einen Materialstandpunkt, wenn er ihm rein formalistisch zu werden droht und Inhalte gefährdet. Die wiederbenützte tonale Einheit dieses Unisono ist *gestisch* als Solidarität zu verstehen, als Aufruf zur Gemeinsamkeit im zielgerichteten Kampf. Sie ist zusätzlich aufgeladen durch ein Crescendo zum ***fff*** und weist durch ihre nach außen zielende Endlautstärke auf die explosiven ***fff***-Akkorde und Paukenschläge vorher aufgetretener, textgebundener Artikulationsmomente.

Ganz ähnlich ist das gleich folgende Gesangs-Duo zu verstehen. Nicht im abstrakt-formalistischen Sinn werden hier die Textsilben zwischen Tenor und Sopran aufgeteilt. Der Textinhalt „ma un monito un avvertimento" („sondern ein Verweis, eine Mahnung") gewinnt durch das Sich-in-die-Silben-Teilen einen gestisch-solidarischen Ausdruck, und dies ist eben kein subjektiver Ausdruck individueller Probleme, persönlichen Leides oder verinnerlichter Dramatik (Beispiel 3).

Eine interessante Haltung nimmt Nono zum folgenden Orchester-Schlußteil ein, der sich wie absolute Musik ausnimmt, denn es fehlt ein akustischer Texthinweis. Sieht man in die Partitur, so entdeckt man, daß die ganze Orchester-Fortsetzung nach den ersten drei gesungenen Textgruppen sozusagen unter Text*spannung* steht. Der größte Teil des für diesen Abschnitt ausgewählten Textes wird über das Medium der Musik, nicht der Sprache oder des Gesangs transportiert. In der Partitur steht jeweils über der entsprechenden Musik der darauf zu beziehende Text, der die Musik gleichsam programmatisch fixiert. Der Begriff „absolute Musik" als reine, von allen äußeren Bedingungen befreite, autonome Musik taucht im 19. Jahrhundert auf und ist ideologisch eindeutig an das Bürgertum gebunden, das bekanntermaßen vor allem auf „ewige" Werte, die abstrakt über den Klassen stehen sollen, erpicht ist. Autonomie, die reine absolute Selbstverantwortung, zunächst revolutionäre Parole gegen die alten feudalen Bindungen, drückt aber heute immer härter den bürgerlichen Widerspruch zwischen hoher Perfektion des Einzelnen und totaler Zufälligkeit des Ganzen aus. Nono versucht auch hier, sich der konkreten geschichtlichen Situation zu stellen und gegen eine abstrakte Autonomie Front zu beziehen.

Höhepunkt innerhalb dieses Orchester-Schlußteils ist ein Tutti-Cluster, über dem in der Partitur folgender Text steht: „Solange *wir* die Gefahr nicht beseitigt haben, die beim ersten Mal 200 000 Menschen hinwegraffte, wird dieser Automat unter dieser Brücke sein Lied singen. Er wird unter allen Brücken sein, die in unsere gemeinsame Zukunft führen – wie eine Anklage, eine Botschaft." Die Einzeltöne dieses Cluster-Blocks wiederholen sich mehrmals und haben durchweg die Geste des Lauter- und Leiserwerdens (Beispiel 4, S. 64).

Dazu ist zu bemerken, daß Ideologien, gleich welcher Art, gekennzeichnet sind durch eine Loslösung von ihren realen Ursachen. Sie arbeiten fetischisiert verselbständigt und deshalb mit Mitteln wie Pathos, Druck, Moral, Fanatismus und ähnlichem. Nonos Crescendi haben oft, wie auch an dieser Stelle, eine solche Patina des pathetischen Drucks, aber diese Charakteristiken der Expressivität und Aggressivität enthalten immer auch die Gestik eines Kampfes.

Andere, zusätzliche Sicherung gegen das, was nicht-radikale Klanggeste wäre, ist die hohe, aber eben nicht übertrieben hohe Lage g^1-fis^2, die andernfalls – aufgrund der Übertreibung – von Fanatikern leicht für *ihre* Zwecke mißdeutet werden könnte und gänzlich dem Leninschen Begriff der Disziplin widerspräche. In dieser Richtung arbeiten auch die immer auftauchenden Decrescendi, die nicht allgemein Entspannung sind, sondern emotionellen Freiraum für mögliche analytische Arbeit schaffen. Beide Sicherungen verhindern ein Umschlagen von Radika-

Beispiel 3

8
72 ca.
rall.
54
accel.
80
66
31
Fl.
Clar.
Fag. 1
Tr.
Cor.
con sord.
Trbne.
Timp.
Soprano
un mo - - - - - - (ni) - to
un (a) - vve - - (rti) - me - - - - - - - - nto.
Tenore
ma mo - - - - - ni - - - - (to)
a - (vve) - rti - me - - - - - - - - (nto.)
Viol. 1
Viol. 2
Vle.
Vcl.
pizz.
arco
vicino al ponte
arco tastiera

Beispiel 4

(2+3/3+2)
finché non avremo esorcizzato il pericolo, che alla sua prima manifestazione portò via 200 000 uomini, quell' automa sarà su quel ponte e canterà la sua canzone.
sarà su tutti i ponti che conducono al nostro futuro comune come atto di accusa come messaggero.
118
Fl.
Ob.
Clar.
Fag.
Tr.
Cor.
Trbne.
Viol.1
Viol.2
Vle.
Vcl.

lität in Brutalität und Sadismus, die ihre Ursachen in einer Freiheitsangst haben und so völlig dem schöpferischen Menschenbild des Marxismus widersprechen. Das scheint mir eines der wichtigsten Kriterien politischen Komponierens zu sein.

Die in der Einleitung angedeuteten Mißverständnisse der BRD-politischen Ausnutzung Nonos wurden im Laufe der sechziger Jahre immer deutlicher in ihrer Widersprüchlichkeit, je schärfer Nono seine Musik klassenkämpferisch formulierte und je mehr in Deutschland die reaktionären und opportunistischen Kräfte wieder erstarkten. Nono hatte seine Schuldigkeit getan, Nono war nicht mehr brauchbar. Man begann, ihn bezüglich der Techniken bürgerlich-ideologischer Herkunft persönlich und künstlerisch zu diffamieren, indem man ihm vorwarf, stehen zu bleiben, weil er diese Techniken *nicht* benützte. Der bürgerliche Fortschrittsglaube setzte sich in altbewährter Form absolut. Die bürgerliche Gesellschaft mit ihrer Vielzahl von Regelkreisen als Merkmal sekundärer Systeme, die nach entfremdeten Spielregeln funktionieren, deren Einhaltung und schlaue Ausnutzung Karrieristen vorwärtskommen lassen, ohne je als ganzer Mensch angesprochen werden zu müssen – diese Gesellschaft bringt Kunst-Konzeptionen wie das Cagesche Aggregat oder Mix (*Rozart Mix, Fontana Mix*), eine *gesellschaftlich* unverbindliche Mischung heterogener, abstrakt verwendeter, nach bestimmten abstrakten Spielregeln zusammengemischter Ereignisse, Konzeptionen wie Collage, Zufall, eine bestimmte Art von Improvisation als Ausdruck der Freiheit, Pluralismus, meditative Musik und anderes hervor. Diese Unverbindlichkeit einem Material, seiner geschichtlichen Stellung und gesellschaftlichen Vermittlung gegenüber, die als quasi anarchistische, monadische Freiheit den politischen Stempel der bürgerlichen Einzel-Emanzipation vom Ganzen trägt, dieser Collagen-Pluralismus, der die Welt als eine Beziehung von Sachen darstellt, die man nur mit Phantasie hübsch verknüpfen muß, um die Welt angenehm erscheinen zu lassen, diese kapitalistische Buntheit, die die gesellschaftlichen Probleme zu lösen vorgibt, indem man Unternehmer nur bunt zu bepinseln brauchte, um sie zu entschärfen, oder die Flucht in Kontemplation als Heilmittel im Privatleben gegen den schrecklichen Alltag, ist natürlich bei einem kommunistischen Komponisten nicht zu finden. Es ist also als wichtig zu erkennen, daß Nono aus gutem Grund diese Techniken *nicht* benützt hat.

Die marxistisch-leninistische Erkenntnistheorie, die eine objektive, vom Subjekt unabhängige Außenwelt als Grundlage annimmt, die sich unter bestimmten gesellschaftlich-individuellen Bedingungen als Bewußtsein, Begriff, Vorstellung, Empfindungen und Sinneseindrücke widerspiegelt und deswegen als Richtigkeitskriterium der Widerspiegelung der Praxis bedarf, die weiter unterscheidet zwischen Erscheinung und Wesen und hinter den Beziehungen von Sachen Beziehungen von Menschen erkennt, die jeweils auf einer konkret-historischen Stufe bestimmte Formen annehmen, verhilft dem Komponisten zu einem viel fundierteren Begriff von Freiheit, der Hegel-Engelsschen „Einsicht in die Notwendigkeit", die in der gegenwärtigen Phase auch für Nono Kampf gegen den imperialistischen Kapitalismus bedeutet.

Nono hat 1960 in *Intolleranza*, vor allem aber in seinen späteren Kompositionen, die unter dem Druck der Studentenaufstände von 1968 in Deutschland allmählich wieder eine Art erzwungener Attraktivität als Ware im Links-Supermarkt erhielten, Techniken benutzt, die oberflächlich gesehen Ähnlichkeit mit den postseriellen bürgerlichen Techniken der Avantgardekollegen haben. Aber seine scheinbar pluralistische oder multimediale Verwendung verschiedener Texte in verschiedenen Sprachen und aus verschiedenen historischen Situationen sowie verschiedener Materialien wie etwa Elektronik, Straßenkampflärm, Parolen, Gedichte, internationale Klassenkampflieder, Reden, Sprechen, Singen, Schreien und anderes entspringt eben *nicht* der empirischen, unverbindlichen Vielfalt bürgerlicher Collagentechnik oder des bürgerlichen, liberalen Pluralismus, sondern der *analytischen Einheit* des internationalen Klassenkampfes, die sich in dieser Materialkonzeption widerspiegelt. Das serielle Denken Nonos, das, wie vorhin am Beispiel der Anfangsanalyse von *Sul ponte di Hiroshima* gezeigt wurde, immer auf eine totale Einheit der Material- und der damit verbundenen Parameterkonzeption aus war, konnte zum Beispiel in *A floresta* ohne besonderen Bruch mit diesem Denken sich in Richtung dieser neuen, viel radikaleren Einheit wenden und fortentwickeln: der erwähnten, analytisch bedingten marxistisch-leninistischen Einheitsfront des internationalen Klassenkampfes.

Für dieses schärfere Komponieren Nonos möge als Abschlußbeispiel dieser kurzen Bemerkungen der zweite Teil des 1966 entstandenen *A floresta* dienen. Dort gibt es einen Höhepunkt, der sich aus einem zweifachen Fortissimo zusammensetzt, von denen jedes dem anderen unerbittlich gegenübersteht. Das eine Fortissimo ist mit den 44 Stufen des amerikanischen Kriegseskalationsplans für Vietnam verbunden und mit der Feststellung: „L'America bombarda bruccia e tortura" („Amerika bombardiert brutal und foltert"), das andere, später kommende Fortissimo ist, nach einem Auszug aus der zweiten Erklärung von Havanna vom 4. Februar 1962 gegen den amerikanischen Imperialismus, ein vom Solo-Sopran sehr hoch und intensiv gesungener Satz eines angolesischen Guerriglieros: „Sie können den Wald nicht in Brand stecken, denn er ist jung und voll Leben". Gleichzeitig ist jedes Fortissimo gestisch bis zum Äußersten. Das Fortissimo, zu dem der Imperialismus fähig ist, ist das der Folter und der Brutalität, das Fortissimo der Unterdrückten ist das der unbedingten Wahrheitskraft der radikalen Revolution.

1974

Film- und Multimedia-Komponist

Zu einigen Arbeiten von Josef Anton Riedl

Vor einiger Zeit schrieb die „Rheinische Post", daß er – bei nüchterner Betrachtung – einer unserer verkann…

daß er einer unserer verkanntesten Avant…

einer unserer…

„Vielleicht…"

einer unserer verkanntesten Avantgardisten sei.

Diese Textkomposition Riedls zu einer Kortner-Inszenierung von Büchners *Leonce und Lena* – *„Vielleicht ist es so, vielleicht ist es aber auch nicht so"* – charakterisiert gleichzeitig den Komponisten selbst. Denn die Schwierigkeit der Instanzen, die ihrer Machtposition wegen für ein „Verkennen von Komponisten", wie aus der „Rheinischen Post" oben zitiert wurde, als relevant angesehen werden können, besteht eben darin, daß Riedl immer versucht hat, sich dem Fertigen, Festgefahrenen, Akademisch-Eingerosteten zu entziehen, dem Üblichen nicht zu entsprechen.

Diese Tendenz läßt sich in seiner kompositorischen Tätigkeit, in seinen Programmzusammenstellungen als Konzertveranstalter neuester Musik und neuester Filme in München und in seinen jüngeren Projekten, die er als Veranstaltungskomponist inszenierte, verfolgen.

Als Komponist interessierte sich Riedl für Musik zu experimentellen Filmen und herausragenden Theaterinszenierungen. Auf rein musikalischem Gebiet gibt es kaum Musik für herkömmliche Instrumentalbesetzungen, stattdessen Musique concrète (angeregt von Pierre Schaeffer), elektronische Musik (Riedl war Mitbegründer und ständiger leitender Mitarbeiter des Elektronischen Studios München) oder „Optische Lautgedichte", eine Musik zum Sehen. In seinen Münchener Konzerten und in seinen späteren Konzertveranstaltungsreisen mit einer Gruppe von Musikern waren immer die jeweils ambitioniertesten Stücke vertreten. So gab es Auf- und Uraufführungen von Schnebel, Kagel, Brün, Hiller, Cage, Stockhausen, Pousseur, Koenig und anderen, Filme von Meier, Kren, Nekes, Stehura, Computergraphik und Computerfilme von Franke und der Familie Whitney. Alle Medien, ob sie nun das Gehör, das Auge, den Geruchs- oder Tastsinn ansprechen, alle interessanten technischen und künstlerischen Neuerungen regten Riedls Phantasie und Kombinationskraft zu immer neuen Mischungen und frappierenden Integrationsgebilden an. Er ist in besonderem Maße fähig, Anregungen von anderen künstlerischen Strömungen aufzunehmen, sie mit seinem scharfen Kunstverstand zu filtern und aktiv schöpferisch auf sie wieder zurückzuwirken. Seine Vielseitigkeit und sein Sinn für das Besondere, beides mit unbeirrbar präziser Energie vertreten, machten Riedl zeitweise zum Außenseiter, ein Tatbestand, der sich später erheblich änderte.

Breiten Raum im Schaffen Riedls nimmt seine Zusammenarbeit mit Filmemachern ein. So entstanden zusammen mit Edgar Reitz unter anderen 1961 *Kommunikation*, 1963 *Geschwindigkeit*, mit Vlado Kristl 1967 *Die Utopen*, 1968 *100 Blatt Schreibblock*, mit Reitz und Alexander Kluge 1965 *Unendliche Fahrt* für 16 gleichzeitig laufende Filme, mit Jan Lenica 1968 *Adam II* – alles Kunstfilme außerhalb des kommerziellen Genres der Spielfilme.

Die musikalische Gestaltung vermeidet alles, was man sich gewöhnlich unter Filmmusik vorstellt: keine illustrativen Verdoppelungen, grundsätzliches Vermeiden von Gleichzeitigkeiten zwischen Bild und Musik, künstlerisch transponierte Gestaltung klanglicher Alltäglichkeit, vor allem aber die Intuition, Musik zum Film so selbständig zu machen, daß sie – in etwas veränderter Montage – auch als selbständige musikalische Komposition ohne visuelle Komponente bestehen kann. Musik hilft nicht dem Bild, das Bild hilft nicht der Musik. Trotzdem laufen beide Schichten nicht einander fremd und mechanisch austauschbar in zufälliger Gleichzeitigkeit nebeneinander her. Vielmehr gibt es eine ganze Skala von mehr oder weniger komplizierten Verknüpfungen. Das reicht von relativ einfachen Techniken – etwa wenn das Geräusch eines Nußknackens nicht alltäglich-naturalistisch übernommen wird, sondern für Guero auskomponiert ist, ein ähnliches Geräuschfeld, aber doch keine Geräuschwiederholung des bildhaften Vorgangs – bis zu einer raffinierteren Verselbständigung der Musik, die gleichzeitig aber bildsynchrone Elemente hat. So gibt es in *Adam II* die Szene eines arbeitenden Computers. Dazu erklingt ein langsam schwebender Sinuston. Musikalisch steht dieser Sinuston gleichzeitig aber auch in einem kompositorischen Zusammenhang, so daß dadurch die Synchronität wieder zufällig erscheint und die Musik ihre Selbständigkeit behält, zumal dieser Computer-Arbeitston selbst schon eine akustische Verallgemeinerung ist, denn seine Innenstruktur ahmt natürlich nicht die Tätigkeit des Computers im Einzelnen nach.

Ähnliches findet man auch auf größere Formabschnitte übertragen, wenn die Selbständigkeit des akustischen Materials gleichsam Bögen von völliger Bildunabhängigkeit bis zu völliger Bildabhängigkeit macht, also Synchronfelder in reine Musikstrecken eingeschoben sind. Wie genau Riedl hier arbeitet, läßt sich an der Herstellungstechnik der Musik zu *Impuls unserer Zeit* von 1959 ablesen. Hier ist auf Synchronität zeitweise so großer Wert gelegt, daß zum Beispiel ein Blitz erst auf dem Film zentimetergenau abgemessen, dann in Zeit umgerechnet wurde und die Dauer des Klangs bis auf Bruchteile von Sekunden so genau eingehalten werden sollte, daß Riedl die Herstellung im Elektronischen Studio mittels Lochstreifenverfahrens vornahm und dabei mit einer Grundeinteilung von 128stel Sekunden arbeitete.

Mit gleicher Genauigkeit komponierte Riedl in *Kommunikation* 1961 optisch-akustische Einschwingvorgänge. Dabei arbeitete er mit Minimalverschiebungen zwischen Bild- und Tonbeginn, wobei natürlich als zusätzliche und wesentliche Komponente die Charakteristik von Klang und Bewegungsinhalt mitzuberücksichtigen ist. Der Einschwingvorgang eines harten akustischen Schlagereignisses etwa wirkt rascher und steiler, also noch härter, wenn beim Anlegen des Tons an den Film die Musik um ein bis zwei Bilder, also eine bis zwei Vierundzwanzigstelsekunden früher angesetzt wird, wie umgekehrt sich durch eine entsprechende Verzögerung der Härte-Eindruck abschwächt.

Die Verbindung Musik und Bild kann aber auch allgemeiner sein und sich nur auf einige Globalmerkmale beschränken. Vlado Kristls Film *100 Blatt Schreibblock*, Dauer ca. 20 Minuten, hat als Globalcharakteristik „fließende Bewegung" und den hartnäckig „insistierenden" Farbeindruck von klinischem Weiß. Riedl sah den Film und machte dann unabhängig von der Bildfolge die Komposition eines Schreibstückes. Ein Schlagzeuger bekam eine Partitur mit verschiedenen Texten aus Zeitungen und Zeitschriften mit verschiedenen Buchstabengrößen, auch Zahlen darunter und unbekannte Schriftarten, die mit vorgeschriebenen Geschwindigkeiten und Lautstärken auf ein durch Kontaktmikrophon verstärktes Tomtom geschrieben werden mußten. Die Schreibgeräuschgruppen waren unterbrochen durch Pausen, immer überraschend in ihrem Einsatz und in ihrer Länge. Die Musik erhielt dadurch etwas Stoßweises und gleichzeitig Insistierendes durch die Beschränkung auf eine Art der Geräuscherzeugung und ihrer Unterbrechung, darüber hinaus aber auch eine rasche, gegensätzliche Zeitgestaltung durch die relativ hohe Geschwindigkeit des Schreibvorgangs und des Klangfarbenwechsels, hervorgerufen durch die variablen Schreiborte auf der ganzen Tomtom-Membran.

Der fließenden optischen Bewegungszeit stand somit eine stoßweise akustische gegenüber, dem insistierenden klinischen Weiß des Films entsprach das Insistierende von Schreibgeräusch und Pause, widersprach aber der relativ schnelle Schreib- und Klangfarbenrhythmus. Auf kurzen kompositionstechnischen Nenner gebracht, besteht das Verknüpfungsverfahren darin, bestimmte Merkmale relativ grob zu abstrahieren und ihnen ihre spezifische Konkretheit zu nehmen, hier also im „Fließen“ und „Insistieren“, und dann die abstrakte Typisierung wieder zu konkretisieren, diesmal aber mit dem spezifisch Konkreten des musikalischen Materials. Ist die Analogie einmal hergestellt, kann sie „entsprechend“ oder „widersprechend“ komponiert werden, ohne den Zusammenhang preiszugeben.

Noch unabhängiger gestaltete sich sich die Arbeit mit Edgar Reitz bei *Geschwindigkeit* 1963, einem Film mit verschiedensten Arten von Geschwindigkeitsabläufen, von Erstarrung, bleierner Unbewegtheit über Schnellzugsgeschwindigkeit bis zu Geschwindigkeiten, die das Auge nur noch verwischt wahrnehmen kann – in rasender Kamerafahrt wird eine Strecke von mehreren Kilometern innerhalb weniger Sekunden durchmessen –, Abläufen, die die Geschwindigkeit aufeinanderfolgender Bildfetzen so steigern, daß in letzter Konsequenz am Ende nur die weiße, bildleere Leinwandfläche übrig bleibt. In 13 Minuten einer Filmlänge von 350 m erlebt man 347 Bildeinstellungen.

Riedl hat hier mit Reitz Gespräche über die Idee des Films geführt, war an der anschließenden filmischen Arbeit nicht beteiligt und hat erst bei der Montage am Schneidetisch wieder mitgewirkt und wesentliche Beiträge, vor allem zu einer Bildabfolge nach musikalischen Gesichtspunkten, geleistet. Aufgrund der genauen Kenntnis des Films hat Riedl dann, nur von einem globalen visuellen Eindruck und Erlebnis ausgehend, die Musik für diesen Film komponiert. Es wurde eine völlig selbständige Komposition für Schlagzeug. Selbst die Wahl des Instrumentariums hatte nichts mit dem Film zu tun, sondern Riedl beschäftigte sich als Komponist damals eben gerade mit Schlaginstrumenten. Nur bei der Anlegung des Tonbandes an die Tonspur wurde die Musik zeitlich etwas vorwärts oder rückwärts verschoben, verändert wurde sie nicht. Riedl und Reitz haben mehrere Tage an dieser Synchronisation gearbeitet und gleich an Ort und Stelle mit Auge und Gehör kontrolliert, ob und wie die Zeiten der beiden Stücke, Film und Musik, zusammenpassen. Ganz allgemeine Prinzipien dienten als Leitfaden: Unruhe nicht synchron zu Unruhe anordnen, darauf achten, ob Schläge und Bildschwenks bei Gleichzeitigkeit zusammenpassen, das heißt: Die Prinzipien Ausgleich von asynchron – synchron, von Gegensatz und Entsprechung, wurden weitgehend beachtet, diesmal nur auf zwei fertige Stücke angewandt. Nach dieser Montagearbeit hat Riedl mit Reitz zusammen eine genaue Filmmusik-Partitur angelegt. Von oben nach unten gelesen sieht die Notation folgendermaßen aus: Nummer der Szene / Bildinhalt (Ereignis) / Bilddynamik / Kamera (Fahrt/Schwenk) / Licht (Kontrast/Helligkeit) / Dauer in Kadern / Dauer in Sekunden / abschließend die vollständige Musikpartitur, sekundengenau darunter notiert.

Man kann hier gut die Neigung zur Asynchronität verfolgen sowie die Selbständigkeit beider Schichten. Da findet sich zum Beispiel ähnliche Musik zu verschiedenartiger Bildszenenfolge, Wechsel von Geräusch zu Ton oder Wechsel der Schlägel und damit der Anschlagsqualität völlig unabhängig vom Bild, nur eigenen Gesetzen folgend, findet sich die klar erkennbare Tendenz, Musikereignis und Bildschnitt eher gleichzeitig enden als gleichzeitig anfangen zu lassen. Da findet man auch Stellen, die illustrativ wirken: etwa eine Gruppe von vier schnellen Anschlägen auf Tempelblocks bei einer ca. zweieinhalb Sekunden dauernden Springbrunnenszene. Gleichzeitig jedoch wird das zufällig Illustrative eher wieder abgeschwächt durch eine Tongruppe von vier Anschlägen auf Trommel und Pauke, die kurz vorher erklingt und daher eine musikalisch-konstruktive Beziehung erzeugt. Die Musik zu *Geschwindigkeit* ist so selbständig, daß am Ende der Film weiß läuft, dann schwarz und die Musik immer noch nicht zu Ende ist, da die Komposition eben länger dauert als der Film.

Riedl hat diese Tendenz noch verstärkt durch eine Improvisationsfassung. Dafür hat ein Schlagzeuger vom Komponisten ein Reservoir von Spielmaterial, das er zusätzlich zur Musik über Lichtton live während der Filmvorführung nach musikalischen und filmisch-optischen Gesichtspunkten der augenblicklichen Entscheidung hinzuimprovisiert. Wenn der Film ausgelaufen und schließlich auch die Musik über Lichtton zu Ende ist, improvisiert der live spielende Musiker noch weiter, und man hört schließlich eine Filmmusik, bei der man den Film vergißt und bei hellerleuchtetem Saal nur noch der Musik lauscht. Hier zeigen sich bereits Züge zu Riedls multimedialer Neigung, indem die Trennung von Bild und Ton so weit getrieben ist, daß sie umschlägt in eine Gleichzeitigkeit von zwei oder sogar drei selbständigen medialen Elementen.

Riedl hat auch eine Anzahl kürzerer Stücke rein elektronischer Musik, manchmal auch gemischt mit konkreten Klängen, geschrieben, aber seine eigentliche Neigung gilt dem Multimedialen, bei dem sich oft Zufälliges als besonders interessante Gleichzeitigkeit herauskristallisiert. Vorformen solcher Aufführungspraxis waren Konzerte, in denen die Programmabfolge neben festen Kompositionen aus Improvisationen, Filmen – oft mehreren gleichzeitig –, Dias und kleinen Lichtveränderungen wie dem plötzlichen Einsatz von Laser, UV-Licht oder auf Leinwand projizierten bunten Lichtspielen bestand. Die künstlerischen Intentionen waren darauf gerichtet, das steril gewordene Konzertritual durch musikfremde Medien aufzubrechen. Riedls Abneigung gegen Sterilität ging sogar so weit, daß die Musikergruppe, die in seinen Veranstaltungen spielte, so gut wie nie freies Zusammenspiel und notwendiges Aufeinander-Reagieren geübt hat. Sowohl die personelle Zusammensetzung als auch die Qualität der Konzertimprovisationen waren starken Schwankungen ausgesetzt, ein Nachteil, der dadurch aufgewogen wurde, daß die Gruppe sehr heterogen, teilweise widersprüchlich und somit meist unkonventionell und frisch wirkte. Ein besonders angeübter Sound blieb der Gruppe fremd. Diese Augenblicklichkeit, der die Musiker sich immer zu stellen hatten, war auch Ursache für eine gewisse Empfindlichkeit, mit der auf die Reaktion des Publikums zurückreagiert wurde. Die Zuhörer wurden immer mehr ins Spiel mit einbezogen, etwa durch verschiedenfarbige Tennisbälle, Luftballons, einfach zu bedienende Instrumente oder verschiedene Papiermaterialien (zum Beispiel zu Riedls *Paper Music*), die verteilt beziehungsweise ins Publikum geworfen wurden. Je nach Grad der Steifheit, Unwilligkeit oder schöpferischen Phantasie der so überraschend zum Mitspiel Aufgeforderten gelangen oder mißlangen die Konzerte oder kamen nach gewissen Flauten am Ende doch noch zu plötzlichen, oft geradezu sprühenden Höhepunkten, wie etwa in Saarbrücken oder Zagreb.

In dieser Phase konnte die Publikumsfrage in ihrer Problematik der Aktivierung und der Gewinnung von Massen für neue, experimentelle Kunst immer konkreter gestellt werden. Riedl verstand sich nun als „Veranstaltungskomponist". Er arbeitete mit einem ganzen Stab technischer und künstlerischer Mitarbeiter, bezog massenwirksame Musik ein – in Bonn 1970 beispielsweise spielte auf dem Marktplatz die Rockgruppe Amon Düül, die angelockten Zuhörer gingen anschließend wie selbstverständlich ins Rathaus um sich dort avantgardistische Musik anzuhören, 10 000 Zuhörer an drei Abenden –, machte aber auch die Veranstaltungen immer großdimensionaler, was Ausstattung und Zahl der Räume betrifft. 1973 fanden über drei

Tage hinweg in neun Räumen Riedls Klang/Licht/Duft-Spiele statt. Jeder Raum hatte eine eigene Konzeption. Da gab es etwa einen Musik/Film-Raum, einen Kinder-Mal-Aktionsraum, ein Leucht-, ein Nebel/Licht-, ein Wasser-, ein Spiralen-, ein Spiegel-Environment und einen großen Saal als künstlichen Garten der Klänge, Farben, Düfte und Pflanzen hergerichtet.

Riedl arbeitet auch mit Schulen und Kindern verschiedenster Altersstufen zusammen und veranstaltet Workshops, in denen Laien auf bestimmten Gebieten, etwa mit Synthesizern, frei nach eigener Phantasie schöpferisch tätig sein können.

Es liegt auf der Hand, daß diese Art der Massenarbeit, sowohl was Publikumserschließung und Aktivierung als auch Buntheit des Programmangebots betrifft, ideologisch über einen liberalen, bürgerlichen Pluralismus nicht wesentlich hinausgeht.

Es wäre zu wünschen, den Sprung aus der Spielwiese relativ wertfreier Aktion tun zu können und sich auch von dem Inhaltsdiktat einer Avantgarde-Elite – mag es seiner Buntheit wegen die reine Phantasie auch noch so sehr anregen – zu befreien, um an den wirklichen Bedürfnissen der Menschen, von unten nach oben gehend, anzuknüpfen, sie zu sammeln, zu reinigen und geläutert wieder zurückfließen zu lassen.

1975

Gedanken zum Hören und Auffassen von Alban Bergs *Violinkonzert*

Einführung für ein Arbeitersinfoniekonzert

Neben Anton Webern und Hanns Eisler gehörte, nach Meinung Schönbergs, zu seinen besten Schülern als dritter Alban Berg. Sein *Violinkonzert*, 1935 geschrieben, war Bergs letzte Komposition. Obwohl schon über vierzig Jahre alt, dürfte bei vielen Hörern diese Musik Vorbehalte gegen sie als „moderne Musik" hervorrufen, die schwierig zu hören sei, häßlich klinge und sich entweder durch zu große Kompliziertheit oder durch Willkür, weil „falsch" und „richtig" nicht mehr nachprüfbar sei, auszeichne.

Will man sich dieser Musik nähern, so darf man den Weizen nicht mit der Spreu aussondern. Der Begriff des „Fortschrittlichen" ist ein vielfältiger.

Es ist klar, Parteilichkeit, die sich nur in Textinhalten ausdrückt, bedeutet keinen musikalischen Fortschritt, und technisch fortschrittliche Musik kann reaktionäre Inhalte haben (in unserem Beispiel hat Berg als „Text" zwei Zitate verwendet: einen Kärntner Ländler und einen Bach-Choral). Unserer Zielforderung nach fortschrittlichem Inhalt und höchstem künstlerisch-technischen Niveau kann Bergs *Violinkonzert* wohl nicht genügen. Von Handwerk und Phantasie der Verknüpfung können wir lernen, von der Fülle der schöpferischen Kraft uns beeinflussen lassen. Auch in der Anwendung unserer Erfahrungen mit der proletarischen Liedkultur als Maßstab müssen wir vorsichtig sein, um den Weg zur kulturellen Aneignung des Bergschen *Violinkonzerts* präzise abstecken zu können, ohne in unangemessen gelagerte Vorurteile zu verfallen. Genaue Unterscheidungen sind notwendig.

Ein Lied wie zum Beispiel das „Dachau-Lied" hat musikalisch gesehen sicherlich einige Ungeschicklichkeiten, aber sie spielen keine Rolle. Dieses Lied, im Kampf geboren, hat von vornherein „praktisches" Leben, ist in Entstehung und Gebrauch ganz und gar damit verbunden, und zwar in doppelter Bedeutung des Wortes „Praxis": als gezielter, gesellschaftlicher Fortschritt und als bewährte und sich bewährende Lied-Praxis der Kämpfenden. Diese Praxis und die vielen Schicksale, die damit verbunden sind, geben dem Lied seine Fülle des humanistischen Reichtums und seine historische Notwendigkeit. Überspitzt gesagt: Nicht die Melodie als solche, sondern das „Lied" und sein vollständiges Bestandteil-werden-Können revolutionärer Praxis sind das Fortschrittliche daran, und erst dies wirkt wieder auf die Melodie zurück und vermag deren Bedeutung zu erhöhen.

Solcher Vorzug mangelt dem *Violinkonzert* ganz und gar (aber nicht deswegen, weil man es nicht singen kann!). Die Produktionsanstöße – ein Auftrag des Geigers Louis Krasner – sind äußerlich, mehr zufälliger Art. Der Grundgedanke, das Konzert als Requiem „Dem Andenken eines Engels" zu widmen (womit der plötzliche, durch spinale Kinderlähmung verursachte Tod der Tochter Manon aus Alma Mahlers Ehe mit ihrem zweiten Mann Walter Gropius im April 1935 gemeint ist, der Berg tief getroffen hat), bleibt im Persönlich-Biographischen stecken und geht in seiner Verallgemeinerung über eine außerirdische Trost- und Vertrauens-Ideologie nicht hinaus. Die Spuren isolierter Produktionsbedingungen sind deutlich feststellbar und vom Komponisten in diesem Stück offenbar auch voll akzeptiert und verinnerlicht (nicht dagegen in seiner Oper *Wozzeck* nach Georg Büchner!). Der Schreibtischproduktion unter den Bedingungen, als wäre der persönliche, private Ausdruck des Komponisten ganz von selbst auch der Ausdruck aller, entspricht – im Gegensatz zum „Dachau-Lied" – das nächste Glied in der Kette des Kommunikationsprozesses: Die Komposition muß sich als bloßes Angebot, ohne kollektiv direkt verständliche Notwendigkeit, erst Praxis erwerben. Hier wird die ganze Widersprüchlichkeit offenkundig. Die Spaltung zwischen privat und öffentlich als „Ich“ und „Ihr“, statt als „Ich“ und „Wir“, läßt Gebrauchswert zum „Kulturgut“ einschrumpfen, aus dem man sich ebenfalls nur Privates als Erholung, Erbauung, Erschütterung, Genuß usw. holen kann. „Ihr“ stellt sich demnach als eine Anhäufung von „Ichs“ (des Komponisten!) dar, dem persönlichen *Aus*druck entspricht der kollektive *Ein*druck und nicht der kollektive Ausdruck, dessen Sprecher und Formulierer der Komponist ist. Der Weg geht von oben nach unten. In derartiger Praxis gibt es nur schwerlich eine historisch richtige und schöpferische Widerspiegelung der Belange des „Wir“. Das *Violinkonzert* kann deshalb auch nur auf bestimmten Gebieten in wirkliche Praxis umschlagen. Wir müssen es überlisten! Der Adel der lebendigen Praxis des „Dachau-Liedes“ geht ihm völlig ab, seine Isolationsbedingungen innerhalb der Kommunikationskette (die Berg sich nicht aussuchen konnte!) geben ihm den Schein der Unabhängigkeit und Selbständigkeit. Nur wenn man sein Gehör auf diese Gefahren eingestellt hat, kann man sich der Eigengesetzlichkeit musikalischer Komposition nähern, diese studieren und als kulturelles Erbe für die eigene, (hoffentlich) fortschrittliche Praxis anwenden. In kompositorischer Hinsicht ist Bergs *Violinkonzert* meisterhaft gearbeitet und erfunden, nicht willkürlich und in hohem Maße geschichtlich. Hier allein gebührt Berg die Eigenschaft „fortschrittlich“, wo es denn auch einiges zu lernen gibt.

Das musikalische Material hat bekanntlich in seiner Entwicklung eine eigene Gesetzlichkeit und ist nur „in letzter Instanz“ von den jeweiligen Produktionsverhältnissen abhängig. Die Musik hat sich im Laufe der Jahrhunderte zu immer „dissonanteren“ Tonzusammenhängen hin entwickelt. Viele sagen, das sei unangenehm zu hören, die Ohren würden schmerzen, das könne nicht schön genannt werden. Dazu ist zu bemerken, daß solche Meinungen von einer falschen Auffassung des Gehörs als musikalischem Gehörsorgan ausgehen. Wenn das Ohr schmerzt, so ist das ein rein körperlicher Vorgang, während der Wahrnehmung zum Beispiel durch zu große Lautstärke hervorgerufen. Das hat aber nichts mit dem Wert der Musik zu tun, denn der Ohrenschmerz sagt nichts über die Bedeutung dieser Lautstärke im Kunstwerk aus. Der Akt des Hörens darf nicht verwechselt werden mit der Verarbeitung des Gehörten. Musikalisches Hören ist ein geistiger Vorgang.

Ebenso sind die Konsonanz (Wohlklang) und die Dissonanz (schärferer Zusammenklang) nicht von vornherein Schönheit und Häßlichkeit zuzuordnen. Das wäre genauso primitiv, als würden wir etwa den Vokal „o“ als schöner empfinden als etwa den Konsonanten „s“, der ein Geräusch ist, und sagen, „s“ muß darum aus der Sprache verbannt werden. Es gibt aber Sprachen, die besonders viele Konsonanten benützen. Die Bedeutung, der Sinn kommt erst durch den Zusammenhang zustande. Genauso gibt es in der Musik keine absolute, feststehende Schönheit, die nur an „Wohlklang“ gebunden wäre. Ganz im Gegenteil ist der Kontrast, das Verschiedene und Widersprüchliche, auch in der Musik das Vorwärtstreibende. Die geschichtliche Erfahrung hat gezeigt, daß die Grenze zwischen Konsonanz und Dissonanz verschiebbar ist und in verschiedenen Epochen auch immer verschieden gezogen wurde. Ängstlichkeit, Vorsicht oder gar Ablehnung sind hier überhaupt nicht zu rechtfertigen. Die rasche Aneignung dieses „Wortschatzes“ an Tonbildungen hilft, sich von Tabus zu befreien und gibt einem die Möglichkeit zu kritischer, historisch notwendiger Aneignung.

Viel wichtiger ist die Frage des musikalischen Zusammenhangs innerhalb eines abgesteckten Sprachfeldes. Das Studium und die Auswahl der Mittel haben sich die Komponisten der Schönbergschule nicht leicht gemacht und dabei hohes Verantwortungsbewußtsein gerade gegenüber der Tradition gezeigt (von Bach über Beethoven, Brahms, Wagner zu Mahler). Durch vergleichende Beispiele aus Beethovens *Fünfter Symphonie* und Bergs *Violinkonzert* soll dies kurz angedeutet werden.

Mit der Frage der Verständlichkeit ist immer auch das Mischungsverhältnis von bekannt und unbekannt, also der Grad der Ähnlichkeit und Verwandtschaft der Tonfolgen verbunden. Musik, die bestimmte Tongruppen nur wiederholt, macht den Eindruck des Stehenbleibens. Will man aber vorwärtsschreitende Entwicklung, die gleichzeitig verständlich bleibt, dürfen nur bestimmte Elemente gleich bleiben, andere müssen neu hinzukommen. Der Beginn der Beethoven-Symphonie verschiebt einen musikalischen Gedanken a um einen Ton abwärts. Die Verschiebung ist das Neue, der Gedanke a selbst bleibt in sich erhalten. Beides zusammen ergibt eine übergeordnete Einheit:

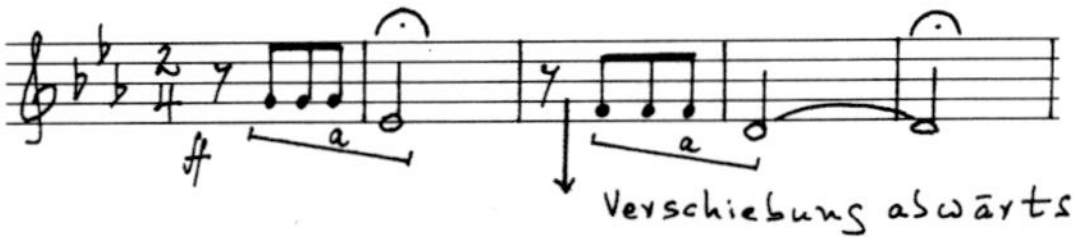

Berg verfährt zu Beginn des *Violinkonzerts* ganz genauso:

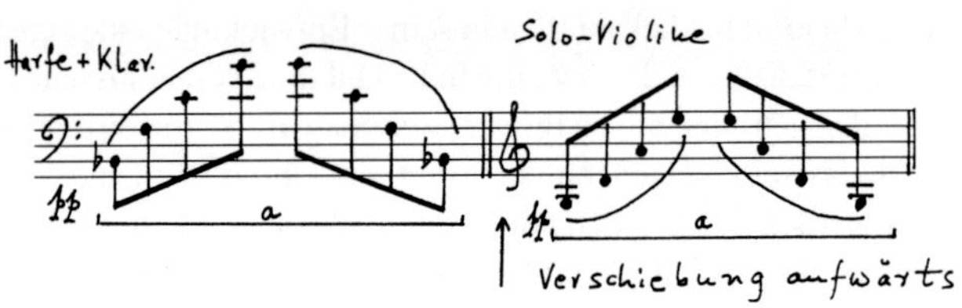

Ein später auftretender Überleitungsteil lautet bei Beethoven:

Dieses Überleitungsmotiv ist eng verwandt mit dem Gedanken a des Anfangs:

Man sieht sofort, daß die eingeklammerte Mitte gleich ist, Anfang und Ende aber nur ähnlich. Das Überleitungsmotiv hat den Ton-Abstand an beiden Rändern verdoppelt. Trotz der Vergrößerung dieses Abstands ist die musikalische Beziehung durch gleichen Kern und gleiche Melodierichtung sofort erfaßbar. Berg verfährt ebenso:

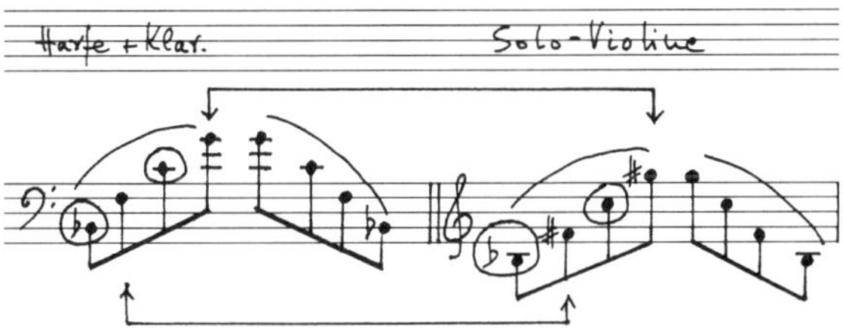

Erster und dritter Ton sind gleich, zweiter und vierter Ton etwas (um einen Halbton) nach oben verschoben.

Beethoven gewinnt das zweite Thema seines ersten Satzes aus dem Anfangsgedanken a und dem Überleitungsmotiv durch Hinzufügen neuer Töne:

Berg geht wiederum ähnlich vor, indem er aus seinem Anfangsgedanken a den vollständigen Gedanken, der dem ganzen *Violinkonzert* zugrunde liegt, entwickelt:

Zwischen den ersten vier Tönen von a ist jeweils ein neuer Ton eingefügt, und am Ende sind weitere angehängt. Diese Linie wird kurze Zeit später wiederholt, aber so verändert, daß sich das genaue Spiegelbild ergibt:

Dieser spiegelbildlichen Verwandtschaft entspricht eine andere, schwieriger wahrzunehmende, nämlich die, eine Melodie rückwärts, im Krebsgang zu bringen:

Läßt man bei den letzten drei Beispielen den Rhythmus weg und schreibt die Töne der „Reihe" nach auf, erhält man folgende Gebilde, die als spiegelbildliche Umkehrung und Krebsgang mit der Grundgestalt verwandt sind:

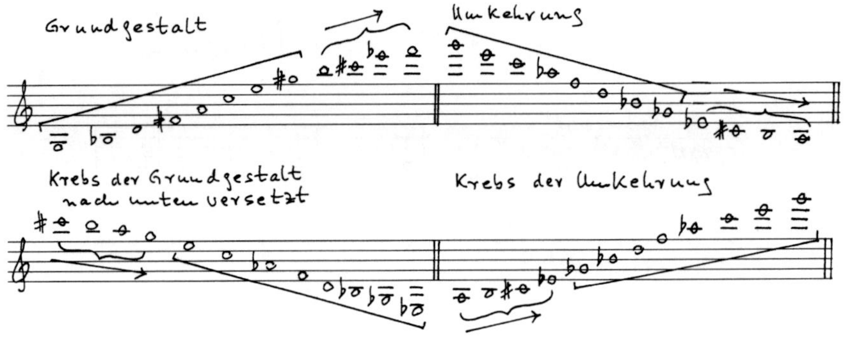

Die enge Beziehung zwischen den Reihenformen erhöht sich noch dadurch, daß jede Reihe genau zwölf verschiedene Töne hat. Diese Technik, mit zwölf „nur aufeinander bezogenen Tönen" zu arbeiten, ist Grundlage der Ton-Komposition im gesamten *Violinkonzert.* Alles, was zu hören ist, hat nicht nur direkt zu hörende Verwandtschaft, wie in den Beispielen oben gezeigt wurde, sondern läßt sich auch noch zusätzlich auf eine der vier Reihenformen zurückführen, von denen jede wiederum zwölfmal versetzbar ist. Kann man sich noch größeren Zusammenhang vorstellen? Schönberg hat mit seinen Schülern zusammen diese Technik unter anderem auch aus der Analyse Beethovenscher Werke gewonnen. Er nannte die Konstellationen dort nicht Reihe, sondern Grundgestalt, da sie aus weniger als zwölf Tönen bestehen. Im Unterschied zur älteren Musik kann aus der Zwölftonreihe nicht nur die Melodie gewonnen werden, sondern auch Akkorde (= gleichzeitiges Erklingen von Tönen). Alles wird aus einem Prinzip entwickelt!

Man könnte hier leicht einwenden, das sei „formalistisch". Aber erstens gestattet diese Technik, den Hörer ganz konkret von Ton zu Ton, von Tongruppe zu Tongruppe zu führen, ohne daß er den Zusammenhang verlieren muß, sie garantiert also Verstehen nach musikalischen Gesichtspunkten; zweitens habe ich nicht über die Erfindungskraft und das musikalisch-kompositorische Resultat und nicht über die Funktion der Techniken in ihrer Anwendung gesprochen, und drittens ist es ein altes Gesetz der Dialektik, daß dasselbe nicht dasselbe ist, das heißt: ein und dieselbe Technik verschiedenen Inhalten dienstbar gemacht werden kann. Das zeigt zum Beispiel Eislers *Lenin-Requiem*, das zwölftönig gearbeitet ist. In meinen *Schauplätzen der Revolution, 2. Teil über die Commune von Paris 1871* habe ich zum Beispiel die Technik des

Krebses angewandt, um den Sprachgebrauch der Reaktion (Thiers[1]) zu verdeutlichen, nämlich etwas so zu formulieren, daß man sich daraus auch wieder zurückziehen (= Krebs, Rückwärtsgang, „krebsen“) kann, so daß die Melodie gleichzeitig einen sich windenden, schlangenhaften Charakter bekommt:

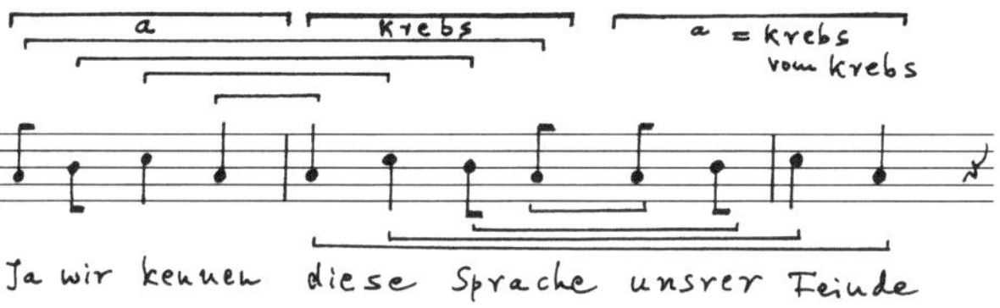

oder im gleichen Stück werden die edlen Tugenden der Kommunarden als Gegensatz zur fürchterlichen Reaktion der Herrschenden durch spiegelbildliche Kontrastanlage der Musik wiedergegeben. Auch der Anfang der *Internationale* ist mit sich entsprechenden Ton-Mengen gebaut:

Durch die musikalische Gleichheit der beiden Zeilenanfänge „Wacht auf“ und „die stets“ (in der Übersetzung von Luckhardt) wird der Textkontrast zwischen „stets“ und veränderndem „Wacht auf“ besonders sinnfällig herausgestellt; der zweite Zeilenanfang steht sogar um einen Ton höher!

Wieder zu Alban Bergs *Violinkonzert* zurückkehrend soll über die lehrreiche Betrachtung von Einzelteilen hinaus auch die Anlage einer Entwicklung über mehrere größere Formteile hinweg Bergs Meisterschaft zeigen, Möglichkeiten der Musik schöpferisch auszunützen. Der erste Satz des *Violinkonzerts* besteht aus einer kurzen Einleitung, einem Andante- und einem Allegretto-Teil. Der Andante-Teil hat folgende, genau kalkulierte Taktauf- und -unterteilung:

1) Louis Adolphe Thiers (1797–1877), französischer Advokat, Journalist und Historiker, unterstützte als Politiker die Thronbesteigung Louis Philippes, organisierte als Innenminister 1834 die Niederschlagung der republikanischen Aufstände in Lyon und Paris. 1836 und 1840 Ministerpräsident, 1848 Deputierter der konstituierenden Versammlung, unterstützte die Wahl Louis Bonapartes zum Präsidenten der Republik; unter Napoleon III. Deputierter des Corps législatif, 1871 Deputierter der neugewählten Nationalversammlung und von dieser zum Chef der Exekutive ernannt; provozierte den Bürgerkrieg, den er mit Unterstützung der Generäle des Zweiten Kaiserreichs und Bismarcks führte, ließ Paris bombardieren und die Commune niederschlagen; 1871 zum Präsidenten der Republik ernannt. (aus: *Pariser Kommune 1871 II*, Reinbek bei Hamburg 1971, S. 142)

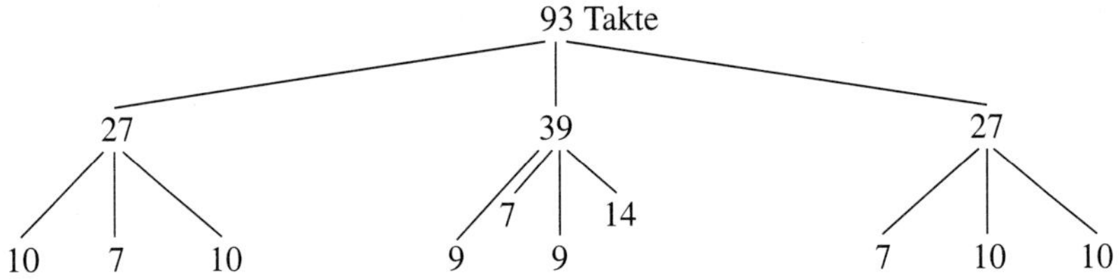

Jede Großzahl ist durch 3 teilbar: 93/3 = 31, 27/3 = 9, 39/3 = 13. Die Hauptzahl 93 und die des Mittelteils 39 ergeben bei der Teilung Primzahlen, die nicht mehr weiter geteilt werden können. Mit dem Mittelteil von 39 Takten wollen wir uns beschäftigen. Seine Unterteilung in 9 und 7 zeigt wieder eine Primzahl (7) und eine weiter teilbare Zahl (9). Primzahlendauern sind besonders stabil, weil sie durch Teilung nicht auf andere Längen direkt zurückführbar sind. Die unregelmäßige Aufteilung verhindert den Eindruck des Stehens durch Wiederholung gleicher Längen, die Entwicklungsmöglichkeit wird erhöht. So wiederholen auch die 3. und 4. Gruppe nicht genau, sondern als 9 und 14 (= 2×7). Bildet man die Summe von je einem Formteilpaar, erhält man 9+7 = 16 und 9+14 = 23. 23 ist wieder Primzahl, 16 weiter teilbar. Allein dieses Zahlenspiel zeigt die Entwicklung aus einem Grundgedanken und zeigt, wie genau Berg komponiert hat. In der Komposition haben die Beziehungen 9 zu 9 und 7 zu 14 eine wichtige Bedeutung. Berg nützt hier die Möglichkeit aus, daß eine Stimme sozusagen sich selbst begleiten kann, indem deren zweiter Teil zu ihrem ersten Teil paßt. Der erste Teil wird aber nicht wörtlich wiederholt, sondern aus 7 Takten werden 14 Takte, also auf das doppelte vergrößert.

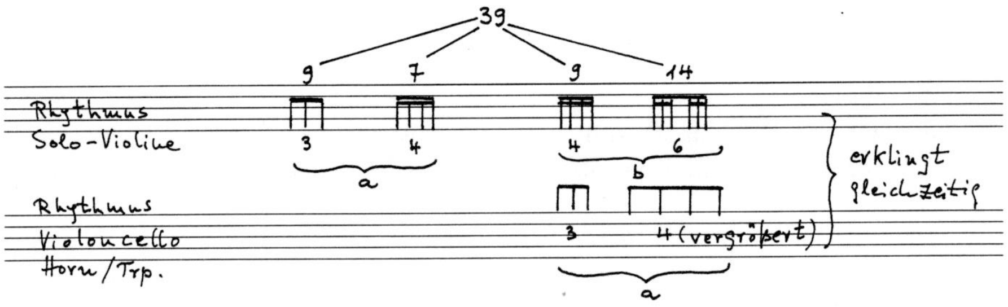

Die Solo-Violine beschleunigt durch alle vier Teile ihre Geschwindigkeit, hat also eine Steigerung mit immer wieder neuen Tönen. In den Teillängen 9 und 14 spielen Violoncello, dann Horn und Trompete der Solo-Violine ihre eigene Vergangenheit a vor. Durch das Zusammenpassen beider Stimmen wird das Neue verständlich, und gleichzeitig kann eine große Entwicklung aufgebaut werden. Diese Möglichkeit der Musik, mit Vergangenheit, Gegenwart und Zukunft gestaltend zu spielen, ist eine der wichtigsten Möglichkeiten, musikalisch Sinn herzustellen und birgt große Möglichkeiten der Darstellung und Faßlichkeit (zum Beispiel Lied, Oper, Film).

Nach diesen Andeutungen über einige verwendete musikalische Techniken muß noch über die eingangs erwähnte Programmatik, verdeutlicht durch die Widmung „Dem Andenken eines Engels", das Zitat der Kärntner Volksweise (Ländler) im ersten Satz und eines Bach-Chorals am Ende des zweiten Satzes, gesprochen werden.

Der zitierte Choral stammt aus der Bach-Kantate *O Ewigkeit, du Donnerwort.* Diese Kantate ist ein Zwiegesang zwischen Alt und Tenor, die „die Furcht" und „die Hoffnung" darstellen. Die eine fürchtet sich vor dem Tod und dem ungewissen oder gar schrecklichen Zustand nach dem Tod, die „Hoffnung" sagt: „Das Grab wird mir ein Friedenshaus". In diesen Dialog hinein spricht die Stimme der Offenbarung des Johannes: „Selig sind die Toten, die in dem Herrn sterben, von nun an". Die „Furcht" läßt sich überzeugen: „Wohlan (...), so stelle dich, o Hoffnung, wieder ein". Danach folgt der von Berg zitierte Choral:

Es ist genug,
Herr, wenn es Dir gefällt,
so spanne mich doch aus.
Mein Jesus kommt: nun gute Nacht, o Welt!
Ich fahr ins Himmelshaus.

Ich fahre sicher hin mit Frieden,
mein großer Jammer bleibt darnieden.
Es ist genug.

In starker Anlehnung an Bach zieht sich durch das ganze *Violinkonzert* der Faden einer Gedankenführung über Leben und Tod. Den beiden Bachschen Figuren entsprechen die zwei Sätze des Konzerts. Der erste Satz drückt Zartheit und Lieblichkeit des irdischen Lebens aus, die Solo-Violine ist gleichsam die Stimme des Mädchens. Die heitere Lieblichkeit symbolisiert das Ländlerzitat, zu dem die Solo-Violine einen sogenannten „Überschlag" (Jodler) spielt. Der Ländler selbst wird durch deutliche Anklänge vorbereitet. Doch der Vorbereitung und dem Ländlerzitat selbst folgt ein drohender Rhythmus in den Blechbläsern. Aus   der Vorbereitung und aus  des Ländlerzitats wird 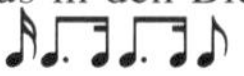 .

Der Ländler soll „wie eine Pastorale" (= Hirtengesang) erklingen. Demnach dient das Volksmusikzitat zur Herbeizauberung einer ländlichen Idylle, in der Natur als Sinnbild der Reinheit und Unschuld eines anmutig-ungetrübten Lebens dient. Diese auf Rousseau zurückgehende bürgerlich-poetische Auffassung der Natur (daneben Natur noch als Ausbeutungsgegenstand und als Inbegriff der Gesetzmäßigkeit, wovon die Begriffe Naturgesetz, Naturrecht ableitbar sind) findet sich in der *Pastoralsymphonie* von Beethoven, in Berlioz' *Symphonie fantastique*, in Wagners *Rheingold* und andernorts. Sogar Marie Antoinette ließ sich in Versailles ein idyllisches Modelldörfchen bauen, wo sie innerhalb von kleinen Bauernhäuschen, einer funktionierenden Mühle und Molkerei „Landleben" spielte und „Schäfer"-Stündchen genoß.

Der oben erwähnte drohende Rhythmus der Blechbläser im ersten Satz führt direkt in den zweiten Satz, der mit einer Art „Aufschrei" des Orchesters beginnt, zu dem die Solo-Violine eine freie Kadenz spielt (Kadenz war in früheren Konzerten kurz vor Ende der Sätze ein Freiraum, in dem der Solist seine Virtuosität und Phantasie durch Improvisation zeigen konnte. Die Komponisten gingen nach und nach dazu über, die Kadenz selbst zu komponieren und dem Solisten vorzuschreiben). Wieder taucht der drohende Rhythmus auf, die Töne sind aus den gefühlvollen Ländlerterzen genommen, in eine große Steigerung mündend nimmt er folgende Form an: 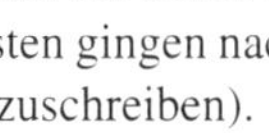 (Pauke). Der Katastrophenhöhepunkt verebbt, und in zartem Mezzopiano (mittellaut) spielt die Solo-Violine „religioso" den Choralbeginn „Es ist genug". Am Ende des Satzes werden Ländler und Choral verknüpft: Das Leben wird ein überirdisches, „mein großer Jammer bleibt darnieden".

Welche Haltung verbirgt sich hinter dieser geschilderten Dramaturgie, die mit dem Gehör leicht mitzuvollziehen ist? Natürlich bedeutet die Tröstung durch Heilsbotschaft für viele Menschen noch etwas. Doch ich kann mir schwer vorstellen, daß die werktätigen Kollegen, die sich täglich mit realen Widersprüchen auseinanderzusetzen haben, dieser traumhaften Darstellung des Lebens als widerspruchslose Idylle einerseits und hereinbrechende Todeskatastrophe andererseits, mit verklärendem, überirdischem Versöhnungsschluß (das Mädchen wird zum Engel) etwas abgewinnen können. Sowohl die konkreten Todesursachen der Kinderlähmung als auch das besondere gesellschaftliche Umfeld des Mädchens bleiben unberücksichtigt, die Musik verflüchtigt sich in zarte Erhabenheit. Selbstverständlich vermittelt sie Trost. Doch durch die Überhöhung zur Abstraktion wird jede konkrete Möglichkeit zum eingreifenden, verbessernden Handeln ausgeschlossen. Sicherlich, der „Schrei" zu Beginn des zweiten Satzes hat die Bildhaftigkeit einer konkreten Äußerung. Aber was ist ein Schrei wert ohne Analyse, ohne organisiertes Handeln, ohne Solidarität, ein Aufschrei, dessen Echo in jenseitige Tröstung allein hinüberdämmert? (Erinnerung an Mahlers *Auferstehungs-Symphonie* drängt sich auf.) Was ist die abstrakte Verlagerung der Widersprüche auf das Leben und den Tod schlechthin wert, wenn feststeht, daß keiner dem Tod entgehen kann, in vielen konkreten Fällen aber Tod verhinderbar ist, etwa durch Kampf für Abrüstung und Frieden, gegen die Neutronenbombe, für Vorsorge gegen vermeidbare Katastrophen? Schnell wird der scheinbar so erhabene Schluß dieses Konzertrequiems fast ein Allgemeinplatz, mit dem nicht viel anzufangen ist. Zweifellos strahlt der Schluß des Konzerts große emotionale, beruhigende, ja sogar fordernde Wirkung aus. Hinterfragt man aber die Gedankenführung durch Vergleiche mit der objektiven Wirklichkeit, bleibt man dem eigenen Angetansein gegenüber mißtrauisch.

19. September 1978

Über John Cage

Offener Brief

Lieber Herr Zeller,[1]
Ihrer Bitte, über Beziehungen John Cages zu meinem musikalischen Denken zu schreiben, möchte ich nur in fragmentarischen Anmerkungen entsprechen, da die frühere intensive Bedeutung, die Cage für mich hatte, in diesem Ausmaß nicht mehr existiert. Ich fände es auch abscheulich, mich als Cage-„Experte" in die Schar jener intellektuellen Aristokraten einreihen zu wollen, die in den Cage-Partituren neben vielem anderen auch die Möglichkeit einer Freiheit entdecken, für die sie keinen Finger zu rühren brauchen.

Cage, eine gestopfte Graugans??[2]

Cages Arbeit ist sehr zerbrechlich. Jedes Zuviel mästet sie zu Tode oder führt zur Selbstvergiftung allzu Unvorsichtiger.

Ohne Erregung, jedoch mit Interesse: Cage steht zur Verfügung! – Komplexer als Saties „musique d'ameublement", aber genauso deutlich gezeichnet von Spuren der Anpassung, des phantasievollen und eigenwilligen Reagierens.

Cage ist ein Aggregat.

Seine Partituren können hervorragend zur musikalischen Disziplin beitragen. Gleichzeitig sind viele Ausarbeitungsmethoden äußerst zwanghaft und frustrierend.

Ich höre sehr gerne die zauberhaften Stücke für präpariertes Klavier, seine Lieder und anderes. Seine Rhythmuskompositionen helfen mir in besonderem Maße bei der Bewältigung von Problemen meiner eigenen Rhythmuskompositionen.

AUSRUFE:
Was ist das für ein bedeutender Komponist, der in *Cheap Imitation* für Orchester mit *I Ging* und alter Musik aus Saties *Socrate* so herrlich gegenwärtige und persönliche Musik machen kann! Was ist das für eine Gesellschaftsordnung, die einen Komponisten dazu treibt, Selbstdarstellung, Ausdruck von Gefühlen oder Gedanken in Musik, Kunst als Kommunikation für verabscheuungswürdig oder unmöglich zu erklären!

Daß Klänge „sie selbst" sein sollen, daß man ihnen erlauben soll, „aus ihren eigenen Zentren zu kommen" (Rede an ein Orchester), hat mich in früheren Jahren in meinen eigenen Positionen sehr bestärkt und bleibt wichtig für mich. Aber wie fast überall ist Cage bestrickend und ungenau zugleich.

Wenn Cowell[3] in *Tageschronik* „Aggregat" als „Beziehung von verschiedenartigen und scheinbar disparaten Objekten, welche durch deren räumliches Nebeneinander hergestellt wird (...) kraft ihrer gleichzeitigen Anwesenheit" beschreibt, sind Betonung einer isolierten

1) Hans Rudolf Zeller (* 1934), deutscher Autor musikbezogener und literarischer Texte sowie experimenteller Sprach- und Lautkompositionen; gab 1979 anläßlich eines John Cage-Festivals innerhalb der Tage Neuer Musik Bonn vom 6. bis 14. Juni unter dem Titel *Cage Box* eine Kollektion von Originalbeiträgen zum Thema „Cage" heraus, an der insgesamt vierzehn Verfasser beteiligt waren. Nicolaus A. Hubers Offener Brief ist für diese Sammlung bestimmt. (Anm. d. Hrsg.)
2) Anspielung auf Hanns Eislers Lied „Die haltbare Graugans", Text von Brecht. (Anm. d. Hrsg.)
3) Henry Cowell (1897–1965), amerikanischer Komponist, Lehrer John Cages. (Anm. d. Hrsg.)

und darum erstarrten Gegenwart, Interesselosigkeit an etwaigen Gesetzmäßigkeiten gesellschaftlicher Entwicklung und Leugnung, daß Verhältnisse von Objekten unter anderem auch auf Verhältnisse von handelnden Menschen zurückgehen, die in ihrer Praxis (nachweisbar) auf Vergangenheit und Zukunft geschichtlich orientiert sind, Ausdruck äußerster Verdinglichung.

Die Kategorie des Zufalls, des Spaßes, die Verwechslung von Selbstdisziplin und Selbstdarstellung sind Folgen dieses mystifizierenden Verhaltens zur Außenwelt. Aufgrund solcher „Beziehung" reduziert sich Kommunikation auf „gleichzeitige Anwesenheit" (die selbstverständlich Spaß machen muß). Die schwierigen Formen der Beziehungen zwischen Individuum und Gesellschaft, Innenwelt und Außenwelt, privat und öffentlich etc. sind aber als *Aufgabe* zu sehen. Kommunikation ist nicht ein jederzeit verfügbares Instrumentarium, sondern muß ununterbrochen erarbeitet werden.

Darstellung und Selbstdarstellung sind Ausdrucks*methoden*. Man soll sie nicht abschaffen wollen, sondern ihnen die Möglichkeit fortschrittlicher Inhalte geben.

Im zweiten Teil *Tutti* meines Orchesterstücks *Gespenster* gibt es ein Netz von 88 Soli (= 88 verschiedene Töne). Jeder Musiker des Orchesters ist für ein Solo individuell verantwortlich. Die Hauptbestimmung dieser Soli „so lange und so leise wie möglich" (das heißt: den „ganzen Atem" und den „ganzen Bogen" drangebend) läßt die Töne nur sie selbst sein, was ihr akustisches Dasein betrifft. Aber trotz ähnlicher Bestimmungen klingen alle Soli verschieden: Die einmalige „Menschen-Klangfarbe" jedes Musikers wird den Tönen aufmoduliert: ein Akt der Selbstdarstellung unter bestimmten Bedingungen. Auch *meine* Selbstdarstellung ist integriert: als Solidarität und Parteilichkeit mit fortschrittlichen Kräften unserer Gesellschaft.

Kurz vor *Tutti*, am Ende von *Vorspruch*, taucht folgender Text (von Peter Maiwald[4)]) auf: „Dem Arbeiter B. wurde berichtet: In dem Land X sei die Lage hoffnungslos. B. fragte: Leben dort keine Arbeiter?" Die darauf folgende Tonerzeugung „so leise und so lange wie möglich" läßt über das akustische Dasein des Tones hinaus seinen Erzeuger, den ganzen Atem, als ein Sich-des-Atems-Versichern, als physischen Lebensatem erscheinen. Zugleich aber tragen diese Tonereignisse die beeindruckende Bildhaftigkeit pathetikloser, konzentrierter Einfachheit ehemaliger KZ-Häftlinge, wenn sie von ihren Folterungen berichten. Die mehr und mehr nachfolgenden Rhythmus-Kerbungen dieser Soli münden in das Schluß-„Lied": „Wer zu Hause bleibt, wenn der Kampf beginnt..." (Bert Brecht). Innerhalb dieser kurz angedeuteten Dramaturgie spielt die Selbstdarstellung der Musiker, des Komponisten und bestimmter fortschrittlicher Kräfte eine realistische Rolle. Töne und Rhythmen dürfen sie selbst sein. Aber dadurch, daß diese Selbstdarstellungen nur bestimmte Seiten des Selbst konzentriert hervortreten lassen, verflüchtigen sie sich nicht zu neutraler Allgemeinheit und weisen dem Ich eine mögliche Position zu, ohne selbstisch oder selbstlos sein zu müssen. Ein „Ich", das sich mit vielen von den „Übrigen" als „Wir" versteht, wird auch die richtige „Intonation" der musikalischen Sprache treffen, damit es ein möglichst konkretes Angebot zur Kommunikation mit dem Hörer vorlegen kann.

Wie dem Cageschen Nebeneinander von Individuen und dem Mißtrauen gegen Kommunikation die Korrektur zu einer dialektischen Beziehung zwischen Individuum und Individuum beziehungsweise Gesellschaft und die Frage nach objektiven Bedürfnissen und subjektiven Möglichkeiten not tut, so tut auch dem Cageschen Aggregat die korrigierende Gegenüberstel-

4) Peter Maiwald (* 1946), deutscher Schriftsteller, veröffentlichte Gedichte, Lieder und Kurzprosa. (Anm. d. Hrsg.)

lung der dialektischen Montagetechnik not, die viel umfassender und präziser die volle Eigenentfaltung der Montageteile, aber gerade durch ihre Beziehung aufeinander, ermöglicht. (Man vergleiche dazu Eisensteins[5] Bemerkungen zum Unterschied zwischen der dialektischen Montagetechnik und der bürgerlichen in den Romanen von Dickens und den Filmen von Griffith.[6])

Cage ist nötig

Tünche nicht!!

Beste Grüße
Ihr
Nicolaus A. Huber

Düsseldorf, 11. April 1979

5) Sergej Michailowitsch Eisenstein (1898–1948), sowjetischer Filmregisseur, erlangte mit *Panzerkreuzer Potemkin* Weltruhm. (Anm. d. Hrsg.)
6) David Wark Griffith (1875–1948), amerikanischer Filmregisseur und Filmproduzent, arbeitete bereits in seinen frühen Monumentalfilmen wie *Birth of a Nation* (1915) und *Intolerance* (1916) mit Großaufnahmen und Montagetechnik, entwickelte neue Aufnahmemethoden und wurde so richtungweisend für das gesamte Filmschaffen. (Anm. d. Hrsg.)

John Cage: *Cheap Imitation*

Als John Cage im Dezember 1969 *Cheap Imitation* für Piano solo schrieb, reagierte er mit Phantasie auf eine äußere Zwangslage: Ein Tanzprojekt Merce Cunninghams[1] mit der Musik von Eric Saties *Socrate*, einem symphonischen Drama für kleines Orchester und Stimme, drohte zu scheitern, denn die Materialgebühren waren zu hoch, und das Recht zu einer Fassung für zwei Klaviere wurde Cage vom französischen Verleger verweigert. Der gefundene Ausweg war die *Cheap Imitation*, die billige Imitation für *ein* Klavier.

Was Cage dabei zustande brachte, ist wundervolle und verwundernde Musik zugleich. Die Eigenschaften, die René Chalupt in einem Vorwort dem *Socrate* zuschreibt, gelten in noch konsequenterem Maße für *Cheap Imitation*, wenn er sagt: „Da der Autor" (gemeint ist Satie) „die schlichte Stilisierung des Oratoriums den theatralischen Ergüssen vorzieht, hat er es für angebracht gehalten, nicht mit der kunterbunten Auslage des persischen Bazars zu konkurrieren. Er wollte, daß seine Musik schmucklos, (...) bescheiden in ihrer Nacktheit sei, daß sie dem Text gegenüber fast verblaßte und nicht aus den äußeren Zufälligkeiten Pathos bezöge."[2]

Cage selbst war offenbar vom Ergebnis der Fassung für Klavier so angetan, daß er davon eine Orchesterfassung für 24–95 Musiker in variabler Besetzung und, zusammen mit Paul Zukofsky,[3] eine Fassung für Violine solo erarbeitete.

Wie ist *Cheap Imitation* gemacht? Wie verhält sie sich zu Saties *Socrate*?

Cage selbst gibt die Kompositionsmethode an. Er benutzte die Mittel des Zufalls durch Befragung des *I Ging*, eines Orakelbuchs.[4] Drei Fragen für jede musikalische Phrase, bezogen auf die melodische Linie der Singstimme, manchmal auch auf die der Begleitung von *Socrate*, schränken das Operationsfeld des Zufalls ein und geben ihm seine spezifische Farbe. Frage 1: Welcher der sieben „Weiße-Tasten-Modi" soll benutzt werden? Frage 2: Auf welchem der zwölf chromatischen Töne soll der Modus beginnen? Frage 3, geltend nur für den ersten Satz: Welcher Ton einer gegebenen Transposition soll benutzt werden? Für den zweiten und dritten Satz gelten die Bestimmungen, daß die originalen Intervallbeziehungen Saties pro halben oder ganzen Takt beibehalten werden sollen.

Durch dieses Verfahren des kalkuliert eingesetzten Zufalls auf der Basis von *Socrate* sind der Charakter der Musik und die Beziehung zu Satie genau bestimmt. Die Länge seiner drei Sätze wird in den drei Sätzen von *Cheap Imitation* unangetastet übernommen. Ebenso entsprechen sich Taktart und Rhythmus. Dieser folgt hauptsächlich dem der Singstimme, Atempausen werden in Satz I und II durch ausgehaltene Instrumentaltöne überbrückt. Daraus ergibt sich die Einstimmigkeit und die melodische Qualität von *Cheap Imitation*; nur selten überlagern sich Töne durch Liegenbleiben zu einer quasi echoartigen Akkordik.

Die weitgehende Nichtberücksichtigung der Begleitung als Kompositionsmethode schafft einen wesentlichen Unterschied zu Saties *Socrate*. Die musikalische Form entsteht dort durch

1) Merce Cunningham (* 1919), amerikanischer Tänzer, Choreograph und Pädagoge, gilt als Modern-Dance-Choreograph von singulärem Rang, gründete 1952 seine eigene Gruppe, die Merce Cunningham & Dance Company, mit der er auch mehrfach in Europa gastierte, arbeitete jahrzehntelang aufs engste mit John Cage zusammen, den er 1938 kennenlernte. Sein eigenwilliges Bewegungsvokabular hat starke Wirkungen auf jüngere Choreographen ausgeübt. (Anm. d. Hrsg.)

2) Zitiert nach Grete Wehmeyer: *Eric Satie*, Regensburg 1974, S. 233.

3) Paul Zukofsky (* 1943), amerikanischer Geiger, Spezialist für Musik des 20. Jahrhunderts. (Anm. d. Hrsg.)

4) Vergleiche zum Beispiel die deutsche Übersetzung von Richard Wilhelm: *I Ging / Text und Materialien*, Düsseldorf/Köln [4]1978 (Diederichs Gelbe Reihe; Bd. 1: China im Umbruch).

Beispiel 1

5–7 charakteristische Bausteine pro Satz, die, in veränderter Reihenfolge angeordnet, immer wieder auftauchen und so formbildend wirken. Diese Baukastenmethode betrifft aber nur die von Cage kaum benutzte Begleitung. Die Singstimmenmelodie ist bei jedem Wiederauftauchen eines Bausteins neu komponiert. Sie hat im Gegensatz zur Begleitung ununterbrochen fließende, sich immer erneuernde Struktur. Ein Vergleich zwischen einem in *Socrate* dreimal getrennt auftretenden gleichen Baustein mit jeweils neuem Gesang und den entsprechenden „Billig-Imitationen" von Cage zeigt das musikalische Alleingelassenwerden durch Weglassen der Begleitungs-Bausteine als feste Orientierungspunkte innerhalb des melodischen Flusses (Beispiel 1).

Cage hat aber nicht nur die Begleitung so gut wie ungenutzt gelassen und damit Satie eine ganz neue Färbung abgewonnen. Die fast ausschließliche Benutzung des melodisch-rhythmischen Materials der Singstimme bringt durch bloßes Weglassen des Textes eine Veränderung auch zu neuer melodischer Qualität. Saties Singstimme erhält ihre natürliche Gliederung durch die Sinnabschnitte, Hervorhebungen, Interpunktionen und Bedeutungsunterschiede des Textes. In unserem Beispiel aus dem dritten Satz (siehe Beispiel 2) ist die Melodie in neun solcher gliedernder Abschnitte geteilt. Diese Teilung ist jedoch nur durch den Text plausibel. Ebenso ist die Verwendung der von Satie gebrauchten beiden Dauern, nämlich Achtel und Viertel, sozusagen ohne besondere strukturelle Aufmerksamkeit verständlich, zum Beispiel

Auch die Häufigkeit der Achtelwerte als tragende Grunddauer rechtfertigt sich aus dem „lesenden" Gesangsvortrag und hat dadurch selbstverständliche Richtigkeit als Folge einer bestimmten Art musikalischen Textvortrags. Durch das Cagesche Verfahren der Weglassung der Quantität Text erleben wir den Umschlag der Melodie in eine neue Qualität. Alles, was vorher als eine selbstverständliche Folge einer im Vordergrund stehenden Textvortrags-Absicht nur Beiläufigkeit besaß, erfordert jetzt strukturelle Aufmerksamkeit und schiebt sich in den Vordergrund (Beispiel 2).

Aufgrund der Gliederung in Abschnitte und aufgrund der Parlando-Rhythmik überrascht die textlose Musik jetzt plötzlich durch ihren „sprechenden" Charakter. Die vielen gleichen Notenwerte frappieren und beschäftigen als ungewöhnliche Ausdrucksbausteine neuer Musik. Versucht man, die Verteilung von Achtel- und Viertelwerten aus sich selbst, das heißt strukturell zu verstehen, kann man plötzlich die Melodie als Rhythmusstück hören: 72 Achtel stehen nur 14 Vierteln gegenüber, die innerhalb der neun Abschnitte sinnvoll so verteilt sind:

2
1 1 1 2
1 1 3
und wieder 2,

Beispiel 2: Gegenüberstellung der Takte 7–20 des 3. Satzes

die rhythmischen Endreime der Abschnitte haben zwei feste Gestalten, nämlich Viertel mit Achtel (=a) und Viertel ohne Achtel (=b). Die stehen in einem Mengenverhältnis von 4:5 und sind strukturiert verteilt: 2×a 4×b aba (= 2×a, 1×b). Ebenso besitzen die Achtel*pausen* als Trennwand zwischen den Abschnitten eine ziemlich regelmäßige Struktur:

3×Pause – keine Pause
2×Pause – keine Pause
3×Pause, davon die letzten
beiden aber unmittelbar als Doppelpause von zwei Achteln aufeinanderfolgen.

Zusätzlich zur Weglassung der Begleitung und des Textes ergeben sich durch die Befragung des *I Ging*: „Welcher Modus auf welcher Transposition?" und durch die Beibehaltung der originalen Intervallstruktur im zweiten und dritten Satz für einen halben oder ganzen Takt erhebliche melodische Veränderungen bis hin zur völligen Ungleichheit der Melodiegestalten, vor allem im ersten Satz durch die dort relevante Zusatzfrage an das *I Ging*: „Welcher Ton einer gegebenen Transposition soll benutzt werden?"

Einige vergleichende Beispiele lassen sofort die Skala der Verwandtschaft von gleich über ähnlich zu verschieden erkennen. Der Rhythmus der Vorlage bleibt dabei immer erhalten (Beispiel 3).

Beispiel 3

a) Satz I, T. 182–184
Satie
Cage

b) Satz I, T. 7–10
Satie
Cage

c) Satz I, T. 1–4
Satie
Cage

d) Satz I, T. 14–20
Cage
Satie

Solcher Vergleich hätte wenig analytische Bedeutung, wenn sich daraus nicht neue Konsequenzen für den musikalischen Zusammenhang ergäben. Die Möglichkeiten, die der Komponist durch seine eingreifenden Fragen dem Zufall einräumt, entbinden von persönlicher kompositorischer Verantwortung im Detail, von „Selbstdarstellung", wie Cage es nennt, lassen aber doch eine relativ geschlossene musikalische Charakteristik zu, die als Isolation bekannter tonaler Tongruppierungen bezeichnet werden könnte. Sie rührt von den verschiedenen kurzzeitigen, vom Zufall diktierten chromatischen Versetzungen her und ist in gewissem Sinne eine Vergegenständlichung des Cageschen Aggregats, das sich nach Henry Cowell[5)] als „Beziehung von verschiedenartigen und scheinbar disparaten Objekten, welche durch deren räumliches Nebeneinander hergestellt wird" definiert.[6)] Die streng diatonische und innerhalb größerer Phasen deutlich abkadenzierende Melodik Saties erlaubt sich chromatische Tonbeziehungen meist nur von *einer* melodischen *Groß*strecke zur anderen; zum Beispiel:

Beispiel 4 a

Satz I, T. 11–26

Satie

Bei Cage dagegen erlebt man ein dauerndes Changieren zwischen den Möglichkeiten groß- und kleinflächiger, durch chromatische Tonbeziehungen unterbrochener Diatonik. Zusammen mit den Abkadenzierungen, die bei Cage ebenso wie bei Satie meist als Tonrepetitionen auftreten, aber durch die Veränderungen in *Cheap Imitation* Sinn und Stimmigkeit größtenteils eingebüßt haben, wird man so durch eine musikalische Landschaft geführt, in der man alles zu erkennen glaubt und gleichzeitig frappiert ist über die Fremdheit und die neue Ausdruckskraft, die das Bekannte durch die vom Zufall geleisteten Verknüpfungen erhält.

Beispiel 4 b

Satz I, T. 11–26

Cage

5) Henry Cowell (1897–1965), amerikanischer Komponist, Lehrer John Cages, entdeckte im Kindesalter und unabhängig von Charles Edward Ives die „Tontrauben", für die er die Bezeichnung „Cluster" in die musikalische Terminologie einführte, unternahm auch sonst mancherlei Experimente, begann beispielsweise kurz vor 1930 mit Präparierungen des Klaviers, die Cage dann weiter ausbaute, schrieb mit „New Musical Resources" ein wichtiges Theoriebuch, ist Autor eines vielgestaltigen und vielfarbigen, aber qualitativ uneinheitlichen kompositorischen Œuvres. (Anm. d. Hrsg.)

6) Henry Cowell: *Tageschronik,* in: Richard Kostelanetz (Hrsg.): *John Cage*, Köln 1973, S. 153.

Die Leistung des Zufalls, musikalische Fortführung anders zu realisieren als erwartet, drückt sich auch im Nichteinlösen exponierten Materials aus. Der zweite Satz beginnt bei Satie so:

Beispiel 5 a

Das viermalige Erklingen der selben unveränderten Tonfolge gibt Satie die Möglichkeit, dieses gleichgemusterte Tonfeld in beliebig verschiedenen Längen als Baustein zu verwenden, da die fehlende Veränderung keine Tendenz, keine musikalische Gedankenführung mit dem Ziel zu etwas anderem hin aufweist und demnach auch keine Entwicklung braucht, die an eine bestimmte Zeitlänge gebunden wäre. Saties Flächentechnik ist nicht final angelegt. Kompositorischer Gebrauch als Baustein im Sinne einer Baukastenmethode und innere Struktur des Bausteins sind funktionell aufeinander abgestimmt.

Der Zufall veränderte die Satieschen Takte aber so:

Beispiel 5 b

Abgesehen vom gleichen Rhythmus bleibt innerhalb der Viertongruppe nur das Intervall der großen Sekunde zwischen erstem und zweitem sowie zwischen drittem und viertem Ton erhalten. Aber sowohl die Richtung, ob auf- oder abwärts, als auch der Abstand zwischen dem zweiten und dritten Ton verändert sich bei jeder Wiederholung. Dabei zeigen diese vier Takte streng logische Gedankenführung in der Anlage der Veränderungen. Jeweils der erste und dritte beziehungsweise der zweite und vierte Takt korrespondieren in der melodischen Richtung.

Dadurch entsteht eine gleichmäßige Abfolge der Auf- und Abwärtsbewegungen der Große-Sekund-Paare. Der Gegensatz der Bewegungsrichtung betrifft nicht nur die höheren und tieferen Große-Sekund-Paare, oben aufwärts – unten abwärts, sondern auch die Sekundpaare in gleicher Höhenlage: oben aufwärts – unten abwärts – unten aufwärts – oben abwärts. Diese Anordnung bedingt auch die spiegelbildliche Ton- und Richtungsbeziehung ganzer Takte.

Bis jetzt könnte man immer noch annehmen, es handle sich eben um ein Bausteinmuster, das einmal in originaler und einmal in spiegelbildlicher Zeichnung verläuft. Der bloßen Musterreihung aber widerspricht der final angelegte Umfang der vier Tonmodelle. Bei jeder Wiederholung verringert sich dieser zwischen Takt 1 und 2 und Takt 3 und 4 je um einen Halbton, zwischen Takt 2 und 3 um einen Ganzton. In Kompositionen mit *nicht* vom Zufall bestimmter Struktur würde die Tendenz der Material-Exposition, hier also das Original-Spiegel-Verhältnis und die regelmäßige Verringerung des Umfangs, selbst Material einer musikalischen *Gedanken*führung sein, deren Konsequenzen das ganze Stück erfassen würden. Nicht so bei Cage! Tendenzen werden nicht durch das Folgende eingelöst. Jedes existiert als Möglichkeit ohne besondere Folgen, Jedes beeinflußt die musikalische Erlebbarkeit des Anderen durch seine bloße Nachbarschaft (Beispiel 6).

Die Kompositionstendenz Saties, Musik ohne „Grimassen", ohne „Sauerkraut", wie er selbst sagte, zu schreiben, bringt für den Hörer unerwartet viele neue Musikerfahrungen. Cage nimmt diese Tendenz Saties sehr ernst, ja er radikalisiert sie in *Cheap Imitation* zu verblüffenden mu-

Beispiel 6

Satz I, T. 1–20

sikalischen Ergebnissen. Um das Weitertreibende derartiger Radikalisierung verdeutlichen zu können, seien vergleichende historische Beispiele von Beethoven über Bruckner zu Satie und *Cheap Imitation* herangezogen, die ein so empfindliches, oft an der Grenze des Nichtssagenden stehendes Intervall wie die Oktave betreffen.

Der Anfang von Beethovens *Eroica* ist so gebaut, daß die zweimaligen Akkordschläge auf den Ton es des folgenden Violoncello-Themas hinweisen, der – trotz des Auftauchens verschiedener anderer Töne – zentrale Bedeutung hat und unseren musikalischen Bedürfnissen entsprechend 176 Jahre später bereits im Sinne einer frühen Einton-Komposition gehört werden kann (Beispiel 7).

In den beiden vorausgehenden Akkordschlägen wird dieser Ton aber als mit seinen Oktaven identisch dargestellt, das heißt: umgekehrt, von den Oktaven ausgehend: Diese sind bloße Verdoppelungen, um das es in seiner Bedeutung als Grundton des Dur-Akkordes akustisch zu veranschaulichen. Auch die Instrumentation berücksichtigt das es in vier Oktaven sechzehnmal, den Ton g siebenmal und den ergänzenden Ton b sogar nur zweimal pro Akkord.

Einen Schritt weiter in der Emanzipation der Oktave zeigt eine Stelle aus Bruckners *7. Symphonie*, in der die Eigenqualität der Oktave sich innerhalb von sechs Takten immer mehr durchsetzt. Der Ton g ist – wie das es bei Beethoven – Grundton; gleichzeitig aber wird das g als in Oktaven aufgelöste Begleitfigur in den Streichern eingesetzt und im Laufe der sechstaktigen Entwicklung endlich von beiden Funktionen, der des Grundtons und der der Begleitung so abgehoben, daß man wirklich zwei Töne g im Spannungsabstand einer Oktave abwärts hört (Beispiel 8).

Von diesem Beispiel, bei dem es sich übrigens *auch* um eine Klangflächen-Komposition handelt, zum Anfang von Saties *Socrate* ist nur ein kleiner Schritt. Nur ist Saties Oktave aus Entwicklung, Einmündung, Überleitung, Espressivo entlassen. Sie ist einfach da, ohne derartige „Grimassen" schneiden zu müssen:

Beispiel 9

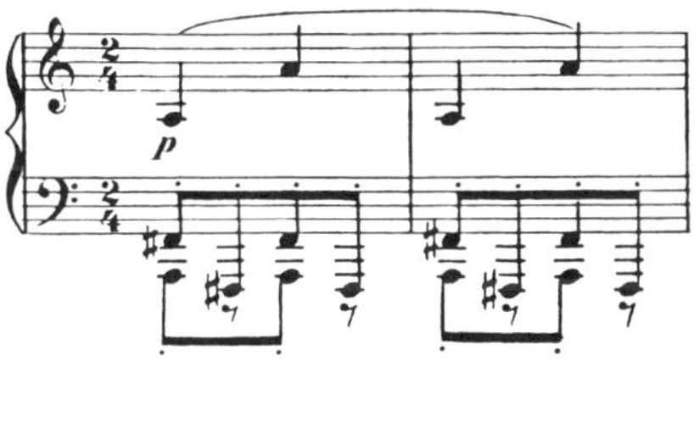

Beispiel 7

Allegro con brio (𝅗𝅥. = 60)
Flauto I II
Oboe I II
Clarinetto in B I II
Fagotto I II
Corno in Es I II
Corno in Es III
Tromba in Es I II
Timpani in es, B
Allegro con brio (𝅗𝅥. = 60)
Violino I
Violino II
Viola
Violoncello
Contrabasso
cresc.

Beispiel 8: Anton Bruckner, 7. *Symphonie E-Dur* (1881/83), 2. Satz (Adagio), Takte 127–132

Freilich ist Saties Oktave noch gestützt durch ein Begleitungsfeld, dessen Terz sie darstellt. In *Cheap Imitation* dagegen gibt es nur noch die Oktavenfolge. Der Wegfall der Begleitung setzt eine Hörerfahrung frei, in der der obere Ton der Oktave nicht mehr als ein akustisch im unteren Ton schon latent vorhandener erscheint und die Oktave auch nicht mehr als sensibles Austasten eines Klangspektrums auffaßbar ist. Die Körnigkeit, ja sogar unbekümmerte Grobheit dieses Oktavverhältnisses resultiert aus dem radikalsten Nichtgebrauch des akustisch vorhandenen hohen Verschmelzungsgrades der beiden Töne. Ein faszinierendes Alleingelassensein (Beispiel 10).

Beispiel 10

Solches Alleingelassensein hat seinen emotionellen Gegenpol vor allem in der engen diatonischen Verwandtschaft der Töne, durch die ein Zerschneiden und Wegrücken von Tönen besondere Spannung erhält. Als Abschlußbeispiel Cagescher Radikalisierung von in Satie angelegten Tendenzen seien der Schluß des dritten Satzes von Satie und dann Cages *Cheap Imitation* zitiert, in der die Aura des Alleingelassenseins eine der aufregendsten Einton-Kompositionen hervorbringt, die ich kenne.

Beispiel 11

Satie

Cage

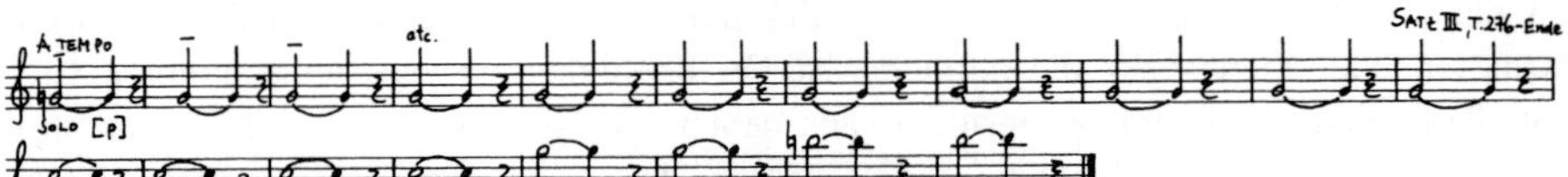

15. September 1979

Zu Fritz Büchtger[1)]

Spontan sagte ich der Bitte, einige Erinnerungen an Fritz Büchtger zu formulieren, zu – hatte er doch nicht nur mich und andere junge Komponisten gefördert, sondern in das Münchener Musikleben ganz allgemein eine unverwechselbare und ebenso schwer verzichtbare Farbe gebracht.

Bei der Rückerinnerung wird deutlich, wie sehr ich ihn als „Institution" ansah und unser persönlicher Kontakt im Grunde nur über das „Studio für Neue Musik" ging.

Die direkteste und persönlichste Begegnung mit ihm erlebte ich als Schulmusikstudent. Ich brachte ihm Kompositionen zur Begutachtung für eine eventuelle Aufführung im „Studio". Meine neuesten Errungenschaften der Dehnung des Webern-Stiles und die starke Beeinflussung von Cage fanden vor ihm aber keine Gnade. Da ich völlig unbekannt war, argumentierte Büchtger von seiner persönlichen Konzeption aus frei und unzensiert in der Art eines Lehrer-Schüler-Verhältnisses. Freilich, seine Methode, zu reduzieren: „Das ist gar nicht so neu, das hat es früher schon gegeben, das ist nichts anderes als..." erschien mir mehr Selbstschutz-Behauptung als Hilfe für mich zu sein, und auch seine Korrekturvorschläge nach Gehör blieben mir (bis heute) unverständlich, weil dabei Ein- und Ausdruck nicht mit dem kompositorischen Material konfrontiert wurden. Die damals neue Musik, die mich beeinflußt hatte, kam für Büchtger als Sprache nicht in Frage. Er vertrat als Komponist eine konsequente, etwas starre (anthroposophische) Position. Bestimmte Arten neuer Musik waren für ihn nicht frei von Scharlatanerie und Nichtskönnertum, und erst als Schüler von Günter Bialas konnte ich sein Vertrauen auf Könnertum und trotzdem neue Musik gewinnen. Seitdem hat mich Fritz Büchtger vorbehaltlos gefördert und viele Stücke zum Teil uraufgeführt.

Die Studioprogramme waren sehr weit gefächert. Neben der Förderung junger Komponisten und Komponisten von mehr regionaler Bedeutung standen Aufführungen von Boulez, Eisler, Bialas bis hin zu Riedl und Bussotti. Büchtgers dezidierte Privatanschauung über Musik floß nicht in seine Programmgestaltung ein. Dies und sein organisatorisches Stehvermögen, das heißt: mit winzigem Etat doch immer wieder die zahlreichen Aufführungen zustande zu bringen, verlangen unbedingte Bewunderung. Was das konkret bedeutete, erfuhr ich erst, als ich Musiker für meine Studioaufführungen suchen mußte. Wie leicht findet man gute Musiker, die für winzige Honorare Zeit und Interesse für moderne Musik aufbringen, und das noch bei kleiner Zuhörerzahl? Die vielen Absagen, oft kurz vor dem Konzert, haben Büchtger nie aus der Fassung gebracht. Immer wieder wußte er eine Lösung. Sein einkalkulierter Organisationsspielraum reichte bis fünf Minuten vor dem Konzert, und irgendwie klappte es. Über bloßes Nervenbewahren ging das weit hinaus. Die Ruhe, ja eiserne Starrheit Büchtgers repräsentierte den Anspruch seines „Studios für Neue Musik" auf Existenz und Funktionsfähigkeit. Es gab nicht den geringsten Zweifel!

Drei Eigenschaften scheinen mir an Büchtger bemerkenswert:
Genaue Unterscheidung, wann die eigene Musikanschauung ins Spiel gebracht werden darf und die entstehende Auseinandersetzung dadurch etwas Vorwärtstreibendes erhalten kann;
Zurückstellen dieser persönlichen Meinung, wenn sie als hemmend eingeschätzt wird;

1) Fritz Büchtger (1903–1978), deutscher Komponist, Vertreter einer unexperimentellen, durch geistige Zucht und expressive Diskretion geprägten Sprache von unorthodox zwölftöniger Faktur, war ab 1948 Leiter des Münchener „Studios für Neue Musik", ab 1954 Direktor der Jugendmusikschule München und leitete ab 1963 die deutsche Sektion der „Jeunesses musicales". (Anm. d. Hrsg.)

Unbedingter persönlicher und organisationspolitischer Einsatz für die getroffene Entscheidung. Büchtger war kein anekdotenreicher Mensch. Alle drei Eigenschaften setzen eine zielbewußte Persönlichkeit mit Phantasie, ernster Substanz und Gestaltungskraft voraus. Dies sollte nicht vergessen werden.

14. Januar 1979

Über *Gespenster*

(Vorspruch – Tutti – Lied für großes Orchester, Sänger/Sprecher und Tonband)

Titel und gedankliche Grundlage

Am 22. August 1883, dem Todesjahr von Karl Marx, fand die Uraufführung von Ibsens Bühnenstück „Gespenster" in Helsingborg statt. Bereits 1881 geschrieben, rief es einen Sturm der Entrüstung in den nordischen Ländern und in Deutschland hervor und unterlag deswegen zeitweilig der Zensur, die erst 1894 endgültig aufgehoben wurde. Nicht nur das politische Verbotsverfahren veranlaßte mich zur Wahl dieses Titels, sondern Darstellung und Behandlung der Widersprüche in diesem Schauspiel spiegeln in verblüffender Weise eine Lage wider, wie sie auch in meinem Stück *Gespenster* anklingt. Dies jedoch in durchaus kritischer Position zu Ibsen:

Ibsens Stück beginnt mit der oberflächlich gesehen intakten, schönen Gegenwart. Zu Ehren des vor zehn Jahren verstorbenen Kammerherrn Hauptmann Alving soll seine Frau ein Kinderheim einweihen, das aus Familienmitteln erbaut wurde. Die Festlichkeit bringt den einzigen Sohn, den Maler Osvald, und den Hausfreund Pastor Manders ins Haus. In einem großen Gespräch zwischen Pastor Manders und Frau Alving kommt die traurige Wahrheit der Vergangenheit ans Licht: Frau Alvings Ehe war ein neunzehnjähriges Martyrium, in Wahrheit war ihr Mann „ebenso ruchlos gestorben, wie er gelebt hatte". Der Abgrund, mühsam überbrückt durch Pastor Manders, der damals Frau Alving auf ihrer trostsuchenden Flucht zu ihm „auf den Weg der Pflicht", das heißt wieder in die Ehe mit diesem „Wüstling" zurückschickte, bricht mit unerbittlicher Gewalt als Gegenwart wieder auf: Das Erbe läßt sich nicht tabuisieren! Die behütete Erziehung des Sohnes Osvald erweist sich als fehlgeschlagen, als Frau Alving ihn im „Blumenzimmer" mit der Bedienten Regine zusammen sieht, die eine uneheliche Tochter ihres Mannes aufgrund einer Begegnung mit der vormaligen Bedienten Johanna in eben diesem Blumenzimmer ist (was natürlich immer verschwiegen worden war). Osvald erliegt schließlich der Gehirnparalyse als Erbteil seines ausschweifenden Vaters, Regine verläßt das Haus, als sie erfährt, wessen Tochter sie ist, das Kinderheim wird von Unbekannten in Brand gesteckt, Frau Alving, die die gespenstische Wirkung der Vergangenheit auf die Gegenwart sieht, aber nie die Kraft hat, sich dagegen zu wehren, bleibt in Verzweiflung zurück – eine pflichtgeschlagene Frau auf den Trümmern ihres Lebens, die sich nicht zu Emanzipation und Freiheit durchkämpfen konnte.

Abgesehen von den kaum mehr verständlichen moralischen und medizinischen Anschauungen bei Ibsen sind zwei Dinge wichtig: das Verhältnis von Vergangenheit und Gegenwart und der unausgefochtene, nur grausig *erlebte* Widerspruch.

Sowohl Pastor Manders als auch Frau Alving als sein Opfer haben ein starres Verhältnis zur geschichtlichen, gesellschaftlichen Bewegung. Anstatt das eigene Schicksal so weit wie möglich in die Hand zu nehmen, versuchen beide, unter „Gesetz und Ordnung" zu schlüpfen. Dieses als nicht veränderbar, ewig gültig, wenn auch schwer ertragbar ansehend, zementieren sie dadurch ihre eigene Katastrophe. Bei der Lösung der Widersprüche stehen sie auf der falschen, konservativen Seite. Keine Bewegung sehend, erkennen sie sich nicht als handelnde Menschen, suchen auch nicht nach Bundnispartnern gesellschaftlicher Vorwärtsbewegung. Die Katastrophe ist somit vorprogrammiert, aber sie nimmt den Schein einer Naturkatastrophe, eines Schicksals an, aus Fehlern oder Versagen nicht begründbar. Der Mensch ist Opfer, nicht Held. Die subjektive Widerspiegelung objektiver Widersprüche ist hilflos, weil blind und unkorrigierbar. Die objektive Wirklichkeit holt deshalb Frau Alving ein, es kommt zur Katastrophe: Der Kopf kann der Wirklichkeit Falsches auf Dauer nicht diktieren! Dieses „Leiden" hat in seiner Konkretheit des Erleidens einen Aspekt des Wissens um Vergangenheit und Gegenwart, in seiner mangelnden Einordnung in Zusammenhänge den Aspekt des Unwissens um seine Ursachen. Der tragödische Ausgang ist eine unzulängliche Position kritischer Darstellung.

Die Einweihung des Kinderheimes läßt sich vielleicht mit der Nachkriegs-Wirtschaftswunderzeit der Adenauer-Ära vergleichen, Herrn Alvings ausschweifendes Leben mit unserer faschistischen Vergangenheit, Sohn Osvalds Techtelmechtel mit Regine im Blumenzimmer mit neonazistischen und anderen Gespenstern, aber Konfliktbewältigung braucht einen Ansprechpartner. Dem dialektischen Hegel-Gedanken folgend, der den Weg des Herrn als Sackgasse, den Weg des Knechts als in die Zukunft führend denkt, steht die Komposition *Gespenster* auf dem proletarischen Standpunkt.

Niederlage und fast völlige Zerschlagung der politisch bewußten Arbeiterschaft durch den Faschismus, das unendliche Leid werden nicht verschwiegen. Jedoch die Haltung der Verzweiflung wäre ungenügend. Die Musik spiegelt vielmehr Hoffnung und aufgabenstellende Gewißheit wider, die aufgrund längst geschehener Korrektur politischer Fehler mit einem breiten Bündnis rechnen kann.

Ausgehend von diesem bestimmten Blickwinkel gegenwärtiger Lage, basiert *Gespenster* auf dem Spannungsverhältnis von Vergangenheit und Gegenwart. Den *Inhalt* der Vergangenheit bildet der Faschismus. Seine Spuren reichen noch in die Gegenwart. Die analytische *Einschätzung* des Faschismus als einer Spielart möglicher Krisenbewältigung, als etwas Gemachtes, läßt Aktualität frei für die Gegenwart und deren spezifische Auseinandersetzungen. Hieraus resultiert wiederum der Konflikt zwischen Subjekt und Objekt, zwischen privat und öffentlich.

Musikalisch-kompositorisch wird dabei der Versuch gemacht, die relative Isoliertheit beider Kulturen, der ersten und zweiten, da zu durchbrechen, wo Berührungspunkte möglich sind. Den musikalischen Sprachmitteln der ersten Kultur wird nicht durch ausgesuchte experimentell-originelle Klangerzeugung Neues und Fortschrittliches abgewonnen, sondern durch adäquate musikalische Widerspiegelung neuer gesellschaftlicher Wirklichkeit in ihrer konkreten dialektischen Spannung von Vergangenheit und Zukunft, alter und neuer Kultur. Die Techniken proletarischer Kultur gewinnen Sprachelementen (bürgerlicher) avantgardistischer Musik neue Seiten ab und umgekehrt. Beide haben sozusagen „Überschüsse" (Bloch), die sich zur dialektischen Weiterentwicklung gegenseitig benötigen. *Gespenster* sind im besten Sinne des Wortes Bündnismusik, das parteiische Herbeizitieren proletarischen, politischen Lied-Stils versucht die Hermetik des Konzertsaals ein bißchen aufzubrechen, das Fenster zu existierenden wirklichen Bewegungen ein wenig zu öffnen, etwas vom Niveau unserer Arbeiterkultur zu zeigen.

Techniken der Arbeiterkultur in „Lied"

Das der Komposition zugrunde liegende Gedicht „Wer zu Hause bleibt" ist von Bert Brecht in den dreißiger Jahren geschrieben worden.

Die Anregungen zur Methode meiner Analyse des Brecht-Gedichts stammen aus verschiedenen Bereichen proletarischer Kultur, die gleichwohl etwas miteinander zu tun haben – sie sind Ausdruck dialektischen Denkens:

1. Majakowskis[1] dynamische Zeilenanordnung von links nach rechts in seinen Gedichten
2. Eisensteins[2] Analysen von Majakowski-Gedichten in bezug auf „Auswahl der Details“ und „Anordnung der Bilder“ innerhalb der Zeilen/Vers-Struktur. Eisenstein weist Majakowski als einen in der „Montage“ erfahrenen Dichter aus. Er zitiert Majakowski Verse, nach Bildern strukturiert:

   Leerer Raum…

   Fliegen Sie

   Bis zu den Sternen…

   Montagebilder:

   1. Leerer Raum 2. Fliegen Sie 3. Kollision von erstem und zweitem Bild (= Kollision von „Sterne“ mit „Jessenin“)[3]. Die verschiedene räumliche Zeilenanordnung drückt dies genau aus[4].
3. Von Brecht und Eisler ausgehende Gedanken Jürgen Mainkas[4], die sich mit der Übertragung des „Gestischen“ von der Poetik auf die Musik beschäftigen und den Begriff des „Widersprüchlichen“ technisch im Sinne von „äquivalent“ und „nicht äquivalent“ fassen, wodurch Gedankengänge ihre „eigene emotionelle Form“ (Brecht) erhalten und betroffen machen[6].

Beispiel Bert Brecht:

äquivalent

In die Städte kam ich zur Zeit der Unordnung — 12 Silben

Als da Hunger herrschte. — 6 ″

Unter die Menschen kam ich zur Zeit des Aufruhrs — 12 ″

Und ich empörte mich mit ihnen. — 9 ″

nicht-äquivalent

Diese Technik läßt das Neue aus dem Widersprüchlichen überraschend herausspringen, gestattet gedanklichen und emotionellen Mitvollzug ohne „einlullende“ Wirkung (Brecht), führt Leser oder Hörer spiralförmig zu höherer Erkenntnis.

1) Wladimir Wladimirowitsch Majakowski (1894–1930), russischer Dichter, Vertreter des Futurismus, schuf einen neuen literarischen Stil, in welchem er die bolschewistische Revolution und den Aufbau eines bolschewistischen Staatswesens verherrlichte. (Anm. d. Hrsg.)

2) Sergej Michailowitsch Eisenstein (1898–1948), sowjetischer Filmregisseur, erlangte mit *Panzerkreuzer Potemkin* Weltruhm. (Anm. d. Hrsg.)

3) Diese Zeilen stammen aus dem Gedicht *An Sergej Jessenin* (1926), in dem Majakowski den Selbstmord des russisch-sowjetischen Dichters Sergej Jessenin (1895–1925) verurteilt. Die Stelle bezieht sich auf Jessenins „Fahrt zu den Sternen“, das heißt auf seine letzte Fahrt.

4) Vergleiche Sergej Eisenstein: *Montage 1938*, Gesammelte Aufsätze I, Zürich 1961, Seite 274 ff.

5) Jürgen Mainka (* 1925), deutscher Musikwissenschaftler, studierte in Leipzig, Jena und Berlin bei Walter Serauky, Heinrich Besseler, Ernst Hermann Meyer und Walther Vetter, promovierte 1956, habilitierte sich 1970, war von 1955–1991 an der Deutschen Hochschule für Musik „Hanns Eisler“ in (Ost-)Berlin – ab 1976 als ordentlicher Professor für Musikwissenschaft – tätig, wirkte auch als Lehrbeauftragter an der (Ost-)Berliner Humboldt-Universität. (Anm. d. Hrsg.)

6) Jürgen Mainka: *Musikalische Betroffenheit/Zum Begriff des Gestischen*, Beiträge zur Musikwissenschaft, Berlin [DDR] 1973, Heft 1/2, Seite 61 ff.

„Wer zu Hause bleibt“ beschäftigt sich mit der von Brecht gesetzten Notwendigkeit des (Klassen-)Kampfes und möglichen Hindernissen, die hier als subjektive, persönliche Hemmungen konkretisiert sind, welche beispielsweise als Angst, Bequemlichkeit, Selbstunterschätzung und anderes im Alltag häufig auftreten. Entsprechend kann man den Text in zwei gedankliche Säulen anordnen, in die subjektive Privatsphäre (Wer zu Hause bleibt) und in die der objektiven Außenwelt (der Kampf). Aus der widersprüchlichen Konfrontation beider Sphären, gleichzeitig aber *innerhalb* einer existierenden dialektischen Beziehung beider, aus der man nicht aussteigen kann, auch wenn beide Sphären ein gewisses Maß an Eigenständigkeit haben, wird nach und nach das Neue als immer höhere Einsicht in die Wirklichkeit dieser speziellen Inhaltlichkeit entwickelt. Die Technik widerspiegelt in hervorragender Weise dialektisches Denken und dialektische Prozesse.

Die folgende Textanalyse ist (wie die Verse Majakowskis) von links nach rechts zu lesen, die gedanklichen thematischen Säulen und deren prozessuale Entwicklung sind in der vertikalen Anordnung ausgedrückt.

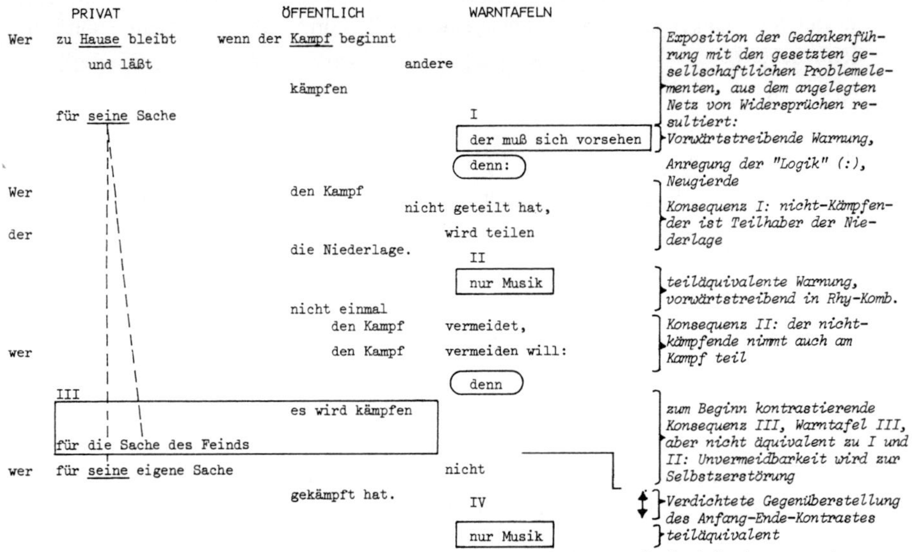

Jede Wiederholung von Wörtern wie "Kampf", "teilen", "vermeiden", "seine Sache", "Sache", ist stets mit veränderter Bedeutung verknüpft. Die Arbeit mit wenigen Elementen bedeutet alles andere als "Permutation" innerhalb eines statischen oder bloß materiellen Strukturgefüges.

Diesen mit großer Genauigkeit geführten dialektischen Beziehungen fügt die melodische Komposition eine neue, weiter aufklärende Dimension hinzu. Sie ist gleichsam selbst „denkende Musik“, präzisiert Emotion genau. Es handelt sich um die einfache, leicht verständliche und verfolgbare Technik einer „politischen Tonraumkomposition“. Zwei in sich gleichgebaute melodische, diatonische Melodieräume, voneinander getrennt, werden den beiden Hauptsphären privat/öffentlich zugeordnet. Durch ihre textliche Zuordnung werden sie zu Beginn inhaltlich bestimmt, behalten ihre Sinnbedeutung und können im weiteren Verlauf durch gegenseitige Mischung einzelner Tonbestandteile zu immer neuen melodischen Folgen das Gedicht viel komplexer politisch interpretieren als das je textlich möglich wäre, weil Gleichzeitigkeit und feinste emotionelle Nuancierung *verschiedener* Gedanken- und Gefühlsschichten als neue Dimension hinzutreten. Die dadurch genau kalkulierbare Verknüpfung inhaltlicher Tiefenschichten des Gedichts gibt Verstand und Gefühl jeweils das seine und läßt beide in lebhaften Austausch treten. Die nachstehende Analysetabelle der Melodie-Komposition, versehen mit einigen Kurzkommentaren, möge dies veranschaulichen:

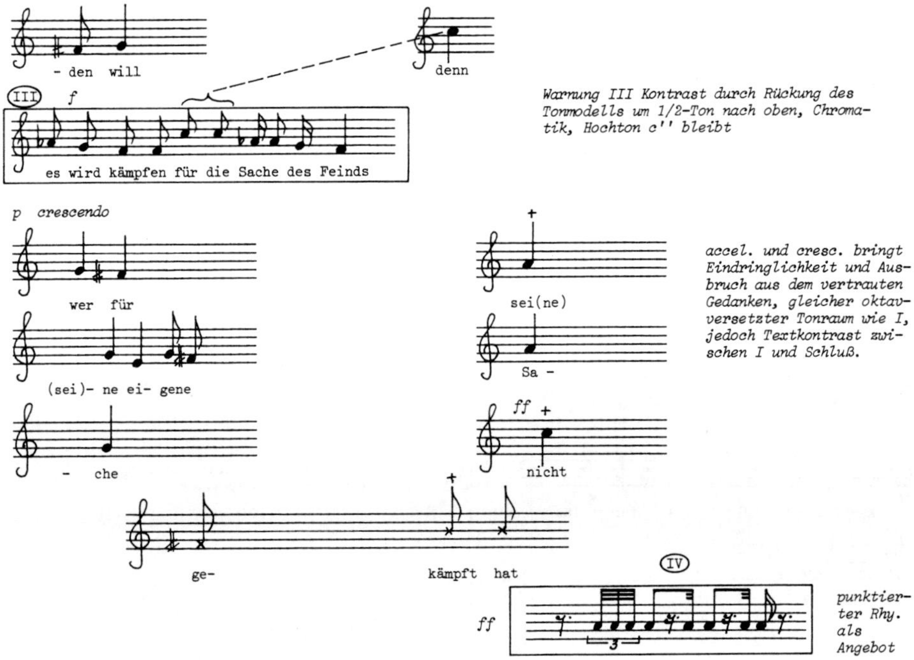

Die Harmonik des Liedes nimmt ihren Ausgangspunkt vom quasi-akkordischen Zusammenschluß beider Tonräume. Dadurch wird ihre Inhaltlichkeit im Gesang ständig konfrontiert mit der neuen Qualität des Kampfrhythmus (der selbst lange Tradition hat), der an den Stellen der Musik-Warntafeln II und IV, rhythmisch und dynamisch grell gebündelt, sich auch noch direkt, einschubartig unterbrechend, in die Gesangsspur einmischt. Zu den in der Gesangsmelodie angelegten Halbtönen kommen in der Begleitharmonik noch die entsprechenden spiegelbildlichen Halbtöne hinzu:

Dieser Tonhöhenvorrat von elf Tönen, der aus entsprechender Achsenzuordnung resultiert, gestattet aufgrund des Prinzips, daß jede der vier Schichten durch drei Töne gleichberechtigt vertreten werden kann, mannigfache Kombination verschiedener Vertikalgestalten mit genau definierten Fortschreitungsmöglichkeiten und dadurch ein stetiges Changieren zwischen verschiedenen tonalen Verwandtschaftsgestalten, unter denen die Dur-Moll-Tonalität nur eine unter mehreren darstellt.

Alle chromatischen Beziehungen sind über diatonische erreicht. Diese Technik aus der Arbeiterliedtradition (auch in Paul Dessaus *Verurteilung des Lukullus*) lehnt sich nicht nur an die frühesten einfachen diatonischen Beispiele an, als bekannte Melodien nur zu neuen Texten gesungen wurden (in den KZs später aus Gründen der Tarnung wieder angewandt) und an die später folgenden komplizierteren komponierten Lieder, sondern die akustische Struktur diatonischer Intervalle, ihre größere Grundtönigkeit und stabilere Intervallkonsistenz im Gegensatz zu der chromatischer Intervalle eignet sich auch von dieser phänomenalen Seite her *in* ihrer Beziehung zur Chromatik, „objektiv“ und „subjektiv“, „privat“ und „öffentlich“ in ihren dialektischen Beziehungen widerzuspiegeln. Eigenschaften der Diatonik und Chromatik sowie Geschichte und Praxis bestehender Arbeiterkultur machen aus diatonischem Material kein „Ding an sich“, das per se fortschrittlich oder rückschrittlich ist, sondern, durch die menschliche Praxis vermittelt, ein „Ding für uns“.

Chromatik, bei Schubert oft Mittel, um Ausbruch im Zurücksinken, subjektive Leid-Ausdrucksspannung im unveränderten objektiven Außenweltzustand auszudrücken (vergleiche zum Beispiel Oktav-None-Komposition in *Irrlicht* oder *Der Doppelgänger* und vielen anderen Schubert-Liedern), wird von Eisler entbürgerlicht zu Akzent-, Appell- und Eindringlichkeits-Chromatik. Die Geste des eindringlichen Ansprechens durch chromatische Intensivierung bei Eisler und in *Lied* zielt auf Argumentations- und Überzeugungshilfe, auf die Möglichkeit bewußt handelnder Menschen ab, nicht auf Psychologisierung. Bewältigung objektiver Gegebenheiten durch subjektive Vorstellung wird nirgends vorgetäuscht, die objektive Außenwelt behält ihre Selbständigkeit und Eigengesetzlichkeit, wird dem Subjekt aber als veränderbar gezeigt. Dadurch entfällt das Stehenbleiben bei Leiden und Zerbrechen an der Außenwelt, mittels des Kopfes müssen in der Wirklichkeit Mittel und Wege zur Aufhebung der Widersprüche gefunden werden: Solidarität und Einheit als Organisationsformen subjektiven Eingreifens sind das Gegenteil von Vermassung.

Der organisierende Faktor des gleichzeitigen Anschlags der Begleitakkorde ist unzweifelhaft. Doch es sind nur scheinbar Akkorde. In Wirklichkeit sind sie Ergebnis von vier horizontalen Linien im Sinne von Grundgestalten, eine Montage aus vertikaler Gleichzeitigkeit (Note gegen Note 1:1) und horizontaler Selbständigkeit. Diese Technik spiegelt in genauester Weise Solidarität wider. (In vereinfachter Form hat Eisler sich dieser Technik im *1. Wiegenlied für Arbeitermütter* bedient.)

Changierende harmonische Fortschreitungen, Selbständigkeit und Gemeinsamkeit verbindende Begleit-„Akkorde“, ihr „elastischer“ (Anweisung in der Partitur) Anschlag (♪𝄾 und ♪𝄾) und die wichtige Technik der Aperiodizität verhindern einen „dummen Marsch“, der periodisch „einlullt“ und Gleiches auf gleicher Position wiederbringt, wodurch Druck, Bohren, Brutalität, Verhärtung und andere reaktionäre Ausdruckscharaktere produziert würden. Wilhelm Reich[7)] entwickelt Irrationalismus, emotionelle Pest, Sadismus, Freiheitsangst und anderes aus der Charakterpanzerung und begreift diese subjektiven Faktoren als *Bewegungselemente*. Gerade dieser zeitliche Faktor gibt der musikalischen Komposition und der instrumentalen Ausführung die Möglichkeit, auf die Individualpsyche im Sinne der Charakterpanzerung nicht-reproduzierend einzuwirken.

Zwei kleine Übersichten über die Aperiodizität der Gesangsstruktur und die des rhythmischen Materials im Orchester sollen abschließend die Genauigkeit solchen politischen Liedgenres zeigen:

7) Wilhelm Reich (1897–1957), österreichischer Psychoanalytiker, war 1929 Leiter des Wiener Seminars für psychoanalytische Therapie, ging 1939 in die Vereinigten Staaten. Seine Gedanken wurden in den sechziger Jahren von der Neuen Linken aufgegriffen. Werkauswahl: *Die Funktion des Orgasmus* (1927); *Charakteranalyse* (1933); *Die Massenpsychologie des Faschismus* (1933); *Dialektischer Materialismus und Psychoanalyse* (1934); *Die sexuelle Revolution* (1945). (Anm. d. Hrsg.)

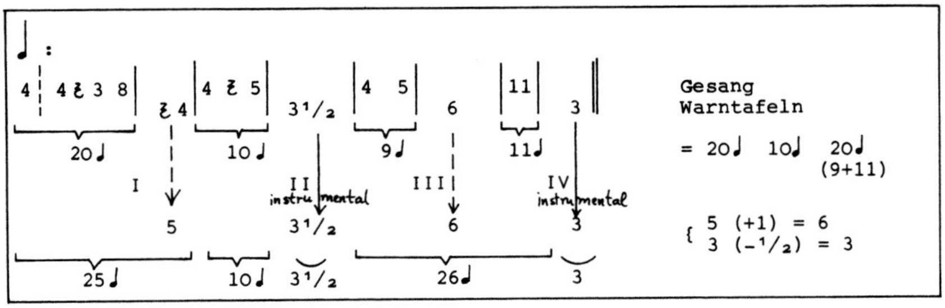

Häufigkeit:

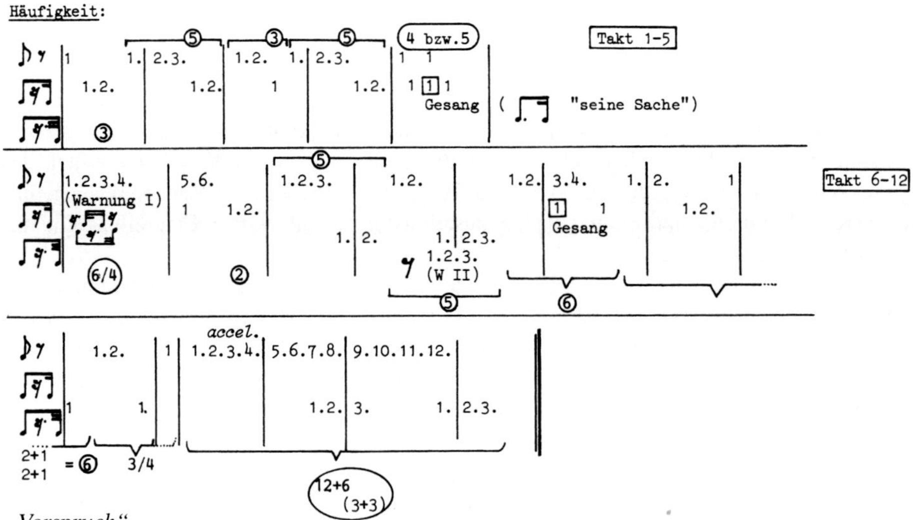

„Vorspruch"

Sind *Gespenster* auf den Klartext von *Lied* als ihrem Brennpunkt gezielt ausgerichtet, so entspricht ihm der *Vorspruch* als Musik in noch relativ unbehauenem Rohzustand. Vorgeführte Blöcke lösen erst in *Tutti* und *Lied* ihre Versprechen ein – Vorspruch im echten Sinne des Wortes mit noch verborgen angelegten Beziehungen.

Das absteigende Glissando bei A wird von 36 Streichern ausgeführt, die in sechs Gruppen zu je sechs Einzelspielern aufgegliedert sind. Jede Gruppe hat eine eigene Glissando-Charakteristik, jeder Spieler eine eigene Glissando-Komposition. Intersubjektiver Austausch geht durch Einschübe (jeweils drei) aus Glissando-Verläufen anderer Spieler vonstatten. Dynamisches Heraustreten aus der von 36 Soli gespielten Glissando-Masse wird möglich durch ein zweimaliges kleines Crescendo, das jedem Spieler zu verschiedenen Zeiten zugeordnet ist. Dieses Beziehungsspiel Einer-Alle nimmt seinen Ausgang von den beiden Tönen a und c, die im *Lied* Tief- und Hochton der Melodie bilden und mündet in einen sechsstimmigen Akkord, der ein Selbstzitat aus einer Politrevue[8] darstellt. Aus dem „Finale, in dem gegen die Resignation gesungen wird," werden die Töne zu der Textstelle „und wird so nicht bleiben" für den Mündungsakkord benützt:

8) *Don Quichotte und Sancho Pansa in den Irrungen und Wirrungen der westlichen Demokratie* (1976).

(Zum Problem dieser Technik, Musik durch Übernahme von textgebundenen Eigenzitaten begrifflich zu beinhalten vergleiche Harry Goldschmidt[9]: „Zur Methodologie der musikalischen Analyse" 1961 und „Über die ästhetische Einheit der vokalen und instrumentalen Sphäre in der klassischen Musik" 1966.)

Der Ton gis bleibt ab hier zu den folgenden Blöcken eines Zwiefachen, des Flohwalzers, beider Übereinanderschichtung, eines Sägegeräusches und eines Textzitats bis zum Ende des *Vorspruchs* liegen. Er bildet eine Art sprechende Kommentarschicht im Pianissimo, an deren rotem Faden die lauten Blöcke gleichsam aufgehängt sind. Beeindruckende Deftigkeit ist nicht zu wahrer Volkstümlichkeit geläutert wie im *Lied*, der Zwiefache tritt auf als Begleitung ohne Melodie, der Flohwalzer als Walzer ohne Töne (nur Schlagrhythmus), das Sägegeräusch als akustisches Protokoll eines genauen, körperlichen Arbeitsvorgangs ohne bewußte politische Botschaft. Die wichtigen Töne a (glissando), gis und b (Tonika des Zwiefachen) des *Vorspruchs* weisen auf die markante Rückung im *Lied* hin: „denn es wird kämpfen für die Sache des Feinds", an der im Baß sich zum Achsenton a die Töne as und b gesellen, sie zeigen Verknüpfung und Richtung von Vitalität.

Dem gesungenen Schlußtext von Brecht ist der gesprochene, als Frage formulierte Text von Peter Maiwald[10] zu Anfang zugeordnet. Mit ihm endet der *Vorspruch*, beginnt *Tutti*: „Dem Arbeiter B. wurde berichtet: In dem Land X sei die Lage hoffnungslos. B. fragte: Leben dort keine Arbeiter?" Singular und Plural – „Arbeiter B." und „keine Arbeiter" – sprechen das Problem Einer-Alle an und die fortschrittliche Klasse. Der Text führt direkt in das Gedankenfeld von *Tutti* und bildet die notwendige Gegenklammer zum schließenden Brecht-Text. Er ist der *parteiische* Ausdruck von Hoffnung.

„Tutti"

Der Titel „Tutti", Alle, drückt mehrere inhaltliche Seiten und deren Beziehung zur Kompositionstechnik in diesem Hauptteil von *Gespenster* aus. Tutti bedeutet: Es geht alle an. Tutti bedeutet auch Eingehen auf die bereits angedeutete Problematik von Ich-Ihr beziehungsweise das Idealmodell von Ich-Wir beziehungsweise Einer-Alle, zumindest Einer-Viele.

Technischer Ausdruck ist ein Tutti-Netz von 88 Tönen, die den gesamten Orchester-Tonumfang, dem Klavier entsprechend, vom Subkontra-A bis zum fünfgestrichenen c chromatisch gegliedert austasten und mit diesem Umfang gleichzeitig einen verborgenen Hinweis auf den Umfang a-c der *Lied*-Melodie geben und die a-c-Komposition des *Vorspruchs* weiterbilden. Das Ungestalte des Glissandos schlägt um in diskrete Tonhöhen chromatischer Beziehung eines Tutti-Tonraums und in Melodie, allerdings von besonderer Gestalt: Das melodische Austasten des Gesamtumfangs ist im Sinne von Ich-Wir so komponiert, daß jeder Orchestermusiker für *einen* Ton dieses Netzes „solistisch" verantwortlich ist. Dieses Tutti setzt sich also aus lauter Soli zusammen. Solche Klangfarbenkomposition, Resultat einer bestimmten politischen Konzeption, braucht noch einen Verteiler, der die Reihenfolge bestimmt.

9) Harry Goldschmidt (1910–1986), schweizerischer Musikwissenschaftler, Schüler unter anderem von Felix von Weingartner, Jacques Handschin und Hermann Scherchen, war zunächst als Kritiker tätig, dann von 1950–1955 Dozent für Musikgeschichte an der Deutschen Hochschule für Musik „Hanns Eisler" in (Ost-)Berlin, von 1960–1965 Direktor des Zentralinstituts für Musikforschung beim Verband Deutscher Komponisten und Musikwissenschaftler der DDR und ab 1965 freiberuflich tätig. Goldschmidt galt als einer der führenden und profiliertesten Vertreter marxistischer Musiktheorien im deutschen Sprachraum. (Anm. d. Hrsg.)

10) Peter Maiwald (* 1946), deutscher Schriftsteller, veröffentlichte Gedichte, Lieder und Kurzprosa. (Anm. d. Hrsg.)

Ausgangspunkt ist die Ordnung nach Gruppen, wobei auf möglichst große individuelle Aufspaltung von Klangfamilien geachtet ist: zum Beispiel Flöten: Piccoloflöte/große Flöte/Altflöte oder Klarinetten: kleine Klarinette in es/Klarinette in B/Baßklarinette usw.

Von der zur Verfügung stehenden Gesamtzahl pro Instrumentengruppe ausgehend ist das Tutti-Netz in drei Abschnitte (= Σ) gegliedert, jedem Abschnitt eine Klangfarbenmenge zugeordnet:

			I	II	III	
ⓐ	Holzbl. 3+3+3+3	= 12	7	2	3	
ⓑ	Blechbl. 4+4+4	= 12	5	3	4	
ⓒ	Cel./Glsp./Hrf./ Kl./Pk.	= 5	7	1	2	→ =5×2 = 10
ⓓ	Streicher 14+12+10+8+6	= 50	16	19	10	→ =45
		Σ	35	25	19	→ =79

Das Ordnungsprinzip der vier Klangfamilien läßt in ⓐ bis ⓒ starken Abfall und nach III Anstieg um 1 erkennen, in Streichergruppe ⓓ geringen Anstieg nach II, starken Abfall nach III. In Abschnitt I stehen den Streichern 19 Töne der Farbfamilien ⓐ bis ⓒ gegenüber, in II haben die Streicher ihr Maximum von ebenfalls 19 Tönen, Abschnitt III ist wieder relativ ausgeglichen.

An obiger Tabelle kann man erkennen, daß der Gruppe ⓒ die doppelte Anschlagsmenge zugeordnet ist. Diese Bevorzugung heller Klangfarbe übernimmt eine einleuchtende Klangfarbenzuordnung von Luigi Nono in *Il canto sospeso*. Zum Beispiel in Nr. 7, „addio mamma, deine Tochter Ljubka geht fort in die feuchte Erde“ (UdSSR), werden hohe Töne und helle Klangfarben als Ausdruck konkret möglicher Gegenwelt, in der Zartheit in zwischenmenschlichen Beziehungen herrscht, eingesetzt, um gleichzeitig diese Zartheit heller hoher Töne (Glockenspiel, Celesta) zur Anklage gegen die zerstörerische Nazibarbarei werden zu lassen.

Eine andere Unregelmäßigkeit: Die fünf zusätzlichen Töne von Gruppe ⓒ werden den Streichern abgezogen. Insgesamt spielen also 74 verschiedene Instrumente 79 Töne. Die restlichen neun Töne, die zu den 88 noch fehlen, werden von den fünf noch nicht eingesetzten Streichern sowie zusätzlich von Harfe (3), Klavier (2) und Kontrafagott (= 8 Instrumente für 9 Töne, durch zwei Verdoppelungen zur Dichte 11 erweitert) quasi als Coda angehängt. Dieser Rest entsteht durch die ungleiche Zahl von 79 Musikern des Orchesters und 88 Tönen des Tutti-Netzes.

Die Tongerüstteile sind in der Partitur wie folgt auffindbar: Abschnitt I Σ 35 bis Ziffer 9, Abschnitt II Σ 25 Ziffer 11 – 17, Abschnitt III Σ 19 und Coda bis Ziffer 18. Die genaue Zuordnung, welches Instrument beziehungsweise welcher Musiker einer Instrumentenfamilie welchen Ton der drei Tonketten spielt, ist aus der Partitur leicht ersichtlich.

Allgemeine Klangvorstellung, Umfang der Instrumente, Abfolge, Totalumfang des Orchesters müssen zur Deckung gebracht werden mit der Bestimmung der Einmaligkeit des Solos. Die Schnittpunkte dieser Elementkoordinaten geben weitgehend Auskunft über die Oktavlage der Töne. Zur melodischen Entfaltung muß jedem Schnittpunkt jedoch noch eine exakte Tonhöhenbenennung zugeordnet werden.

Dies geschieht durch Melodien, die sich, in Analogie zum chromatischen Totalumfang und dessen solistischer Aufsplitterung, zur Zwölfer-Ganzheit zusammenschließen, ohne aber Reihen zu sein. Die Zwölf ist vielmehr ein Tutti-Aspekt. Die melodische Qualität eines Tones wird durch seine Umgebung bestimmt. Aus diesem sehr alten Grundsatz ist die Technik des Tonaustausches zur ständigen Erneuerung der Melodiegestalten entwickelt. Dabei bleiben immer einige Töne auf der gleichen Position stehen, ehe sie sich an andere Stelle begeben. Eine Übersicht ohne Berücksichtigung der Oktavlagen zeigt folgende Tabelle:

Man kann unschwer erkennen, daß an vielen Punkten, besonders stark aber in Durchlauf I die Diatonik (1–4 / 5–9 / 10–12) Hauptbeziehungselement ist, nur an wenigen Stellen sich chromatische Bezüge auswirken. Dies ist einer der „Überschüsse" proletarischer Technik. Die Töne 1–3, es-d-f, als kleine Terz mit kleiner Sekunde haben zudem gleichen Intervallaufbau wie die beiden Tonräume von *Lied*, nur in spiegelbildlicher Anordnung der kleinen Sekunde. Dies schafft wieder verborgene Beziehungen zu Nonos *Canto sospeso* Nr. 7 (Beginn: a-c-b) wie zu Nr. 5 (Beginn: es-(e)-d-f) mit dem Text: „…wenn der Himmel Papier und alle Meere der Welt Tinte wären, ich könnte euch mein Leid nicht beschreiben und all das, was ich rings um mich sehe. Ich sage allen Lebewohl und weine…" (Polen). Die getreue Wiederholung des oberen Tonraumes von *Lied* bilden die Töne 4–6, g-fis-e. Bei genauerem Hinhören sind auch Beziehungen zu den Grundgestalten der *Lied*-Begleitung erkennbar.

Die Summe von 8×12 = 96 und 88 sind nicht deckungsgleich. Ziffer 9 der Partitur, Anfang des Harfenglissandos, markiert den Beginn des Einschubs. Das vierte Violoncello spielt vorher C als 36. Ton des Tutti-Netzes = Melodie III/12. Melodiedurchlauf IV geht im Einschub auf: d^2 in Trompete, Ganztonausschnitte in Holzbläsern, g^1-fis^1 in Fagott und Trompete, f^3-Kontra-E in Violinen I und Kontrabässen. Der Einschub mündet in den Ton a^1, Melodie V/1 als 37. Ton des Netzes (Ziffern 10/11). Abschnitt III beginnt bei Ziffer 17 mit dem Ton Es (3. Posaune), Melodie VIII/7, 79. Ton ist a^2 (-)[11] in der 1. Oboe 13 Takte nach Ziffer 17, die Rest-Coda ist der kurze Schlag im folgenden Takt, dem letzten vor Ziffer 18.

Zu den bis jetzt beschriebenen kompositorischen Techniken dialektischer Einer-Alle-Beziehungen kommt noch eine ganz entscheidende Bestimmung als Hauptcharakteristik für die 79 Ton-Kompositionen. „Leben dort keine Arbeiter" am Ende von *Vorspruch* ist die Frage, auf die

11) Das Minuszeichen in Klammern bedeutet Erniedrigung um einen Viertelton. (Anm. d. Hrsg.)

Tutti Antwort gibt, für die dann im *Lied* argumentierend geworben wird. Die Frage: „Leben dort keine Arbeiter?“ und die Situation der fast völligen Zerschlagung der Arbeiterklasse als politisch bewußter fortschrittlicher (antifaschistischer) Bewegung in Deutschland durch die Nazis läßt Leben zu etwas ganz Elementarem werden. Die Bestimmung, die Töne des Tutti-Solo-Netzes so leise und so lange wie möglich auszuführen, das heißt in äußerster Konzentration den *ganzen* Atem, den *ganzen* Bogen oder die ganze natürliche Klangkurve angeschlagener Instrumente drangebend, lassen eine Intonationsbildhaftigkeit entstehen, deren Montagedetails Versicherung des eigenen Lebensatems sowie Bestimmtheit und Bescheidenheit derer sind, die über ihre Folterungen in den KZs berichten. Sie brauchen weder Pathetik noch sonstige Ausdrucksornamentik, um Inhalte zu unterstreichen. Das physikalische und naturalistische Montagedetail bildet die Brücke zum Verstehen, obwohl dieses Element völlig in Musik aufgegangen ist.

Das Sich-des-Atems-Versichern ist Ausgangspunkt für eine Dramaturgie. Durch die solistische Zuteilung wird nicht nur die Charakter- oder Menschen-Klangfarbe jedes einzelnen Spielers zum einmaligen, unwiederholten Toncharakteristikum, auch die Verknüpfung erhält durch folgende Bestimmungen die Gestik des „Kettebildens“, des Zusammenrückens:

a) sukzessiv
b) teilsimultan
   rhythmisch ungefähr / rhythmisch genau
c) simultan
   Ende ausgefranst / Anfang und Ende gleichzeitig

Diese letzten beiden Bestimmungen führen zu den rhythmischen Elementen des Stückes: Acht rhythmische Felder geben nach und nach den langgezogenen, fließenden Tönen Profil. Der Durchbruch zum rhythmischen, kämpferischen Höhepunkt bei Ziffer 12 fällt mit dem zweiten Einschub innerhalb des Tutti-Gerüsts zusammen. Es ist ein Höhepunkt, an dem zwei Lieder auftauchen, die gleichzeitig die historische Situation benennen: das „Dachau-Lied“ und „Mein Vater wird gesucht“.

Aus der folgenden Tabelle der acht speziellen Rhythmusformen dienen 1 und 2 der rhythmisch genauen Teilsimultaneität (Ziffern 2–5); 3 und 4 der vollständigen, das heißt synchronen Simultaneität (Ziffer 7); 5, in dreifach veränderter Form, dem Maximum der Streicherfarbe (Gerüstabschnitt II, Ziffer 11); 6 und 7 dem präzisen Sich-in-den-Rhythmus-Teilen mehrerer Instrumente (Ziffern 16, 17); 8 als Schluß von *Tutti* und in Hörrichtung von *Lied*. Alle Dauern gehorchen den ersten sieben Primzahlen (1 2 3 5 7 11 13) als nicht aufeinander zurückführbaren Größen (daher auch 7+1 Modelle, alle Unterteilungen mitgezählt 14):

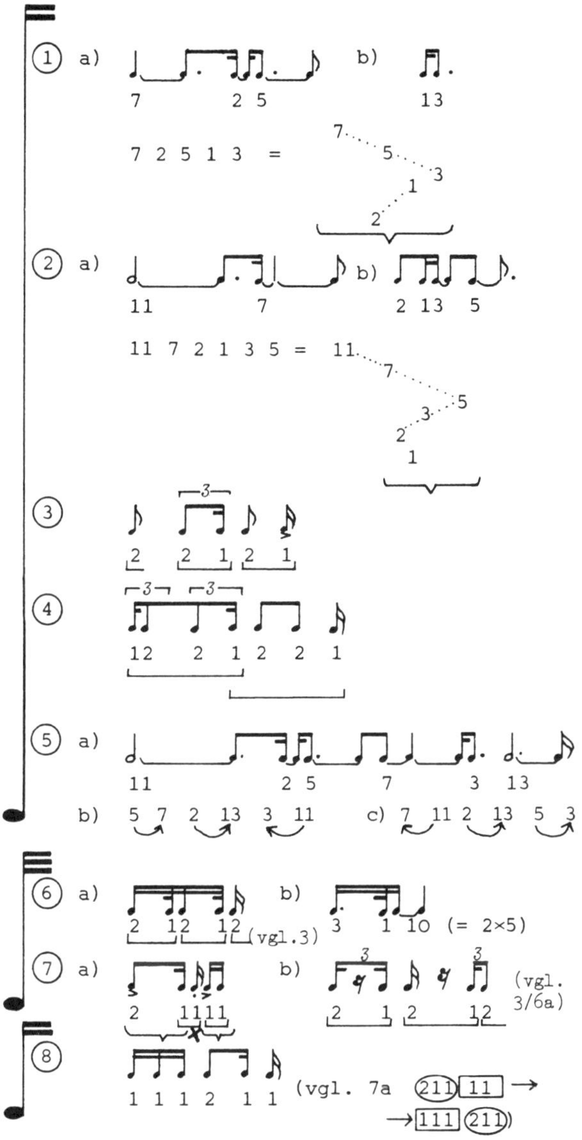

Obwohl es sich bei diesen Modellen fast durchweg um Dauernproportionen selbständiger und gleichberechtigter Werte handelt, läßt sich nicht nur die Aperiodizität erkennen, sondern auch die Möglichkeit, gewisse Proportionsformen umschlagen zu lassen in rhythmische Verbände dur-moll-tonaler Prägung wie auf dem Ton des² zu den Liedern des zweiten Einschubs Ziffer 12. Die Mengen 1, 3, 5, 7, 11 und 13 lassen nämlich als sich zum Viertel ergänzende Pause jeweils entweder 3 oder 1 zu. Genau diese Proportion ergibt aber nachher den punktierten Rhythmus, wie die Folgen 2 1 1 und 1 1 1 1 die Kampfrhythmus-Modelle und ergeben.

Um die politische Struktur des zweiten Einschubs verstehen zu können, muß noch ein anderer Aspekt von Einer-Alle erwähnt werden. Bis jetzt bedeutete solo immer individuelle, musikalische Verantwortung für *einen* Ton, tutti bezog sich immer auf Ganzheiten wie die des Zwölferprinzips oder des Orchesterumfangs oder aller zur Verfügung stehenden Klangfarben (in spezieller kompositorischer Definition). Es gibt aber auch ein Umgekehrtes, daß *ein* Ton des Netzes von allen gespielt wird oder *ein* Musiker viele beziehungsweise alle Töne spielt. Alle erhält dabei natürlich jeweils spezifische Modifikation.

Diese durch solche Technik ermöglichte neue Qualität der Einer-Alle-Beziehung hat verschiedene, verfolgbare Wege mit verschiedenen Dichtestadien im Stück. Bei Ziffer 9 spielt die Harfe (glissando) *allein alle* Töne innerhalb ihrer möglichen Kapazität. Bei Ziffer 5 spielen alle Violinen I den Ton g, nach Ziffer 9 Takte 3/4 spielen alle Violinen II, Violen und Violoncelli den Ton a^1 des Tutti-Netzes. Der anschließende Umschlag in das Solo der 5. Violine I und der 4. Violine II verdeutlicht diese Dialektik noch. Beide Tonkompositionen sind mit großem Crescendo verbunden. Der Ton des^2, ab Ziffer 12/2. Einschub, den alle Streicher und Blechbläser spielen, ist einer dieser kämpferischen Höhepunkte. Gleichzeitig zeigt seine Herkunft, 48. Ton des Tutti-Solo-Netzes und die anfängliche Bestimmung der Intonations-Charakteristik für diese Töne, welche Entwicklung in welche Richtung in Dynamik, Rhythmus-Bildhaftigkeit und politischer Vitalität die Komposition dieses Netzes genommen hat. Bei Ziffer 14 schlägt das tutti gespielte des^2 um in ein solo gespieltes. Das Instrument ist – die Harfe. Sie hatte vorher solo-tutti-Zuordnung, jetzt solo-solo-Aufgabe. *Alle* als *Wir* in bestem politischen Sinne verlagert sich in die (stumme) Textebene der Liedmelodie. Auf den Anfang des Dachau-Liedes: „Stacheldraht, mit Tod geladen, ist um unsre Welt gespannt" folgt bei Ziffer 13 „Mein Vater wird gesucht, er kommt nicht mehr nach Haus, sie hetzen ihn mit Hunden, vielleicht ist er gefunden und kommt nicht mehr nach Haus". Ab hier bleibt des^2 alleine, schlägt um von Tutti- in Solo-Gestalt der Harfe, deren Elastizität, Soloqualität und Anmut des Piano das Wir der Textebene konfrontierend interpretiert: „Doch *wir* haben die Losung von Dachau gelernt und wurden stahlhart dabei. Sei ein Mann, Kamerad, sei ein Mensch, Kamerad, denn Arbeit, Arbeit macht frei." Diese zynische Losung über den KZ-Eingängen war als Gegenteil gedacht. Die Arbeiter werden die Freiheit erkämpfen.

Das Dachau-Lied beginnt mit g, es endet mit g. „Mein Vater wird gesucht" hat als Haupttöne g-e-fis (und c-a-h), g und a^1 bildeten die ersten tutti-crescendo-Stufen zum des^2, der Schluß des oben zitierten Dachau-Lied-Refrains endet im g und mündet gleichzeitig in einen kurzen Gedenk-Kondukt auf g, dem noch dazu e als Grundton zugeordnet ist. Man kann unschwer erkennen, daß, unabhängig von der Eigenbedeutung, alle diese Töne in ihrer auffallenden Sonderbehandlung – man müßte ergänzend noch a-e-fis bei Ziffer 7 hinzurechnen – eine „Hinweiskomposition" auf das *Lied* und dessen Tonräume sind, ohne mit deren Bedeutungszuordnung zusammenzufallen.

Das Glissando zum des^2 hin, kurz vor Ziffer 12, erinnert in seiner relativ rasch auf den Ton (des^2) zugeleiteten Gestalt an das Glissando ähnlicher Geschwindigkeit im *Vorspruch* auf das gis zu. Die bereits zitierte Melodie mit Text „und wird nicht so bleiben" hat ja als Schlußtöne zu „bleiben" cis-gis. Aus diesem cis ist jetzt in *Tutti* der Kampfton des^2 geworden, Kontrast zum gis im *Vorspruch*. Aus dieser Beziehung, die sich auch auf diese Töne als oberer und unterer Nebenton des zu c und gis zu a in *Lied* ausdehnt, wird ein symmetrisches Intervallgebilde gewonnen, von dem einzelne Intervalle bereits bekannte Beziehungen zu den Liedern und zu *Lied* usw. ausbilden, das aber noch mehr Beziehungen frei gibt.

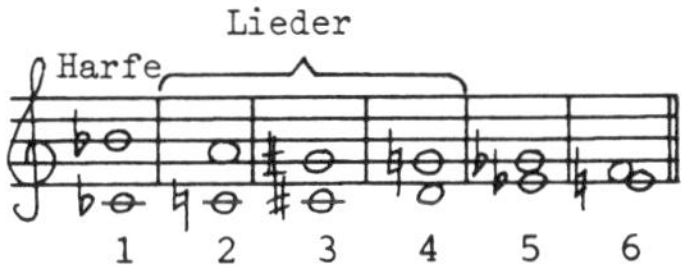

Diese Intervalle tauchen im Stück an entscheidenden Stellen auf. Neben den bereits erwähnten: e-f (als innerstes Intervall) Violinen I/Kontrabässe Ziffer 9 Takt 2 ff., es-ges (-) Posaunen/Baßklarinette, c-a Violoncelli/Glockenspiel, d-g Posaunen/Trompete – alle drei bei Ziffer 17. Ces-b (als äußerstes Intervall) führt direkt zur Harfe und ihrer Stimmung in Ces-Dur. Aus diesem Grund ist auch bei Ziffer 9 zum Harfenglissando mit ces-b das innerste Intervall e-f kombiniert. C zu ces-h und a zu b sind ja eng verwandt mit der Grundgestalt in *Lied*.

Darüberhinaus spielt die Harfe als Vermittlerin zwischen Diatonik und Chromatik, zwischen *Lied* und *Tutti*, im harmonischen Bereich eine wichtige Rolle. Ihre Struktur der diatonischen Grundstimmung und die Möglichkeit, durch zweimaliges Erhöhen um je einen Halbton pro Ton dieser Grundstimmung, Chromatik über Diatonik und Halbtonverschiebung zu erreichen, entspricht genau der proletarischen Technik, diatonisch-chromatische Beziehungen herzustellen und diese bereits beschriebenen Ausdrucks-Charakteristiken zuzuordnen. Die instrumentalen Verhältnisse der Harfe bestimmen weitgehend harmonische Strecken von *Tutti*. Nachstehende Tabelle zeigt das Grundmuster und die Beziehungen zu den *Lied*-Grundgestalten (zum Beispiel Ces-c-cis = des/h):

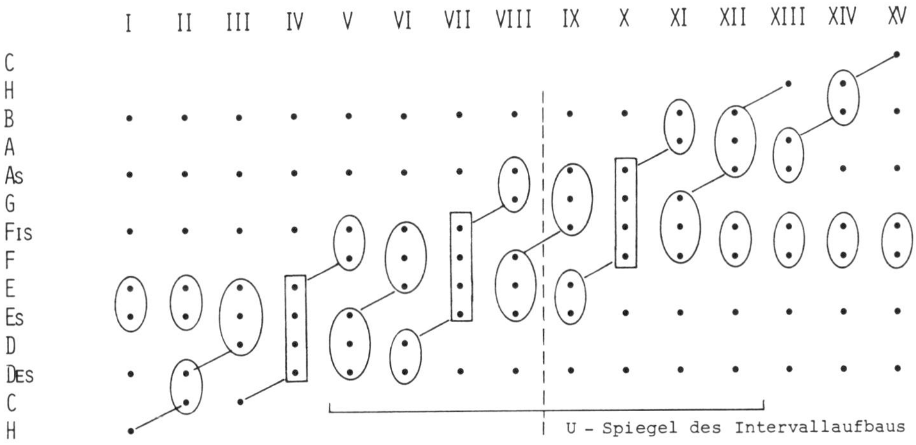

Die Reihenfolge der harmonischen Stadien des Harfenglissandos im ersten Einschub:

1 2 3 4* | 12 11 10 9 | 8 7 6 5 | 4* gehorcht der sich ergebenden Spiegelstruktur.

Es ist früher bereits erwähnt worden, daß das Tutti-Solo-Netz der 88 Töne bei Ziffer 18 endet, also nicht mit der Gesamtlänge des Mittelsatzes zusammenfällt. So wie die erste Entwicklung zum des^2 und zu den auftauchenden KZ-Liedern führt (zweiter Einschub), beginnt das Harfenglissando seine Weiterentwicklung am Ende des 88-Ton-Netzes ab Ziffer 18 in mehreren Stadien, auch über ein Crescendo, und führt zum *Lied*.

Ab Ziffer 18 wird die harmonische Stadienfolge des Harfenglissandos mit einigen wenigen Veränderungen wiederholt (190 Töne). Was aber vorher „Einer spielt alles" war, schlägt jetzt nach Beendigung des 88-Ton-Netzes in „Alle spielen alles" um. Gruppen zu 1 2 3 5 und 7 Anschlägen strukturieren gleiche Farbmengen. War vorher das Harfenglissando Einschub in das 88-Ton-Netz, ist jetzt die tutti-tutti-Gegenüberstellung in ihrer Wichtigkeit vertauscht. Dem „Alle spielen alles" ist jetzt das 88-Ton-Netz in besonderer Weise integriert und durch längere Dauer und größere Dynamik gekennzeichnet.

Dafür wurde das Netz der 88 Töne in ihren originalen Oktavlagen wörtlich ins Spiegelbild gebracht und zwar von der Symmetrieachse e-f aus, deren Töne ja das innerste Intervall bildeten.

Das neu entstandene 88-Ton-Gerüst ist in gewissem Sinne als ganzes präsent. Es tauchen jedoch nicht alle Töne auf. In kalkulierten Mengen von 6 bis 1 pro Zwölferverband werden die Gerüsttöne, die in den Hörbereich gelangen, durch ein heterophones Verfahren abgerufen, das von den Tönen der Glissandostruktur sowie deren und der Gerüsttöne Oktavlage ausgeht.

Aus dieser Gegenüberstellung und Integration durch Heterophonie wird eine neue musikalische Qualität des Sich-immer-mehr-Zusammenfindens und quasi-akkordischen Konzentrierens gewonnen. Ab Ziffer 19 wiederholt sich in modifizierter Folge und musikalischer Gestalt die Harfenharmonik wieder. Die Nummern der harmonischen Stadien sind wie folgt auf die beteiligten Instrumentengruppen verteilt:

Holzbläser:									9	10	11	12			
Blechbläser:	1	2	3				7	8					15	14	13
Streicher:				4	5	6									

Die von der Diatonik ausgehende Harfenharmonik wird durch die Töne der Violoncelli mehr in Richtung totaler Chromatik gedrängt. Die Töne nämlich, die aufgrund der Verschiebung wegfallen, werden von der Violoncelli-Gruppe übernommen und ausgehalten. Am Ende steht als vierte, gleichsam zur chromatischen Zwölfersäule erstarrte Wiederholung der Harfenharmonik, der Cluster bei Ziffer 20. In sieben Stadien zu je sieben Sekunden schwillt diese äußerste Form konzentrierter Zusammenballung vom Pianissimo zur höchstmöglichen Lautstärke an. Ein großes Sirenenglissando unterbricht diesen Versuch, durch dynamisches Aufheizen „nach außen" zu gehen. Das Crescendo schlägt um – vermittelt durch die absteigende, decrescendierende Sirene – in einen weichen, tiefen Klang, der wiederum in den weichen Akkord der *Lied*-Begleitung umschlägt.

Anmut und Elastizität des argumentierenden und werbenden *Liedes* erhalten Verstärkung durch vorangesetzten Kontrast. Während des tiefen, weichen Klanges (Streichen auf dem Saitenhalter) taucht – ähnlich wie im *Vorspruch* – ein konkretes Geräuschfeld auf. Dem Zersägen entspricht ein Zerbrechen von Glaskugeln. Die Aufgabe war: So heftig wie möglich und so genau wie möglich zerdrücken, jeweils von der gleichen Person ausgeführt. Dem akustischen Protokoll, bestimmt durch die entsprechenden „Personal"-Formanten, *wie* eine Aufgabe bewältigt wird, steht Leichtigkeit und Eleganz einer Liedmelodie gegenüber. Diesem Stadium der halben Läuterung folgt, wie auf Druck Zerspringen, das *Lied* auf den Druck des Cluster-Crescendos, innerhalb seines definierten Idealmodells privat und öffentlich jetzt sozusagen von Pestiziden gereinigt, als ein Ende von *Gespenster*, bei dem erst anzufangen wäre.

Warum aber diese Warnung der Sirene vor möglichen Folgen des so groß angelegten Crescendoversuchs?

Einschub:
Betrachtung von Crescendoanlagen in Kompositionen bürgerlicher Kultur:

Kompositionen, die nur wenige Jahrzehnte nach der bürgerlichen französischen Revolution 1789–94 entstanden sind, zeigen deutlich, wie das Auseinanderklaffen von Individuum und Gesellschaft als Folge revolutionärer Emanzipation des Einzelnen immer widersprüchlicher erlebt, als Konflikt zwischen Innenwelt und Außenwelt, Individuum und Masse dargestellt wird. Der Einzelne tritt oft als Vereinzelter der Umwelt, den Anderen gegenüber – Ich-Ihr. Verschiedenes Verhalten zur Außenwelt ist an entscheidenden Punkten mit Crescendo verbunden.

1. Beispiel: Franz Schubert, Große B-Dur-Sonate op. posth., 1828, erster Satz

In den Takten 1–9 wird den 152 Tönen (rechte Hand + linke Hand = 76 + 76 = 152) des ersten Halbsatzes des Themas Takt 8/9 *ein* Ton kontrastierend gegenübergestellt: das Kontra-Ges. Die Mittel, diesen Ton eigenständig und isoliert den übrigen Tönen gegenüber darzustellen, sind: 1.) Der Ton Ges taucht sonst nicht auf; 2.) er tritt in einmaliger Spielweise auf: getrillert; 3.) seine tiefe Lage ist vom übrigen Satz stark abgehoben; 4.) seine Dauer beweist gegenübertretende Selbständigkeit von der rechten Hand durch die vorhergehende Viertelpause (im sechstletzten Takt des Satzes ist auch der Schlußton Kontra-F in seiner Dauer vom Viertel der rechten Hand losgelöst); 5.) wie es ohne intendierte Beziehung keine Isolation gibt, so ist das Ges auf das F der Dominante orientiert; 6.) der Triller ist hier als eine Form des Crescendos zu verstehen.

Die folgende von Schubert komponierte Dramaturgie läßt es zu, Thema und Ton Kontra-Ges als Ich und Ihr anderen gegenüberzustellen, die Situation als Konflikt aufzufassen, der den Widerspruch zwischen Innenwelt und Außenwelt zu lösen sucht. Ab Takt 10 taucht, in etwas veränderter modulatorischer Form (c-moll = Subdominantparallele), das Thema wieder auf, fast so, als sei nichts gewesen (Ges in Takt 15 hat mehr Identität mit dem vorherigen As in Takt 13 durch Sequenzierung als mit unserem Einzelton Kontra-Ges) und schließt, scheinbar sehr konventionell, mit der Tonika B-Dur. In Takt 19/20 taucht b^1 als Melodieanfang des Themas wieder auf, jedoch unter völlig anderen Bedingungen. In Takt 18/19 wird der Tonikaton Kontra-B der Außenwelt der übrigen Töne entzogen, durch den Triller (Kontra-B-Ces) ver-icht. Der Triller führt über alle chromatischen Stufen – der Halbton ist ja sein Element – nach Kontra-Ges, zieht sozusagen das fremde Kontra-B zu sich herüber. Themenmelodie-Ton b^1 erscheint jetzt als Terz von Ges. Damit steigt auch das Thema selbst ins Innere von Kontra-Ges. Der Klaviersatz gibt darüber genaue klangliche Auskunft. Das Innere von Kontra-Ges ist nicht nur seine abgesonderte, nervösere oder dramatischere Emotionalität, die sich durch die neue Sechzehntelbewegung – wenn auch etwas ruhiger – ausdrückt, sondern auch sein Klangaufbau. Der Klaviersatz folgt den Positionen der Naturtonreihe, die Themenmelodie von b^1 aus ist der 9. – 16. Naturton von Kontra-Ges, wird dessen innerer Bestandteil:

Fortan braucht der Ton Ges kein Crescendo mehr. Der Konflikt ist gelöst durch Integration des Außen in das eigene Innenleben. Kontra-Ges ist von der F-Naturtonreihe aus der 17. Naturton. Er wird um fünf Oktaven nach unten versetzt ein Fremdton, dessen Beziehung auf den

Kopf gestellt ist. Jetzt erscheint umgekehrt alles bis zum 16. Naturton ins Lot gebracht, aber in Wahrheit ist aus dem Auf-den-Beinen-Stehen ein Auf-dem-Kopf-Stehen geworden. Das Crescendo hat dazu geführt, Außenwelt subjektiv als Erlebnis und Vorstellung abhängig zu machen, ihr Objektivität und Realität zu nehmen. Wir sind durch Crescendo ins Innere geflüchtet.

Dies wird noch gesteigert durch Hereinnahme auch des zweiten Halbsatzes, dessen modulatorische Bewegung nach c-moll über eine enharmonische Brücke nach Ges alias Fis (-moll) eingemeindet wird: Der verminderte Septakkord von c-moll: d-f-as-h (Takt 13 und Takte 45, 46) wird zum verminderten Septakkord von fis-moll: eis-gis-h-d (Takt 46/47). Die abwärts zum Kontra-Fis führende Sechzehntelbewegung zeigt deutlich den gemeinten Parallelfall zum Kontra-Ges (Takt 19–Takt 47).

Die bis zum Fortissimo reichende Crescendo-Kontaktaufnahme zittert noch nach in den Takten 59–74. Die Wiederaufnahme der Sechzehntelbewegung und der Chromatik b-a-g-fis – g-gis-a-b, dazu ais^1 in der Oberstimme mit Fortschreitung zum h^1, zeigen deutliche Bezüge zu Takt 19, jetzt nur mit größeren Crescendostrecken verbunden. Aus B-Ces ist ais-h geworden. Diese Enharmonik läßt in den Takten 72–74 h nach c gehen (h hat in Takt 72 vom b in Takt 70 zumindest noch Reste von ces), genauso wie ges nach f geht. Das Decrescendo Takt 72–73 zum zweigestrichenen c in Takt 74 weist wieder nach Innen, ein neues Spannungsstadium ist erreicht (vergleiche den Triller auf dem zweigestrichenen f).

Setzung des Kontra-Ges und eine groß angelegte dreimalige Crescendo-Dramaturgie verwischen Unterschiede zwischen Innen- und Außenwelt zugunsten der Variablen Individuum, die abhängige Integration verändert Außenwelt nicht real, objektiv, nur subjektiv (vergleiche die kompositorische Benützung von Enharmonik in Schuberts Rückert-Lied „Sei mir gegrüßt“ zur Widerspiegelung der „Tilgung von Raum und Zeit“ im [Liebes-]Empfinden. Realität bleibt draußen). Vielleicht ist der Naturklang kritisch als verschlüsselter Sehnsuchtsruf nach Isolationsüberwindung in der Vormärzzeit zu verstehen.

2. Beispiel: Ludwig van Beethoven: Hammerklaviersonate op. 106

Crescendo bedeutet hier nicht Erhitzen. In der Largo-„Überleitung“, die weder Intermezzo noch Einleitung ist, vom langsamen dritten Satz, Adagio sostenuto, zum schnellen vierten Satz, Allegro risoluto, einer Fuge, hat die Crescendo-Szene die Funktion der Führung von der empfindsamen Innenwelt des Adagios zur objektiv(er)en Außenwelt des Kontrapunktes. „Fuga a tre voci, con alcune licenze“ ist danach auch keine formale Entschuldigung, sondern zielt auf den Einschub in D-Dur („una corda, sempre dolce cantabile“), der häufig als zweites Thema angesehen wird, aber für ein zweites Thema eigentlich zu kurz ist und danach auch bald wieder verschwindet. Die Freiheiten, licenze, sind der Einbruch des Subjektiven, gefaßt als lyrisches Empfinden, beruhend auf dem Hauptintervall der Terz und mehr homophoner Satztechnik (quasi ein „Händel“-Satz, vergleiche dazu aus der *Missa solemnis* den zweiten Teil des „Benedictus“).

Das Quartintervall, verknüpft mit kontrapunktischer Satztechnik, dient der Darstellung des Objektiven, der Außenwelt. Der inneren Empfindung gegenüber wird die Umwelt als störend oder gar feindlich angesehen (Wiegenlied-Situation spezifischen Behütenwollens). Eine dialektische Einheit beider weicht zugunsten einer schroffen Gegenüberstellung sich fremder Welten.

Beethoven macht jedoch das eine vom anderen nicht abhängig wie Schubert, sondern greift zum Mittel der Überleitung, der pädagogischen Sanftheit einer Art Fremdenführers zwischen zwei nur schwer zu vereinbarenden Seiten menschlichen Lebens, die sich in Musik natürlich nur unter deren spezifischer Bedingung widerspiegeln.

Immerhin läßt sich nachweisen, daß für das Adagio die Terz maßgebend ist und daß auch hier zum mehr objektiven „Trivialmusikthema“ in D-Dur als Genre-Einbruch zarter, friedlicher Volksmusikintonation mit Quarte als Hauptintervall und natürlich auch wieder weg davon *übergeleitet* wird. Die Überleitungen sind mehr polyphon angelegt, als (keineswegs kraftlose) Möglichkeit des Zurücksinkens ins Lyrische mit den Mitteln der kontrastierenden Schärfung ihrer Ruhe und Abgeklärtheit beziehungsweise des „Appassionato e con molto sentimento“.

Die deutschen Bezeichnungen der vorhergehenden Sonate *op. 101*, in der ebenfalls die Fugentechnik eine Rolle spielt, geben unterstützende Auskunft über Beethovens Denken der damaligen Jahre (1817/19):

1. Satz: „Etwas lebhaft und mit der innigsten Empfindung“
2. Satz: „Lebhaft. Marschmäßig“
3. Satz: „Langsam und sehnsuchtsvoll“

   Einschub 1. Satz „innigste Empfindung“ führt zu „Geschwind, doch nicht zu sehr, und mit Entschlossenheit“

   (ausgedrückte Überleitung: durch drei Triller wie in *op. 106* vor der Fuge!)

   Fuge mit den dramatischen Elementen des Immer-wieder-Anfangens und Stockens.

Hier wie in *op. 106* bedeuten Überleitung und Crescendo ein nach Außen zur Aktivität, Parteilichkeit für diese wird durch das Gewicht der Schlußsätze ausgedrückt. Beethoven steht der französischen Revolution und ihrer Tradition noch näher als Schubert. Das Konfliktdenken und -empfinden ist aber bei ihm bereits deutlich angelegt.

Die nachstehende kurze Analyse-Partitur der Überleitung zur Fuge von *op. 106* mag Anregung zum Studium dieser herrlichen Dramaturgie geben, in der gleichwohl Emanzipation menschlicher Seiten und deren kaum mehr zu bändigendes, bloßes Nebeneinander von entfremdeten Einzelteilen sich ankündigt.

Zwei Elemente bauen die Überleitung nach Innen und Außen:

A) Die Oktave als Zirkelintervall, Homophonie, verkappter punktierter Rhythmus, Terz
B) Polyphonie, Quarte

(Vergleiche die graphischen Darstellungen)

TEIL I:

A

p dolce

F {Oktaven}
1
Des^{+}
2
b^{o}
3
Terzen → Ges^{+} ———————→ **B** Ges^{+} Imitation — Länge: 8♪ — *p*
4

Ges^{+}
es^{o}
5
Ces/H^{+} ———————→ H^{+} poco più vivace Imitation — 14♪ (=8+6) — *p* < >
6

H^{+}
gis^{o} ———————→ gis^{o} Allegro ca. doppeltes Tempo — 20♩ = 20♪ (=14+6) — *f p* < *f*
7

gis^{o}
E^{+}
8
cis^{o}
9
{{Terz}} A^{+} {Oktaven}
10

3 Triller (d, dis, e)

TEIL II:

A

A^{+} (1) ———————————→ **B** integriert, da Oberstimme Quartenzirkel hat, Unterstimme (=Baß) Terzenzirkel.

fis^{o}
2
D^{+}
3
h^{o}
4
G^{+}
5
e^{o}
6
C^{+}
7
a^{o}
8
F^{+}
9
d^{o}
10
A^{+} (10 Anschläge) *prestissimo*

cresc. al ff ↓ *accel.* ↓ *ff*

(F) *pp* *dim. rit.* ↓

{{Terz}}

e – a – d – g – c – f – (a) *cresc.* *f/ff*

3 Triller a^2, c^3, f^3

Terz (F) – (a) schlägt um in Quarte F – a – b:

Die Terz b^1-g^1 etc. erhält anderen, neuen Charakter. Gleichheit des Intervalls kann Umschlagen in neue Qualität verdeutlichen.

Schluß

Diese beiden außerordentlichen Beispiele einer Crescendoanlage von jeweils verschiedener inhaltlicher Bedeutung mit ihren je besonderen formalen Konsequenzen zeigen zumindest, in welche Verantwortungsbereiche Crescendokomposition hineinreicht. Crescendo kann verinnerlichen, als Schönheitspflästerchen von Tönen oder Klängen auftreten, in billiger Weise nur beleben, kann überhöhen, kann zur pathetischen Monumentalität erhöhen oder nur aufblasen, kann kontaktsuchende Intensivierung sein und vieles andere. Man muß fragen, wozu es dient und ob dieses Wozu selbst dienlich ist.

Das fragliche Cluster-Crescendo in *Gespenster* hat die Funktion des brennpunktartigen Sammelns und Nach-Außen-Gehens. Doch dies, im Sinne einer Ausdrucksaufladung, kann sich leicht verselbständigen, durch mögliche direkte Identifikation mit ihm *persönlich* befreien, durch utopische Katharsis nur im Espressivobereich Realität verzerren.

Die Sirene läßt das gebündelte Licht des Crescendo im *Lied* aufgehoben sein, an dessen Ende ja nochmals ein Crescendo steht, aus höchster Emotion wird Werben und Argumentieren für eine Sache. Das Sirenenglissando pfeift sozusagen die, die nur laut werden wollen, zurück, sagt „So nicht" und hält gleichzeitig Wort mit der letzten Strophe des Dachau-Liedes:

Einst wird die Sirene künden:
Auf zum letzten Zählappell!
Draußen dann, wo wir uns finden,
bist du, Kamerad, zur Stell'.
Hell wird uns die Freiheit lachen,
vorwärts geht's mit frischem Mut,
und die Arbeit, die wir machen,
diese Arbeit, die wird gut!
Denn wir haben die Losung von Dachau gelernt...
(Text von Jura Soyfer, 1914 geboren, österreichischer Dichter, am 16. Februar 1939 in Buchenwald gestorben.)

Etwas dem unmittelbaren Anschein nach Dinghaftes wird entfetischisiert und in eine Verhaltensweise, eine Beziehung zwischen Menschen, zurückverwandelt. *Gespenster* möchten lebendig gehört werden.

1981

Luigi Nono: *Il Canto Sospeso VI a, b*

Versuch einer Analyse mit Hilfe dialektischer Montagetechniken

1956 entstand *Il canto sospeso*. Im folgenden Beitrag sollen die beiden Teile *VI a* und *b* herausgegriffen und analysiert werden.

Die Wahl einer 25 Jahre alten Komposition mag befremden. Ein Produkt akademischer Bequemlichkeit?

24. Januar 1981: In der Tageszeitung *UZ*[1] ist zu lesen:

„Bekämpfung" des Neonazismus bei uns

Beispiele einer Woche

Daß die Zahl neofaschistischer Gewalttaten immer mehr ansteigt, an dieser Feststellung kam auch der Innen- und Rechtsausschuß des Bundestages in dieser Woche nicht vorbei. Doch was tun Regierung, Justiz und Behörden eigentlich dagegen? Einige Meldungen aus dieser Woche geben eine alarmierende Antwort:

Fall eins: Nach Innenminister Baums Auskunft gibt es zwar 1800 „neonazistische Aktivisten" (also potentielle Naziterroristen), aber 600 davon seien lediglich „versprengte Heimatlose", „Einzelkämpfer". Was heißen soll: harmlos. So als hätte es das furchtbare Verbrechen auf das Münchner Oktoberfest mit 13 Toten und über 200 Verletzten nie gegeben.

Fall zwei: Gegen den Hauptangeklagten im 6. Auschwitzprozeß, den ehemaligen SS-Unterscharführer und Kommandoführer Horst Czerwinski, wurde vom Frankfurter Landgericht am Donnerstag das Verfahren eingestellt. Wegen einer angeblichen „akuten Herzrhythmusstörung".

Die schonende Behandlung des Nazimörders, der einst unter seinen wehrlosen Opfern die Todeskandidaten ausgewürfelt hat, ist nur ein weiteres Glied in der langen Kette von Bemühungen, Naziverbrecher durch Freisprüche, Verfahrenseinstellungen und -verschleppungen ihrer Strafe zu entziehen.

Fall drei: Weil er das tat, was eigentlich Aufgabe des Staatsapparats ist, nämlich etwas gegen den Neofaschismus zu unternehmen, mußte sich am gestrigen Freitag vor dem Schwetzinger Amtsgericht der Böblinger VVN-Vorsitzende Richard Pitterle verantworten. Er soll bestraft werden, weil er gegen die NPD demonstriert hatte.

Die drei Beispiele beweisen: antifaschistisches Handeln bleibt eine aktuelle Aufgabe aller Demokraten.

Robert Frischling

Nimmt man noch die Mutlosigkeit, die politische und ideologische Unerfahrenheit, Schlamperei und Ignoranz hinzu, die (soweit mir bekannt) sowohl Orte und Zeitpunkte der (wenigen) Aufführungen – wie schön wäre es gewesen, wenn beispielsweise nach dem schrecklichen Bombenattentat auf dem Münchner Oktoberfest 1980[2] Chor und Orchester des Bayerischen Rundfunks sich demonstrativ zu einer Aufführung des *Canto sospeso* entschlossen hätten – als auch die ziemlich inadäquaten Ausführungen kennzeichnen, so wird das konkrete Umfeld des

1) UZ = „Unsere Zeit", war ab 1968 die täglich erscheinende Zeitung der Deutschen Kommunistischen Partei (DKP), Bundesrepublik Deutschland; sie existiert heute (1999) als „Sozialistische Wochenzeitung". (Anm. d. Hrsg.)

2) Am 26. September 1980 zündeten Rechtsextremisten auf dem Münchener Oktoberfest eine Sprengstoffbombe. (Anm. d. Hrsg.)

Stückes erschreckend deutlich: eine in vieler Hinsicht allein gelassene Komposition, ein vereinsamter canto sospeso!

Es gilt aber gerade, das reiche Angebot des Werkes, seine Engagiertheit des Berichtens, seine Verständlichkeit, seine politisch-künstlerische Substanz der kompositorischen Gedankenführung uns als Bündnispartner in konkreter Praxis zu sichern. Dabei kann Analyse helfen.

Es wird keine neutrale Analyse sein können. Mit Hilfe der Montagetechnik soll eine durchaus subjektive Interpretation gegeben werden, die durch Daten abgesichert, somit einsehbar ist und Anregung zu schöpferischer Weiterarbeit sein kann.

Aus dem Dokumentarwerk mit letzten Briefen zum Tode verurteilter europäischer Widerstandskämpfer, erschienen 1954 mit dem Titel *Lettere di condannati a morte della resistenza europea*, wählte Nono für Nr. *VI a*, *b* den Text von Esther Srul, Polen:

VI a) „... le porte s'aprono. Eccolì i nostri assassini. Vestiti di nero. Ci cacciano dalla sinagoga."

VI b) „Com'è duro dire addio per sempre alla vita così bella!"

Die Textverteilung auf beide Sätze a und b folgt den vorhandenen inhaltlichen Verschiedenheiten:

a) dramatische, ausschnittshafte Situationsschilderung des In-den-Tod-Treibens durch die SS;
b) schmerzlich-reflektierendes Innehalten, Kontrastierung des „so schönen Lebens" mit der brutalen Lebenszerstörung.

Das „Ich" der Esther Srul ist gleichzeitig das „Uns" der Todesgemeinschaft, dem das „Sie" der Mörder gegenübersteht. Beide Plurale führen zur Komposition mit den Mengen Chor und Orchester, einer nur hier auftauchenden Besetzungskombination innerhalb des gesamten Werkes.

Nono teilt den Text zu *VI a* in vier gleichsam stoßartig herausgepreßte Satzteile, die gleichzeitig die vierteilige musikalische Form ausmachen.

[A] Le porte s'aprono	[B] Eccolì i nostri assassini
[C] Vestiti di nero	[D] Ci cacciano dalla sinagoga

Die stoßartige Formung der Makroform vervielfältigt sich zur stoßartigen Silbenkomposition im Inneren der Teile. A und C haben je 6, B und D 9 beziehungsweise 10 Silbenanschläge[3)]. Je zwei Teile also korrespondieren durch gleiche oder fast gleiche Silbenzahl. Ein Blick auf Tabelle I zeigt, wie in den einzelnen Stimmen jede Silbe mit einer eigenen Anschlagsdauer verknüpft ist.

Die benützten Dauern sind 2/3/5/8/12/17. Ihre Anzahl entspricht der Silbenzahl von A und C, jede folgende Dauer wird durch regelmäßige Progression – als Modifizierung der Fibonacci-Reihe – gewonnen: 2+1, 3+2, 5+3, 8+4, 12+5, 17.

Diese einzelnen Dauern tauchen jedoch, seriell gesehen, zufällig auf, das heißt: Es gibt keine seriellen Kettebildungen, Permutationen und Rotationen. Die gestreute Verteilung der Dauern, aber innerhalb präzis bestimmter Dauernproportionen und Dauernmengen im vorgegebenen Material, wodurch genügend Potential für den Zusammenhang geschaffen ist, wird durch den scharf abgesteckten Materialrahmen gerade in ihrer Gestreutheit besonders deutlich. Die Preis-

3) Die Neunsilbigkeit von B entsteht dadurch, daß Nono den Endlaut von eccolì und den Artikel i zu einem einzigen Vokal und folglich auch zu einer einzigen Silbe aneinander bindet: eccolii. (Anm. d. Hrsg.)

Tabelle I:

		⑥							⑨								
		Le	por	te	s'a	pro	no		Ec	co	li͜j	no	stri	as	sas	si	ni
Sopran I:	𝅘𝅥𝅯^{5}	17	8	17	5	3	17	%	3	8	5	8	12	5	17	2	17
II:	x	/	/	/	/	/	/	𝅘𝅥𝅮^{3}	8	17	8	17	3	17	17	2	8
Alt I:	𝅘𝅥𝅮^{3}	3	8	12	2	17	12	%	17	2	8	3	2	8	2	12	2
II:	𝅘𝅥𝅯^{4}	8	5	2	2	12	12	x	/	/	/	/	/	/	/	/	/
Tenor I:	𝅘𝅥𝅮^{3}	12	8	17	3	5	2	𝅘𝅥𝅯^{5}	12	2	3	5	5	2	12	12	17
II:	𝅘𝅥𝅮^{3}	2	3	12	3	3	8	x	/	/	/	/	/	/	/	/	/
Baß I:	x	/	/	/	/	/	/	𝅘𝅥𝅯^{4}	8	17	3	3	12	5	5	8	12
II:	𝅘𝅥𝅯^{5}	5	17	2	5	5	3	𝅘𝅥𝅯^{4}	3	2	5	12	17	2	5	8	3

Σ = 36 Anschläge — 54 Anschläge

		⑥							⑩									
		Ve	sti	ti	di	ne	ro		Ci	cac	cia	no	dal	la	si	na	go	ga
Sopran I:	𝅘𝅥𝅯^{4}	12	17	12	5	3	8		2	5	17	12	3	17	12	2	3	2
II:	𝅘𝅥𝅯^{5}	3	2	2	3	8	2		17	5	3	2	17	12	3	2	17	3
Alt I:	𝅘𝅥𝅯^{4}	5	3	12	12	8	5	𝅘𝅥𝅯^{5}	12	8	8	12	12	17	17	17	5	3
II:	x	/	/	/	/	/	/	𝅘𝅥𝅯^{5}	5	2	17	3	5	12	8	8	2	5
Tenor I:		3	5	5	12	8	12	𝅘𝅥𝅯^{4}	8	3	12	2	5	5	17	3	8	8
II:	𝅘𝅥𝅯^{4}	8	8	3	5	17	3	𝅘𝅥𝅯^{5}	17	17	12	2	2	5	12	3	8	2
Baß I:	𝅘𝅥𝅯^{5}	8	5	17	17	8	2	𝅘𝅥𝅯^{4}	8	8	8	5	12	3	8	17	5	17
II:	x	/	/	/	/	/	/	𝅘𝅥𝅯^{5}	5	2	5	3	2	3	12	5	5	8

36 Anschläge — 80 Anschläge

Σ = 206 Anschläge

Dauernsukzession in Teil A:

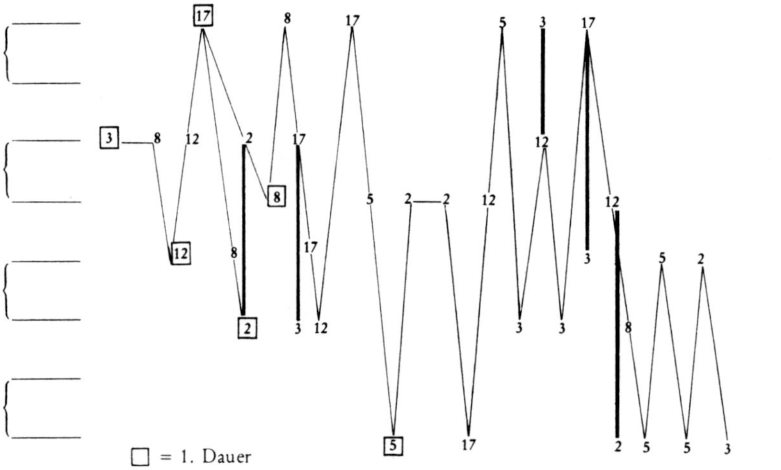

gabe serieller Verbände vereinzelt die Dauern, erhöht dadurch den Anschlags-Charakter, lenkt hin auf Silben- und Stimmstoß. Ein Blick auf die Lautstärkekomposition des Chores zeigt ein ähnliches kompositorisches Verfahren:

Tabelle II:

A ⑥

	Le	por	te	s'a	pro	no
Sopran I:	*fff > ppp*	*fff*	*p < f*	*mf > mp*	*mf*	*fff*
II:	/	/	/	/	/	/
Alt I:	*p*	*p < f*	*fff > ppp*	*ppp*	*ppp < fff*	*f*
II:	*f*	*mf*	*p*	*ppp*	*fff*	*p < f*
Tenor I:	*mp < mf*	*> mp*	*p < f*	*p*	*fff*	*mp*
II:	*f*	*mf*	*f > p*	*mf*	*ppp < fff*	*p*
Baß I:	/	/	/	/	/	/
II:	*p*	*mp < mf*	*f*	*ppp < fff*	*p*	*fff*

B ⑨

	Ec	co	li i	no	stri	as	sas	si	ni
Sopran I:	*f*	*ppp < fff*	*ppp*	*ppp < fff*	*mp < mf*	*fff*	*p < f*	*mp*	*f > p*
II:	*f > p*	*fff > ppp*	*f > p*	*ppp < fff*	*mf > mp*	*ppp < fff*	*fff > ppp*	*p*	*fff*
Alt I:	*p < f*	*p*	*mp < mf*	*mf*	*mp*	*fff*	*mp*	*ppp < fff*	*p*
II:	/	/	/	/	/	/	/	/	/
Tenor I:	*f > p*	*fff*	*mf*	*fff > ppp*	*mp*	*fff*	*f*	*f > p*	*mf > mp*
II:	/	/	/	/	/	/	/	/	/
Baß I:	*mf*	*fff*	*p*	*mp < mf*	*fff > ppp*	*mp*	*f > p*	*mf*	*fff > ppp*
II:	*mp*	*mf*	*ppp < fff*	*mf > mp*	*f > p*	*mf*	*p*	*ppp*	*fff*

C ⑥

	Ve	sti	ti	di	ne	ro
Sopran I:	*p < f*	*ppp < fff*	*p < f*	*mp < mf*	*mp*	*f*
II:	*mf*	*p*	*mp*	*mf*	*mp < mf*	*mp*
Alt I:	*p*	*mp*	*mf > mp*	*p < f*	*ppp*	*f*
II:	/	/	/	/	/	/
Tenor I:	*mp < mf*	*mp*	*f > p*	*f*	*mf*	*fff > ppp*
II:	*ppp < fff*	*ppp < fff*	*f*	*fff*	*p < f*	*p*
Baß I:	*p*	*fff > ppp*	*mf > mp*	*mf > mp*	*p*	*f*
II:	/	/	/	/	/	/

D ⑩

	Ci	cac	cia	no	dal	la	si	na	go	ga
Sopran I:	*mp*	*fff*	*f > p*	*fff > ppp*	*f*	*p < f*	*mp < mf*	*mp*	*p*	*mp*
II:	*fff*	*mp*	*p*	*ppp*	*fff*	*fff > p*	*p*	*ppp*	*fff*	*p*
Alt I:	*p < f*	*f*	*f > p*	*fff*	*fff*	*fff > ppp*	*fff > ppp*	*ppp < fff*	*mf*	*mf > mp*
II:	*mf > mp*	*p*	*fff > ppp*	*mf*	*f*	*ppp < fff*	*fff*	*mp < mf*	*p*	*f*
Tenor I:	*p*	*mf*	*ppp*	*f*	*mp*	*mp*	*mf > mp*	*mf*	*p*	*p < f*
II:	*ppp*	*ppp*	*mp < mf*	*ppp < fff*	*fff*	*p < f*	*p*	*f*	*mp*	*ppp < fff*
Baß I:	*mp < mf*	*mf*	*mp < mf*	*f*	*mf > mp*	*fff*	*mp < mf*	*p*	*f > p*	*ppp*
II:	*mp*	*f*	*ppp < fff*	*fff*	*f*	*mp*	*mf > mp*	*p*	*p*	*ppp*

Jede Silbe tritt in einer eigenen Lautstärkegestalt auf. Auch hier kein serielles Folgeverfahren. Nur das Material ist (wieder) präzise vorwegformuliert zu einer beschränkten Anzahl von Möglichkeiten.

Insgesamt werden (wieder) 6 verschiedene Größen benützt:

ppp p mp mf f fff

Es fällt auf, daß von ***ppp*** zu ***p*** und von ***f*** zu ***fff*** größere Lautstärkesprünge angelegt sind als von ***p*** zu ***mp*** zu ***mp*** zu ***f***. Im Unterschied zur Materialreihe der Dauern werden die Lautstärken an ihren Enden in beide Extreme ***ppp*** und ***fff*** verzerrt. Die Extremkoppelung bildet auch die Konzeption der gleitenden Übergänge durch Crescendo- und Decrescendo-Verbindungen zweier Werte:

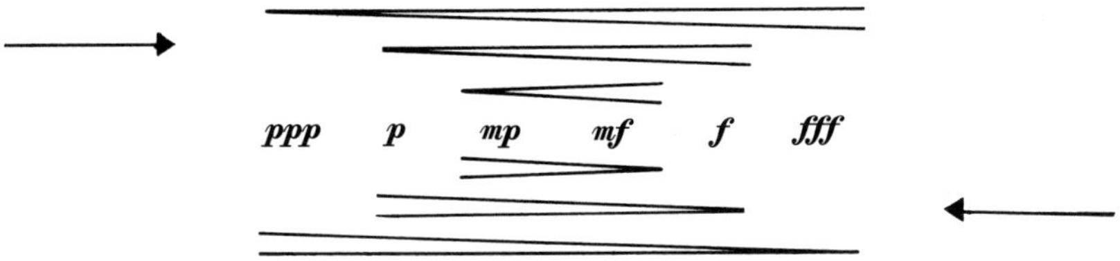

Jeweils zwischen zwei Extremwerten ist Crescendo und Decrescendo als möglich definiert. Die Mitte – ***mf/mf*** – ist in diesem Zusammenhang natürlich als Abstufung, als geringste Extremwertverbindung zu verstehen.

Solche Extremwertkonzeption läßt besonders aufhorchen bei kontrastierender Streuung zum Beispiel in A Sopran I: ***fff*** > ***ppp*** ↗ ***fff*** ↘ ***p*** < ***f*** oder in A Tenor I, Dauern: 12 8 ↗17↘3. Überschaubare Materialstruktur und Streuung der Werte in Extremen oder auch in plötzlichen Gleichheiten zum Beispiel in D Alt I, Dauern: 12 8 8 12 12 17 17 17 beziehungsweise in geringen Unterschieden zum Beispiel in C Sopran II: ***mf p mp mf mp*** < ***mf mp*** geben den Stimmstößen auf Einzelsilben durch die Unvorhersehbarkeit der Folge (wenn auch in begrenzter Zahl und Größe der Werte) den Bewegungsausdruck der Hektik, des unruhigen An- und Ausschlagens.

Es läßt sich leicht ausdenken, welche Tonhöhenkonzeption nötig ist, um das Hektische des Springens und Stehens in Dauern und Lautstärken plastisch zu machen und gleichzeitig die Bedingung zu erfüllen, die vier Formteile als Quasi-Stöße zu artikulieren: eine Harmonik, die in nur vier Stadien blockartig gegliedert ist und pro Formteil von der geringst möglichen Tonhöhenbewegung ausgeht, der melodischen Einebnung zum repetierten Ton:

Die ersten zehn Töne der Allintervallreihe auf es^1 in regelmäßiger Steigerung der Dichte von 1–4 regulieren die Harmonik, die pro Formteil unverändert bleibt. Die Klumpung der Töne und ihre Oktavlage bringen für den Chor eine interessante, unausgeglichene Extremzuordnung von Stimmlage zur Tonhöhe. Besonders in A und B ist die Zuordnung hohe Stimmlage (Sopran) zu tiefem Ton und tiefe Stimmlage (Baß) zu hohem Ton (es^1, es^1/d^1) auffallend, die in merkwürdigem Kontrast zu den zu produzierenden Lautstärken steht. (In einer mir bekannten Aufführung sang der Sopran sogar kurzzeitig eine Oktave höher. Die Stimme schlug von selbst in ihre adäquateste ***fff***-Oktavlage um.) Diese Verzerrung verstärkt, wie alle bisher festgestellten Techniken, die große emotionelle Aufladung der Einzelsilben-Ausstöße und ihre Erregtheit, die sogar bis an die Grenze der Gefahr des Außer-Kontrolle-Geratens komponiert ist.

Ganz ähnlich verhält es sich mit den Bildungen aus Dauer, Lautstärke, Tonhöhe, Silbe/Wort zur endgültigen musikalischen Gestalt.
Hier einige Beispiele:

	♪ $^{3}\times 3$	8	12	Betonung der Endsilbe von porte
A, Alt I:	Le	por	te	
	p	*p<f*	*fff>ppp*	
	♪ $^{3}\times 3$	3	8	Betonung der zweiten Silbe, dritte Silbe hat längste Dauer
Tenor II:	s'a	pro	no	
	mf	*ppp < fff*	*p*	
	𝅘𝅥𝅯 $^{5}\times 5$	5	3	Betonung der ersten und dritten Silbe
Baß II:	s'a	pro	no	
	ppp < fff	*p*	*fff*	

Der Mannigfaltigkeit der Stimm-, Wort- und Betonungsverzerrungen in jeder Stimme und den erwähnten Dauern- und Lautstärkestreuungen stehen jedoch klare, übergeordnete Einheiten gegenüber, sozusagen als szenischer Rahmen (ähnlich der Funktion der repetitiv angelegten Tonhöhenstruktur und des Materialrahmens von Lautstärken und Dauern):

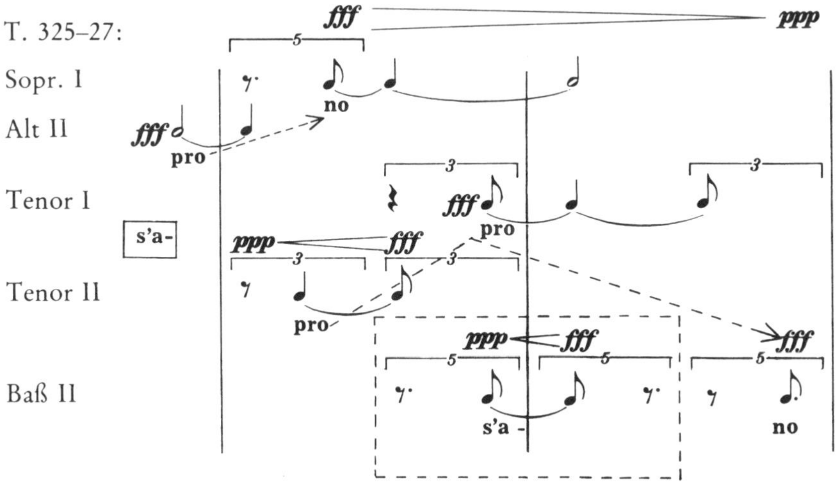

Die Zuordnungen durch ***fff*** beziehungsweise ***ppp<fff/fff>ppp***, also durch die ***fff***-Struktur, läßt als übergeordnete Einheit (s'a-)prono entstehen, wobei die kürzeste Stimme, Baß II, nicht nur das Wort s'aprono, sondern den ganzen Text von A gleichsam im Zeitraffer vorstellt und den Satz in relativ normaler Verständigungs-Geschwindigkeit bringt. Die Silben- und ***fff***-Verteilung ergibt annähernd natürliche Deklamation

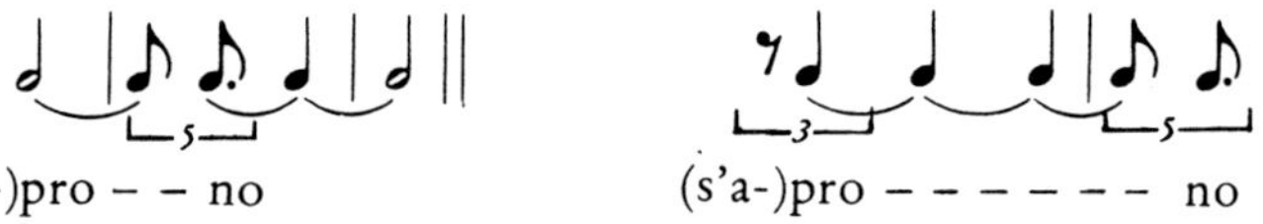

Das System der zeitlich gerafften Textinformation wird in allen vier Teilen angewandt:

A:	Baß II	Takte 324–327
B:	Tenor I	Takte 338–344
C:	Sopran II	Takte 345–347
	dazu am Ende	
	Sopran I	Takte 348–352
D:	Baß II	Takte 359–363

Das System übergeordneter, aus der Teilnahme mehrerer Stimmen resultierender textlicher Einheitsbildungen mit klarer Textverständlichkeit, vor allem wichtiger Wörter, ist ebenfalls in allen vier Teilen durchgeführt, zum Beispiel in B „assassini" ab Takt 333:

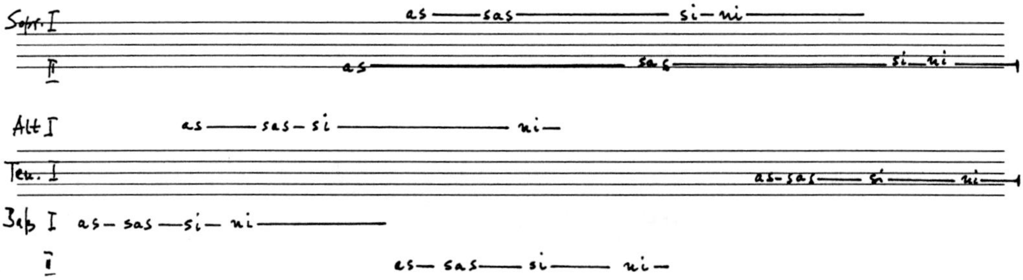

Die übergeordnete Textverständlichkeit ist hier, anders als in A, mit dem ganzen Wort „assassini" komponiert. Die beiden Vokale a und i sind quasi zu a- und i-Vokalakkorden so übereinandergelegt, daß über den i-Feldern die a-Felder, diagonal meist etwas vorgeschoben, liegen. Daraus ergibt sich aufgrund des Vokalkontrastes die Verfolgbarkeit und Verknüpfbarkeit der beiden Worthälften zu Wortganzheiten quer durch die Stimmen[4]. Die Bösartigkeit, der Haß gegen die Mörder liegt im Zischlaut s und dem scharfen, hochformantigen Vokal i. Dafür werden

4) Vergleiche zur Vertiefung dieser Technik: Luigi Nono, *Text – Musik – Gesang* in: *Luigi Nono. Texte – Studien zu seiner Musik*, herausgegeben von Jürg Stenzl, Zürich 1975, S. 41–60

s und i aus den anderen Wörtern, ganz im Sinne einheitlicher gemeinsamer Emotion verschiedener Wörter, ebenfalls durch die Technik der Lautakkord- oder -feldbildungen, herangezogen: s aus nostri, i aus eccolì i nostri. Resultat ist ein komplexes Ausdrucksgebilde, bestehend aus verschiedenen Ausdrucksschichten:

——→ die naturalistische Hektik der von den Mördern sozusagen herausgepeitschten Stimm- und Luftstöße in den einzelnen Stimmen (An-„schläge"-Komposition),

——→ die Darstellung der aggressiven Haßhaltung der Opfer gegen ihre Mörder (s, i),

——→ die Objektivität des auf Information ausgerichteten Berichts der dramatischen Situation durch übergeordnete, verhältnismäßig unverzerrte, auf Textverständlichkeit angelegte Makro-Einheiten.

Für das Verhältnis des Chorparts zum Orchesterpart sind neben der Tondichte 1–4 noch die Stimmdichten und die sich daraus ergebenden besonderen, unterschiedlichen Gestalten der vier Abschnitte wichtig.

Teil A: Dichtemaximum von 6 Stimmen, sukzessiver Einsatz, gleichzeitiges sechsstimmiges Ende (Takt 327), Länge 9 Takte

Dichteverlauf: 1 2 3 4 5 6 

Teil B: Dichtemaximum von 5 Stimmen, Anfang und Ende ausgefranst (Takt 344), Länge 17 Takte

(T. 338)
↑
Dichteverlauf: 1/2 3 4 5 – – – 5 4 3 2 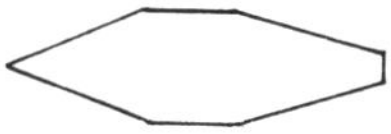
↓
(T. 334)

Teil C: Dichtemaximum von 6 Stimmen, Ende ausgefranst (Takt 345), Länge 7 1/2 Takte

Dichteverlauf: 6 5 4 1 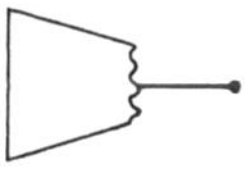

Teil D: Dichtemaximum von 8 Stimmen, sukzessiver Einsatz, gleichzeitiges Ende, Länge 11 1/2 Takte

Dichteverlauf: 1 2 3 4 5 6 7 8 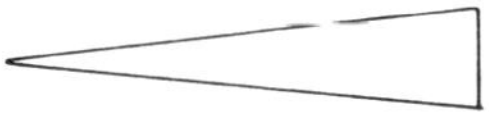

Die Teile A und D koprrespondieren in ihrer Gestalt (Tonzahl 1 beziehungsweise 4 und Stimmdichte 6 beziehungsweise 8 sind verschieden), die Teile B und C sind zwar ähnlich, trotzdem untereinander und von A und D gut zu unterscheiden.

Anschlagsproportionen und -mengen, Stimmdichten, Stimmgestalten und Tonhöhendichten pro Abschnitt in jeweils unverwechselbarer Gestalt sind dem Chor- und Orchesterpart gemeinsam. Unverwechselbarkeit läßt deutlich werden, welcher Teil des Chores wann und wie im Orchester wieder auftaucht.

Tonhöhenstruktur der Instrumente pro Abschnitt:

Die ersten sieben Töne folgen der Allintervallreihe von A aus. Es ergeben sich verschiedene Korrespondenzen mit der Tonhöhenstruktur des Chores:

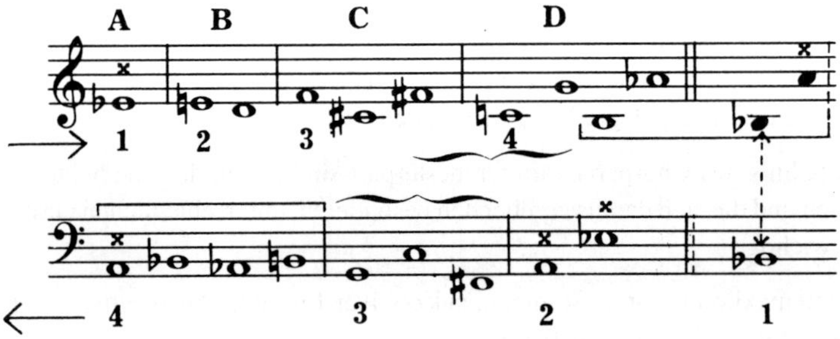

Die Instrumentenreihe bildet den Krebs der Chorreihe, obwohl dieser die Töne b/a fehlen. Im dritten Abschnitt wird das System jedoch aufgegeben. Die beiden Reihenanfangs- beziehungsweise Anfangs- und Endtöne jeder der beiden Reihen, werden sie zu Ende gedacht, a und es, erscheinen plötzlich im Orchester. Dieser Bruch befindet sich genau an der Stelle: Eccolì i nostri assassini. Die Töne a und es besitzen sogar die Tonsymbolik SS und SA (vergleiche die Takte 338–349). Ton B im vierten Orchesterabschnitt kann wiederum als Fortsetzung und Ergänzung, als elfter Ton der Chorreihe, aufgefaßt werden. Der erste Ton a^1 von *VI b* ist dann gleichzeitig verschränkter zwölfter und erster Reihenton. Die Orchesterreihe ist ein Zwitter und in gewissem Sinne eigentlich nur ein Schmarotzer der Chor-Hauptreihe, von der sie auf verschiedene Art zehrt.

Die rückläufigen Dichten in den vier Orchesterabschnitten sowie die Untersuchung der Anschlagszahlen, der Dauernfolgen und Stimmdichten bestätigen die Vermutung: Das Orchester ist der rückläufige Chor. Die Zuordnung, welches Instrument welche Chorstimme im Krebs übernimmt, zeigt Tabelle III.

Allerdings: Die Lautstärken im Orchester sind selbständig, gehorchen nicht dem Rücklauf, sind normaler Musikhör-Zeit unterworfen, wie ja auch die Tonhöhenfolge eine gewisse (Auffassungs-)Selbständigkeit der Hörverlaufs-Zeit in Anspruch nehmen und nur über Beziehungs-Zwischenstufen als Krebs der Chor-Reihe gelten kann.

Gleichheit und Verschiedenheit, übrigens auch in der Lagenzuordnung und akustischen Wirkung der schwebungsreicheren, rauhen, brutaler wirkenden tiefen Lage (Pauken, Posaunen, tiefe Hörner/Fagotte, Violoncelli/Kontrabässe), haben Auswirkungen in Richtung erhöhter Komplexität der Bedeutungsfunktion des Orchesters.

Anschlags- und Dauerngleichheit geben den Instrumenten „sprechenden" Charakter. Das Orchester ist die Stimme der Mörder. Sie wiederholen den Text auf der Bedeutungsebene des Berichts, anders als der Chor jedoch von der Basis der Handelnden, Eingreifenden, Schicksal-

Tabelle III:

bringenden. Die Mörder sind gleichsam die direkte Realität, von der der Chor berichtet, auf die der Chor der Opfer reagiert. Die Orchester-Anschläge schlagen gleichzeitig um in neue Ausdrucksqualität. Sie sind die Schläge, die fremde, feindliche Emotionalität besitzen (vergleiche die eigene neue Lautstärkekomposition), den Opfern gegenüberstehen, aus ihnen reagierende Stimmstöße, (stilisierte) Schreie herausschlagen (vergleiche dazu die psychologisch völlig richtige, weit größere Anschlagsdichte des Orchesters am Anfang gegenüber dem Chor und dessen längeren Dauern). Ursache zu Wirkung geht von unten nach oben, von tiefer zu hoher Lage, vom Orchester zum Chor, der dementsprechend auch leiser anfängt (***p***), erst vom zweiten zum dritten Takt Reaktion zeigt (***fff***) nach anfänglicher Erstarrtheit. Der Krebs bedeutet Einkreisen, Widerspiegelung der Unentrinnbarkeit der Opfer. Tabelle IV zeigt:

↑ A Chor Le porte s'aprono
↓ D Orch. Ci cacciano dalla sinagoga wird am Ende D ↑ Chor
A ↓ Orch.,

die Opfer sind am Ende von *VI a* wieder am Anfang angelangt, der gleichen Konfrontation ausgeliefert. Zeit*vergehen* schrumpft zum Zeit*punkt* der Ermordung. Den Opfern wird ihre Zukunft geraubt.

Die verschiedenen Längen der vier Teile lassen Vor- und Rücklauf zur Mitte hin in äußerster Konfrontation gegenüberstehen.

Chor: B ______________ C ________
und
Orchester: C _______ B ____________

(beide Textteile ergeben wie die Ecktexte in sich geschlossenen Sinn) bilden in den Takten 19–26 (siehe Tabelle IV) eine gemeinsame Mitte, in der „hier sind unsere Mörder“ und „ja, wir sind eure Mörder“ in der Sprache der Instrumente – also: „assassini“ – Mittelpunkt und geschrumpfter Zeitpunkt sind, von dem aus beide Hälften zusammenklappbar sind, deren Vor- und Rücklauf sich zur Null-Zeit summieren. Das ist keine Kugelgestalt der Zeit, sondern Zeit wird Un-Zeit, Personen Un-Personen, Menschen Un-Menschen.

An dieser Stelle soll einiges über die Montage-Technik gesagt werden, wie sie im revolutionären Film der Sowjetunion entwickelt und verstanden worden ist.

Wsewolod Pudowkin[5] schreibt in seinem Aufsatz „Über die Montage“[6]:

„Die Kunst, einzelne aufgenommene Teilstücke so zu vereinigen, daß der Zuschauer im Resultat den Eindruck einer ganzen, kontinuierlichen, fortlaufenden Bewegung bekommt, sind wir gewohnt, Montage zu nennen.“ (S. 114)

„Damit auf der Leinwand ein Teilstück ohne Gefühl eines Bruchs (...) unmittelbar auf das andere folgen kann, muß unbedingt ein klar erkennbarer Zusammenhang zwischen diesen Teilstücken bestehen.“ (S. 114/115)

„Montage bezeichnet in meiner zeitlichen Definition nicht den Zusammenbau eines Ganzen aus Teilen, nicht das Zusammenkleben des Films aus Teilstücken (...) Die Montage definiere ich für meine Zwecke als ein allseitiges, mit allen möglichen Kunstmitteln zu verwirklichendes *Aufdecken* und *Aufklären von Zusammenhängen* (Hervorhebungen von mir) zwischen Erscheinungen des realen Lebens in Filmkunstwerken.“ (S. 116)

„Die Montage ist nicht zu trennen vom Denken.“ (S. 121)

„Die Verwendung der Montagekunstmittel und die Erfindung neuer hängen eng mit der Tätigkeit des erkennenden Denkens des Regisseurs zusammen und mit dem schöpferischen Bestreben, seine Resultate dem Zuschauer in einer äußerst klaren, stark beeindruckenden Form zu vermitteln.“ (S. 127)

Auch Serge Eisenstein[7] gibt in seiner Schrift „Montage 1938“[8] als Zweck der Montage Erkenntnisvermittlung durch Zusammenhang und Folgerichtigkeit an. „Die Kraft der Montage beruht darin, daß Emotionen und Verstand des Zuschauers am schöpferischen Prozeß teilneh-

5) Wsewolod Illarionowitsch Pudowkin (1893–1953), russischer Filmregisseur und Filmschauspieler, gehörte zu den Wegbereitern der revolutionären sowjetischen Filmkunst der zwanziger Jahre, schrieb grundlegende Werke über *Filmregie und Filmmanuskript* sowie über den *Schauspieler im Film*. Zu seinen herausragenden Arbeiten zählen die Filme *Mutter* (1926), *Das Ende von St. Petersburg* (1927), *Sturm über Asien* (1928), *Der lebende Leichnam* (1928), *Der Deserteur* (1932). (Anm. d. Hrsg.)

6) ders.: *Über die Montage*, in: *Theorie des Kinos*, herausgegeben von Karsten Witte, Frankfurt/Main 1973, S. 113–127

7) Sergej Michailowitsch Eisenstein (1898–1948), sowjetischer Filmregisseur, erlangte mit *Panzerkreuzer Potemkin* Weltruhm. (Anm. d. Hrsg.).

8) ders.: *Montage 1938*, in: *Gesammelte Aufsätze I*, Zürich 1961, S. 229 ff.

Tabelle IV:

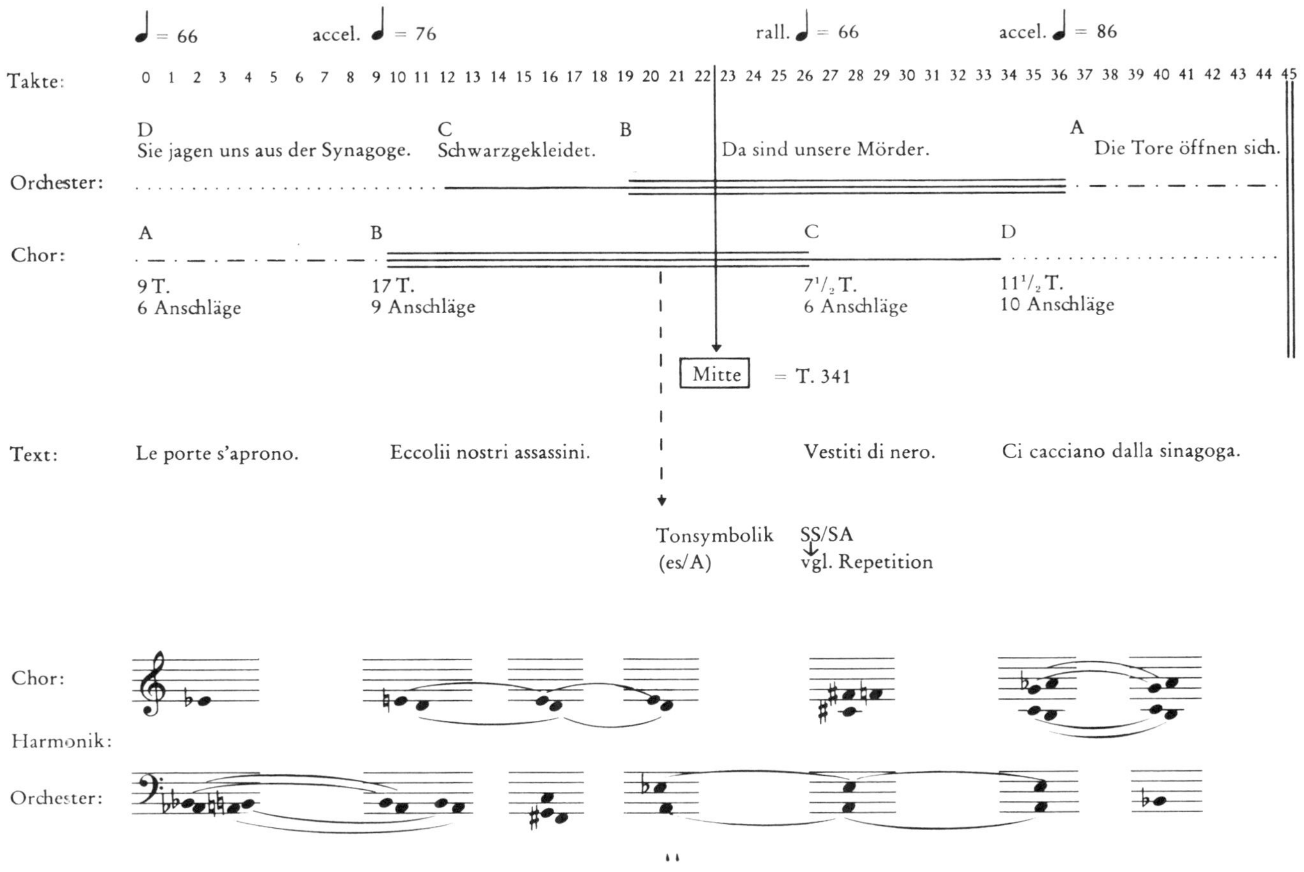

♩ = 66
accel. ♩ = 76
rall. ♩ = 66
accel. ♩ = 86
Takte:
0 1 2 3 4 5 6 7 8 9 10 11 12 13 14 15 16 17 18 19 20 21 22 23 24 25 26 27 28 29 30 31 32 33 34 35 36 37 38 39 40 41 42 43 44 45
D
Sie jagen uns aus der Synagoge.
C
Schwarzgekleidet.
B
Da sind unsere Mörder.
A
Die Tore öffnen sich.
Orchester:
Chor:
A
B
C
D
9 T.
6 Anschläge
17 T.
9 Anschläge
7 1/2 T.
6 Anschläge
11 1/2 T.
10 Anschläge
Mitte
= T. 341
Text:
Le porte s'aprono.
Eccolii nostri assassini.
Vestiti di nero.
Ci cacciano dalla sinagoga.
Tonsymbolik
(es/A)
SS/SA
vgl. Repetition
Chor:
Harmonik:
Orchester:

men“ (S. 251). Wichtig für emotionelle Wirkung und Erkenntnisfunktion ist die Auswahl des Details. Das Detail muß charakteristisch sein und Bildhaftigkeit besitzen.

In Eisensteins Aufsatz „Über den Bau der Dinge“[8] erfahren wir weitere wichtige Einzelheiten.

Darstellung von Gefühlen, zum Beispiel Traurigkeit:

Die konkrete Traurigkeit „hat einen Träger“ und einen „Abnehmer“ (S. 178). Dieser kann über die Traurigkeit traurig oder fröhlich sein. Für den Aufbau von Kunstwerken ist demnach weniger die das Dargestellte begleitende Emotion (hier zum Beispiel Trauer, Schmerz, Verzweiflung über den Tod) wichtig als die *Emotion des Verhältnisses zum Dargestellten.* Gleichzeitig mit dem Was muß auch das Wie des Verhältnisses des Autors zur Erscheinung, zum Dargestellten deutlich werden. Darin liegt die Möglichkeit der Beurteilung und Wertung. (Eisenstein analysiert in diesem Zusammenhang aus Tolstois *Anna Karenina* die Liebesszene Wronskis mit Anna, die mit den Mitteln der Details einer Mordszene gestaltet ist und so das Verhältnis des Autors zur Erscheinung, seine Wertung erkennen läßt. S. 185 ff.) Eisenstein bringt auch noch einen neuen Begriff ins Spiel: das Pathos.

„Pathos ist das, was den Zuschauer von seinem Sitz auffahren läßt, das, was ihn von der Stelle springen läßt“ (S. 202). „Ekstase“, (εκ-στασις) = „aus dem gewöhnlichen Zustand kommen“, bestimmt die „pathetische Konstruktion“. In ihr ist auch das dialektische Prinzip des Umschlagens in neue Qualität, ins Entgegengesetzte, angelegt: „Der Sitzende – stand auf“. „Der Schweigende – schrie auf“. „Der Unbewegliche – geriet in Bewegung“ (S. 202/03). Die Montage läßt die dialektischen Prozesse durch die pathetische Konstruktion erleben (vergleiche S. 210). Sie ist weniger die Formel einer Entwicklung als die eines Wachstums – Pathos als höchste Form des Organischen.

Diese zugegebenermaßen recht fragmentarischen Exzerpte aus dem Erbe der proletarischen marxistischen Montagekultur liefern uns doch genügend interessante Gesichtspunkte zum Verständnis der beiden Stücke *VI a, b.*

Hier zunächst einmal der Versuch einer Auflistung, annähernd gegliedert in: Extreme, Einheiten, Prozesse. (Siehe Tabelle V)

Der naturalistische Ausgangspunkt ist der Schlüssel zum spontanen Verstehen der Bildhaftigkeit der Detailcharakteristik. Aber: Das ängstliche Aneinanderklammern schlägt um in ein Sich-Aufrichten, die Melodielosigkeit in die melodiöse(re) Rezitation des Anklage-Berichts, aus Opfern werden zunehmend selbstbewußte Kämpfer für die Menschlichkeit.

Auch die brutale Brutalität (vergleiche die traurige Traurigkeit bei Eisenstein) der Mörder läßt kontrastierende Wertungen frei: Die Brutalität der Melodie- und Textlosigkeit wird Verweigerung von Melodie und Sprache (Verhalten des Autors), Krebsgestalt → Einkreisen schlägt um in Dichteabfall 4 3 2 1 → 0 in *VI b*, das heißt in Sprach- und Artikulationsverweigerung. Das Edle in der erregten Verzerrung des Chores gerät zu brutalen, verzerrten, schwebend-surrenden Tonklumpen der Mörder-Masse.

Das naturalistisch Reale der Details sorgt für starke emotionelle Wirkung und leichte Verständlichkeit. Gleichzeitig kann sich ihr Naturalismus nie voll in direkter Wirkung ausbreiten. Die Wertung des Autors verhindert ein Versinken im dramatischen Gefühlsschock, zeigt parteiisch Verhältnisse auf, wertet auch die Gewichtigkeit der Mittel selbst, Fühlen und Denken erhalten genau zugewiesene Positionen und Aufgaben im Erkenntnisprozeß. Wie in dieser Mu-

8) ders.: *Über den Bau der Dinge,* in: *Gesammelte Aufsätze I,* Zürich 1961, S. 178 ff.

Tabelle V:

	A		B
Musikalische Details der Opfer: Anschläge → Hervorstoßen der einzelnen Silben	dramatische Intonationen aus der unmittelbaren Situation	kompositorische Konfrontation mit →	Verhalten zur Erregung (Wertung)
Extremlautstärken (</>) höhere und tiefere Lage (Stimmlage/Tonhöhe) Normalisierung	Bildhaftigkeit höchster Erregung: Verzerrungen, schreiartige Stimmstöße, naturalistische Mimesis spontanen Reagierens, Hektik	→	Textverständlichkeit (cognitiv *und* emotiv)
Melodielosigkeit Tonrepetition	→	Unmöglichkeit des Gesangs als Kritik an Nazibrutalität →	rezitierende Deklamation eines Berichts als Anklage (Entgegenschleudern der Wahrheit)
Dichtesteigerung 1–4 (Textgliederung in 4 »Stößen«) Melodiesteigerung (→ Normalisierung)	ton-liches Aneinanderklammern (Angst) bis zur Verklumpung (Mimesis auch des Zusammentreibens), alle sind in der gleichen »Lage«	→	Steigerung der Anklage (immer melodischer, den Normalstimmbereich berührend) Melodiesteigerung = Geste des sich-Aufrichtens, Macht der Unschuld
↑ Verursacherprinzip (gleiche Anschläge/Krebs) →	↑		
↑ *Musikalische Details der Mörder:* gleiche Anschlagszahl, Textlosigkeit Extremlautstärken (eigene Komposition) tiefe Lage (Verklumpung) Melodielosigkeit Dichteabfall 4–1 (0)	↑ Herausschlagen der Stimmstöße (selbst. Dyn.) Brutalität, Zusammentreiben (Steigerung der Verzerrungen und Schwebungen) Primitivität		Wertung: »brutale« Brutalität ↓ parteiische Konsequenzen Verweigerung der Emotionssprache der Opfer (Dyn.!) Verweigerung von Sprache, Melodie (Brutalität ist die Sprache der Mörder)
Krebs (»sprechende« Anschläge)	Einkreisen, Zukunftsraub, Unentrinnbarkeit		Mundraub (keine Artikulation → Dichte 0)

sik mit ganz geringen quantitativen Veränderungen der Umschlag in neue Qualitäten, folgerichtig und wertend, erreicht wird, ist bewundernswert in seiner Ökonomie. Denn die Hauptekstase der pathetischen Konstruktion liegt erst im Sprung von *VI a* zu *VI b*:

Tabelle VI:	VI a	→	VI b
	tiefe Lage	→	hohe Lage
	Cluster	→	Linie
	Melodielosigkeit	→	Melodie
	syllabische Struktur	→	melismatische, vokalische Struktur, bocca chiusa, bocca quasi chiusa
	geklumpt	→	schwebend
	große dynamische Breite	→	geringere dynamische Breite
Hauptfarben:	Blechbl./Pk.	→	Streicher
besondere Farben:	Celli/Kontrabässe	→	Trompete
	Gesang und Instrumente stehen sich gegenüber	→	Gesang und Instrumente integriert (ohne die Zuordnung von VI a/ Trompeten ganz zu verlieren)

schön:

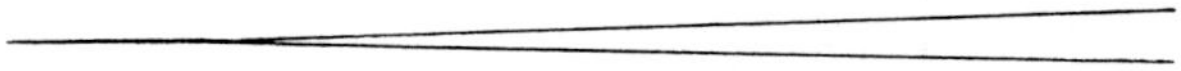

häßlich:

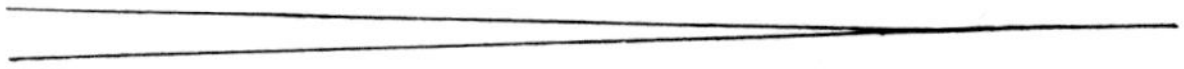

Umschlag der Szene ins Reflektierende (die innere Freiheit des Denkens und Fühlens – vita così bella – kann nicht geraubt werden)

Die aufwühlende Dramatik von *VI a* zittert in *VI b* noch nach und hinterläßt einige markante Spuren. So steht in der Mitte von *VI b*, „alla vita" zerschneidend, mit langen Dauern von nur geringer Verschiedenheit (17 Quintolensechzehntel/12 Triolenachtel), der Tritonus c^2-fis^3 in Viola/Violine I (Takte 387–89). Nimmt man das g^2, dem Tritonus vorausgehend als letzter Ton von „alla" im Sopran dazu, kann diese Stelle mit c-G-Fis im Orchester (Takte 330–37) mit der Textzuordnung „vestiti di nero" (zusammen mit dem gleichzeitigen Chortext „eccolì i nostri assassini") in Beziehung gebracht werden. Die Gleichheit der Töne zitiert die verursachenden Mörder herbei. Derlei Verknüpfung wird verstärkt durch die ebenfalls mit zwei langen Dauern (zweimal 17 Triolenachtel) kombinierten Trompetentöne d^3/cis^3, die – in ihrer in *VI b* einmalig auftauchenden Klangfarben-Wiederholung der Blechbläserfarbe von *VI a* – für die beiden Silben „addio" stehen (natürlich jetzt in hoher Lage). Zusammen mit der Altstimme (Takt 375), an die die Trompetentöne in Takt 379 lückenlos anschließen, heißt die Textkette „dire (Alt) addio (Trompete)". Auch hier sind durch die Farbe (und durch die Dynamik: zweimal forte als Maximum der Lautstärkenreihe in *VI b*) die Lebenszerstörer herbeizitiert. Eine weitere nachvibrierende Zuordnung bilden die Melodie-Intervalle bei „per sempre" Takt 381 im Sopran. Es ist die einzige Stelle, die durch ihre syllabische Textierung und ihre kurzen Dauern heraussticht: b^2-as^2-g^2. Der Intervallkrebs taucht bei „vita" im Sopran (Takte 389–92) auf: cis^1-d^1-e^2 (e^2 nur um eine Oktave versetztes e^1) und nochmals in den Takten 406–07 im Violoncello: cis^2-d^2-e^2. Das Violoncello bildet mit dem Baß Takt 404 „bella" wiederum eine lückenlose Kette. Die beiden aufsteigenden Linien cis-d-e sind demnach mit „vita" und „bella", dem schönen Leben, verknüpft, „dire addio per sempre“ mit der absteigenden Form der Linie. Der Zusammenhang wird noch enger durch die gleiche Tonhöhenkonstellation e^2 (Alt, Takte 376–79) – d^3 – cis^3 (Trompete, Takte 379–85). Melodisches Aufsteigen bei „vita/bella“, melodisches Abfallen bei „dire addio per sempre“ unterstützt die oben gegebene Interpretation der aufsteigenden Linie des oberen Clusterrandes in *VI a* als einen Prozeß der kämpferischen Steigerung des Selbstbewußtseins der Unschuld, des schlechthin das-Gute-auf-seiner-Seite-Habens, denn die gleiche Intervallfolge kleine Sekunde/große Sekunde ist als quasi melodiöser oberer Clusterrand (durch den Spiegel der Reihenanlage gleichzeitig auch unterer Rand, mehr in den normalen Baß-Stimmbereich führend) deutlich ausgeprägt:

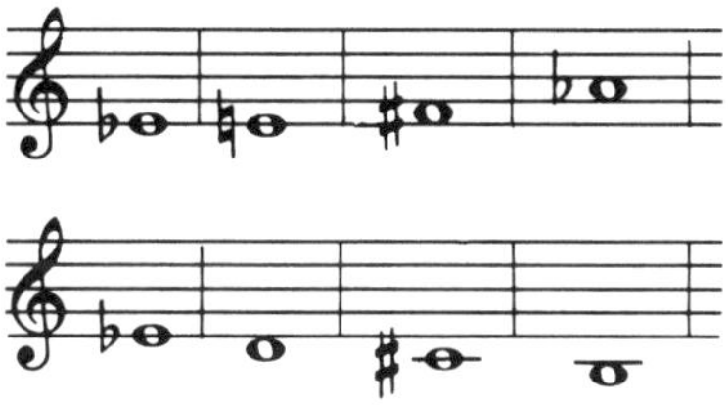

Diese melodische Strecke ist nur dem Chor (der Opfer) zugeordnet und läßt sich aus der Reihenkomposition des Orchesters nicht herauslesen.

Die semantische Technik der parteiischen Zuordnung, wer sprachlich artikulieren und wer mit bloßen Instrumental-Anschlägen sozusagen nur stammeln darf, schlägt in *VI b* in eine ähnliche Kette, aber anderen Inhalts, um:

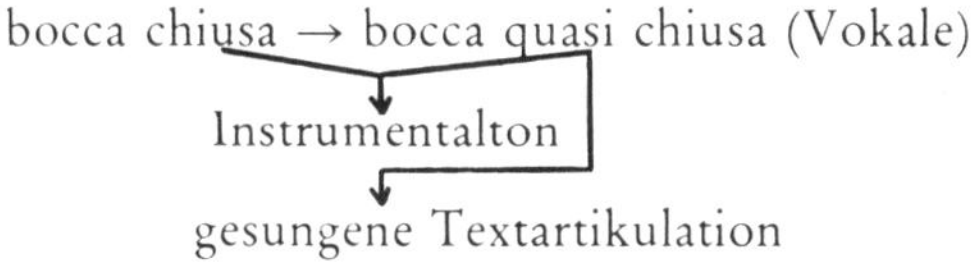

Die Folge bocca chiusa – bocca quasi chiusa am Anfang und rückwärts (bocca quasi chiusa – bocca chiusa) am Ende von *VI b* (beidemale auch mit sehr geringem dynamischen Pegel) besitzt die Bildhaftigkeit des Verstummens, des Lebensaushauchens, Verlöschens. Gleichzeitig schlagen diese Ausführungsbestimmungen um in die Emotions-Sprache der Darstellung des schönen Lebens, in den anklagenden Kontrast zur Lebensvernichtung durch die Mörder. Eine neue Bildhaftigkeits-Qualität wird bestimmend. Man sagt „ah“ vor bewunderndem Staunen, vor Entzücken, „m“ vor Sehnsucht, Begehrlichkeit, Genuß. Diese Intonationen drücken Zartheit und Sensibilität, das Schöne schlechthin aus, lassen Leben als elementaren Vorgang ohne besondere Konkretionen bestimmter Lebensinhalte, als Hochgefühl des Innewerdens bloßen Existierens erscheinen, als Voraussetzung und Minimalforderung, doch unabdingbar für schöpferisches Gestalten, gegen Barbarei gerichtet.

Das ganze Stück hindurch bildet die Vokalisierung eine eigene Schicht emotioneller Sprache. Dabei ist Kontrast zum Text („duro dire addio per sempre“) und gleichzeitige, den Gesangstext entlanglaufende Mitartikulation auf der Ebene nur der Textvokale mitverfolgbar. Eine verständliche Sprache mit doppeltem Boden: Montage des Berichts von der Härte des Abschieds für immer mit den Mitteln der Darstellung des Ausdrucks schönen Lebens und der Sehnsucht danach (vergleiche Eisensteins Tolstoi-Analyse). (Siehe Tabelle VII)

Tabelle VII:

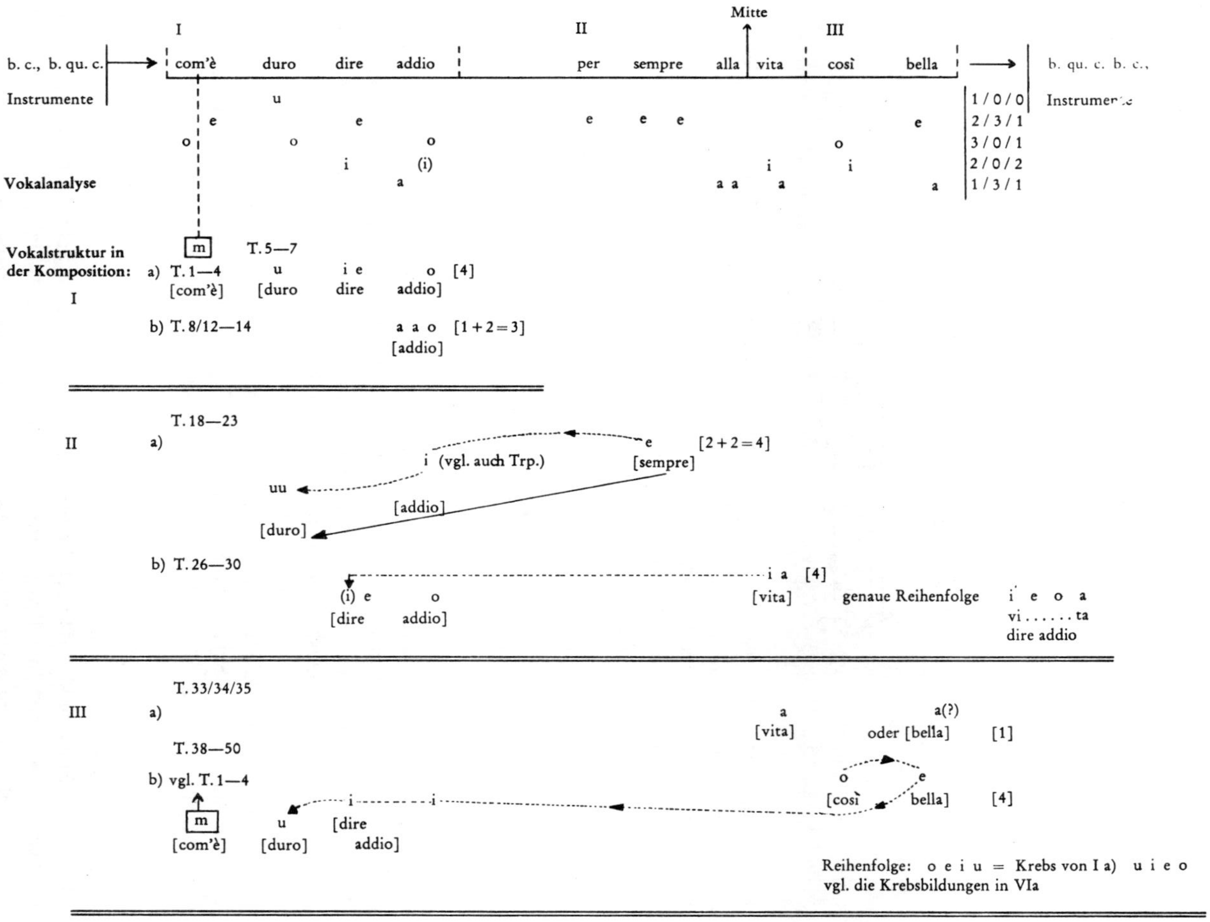
Mitte
I
II
III
b. c., b. qu. c.
com'è duro dire addio
per sempre alla vita
così bella
b. qu. c. b. c.,
Instrumente
1 / 0 / 0
2 / 3 / 1
3 / 0 / 1
2 / 0 / 2
1 / 3 / 1
Instrumente
Vokalanalyse
Vokalstruktur in der Komposition:
I
a) T. 1—4
[com'è]
T. 5—7
u [duro
i e dire
o addio]
[4]
b) T. 8/12—14
a a o
[addio]
[1 + 2 = 3]
II
T. 18—23
a)
uu
i (vgl. auch Trp.)
e [sempre]
[2 + 2 = 4]
[addio]
[duro]
b) T. 26—30
(i) e [dire
o addio]
i a [vita]
[4]
genaue Reihenfolge
i e o a
vi . . . . . . ta
dire addio
III
T. 33/34/35
a)
a [vita]
a(?) oder [bella]
[1]
T. 38—50
b) vgl. T. 1—4
m
[com'è]
u [duro]
i [dire
i addio]
o [così
e bella]
[4]
Reihenfolge: o e i u = Krebs von I a) u i e o
vgl. die Krebsbildungen in VIa

Gesang mit bocca chiusa und Vokalisation durch bocca quasi chiusa steigern sich zur größtmöglichen Klanglichkeit nicht artikulierter Emotionssprache, der des Instrumentaltones. Violoncelli und Kontrabässe, tiefer Streicheranteil der Mördersprache in *VI a*, schlagen um in die schwebende Zartheit hoher Streichertöne als Ausdruck des schönen Lebens und der Sehnsucht nach diesem Leben. „Reine Musik" ist in das Ausdrucksgefüge integriert. Violinen I/II, Violen und Violoncelli argumentieren jetzt für die Opfer. Technisch verifiziert dies Nono durch die Zuordnung der vier Streichergruppen zu den vier Chorstimmen: Violinen I – Sopran, Violinen II – Alt, Violen – Tenor, Violoncelli – Baß. Die gesamte Musik ist als vierstimmiger Gesang organisiert, jede Stimme enthält die vier Elemente bocca chiusa, bocca quasi chiusa, Instrumentalton, textierter Gesang. In jeder Stimme schließen sich die Dauern dieser vier Elemente lückenlos zu Ketten zusammen. Die Dauernreihe ist die gleiche wie in *VI a*: 2 3 5 8 12 17. Auch die Tonhöhenreihe wird übernommen als Reihe auf a, die untransponiert elfmal durchläuft, mit dem ersten Reihenton a^3 des zwölften Reihendurchlaufs in Takt 411 endet und die die Orchesterreihe von *VI a* (die ebenfalls von a ausging) zum Sprachausdruck der Opfer umfunktioniert, die Mörder gleichsam auch musikalisch enteignet.

Der vierstimmige Gesang in *VI b* ist jedoch gegensätzlich organisiert. Die Lautstärken verlieren ihre Extremtendenz und rücken zu gleichen, zarteren Stufen zusammen: aus ***ppp p mp mf f fff*** wird ***ppp pp p mp mf f***. Crescendo- und Decrescendo-Verbindungen fallen weg.

Aus der zweischichtigen Konfrontation in *VI a* wird ein solidarisches Weitergeben der Töne und Dauern von Stimme zu Stimme. Aus der gestreuten Dauernverteilung in *VI a* zur Hervorhebung des Anschlag-Charakters wird eine solidarische Kettebildung serieller Dauernkompositionen. (Dies sind nicht bloß musikalische Analogien, da die Elemente die Intonationen handelnder Menschen haben. Dadurch ist das Darstellende dieser Musik auf eine höhere Stufe gehoben. Die Musik ist kein pseudorealistisches Abziehbild!)

Beweglichkeit als Vitalität des schönen Lebens wirkt und resultiert aus dem Verfahren, einerseits die sechs verschiedenen Dauern durch Original/Krebs-Reihung zu Zwölferverbänden zusammenzuschließen, andererseits bei jedem Reihendurchlauf der zwölf Tonhöhen die Dauer der jeweils ersten Serienposition auszusparen und mit der nächstfolgenden zu beginnen. Dadurch wird den gleichen Tönen durchlaufend immer eine andere Dauer zugeordnet, bis a^3 als erster Ton des zwölften Reihendurchlaufs wieder die Dauer 17 (Quintolensechzehntel) erhält wie zu Anfang (17 Triolenachtel). Dieses serielle Verfahren, rein technisch gesehen nicht unüblich, garantiert vorwärtsschwingende Elastizität im Dienste des Ausdrucks (Tabelle VIII).

Sopran und Baß mit den jeweils zugeordneten Instrumenten multiplizieren mit der Einheit Quintolensechzehntel, Alt und Tenor mit der Einheit Triolenachtel. Länge der einzelnen Stimmen und Textierung zeigen dementsprechende Verschiedenheit:

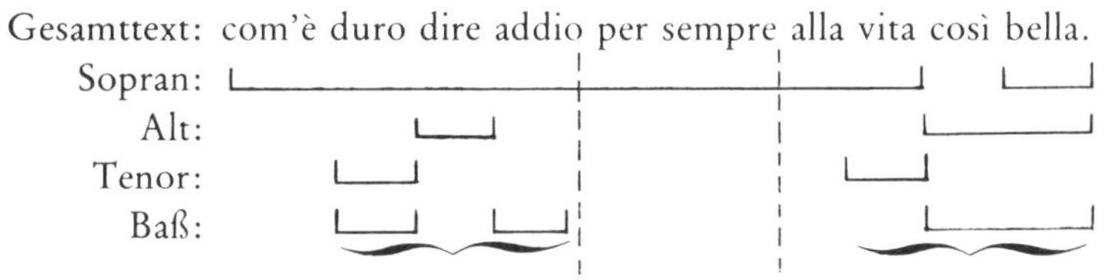

Der Sopran bringt fast den gesamten Text, Alt/Tenor/Baß die beiden wichtigsten Informationsteile „duro dire addio" – „vita così bella". Die oben bereits erwähnte besondere Komposition „per sempre" hat auch auf der Ebene der Textverteilung zentrale Bedeutung durch Einmaligkeit.

Tabelle VIII:

Beginn der Reihendurchläufe:

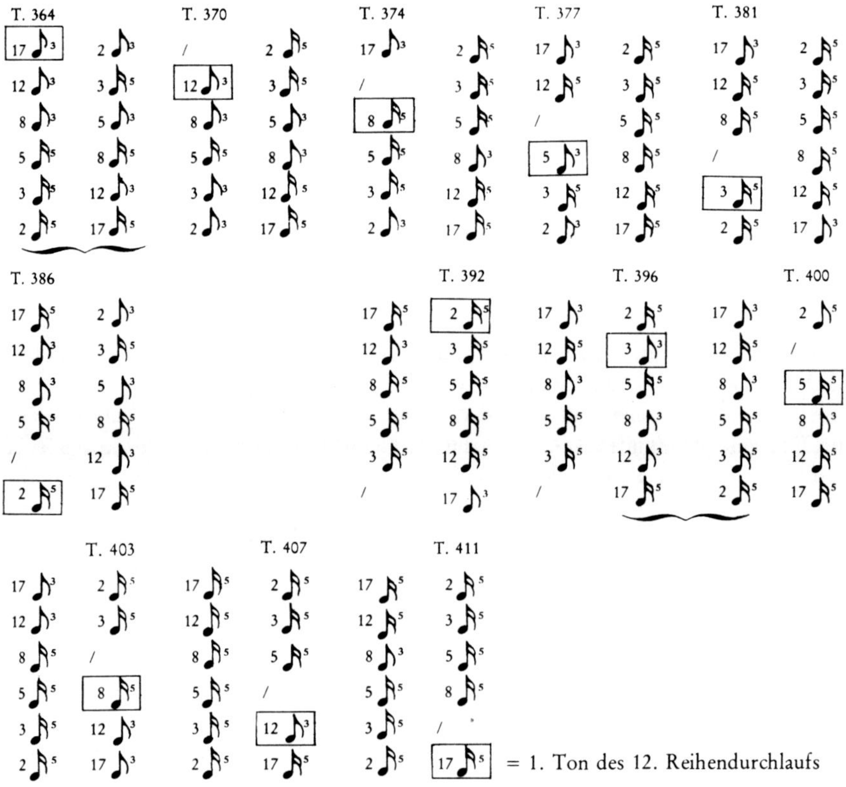

Jede Stimme hat vier Abschnitte, die durch Pausen getrennt sind. Jeder Abschnitt bildet eine lückenlose Melodie aus den erwähnten vier Elementen in semantischer Klangfarbenkomposition. Eingeschobene instrumentale Einzeltöne oder Tonpaare sind aber nicht nur Kettenglieder bereits beschriebener Bedeutung, sondern unterbrechen auch den Gesang, zerstückeln den Text in Einzelwörter (Tabelle IX).

Die Bildhaftigkeit des aufgezwungenen Lebensabbruchs, des willkürlichen Zerschneidens des Lebensfadens ist mitkomponiert durch die Analogie musikalischer „Schnitt"-Technik (fast gestisch) und die Beziehung der Farbe Streicher – Streicher/*VI a – VI b.* Kontrabässe/Violoncelli in *VI a* und Violoncello/Viola/Violine II/Violine I in *VI b* bilden eine Schnittmenge aufgrund ihrer gemeinsamen (Familien-)Farbe. Diese Beziehung gestattet es, im Sinne der „pathetischen Konstruktion", das Umschlagen in eine neue, gegenteilige Qualität erkennen zu können. Die hohe Trompete dagegen in *VI b,* Takte 379–85, ebenfalls Schnittfarbe, „zitiert eher herbei", als daß sie am Qualitätsumschlag teilhätte.

Anders als der Film kann die musikalische Montage Mannigfaltigkeit und komplexe Beziehung verschiedener Bedeutungssphären gleichzeitig und an ein und derselben musikalischen Erscheinung verifizieren und ganz einfaches, elementares Kompositionsmaterial mit reichen Inhalten in*ton*ieren.

Tabelle IX:

Sopran und Violine I:

Dyn. *p mp mf mp p mp mf f f f mp ppp p mp mf f f f mf*

Sopran: com'è | duro – | di – re | ad – dio | per sempre | ||

Violine I:

p f f mf mp mf mf pp mp ppp p

al – – la | ri – ta | (a) | ||

ppp p mp pp ? ? ? ? p p ppp || *ppp f pp p mp ppp*

bel – la | bel – la | | (e) || b. c. | | | ||

5 + 3 + 3 + 3 = 14 Instrumentaltöne   33 Gesangstöne   14 + 33 = 47 = 19 + 11 + 11 + 6 (pro Abschnitt)

Alt und Violine II: (Trp.)

p mp p ppp pp mp || *p mf (f) ? f f* || *mf f mf p mp p mp* || *p mp*

b. c. | (a) | || di – re Trompete [addio] || co sì (a) | bel – la | || (u) b. c. ||

4 + 2 (Trp.) = 6 Instrumentaltöne (2 + 2 + 2)   14 Gesangstöne   6 + 14 = 20 (= 6 + 5 + 7 + 2)

Tenor und Viola:

ppp pp mf || *mp p f (f) ? mp mf* || *f p mf pp pp p* || *ppp ppp mp mp pp pp*

b. c. | (i) || | | du-ro | | || (u) | (u) | | (i) || | | ri – ta | | ||

12 Instrumentaltöne (1 + 4 + 3 + 4)   9 Gesangstöne   12 + 9 = 21 (= 3 + 6 + 6 + 6)

Baß und Violoncello:

ppp f (pizz.) pp p mp mf || *mp pp mp pp ? mp ppp p mf mf f mp*

| | b. c. | (o) || du – ro | (a) (o) | ad – dio | (e) (i) | ||

p f mp ppp mp p pp f ppp mp p ppp pp (p) ? pp || *p pp*

| (e) (o) | co – sì | bel – la – | | (o) | || bel – la

ppp mp ppp ppp pp p pp ppp pp p

| (i) | | (u) (u) b. c. | ||

17 Instrumentaltöne (3 + 4 + 6 + 4)   28 Gesangstöne   17 + 28 = 45 (= 6 + 12 + 15 + 12)

Σ = 133 Töne = 49 + 84

Eine Übersicht über Lautstärken, Text-, Vokal- und Instrumentenverteilung sowie die Kennzeichnung der jeweiligen vier Abschnitte in den einzelnen Stimmen sollen die Analyse (die keineswegs vollständig ist) abschließen. Die Lautstärken sind nicht reihenmäßig gehandhabt. Sie behalten die Funktion mehrschichtiger emotioneller Interpretation durch den Komponisten.

Zum Beispiel:

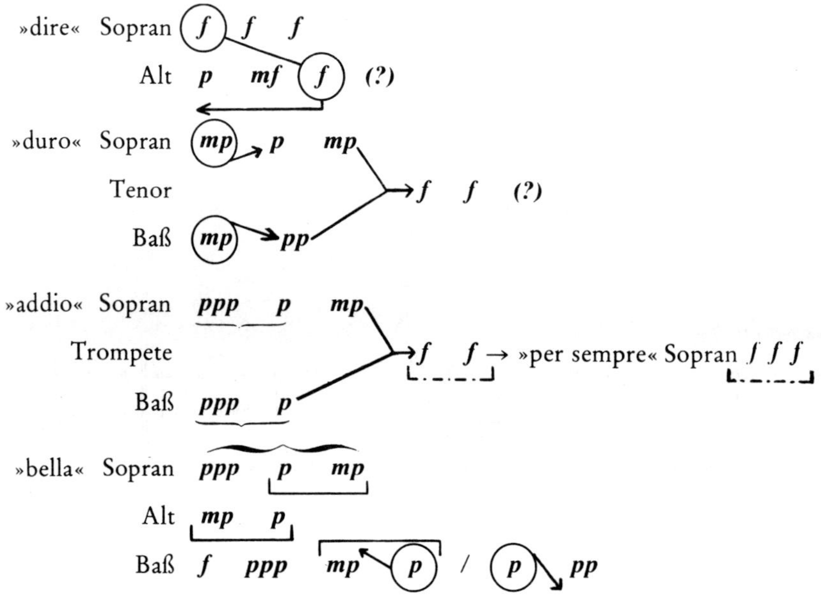

Gegen Ende des Stückes überwiegt die leise Dynamik. Der Atem der Sänger verlischt.

Die Bejahung des Lebens und die Verurteilung sinnloser Vernichtung des Lebens in diesen beiden Stücken mutet so selbstverständlich an, daß man leicht überhören kann: „Die entscheidenden Elemente des kompositorischen Aufbaus nimmt der Autor aus den Grundlagen seines Verhältnisses zu den Erscheinungen. Dieses Verhältnis diktiert die *Struktur* und die Charakteristik, nach der die *Darstellung* selbst durchgeführt wird.“[10)]

Erst wenn es gelingt, diese scheinbare Natürlichkeit (sie ist ja auch Indiz für die Qualität dieser Komposition) aufzubrechen, aus den Inhalten der Details und ihrer argumentierenden Entfaltung in *VI a, b* heraus am schöpferischen Prozeß teilzunehmen, können Denken und Empfinden zu adäquater Mitkommunikation freigesetzt werden.

Die Techniken dialektischer Montage erweisen sich als hervorragend geeignet zur Entschlüsselung der inhaltlichen Vielheit von zu einem Ganzen komponierten Elementarteilchen serieller Technik. Auch wenn manches als „überinterpretiert“ erscheinen mag: Die Montagekategorien führen zu höheren Stufen musikalischer Ausdruckskultur als sonst beobachtbar. Gerade durch sie verkommt die Musik nicht zu bloßer Struktur oder zu bloß illustrierender Todesmusik.

Ein denkbares Ineinanderschieben der beiden Textteile vermeidet Nono. Er entfaltet seinen Standpunkt in zwei auseinandergelegten, kontrastierenden Teilen. Dies gibt dem Autor die

10) Sergej M. Eisenstein: *Über den Bau der Dinge*, a. a. O., S. 186/87

Möglichkeit, von quasi naturalistischer Ausdrucksrealistik auszugehen, diese aber dann wertend zu verlassen, in *VI b* den Mördern Schweigen, den Opfern Darstellung der Schönheit des Lebens kompositorisch zuzudiktieren. In *VI b* können die Mörder zum „Leben" keinen konstruktiven Beitrag leisten, sie haben hierzu ganz einfach nichts zu sagen. Gerade indem aber in *VI b* die Mörder und das von ihnen verursachte Leid in einigen Intonationen auftauchen, gerät der zweite Teil nicht zur schieren paradiesischen Utopie. Schönes Leben, als Ziel konkret erreichbar, setzt Einsatz und Kampf voraus, ist kein Geschenk von oben. Dies ist gleichzeitig eine marxistische Korrektur am Leben in der Auffassung als rein physisches Existieren.

Bleibt dem *Canto sospeso* zu wünschen,
daß sein humanistisches Potential
mehr und besser genützt wird
und uns,
die Hoffnung der 32jährigen deutschen Arbeiterin Elli Voigt
zu verwirklichen:

„... ich gehe im Glauben an ein besseres Leben für euch...".

Januar 1981

Ist Komponieren lehrbar/lernbar?

Kompositionsschüler kommen in den Unterricht mit Plänen und Kompositionen, zumindest mit Bedürfnis und Willen, sich in eine bestimmte Richtung hin auszudrücken.

Es ist die Aufgabe für Lehrer und Schüler, gemeinsam zu erkennen und mehr und mehr zu präzisieren, auf was man sich beim Komponieren – allgemein und im speziellen Fall eines Stückes – eigentlich einläßt.

Aus Komposition als möglicher, bestimmter Form menschlicher Wirklichkeitsaneignung resultieren die grundlegenden und die jeweils zu bewältigenden konkreten Aufgaben. Wichtig: Musik ist zwar nur eine Sphäre bewußter Tätigkeit, aber Komponieren ist dem Menschen nicht als bloßer Teil nur äußerlich, fordert ihn vielmehr in seiner (nicht-entfremdeten) Ganzheit.

Das Prinzip, im Unterricht grundsätzlich von den mitgebrachten Kompositionen auszugehen, gewährleistet die Untrennbarkeit von allgemein menschlicher und speziell kompositorischer Entwicklung allein durch das Medium der Komposition.

Erkenntnis der notwendigen Bedürfnisse für Komposition als Lebenshaltung und Einzelprojekt während des Arbeitsprozesses als Bedürfnis schafft die nötige Identität, die die zu bewältigenden Vorarbeiten und Aufgaben verschiedenster Inhalte leicht integrierbar macht für das Erreichen selbstgesteckter Ziele, fördert Eigenständigkeit und Erfindungskraft.

Handwerkliches, Analytisches, Praktisches, Ideologisches, Kommunikatives und anderes verrotten so nicht zu bloßen Einzeldisziplinen und ermöglichen gleichzeitig höchst spezialisierte Teilstudien.

Wenn auch etwas verengt, scheinen mir die Eislerschen Kategorien Handwerk/Funktion/Phantasie ganz brauchbare Grundlagen.

Der Unterricht hat die nötigen Arbeitsfelder und Reibungsflächen für die einzelnen Entwicklungsschritte zu erarbeiten.

Wirklich schöpferische Begabungen entwickeln sich meist selbst und lernen dementsprechend von allem. Sie haben eine Unzahl von Lehrern, der Unterricht ist nur *eine* pädagogische Beziehung unter vielen.

Komposition ist und darf nicht lehrbar sein im Sinne einer mechanischen Vorstellung, die den Kompositionsstudenten als eine Art Automaten fixieren möchte, der nur mit guten Inhalten zu füllen wäre, um dann für Kompositionsabrufe (am besten natürlich durch Einwurf von Aufträgen) gerüstet zu sein.

Der Lehrer sollte für Komponieren als fortwährendes Wagnis werben.

1981

Beispiele konzeptioneller Einstimmigkeit

Im Schumannschen *Carnaval*, 1834/35 komponiert, hört man zwischen der *Réplique* der Coquette und den *Papillons* drei merkwürdige Tongestalten vorüberziehen: Sphinxes (Klangbeispiel 1: Réplique – Sphinxes – Papillons).

Die rätselhafte Verkleidung der Sphinxe besteht aus vier, drei und wieder vier Einzeltönen, deren Benennung in verschiedener Form den kleinen Ort Asch ergibt, in dem Schumanns Freundin Ernestine von Fricken lebte: 1. Sphinx eS-C-H-A – rückwärts gelesen Asch, 2. Sphinx As-C-H, 3. Sphinx A-eS-C-H – beide Male ebenfalls als verklausuliertes Asch erkennbar. Jeder Ton erscheint gleichsam als höher oder tiefer liegender Körperteil, jeder gleich lang, jedoch ohne Angabe einer Lautstärke. Sollen die Sphinxe in die Sphäre des Hörbaren treten, muß der Spieler sie erst in irgendeiner Lautstärke materialisieren. Gleichzeitig repräsentieren aber diese rätselhaften Ton-Gestalten als Ton*folge* auch das thematische Material aller zwanzig Stücke des *Carnaval*.

Das *eigentlich* Geheimnisvolle und gleichzeitig Frappierende der Sphinxe ist jedoch nicht ihre thematische Modellhaftigkeit oder ihre Tonnamenbeziehung zum Ort Asch, sondern ihre gänzlich andere Wesenhaftigkeit: ein Geschlecht ohne harmonische, rhythmische, dynamische und melodische Züge. Ihre Substanz ist kahle, bedeutungsvolle Einstimmigkeit.

Knapp sechzig Jahre später schreibt Eric Satie im esoterischen Umfeld der Rosenkreuzer *Vexations*. Einer *Thème* bezeichneten 18tönigen einstimmigen Linie folgt eine erste Harmonisierung, dieser wieder *Thème*, darauf eine zweite Harmonisierung. Die ganze vierteilige Struktur soll 840mal wiederholt werden. Gesamtdauer: ca. 19 Stunden.

Das einstimmige Thema ist im Gegensatz zu Schumanns Sphinxen kompositorisch voll entwickelt und präzise durchstrukturiert. Den 18 Anschlägen sind nur zwei Dauern, Viertel und Achtel, zugeordnet, und zwar so, daß sechs Vierteln zwölf Achtel gegenüberstehen. Die rhythmische Verteilung dieser Quersummen gliedert auch die Anschlagszahlen: 3 6 6 3. Jeweils *ein* Viertel, gefolgt von zwei Achteln, bildet den Rhythmus der Dreiergruppe, *zwei* Viertel, gefolgt von vier Achteln, den Rhythmus der Sechsergruppe. Die Tonhöhen sind aber so gewählt, daß sie dieser rhythmischen Gliederung nicht entsprechen, sie vielmehr verschleiernd überlappen und gerade dadurch eine Art Enträtselungssucht erzeugen, die Wiederholung braucht, um Neugierde befriedigen zu können (Klangbeispiel 2: Satie – *Vexations*: *Thème*).

Die beiden folgenden Harmonisierungen von *Thème* tauchen dieses „Thema" in ein eigenartig fahles Licht. Die Akkorde sind aus Terzen und Sexten (also wieder aus 3 und 6) aufgebaut. Es scheint, als würden sie die Einstimmigkeit harmonisch verwässern. Gleichwohl behält diese als melodisches Rhythmusstück ihre Hauptcharakteristik (Klangbeispiel 3: Satie – *Vexations*).

Im Unterschied zu Schumann ist hier Einstimmigkeit nicht mehr als fremdartiges Wesen gedacht, sondern selbständig und selbstverständlich in die vierteilige Struktur integriert. Aus der Rätselcharakteristik der Sphinxe ist eine religiös-mystische geworden. Die Abwechslung Einstimmigkeit – Mehrstimmigkeit erinnert an die responsoriale Praxis des Vor- und Nachsingens durch Chorführer und Chor.

John Cage veranstaltete die Uraufführung von *Vexations* 1963 in New York mit neun Pianisten. Er ist auch einer von denen, die die Anregungen und kühnen Neuerungen Saties am besten verstanden haben. Es gibt von ihm aus dem Jahr 1950 ein Streichquartett *The Seasons*, dessen erster Teil dem Sommer, aber auch Frankreich zugeordnet ist und so eine gewisse Tradition anspricht. Im Folgenden soll nur vom ersten abgeschlossenen Teilstück des ersten Satzes die Rede sein.

Wie Saties *Thème* ist auch der Cagesche Satz in rhythmische Glieder – von Cage *structure* genannt – unterteilt. Die Zahlen lauten $2\,^1/_2$. $1\,^1/_2$, 2. 3, 6. 5, $^1/_2$. $1\,^1/_2$. Das Maß bezieht sich auf Takte und ergibt eine Gesamtsumme von 88 Vierteln. Die Quersumme der jeweils ersten und der jeweils zweiten Zahl der vier paarigen structure-Glieder ergibt die gleiche Länge von je 44 Vierteln. Wie bei Satie wird auch hier die vorhandene Regelmäßigkeit mit einem unregelmäßigen Verteiler verknüpft.

Hören Sie die ersten beiden structure-Paare $2\,^1/_2$. $1\,^1/_2$ und 2. 3. (Klangbeispiel 4: Cage – *The Seasons* I, Takte 1–10).

Cage verbindet Melodik und Harmonik in flexiblerer Art und Weise als Satie. Bei ungenauem Hinhören ist eine Weiterverarbeitung der Satieschen Technik nur schwer wahrzunehmen. Die Intervalle und Akkorde besitzen jedoch eine Besonderheit: Bestimmten Oberstimmentönen sind bestimmte Intervalle und Akkorde fest zugeordnet. Das heißt: Jedesmal, wenn einer dieser Töne auftaucht, erklingt auch die entsprechende vertikale harmonische Zuordnung:

Aufgrund solcher Zuordnung zu bestimmten Oberstimmentönen lassen sich diese sieben harmonischen Komplexe vereinfachend als Präparationen der Oberstimmentöne auffassen, analog zu mehrtönigen Aufspaltungen präparierter Klaviertöne.

In der Tat ist auch die unvorhersehbare Aufeinanderfolge dieser Akkord-Präparationen nicht von einer bestimmten harmonischen Fortschreitungs-Konzeption abhängig, sondern allein von der Oberstimme. Es handelt sich in Wirklichkeit um ein *ein*stimmiges Stück, das von einer melodischen Oberstimme getragen wird, deren einfache Diatonik und innere Figuren-Korrespondenzen die Form des Stückes herstellen.

Hören Sie zunächst am Klavier im Zeitraffertempo die Melodie allein und anschließend die raffinierte Originalkomposition dieser Linie von Cage (Klangbeispiel 6a und 6b: Oberstimme am Klavier bzw. Original I_1).

Der harmonische Parameter, der im 19. Jahrhundert von ungeheurer Wichtigkeit war, verlor im 20. Jahrhundert allmählich seine dominierende Rolle. Die Harmonik erstarrte zum stehenden Klangfeld oder Cluster, verdünnte sich andererseits zum komplexen Ton, zu seiner klangfarblichen Komposition oder zu seiner Rhythmuskomposition und entließ daraus auch die Einstimmigkeit als Grundkonzeption für ganze Stücke. Die erwähnten Beispiele von Schumann und Satie sollten zeigen, daß die konzeptionelle Einstimmigkeit Tradition hat, die ins 19. Jahrhundert zurückreicht. Dazu gehören beispielsweise auch Chopins letzter Satz seiner *b-moll-Klaviersonate* oder sein *Prélude Nr. 14* in es-moll, dazu auch einige Stellen in Liszts späten Klavierwerken, auch Bruckners aus dem einstimmigen Denken entwickelte Heterophonie und einiges andere mehr. Aus interessanten Ausnahmen ist jedoch eine in breitem Umfang gebrauchte Kompositionstechnik unserer Zeit geworden.

Sie unterscheidet sich wesentlich von einstimmigen Stellen in Kompositionen des 18. und 19. Jahrhunderts zum Beispiel von Carl Philipp Emanuel Bach, Beethoven und auch Liszt, die durch ihren *rezitativischen* Charakter gleichsam in Tönen sprechende Individuen in ihrer subjekthaften Ichheit einer „Masse“ von anderen, übrigen Tönen gegenüberstellen und so einem tief empfundenen Konflikt der bürgerlichen Gesellschaft musikalischen Ausdruck verleihen.

Diese neue Konzeption unterscheidet sich auch von Kompositionen für *Solo*instrumente. Sie legt keinen Wert auf Ausnützung der technischen und virtuosen Möglichkeiten, braucht keinen „solistischen“ Vortrag, muß auch nicht Melodie oder Linie sein, basiert eben nur auf Einstimmigkeit und ist von den ein- oder mehrstimmigen Möglichkeiten von Instrumenten und Ensemblebesetzung unabhängig.

Ein ganz außerordentliches Beispiel dafür ist Messiaens Orgelkomposition *Force et agilité des corps glorieux*, bereits aus dem Jahr 1939.

Aus drei charakteristisch unterschiedenen Elementen baut Messiaen eine große Form mit Exposition, Mittelteil, Reprise und Coda über fünf Pariturseiten hinweg auf.

Element I hat fanfarenartigen Signalcharakter mit einer Originallänge von elf Achteln (Klangbeispiel 7 a):

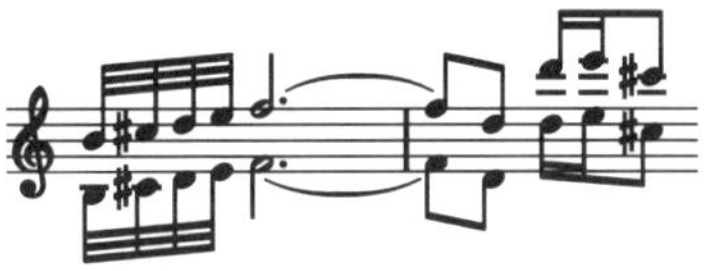

Element II ist eine rein rhythmisch geprägte Tonrepetition mit elf Anschlägen (Klangbeispiel 7 b):

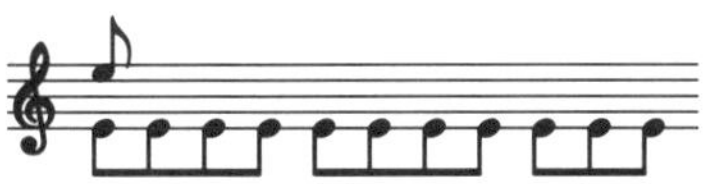

Element III hat mehr linear-melodischen Charakter (Klangbeispiel 7 c, Takte 9–11).

Die ganze Komposition entsteht durch kaleidoskopartiges Zusammenfügen dieser Bausteine in wechselnden Folgen, ohne psychologisierende Übergänge und Vermittlungen. Das Kontrastprinzip erhält verschiedene Gewichtung durch die Techniken der verlängerten Fortspinnung, durch Transposition, durch Spreizen der Intervalle, durch Ausschnittbildungen und deren gereihte Häufung, durch Verlängerung. Die Tonfolgen selbst gehorchen in ihrem horizontalen Ablauf schwerpunktmäßig einem Modus, dessen Intervallfolge große Sekunde – kleine Sekunde folgende Gestalt ergeben (Klangbeispiel 8):

Hören Sie nun einen größeren Ausschnitt dieser Komposition (Klangbeispiel 9: Messiaen – *Force et agilité des corps glorieux*).

Einstimmigkeit als Kompositionsgrundlage wurde in den letzten Jahren immer wichtiger und häufiger, ist Grundlage verschiedenster Ausdrucksbedürfnisse. Frederic Rzewskis *Les Moutons de Panurge* aus dem Jahr 1969 besteht aus einer 65tönigen Melodie, die sich durch die Spielfolge von erst einem Ton, dann Töne 1 2, 1 2 3, 1 2 3 4 usw. erst nach und nach vervollständigt, dann die Töne vom Anfang her nach und nach subtrahiert, bis der letzte, der 65. Ton übrigbleibt. Der melodische Tonsatz wird auf verschiedene Spieler mit eigenen instrumentalen Klangfarben sozusagen aufmoduliert. Die Gleichzeitigkeit der Anschläge des Beginns verschiebt sich nach und nach zu einer zeitverwackelten Heterophonie (Klangbeispiel 10: Rzewski – *Les Moutons de Panurge*, Ausschnitt).

Dieses Stück aus dem Bereich der Minimal Music zeigt sich beeinflußt von afrikanischer, primär rhythmisch geprägter Pattern-Technik und steht durch seine nur geringfügig veränderten Wiederholungen meditativem Musikdenken nahe.

In Louis Andriessens *Hoketus*, komponiert 1975–77, hat sich die Musik, obwohl ebenfalls der Minimal Music verpflichtet, von afrikanischer und östlich-meditativer Aura emanzipiert. Panflöten, Elektropianos und E-Baßgitarren, verbunden mit einer intelligent elementaren Grobschlächtigkeit ihres Einsatzes und mit raffinierten Kompositionstechniken, geben eine geglückte und interessante Mischung aus Elementen des U- und E-Musikbereichs, fern aller nachlauschenden, in sich kreisenden Meditation, eine Musik, die sozusagen mit beiden Beinen in unserer europäischen Tradition und politischen Gegenwart steht.

Drei Viertel des ca. 30minütigen Stücks basieren auf rein akkordisch dargestellten rhythmischen Mustern. Die Hoquetus-Technik äußert sich darin, daß zwei gleich besetzte instrumentale Klangkörper, voneinander getrennt links und rechts aufgestellt, abwechselnd je *ein* musikalisches Klangereignis spielen. Erst im letzten Viertel schlägt die Akkordstruktur in eine rein lineare Einstimmigkeit um. Drei Melodietypen – 1.) quasi ostinate Repetition, 2. Repetition mit eingefügten neuen Tönen, 3. Tonfolgen ohne jede Repetition – gliedern den linearen Ablauf. Ihre unregelmäßige Reihenfolge und stets veränderte Länge verhindern eine einlullende oder meditative Wirkung. Überraschung und blockartig abruptes Nebeneinandersetzen erinnern an Messiaens Beispiel. Im Unterschied zu ihm kommt Andriessen ohne die traditionellen Formkategorien Exposition, Mittelteil, Reprise, Coda aus.

Hören Sie den Schluß des akkordischen Teils und den Umschlag in die Einstimmigkeit. (Klangbeispiel 11: Andriessen – *Hoketus*, Ausschnitt 2'30")

Um zu zeigen, daß Einstimmigkeit nur eine Art musikalischer Grammatik darstellt, aus der Sprache erst zu formen ist, die – den vielen ästhetischen Standpunkten und speziellen Kompositionsinhalten entsprechend – verschiedenste musikalische Struktur- und Formtechniken integrieren kann und muß, sei noch als abschließendes Beispiel politisch engagierter Musik Luca Lombardis *Gespräch über Bäume* von 1976 erwähnt. Die Grundlage bildet eine sechstönige Melodie. Mit den Techniken des Farb-Unisonos, der kanonartig verschobenen Heterophonie, der Klangfarben- und Rhythmus-Strukturierung von Tönen sowie des intervallbildenden Überhängens einzelner Melodiebausteine wird eine reichhaltig schattierte Innenwelt mit einer hart zupackenden Außenwelt konfrontiert und gleichzeitig das Genre des politischen Liedes (hier *Der Osten ist rot*) mit einbezogen.

Hören Sie zum Schluß den Beginn von Lombardis *Gespräch über Bäume* (Klangbeispiel 12: Lombardi – *Gespräch über Bäume*, Ausschnitt: Anfang bis Paukeneinsatz).

Oktober 1982

Zu Weberns Kammerorchester-Bearbeitung seiner *Sechs Stücke für Orchester op. 6* für den Verein für musikalische Privataufführungen

I Einige geschichtliche Daten

Die *Orchesterstücke op. 6* entstanden im Sommer 1909.[1] Die Uraufführung fand unter Schönbergs Leitung am 31. März 1913 in Wien statt. Die Bearbeitung für das reduzierte Instrumentarium des „Pariser Ensembles"[2] führte Webern 1920 in Mödling aus. Er dirigierte die Uraufführung dieser Fassung am 23. Januar 1921 in einem „Propagandakonzert" des *Vereins*.[3] 1928 hat Webern die Originalfassung der *Orchesterstücke* reduziert und diese Revision als einzige Fassung gelten lassen wollen. Ihre Uraufführung, die 1933 beim 63. Tonkünstlerfest des ADM[4] in Dortmund stattfinden sollte, wurde „in Befolgung der kulturellen Richtlinien des gerade zur Macht gekommenen Nazi-Regimes abgesagt".[5] Wo und wann die Uraufführung stattfand, ist unbekannt.[6]

II Allgemeine Bedingungen

Bei der bekannten Strenge des Denkens mag es zunächst verwundern, daß innerhalb des Schönbergkreises für bestimmte Anlässe reduzierte Bearbeitungen angefertigt wurden. Scheint doch die Klangfarbe sich derart emanzipiert zu haben, daß sie als kompositorisch selbständiger Bestandteil unverzichtbar geworden ist. Eher verständlich ist der umgekehrte Weg: die Struktur durch *Vermehrung* von Instrumenten zu verdeutlichen. Tatsächlich aber zeigt eine Bemerkung Alban Bergs, daß nicht nur nicht das Verlockende der hervorragenden Bedingungen innerhalb des *Vereins* als ausschlaggebend zu vermuten ist und dementsprechend praktizistische Erwägungen so gut wie keine Rolle spielten, sondern daß im Gegenteil die erarbeiteten Abweichungen vom Original durchaus zum Programm des Denkens aus einer bestimmten geschichtlichen Situation heraus gehörten und keine kompromißlerischen Abstriche an der Struktur der Kompositionen waren. Berg schreibt über dieses Problem im Vereinsprospekt im Februar 1919: „Es ist nämlich auf diese Weise möglich, moderne Orchesterwerke – aller Klangwirkungen, die nur das Orchester auslöst, und aller sinnlichen Hilfsmittel entkleidet – hören und beurteilen zu können. Damit wird der allgemein übliche Vorwurf entkräftet, daß diese Musik ihre Wirkung lediglich ihrer mehr oder minder reichen und effektvollen Instrumentation verdanke und nicht auch alle die Eigenschaften besäße, die bisher für eine gute Musik charakteristisch waren: Melodien, Harmoniereichtum, Polyphonie, Formvollendung, Architektur etc."[7]

Berg formuliert also einen kämpferischen Grund, beabsichtigt, einen „allgemein üblichen Vorwurf zu entkräften" und bezeichnet die orchestralen Klangwirkungen als „sinnliche Hilfs-

1) Die geschichtlichen Daten sind alle entnommen aus: Hans und Rosaleen Moldenhauer: *Anton von Webern*, Zürich/Freiburg i. Br. 1980, S. 110–115.

2) a. a. O., S. 114.

3) Walter Szmolyan: *Die Konzerte des Wiener Schönberg-Vereins,* in: Österreichische Musikzeitschrift 36/1981 (S. 82–104), S. 93; vergleiche dazu auch Moldenhauer, a. a. O., S. 664.

4) ADM = Der 1861 unter tatkräftiger Mitwirkung Franz Liszts gegründete Allgemeine Deutsche Musikverein, der bis zu seiner Auflösung im „Dritten Reich" (1937 durch Beschluß der Hauptversammlung) alljährlich Musikfeste veranstaltete, die mit Vorrang dem zeitgenössischen Schaffen galten. (Anm. d. Hrsg.)

5) Moldenhauer, a. a. O., S. 599, Anmerkung 14.

6) Moldenhauer, a. a. O., S. 646.

7) Zitiert nach Walter Szmolyan: *Neues über den Schönberg-Verein,* in: Bericht über den 1. Kongreß der Internationalen Schönberg-Gesellschaft, Wien 1978, S. 244.

mittel“. Das heißt: Die Klangfarben sind der Komposition nicht äußerlich, sondern *sinnliche Hilfen für das erkennende Hören*. Was aber erkannt werden soll, ist die *Struktur* der Musik, deren Charakteristika kompositorische Eigenständigkeit gegenüber der reinen Klangwirkung besitzen. Webern gebraucht dementsprechend auch den Begriff „instrumentieren“.

Aus dieser Position heraus ist das Feld der farblichen Annäherung und Entfernung musikalisch sinnvoll abgesteckt. Webern geht in unserem Falle der Bearbeitung von *op. 6* nicht bis zur farblichen Nacktheit einer Klavierfassung, sondern nützt den Besetzungsspielraum so aus, daß von den sinnlichen Hilfsmitteln zur Darstellung der Struktur sowohl bezüglich der ursprünglich verwendeten Instrumente als auch der Darstellungsmethode, also des Einsatzes der Instrumente, wesentliche Gemeinsamkeiten erhalten bleiben. Die gemeinsame Schnittmenge zeigt ein Vergleich der Besetzungen. Es wird dazu auch die revidierte Fassung von 1928 herangezogen, da Webern zum einen hierzu in einem Brief an Schönberg vom 20. August 1928 bemerkt: „Nun fällt alles Extravagante (Altflöte, 6 Posaunen für ein paar Takte usw.). Jetzt kann ich Alles viel einfacher darstellen“,[8] und da zum anderen vermutet werden kann, daß die Kammerensemble-Bearbeitung eine wesentliche Station zwischen den beiden Orchesterfassungen bildet, um „Alles einfacher darstellen“ zu können, ohne die Musik praktizistisch zu massakrieren.

III Besetzungen

Besetzungen:	Fl.	Ob.	Eh.	Klar.	Baß-kl.	Fag.	Hn.	Trp.	Pos.	Btb.	Hf.	Cel.	Pk.		
op.6, Urfassung 1909 (UF)	4 (2 Picc., 1 Altfl.)	2	2	3 (1 *Es*)	2	2 (1 Kfg.)	6	6	6	1	2	1	3	Triangel, Glockensp., Rute, Becken, Tamtam, kl.Tr., gr.Tr., tiefes Glocken-geläute	Str.
Kammerorchester 1920 (KO)	1 (1 Picc.)	1	0	1 *(Es)*				Harmonium Klavier						Triangel, Rute, Becken, Tamtam, gr.Tr.*), tiefes Glocken-geläute*)	Solo-Streich-Quintett
Revidierte Orchesterfassung 1928 (RF)	2 (1 Picc.)	2	0	2	1	2 (1 Kfg.)	4	4	4	1	1	1	1	Triangel, Glockensp., Becken, Tamtam, kl.Tr., gr.Tr., tiefe Glocken	Str.

*) in IV durch Spiel im Inneren des Klaviers auf tiefsten bzw. mittleren Saiten mit Schwammschlägel ersetzt (Anm. in Stimmen)

Der Vergleich zeigt Schnittmengen in den Holzbläsern, im Schlagzeug, in den Streichern. Anstelle der Blechbläser, Harfe, Celesta, Pauken stehen Harmonium und Klavier. Daß KO eine Übergangsposition zu RF[9] bildet, zeigt nicht nur der Ersatz des Englischhorns durch obligate

8) Zitiert nach Moldenhauer, a. a. O., S. 113.

9) UF = Urfassung (1909) – KO = Kammerorchesterfassung (1920) – RF = Revidierte Orchesterfassung (1928).

Oboe (RF nur 2 Oboen), sondern auch ein Nachtrag in die Stimmen in Stück II, Takt 15/16 bei Ziffer 5: Flöte „nimmt Piccolo". In RF bleibt dort nur Piccolo übrig, die Es-Klarinette entfällt, ebenso an den Parallelstellen einige Takte später. Die Klangvorstellung verschiebt sich in RF – trotz Es-Klarinette in UF und KO – in Richtung Piccolo-Klang. Ähnlich an einer Stelle in Stück IV, Takt 11 ff., in der die Es-Klarinette durch Piccolo ersetzt ist, und noch deutlicher in Takt 38/39 ff. (in RF ist ein Takt ausgelassen, vergleiche die Takte 1–7 beziehungsweise 1–8 in UF und KO): UF integriert die Es-Klarinette in die hohe Lage – KO ersetzt die 1. Posaune(!) durch Es-Klarinette in der Mittellage – RF läßt die hohe Lage nur durch Piccolo repräsentieren. Auch die Reduzierung von drei auf eine Pauke ließe sich auf die KO zurückführen, in der Webern ohne Pauken auskommt (bei relativ gleicher Schlagzeugbesetzung, nur kleine Trommel und Glockenspiel fehlen), indem er in Stück IV die Pauken durch Streicher oder Klavier ersetzt.

Die Streicher erfahren insofern eine Modifizierung, als die Solobesetzung weniger Teilungen der gleichen Instrumentenfamilie zuläßt und die Differenzierung in Solo und Tutti entfällt. Webern teilt zum Beispiel in Stück I Takt 2/3 die vierstimmigen Streicherakkorde im Orchester in beiden Fassungen den Violen und Violoncelli divisi à 2 zu, in KO den beiden Violinen, der Viola und dem Violoncello, um die dynamischen Nuancierungsmöglichkeiten ***pp*** < > und die durchsichtige kammermusikalische Streichquartett-Besetzung nicht durch Doppelgriffe unnötig zu erschweren und zu verdunkeln. Ob divisi oder nicht, jeder Spieler spielt eine einzige Tonfolge.

Zur Sinnlichkeit der Hilfsmittel und deren Ersatz gehört auch die Fähigkeit, den Tonsatz in seinem Umfang und in seiner nötigen dynamischen Erscheinungsform darzustellen. Dazu sind die Instrumente Klavier und Harmonium bestens geeignet. Nicht nur der Umfang der Klaviatur und die dynamische Skala von ***ppp*** bis ***fff*** mit der Möglichkeit feinster Crescendo- und Decrescendo-Agogik, vor allem im Harmonium, prädestinieren beide Instrumente als gültige Stellvertreter. Auch die Registriermöglichkeit des Harmoniums und seine mit *Luft* erzeugten Töne ermöglichen Farbanalogien zu Blasinstrumenten, wie die *angeschlagenen* Töne des Klaviers Analogien zur Spielweise von Celesta, Glockenspiel (Stück III) und Harfe bilden.

Webern verteilt zum Beispiel in Stück I die Takte 1–4 entsprechend. Die Zusammenhangstechnik, in offenen, reinen Farben zu komponieren und Melodien in ihrer Struktur und inneren Dynamik durch Wechsel der Instrumente darzustellen, bleibt voll erhalten. Trompete und Horn der Orchesterfassung bezeichnen mit ihrer neuen Farbe den jeweils langen Endton der Melodie-Halbsätze, die Flöte die raschere Sechzehntelbewegung des Kopfes. Die darauf folgende Häufung der Sechzehntelbewegung als *ein* Strang der Fortspinnung schlägt um in die Harfenfarbe, die auch den zweiten Endton h des Horns in Takt 4 aufnimmt und weiterführt. Der erste Endton d^2 der Trompete verzweigt sich in Takt 3, als anderer Strang der Fortspinnung, in eine Doppelmelodie in Achteln und Triolenachteln. Dies drückt die neue Farbverteilung Trompete und Klarinette aus. Die Anknüpfung von es^2 Klarinette, d^1 Trompete Takt 3 an die Töne d^2 Trompete, es^1 Flöte Takt 2 macht die Farbwahl deutlich: Die Trompete behält d, die Flöte schlägt um in die – ebenfalls weiche – Farbe der Klarinette. Struktur und innere Formdynamik spiegeln sich in den Farbverteilungen vollkommen wider. Entsprechend gibt Webern die geblasenen Töne von Trompete-Horn-Trompete dem Harmonium. Die Akkorde der Celesta und die Linie der Harfe werden zu ebenfalls angeschlagenen Klaviertönen. Dabei modifiziert Webern die Artikulation in Richtung „Anschlags"-Analogie: Celesta in UF legato, in KO staccato (in RF Celesta portato!), Harfe im Klavier non legato. Den unterschiedlichen dynamischen Verhältnissen trägt Webern Rechnung durch Verwandlung des originalen ***pp*** in ***ppp***. Die in der kleinen Besetzung nicht einzuhaltende vierfache Teilung: Trompete-Celesta-Horn-(Trompete)-

Harfe wird dabei auf eine zweifache reduziert: Harmonium-Klavier-Harmonium-Klavier. Dies greift aber durch die Lagenverteilung: Trompete-Celesta/hoch, Horn-Harfe/tief weit weniger in die Farbstruktur ein als zunächst vermutet werden könnte. Die Originalfarben Flöte-Streicher-Klarinette behält Webern als Schnittmenge bei.

UF (RF):	Flöte	–	Trp.	–	Cel.	–	Horn	–	Str.	–	Kl.	–	Trp.	–	Vc. Solo	–	Harfe
KO:	Flöte	–	Harm.	–	Klav.	–	Harm.	–	Str.	–	Kl.	–	Harm.	–	Vc.	–	Klav.

op. 6/I – Ursprüngliche Fassung

op. 6/I – Kammerorchesterfassung

op. 6/I – Reduzierte Orchesterfassung

IV Wechsel des Ersetzens

Die Struktur der Farbe, die ja dem sinnlichen Verstehen der Musik dienen soll, läßt eine einfache Verteilung: Holzbläser bleiben Holzbläser, Streicher bleiben Streicher, alles übrige übernehmen Harmonium und Klavier, nicht zu. Ein kurzer ungefährer Überblick, Stück I-VI, welche Instrumente jeweils Ersatzfunktionen übernehmen, mag dies verdeutlichen:

Fl./Picc./Altfl.		Klar.	Harm.	Klav.	
Ob./E.H.			Harm.	Klav.	
Klar. *B/Es*	Fl.		Harm.	Klav.	Vl. II Vc.
Baßkl.	Ob.		Harm.	Klav.	Vc.
Frag.		Klar.	Harm.	Klav.	
Kfg.				Klav.	
Cel.			Harm.	Klav.	Str. Flag.
Harfen		Klar.	Harm.	Klav.	Va. Flag. Vc. Pizz.
Pauken/Glsp.				Klav.	Str. (arco, Pizz.)
Hörner	Fl. Ob.Klar.		Harm.	Klav.	Str. Solo:Vc.
Trp.	Fl. Ob.Klar.		Harm.	Klav.	Str. Solo:Vc.
Pos.	Fl. Ob.Klar.		Harm.	Klav.	Str. Solo:Vc.
Btb.			Harm.	Klav.	Kb.
Streicher	Fl.		Harm.	Klav.	Str. (innerhalb der Gruppe Rollentausch möglich)

Dieser Überblick berücksichtigt nicht die Ersatzfunktion der Instrumente innerhalb der verschiedenen Farbniveaus, das heißt ihre Wichtigkeit als Darsteller von Melodien, Linien, als Bestandteil von Klangflächen oder nur von Akkorden, bei denen ja der Farbgesamteindruck entscheidend ist.

Wie bereits die Analyse von Stück I Takte 1–4 gezeigt hat, benützt Webern fast nur offene Farben, keine Mischklänge, und Folgen oder Gegenüberstellungen von Instrumentenfamilien wie Blechbläser, Streicher, Holzbläser. Obwohl man auch eine Erweiterung des Farbwechsels gegenüber den Orchesterfassungen finden kann – hauptsächlich, um ein Instrument, beispielsweise das Klavier in Stück V, Takte 7–8, pausieren zu lassen, damit der Neueinsatz in entsprechender „Neuheit" wieder eine andere Farbrolle, nämlich in Takt 8 die von Harfe und Klarinetten, übernehmen und repräsentieren kann (vergleiche im Notenbeispiel die Verteilung des Posaunensatzes in KO) –, ist Webern doch meist zur Reduktion der Farbenvielfalt gezwungen (vergleiche die Notenbeispiele auf den beiden folgenden Seiten).

Wie raffiniert Webern bei der Reduktion der Farben vorgeht, soll ein Beispiel aus Stück II, Takte 1–2 zeigen (vergleiche Seite 154).

Der resultierende Rhythmus zeigt in jedem Takt symmetrische Anlage, die durch die Dichteverteilung verwackelt wird. Die Farbverteilung bildet eigene Strukturen symmetrischen Grundrisses. Die Harfe tritt pro Takthälfte 2×-1×, 1×-2× auf (die Positionen sind jedoch verschoben), Punkt und Zweitongruppe ergeben die Folge Punkt(1 Ton) – Punkt(2 Töne) – Gruppe, Gruppe – Punkt(2 Töne) – Gruppe, also verteilt 2–1 (Punkt), 1–2 (Gruppe). Die Positionen sind wieder verschoben. Das Fagott erscheint je einmal in der ersten Takthälfte, die Hornfarbe je zweimal gemischt in den beiden zweiten Takthälften mit einer reinen Hornfarbe (à3) in der Mitte.

Die KO-Fassung reduziert so: Das Klavier übernimmt die Funktion der Harfen, die Klarinette die des Fagotts, die Flöte die des Horns. In den dreistimmigen Akkorden ist die Linie des 1. Horns durch die Flöte ersetzt, die in KO auch die neue, von den übrigen Instrumenten sich unterscheidende Farbe darstellt. Sie färbt als Träger der Oberstimme die Akkorde noch besonders deutlich ein. Diese strukturelle Hauptsystematik innerhalb des Reduktionsvergleichs

op. 6/V – Ursprüngliche Fassung, T. 6ff.

op. 6/V – Kammerorchsterfassung, T. 6 ff.

erhöht ihr Raffinement, wenn man den Tonhöhensatz (unteres System des Beispiels) mit einbezieht und dann erst dynamische Veränderungen in KO versteht.
Bestimmte Töne tauchen in besonders auffälliger Weise öfters auf:

	UF				KO			
*fis*¹:	Hn.	Hrf.	Pos.		Fl.	Klav.	Vc.	
*f*¹:	Hn.	Hrf.	Fag.	Hn.	Fl.	Klav.	Klar.	Fl.
*cis*¹:	Klar.	Fag.	Hrf.		Klav.	Klar.	Klav.(!)	
*c*¹:	Fag.	Hrf.	Hrf.(!)		Klar.	Klav.	Klav.	
g:	Klar.	Hrf.			Klar.	Klav.		
fis:	Fag.	Klar.	Fag.	Hrf.	Klar.	Klar.	Klar.	Klav. (!)

Die Haupttendenz bildet die klangliche Veränderung bei Wiederauftauchen derselben Tonhöhe. Dabei ändert sich durch Erscheinen der gleichen Farbe in verschiedenen Tonhöhenschichten auch im Orchestersatz fortwährend deren Funktion (die Harfe zum Beispiel taucht in allen sechs Tonschichten auf). Der Vergleich läßt erkennen, daß in der KO-Bearbeitung, je tiefer die

Töne werden, umso größere Abweichungen vom Prinzip der Klangfarben-Aufsplitterung gleicher Töne auftreten. Webern benützt dies, um *andere* strukturelle Beziehungen deutlich zu machen und faßt diese durch Crescendo- und Decrescendo-Bögen zusammen, die in beiden Orchesterfassungen fehlen.

1. Abweichung cis^1: Webern bezieht cis^1 auf c^1 (vergleiche Abweichung in UF) und phrasiert dynamisch:

2. Abweichung *fis*: Webern verdeutlicht den Umkehrungskrebs von *fis-g-fis-(f)* (Klarinette) zu (d^1)-cis^1-c^1-cis^1 durch die Übertragung auf nur *ein* Instrument und eine ähnliche dynamische Phrasierung:

Durch die an- und abschwellende Lautstärke bleibt gleichzeitig noch etwas von der allgemeinen Technik der Klangfarbenveränderung übrig, da dynamische Veränderungen auch das Spektrum mitverändern.

Zu Neuinstrumentierungen sieht sich Webern vor allem bei stehenden Klangsatzfeldern gezwungen. Hier gewinnt die KO eine völlig eigenständige, neue Klangqualität.

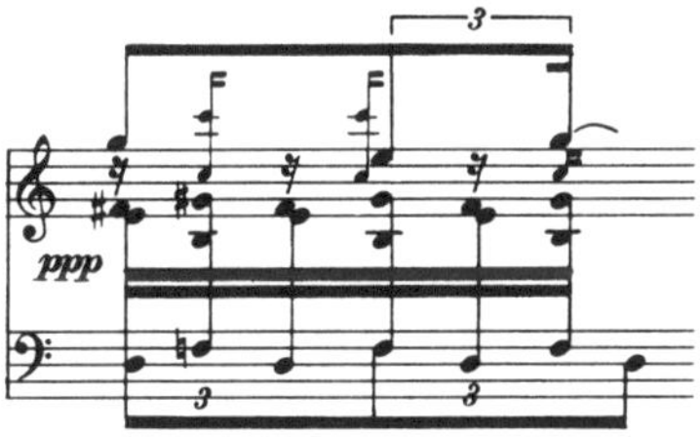

UF:	KO:
Trp. c.s. + Glsp.	Vc. am Steg + Klar.
Cel.	(Celestapart fällt weg)
Trp. c.s.	Fl.
2 Trp.	Klav. Harm.
Hrf.	Klar.
Vc. pizz.	Vla. pizz.

Webern ersetzt Trompete und Glockenspiel im Sinne analoger Klangfarben durch hohes Violoncello, Flöte und Klavier. Das begleitende Klangfeld ist aber in eine gänzlich neue, mehr kammermusikalische Klanglichkeit transponiert. Der kompakte Trompetensatz wird in drei verschiedene Farben geteilt. Webern folgt dabei der Intervallthematik: große Sekunde – Klavier, kleine Terz – Klarinette/Viola, reine Quarte – Harmonium. Durch diese Aufsplitterung in Einzelfarben bleibt noch genügend Neuheit für den darauffolgenden Farbsprung: neue Streicherfarbe; das Harmonium wechselt von Einstimmigkeit zur Vierstimmigkeit (= 4 Posaunen); das Klavier bleibt zweistimmig, wechselt aber in die tiefste Lage und zu länger ausgehaltenen Tönen. Die Schnittmenge Flöte erhält so genug an neuer Farbumgebung, um die klangliche Darstellung des Formverlaufs nicht zu stören.

op. 6/V – Ursprüngliche Fassung, T. 19 ff.

Die Bergschen Charakteristika der Formvollendung und Architektur beachtet Webern in ihrer instrumentalen Darstellungsdramaturgie sehr genau, auch wenn er zu viel strengerer Ökonomie angehalten ist als in den Orchesterfassungen. Besonders die großen Steigerungen in den Stücken I, II, IV sind dafür lehrreiche Beispiele der Dosierung, ohne der wesentlichen farblichen und dynamischen Signale verlustig zu gehen.

In Stück II etwa, das als große Steigerung angelegt ist und am Schluß im wiederholten Akkord erstarrt, ist eine genaue Ökonomie von klangverstärkendem Ausnützen bestimmter Instrumentengruppen *und* gleichzeitigem Beibehalten ihres Neuheitsgrades zu beobachten.

op. 6/V – Kammerorchesterfassung, T. 19 ff.

In Takt 15 UF ist die bereits auf zwei Töne reduzierte melodische Schicht im fff der gesamten, monochromen Blechbläsergruppe übertragen. Der zweitönige, absteigende Ruf hat die akkordische Dichte 4–6. Den Originalsatz spielt in KO das Harmonium, die 1. Trompete als Oberstimme ist der Oboe zusätzlich übertragen. Da die Klangstärke des Harmoniums nicht ausreicht, verdoppelt Webern den ersten Akkord in hoher Lage durch die Violinen I/II und die Viola, den zweiten, tieferen Akkord durch das Klavier. Diese aufspaltende Farbenfolge: erst Streicher hoch, dann Klavier, schafft die nötige Pause, um im folgenden Takt die in UF völlig neu auftauchende, von unten nach oben wild auffahrende monochrome Streicherpassage auch in der KO-Fassung den Streichern zuteilen zu können, ohne daß die Neuheitssubstanz wesentlich verlorengeht, da neben der Pause auch die Lage hoch mit Violinen I/II/Viola und tief Takt

op. 6/II – Ursprüngliche Fassung, T. 15 ff.

op. 6/II – Ursprüngliche Fassung, T. 15 ff. *(Fortsetzung)*

op. 6/II – Ursprüngliche Fassung, T. 15 ff. *(Fortsetzung)*

op. 6/II – Ursprüngliche Fassung, T. 15 ff. *(Fortsetzung)*

op. 6/II – Kammerorchesterfassung, T. 15 ff.

op. 6/II – Kammerorchesterfassung, T. 15 ff. *(Fortsetzung)*

op. 6/II – Kammerorchesterfassung, T. 15 ff. *(Fortsetzung)*

op. 6/II – Kammerorchesterfassung, T. 15 ff. *(Fortsetzung)*

16 erst mit Kontrabaß/Violoncello, dann Viola/Violinen II/I von Webern als genügend großer Farbwirkungs-Abstand ausgenützt wird.
In Takt 22 UF ist der zweitönige Ruf oder Schrei nur noch den Streichern pizzicato zugeteilt, das übrige Orchester zum Akkord erstarrt. In KO bleiben Streicher Streicher. Die Blechbläser werden dem Klavier zugeordnet. Um die nötige ***fff***-Präsenz den ganzen Takt über zu erhalten, läßt Webern, wie schon in der früheren Korrespondenzstelle Takt 18 – das Klavier repräsentiert den tiefen Blechbläsersatz (4 Posaunen, Baßtuba) –, zwei Akkorde als tremolo legato immer wieder neu anschlagen. Die vorletzte Akkordwiederholung decrescendiert zum ppp und macht die letzte Wiederholung Takt 26/27 schlußkräftig. Webern gibt hier die Tremolo-Spielweise auf, schiebt beide Akkorde übereinander und läßt sie als *ein* Akkord in Sechzehnteln repetieren – gleichsam als Schlußstrich. Die viermalige Repetition selbst aber ist wieder thematisch, sie faßt die viermalige Akkordwiederholung von Takt 22–27 brennpunktartig auf ein Viertel Länge zusammen. Webern erfindet also eine Spielweise, um die ***fff***-Präsenz des Orchesters besser ausdrücken zu können und paßt deren Veränderung der *formalen Bedeutung* innerhalb des musikalischen Verlaufs an.

Das Thema soll nicht überstrapaziert werden. Diese wenigen Andeutungen mögen genügen. Zusammenfassend kann gesagt werden: Webern gibt in seiner Bearbeitung, trotz des Zwangs zur Reduzierung, nichts von den Grundsätzen seines musikalischen Denkens auf. Die KO-Fassung hat klangliche Eigenständigkeit, da die neue Instrumentation oft in anderer Weise dem erkennenden Hören hilft als die UF. Von mehreren Indizien sind zwei erwähnt worden, die die Vermutung erhärten, daß die KO-Bearbeitung ein wichtiges Arbeitsstadium zur RF darstellt.

Alle drei Fassungen zeigen, daß im Webernschen Denken ein deutlicher Unterschied zwischen abstrakter Ton-Natur = Struktur und konkreter Klang-Natur = akustischem Erscheinungsbild der Instrumentation gemacht wird, das – wesentlich – selbe auch in verschiedenem Licht veränderter Klanglichkeit verstanden werden kann, wenn bestimmte Bedingungen erfüllt sind. Diese Bedingungen regeln maßgeblich das Verhältnis vom „inneren Modell“ zu seiner konkreten Ausformung. Goethe benützt die Ausdrücke „inneres Modell“, „wesentliche Form“, „Urpflanze“ für Ähnliches, und er schreibt 1787 via Frau von Stein an Herder: „Die Urpflanze wird das wunderlichste Geschöpf von der Welt, über welches mich die Natur selbst beneiden soll. Mit diesem Modell und dem Schlüssel dazu kann man alsdann noch Pflanzen ins Unendliche erfinden ... dasselbe Gesetz wird sich auf alles übrige Lebendige anwenden lassen“[10]. Es scheint, daß dieses Denken Webern auch verschiedene Klangfassungen eines und desselben Stücks erlaubte.

September 1982

10) Johann Wolfgang von Goethe: *Schriften zur Botanik und Wissenschaftslehre* (= dtv-Gesamtausgabe Band 39), München 1963, S. 229.

Günter Bialas: *Introitus-Exodus* für Orgel und Orchester

Introitus

Die Komposition *Introitus-Exodus* mit einem *Interludium* für Orgel solo in der Mitte entstand 1976 als Kompositionsauftrag des Bayerischen Rundfunks. Die Uraufführung fand während der Internationalen Orgelwoche in Nürnberg mit dem Sinfonieorchester des Bayerischen Rundfunks unter Leitung von Rafael Kubelik und mit Edgar Krapp als Solist im selben Jahr statt. Das Stück trägt die Widmung „In memoriam Karl Vötterle“, dem Verleger von Günter Bialas[1], obwohl die Komposition nicht im unmittelbaren Zusammenhang mit dem Tod von Karl Vötterle geschrieben wurde.

Introitus-Exodus bedeutet nicht Einzugsgesang in der Messe und Schlußlied (zum Beispiel des Chores im altgriechischen Drama), sondern: „Introitus heißt für mich Eintreten und Exodus Austreten“. Die Komposition ist laut mündlicher Mitteilung von Günter Bialas „eine verallgemeinerte Wegbeschreibung des Lebens, keine Ich-Musik wie Richard Strauss' *Tod und Verklärung*, zielt also nicht auf eine Person, sondern auf ‚das Leben‘ als ein Wegbeschreiten in gleiche Richtung, ist keine Darstellung des Lebens, nur eine Entsprechung, eine Art Ritual. Eintreten heißt sich Räume erobern, ist aktives Treiben, verbunden mit Widerständen, die diese Ausbreitung stören. Austreten ist mehr ein Getriebensein, das bis zur Austreibung assoziierbar ist, zum Beispiel Austreibung der Juden“ (vergleiche auch Exodus als Titel des 2. Buches Mose) „oder Locken der Tiere aus dem Wald“ (vergleiche die Oper *Der gestiefelte Kater oder Wie man das Spiel spielt* von Günter Bialas).

Dieser gedankliche Ausgangspunkt bietet eine Fülle musikalischer Übertragungsmöglichkeiten auf das Tonmaterial, seine Verteilung in Tonräumen, seine Komposition in Bewegungsrichtungen und -geschwindigkeiten, die mikro- und makrorhythmischen Zusammenhänge, die Dynamikverläufe, die Farbenverteilungen und deren Verlaufsdichten bis hin zu Genres wie Trauermarsch, Schrei- und Seufzer-Intonationen.

Die Faßlichkeit solcher Analogiebildungen liegt im leichten Allgemeinen der Erfahrbarkeit der beschriebenen Phänomene, die objektiv und unabhängig vom einzelnen Subjekt existieren, sich aber für den einzelnen Menschen gleichwohl zu spezifischer Inhaltlichkeit ausformen und in steter Prozeßhaftigkeit entfalten. Das Besondere im Allgemeinen gestattet dem Komponisten über bloße, in diesem Fall allzu rituelle Hohlformen unverbindlicher Verallgemeinerungen hinaus, das Allgemeine auf radikalste persönliche Art und Weise zu handhaben, ohne daß der Hörer sich in der Pandorabüchse des Komponisten-Inneren zu verlieren braucht. Nicht mehr und nicht weniger: Es genügt, wenn er zuhört. Bialas versteht es, durch strukturierende Verarbeitung den Hörer emotionell zu führen, Gefühle zu entfalten, dadurch auch für bereits vergangene Ausdrucks-Punkte kompositorisch sozusagen immer wieder neu zu argumentieren und so wirklichen Ausdrucksreichtum auf einer Kommunikationsebene zu schaffen, die – im ernsten Sinne des Wortes – verständlich ist.

Nur ein solcher Meister seines Faches kann es sich erlauben, ein Stück ***ff*** zu beginnen (vergleiche die Partitur der ersten Takte, S. 168).

1) Die Partitur ist im Bärenreiter-Verlag erschienen.

Introitus

Picc
Fl
Ob
Klar i B
Fg
Va
Vc
Kb
dim
1. u. 2. (Pedalton)
Kl Tr m. Sch. m. Bes
Kl Bck m. Nad.
m. Bes.

Die benützten Tonhöhen in ihren exakten Oktavlagen sind im Anhang (Tabelle: *Introitus: Tonraumarchitektur und Tonmaterial*) angegeben. Legt man sie in eine Oktave zusammen, ergibt sich folgendes Materialbild der Takte 1–2:

Die Verteilung auf die Instrumente strukturiert die zehn gebrauchten Tonhöhen in charakteristische Intervallkonstellationen:

a) Kleinterz-Umfang, innerhalb dessen der mittlere Ton chromatisch beweglich ist, so daß die große Sekunde sowohl zum oberen als auch zum unteren Randton entsteht.
b) Große Terz, die jedoch über die Zwischenbildung der Konstellation a): es-f-ges bzw. f-g-as vermittelt ist und sich gleichzeitig aus zwei großen Sekunden zusammensetzt, die sich in
c) weiter entfalten zum Tritonus beziehungsweise zum Ganztonleiterausschnitt: cis-es-f-g-a und durch Verknüpfung mit Konstellation a): ges-g-as-a zu einer pentatonischen Ausschnittkonstellation verfestigen: ges-as-des-es (Posaunen und Tuba). Dieser pentatonische Ausschnitt ist gleichzeitig die Gestalt der Randtöne des zehntönigen Gesamtmaterials, das zwischen es-f und b-c ganztönige Lücken aufweist, die entsprechend zu Posaunen/Tuba im Quintabstand stehen.

In kürzester Zeit läuft eine ziemlich komplexe harmonische Schichtung und Folge ab, die aus mehreren vermittelten Stufen besteht. Das Prinzip Beweglichkeit, aufgrund dessen die verschiedenen harmonischen Qualitäten gewonnen werden, verbunden mit den festen Intervallgrößen große Sekunde/kleine Sekunde, bildet die Grundlage der harmonischen Technik. Innerhalb möglicher Nachvollziehbarkeit für den Hörer läßt sie dem Komponisten einen ziemlichen Freiraum für die jeweilige Entscheidung, wie er Beweglichkeit im Augenblick konkret ausformt. Die Komplexität des Anfangs, für die dem Hörer nur eine Viertelsekunde zur Verfügung steht, wird sozusagen in Zeitlupe und auf das Wichtigste beschränkt einsehbar gemacht, indem Bialas die beiden konstituierenden Intervalle gleichsam in Großaufnahme vorführt: die große Sekunde als g^1-a^1 und die kleine Sekunde als a^1-B_1 (Takt 2). Gerade diese Zeitdehnung erhöht die Emotionalität der Zeitpressung des vorausgegangenen Anfangs und umgekehrt. Ein Beispiel emotionaler Führung und Schärfung durch zusammenhangsbildende Verarbeitung. Das as^4 (Piccolo) als Spitzenton ergänzt g^1-a^1-B_1 als einfachste Form der Beweglichkeit zur Konstellation a): g-a-b, g-as-b. Höchster und tiefster Ton bilden wie die beiden Mitteltöne die thematische große Sekunde.

Dies führt zu einer weiteren Gliederung in Tonräume: hoch 12 Töne – mittel 3 Töne – tief 5 Töne (vergleiche Tabelle im Anhang), zusammen 20 Töne. Eine genaue Teilung zwischen höchstem und tiefstem Ton ergibt die genaue Mitte a[1].

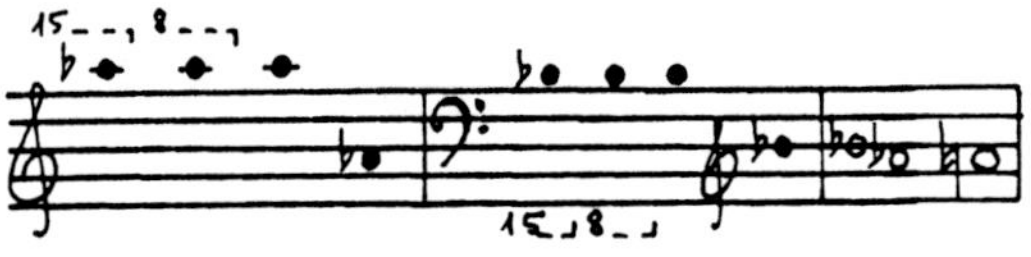

Mit diesem derart signifikant herausgestellten Ton – auch durch seine lange Dauer – hat es eine besondere Bewandtnis. Das a zieht sich als feste Tonschicht, später auch in anderen Oktavlagen, durch das ganze Stück, und *Exodus* endet auch, folgerichtig, mit dem Ton a.

Bewegliches und Fixiertes schlägt um in Bewegen – Stehen als Zeitgliederung größerer Einheiten: Takt 1 – Takte 2–4. Nimmt man die Dynamik dazu, wird daraus die *Introitus*-Geste „Angehen und Zurückweichen" (Bialas mündlich) als Fortissimo (Bewegen – Angehen) und *Diminuendo* (Stehen – Zurückweichen). Die Funktion des Schlagzeugs, solche Einheiten zu markieren (vergleiche Takt 1 und Takt 5), verstärkt den rituellen Charakter dieses Weiterführungsprinzips.

Die Bewegungsstruktur in Takt 1 ist in eindeutige Richtungen auskomponiert, eine über ca. drei Oktaven reichende Katabasis[2)] im oberen Tonraum, eine kraftvolle, aber geringe Anabasis im mittleren Tonraum (mit Schlagzeug) und eine quasi stehende im unteren Tonraum. Diese gleichsam zum waagerechten Tonstrich gepreßte Bewegung führt zu (bewegtem) Tremolo der (stehenden) Kontrabässe. Die Verzahnung ergibt ein plastisch-stabiles Oberflächengebilde:

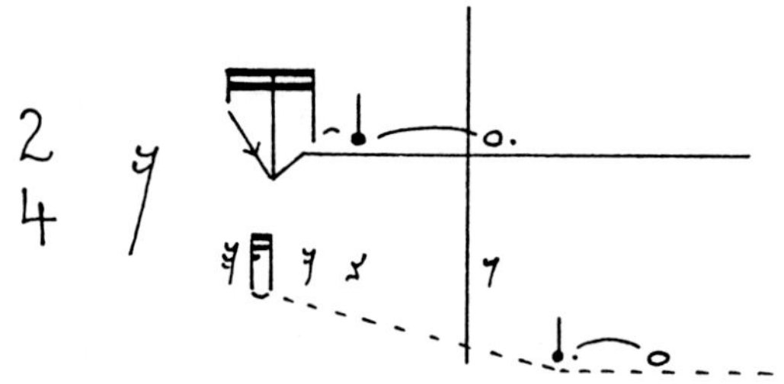

Bezieht man die Pausen in die rhythmischen Modelle mit ein, gewinnt man einen Überblick über die verschiedenen übereinandergeschichteten punktierten Rhythmen und die verschobenen Positionen der beweglichen kurzen und langen Werte im Metrum.

2) Katabasis, ein Begriff der musikalischen Figurenlehre, bezeichnet den ausgeprägten melodischen Abstieg. Gegenstück der Katabasis ist die Anabasis. (Anm. d. Hrsg.)

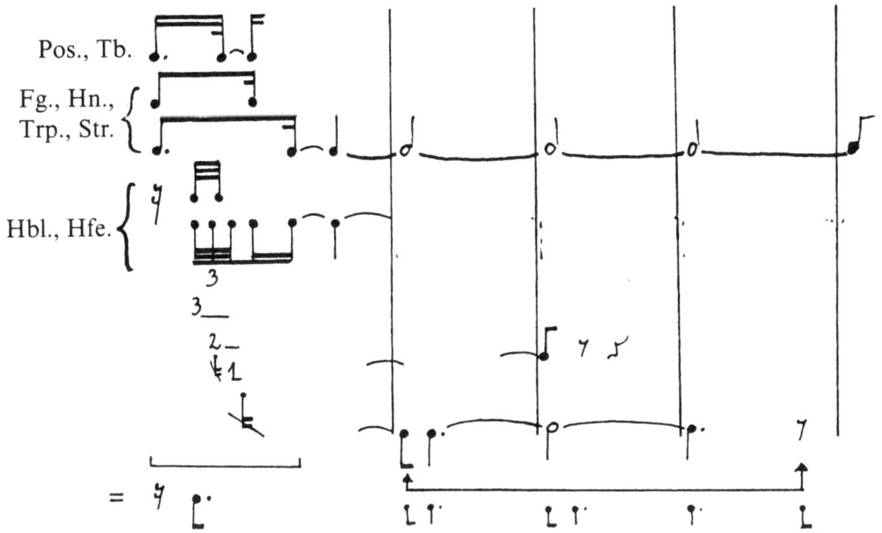

Das rhythmisch komplexe zweite Sechzehntel des ersten Taktes ist folgendermaßen komponiert:

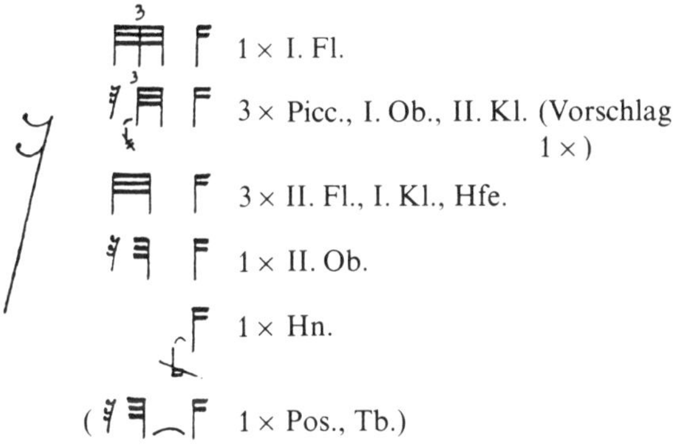

Von den beiden Modellen der Triolen- und Duolenform ausgehend gibt es drei abgeleitete Rhythmen (und einen variierten), die durch Wegschneiden des jeweils ersten Anschlags beziehungsweise die Verwandlung zur Vorschlagsnote entstehen. Den fünf Rhythmen entsprechen die Summe der Häufigkeiten 1+3+3+1+1+1 (variiert) = 10 und die Summe der Töne: 20.

Die Form der anfänglichen rhythmischen Selbständigkeit, die einer rhythmischen Gemeinsamkeit ab dem dritten Sechzehntel der ersten Zählzeit weicht, und die Verknüpfung mit einem parallel zugeordneten Tonhöhenverlauf von vielen Tönen zu diskreten Einzeltönen (g^1-a^1-B_1) zeigt, daß der Anfang linear einstimmig gedacht ist, aber Einzeltöne auch zu einem heterophonen Tonfeld verwischen können. Zur Vertikalität, zu Flächenhaftem oder nur Liegenbleibendem, Quasi-Akkordischem ist ein horizontal-linear geplanter Übergang angelegt.

Die Analyse des Anfangs hat eine Fülle von Parametern und Bestimmungen offengelegt, die als thematische Anlagen im ganzen Stück wirksam werden, in vielfältigen Ausformungen sich gegenseitig bestätigen und einen breiten, organischen Ausdrucksraum schaffen. Das Grundprinzip Bewegen – Stehen bildet den Kompositionskern, der unschwer aus der *Introitus-Exodus*-Inhaltlichkeit in seinen Entsprechungen ableitbar ist. Ja dieses Prinzip gilt sogar für die Arbeitsweise des Komponisten, der – im Unterschied zu anderen seiner Kompositionen – bis auf die Festlegung eines allgemeinen gedanklichen und musikalisch-kompositorischen Rahmens nicht von einem prädisponierten Material ausging, an das er sich streng hielt, sondern von Stadium zu Stadium komponierte. „Was habe ich gemacht", „wo will ich hinsteuern" führt aus der Position eines entsprechenden Kompositionszeitpunktes heraus zur Bevorzugung von bestimmtem Material. Was da ist, wirkt dabei konstruktiv weiter. Der Komponist entscheidet sich während der Arbeit und kann viel konkreter und sicherer suchen, was und wie er jeweils etwas in einem bestimmten Zusammenhang braucht. Der Komponist ist sein eigener Hörer, Komponieren ein spannendes Abenteuer. Das Ohr hört heraus und hinein, stachelt an, steigert, beruhigt, erschöpft, läßt offen usw. Es ist das Organ, dem alles Wissen, Fühlen und Können zur Verfügung steht, das psychisch determiniert ist und doch aktiv zurückwirkt. Die Möglichkeit, sich ganz der Blochschen „Unruhe des Jetzt" zu stellen, läßt dialektisches Wachstum zu. Das Ohr als ein Instrument des subjektiven Faktors kann „die relativ ruhenden Bedingungen in aktive Wirk-Ursächlichkeiten verwandeln"[3]. Unzufriedenheit erspürt das noch Unabgegoltene.

Anhand der Tabelle *Tonraumarchitektur und Tonmaterial* im Anhang (Seite 208) und der auskomponierten Partitur sollen größere Abschnitte im Zusammenhang betrachtet werden. Ein erster größerer Abschnitt reicht von Takt 1 bis einschließlich Takt 19.

Die Aufwärtsbewegung g^1-a^1 der Takte 1–4 des mittleren Tonraums wird in den Takten 5/6 und 7/8 fortgeführt. Das stehende g^1-a^1 gerät in Bewegung, und zwar in der ersten Phase durch Hinzufügen von gis, b und h. Ton h ergänzt das bisherige Tonmaterial zum elftönigen Komplex. Die 2. Trompete bewegt sich nur im Umfang g^1-b^1 und zeichnet die Intervallkonstellation a) melodisch nach: as-b-a-g, as/a als bewegliche Töne. Die 1. Trompete wiederholt eine siebentönige Linie: gis-a-b-g-gis-a-h. Der neue Ton h taucht auch in der 3. Trompete auf, deren Tonfolge jedoch nicht repetitiv angelegt ist, sondern durch ständigen Wechsel der Positionen und Nachbartöne die Kleinsekund-Schaukel der beiden kleinen Terzen g-b, gis-h mit beweglichen Innentönen ausdrückt. Die Schwerelosigkeit dieser kreisenden Bewegung resultiert aus der Aperiodizität zwischen Tonanzahl und rhythmisch-metrischer Zuordnung in 1. und 2. Trompete, nämlich 7 Töne zu 8 (Zweiunddreißigsteln), 4 Töne zu Triole, Septole, Quintole, und in der 3. Trompete durch Veränderung der Tonhöhenfolge und ihrer Menge:

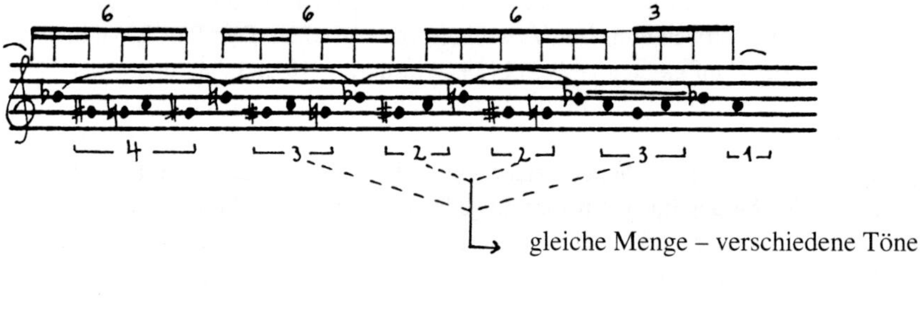

3) Ernst Bloch: *Experimentum Mundi*, Frankfurt 1975, S. 127.

Verschiedene Grade von Beweglichkeit, Übereinanderschichtung dreier harmonischer Grunddauernteilungen (6, 7, 8), Nichtzusammenfallen von gleichen Tönen zum gleichen Zeitpunkt, hier noch konfrontiert mit dem stehenden a^1 der Streicher, geben in den Takten 7/8 ihren Bewegungsimpuls an eben dieses Streicher-a weiter. Die Bewegungsintensität erhöht sich. Aus fünf Tönen werden neun Töne, die sich vom a^1 aus symmetrisch nach beiden Seiten ausbreiten: a^1-des^2 und abwärts a^1-f^1. Wenn der Achsenton a mitgerechnet wird, steckt in der Zahl 9 zweimal die 5. Die große Sekunde ist die Schrittweite: g-a, g-a-h, f-g-a-h-des. Die Dichte der an der kreisenden Bewegung beteiligten Instrumente ist von drei auf vier erhöht, die harmonische Teilung der Grunddauer, mit 6/7/8 die Takte 5–6 fortführend, gesteigert um 10. Jede Stimme hat einen genau zugeordneten Tonraum: 1. Violinen gis^1-des^2, 2. Violinen g^1-b^1, Bratschen f^1-b^1, Violoncelli g^1-h^1. Die 2. Violinen und die Violoncelli bewegen sich in den alten Tonräumen, die 1. Violinen und die Bratschen in den neuen.

Während der Bewegungsimpuls auf die Streicher übergeht, findet gleichzeitig eine andere, zunächst kaum wahrnehmbare Farbbewegung statt. Die Holzbläser, die seit dem signalhaften Anfang pausierten, setzen kurz vor Takt 7 wieder mit g^1 und a^1 ein, konfrontieren ihr stehendes Intervall mit dem bewegten Streicherfeld bis Takt 9. Ab da wirkt sich der Bewegungsimpuls in noch gesteigerterer Dichte in den hohen Tonraum der Holzbläser bis Takt 12 aus. Das chromatisch gegliederte Tonmaterial schließt mit b^1 direkt an das wieder stehende a^1 der Streicher an und reicht bis ges^4 im Piccolo, zusammengepreßt zu einem abschließenden Harfenglissando von a^2-des^4 in Takt 12. Hier taucht auch der noch fehlende Ton e auf, der 12. Ton des chromatischen Totals. Die Ausbreitung in großen Sekunden, zuvor f-des, überträgt sich jetzt auf b-ges, ebenfalls eine kleine Sexte. Aus dem chromatischen Feld exzerpieren die einzelnen Holzbläser, gesteigert zu fünf Schichten (zwei in den Flöten, eine in der Oboe, zwei in den Klarinetten), zugeordnete Figuren in den stets variierten Intervallkonstellationen a) und b). Aus der kreisenden Bewegung ist jetzt ein Tonfeld geworden, das eindeutige Aufwärtstendenz hat, Kontrast zur Katabasis der Holzbläser in Takt 1, Steigerung der Anabasis der Mittellage („sich Räume erobern") g^1-a^1. Die interne Bewegung des Feldes, in drei Geschwindigkeitsschichten  gegliedert, steigert die blockartigen Felder der Trompeten und Streicher durch größere Fächerung der verschiedenen Holzbläserfarben in durch Pausen getrennte Gruppen. Dadurch tritt die Rhythmik erstmals seit Takt 2 wieder in den Vordergrund. Was in den blockartigen Feldern Taktlängen (2×2 Takte) waren, übernimmt jetzt die Verfeinerung in Grunddauern einzelner Bewegungsgruppen, wobei die Gesamtlänge die beiden vorangehenden Feldblöcke zu vier Takten summiert.

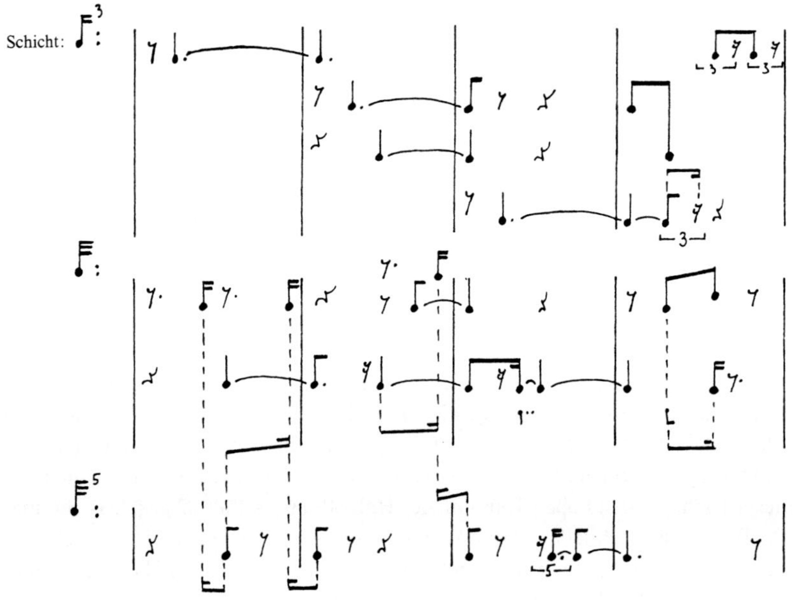

Man kann in jeder Schicht und häufig auch von Schicht zu Schicht (einige Beziehungen sind graphisch angedeutet) die Vielfalt der punktierten Rhythmen in beweglicher Anordnung erkennen: , , , , usw. und variierte Ableitungen oder. . Alle sind aus den Takten 1/2 entwickelt.

Mit Takt 12 ist eine Entwicklungstendenz abgeschlossen. Ruft man sich die Elemente der Komposition der Takte 1/2 ins Gedächtnis zurück, bleiben noch unabgegoltene Emotionsreste übrig, die dort angeklungen sind, aber noch keine Weiterführung erfahren haben. Es sind Elemente, die als Intervallkonstellation c) im Zusammenhang mit b) und a) diskutiert wurden. Sie betreffen die Hörner, Posaunen und Tuba in den Takten 1/2 und speziell deren tiefen Tonraum. Jetzt erst, Takte 13–15, wird dieser tiefe Tonraum aufgegriffen. Dieser Teil hat mehr die Funktion des Überraschenden, des plötzlichen Umschlagens von hoch nach (sehr) tief, von einer groß angelegten Anabasis zur abstürzenden Katabasis im Sinne von „Angehen und Zurückweichen". Das darüberschwebende Zentrum a^1 in den Streichern zeigt sich jedoch unbeeindruckt, es hat gelernt und verinnerlicht. Ab Takt 13 findet es von der Oberflächenbewegung (Takte 7/8) zum belebten Vibrato und ab Takt 16 in den Violoncelli zusätzlich in der Flageolett-Glissando-Bewegung zur Innenwelt der eigenen Naturtöne bis in die hohe Lage des dis^4, dem 11. Naturton von a^1. Mit diesem Spitzenton behauptet aber ein schon bekanntes Gebilde sozusagen das aktive Gegenteil: Das Flageolettglissando ist kompositorisch eine Replik des Harfenglissandos in Takt 12. Dessen Umfang ging von a^2 bis des^4. Beider Spitzentöne stehen im Abstand der großen Sekunde und ergänzen sich mit den beiden Spitzentönen des Piccolos in Takt 1 as^4 und in Takt 12 ges^4 zu as^4-ges^4-dis^4-des^4 (≈ es-des). Genau dies ist aber der Akkord in Posaunen/Tuba von Takt 1, der durch seine pentatonische Gestalt besonders auffällig war. Er hat sich über die Takte 1–19 kontrastierend im hohen Tonraum eingenistet und in viel komplexerer inhaltlicher Gestalt, da diese vier Töne jeweils in anderem musikalisch-dramaturgischen Zusammenhang stehen. Das Auseinanderziehen gestattet eine übergreifendere In-Konflikt-Setzung der Metaphern hoch – mittel – tief sowie deren Ausdrucksrichtungen Ana- und Katabasis. Bis zu welcher Verfeinerung dies geht, zeigt die tabellarische Darstellung der Richtungskomposition dieser Spitzentöne mit den darunter angegebenen Groß-Bewegungsrichtungen, mit denen sie verknüpft sind:

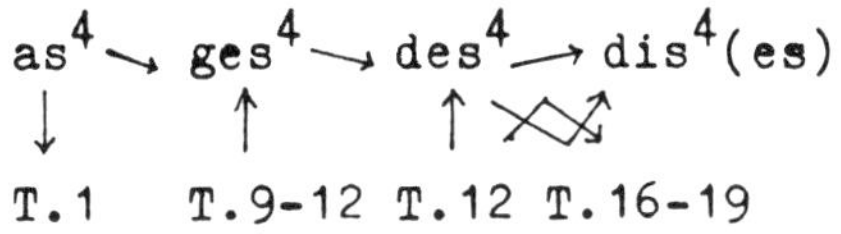

Von diesen unter der musikalischen Oberfläche des Stücks liegenden Spannungen her wird auch die Verschiebung in langsamere harmonische Unterteilungen der Grunddauer  in noch anderer Weise verständlich. In ihr drückt sich nicht nur die „natürliche“ Bewegungszuordnung schnell – hoch und langsam – tief aus, die Rücksichtnahme auf instrumentale Möglichkeiten und eine gewisse retardierend-abschließende Formfunktion, sondern auch eine Abschwächung der Wirksamkeit im Einflußbereich.

Aus der Tabelle ist leicht ersichtlich, daß sich das Tonhöhenmaterial in angereicherter Form und weiter sich zur Tiefe ausbreitend auf die fünf tiefen Töne der Takte 1/2 bezieht. Daß es sich im Kern um dieselben Instrumentalfarben handelt, erleichtert es, die zeitlich doch ziemlich entfernt liegenden Bezugspunkte miteinander in Verbindung zu bringen. Aneinandergereiht ergibt sich eine zehntönige Chromatik von cis-b, zwei Tönen, die Bestandteil des fünftönigen Anfangskomplexes sind. Tuba und Pauke stellen mit Ton b, der 1. Kontrabaß mit seinen Spitzentönen b-as, der 2. Kontrabaß mit Tuba aufgrund der pentatonischen Ausschnittbildung weitere Schnittmengen-Beziehungen her. Die Zerlegung in die Umfangbereiche b-e in Pauken, Posaunen, 1. Kontrabaß und es-cis im 1. Fagott bestätigt nachträglich durch deren Auskomposition die vorher als Vermittlungsstufen zu denkenden Interdependenzen von Ganzton, Tritonus, Pentatonik und beweglichem Halbton:

Der Wiedereinsatz im Schlagzeug von Tamtam, großem Becken und hinzugefügtem mittlerem

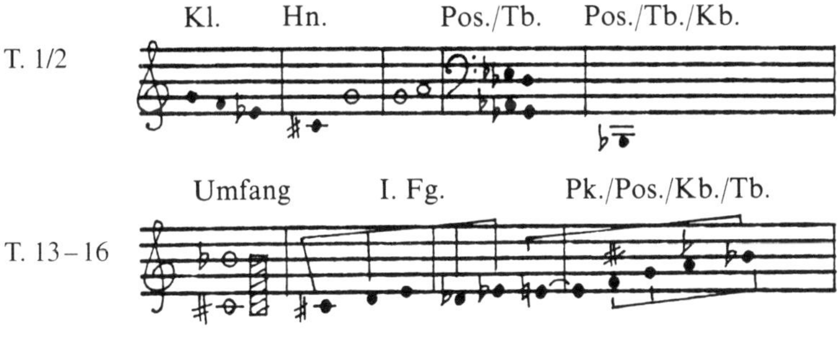

Becken im umgekehrter Richtung trägt ein weiteres zur verdeutlichenden Verknüpfung mit Takt 1 bei.

Dieser erste Abschnitt von Takt 1 bis Takt 19 gliedert sich in vier Teile:

19 T.

4 4 4 7

1 3 2 2 3 4

Tp. Str. Hbl. Bbl. Vc. *gliss.*

Die Primzahl 19 wird regelmäßig-unregelmäßig in 3×4 = 12 und 7 geteilt. 1 + 4 (Trompeten, Streicher) + 4 (Holzbläser) + 3 (Blechbläser) = 12 sind bewegte Takte, 3 + 4 (Violoncelli glissando) = 7 ruhige, stehende Taktstrecken. Beide Strecken verzahnen sich so, daß durch den verschiedenen Verteiler von 12 und 7 ein Auseinanderfallen vermieden wird. Die steigende und in den Takten 13–16 abfallende Bewegungskurve bildet eine dritte Verklammerung über alle vier Teile hinweg. Angehen – Zurückweichen beziehungsweise Bewegen – Stehen strukturieren die Wegbeschreitung bis Takt 19 aber auch als aufeinander reagierende Kanonschichten:

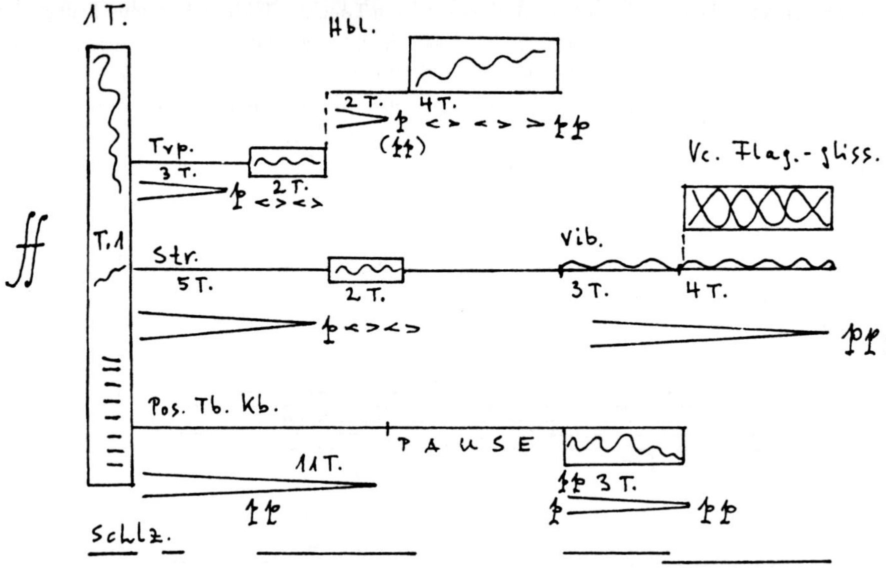

Vier instrumentale Kanonschichten Stehen – Bewegen ergeben zusammen mit der Doppelung in den Streichern ein fünffaches Zeitgebilde des Wegbeschreitens in „gleicher Richtung". Die Lautstärkenverläufe unterstreichen die kanonischen Bezugspunkte in Teilung zu 2 (> ***p***: Trompeten/Streicher) und 3 (> ***p*** > ***pp/ppp***: Holzbläser/Blechbläser/Streicher), wieder mit der übergeordneten Geste „Angehen – Zurückweichen".

Takt 1 ist in seiner Tonraumzusammensetzung, seinem Bewegungsimpuls und seinen Bewegungsrichtungen das grelle „Angehen", das bis zum ***ppp*** zurückweicht, „Stehen" und „Gehen" aus sich herausvibrieren läßt und nach anfänglichem „Zurückweichen" zur Mitte die äußeren Randtonräume wieder füllt. Aufgrund der Struktur des ersten Teils ist das Anfangs-Fortissimo eben nicht einfach nur ein gewöhnlicher, lauter Beginn, um die Aufmerksamkeit des Hörers auf das Stück zu lenken, kein Fortissimo, das reklameartig gefangennimmt, sondern einsehbar ist, und dies, je mehr die Musik sinnliches Verstehen zuläßt, für die Bedeutung des Fortissimo immer neue sinnliche Argumente liefert und Vergangenes und Zukünftiges ohne einander nicht auskommen läßt.

Das Dramatische des Widerstände überwindenden Räume-Eroberns und des damit verbundenen Umschlagens in neue Qualitäten nimmt Bialas wieder zurück, indem er distanzierend den Anfangsgestus der Takte 1–19 ritushaft wiederholt, aber auch ausarbeitet, bestätigt und verfestigt. In Takt 20, Takt 31 und Takt 37 beginnen jeweils diese Gestusstrecken, die bis zum Einsatz der Orgel in Takt 60 reichen. Ein Vergleich der ersten drei Systeme der Tonmaterialtabelle bis Takt 60 zeigt Ähnlichkeit und Verschiedenheit der Wiederholungen des Anfangsgestus (= 1. System).

Takt 20 beginnt wieder mit dem abstürzenden Signal von Takt 1, jedoch in verminderter Tondichte, Lautstärke *(**f** > **p**)* und Bandbreite. Alles nähert sich mehr der Mitte. Diese selbst ist verschoben. Aus aufwärtsgerichtetem g^1-a^1 ist die abwärtsgerichtete große Sekunde g-f eine Oktave tiefer geworden (Schlagzeug ebenfalls in Umkehrung). In den Takten 23–28 bewegen sich Flöten und Klarinetten in fast stehenden, einwurfartig kurzen Ornamentalbewegungen in chromatischen Kleinclustern mit verschiedenen thematischen Intervallumfängen (kleine Terz, große Terz, Tritonus) um eine entwickelnde Auffächerung des Tones a, der als a^2 in den Streichern eine Oktave nach oben verlagert ist und sich in h^3, c^2, fis^3 weiter verzweigt. Die Ornamentalbewegung in den Holzbläsern ist jeweils so gesetzt, daß ihre Spitzentöne immer einen Tonschritt über den sich verzweigenden Streichertönen zu liegen kommen.

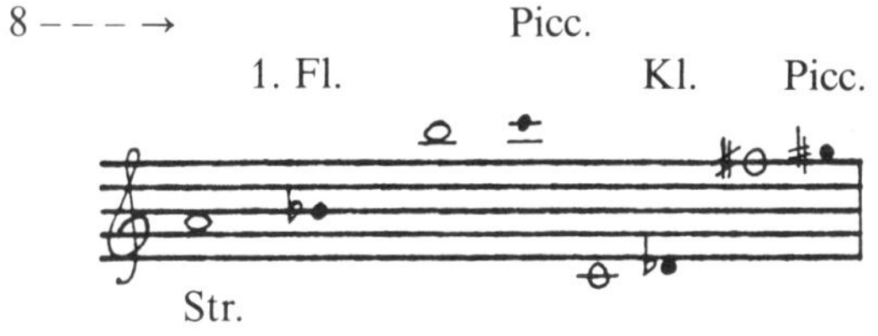

Zusammengefaßt mit der Hauptachse g-f ergibt sich folgende Struktur (in eine Oktave zusammengelegt):

Es handelt sich um die gleiche symmetrische Ausweitung vom Ton a aus wie in den Takten 7/8. Dort folgte die schnelle Bewegung der Holzbläser im oberen Tonraum. Genau diese Bewegung schließt sich auch in den Takten 29–31 in den Holzbläsern mit sehr ähnlicher Figurenbildung an. Wir haben es hier mit einer Wiederholung zu tun, die in einem raffinierten Zeitrafferverfahren angelegt ist, innerhalb dessen durch andere Längezuordnung gleichsam Zeitwölbungen in verschobenen Positionen entstehen. Die Takte 1–6 entsprechen den Takten 20–22 (Ton B in Takt 21 krebsartig verschoben, aus 𝄾 ♩. wird 𝄽 𝄾 ♪‿), Takt 7–8 entspricht Takt 23–29, Takt 9–12 entspricht Takt 29–31. Neben diesem gedehnten und gestauchten Zeitraster ist die formale Funktion der Holzbläser unterschiedlich. Ihre thematische Bandbreite mit chromatischem Innenraster ist die kleine Sexte c^2-as^3, eine große Sekunde höher transponiert als in Takt 9–12 (b^1-ges^4). Dies kann zunächst als Weiterbildung nach oben verstanden werden. Die Verkürzung auf knapp zwei Takte, die gegensätzliche Lautstärkestruktur ***mf*-*f*** und die anschließende Wiederholung der Anabasis in der Mittellage, diesmal cis^1-dis^1 in Takt 31, lassen aber auch die Deutung zu, daß die Holzbläser in verlängerter Form gleichzeitig das Kopfsignal des wieder ansetzenden Anfangsgestus sind. Die Endtöne $as^{2/3}$ und g^2 in 2. Flöte und 1./2. Klarinette sind gleichzeitig die Wiederaufnahme der Hoch- und Tieftöne as^4-g^1 von Takt 1.

Der Neuanfang in Takt 31 auf cis^1-dis^1 vervollständigt den schon erwähnten Ganztonaspekt, der mit Klarinetten und Hörnern in Takt 1 bereits anklang:

Die Holzbläserfiguren ab Takt 9 und Takt 29 ergänzen sich mit ihren Rahmentönen ebenfalls ganztönig im Umfang der kleinen Sexte:

Wie das h als ganztöniger Anschluß an a mehrfach vorkam, erscheint jetzt in Takt 34 das noch fehlende d:

Es handelt sich um eine Bewegungsverzweigung wie in den Takten 23–29 von a aus. Beide bewegen sich innerhalb des Tritonus. Die zweite Verzweigung ist reichhaltiger an Tönen und hat durch ein Crescendo zum Signal in Takt 37, das mit Takt 1 fast identisch ist, öffnende Funktion. Der Einsatz von kleiner Trommel, kleinem Becken (mit Nadel) und Rührtrommel im Tremolo verweist wieder auf die Takte 5–8, jedoch, wie gesagt, mit anderer Zusammenhangsbedeutung. Trotz des zweimaligen Ansatzes ist dieser Teil nur 17 (wieder eine Primzahl!) Takte lang.

17

Untergliederung: 11 6

3 ~6 ~2 2 4

Bewegen – Stehen wird zu mehr Bewegung – weniger Bewegung mit übergreifender Crescendo-Struktur.

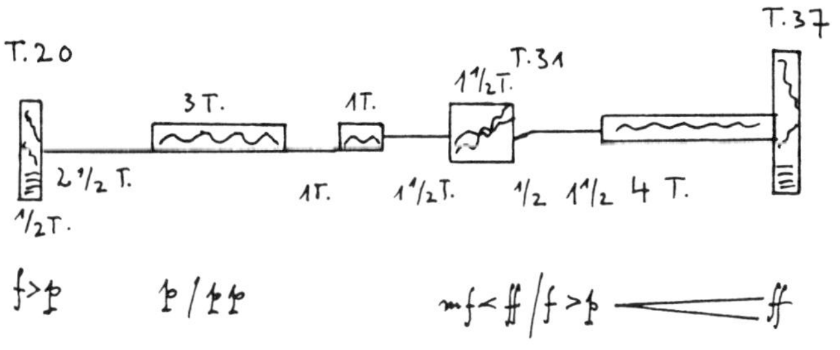

Der dritte Teil, Takte 37–59, findet wieder zur Anabasis g^1-a^1 mit vorausgehendem Absturz wie in Takt 1 zurück, ist aber nicht reprisenhaft gedacht, sondern eine auskomponierte Bestätigung des bisher an Tonraum-, Bewegungs- und Lautstärke-Erlebnissen Erreichten. Bestätigung heißt Besitz, heißt Verstärkung. Daher auch das Sich-Versichern vom Ton a^1 aus:

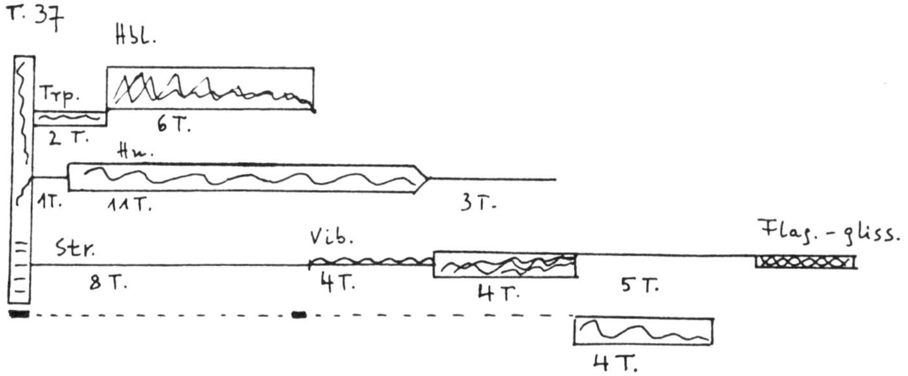

Die Graphik zeigt die große Dichte der Bewegung. Einige Analogien kehren wieder. Die Trompetenbewegung geht der Holzbläserbewegung voraus (vergleiche Takte 5/6, 9, 12), an die Holzbläserbewegung schließt sich das Vibrato in den Streichern an (vergleiche Takt 12–13). Gleichzeitig wird dieses vibrierte Streicher-a als vorgerückt behandelt, nämlich wie das a in den Holzbläsern Takt 6, an das die Aufwärtsbewegung in Takt 9 anschließt. Genauso folgt in Takt 50 auf das vibrierte a^1 die analoge Aufwärtsbewegung, jetzt in den Streichern, und in beiden Fällen auch analog der tiefe Tonraum (Fagotte, Posaunen, Tuba, Pauken, Violoncelli, Kontrabässe – vergleiche Takt 12/Takt 53), an den wiederum das abschließende Flageolettglissando (Violoncelli) anschließt. Die Bewegungsrichtung der ersten beiden Bewegungsfelder der Trompeten und Holzbläser, die ja in Teil-Analogie eingeschoben sind, hat jedoch gegensätzlichen, abwärtsgerichteten Verlauf. Die Umfänge all dieser Bewegungsfelder sind thematisch: b^1-as^2 Trompeten (= große Sekunde), d^1-b^1-ges^4 Holzbläser (zweimal kleine Sexte), b^1-gis^3(a^3) Streicher (= große Sekunde). Die Spitzentöne von Takt 1–59 zusammen gesehen bilden eine strenge intervallthematische Gestalt:

Ein Bewegungsfeld aber ist neu: das der Hörner in der Tonraum-Mitte. Sie hatten seit Takt 1 nur ausgehaltene Töne zu spielen. Jetzt erst wird die Erwartung von Bewegen nach dem Stehen erfüllt, und dies ausgiebig, über elf Takte hin.

Das Haupt- und Ausgangsmaterial (H) geht von a[1] aus und besteht aus sechs Tönen. Nach und nach treten sechs neue Töne (Z) in der Reihenfolge RZ hinzu. Eine andere Gruppierung der Töne zeigt eine Summe aus Ganztönen und Pentatonik, jeweils mit thematischen Umfängen:

Das Feld ist in vierfacher Heterophonie so angelegt, daß die Haupttöne ununterbrochen vorhanden sind, bis der Tonsatz sich wieder zum a1 verdünnt. Jedes Instrument hat eigene rhythmische Zuordnungen. Es fällt aber eine Häufung neuer Dauernzuordnungen auf, die, obzwar aus Takt 1 ableitbar, hier neue Hörqualität erhalten. Es handelt sich um die Zuordnung kurz-lang und vice versa in mannigfaltiger Form wie zum Beispiel  . Diese Modelle werden im Orgelsatz ab Takt 60 entfaltet. Zum ersten Mal taucht hier auch die rituelle Klangfarbe der (Röhren-)Glocken auf, die in fünf Gruppen – immer große Terz-kleine Terz als a-as-f (zweimal) oder als as-f-a (dreimal) – dem Hornsatz ihr Klangfarbenrelief aufmodellieren.

Im Unterschied zum Anfangsteil Takte 1–19 gibt es hier nur eine dynamische Kanonstruktur, die als Resultat verschiedener zeitlicher Dehnungen von einem gemeinsamen Ausgangspunkt aus entsteht:

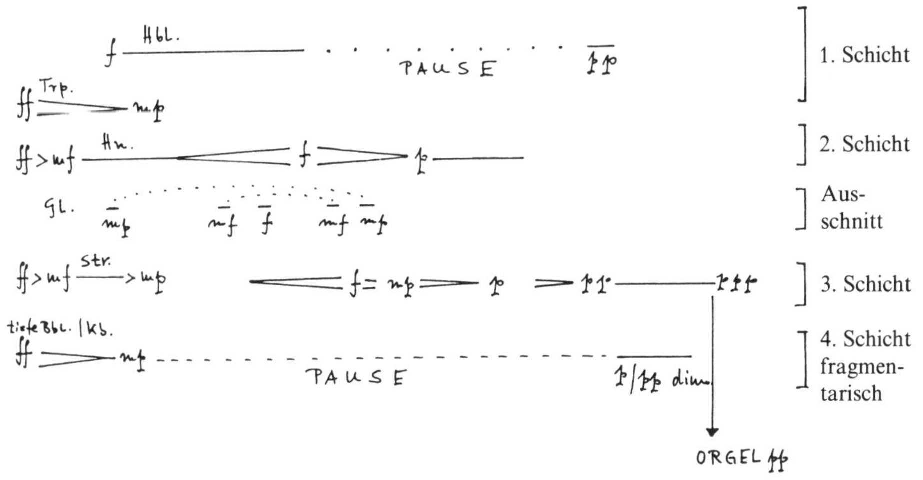

Die Länge dieses Teils beträgt 23 Takte, seine Gliederung ist wieder aperiodisch, wie die tabellarische Übersicht veranschaulicht:

23 T.
16 7
13 3 4 3
1 2 6 4

Gliederung Takte 1–59:

59 T.
19 17 23

Alle Taktstrecken ergeben Primzahlen. Der goldene Schnitt liegt etwa bei Takt 37 (19+17 = 36). Diese Proportionen sind nicht gezählt, sondern laut Bialas' eigener Aussage „gehört". Die Methode, nach dem Gehör zu komponieren und jeweils auf schon Vorhandenes zu reagieren, bringt es mit sich, daß alles, was zu Beginn angelegt ist, aufgegriffen und weiterentwickelt wird. Bis Takt 59 haben wir ein musikalisches Gebilde vor uns, das sich, fernab aller Pathetik systematischer oder gar serieller Ganzheit, durch mannigfaltige Bezüge zu einem Organismus ausgewachsen hat, dem etwas Neues folgen kann: der Einsatz der Orgel.

Das Hauptmerkmal solcher Kompositionsmethode ist also nicht das Erfüllen einer vorher geplanten Ganzheit, sondern Aufgreifen und Fortpflanzen. Dementsprechend wächst auch der Orgelsatz in Takt 60 aus dem von den Streichern erreichten a^3 heraus, umkreist es mit den Tönen b-gis-g senza misura (vergleiche Tonmaterial Takt 2), geht über in einen dreischichtigen heterophonen Satz (die chromatischen Bandbreiten und die Spitzentöne sind aus der Tonmaterialtabelle in ihrer Thematik leicht herauslesbar), um ab Takt 72 etwas fortzupflanzen, das bei der Analyse des langen Hörner-Feldes (Takt 39 f.) bereits erwähnt wurde, nämlich das rhythmische kurz-lang-Modell. Es taucht hier auf einer neuen Entwicklungsstufe auf, durch Pausen und erstmalig akkordische Satzstruktur holzschnittartig in den Vordergrund gerückt.

Introitus T. 72 – 79

transpon. (var.)

Die Klammern zeigen das Wachstum durch Zellenvermehrung gleicher oder ähnlicher Gestalt mit melodisch führendem Rahmensatz (vergleiche in der Tabelle Seite 208 ff. die Thematik der chromatischen Bandbreiten gis-b, c-d, e-b und die thematischen Lückenintervalle e^2-d^2, c^1-b, Gis-E, zusammen eine Ganztonfolge im Umfang der kleinen Sexte gis-e). Die rhythmischen Zellen der sechs Gruppen sind auch in ihrer dreigliedrigen Form auf das lang-kurz-Modell zurückführbar. Die erste Dauer ist fast immer die längste, wirkt aber eher als variativer, das eigentliche lang-kurz-Modell hinauszögernder Vorsatz.

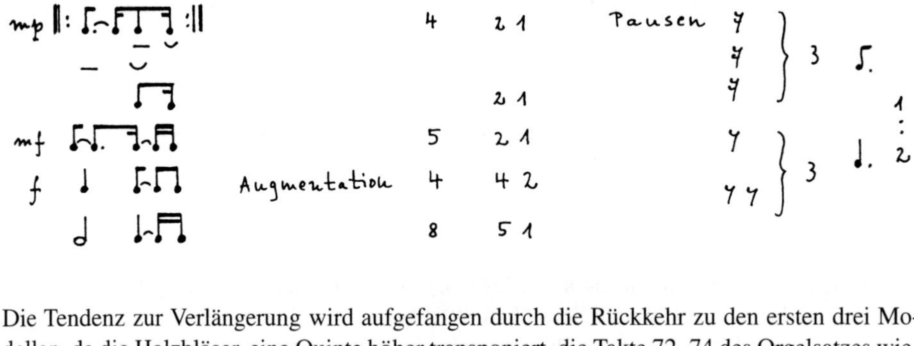

Die Tendenz zur Verlängerung wird aufgefangen durch die Rückkehr zu den ersten drei Modellen, da die Holzbläser, eine Quinte höher transponiert, die Takte 72–74 des Orgelsatzes wiederholen. Mit diesem intermittierenden Einschub erhält der nachfolgende Orgelsatz neuen rhythmischen Impuls in eigenartig bizarrer Setzweise:

Introitus T. 81–91

In sehr origineller Art vermischen sich hier melodisches, durch Anhalten der Töne quasi-akkordisches und rhythmisches Denken. Die Rhythmuskomposition hat dem Tonhöhenverlauf gegenüber eindeutigen Vorrang. Sie ist doppelschichtig als Rhythmus der Dichten und als Rhythmus von Ton zu Ton angelegt. Die Dichten von Veränderung zu Veränderung sind folgende: 1 2 2 3 4 3 4 3 4 5 1 2 3 3 4 5 3 4 5 5 4 5 6 7 5 5 4 5 5 5 5 4 4 5 5 5 6 8 8 8 7. Die Dichten schrauben sich langsam in 41 Veränderungen über 1 2 3 zu 4 5 6 7 8 hinauf (8 durch Triller im Pedal), 1 2 3 verlieren sich nach und nach.

Die absolute Häufigkeit der einzelnen Dichten beträgt:

1	2
2	3
3	6
4	9
5	14
6	2
7	2
8	3

So wie die Schraubenverteilung der Dichten 1–3 und 4–8, 8 in 3 und 5 teilt, sind auch die absoluten Häufigkeiten in 2 und 3 geteilt. Die 2 taucht dreimal, die 3 zweimal auf. Das ergibt wiederum 5 gegenüber 3 (6 9 14). Beweis für ein ausgezeichnetes Gehör! Gleiche Dichten sind durch die Oberflächenstruktur des Tonsatzes zudem noch ständig erneuert, da die einsetzenden Töne in den verschiedensten Lagen zwischen f³ und Dis (= große Sekunde) auftauchen und die Aufmerksamkeit des Hörers dauernd springen lassen.

Der Rhythmus von Ton zu Ton ist in seinen Proportionen einfacher, weil direkter zu hören. Er folgt in fünf Schüben dem variabel gehandhabten lang-kurz-Modell. Der Steigerung der Dichte entspricht die Verkürzung zum paarigen, sich verlängernden Modell. Die einzelnen Abschnitte der Graphik sind jeweils von oben nach unten zu lesen:

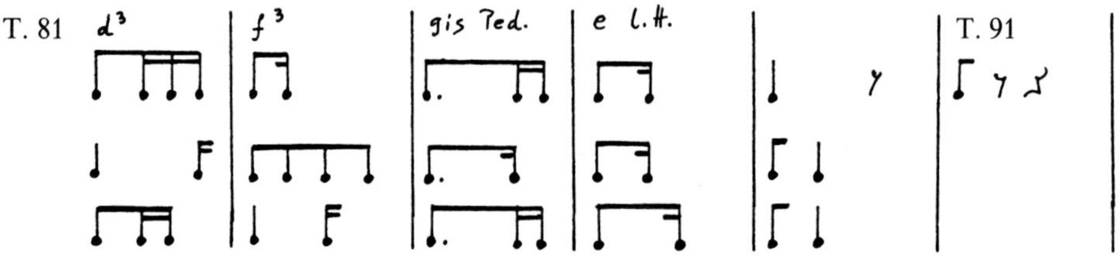

Innerhalb der Dreigliederung jeder der fünf Rhythmus-Säulen sind die Bezüge leicht erkennbar. Vier Anschläge , drei Anschläge , , zwei Anschläge , , , , , gleiche Länge der Ausgangsmodelle 5 Sechzehntel, Verkürzung beziehungsweise Verlängerung um jeweils ein Sechzehntel.

Die Dreigliederung ist auch für diesen Gesamtteil Takt 60–91 maßgebend. Parallel zu den Takten 1–59 ist der Mittelabschnitt zweigeteilt, der dritte Abschnitt in seiner Bewegungsdichte gesteigert, der erste Abschnitt als Anrollen einer wachsenden Entwicklung angelegt. Wie zuerst das Orchester allein vorgestellt wird, wird hier die Orgel solistisch eingeführt, um dann ab Takt 91 bis zum Ende von *Introitus* mit dem Orchester zusammenzuwirken.

Formale Gliederung:

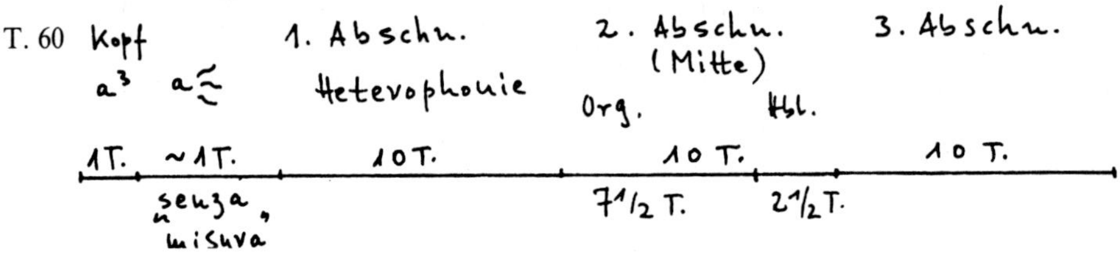

Dieser doppelte, jeweils monochrome Anlauf (Orchester/Orgel) führt jetzt mitten in das Stück, das, noch 143 Takte lang, ab Takt 142 zum Höhepunkt des Satzes führt, der in Takt 155 den ersten Abschnitt abschließt. Ihm folgen noch zwei Abschnitte von 29 und 50 Takten Länge. „Mitten in das Stück" läßt den Komponisten auch auf Material der Mitte, aus Takt 31, zurückgreifen. Verfolgt man die Baßlinie im Orgelpedal ab Takt 86, erkennt man die deutliche Führung der Töne G-Cis über F-E nach Dis, das dann in Takt 92 vom Orchesterbaß ins Cis, den tiefsten Ton der ganzen Komposition, weitergeführt wird. Aus dem kaum hörbaren Vorschlag cis^1 zu g^1 der Hörner in Takt 1 ist über die Anabasis cis^1-dis^1 Takt 31 f. und Takt 53 f. jetzt der beherrschende Baßton, mit Umwegen bis Takt 166, geworden. Das Tonmaterial entspricht genau dem der tiefen Tonräume Takt 13 und Takt 53 f. (vergleiche Materialtabelle S. 208 ff.). Zurückgegriffen wird auch auf die Geste der signalhaften Anfangsmarkierung:

T. 92/93

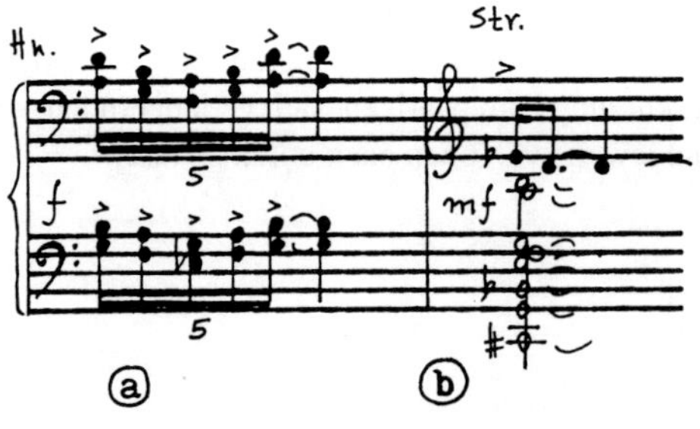

Zu cis-dis (es) gesellt sich als neuer wichtiger Ton noch d hinzu. Die Achse a ist in die Mitte des Hörnersatzes gerutscht und von h-a-g bis f und es ganztönig erweitert (vergleiche Hörnersatz Takt 39). Das Signal gehorcht selbst in seiner Kürze dem Bewegungsgestus Anfangen – Ausbrechen – Zurückkehren.

Bis zu dieser Stelle hat sich bereits ein umfangreiches Repertoire ritueller Charakteristik entwickelt: Gesten signalhafter Wiederholung (unterstützt vom Schlagzeug), Richtungskompositionen (Ana- und Katabasis) und, gleichfalls mit der alten Figurenlehre verbunden, die Suspiratio, das Seufzermotiv, von Pausen unterbrochen (erstmals deutlich im Mittelabschnitt des Orgelteils a^1-b^1, ais^1-h^1, gis^1-a^1 usw.), die Instrumentalfarben der Glocken und Orgel sowie melodische Anklänge an Gregorianische Responsorien und Hymnen.

Vergleicht man beispielsweise den zitierten Anfang des bekannten Johanneshymnus mit der Anabasis g^1-a^1 aus Takt 1 und ähnlichem und den vier Stimmen des Hörnersignals (stufige Bewegung im Umfang einer großen Terz, teilpentatonische Führung im 1. Horn), erhärtet sich diese „Anklang"-These. Gleichzeitig sind diese Phänomene auch einem Emanzipationsprozeß unterworfen, der ihnen ein Mehr an Ausdruck sichert, ohne daß sie der rituellen Intonation verlustig gingen. Die Glocken sind Orchesterinstrumente, die Orgel ein Konzertsaalinstrument geworden, Richtungen komponierte Parameter, Seufzermotive und andere Tonverbindungen komponierte Intervallkonstellationen. Intonationen sind selbst kompositorisches Material geworden, die darob ihre Unvermitteltheit verloren haben.

Um einen Überblick über die Entwicklung des folgenden Abschnitts der Takte 92–155 gewinnen zu können, soll das gebrauchte Material angeführt und benannt werden (siehe hierzu Tabelle S. 186)

Man sieht: Die Entfaltung zum Höhepunkt ist wieder in drei Stadien angelegt. Aus den früheren schmalen Tonachsen ist jetzt ein breiter, von der Mitte zur Tiefe hin mehrstimmig aufgefächerter Klang geworden, der nur noch die Geste: schnelle Bewegung – Stehen mit den früheren Achsen gemeinsam hat. Seine stehende Endfläche ist mit der gleichzeitigen hohen, schnellen Bewegung der konzertanten Orgel konfrontiert. Daraus entsteht zunächst ein dreigliedriger Bewegungsverteiler Sⓐ-ⓑ-Orgel, der einem zweigliedrigen Zusammenrücken der beiden schnellsten Bewegungen Sⓐ-Orgel weicht. In drei Schüben wird eine steigernde Bewegungsverdichtung erreicht: Der Orgelsatz verkürzt sich von 12 zu 6 zu 3 Takten, jeweils um die Hälfte der Zeit, die S-Schicht verliert immer mehr Glieder: S ⓐ ⓑ ⓑ ⓑ S ⓐ ⓑ S ⓐ, damit natürlich auch an Farbenreichtum, denn ⓑ ist den Streichern zugeordnet. Im dritten Schub bleiben die Blechbläser allein übrig. Dies führt zu einem neuen Verteiler, der das zweite Entwicklungsstadium, Takte 117–133, deutlich abgrenzend charakterisiert. Die Orgelflächen sind mit zwei Achsenbändern a^2-h^2-b^2-gis^2 und es^3-e^3-f^3-d^3 im thematischen Umfang der kleinen Terz durchzogen. Sie greifen gleichzeitig den Tonraum der Spitzentöne der Orgel Takt 60f. und Takt 81f. (vergleiche Materialtabelle) wieder auf. Das Schwergewicht ist von a nach es/d verschoben. Die 1. Violine umspielt mit zusätzlichen Tönen (des-c-h) und zeitverschoben-heterophon im Flageolett, später ordinario den hochgelegenen es/d-Raum. Im dritten Schub, ab Takt 114, setzen die Streicher von S ⓑ und die hohen 1. Violinen aus. Die

S ⓐ ⓑ ist das bereits erwähnte Hörner- und Streichersignal.

F bezeichnet die schnell bewegten Felder, die im oberen Tonraum, wie schon im ersten Orchesterteil T. 1–59, liegen und jetzt wieder aufgegriffen werden.

O bezeichnet die Satzart, die erstmals im Orgelteil T. 72 f. (Mittelabschnitt) und vor allem T. 81 auftaucht und jetzt wichtiges Material bleibt.

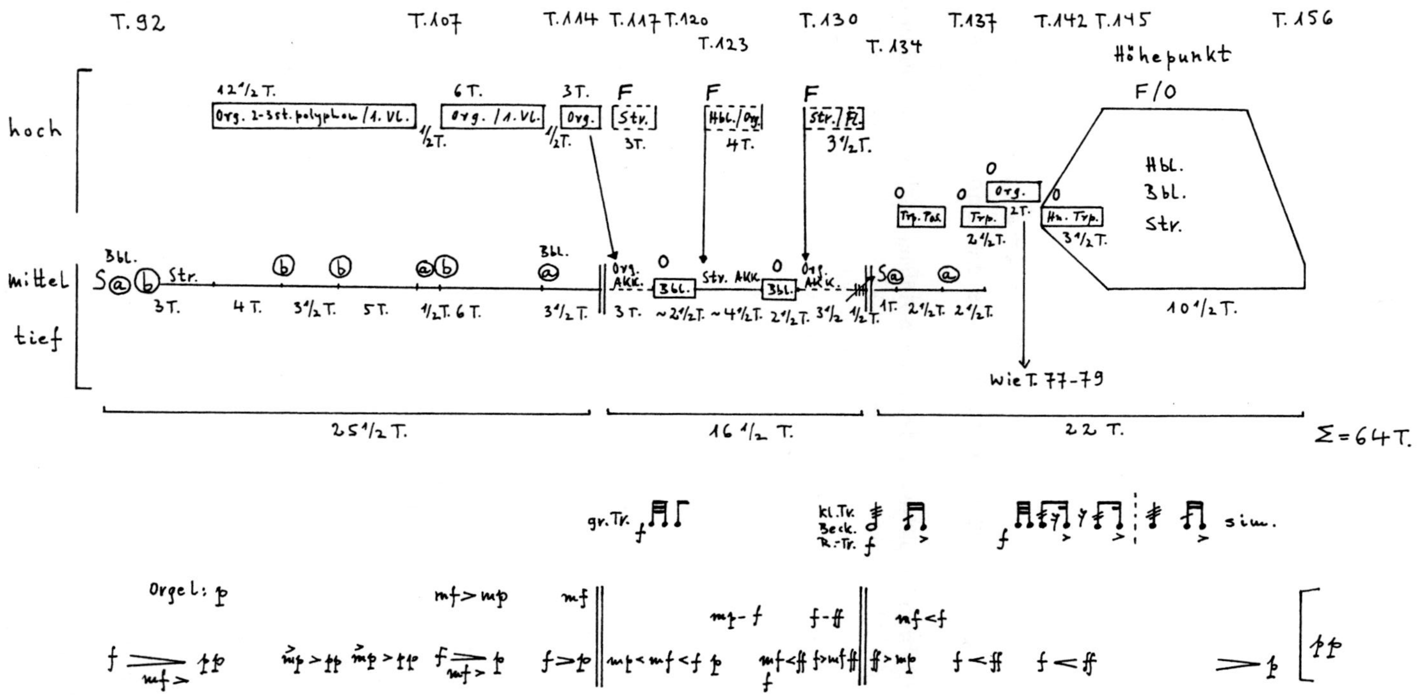

Instrumentalfarben kippen in einen anderen Aufgabenverteiler ab Takt 117 um. Die Bewegung geht von der Orgel in die Streicher über, die Orgel übernimmt die Aufgabe der quasi-akkordischen Klangfläche. Mit diesem Aufgabentausch springen die Instrumentalfarben auch in die entgegengesetzten Tonräume. Dieses mittlere Stadium der Steigerung zum Höhepunkt ist fünfgliedrig, jedes Glied etwa in der statistischen Länge von drei Takten bleibend (vergleiche das letzte Orgelfeld in Takt 114–116). Die weiterführende Verkürzung wird als Wirkung dadurch erreicht, daß jetzt der neue Strukturtyp O eingeführt wird. Dadurch wird aus der Drei- eine gedrängte Fünfgliedrigkeit, die in 3 und 2 geteilt ist: 3F (Streicher/Holzbläser/Streicher), drei liegende Akkorde (Orgel/Streicher/Orgel), 2O (Blechbläser). Im ersten Feld der Streicher taucht bereits eine Figur auf, die für den ganzen Schluß bestimmend sein wird: a^1-h^2. Der Umfang von F (Str.) entspricht mit b^2-ges^3 dem der Holzbläser in Takt 9f., F (Hbl.) ist eine Transposition von F (Str.) um eine kleine Terz nach oben (cis^3-a^3) mit einer angefügten Umfangserweiterung nach unten bis d^2, F (Str.) ab Takt 130 hat den thematischen Umfang cis^2-b^3, der für die tiefe Tonraumstruktur ab Takt 13 erstmals bestimmend war. Damit wird eine Steigerung angelegt, die an einzelnen Elementen Wichtiges und Charakteristisches aus den Takten 1–91 aufgreift und zu einem den ganzen Tonraum ausfüllenden Höhepunkt bringt. Seine unmittelbare Vorbereitung beginnt im dritten Steigerungsstadium ab Takt 134. Die Längen der Strukturbausteine liegen jetzt alle unter drei Takten. S ⓐ wird wieder aufgegriffen und ergänzt sich mit den früheren drei zu fünf Schüben. Fünfstufig: ⓐ -O ⓐ -O-O (5 = 2+3), in dichter Überlagerung, gelangt man auch zur letzten, bereits zum Höhepunkt gehörenden O-Struktur. Gleichzeitig damit setzt im Schlagzeug eine Art Marschrhythmus ein, dessen Spur bis Takt 120, dem ersten Auftauchen von O, zurückreicht (vergleiche Graphik).

Die Komposition der Dynamik ab Takt 92 ist ähnlich der rhythmischen Dichtekomposition des Orgelsatzes Takt 81 f. angelegt.

1. Stadium:	***pp***	***p***	***mp***	***mf***	***f***	
2. Stadium:	–	(***p***)	***mp***	***mf***	***f***	***ff***
3. Stadium:	–	–	(***mp***)	***mf***	***f***	***ff***

Das 1. Stadium erhöht ***pp*** auf ***p***: ***f*** > ***pp f*** > ***p f*** > ***p***. Die Verbindung mit *f* verschärft die ***pp***- und ***p***-Wirkung. Die Orgel steigert: ***p-mp-mf***. Diese beiden Dynamikschichten zu je drei Intensitäten werden im 2. Stadium weitergeführt: ***mp*** < ***mf*** < ***f mf*** < ***ff ff***. Zwei Einschübe, ***p*** und ***f*** > ***mf***, unterbrechen die Crescendo-Kette und frischen dadurch die Kraft des ***ff*** wieder auf. Zudem zeigt „p“ an, was vom Leisen zugunsten des Lauten endgültig abgestoßen wird. Die Orgel verkürzt die vier Intensitäten zu einer Dreierkette: ***mp-f-ff***. 3. Stadium: ***ff mp*** steigert die Endlautstärke aus dem 1. Stadium von ***p*** zu ***mp***. Wie vorhin ***p***, wird jetzt ***mp*** abgestoßen. Ab da gibt es nur noch Crescendo: ***mf*** < ***f f*** < ***ff*** und wieder ***f*** < ***ff***, das ***mf*** abstoßend.

Das ***ff***, die Gesamtheit der Tonräume und der wichtigen Strukturtypen, die cantus-firmus-artige Festheit von b-a-gis in der Tonraum-Mitte (Hörner, ***ff***) und der Marschrhythmus repräsentieren einen Punkt des Weges, an dem für alle „Bewegungen“ alles zur Verfügung „steht“. Nach derartigem „Besitzen“ ist eine weitere Entwicklung nur noch „innen“ möglich. Und tatsächlich werden Außenräume zu neuartigen Innenräumen.

In den folgenden 29 Takten herrscht die Sanftheit von ***pp***, ***p*** und ***mp***, zu der der vorausgehende Höhepunkt decrescendiert. Der hohe Tonraum in Streichern und Holzbläsern schmilzt ab Takt 153 innerhalb von knapp drei Takten ebenfalls rasch zusammen, mündet und bündelt sich in einer ruhenden, zweitönigen Mitte (e^1-c^1) rituell-meditativen Wiederholens. An diese schließen sich synchrone, akkordische Klangflächen mit nur geringen Veränderungen zur Tiefe hin an. Im frei gewordenen oberen Tonraum klingt das zarte a^2-h^3 auf, gleichsam ein stets anwesendes Licht, dessen Helligkeit durch hohe Harfe, Glockenspiel und Zimbel in lyrisches Glänzen gerät. Die ornamentalen, figürlichen raschen Durchmessungen von Tonräumen und die mehr konzertante Linearität der Orgel werden bis zum Ende von *Introitus* zur reifen, substanzhaltigen – Melodie.

Die zweitönige Gestalt der Mitte wiederholt viermal vier sich beschleunigende Innenglieder wechselnder Farbe:

1. Orgel	Fg.	1. Hn. *c.s.*	1. Trp. *c.s.*
2. 2. Vl./Va.	Pos.	1. 2. Hn. *c.s.*	1. Trp. *c.s.*
3. Pos. à 3	Rgl.	1. 2. Hn. *c.s.*	Rgl.
4. 3. 4. Hn. *s.s.*	Rgl.	2. Vl.	Rgl.

Es handelt sich um das bekannte lang-kurz-Modell im Stehen-Bewegen-Gestus in elementarer Form mit je drei (!) e- und c-Anschlägen. Der grundierende Akkord wird, wie schon in den Takten 117, 123 und 130, abwechselnd von Streichern-Orgel-Streichern-Orgel-Streichern gespielt. Diese Alternation weist auf eine an- und diesen Teil abschließende fünfte (!) siebentaktige (29 Takte = 22+7) Phase hin, in der e^1-c^1 sich regelmäßig in der 2. Violine verlängert: $3_2 4_3 5_4 6_3$. Die zweitönige Gestalt a^2-h^3 in der höchsten Lage verdichtet sich zu einer dreigliedrigen Farbgruppe aus Piccolo – Harfe/Zimbeln – 1. Violine in dreimaliger Wiederholung. Ab Takt 169 (3. Wiederholung des e^1-c^1-Feldes) tritt zu e-c das terzfärbende dis/es.

In der Schlußphase taucht als wichtiger Einzelton das gis auf (ab Takt 178). Mit dem gleichzeitigen a und der Farbe Blechbläser (Hörner/Posaunen) wird deutlich, daß e-es-c die transponierte Konstellation a-as-f aus Takt 39f. (Hörner) ist (vergleiche auch die entsprechend transponierte Partie in den Röhrenglocken). Die vergleichende Zusammenstellung zeigt, was alles aus dem kurzen, auffällig-unauffälligen Akkord in Posaunen/Tuba von Takt 1 entfaltet und zu ganz verschiedenen emotionellen Charakteren ausgeformt worden ist.

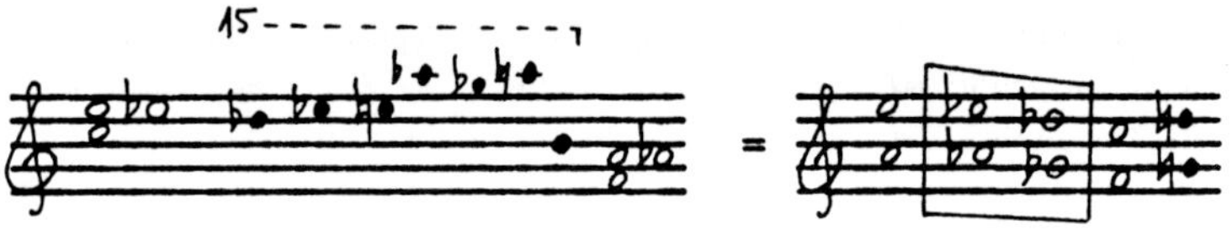

Spitzentöne Bbl.-Akk.

Sie zeigt aber auch, daß das Material nicht aus einem einzigen Kern systematisch zu einer Ganzheit entwickelt worden ist. Mühelos läßt sich die Beziehung d-g einfügen, und sie wird im Stück auch in solchem Zusammenhang gebraucht. Aber h als Anschluß an c gibt das schon vorhandene e, b das vorhandene es (diese gehorchen einer anderen Quintbeziehung h-b-a-as-g/

e-es-d-des-c). Das Material steht im Konflikt zwischen Tritonus und Quinte, weicht ihm auch nicht aus, sondern benützt diesen im Gegenteil, um das chromatische Total in verschiedene Materialsphären prismenhaft zu zerlegen und sie in verschiedenen Verknüpfungsformen zu gebrauchen. Dazu ist der Halbton als bewegliches Element unentbehrlich.

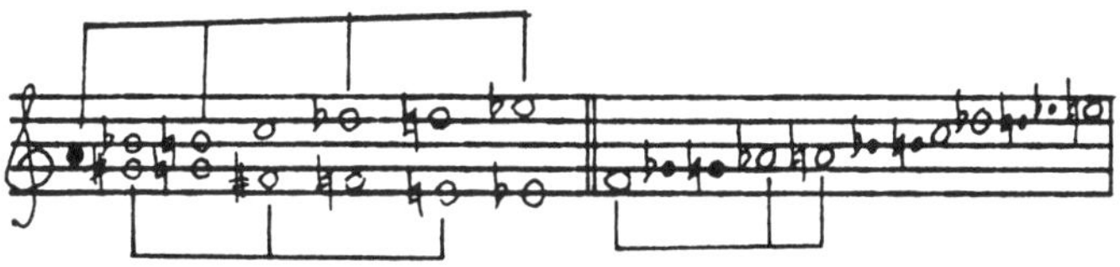

Ganztonsphäre

Großterz-
Kleinterzsphäre

Diese Materialgrundrisse klären zwar bestimmte Aspekte des Materials, sind aber als Disposition kein brauchbarer Leitfaden für die harmonische Konzeption dieser Musik. Das Stück ist so nicht komponiert. Vielmehr ist ein musikalischer Anfang als konkrete Gestalt schöpferisch entstanden, alle folgende Musik bezieht sich auf sich selbst nur konkret-direkt, nicht in Bezug auf ein dahinterstehendes vorgedachtes Material. Es verbindet sich thematisches Denken im Sinne von notwendigem „Exponieren" mit dem Denken in Gleichberechtigung, das nicht mehr der Hierarchie Exponieren – Durchführen unterliegt. Dem entspricht auch das alles bestimmende Denken in prinzipiellen Gesten wie Bewegen – Stehen, Angehen – Zurückweichen usw. Sie ermöglichen Entfaltung durch verwandelnde, aber nicht durch durchführende Verarbeitung auf prozeßhaftem Weg zu bestimmten Punkten hin. Exponieren in Takt 1 ist gewissermaßen die notwendige schöpferische Voraussetzung für die kettenhafte Reaktion während der Erfindung, ist aber auf das Niveau einer bloßen Anfangs-Gestalt gerückt. Freiheit innerhalb sich mehr und mehr verfestigender Notwendigkeit garantiert sinnliches Verstehen. Der Ausdruckswille schafft sich seine notwendige materielle Basis.

Das oben erwähnte gis, das ab Takt 178 in der fünften Phase dieses Abschnitts erscheint, ist folgendermaßen komponiert:

Es handelt sich um eine fünfgliedrige gis-Komposition, die rhythmisch und lagenmäßig deutlich unterschieden wieder in 3 (Hörner) und 2 (Posaune) geteilt ist. Der marschartige Hornrhythmus, Nachklang des Marschrhythmus der zurückliegenden Steigerung zum Höhepunkt, wird ein verzerrt aufflackerndes Bruchstück, dem der tiefe Pedalton der Posaunen einen drohenden Tonfall beimischt. Gegen Ende von *Introitus* kündigt sich schon die Wende zum *Exodus* an.

Dieses gis hat in den vier vorangestellten Phasen der Takte 156–165 seine Vorgeschichte. In jeder Phase der quasi stehenden Repetitionsblöcke klingt „Melodie" auf, nach und nach erweitert und bis zum siebenstimmigen, quasi-kanonischen Feld verdichtet. Die Phasen 1 und 2 bewegen sich Takt ab 156 und Takt 162 (vergleiche Materialtabelle) in ähnlichem Tonmaterial. Die zweite Hälfte von Phase 2 entspricht fast genau Phase 1:

Ph 1	Ph 2
a	a a′
	b

Ihnen ist die Farbe der Holzbläser gemeinsam. Die Phasen 3 und 4 gehören vom Material her ebenfalls zusammen (Takt 167 und Takt 173). Das Tonmaterial in Phase 3, von drei Trompeten gespielt, bringt den Ton d, der in Phase 2 nur einmal auftaucht, sehr deutlich ins Spiel. In Phase 4 wird aus dem verborgenen Tritonus d-as ein offenes, melodisches Intervall, in Oboen/Klarinetten und Trompeten sechsmal nacheinander gespielt. (Den vier Phasen steht eine dreigliedrige Farbverteilung gegenüber: Holzbläser/Holzbläser – Trompeten – Holzbläser/Trompeten). Die Quinte dis-gis hat sich in den Tritonus d-gis(as) verwandelt und wandert in Phase 5 in die Tiefe: Hörner/Posaunen gis, Violoncelli/Kontrabässe d. Umgekehrt verwandelt sich dis-gis in dis-g-a (Tritonus dis-a) in hohe Lage Takt 178 ff. (dis^1/es^1 Harfe, Fagotte). Tiefes d-gis und hohes g/a-h bleiben bis zum Schluß bestimmend. Der Lagenkontrast drückt an der Kurve des *Introitus-Exodus*-Weges Entgegengesetztes aus. Das Lyrische, Poetisch-Reife, die Schönheit des voll Ausgebildeten trägt in sich bereits den Keim der Negation.

Der Schlußabschnitt von *Introitus* Takte 185–234 ist die Komposition dieses Stadiums. Die Takte 185–199 sind getragen von wellenartig sanfter Anabasis in vier Schüben gleichen Gestus:

15 T.

4 5 3 3

2 2 2 3 1 2 1 3

Die Unterteilung in den sich jeweils aufbauenden Akkord (Orgel) und seine Mündung in das hohe a-h (Orgel/Orchester) ist taktrhythmisch so angelegt, daß der Orgelakkord seine Anabasis von zwei Takten zu einem Takt verdichtet, die Mündung a-h sich von zwei Takten zu drei Takten ausbreitet, in der zweiten Hälfte, bei objektiv gleichem Taktquantum, durch die Orgelakkord-Verkürzung in der Wirkung aber drängender anschließt, auch die Wiederholungen von a-h sich häufen: 3 5 5 7. Der punktierte Rhythmus als gleichsam zögerndes Gehen infiltriert die akkordische Anabasis in sich steigernder Verkürzung:

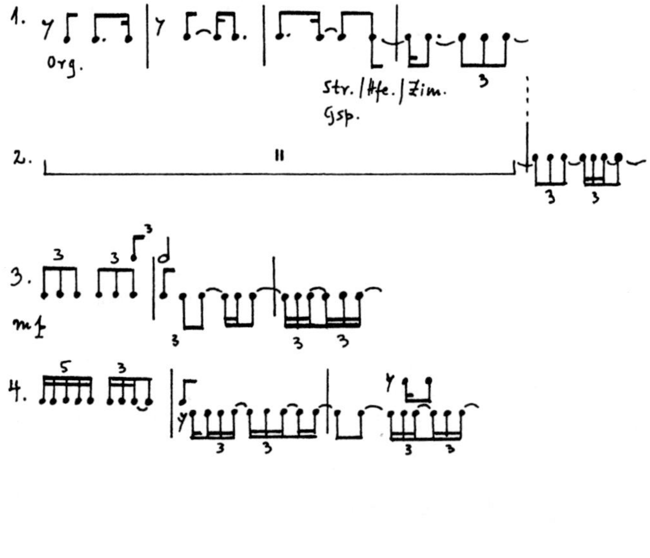

Der verkappte Marschrhythmus wird über die Angleichung an den früheren paarigen lang-kurz-Rhythmus zur *heftigen* (Anweisung in der Partitur) Sechzehntelbewegung moduliert . Die Lautstärkesteigerung wird über ***f*** zu ***ff*** weiter getrieben.

Es wird also am Schluß noch einmal zu einem Höhepunkt gesteigert, aber aus ihm ist eine Art „Schrei" geworden, ein „heftiges" Ausbrechen. Diese Deutung unterstützt eine chromatische Katabasis, die bereits in Takt 188 zunächst unscheinbar in der Harfe von f^1 über e^1 und dis^1 nach d^1 (Takt 198) führt und ab Takt 200 im Orgelsatz deutlich mit d^1 beginnend nach des^1, c^1, h und b weitergeht. Die Oberstimme des Orgelparts bringt das Seufzermotiv e^2-dis^2, beim drittenmal in fis^2 endend. Dies gibt den thematischen Umfang b-fis(ges), dem wir das erstemal in den Takten 9–12 begegnet sind. Die kompositorische emotionale Führung läßt durch die entgegengesetzte Richtung und Tondauer und die Seufzer-Intonationen gleiches Material in entgegengesetzten Ausdruck umschlagen. Auch die Terzenkombination es-c-e und a/f-as schlägt von Ruhe (Takt 156 f.) in Schrei um. Die Beschleunigung der vier Folgen entpuppt sich hier als der verkappte Vorgriff auf den heftigen Höhepunkt der Takte 200–209. Diese zehn Takte, wieder auf die Primzahl 5 aufgebaut, werden asymmetrisch dreigeteilt:

	10 T.	
4	3	3
f	***ff***	*dim.* ***pp/p*** *beruhigen* (Anweisungen i. d. Part.)

Die abschließenden 25 Takte formen den angedeuteten Widerspruch noch einmal in einer dreiteiligen, ineinandergreifenden Kontrastierung aus.

	25 T.	
6		9 = 15+10 (vergleiche 1. und 2. Teilabschnitt)
	10	

In den Takten 210–215 führt das Diminuendo bis ***ppp*** wieder ins Innere, von dem auch das hohe a-h erfaßt wird. In den mittleren zehn Takten steigt, als wichtigstes Merkmal, a, jetzt wieder als a^1, über h^1, c^2 zu d^2 in langen Dauern auf. Gleichzeitig kontrastiert im tiefen Tonraum das drohend-rauhe „Negationspotential" (an das tiefe Posaunen-gis von Takt 180 anknüpfend) in Kontrafagott, Tuba, Harfe und großer Trommel wieder mit dem verzerrten Marschrhythmus:

gr. Tr.

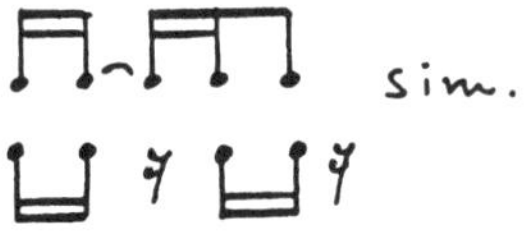

Zur selben Zeit bewegen sich Bratschen, Celli und Kontrabässe in ähnlichen Tonfeldern und füllen diesen tiefen Tonraum aus Takt 13, durch die Bratschen nach oben erweitert, melodisch-*espressivo* (Anweisung in der Partitur) aus. Auch hier wird Stehen zu Bewegen vom mehr figürlichen Klangsatz zum melodischen Bewegen „inneren" Ausdrucks gesteigert – Kontrast zur Rhythmusgruppe im gleichen Tonraum.

In den letzten neun Takten entfaltet sich „Melodie" *espressivo* und *molto espressivo* in ihrer schönsten, zartesten und gesteigertsten Ausformung. Sie wächst aus der Anabasis a^1-h^1-c^2-d^2, über a^1-gis^1 und dis^2-e^2 den Tonraum weiter entfaltend, heraus und bringt den mittleren Tonraum zu seiner höchsten Wirkungskraft. Zehn verschiedene Töne bilden den Schluß von *Intro-*

itus (sieben davon die Melodie), zehn Töne standen am Anfang. Fehlten dort e und h, so fehlen jetzt f und b.

Beide Folgen ergänzen sich zur Zwölf-Ganzheit, beide haben genügend Schnittmengen, um Beziehungen auszudrücken, und beide Komplexe gleichen sich aufs Haar im Tritonus-Abstand. Dem cis-g der Hörner in Takt 1 entspräche g-cis. Und in der Tat bilden die beiden Töne in der gleichen Reihenfolge Hoch- und Tiefton der Melodie. G und as bilden in Takt 1 tiefen Anschlußton an a[1] und Hochton. Entsprechend sind cis und d umgekehrt Hoch- und Tiefton des liegenden Akkords ab Takt 226.

Die Neigung, in Primzahlen zu denken und Periodisches mit Aperiodischem zu verknüpfen, findet sich auch in der Gesamtanlage des Formverlaufs, den die nachfolgende Graphik veranschaulicht.

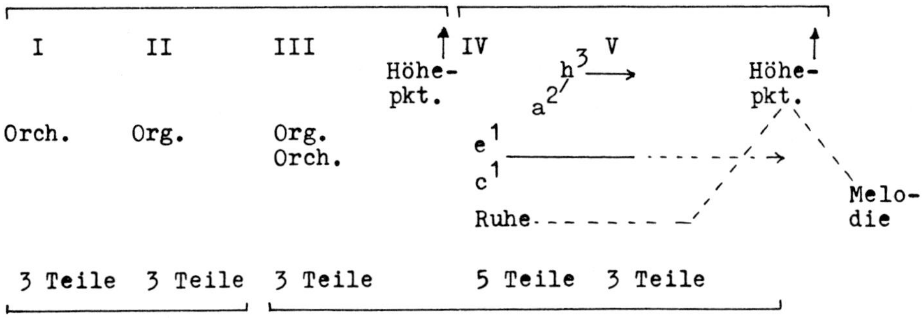

Während des Ablaufs ergibt sich eine Umdeutung der dynamischen Größen. Aus ***ff/f*** als Angehen – Zurückweichen wird ***f*** mit anschließender steigernder Umkehrung ***p/mf/f*** < ***ff*** (Höhepunkt), ein aktives Crescendo. Dem erobernden Crescendo folgt besitzendes Piano, dessen Crescendo zum Fortissimo in Teil V das Piano in neuer Art und Weise negiert, indem es dessen Bedeutungs-Substanz zu zersetzen beginnt und bereits auf den *Exodus* weist.

Interludium

In der Partitur ist die Möglichkeit vorgesehen, das *Interludium* wegzulassen und *Introitus-Exodus* direkt aneinander anzuschließen. Für Günter Bialas ist aber nach eigener Aussage dieses Orgelsolo aus musikalischen und formalen Gründen doch sehr wichtig. Durch seine größere Eigenständigkeit gegenüber der *Introitus-Exodus*-Idee und das Heraustreten einer instrumentalen Einzelfarbe für längere Zeit (das *Interludium* dauert etwa ein Drittel der Gesamtzeit) gewinnt der Hörer mehr Distanz zu den beiden Außensätzen.

Die Wirkung, die das Orgelsolo erreicht, beruht für mich vor allem darauf, daß die bereits im Keim angelegte Negation am Ende von *Introitus* gleichsam angehalten wird. Durch die Seufzer-Intonationen und den „heftigen" Ausbruch kam bereits eine Art beseelte Ichhaftigkeit (keiner bestimmten Person) in die Musik. Sie wird für mich im *Interludium* gesteigert zur einmaligen, grell herausgestellten Ichhaftigkeit eines mit Händen, Füßen, Kopf, Augen und Ohren aktiven Spielers, dessen Virtuosität und Reife des Spiels ihn sozusagen „auf der Höhe des Lebens" zeigen (müssen). Musik gewinnt hier auf raffinierte Art und Weise ein neues Medium hinzu, ohne den medialen Rahmen zu verändern. Die visuelle Komponente und die der reifen Interpretation gehören nicht mehr nur zur Aufführung, sondern zum Gedanken der Musik selbst.

Das *Interludium* verarbeitet Vergangenes und nimmt Zukünftiges voraus. Wie im *Introitus* läßt sich auch im Orgelsolo die Fünfteiligkeit erkennen. Viele Elemente aus dem ersten Satz sind erweitert. Aus der konzertant eingesetzten Orgel (vergleiche *Introitus* Takt 95 f.) wird ein virtuos zu handhabendes Instrument. Der Strukturtyp O wird in Länge und Dichte (bis zur Elftönigkeit) gesteigert, umgekehrt der Satz bis zu isolierten Einzeltönen ausgedünnt. Das Tempo (Viertel = 60) wird nach beiden Richtungen erweitert. Die Bewegungshauptrichtung ist als eine ständige, oben immer wieder neu ansetzende Katabasis mit einer Fülle variierter Bewegungsformen komponiert.

Hinweise:

1. Teil: Beginn zehntönig, Tonmaterial im Groß-Sekund-Verhältnis zum Schluß von *Introitus*. Virtuoser Satz.

♩ = 66–69 ***ff***
p
f

Wichtiger Katabasis-Typus mit nachlaufenden und hängenbleibenden Tönen:

Vorgriff auf *Exodus*:

2. Teil: Isolierte Einstimmigkeit (8! Töne)

♩. = 42 ***pp***
mf >
p >
pp

3. Teil: Strukturtyp O verstärkt
8(!) reliefartig hervorstechende
Tongruppen, geteilt in fünf dreitönige
und drei zweitönige

Virtuos: ♩ = 48 ***p/mp***; ♩ = 66 ***mf***; ♪. = 88 ***f***
ff
pp
♩. = 42 ***pp***

4. Teil: virtuos, herausgestelltes d², zehntöniger
Akkord, isoliertes a¹

♪ = 104 ***f*** >
ff
mp

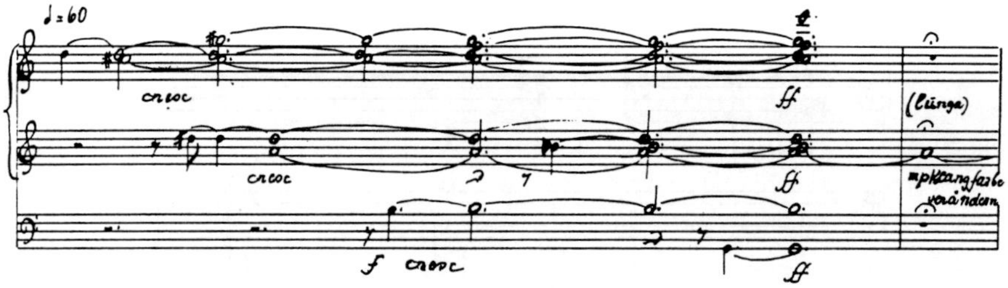

5. Teil: Rückgriff auf a^1-h^2-Feld (32mal), vergleiche *Introitus* Takt 156 f., Suspiratio, Katabasis nur noch im Pedal, mündet in fünftönigen Akkord und in *Exodus*

♩ = 60 ***p/mp*** *espressivo*

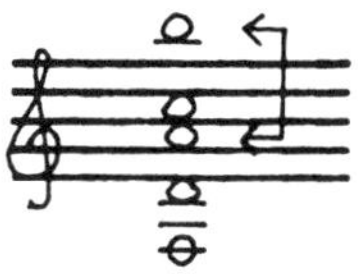

Die dynamischen Kurven steuern in drei Stadien, von ***ff*** ausgehend, auf ***ff*** zu, dies in 3, 8 und 4 Stufen (Summe 15!), um wieder in ***p/mp*** *espressivo* zu münden. Die Anlage ist ähnlich der in *Introitus* im Angehen-Zurückweichen-Gestus gestaltet.

Exodus

Der *Exodus* beginnt mit einer groß angelegten doppelten Katabasis. Sie ist eine direkte Umkehrung der Aufwärtsbewegung zur „Gewinnung von Tonräumen" im *Introitus* Takt 1–52. Ihren Ausgang nimmt sie von einem zwölftönigen Akkord. Seine hohe Lage bilden die im 1. Satz wichtigen Spitzentöne as^3-ges^3-f^3-es^3-des^3, die Mittellage der ganztönige Rückgriff f-g-a-h. Die beiden Rahmentöne f und h zusammen mit den tiefen Tönen E-B_1 ergeben die Tritonus-Quint-Beziehung der fehlenden Töne im Material des Anfangs und des Schlusses von *Introitus* (vergleiche oben). As^3 und B_1 sind zudem auch die Rahmentöne aus Takt 1/*Introitus*. Die Katabasis schraubt sich mit immer veränderten Tonschritten nach unten, in sich nachlaufenden Tönen, wie im Beispiel *Interludium* 1. Teil zitiert. Wichtige Bezugsmerkmale setzen sich also fort, um diese Katabasis als *Exodus*-Umkehrung zur *Introitus*-Anabasis inhaltlich für den Hörer deutlich zu kennzeichnen (sogar das Harfenglissando ges^2-Ais_1 abwärts taucht auf). Die quasi-kanonische Abwärtsbewegung, erst in den Streichern, dann in den Holzbläsern, beschleunigt sich rhythmisch um das Vierfache, vergrößert sich jedoch in der Taktlänge von vier Takten auf acht Takte. Dem „Bewegen" folgt ein „Stehen" (Takt 14) auf dem tiefer gelegenen und in der Tonanzahl reduzierten Anfangsakkord als Klangfläche, über der sich in den hohen „lyrischen" Farben Harfe/Glockenspiel/Flöte das Intervall d^2-c^3 rhythmisch bewegt (vergleiche 1. Satz Takte 123–126 Oboe und *Interludium* Schlußakkord). Aus der dynamischen Geste ***mf*** > ***p*** > ***pp*** (Takte 1–18), im 1. Satz noch „Angehen/Bewegen – Zurückweichen/Stehen", ist jetzt das genaue Gegenteil geworden: „Verlieren – Noch-Besitzen".

Verlängerte marschrhythmische Signale (Schlagzeug/Blechbläser) akzentuieren die Takte 1–18 zu „schleppenden" Schritten:

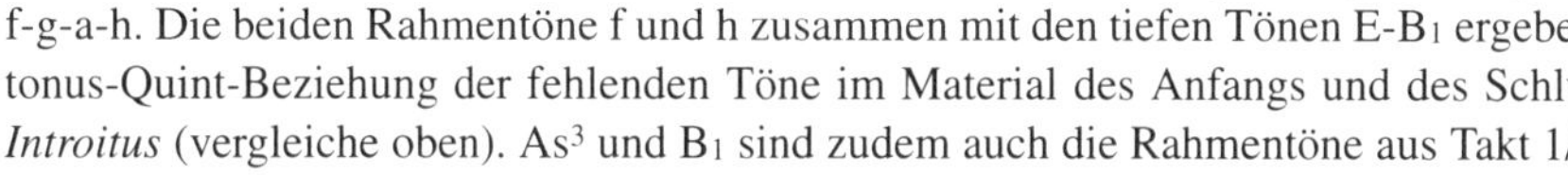

ab T. 14 d^2-c^3: 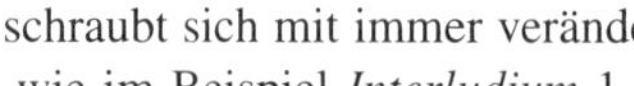 (vergleiche dazu auch 1. Satz Takt 185 f.).

Diesen ersten 18 Takten, gegliedert in 5 8 5, folgt ein 24 Takte langer Marsch, dessen Verdichtungsstadien einen Rhythmus von 6 Takten – 6 Takten (Streicher, 1./3. Horn) – 12 Takten (chromatische Katabasis) ergeben. Der tiefe Tonraum mit E-B (vergleiche 1. Satz Takt 13) bleibt weiter (von Takt 1 her) erhalten und bildet die Basis, über der sich der Tonraum (Spitzentöne d^4-des^4-es^4!) immer dichter, lauter und gedrängter auffüllt. Verfolgt man einige variativ-repetitiv angelegte, kanonisch strukturierte Felder, so fallen ausschnitthafte und permutierte „rituale“ *Dies-irae*-Intonationen auf:

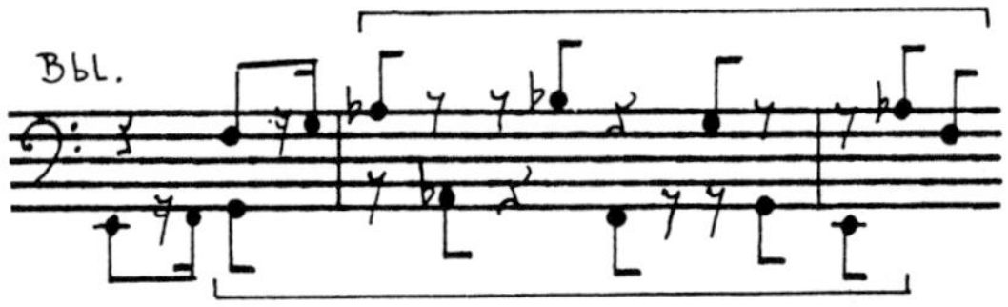

T. 20/21

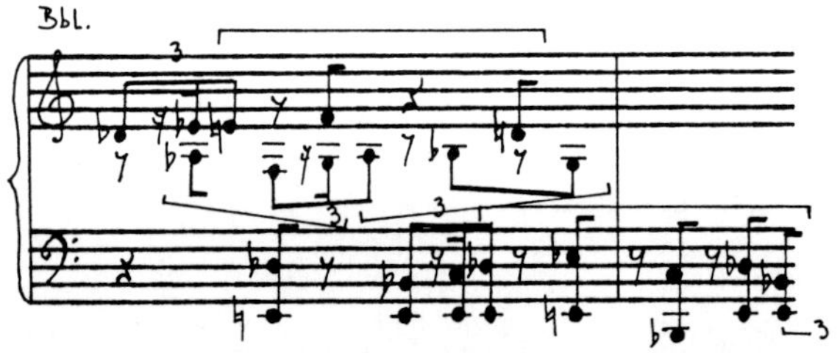

T. 26/27

T. 25/26

Das rituale Repertoire erweitert sich um die chromatische Crucifixus-Katabasis as^1-g^1-ges^1-f^1 (vergleiche auch Franz Liszt: *Weinen, Klagen*, die gleichnamige Kantate sowie das *Crucifixus* aus der *Messe h-moll* von J. S. Bach).

Es handelt sich nicht um einen Hexensabbat (Hector Berlioz: *Symphonie fantastique*), sondern mit diesem Marsch zitiert Bialas sich selbst. Das Zitat stammt aus seiner Oper *Der gestiefelte Kater* (daher auch die auffällig herausfallende Lotosflöte). Dort wird der Kater vom König zum Kanzler ernannt. Er ruft die Tiere gegen die Menschen zu Hilfe (Anmerkung in der Oper, 16. Bild: „Die Menschen drängen sich verschreckt in einer Ecke zusammen“), aber die Tiere möchten sich am liebsten selbst gegenseitig auffressen. Am Ende tanzt ein „Gegensatzpaar“ Schlange und Kaninchen. Der Marsch ist die Untergangsmusik zum makabren *Aufzug der Tiere*. Damit erweitert sich die *Exodus*-Inhaltlichkeit um eine politisch-sozialkritische Dimension. Die Technik, sprachlich-inhaltlich zugeordnete Musik durch textloses Zitieren in anderem Zusammenhang wieder zu verwenden und so ihre verstärkt „benennende“ Inhaltlichkeit für eine verschlüsselte politische Aussage einzusetzen, kann in der Musik aus dem Bereich der Arbeiterkultur bis zur Wiener Klassik zurückverfolgt werden.

Der Marsch, mit dem die Tiere aus dem Wald gelockt werden, hat damit als Genre in *Exodus* einen inhaltlichen Bedeutungswandel erfahren. Aus dem treibenden, aktiven Marschrhythmus in *Introitus* wurde ein verzerrter, schleppender Rhythmus. Jetzt ist daraus ein Marsch geworden, der nicht schleppt, im Gegenteil aktiven Gestus hat. Doch die Beziehung hat sich geändert. Das Aktivpotential tritt nun dem Ich gegenüber, wird zur treibenden Außenwelt, aus dem treibenden Ich ein getriebenes. Die Andeutung politisch-sozialer Konfliktsituation (bis zur Austreibung assoziierbar) stellt dabei nur eine Möglichkeit schrecklichen Exodus’ dar. Sie bleibt im Folgenden nicht allgemein, behält die Realität persönlichen Erlebens und mündet am Höhepunkt Takt 43 wieder in die subjektive Erlebnis- und Erleidens-Sphäre. Der Tonfall des Schrecklichen bleibt bis zum Schluß von *Exodus* bestimmend.

An der Höhepunkt-Nahtstelle setzt, der beschriebenen Dramaturgie folgend, die Orgel ein, integriert das schreiende Fortissimo mit ständiger Abwärtsbewegung und greift – eine große Sexte tiefer transponiert – die im 1. Teil des *Interludiums* zitierte musikalische Gestalt wieder auf, mit dem Orchester (ein grelles, stehend-bewegtes Tonfeld) stoßweise dialogisierend (vergleiche Notenbeispiel Seite 198).

In vier Schüben schwächt sich die Dynamik zum Pianissimo ab, und „wimmernde" (Bialas, mündliche Mitteilung) hohe Streicher- und Holzbläsergruppen überziehen Orgel und Orchesterfeld. In der letzten Phase wird auch noch das sonst Zartheit ausdrückende Glockenspiel zum schmerzlichen, „geschlagenen" Ausdruck mit herangezogen (vergleiche Notenbeispiel Seite 199).

Nach diesen 26 Takten (6+5+10+5 = 26), ab Takt 68, kehrt die Musik zu den beiden extremsten semantischen Tongestalten aus *Introitus* zurück: zu Ton a – der gedachten Mitte und dem Ausgangspunkt – und zu „Melodie" *espressivo*, dem Symbol reifen Lebens. Das a ist zu einer repetitiven Schicht auskomponiert, die im Unterschied zu „früher" (*Introitus*) von einem rhythmischen und farblichen Zersetzungsprozeß erfaßt wird. Fünf Viertel Gesamtlänge (aperiodisch zum 4/4-Takt) sind in fünf Farben gespalten:

Exodus, Takte 43–46

Exodus, Takte 63–67

Nach sieben Wiederholungen ergänzt sich das letzte a mit fünf $f^{3/4}$ und fünf As_1 als Pedalton der Posaunen (vergleiche 1. Satz Takt 180f.), danach mit zusätzlichen vier h^3. Das Element „Melodie" ist dagegen gesteigert. Kanonartig, variativ verschränken sich ähnliche Melodien ineinander. Sie haben gemeinsame Kernstrecken, und allen fehlen die gleichen Töne fis und a, das heißt: Sie verbinden sich (wieder) zu einem zehntönigen Komplex. Ein Beispiel solcher Verzweigungs-Alternativen (Takt 72ff.):

Diese Melodienpolyphonie bündelt sich zu zwei Gruppen mit Dichten 5:8 im aperiodischen Verhältnis (1. Oboe, 2. Flöte, 1.Violine, 1. KLarinette, 2. Klarinette / 1. Flöte, 2. Flöte, 1. Trompete, 2. Oboe, 1.Violine, 1. Oboe, 1. Horn, 1. Fagott). Die Linie scheint so erfunden zu sein, daß sie aus der „zerrissenen" Klangfläche a-f-h-as mit f und h herauswächst, diesen Tritonus durchsetzt mit der teilpentatonischen Choralintonation d-f-g und zu großen Bögen derart weitergesponnen wird, daß sie sich kanonisch-polyphon selbst begleiten kann, zur eigenen Vergangenheit kontrapunktisch sich verhält. Gleichzeitig formt sich hier als Melodiekopf im Keim eine Quintenkette aus, die sich bis zur zwölftönigen, quintgefärbten Totale der Takte 142–155 von b-f-c-g-d-a bis gis ausbreitet (b/gis Rahmentöne zu a!). Sie mündet in den Schlußmarsch der Takte 156–189.

Zuvor werden ab Takt 89/90 die Elemente seit Takt 69 weiter verarbeitet und in mehreren Phasen verschieden ausgeformt. In den Takten 90–97 verschmelzen melodische Qualität und kurze repetitive Gestalten, deren Tonhöhen sich nach und nach ändern, zu einem hohen, quasimelodischen Feld schmerzlichen Ausdrucks. Diese neue Charakteristik bleibt bis zum Schluß bestimmend (siehe nebenstehenden Partiturausschnitt).

Exodus, Takte 90–93

Die oben erwähnte neue Charakteristik liegt in den hohen Streichern. Die relativ langen Dauern ♩ ♩. 𝅗𝅥 geben den einzelnen Tongruppen von 3, 4, später 5 und 2 Tönen melodischen Ausdruck. Die Bandbreite reicht von g^2-b^3, später bis des^2 nach unten erweitert (beides thematische Umfänge seit *Introitus,* Takte 1–15). Die 1. und 2. Violinen setzen anfangs kanonisch ein. Die zweite Hälfte der 2. Violinen bricht ab Takt 92 aus der Imitation aus. Das Ganze ergibt eine mehrschichtige, übergeordnete melodische Bewegung thematischer Intervalle:

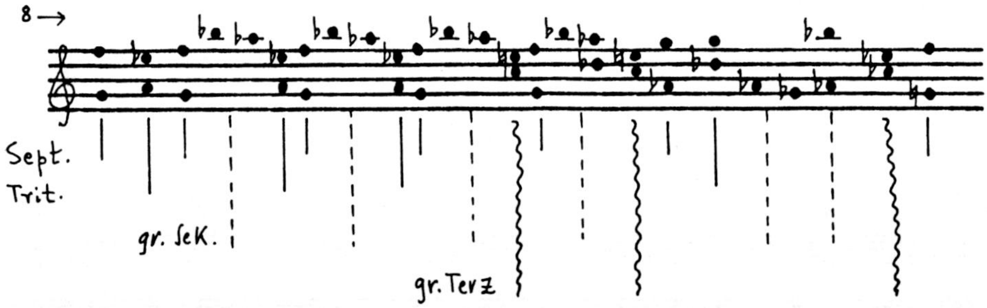

Die Bratschen holen aus den Stimmen der Violinen verstärkt die Achse g-a, g-as, später wieder g-a heraus. Das relativ einfache Satzgefüge ist der notwendige Kontrast zur kompositorischen Ausarbeitung. Die springende Stimmverteilung, die der Satzoberfläche nicht folgt, gewährleistet durch eben diese Reibung mit dem einfachen Tonnetz die Verstärkung der melodischen Qualität. Vom chromatischen Total ist nur der Ton d ausgespart. Er ist der wichtige Ton im tiefen Tonraum. Dieser ist ostinat angelegt. Die rhythmische Verschiebung beider Linien läßt jedoch immer die thematischen Sexten as(gis)-e, e-des(cis), d-b aufeinander folgen. Sie geben als Tonsumme des-d-e-as-b (vergleiche *Introitus* Takt 13). Alle Dauern (mittleres/großes Becken und Tamtam imitieren rhythmisch den tiefen Ostinato um ein Achtel verschoben) sind so angeordnet, daß sie die relativ langsamen Einzelbewegungen zu einer ununterbrochenen komplementären Achtelkette zusammenschließen.

Die bewegten hohen und tiefen Seitenbänder umschließen eine stehende Mitte (Orgel, Hörner). Die „zerrissene" a-Schicht, seit Takt 69 mit hinzugefügtem f, h und gis, sowie der Vergleich mit der Tonhöhenkonstellation f-g-a-h im Orgelpart Takt 90 und dem tiefen Ostinato ergeben einen symmetrischen Tongrundriß von as zu d, der fast bis Ende des Satzes in unterschiedlich starken Formen bestimmend bleibt.

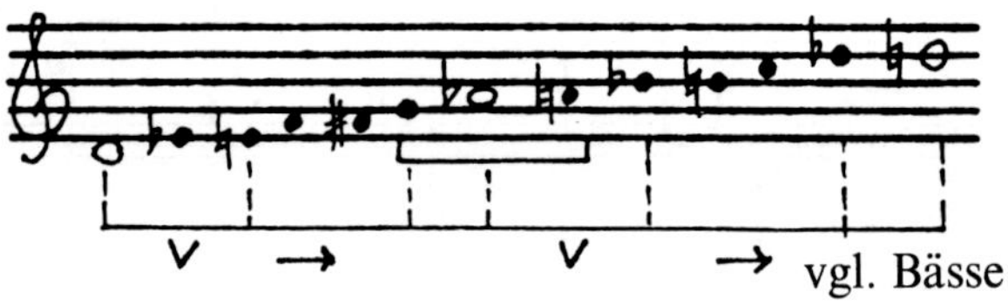

Der musikalische Strukturverlauf bis zum Schlußmarsch der Takte 69–155 ist folgendermaßen gegliedert (siehe nebenstehende Graphik):

Die Dreigliederung ergibt sich aus der Folge Melodie – quasi-melodisches Feld/Ostinato. Die Orgel faßt Teil 2 und 3 zusammen. Sie beginnt jeweils solistisch und wird dann erst vom Orchester abgefärbt. Der Teilung von 3 in 1 und 2 (Orgelvorspann) entspricht die aperiodisch entgegengesetzte in 2 und 1, wenn man die dynamische Kurve leise – laut / leise – laut / leise in Betracht zieht. Von den fünf (!) Akzenten bleibt im dritten Teil nur noch ein Akzent übrig.

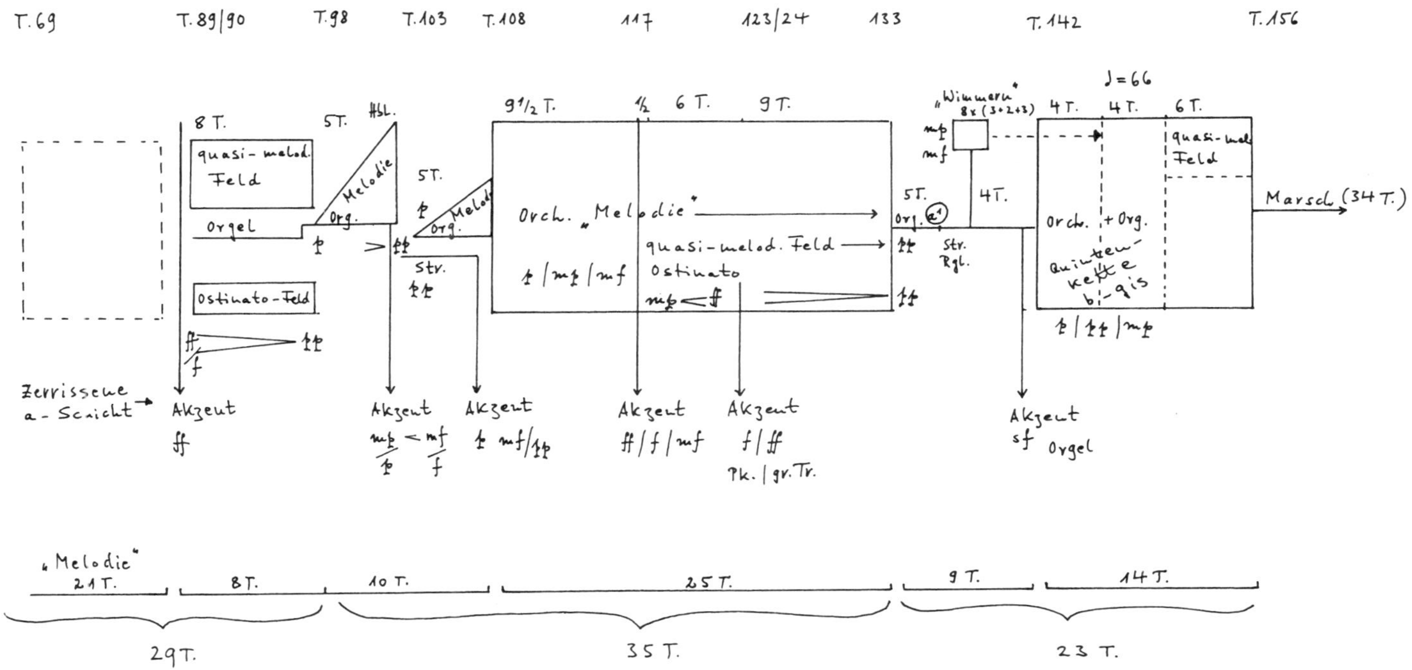
T. 69
T. 89/90
T. 98
T. 103
T. 108
117
123/24
133
T. 142
T. 156
8 T.
quasi-melod. Feld
Orgel
Ostinato-Feld
5 T.
Hsl.
Melodie
Org.
5 T.
Melodie
Org.
Str.
9 1/2 T.
1/2
6 T.
9 T.
Orch. „Melodie"
quasi-melod. Feld
Ostinato
p / mp / mf
mp < ff
5 T.
Org.
Str.
Rgl.
„Wimmern"
8 x (3+2+3)
mp
mf
4 T.
♩ = 66
4 T.
4 T.
6 T.
quasi-mel. Feld
Orch. + Org.
Quintenkette b–gis
p / pp / mp
Marsch (34 T.)
Zerrissene a-Schicht
Akzent
ff
Akzent
mp < mf
p f
Akzent
p mf/pp
Akzent
ff / f / mf
Akzent
f / ff
Pk. / gr. Tr.
Akzent
sf Orgel
„Melodie"
21 T.
8 T.
10 T.
25 T.
9 T.
14 T.
29 T.
35 T.
23 T.

Dafür werden die „Wimmern"-Gruppen aus dem Dialogteil Takte 43–68 wieder aufgegriffen. Die Raum- und Farbverteilung gliedert die acht Wiederholungen in 3+2+3.

Dieser wichtige Teil von *Exodus* zeigt für mich das Leben einerseits in seiner höchsten Ausgereiftheit (alle Räume stehen zur ständigen Verfügung, volle Melodieentfaltung), andererseits in einem Zersetzungsprozeß begriffen (Zerhacken durch Akzente, hinkender Marschrhythmus, stehende hohe Streicherfelder ins Quasi-Melodische zersetzt, zerhackte a-Schicht). Das allmähliche Altern geht über in einen leisen Trauermarsch voller expressiver Züge (siehe nebenstehendes Beispiel).

Die Rhythmusgruppe spielt reguläre Marschrhythmus-Modelle, die infolge ihrer im Verhältnis zum Metrum aperiodischen Länge von fünf Vierteln fünftaktige Schleifen ausbilden. In Trompete, Horn, Viola liegt eine teilchromatische Katabasis f^1-es^1-d^1-cis^1, in den Bässen die Weiterführung d-c-h-a-as-g (+b) beziehungsweise h-b-as-g-e. Eine Verkürzung zum „Seufzer" a^1-gis^1 findet sich in Trompete/Harfe, weitere Seufzer in den hohen Holzbläsern. Die längeren Katabasis-Linien sind durch Pausen getrennt: in den Blechbläsern zu Tonpaaren gruppiert, in den Streichern (+ Posaunen) zu bloßen Einzeltönen zerschnitten. Über diesen Richtungsbildern aus der Figurenlehre liegen, vom vorherigen Abschnitt übernommen, die hohen quasi-melodischen Streicherfelder mit eigenartig pfeifend-expressivem Ausdruck.

Ab Takt 164 zerfällt der Trauermarsch mehr und mehr und bleibt im Rahmen der Töne $D_{1/2}$ (Orgel, Violoncelli, Kontrabässe) und gis^3-as^3 (Harfe *bisbigliando*) stehen. Danach gibt es (Takt 172) nur noch ausgedünnte Reste: das Marschrhythmus-Modell mit angestrichenem Becken, einen liegenden Akkord, der sich von der Tiefe her zum Ton a verdünnt, Reste der hohen Streicher (e-f-b/a-gis-d) und den Neueinsatz der hohen A-Pauke (ein genialer Einfall!) im dichten Wirbel mit „vorsichtigem An- und Abschwellen" (Anweisung in der Partitur). In Takt 185/86 wird die gesamte Tonhöhenbewegung gestoppt mit dem erneuten Bisbigliando der Harfe auf gis^3-as^3. Die letzten Töne verschieben die Symmetrieachse von as wieder nach a:

Damit ist auch harmonisch die Wende vollzogen.
Im vorletzten Takt bleibt nur noch a übrig. Im letzten Takt weicht auch der Marschrhythmus der hohen A-Pauke. *Exodus* mündet im a von Orgel, Streichern und Paukenwirbel. Die Musik kehrt wieder zum a zurück, von dem sie in Takt 1 ihren Anfang genommen hatte. Zurückkehren bedeutet jedoch nicht Umkehren. Das Schluß-a wurde erreicht durch „Gehen in gleiche Richtung", komponiert bis zum Paukenwirbel auf a und das Absinken um eine Oktave von a^1 am Anfang zu a am Ende. Alle Bewegung verlöscht und verdünnt sich im a, das selbst im Decrescendo zum ***ppp***, dann zur Stille und endlich zum Nichts verlöscht.

Exodus, Takte 158–161

Das gebrauchte kompositorische Material ergibt im Überblick ein folgerichtiges Gesamtkonzept sich in verschiedene Richtungen auffächernder Wegketten mit Querverbindungen:

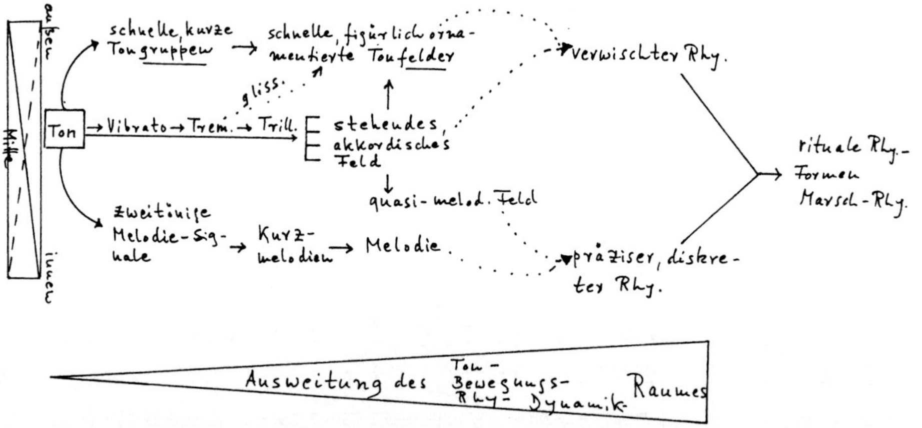

Es wurde versucht, das Stück, dem Kompositionsverfahren folgend, nach einer Art reagierender „Fortpflanzungs“-Methode zu analysieren. Dies im 1. Satz relativ genau von Takt zu Takt, dabei verschiedene Detailschwerpunkte setzend, im 3. Satz gerafft mit einem dazwischengeschalteten *Interludium* punktueller Hinweis-Analyse. Günter Bialas arbeitet mit einfachen, plastischen Materialkonstituenten, die im kompositorischen Kontext eine Fülle von Beziehungen und mit diesen im So-Sein des musikalischen Ausdrucks-Augenblicks mannigfaltige Bedeutungen freigeben, Inhalte bilden. Es wurde versucht, aus dem Strukturgefüge der musikalischen Zeichen auch auf die beiden Seiten des Ausdrucks, die begriffliche und die emotionelle, interpretierend aufmerksam zu machen, Dominanzen zu beschreiben. Dabei erwies sich die Untrennbarkeit zwischen der musikalisch-materiellen Basis und dem auf ihr unabdingbar fußenden, da ohne sie nicht möglichen, begrifflichen und emotionellen Ausdruck. Die emotionelle Seite des Ausdrucks muß aber selbst wieder in doppelter Dimension entfaltet werden. Auf der kommunikativen Ebene sorgt die musikalische Verdichtung in *Exodus*, beispielsweise in den dort quasi-melodisch auskomponierten hohen Tonraum-Feldern der Streicher, für die nötige affektive Motivation. Durch emotionelle Führung, Steigerung, Beruhigung, Anspannen, Verweilen usf. wirbt die Musik gleichsam für sich selbst, sorgt für die nötigen Impulse, damit Kommunikation überhaupt stattfindet, der Hörer den musikalischen Gedanken gerne folgt. Energetische Folgerichtigkeit und Schönheit der Musik sorgen für die Akzeptanz der Gedankenführung und sind gleichzeitig diese Gedanken selbst.

In dieser Ausdrucksdialektik: Begriffliches äußert sich musikalisch emotional, und musikalische Emotionen lassen sich ihrerseits begreifen, liegt auch der Schlüssel zum Verhalten des Autors zu seinem Gegenstand, die Erkenntnis dessen, was Inhalt der Komposition ist und was „außen vor“ bleibt.

Während ich dies hier schreibe, fasten drei Menschen, in der Mitte ihres Lebens stehend, auf unbestimmte Zeit, heute den 27. Tag, für den Frieden, für das Leben.

Introitus-Exodus stellt eine Lebenskurve dar, aktives Treiben, Reifen, Ausbildung inneren Reichtums, der zu expressivem Ausdruck fähig ist, Getriebensein (objektive Außenwelt als Ursache und Anstoß), Exodus als schmerzliche Empfindung, zum „Wimmern“ treibend, Altern, Verlöschen (mit Trauermarschzeremonie).

All dies könnte auch für die Fastenden gelten. Sie sind durch die objektive Lage der Außenwelt (mit dem bestimmten Inhalt der Gefahr für den Frieden) und durch die aufgrund ihrer sozialen Stellung ihnen gegebenen Möglichkeiten zur subjektiven Entscheidung, auf unbestimmte Zeit zu fasten, „getrieben" worden. „Schmerzen", ja sogar Exodus, „Verlöschen" könnte ihr Schicksal sein. Aber damit ist die Realität der Situation noch nicht zu Ende gedacht. Erleiden und Mitleiden sind nur eine, die subjektive Seite der objektiven Wirklichkeit. Die Aktion der Fastenden nimmt diesen sich im Menschen als Leiden, Schmerzen usw. reproduzierenden „natürlichen" Auswirkungen und Äußerungen das Allgemeine, das nur im Subjekt bleibende passiv Geschlossene, indem sie die Ursache der Wirkung als unzureichenden Grund, in konkreter Utopie als veränderbar bestimmt und in einer Art Opfer-Tat-Handlung das Entstehen von Schmerzen, von Leid, von Tod als von menschlichen Beziehungsverhältnissen bedingt offenlegt. Emotionale und kreatürliche Widerspiegelungen im Menschen werden zum Kampfmittel gegen die Ursachen durch ihre *eigenen*, begrifflich-emotionalen Wirkungen und damit zum fortschrittlichen, humanistischen Potential, werden also in ihrer ganzen Wirklichkeit erfaßt.

Die Musik von Günter Bialas bleibt nicht beim sich bescheidenden „Alle Menschen müssen sterben" stehen, geht auch über eine bloß kreatürliche Darstellung des Lebens weit hinaus. Auch die Vorstellung eines Rituals scheint mir, besonders in *Exodus*, aufgebrochen zu sein zugunsten direkten Ausdrucks sozialer und privater Sphären. Bialas stellt aber das Getriebensein als Getriebensein, den Schmerz schmerzlich dar (natürlich meine Interpretation als akzeptierbare Möglichkeit vorausgesetzt). Damit bleibt er sozusagen auf der gleichen Darstellungsebene, das aktive Element des subjektiven Faktors wird in *Exodus* nach und nach aufgegeben.

Wie kann diese Musik realistisch voll wirksam werden? Sie muß selbst Objekt einer gesellschaftlich nach außen (in welcher Form auch immer) gerichteten Tathandlung werden. Sie ist dazu distanziert genug und besitzt kompositorische Qualität und Ausdruckskraft in höchstem Maße.

Herbst 1983

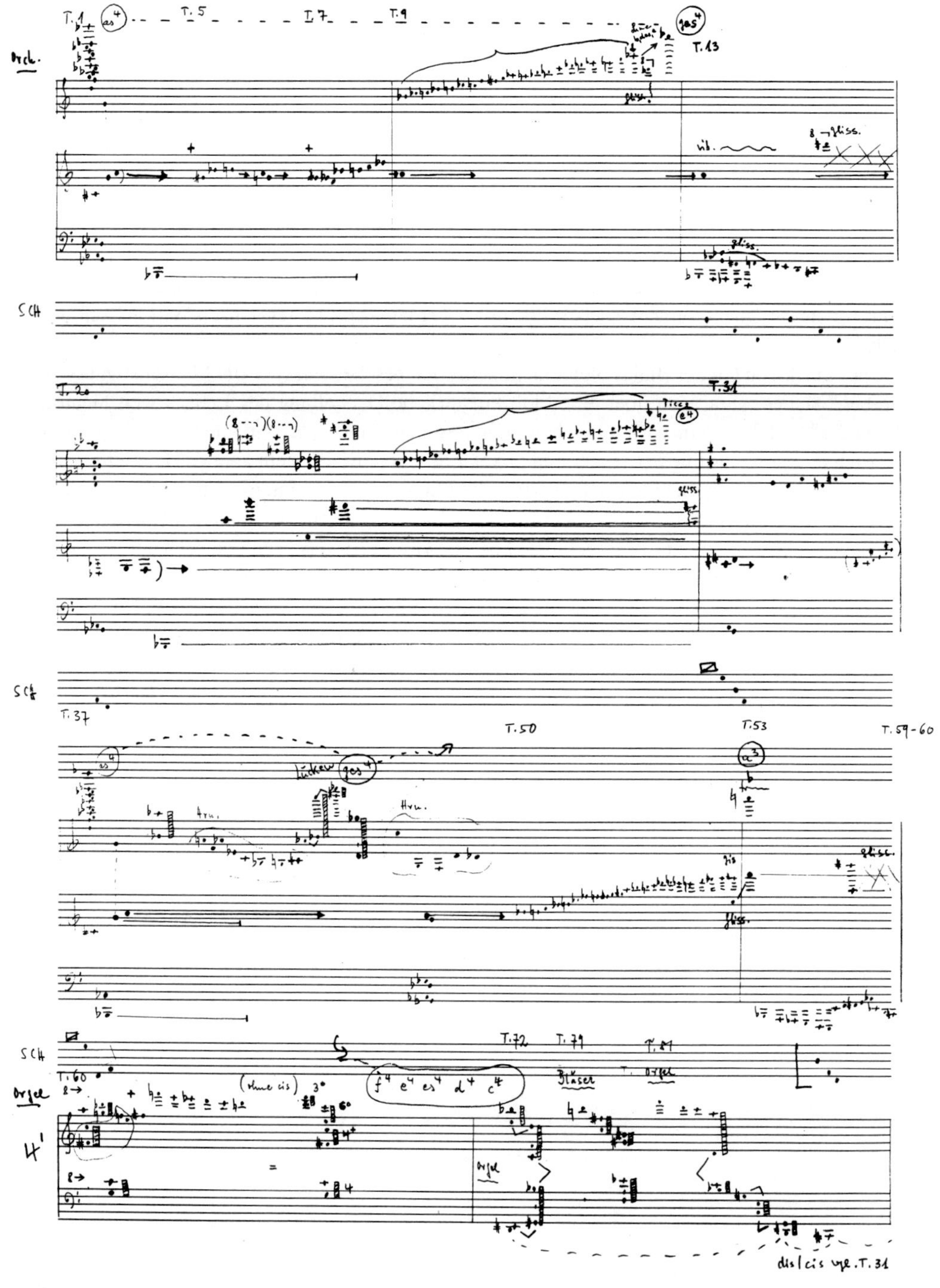
T. 1
es⁴
T. 5
T. 7
T. 9
ges⁴
T. 13
Orch.
vib.
gliss.
SCH
T. 20
T. 31
e⁴
T. 37
Lücken
ges⁴
Hrn.
T. 50
T. 53
a³
T. 59-60
T. 60
Orgel
4'
(ohne cis)
f⁴ e⁴ es⁴ d⁴ c⁴
T. 72
T. 79
Bläser
Orgel
dis/cis vgl. T. 31

T. 92
T. 107
T. 114
T. 117
(8'+4')
Orgel
Orgel + Orch.
Fag.
ord.
Orch.
T. 120
Fag./Hrn./Pos.
Ped.
SCH
(Picc.)
es⁴
T. 123
T. 130
T. 134
T. 137
Trp.
vgl. T. 72 - 79
T. 127
vgl. Hrn. T. 39 ff.
Kbl.
(Orgel)
Pos.
T. 142
T. 145 Picc.
cis⁴
T. 156
T. 162
Hrn. vgl. T. 130 / 134
c.f. Hrn.
Trp.
Str.
dim.

T. 167
T. 173
T. 178
T. 185
T. 189
T. 194
T. 197
T. 200
T. 202
T. 204
(Picc.)
es4
e4
SCH
T. 209
T. 216
T. 226
T. 234
Schlußtakt
Fl.
Melodie
vgl. T. 200/202
SCH

Einige Anmerkungen zum Problem Komponist und Gesellschaft

Die Zeiten sind schon lange so schlecht wie heute.
1783 publizierte Carl Philipp Emanuel Bach in der vierten seiner bekannten sechs Klaviersammlungen

1. Drei Rondos für die Liebhaber („um meinen Verkauf zu fördern")[1].
2. je zwei Sonaten und Fantasien für die Kenner.
Die späte, 1787 komponierte fis-moll-Fantasie produzierte Bach
3. nur für den eigenen Gebrauch, ohne an Veröffentlichung zu denken, „seinem Fleiße vollkommenen Lauf lassend"[2].

Diese Bachsche dreistufige Entfaltung seiner Produktions- und Publikationstechnik zeigt bereits konturiert und reflektiert die Anfänge bürgerlicher, kapitalistischer Produktionsverhältnisse.

Der Komponist tritt als vereinzelter, freier, konkurrierender Warenproduzent auf. Als solcher steht er den Mitgliedern der Gesellschaft als den Übrigen, den Anderen gegenüber: Sie sind ihm bloße Abnehmer, auf deren Nachfrage er *quantitativ* angewiesen ist. Der Markt wird bereits gegliedert, das Produkt auf bestimmte Verbraucherschichten zu-produziert: Musik für Kenner, Musik für Liebhaber, religiöse Musik usw.

Derlei Warenkunde scheint notwendig. Dem Käufer tritt ja die Ware vordringlich unter dem *qualitativen* Gesichtspunkt ihres Gebrauchswerts gegenüber. Es klingt ganz einfach: Will der Produzent verkaufen, muß er die Bedürfnisse des Käufers miteinkalkulieren.

In dieser ziemlich alten, objektiv existierenden spezifischen Quantitäts-Qualitäts-Beziehung ist auch heute noch eine ganze Fülle von auftauchenden Schwierigkeiten und Konflikten begründet.

Es steht nicht sehr gut um diese sogenannten Bedürfnisse.

Die bürgerliche Gesellschaft spaltet den Menschen in den öffentlichen (mit politischen *Bürger*rechten, den droits du citoyen) und in den privaten (mit individuellen *Menschen*rechten, den droits de l'homme). In der Konstitution von 1793, Artikel 6, heißt es: „Die Freiheit ist das Recht des Menschen, alles tun zu dürfen, was den Rechten eines anderen nicht schadet." Marx sagt dazu: „Das Menschenrecht der Freiheit basiert nicht auf der Verbindung des Menschen mit dem Menschen, sondern vielmehr auf der Absonderung des Menschen von dem Menschen. Es ist das *Recht* dieser Absonderung, das Recht des beschränkten, auf sich beschränkten Individuums"[3].

Dadurch, daß das Feld vieler für uns in Frage kommender Bedürfnisse zur *Privat*sache erklärt ist, zum Geschmack, über den sich nicht streiten läßt, ist dem zügellosen Wuchern von Vorurteilen, irrationaler Pest, Bequemlichkeit, Dummheit Existenz*recht* zugesprochen. Marx sagt dazu weiter: „Die *politische Revolution* löst das bürgerliche Leben in seine Bestandteile auf, ohne diese Bestandteile selbst zu *revolutionieren* und der Kritik zu unterwerfen"[4].

Die Tendenz der Ware zur unbeschränkten, inhuman-marktgerecht-totalen Quantifizierung ist in unserer Zeit zur vollen Giftblüte gelangt. Sie hat vom Faschismus bis zur Bildzeitung, von der alles beherrschenden Filmindustrie bis zur motivationsverrotteten U- und E-Musik von der

1) Vergleiche Peter Schleuning: *Die freie Fantasie*, Göppingen 1973, S. 234 ff.
2) Schleuning, a. a. O.
3) Marx/Engels: *Werke*, Band I, Berlin 1970, S. 364
4) a. a. O., S. 369

qualitativen Seite des Gebrauchswerts nur noch das primitiv Anlockende übriggelassen, Qualität zu bloßer Quantität depraviert. Die Bandbreite dieses Verderbspiels mit Bedürfnissen aufgrund degenerierter Totalquantifizierung und deren Komplexität zeigt Georgi Dimitroff,[5] wenn er als „Quelle des Einflusses des Faschismus auf die Massen" bestimmt: „Dem Faschismus gelingt es, die Massen zu gewinnen, weil er in demagogischer Weise an ihre brennendsten Nöte und Bedürfnisse appelliert. Der Faschismus entfacht nicht nur die in den Massen tief verwurzelten Vorurteile, sondern er spekuliert auch auf die besten Gefühle der Massen, auf ihr Gerechtigkeitsgefühl und mitunter sogar auf ihre revolutionären Traditionen."[6]

Nur zu leicht ist man versucht, angesichts solch erdrückender Quantitätsbewegungen trotzig sein besseres Ich gegen die schnöden Ihr zu setzen, sich als verweigernder, aristokratischer Qualitätler aus dem schmutzigen Geschäft herauszuhalten.

In Dimitroffs Zitat jedoch klang bereits an, daß die Dinge nicht so einfach sind wie sie aussehen. Das schiefe Licht, in das die quantitative und qualitative Seite sich gegenseitig rücken, kann leicht irrlichternd zu dualistisch starrem Entweder-Oder führen, blendend die Dialektik von Quantität und Qualität verbergen.

Die quantitative Seite in Zirkulation und Distribution dient ja nicht nur zur Sicherung der materiellen Existenz. Sie ist vor allem auch ein Machtfaktor für die qualitative Seite der künstlerischen Produktion. Quantitäten zeigen nicht nur Marktwert an, sie schaffen auch Voraussetzungen und Möglichkeiten für Kenntnisnahme und Auseinandersetzung, lebendige Ausstrahlung und Autorität der qualitativen Seite der Komposition. Dimitroff weist nicht nur auf die Möglichkeit massenhaft existierender „bester Gefühle" hin, sondern auch darauf, daß die fürs Quantitative zuständigen Organisationsformen ein Kampffeld sind, das im Dienste gesellschaftlich-humanistischer Qualität nicht einfach aufgegeben werden darf.

Carl Philipp Emanuel Bach redet der „Verschiedenheit der Arbeiten" das Wort, nimmt Rücksicht auf „Umstände, Vorschriften und Veranlassungen" der Stücke, ist der Meinung, „man möge das Gute, wenn es auch nur in geringer Dosis in einem Stück anzutreffen ist, annehmen", und weiter: „Indessen kann es sein, daß dergleichen nicht eben angenehme Umstände mein Genie zu gewissen Erfindungen aufgefordert haben, worauf ich vielleicht außerdem nicht würde verfallen sein."[7]

Daneben verfertigt Bach Fantasien nur für sich, läßt sie also gar nicht als Ware in eine Wertform eintreten, und *veröffentlicht* Fantasien in verständlicherer Kompositionstechnik.

Fast könnte man annehmen, Bach habe den Widerspruch einerseits durch geschickte Anpassung als pädagogischer Quantitätler, andererseits durch kompromißlose Verweigerung als radikaler Qualitätler in recht schofler, unakzeptierbarer Pragmatik gelöst.

Aber: Bachs gesamte Produktion war parteiisch.

Seine Formen, strukturellen Beziehungen, sein Melodiestil, seine subjektiven, ins Innerste steigenden musikalischen Zergliederungen rasch wechselnder Affekte und anderes spiegeln im individuellen sinnlichen Ausdruck der Komposition *objektiv* die aufkommenden, mühsam er-

5) Georgi Dimitroff (1882–1949), bulgarischer Politiker, beteiligte sich nach dem Ersten Weltkrieg an bewaffneten Aufständen in seiner Heimat, lebte danach im Exil (Moskau, Wien, Berlin), geriet 1933 im Zusammenhang mit dem Berliner Reichstagsbrand vor die Schranken der deutschen Justiz, mußte aber vom Verdacht der Brandstiftung freigesprochen werden, war danach in Moskau Generalsekretär der Kommunistischen Internationale. 1944 übernahm er die Führung der Kommunistischen Partei Bulgariens, wurde 1946 Ministerpräsident, der er bis zu seiner „Beurlaubung" im Frühjahr 1949 blieb. (Anm. d. Hrsg.)

6) Georgi Dimitroff: *Die Offensive des Faschismus* in: VII. Kongreß der Kommunistischen Internationale, S. 95.

7) Charles Burney: *Tagebuch einer musikalischen Reise*, Wilhelmshaven 1980, S. 455.

kämpften neuen Wertvorstellungen des Bürgertums wider. Sein reflektiertes Verhalten innerhalb der geschilderten Produktionsverhältnisse verhalf gerade der revolutionären Bewegung mit zum Durchbruch.

Ohne geschichtliche Dimension bleibt Qualität stumm.

Parteilichkeit, historisch richtig verstanden als Ausdruck und Gestaltung des Fortschrittlichen, gibt der Kategorie Qualität erst ihr Gesicht, ihre objektive Wirklichkeit.

Dabei hatte Bachs Schaffen so viel Unabgegoltenes, daß sowohl die „volkstümliche" Tradition der Liebhabermusik im Wiener Klassizismus als auch die Tradition der Fantasie, über Neefe[8)] und Haydn vermittelt, beim späten Beethoven erst zur vollständigen Ausbildung ihres qualitativen Niveaus gelangte.

Darüber hinaus zeigt der geschichtliche Prozeß, daß *Qualität* mit historisch präzisem Profil und die ihr gebührende *Quantität* in Zeiten, in denen die Gedanken und Bedürfnisse der Herrschenden im Durchschnitt die Gedanken und Bedürfnisse aller sind, zu annähernder Deckung als gebündelter wirklicher Ausdruck der Zeit kommen, daß auch Quantität nur aus der dialektischen Unruhe historischen Fließens sich gültig verwirklicht und verstehbar ist.

Zweihundert Jahre später sagt Brecht lapidar: „Wenn die Herrschenden gesprochen haben, werden die Beherrschten sprechen."

Mit Vorsicht und Genauigkeit wird man sich diesem zu undialektischen Wenn-Dann entziehen müssen. Die neue Gesellschaft entsteht im Schoße der alten. Dies ist nicht chronologisch „als geradliniges Nacheinander bloßer Uhrzeit" zu verstehen, wie Bloch sagt, vielmehr überschneiden sich Vergangenheit und Zukunft als Qualitäten[9)].

Dementsprechend wird man sich davor hüten müssen, ideologische Interessenhüllen wie *die* bürgerliche, *die* politische, *die* meditative, *die* U-Musik usw. für das erschöpfend Ganze zu nehmen. Richtige Handhabung der Dialektik von Quantität und Qualität verlangt, *überall* nach dem Fortschrittlichen zu suchen, es hervorzuholen, Unabgegoltenes und Überschüssiges im Sinne der Gegenwart als Zukunft der Vergangenheit schärfend zu mobilisieren.

Die Blochsche Forderung: „Der subjektive Faktor muß die relativ ruhenden Bedingungen in aktive Wirkursächlichkeit verwandeln"[10)] bedeutet, daß Kritik und Revolutionierung niemals von außen, etwa von der Position des solipsistisch-verweigernden, reinen Qualitätlers, an eine quasi idealisiert gedachte Gesamtgesellschaft herangetragen werden können, sondern nur *innerhalb* historisch fortschrittlicher Bewegungen und aus der Kenntnis ihrer Bewegungsgesetze und deren konkreter Mannigfaltigkeit. Nur aus dem vorwärtsbewegenden Wir kann das komponierende Ich seine Fähigkeiten voll entfalten und diesem wieder gestaltend gegenübertreten, darin Erkenntnis und Wertung im sinnlichen Verstehen realistisch zurückwirkend geltend machen.

„Wer nur von Musik etwas versteht, versteht auch davon nichts", sagt Eisler.

1983

8) Christian Gottlob Neefe (1748–1798), deutscher Komponist, lebte zwischen 1779 und 1796 als Kapellmeister und Hoforganist in Bonn, wo er der Lehrer und geistige Mentor des jungen Beethoven wurde, den er in Klavier, Orgel, Generalbaß und Komposition unterwies und mit den sogenannten *Kurfürstensonaten* für Klavier in die Öffentlichkeit einführte. (Anm. d. Hrsg.)

9) Vergleiche Ernst Bloch: *Experimentum mundi*, Frankfurt a. M. 1975, S. 93

10) a. a. O. S. 127

Über konzeptionelle Rhythmuskomposition[1)]

Musik ohne Rhythmus ist selbst in ihrer Reduktion auf nur *einen* Ton oder gar auf völliges Schweigen nicht vorstellbar. Das Phänomen rhythmisch *betonter* Musik, etwa in afrikanischen Trommelkulturen, wäre ebenfalls zu allgemein, um die Verwendung des Begriffs „Rhythmuskomposition" zu rechtfertigen. Rhythmuskomposition meint nicht bloßes Vorkommen von Rhythmus und dessen eventuell genau komponierte Gestalt, bezeichnet vielmehr eine Kompositions- und Kommunikationstechnik, die seit *Darabukka* für Klavier aus dem Jahre 1976 für alle meine Kompositionen in verschiedensten Ausformungen maßgebend ist und von mir als Möglichkeit entwickelt wurde, die Musik einer Vielzahl kultureller Erscheinungsformen zu öffnen und diese umformend und weiterentwickelnd in ihrem Gegenwartsgehalt für Fortschrittliches nutzbringend einzusetzen. Komposition als Rhythmus-Komposition bedeutet einerseits Anknüpfung an das allgemein verbindliche bürgerliche Erbe sowie an die Errungenschaften der Arbeiterkultur und der in ihr besonders gepflegten Folklore, und ist andererseits eine Technik, in der alle musikalischen Phänomene an den im Vordergrund stehenden Rhythmus als Hauptsache gebunden und durch ihn geprägt sind.

Tonhöhen werden primär zu Rhythmusträgern. Dadurch emanzipiert sich der Ton von seiner bloßen, „naturwüchsig" erscheinenden harmonischen und melodischen Gestaltbildungsfunktion. Harmonik und Melodik erhalten neue Ausdrucksperspektiven.

In der Sowjetrepublik Kasachstan gibt es Musik, die auf der zweisaitigen Dombra gespielt wird, einem Instrument, das im gesamten mittelasiatischen Raum der ehemaligen Turk-Völker bis nach Albanien – dort unter dem Namen Cifteli – zu finden ist. Dementsprechend gibt es eine Vielzahl derartiger Musikbeispiele. Allen gemeinsam ist die merkwürdige Harmonik, die nur aus zweitönigen Intervallen besteht. Melodisches, als Schritt von Intervall zu Intervall, ist der intervallisch angelegten Vertikalität untergeordnet. Melodisches ist nicht melodisch, aber auch Harmonisches nicht harmonisch zu hören. Tonhöhenbewegungen haben zwar eine gewisse Selbständigkeit, sind jedoch fast durchweg als *Rhythmus*-Träger konzipiert. Dieser Folklore-Rhythmuskomposition fehlt dementsprechend – bis auf wenige hervorstechende Ausnahmen – die rhythmische Nachzeichnung melodischer und harmonischer Energieverläufe. Daraus resultiert eine Art Ungeniertheit und Grobkörnigkeit des Ausdrucks. Dem „beseelten" Ton wird keine Zeit gelassen, einer zu sein oder zu werden, an Stelle des sich-identifizieren-müssenden Hörens tritt aktivierendes Mitmachen, obwohl die Musik sanft, gar nicht laut, sensibel ist.

Der Anfang meiner Komposition *Turmgewächse* für Harfe von 1982/83, einstimmig-linear angelegt, behält diese eben beschriebene Ausdruckshaftigkeit bei, beobachtet aber – als Erbe punktuellen Musikdenkens – die einzelnen Töne. Der Rhythmus gibt dabei den verschiedenen Tönen nicht Ausdruck, sondern macht sie beobachtbar und erzeugt dadurch aperiodische Beweglichkeit innerhalb strengen Zeitdiktats: 5 Gruppen – 7 Töne,[2)] davon: 3 Gruppen 6 Töne und 2 Gruppen 7 Töne (Beispiel 1).

In den ersten Gruppen sind die 6 Töne immer in 5+1 und die 5 Töne in 2+3 oder 3+2 gegliedert. Die übergeordneten Dauern für die internen Bewegungen sind aus 1, 2, 3 Sechzehnteln in beweglicher Zusammenstellung gebildet.

1) Zum Vergleich und zur partiellen Vertiefung wird auf den Essay *Politische Musik – Rhythmuskomposition* – insbesondere auf dessen ersten Teil (S. 223) – verwiesen. (Anm. d. Hrsg.)
2) gis, ais, h, cis, d, e, f

Beispiel 1

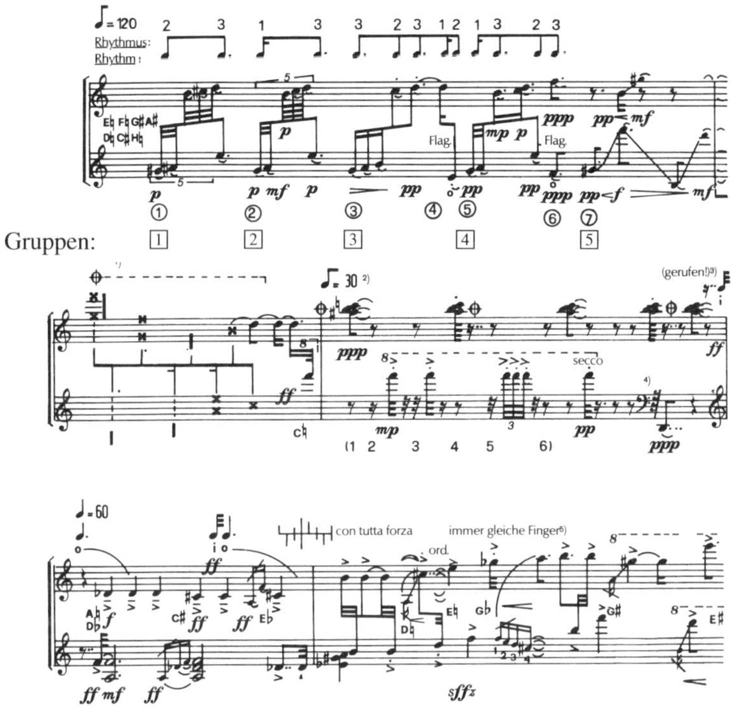

¹) bis auf d² ganze Harfe im angegebenen Rhythmus abdämpfen; d² keinesfalls mehr anschlagen / damp the entire harp in the given rhythm except for d²; d² is absolutely not to be further attacked

²) Finger r. H. senkrecht aufsetzen und abziehen / place finger of right hand vertically and withdraw – ³) (called!)

⁴) mit Finger leicht schlagen / strike lightly with finger – ⁵) always the same finger

Als Beispiel rhythmusgeprägter Harmonik sei der Anfang meines Orchesterstücks *Morgenlied* aus dem Jahr 1980 zitiert (Beispiel 2, S. 216/217).

Es handelt sich um eine Kette von Elfergruppen, deren Anschläge in beatartigen Vierteln von den Holzbläsern markiert werden. Die ersten vier Elfergruppen sind in 3 5 3/6 5/5 6/3 3 5 Anschläge gegliedert. Lediglich Takt 1 staucht, gleichsam als zündender Vorspann, die Anschlagszahl 3 auf fünf Sechzehntel in Blechbläsern, Harfe und Pauke. Dieser sonst in den Taktangaben ablesbare Binnenrhythmus gibt die Zeitpunkte an, zu denen Veränderungen der Harmonik, der Dichten, der Lautstärken und Klangfarben stattfinden können. Solche Veränderungen werden reliefartig von Blechbläsern zusätzlich modelliert, indem diese durch eigene Dynamik, Rhythmik und Farbe den verschiedenen Grautönen des Holzbläserbeats melodische und rhythmische, vorwärtstreibende Beweglichkeit abgewinnen und hinzufügen.

Die oben genannte Gliederung der Elfergruppen in 5 und 6 und deren weitere mögliche Unterteilungen: 6 in 3+3, 5 in 2+3, 3 in 2+1, sowie die punktierten Rhythmen der Blechbläser sind aus dem Rhythmusmodell der kubanischen Guaracha genommen, das dem ganzen Orchesterstuck zugrunde liegt. Das Rhythmusmodell lautet:

Beispiel 2

Das Rhythmusmodell hat eine Gesamtlänge von 16 Sechzehnteln mit insgesamt 11 Anschlägen. Dementsprechend hat *Morgenlied* 16 Formteile zu je 11 Einheiten, die wiederum in 11 Untereinheiten – das ist im zitierten Beispiel der Holzbläserbeat – gegliedert sind. Diese Mengen, 16 und 11, sind aus den Aspekten Gesamtlänge des Modells und Zahl der Anschläge gewon-

Beispiel 2 (Fortsetzung)

nen. *Morgenlied* ist demnach als Ganzes das ins Riesenhafte vergrößerte Rhythmusmodell der Guaracha. Geht man weiter von außen nach innen, erhält man eine Vielzahl von gliedernden Innenmengen und Proportionen, die das eigentliche Profil dieses Rhythmusmodells ausmachen.

Durch die beiden eingeschobenen Pausen ergeben sich drei rhythmische Zellen mit 3, 3 und 5 Anschlägen. Daraus stammt im zitierten Beispiel die Teilung der 11 in 6+5. Vergleicht man Zelle 1 und Zelle 2, die ja beide drei Anschläge haben, erkennt man eine interessante Verteilung rhythmischer Elemente. Das gesamte Modell besteht, einschließlich der Pausenlängen, nur aus Sechzehntel- und Achteldauern. In den beiden ersten Zellen werden deren Häufigkeiten kreuzweise vertauscht:

Zelle 1: 2𝅘𝅥𝅯 1𝅘𝅥𝅮 Zelle 2: 1𝅘𝅥𝅯 2𝅘𝅥𝅮

Die Reihenfolge in Zelle 2 ist dabei so verändert, daß das einzelne Sechzehntel zwischen die beiden Achtel gesetzt ist. Da Zelle 3 aus fünf gleichen Sechzehntel-Anschlägen besteht, ergeben sich als thematische Quersummen[3)] der Elemente: Zelle 1: 2, Zelle 2: 1 und Zelle 3: 5 = 8, und nach Zelle 1 und 2 jeweils eine Sechzehntelpause, also +2 = 10. Die Achteldauer taucht nur dreimal auf, bringt also keine neue Menge, so daß wir bis jetzt folgende Häufigkeits- und Verteilerproportionen gewonnen haben: 1 2 3 5 8 und als Verdoppelung 6 und 10. Aber nicht nur diese Mengen proportionieren die 16 und 11 des Rhythmusmodells. Die direkteste Wirkung und die für das Gehör am leichtesten faßbare haben *die* rhythmischen Modelle, die sich als Proportionierung der einzelnen Viertel dieses 4/4-taktigen Rhythmus als innerste und gleichzeitig konkreteste und offenste Gliederung ergeben.

1. Viertel = 1:1:2 (), 2. Viertel = 2:1 (), 3. Viertel = 3:1 (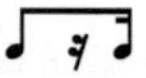, punktierter Rhythmus), 4. Viertel = 1:1:1:1 ().

Es ist selbstverständlich, daß man zwar alles hören, aber nicht alle Schichten gleichzeitig bewußt verfolgen kann. Wieviel Rhythmus aber schon in diesen einfachen Gliederungsstufen steckt, möge ein praktischer analytischer Hausmusik-Versuch zeigen. Man spiele das Modell mehrmals durch und stelle durch die Wahl verschiedener Klanghöhen die verschiedenen Proportionierungs-Möglichkeiten im Zusammenhang dar.

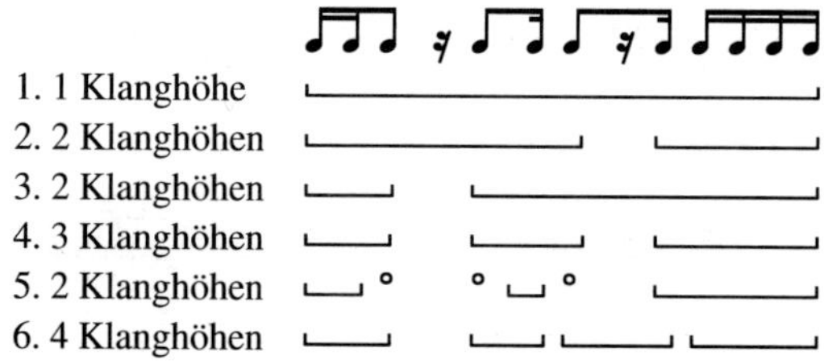

Die Analyse des Guarachamodells sollte zeigen, daß der musikalische Zusammenhang der Rhythmuskomposition durch die Komponierbarkeit dreier Teilaspekte verständlich ist: Länge des Grundmodells – Zahl der Anschläge – Proportion der Anschläge, Elemente und Pausen im Modell. Sie sollte aber auch zeigen, wie genau und wie komplex ein so einfach erscheinendes

3) Das Wort Quersumme wird hier nicht im Sinne des mathematischen Fachausdrucks gebraucht, sondern bezeichnet *die* Summe von Elementen, die sich jeweils aufgrund verschiedener, bestimmten Auswahlkriterien folgender Quer-Lesungen ergibt.

Volksmusikmodell strukturiert ist. Jedoch erklärt diese Seite der Rhythmuskomposition zunächst nur den autonomen strukturellen Aspekt und seine umfunktionierbare Anwendbarkeit im Idiom Neue Musik, noch nicht das gesamte Warum des Verfahrens.

Denn: Dahinter steht nicht nur die Solidarität mit den Ländern der Dritten Welt innerhalb weltpolitischer Auseinandersetzungen, sondern es gibt neben anderen Gründen eine Reihe von Elementen in der Folklore, die deren Pflege und Integration innerhalb der Tradition der Arbeiterkultur und der politischen Befreiungsbewegungen als sinnvoll erscheinen lassen. Es ist die politisch-ideologische, kommunikative Seite, die sich in der Rhythmuskomposition widerspiegelt.

So ist der punktierte Rhythmus in den Blechbläsern der Takte 2–5 des zitierten Anfangs aus *Morgenlied* nicht nur aus dem dritten Viertel des Guarachamodells genommen, sondern gleichzeitig eine überindividuelle, keine vom Komponisten erfundene, kollektive Intonation des punktierten Rhythmus, der in der Arbeiterkultur eine vielfältige und bedeutende Rolle spielt. Er ist nicht nur Ausdruck des Kämpferischen, Vorwärtstreibenden, sondern erfaßt dabei den Körper mit. Kopf und Körper bilden eine dialektische Einheit, sind im sinnlichen Verstehen nicht getrennt. Die Einheit von Theorie und Praxis, Wissen, Verstehen und Tun steht ideologisch hinter der Technik des Körperrhythmus. Das heißt nicht nur Kultur des erkennenden und wertenden Verstandes, Kultur der Gefühle durch gezielte, verstehend mitverarbeitende Empfindung, sondern auch Kultur des wissenden Körpers. Das beinhaltet die künstlerische Widerspiegelung eines Menschenbildes, in dem Privat und Öffentlich, Ich und Außenwelt, Empfangen und aktives Zurückwirken, Subjektives und Objektives eine dialektische Einheit bilden.

Zum aktivierenden Körperrhythmus gehört ein bestimmter Tempobereich, dessen Ränder nach beiden Seiten unscharf und fließend sind. Überhitzen beziehungsweise Unterkühlen oder das einfache Herausziehen der rhythmischen Gestaltung aus dem muskulär-aktiven Zeitbereich können als sich gegenseitig beeinflussende und korrigierende Phänomene, vom körperlich nicht mehr mitvollziehbaren Zuviel beziehungsweise Zuschnell bis zum quasi zeitlosen, nur noch Inneres, Seelisches, Poetisches, Stimmungsvolles und ähnliches Ausdrückenden, eingesetzt werden. Um davon einen Eindruck zu bekommen, wieder eine Hausmusik-Empfehlung mit einem kontinuierlich veränderbaren Metronom: Beginn bei MM = 92 und allmähliche Steigerung bis MM = 184. Dies ist der Haupttempobereich, der zum Beispiel auch in afrikanischen Trommelkulturen verschiedenster Art zu finden ist. Bei MM = 184 ist man an der Grenze zur Ekstase und Raserei angelangt, zumal, wenn man sich die nackten Metronomschläge noch rhythmisch unterteilt vorstellt. Dann: Steigerung bis MM = 212 und gleichmäßiges Verlangsamen bis MM = 30, ins andere Extrem.

Das Element des Beweglichen, Nicht-Starren und Nicht-Verhärteten, wesentlich als ideologische Voraussetzung für alle Arbeiterkultur, verbindet diese mit der Folklore über das Phänomen des Körperrhythmus hinaus durch die gemeinsame Technik der Aperiodizität, die bestimmte Elemente nicht periodisch wiederkehren oder periodisch zusammenfallen läßt. Brecht erwähnt diese Technik in Bezug auf seine reimlose Lyrik mit unregelmäßigen Rhythmen. Für Brecht war dies ein Mittel, um der „einlullenden", „ölig-glatten" Wirkung regelmäßiger Rhythmen zu entgehen, den Informationsgehalt zu erhöhen und eine sprechende Geste möglich zu machen. Die Sprache sollte ganz dem Gestus der sprechenden Person folgen. Die Beobachtung improvisierter Sprechchöre hat Brecht bei der Bildung unregelmäßiger Rhythmen beeinflußt. Er schreibt: „Ein Zug von Proletariern marschierte durch die vornehmen Viertel des

Beispiel 3

♩ = 132
♩ = 138
7×
fff
ppp
pp
5
p
6
mp
7
mf
f
11×
♩ = 144
fff
32-tel innerhalb der 11 Wiederholungen nach und nach verlängern, bis die 1/4 Dauer des folgenden Modells erreicht ist. α² bleibt dabei immer 1/16.
f
fff
1.-11.x
simile

Beispiel 3 (Fortsetzung)

Berliner Westens und rief den Satz ‚Wir haben Hunger' aus. Er war so rhythmisiert: ‚Wir haben Hunger'"[4]. Durch diese rhythmisch nicht-periodische Disziplinierung des Satzes erreichte dieser für Brecht Eindringlichkeit.

Wie in meiner Musik in Rhythmuskompositionstechnik Aperiodizität eingesetzt ist, möge ein Beispiel aus *Vor und zurück* für Oboe solo aus dem Jahre 1981 zeigen (Beispiel 3). Zwei Elemente, kurz-lang, werden zunächst in sich als Tonmenge und Tonlänge dauernd verändert, bis nur noch kurze Töne übrig bleiben, die sich zu lang-kurz mit neuer musikalischer Charakteristik hinentwickeln. Das Phänomen Körperrhythmus ist in diesem Beispiel ebenfalls weitergetrieben, indem zum einen der geblasene Tonrhythmus des Instruments in den gestampften Fußrhythmus des Spielers umschlägt und zum anderen sich Körperliches als Anstrengung des Spielers auf Lippen, Atem und Hand auswirkt, die dem Ton einmalig-individuelle „Menschen-Klangfarbe" aufmoduliert.

Ein weiteres Beispiel sogenannter „sprechender Rhythmen" aus dem gleichen Stück sei erwähnt. Es handelt sich um Rhythmen, die in Tonfall, Proportion, Anschlagszahl und gestischem Impuls Rufen und Parolen entsprechen, die innerhalb politischer Bewegungen entstanden und durch kollektiven Gebrauch bekannt sind. Diese Methode konkreter „musikalischer

4) Bertolt Brecht, *Gesammelte Werke*, Band 19, Frankfurt a. M. 1967, S. 399.

Benennung“ kann bis zur Einbeziehung aus der Praxis geborener Lieder gehen. Im Oboenstück folgt dem sprechenden Rhythmus ein mit beiden Händen ausgeführter Doppeltriller in Art eines Wirbels auf der Kleinen Trommel innerhalb derselben Tonhöhe mit gegenläufiger Zungenartikulation, beides sich nach und nach zu einer speziellen Ausformung des punktierten Rhythmus im Sinne lang-kurz verändernd.

Als letztes sei noch die Technik der rhythmischen Modulation erwähnt. Sie besteht darin, daß durch allmähliche quantitative Veränderungen eines Ausgangsmodells ein qualitativ anderes Zielmodell erreicht wird. Die Integration überindividueller, kollektiver Intonationen, Körperhaftigkeit und organisierenden Faktors in Tempo und Rhythmus hat meiner Meinung nach nur dann realistischen Sinn, wenn das bürgerliche Erbe des Ausdrucksreichtums der individuellen, subjektiven Innenwelt voll entfaltet und weiterentwickelt zur Geltung gebracht wird. Jedes soll dem jeweils anderen die besten Bedingungen für dessen Entwicklung und Ausbildung schaffen. Die dialektische Einheit dieser und anderer verschiedener Sphären kann die Technik der rhythmischen Modulation besonders plastisch ausdrücken, indem sie durch aufklärende Dekomposition, sozusagen vor den Ohren des Hörers, aus *einem* Ding die verschiedenen Seiten gleichsam „herausdreht“ und nicht als unversöhnliche Gegensätze erscheinen läßt. Die Affekteinheit der meisten Folklore- und Arbeiterkultur-Beispiele weicht einer Vielfalt. Rhythmuskomposition negiert nicht durch Zerstören oder Verdrängen, Rhythmuskomposition erbt, indem das Positive der Vergangenheit in ihr aufgehoben ist. Dies beantwortet auch die möglicherweise auftauchende Frage, was denn nun an der Rhythmuskomposition neu sei: eben die Rhythmuskomposition.

Dezember 1983

Politische Musik – Rhythmuskomposition

Entstehung und Technik

1. Teil:

Rhythmus ist ein komplexes Gebiet. Musik ohne Rhythmus ist gar nicht vorstellbar. Selbst wenn sie nur aus *einem* Ton oder aus Schweigen besteht (wie zum Beispiel in *Tacet 4′33″* von John Cage), bleibt das Elementarste, weil Allgemeinste des Rhythmus erhalten, nämlich „Zeit". Zeit, die durch Zeitpunkte meß- und erkennbar wird, um überhaupt akustische und musikalische Gegenstände voneinander unterscheidbar machen zu können.

Werden Zeitpunkte zu *Anfangs-* und *End*punkten (in *Tacet* eigentlich schon eine punktartig gedachte Bewegungs*gruppe*), beginnt bereits die kompositorisch gestaltete, die *werk*-artig in Szene gesetzte, kommunikativ ver*anstaltete* Zeit.

Zusammenfügungen solcher Zeiten zu proportionierten Dauernverbänden lassen Rhythmus weiterdenken als *Maß für Bewegung* (so Platon in den *Nomoi*), zum Beispiel für Bewegungen des Körpers, der spielenden Finger oder des töne-erzeugenden Sprechapparates, oder als *Maß von Bewegung*, in unserer Hör-Kultur primär als rein musikalische *Ton*-Bewegung gedacht und aufgefaßt.

Unsere Sinne, die sich auf musikalische Bewegungen messend und zählend einlassen, entfalten in der *Geschwindigkeit* des Zählens und Messens emphatische Beziehung zum proportions-übergreifenden *Tempo* als einer Art Rhythmus-Hüllkurve, erschaffen in der *Art und Weise* des Zählens, ob additiv vom kleinsten Wert oder divisiv-repetitiv von einem mittleren Wert aus, ob innerhalb gleichberechtigter Dauernfolgen oder als *schwer-leicht* innerhalb von durch Sprechtonfall, Handsatz und Muskelsinn geprägten rhythmischen Verbänden eine Fülle rhythmisch-musikalischer Bedeutungsebenen.

Wenn einerseits selbst die ereignis*reduzierteste* Musik ohne Rhythmus nicht vorstellbar ist, so ist andererseits das Phänomen rhythmisch *betonter* Musik, etwa in afrikanischen Trommelkulturen, zu allgemein, um die Verwendung des Begriffs „Rhythmuskomposition" zu rechtfertigen.

„Rhythmuskomposition" meint nicht bloßes Vorkommen von Rhythmus und dessen eventuell genau komponierte Gestalt, bezeichnet vielmehr eine Kompositions- und Kommunikationstechnik, die seit *Darabukka* (1976) in verschiedensten Ausformungen für mich maßgebend ist und mir die Möglichkeit bietet, meine Musik einer Vielzahl kultureller (auch politischer) Erscheinungsformen zu öffnen und weiterzuentwickeln.

Was ist, statementartig zusammengefaßt, unter „Rhythmuskomposition" zu verstehen? Dazu einige Punkte.

2. Teil:

Tonhöhen werden primär zu Rhythmusträgern. Die Emanzipation des Tons von seiner bloßen, „naturwüchsig" erscheinenden harmonischen und melodischen Gestaltbildungsfunktion gibt auch der *Harmonik* und der *Melodik* neue Ausdrucksperspektiven.

Die Bildung des musikalischen Zusammenhangs ist verständlich durch die Veränderbarkeit dreier Teilaspekte: Länge des Grundmodells – Zahl der Anschläge innerhalb des Modells – Proportion der Anschläge und Pausen im Modell.

Die Anwendung dieser Techniken ermöglicht ein ununterbrochenes Changieren zwischen verschiedenen Material- und Ausdruckssphären sowie die Integration wichtiger Elemente der Arbeiterkultur in spezifischer und verallgemeinerter Form.

Die Rhythmuskomposition geht von einem dialektisch-ganzheitlichen Weltbild aus. Kopf und Körper sind nicht getrennt.

Zum aktivierenden „Körper-Rhythmus" gehört ein bestimmter Tempobereich (ca. 92 – 184 Anschläge pro Minute). Die Ränder nach beiden Seiten sind unscharf. Unterkühlung beziehungsweise Überhitzen oder das einfache Herausziehen der rhythmischen Gestaltung aus dem muskulär-aktiven Zeitbereich kann im Sinne der Stufenleiter „Wahrnehmen – Erkennen – Werten" kompositorisch spezifischer gehandhabt werden. Element-, Struktur- und Formverhältnisse können gezielter „argumentieren".

Rhythmus, der frei und „aufgeklärt" den Körper erfassen soll, verlangt eine elastische, vorwärtstreibende Gestaltung der Ein- und Ausschwingvorgänge der Töne. Aperiodizität zeigt und erzeugt Beweglichkeit.

Die Rhythmuskomposition bezieht kollektive, mit körperlichen Bewegungen verbundene Sprachelemente, sogenannte „Intonationen", mit ein. Zum Beispiel die Vielfalt punktierter Rhythmen oder die „sprechenden Rhythmen", die in Tonfall, Proportion, Anschlagszahl und gestischem Impuls bekannten Rufen und Parolen politisch fortschrittlicher Bewegungen entsprechen. Die Wahl der Ton*höhe*, der Lautstärke, der Klangfarbe und der Stellung in der Komposition gibt – im Sinne der Eisensteinschen Montagetechnik – die Haltung des Autors wider. Auch das Einbeziehen fortschrittlicher Lieder befähigt zu begrifflich konkreterer „musikalischer Benennung".

Körperrhythmus kann auch die körperliche Bewegung und Anstrengung des Interpreten selbst in verschiedener Ausdruckshaftigkeit erfassen und über deren Auswirkungen auf Atem und Hand dem Ton einmalig-individuelle „Menschen-Klangfarbe" aufmodulieren.

In unserer vorwiegend still-sitzend organisierten Hörkultur kann Körperrhythmus nicht Entladung durch Körperbewegung, soll auch nicht stellvertretende Entladung in und durch Musik bedeuten. Seine kompositorische Einbeziehung ist eher Ausdruck eines Menschenbilds, Vor-Schein und Anstoß: Feuer und Disziplin als zurückspiegelnde Impulse.

Die Integration überindividueller, kollektiver Intonationen hat nur dann realistischen Sinn, wenn das bürgerliche Erbe des Ausdrucksreichtums der individuellen, subjektiven Innenwelt voll entfaltet und weiterentwickelt zur Geltung gebracht wird. Jedes soll dem jeweils anderen die besten Bedingungen für dessen Entwicklung und Ausbildung schaffen. Die dialektische Einheit dieser verschiedenen Sphären drückt die Technik der „rhythmischen Modulation" aus. Ihr Verfahren der kontinuierlichen quantitativen Veränderung bestimmter musikalischer Größen und der Umschlag in eine andere Qualität ist aufklärende Dekompositions-Zeitspanne, in der, sozusagen vor den Ohren des Hörers, aus *einem* Ding die verschiedenen Seiten gleichsam „herausgedreht" werden und nicht als unversöhnliche Gegensätze erscheinen. Die „rhythmische Modulation" ist demnach nicht die in der bürgerlichen Musikkultur häufig anzutreffende Technik des Übergangs und der Überleitung, eher ein musikalisches Drehen.

Rhythmus- und Prozeßkomposition in solchem Umfeld ist nicht nur bewegliche *Form* und in dauernder Bewegung befindliches musikalisches *Material*, sondern das Bild eines in seiner dialektischen Ganzheit alles voll und entwickelt zur Verfügung habenden Menschen, soweit es auf einer bestimmten historischen Stufe realistisch ist.

1. Teil 1987
2. Teil 1983

Gedanken zum Umfeld der Tonalität

Über Tonalität ist schon sehr viel Gescheites und sehr viel Dummes gesagt worden. Auch sehr viel dumm-tonal Komponiertes gibt es – besonders von reaktionärer Seite. Sie verbirgt ihre vorhandene Freiheitsangst durch ein ideologisches Fortissimo, das uns lauthals vom Gegenteil überzeugen soll. Ohne der Illusion eines neuen Tonalitäts-Systems oder gar einer tonalitären Dogmatik das Wort reden zu wollen, möchte ich versuchen, aus kompositorischer Sicht einige Phänomene anzusprechen, die meiner Ansicht nach etwas mit Tonalität zu tun haben und bedenkenswert sind, vor allem was die Beziehungen Technik – Bedeutung und deren historische Entwicklungsformen und -züge betrifft.

Die bisherige Geschichte, speziell die Entwicklung in jüngster Zeit zeigt, daß Tonalität eine relativ allgemeine, wenn auch sehr präzise mögliche musikalische Disposition in uns ist, die sich in sehr verschiedenen Systemen, Materialordnungen und Darstellungsprinzipien widerspiegeln kann. Das Systemübergreifende oder gar Systemneutrale, das Verhältnis des Besonderen zum Allgemeinen muß sich also in einer Definition der Tonalität dergestalt ausdrücken, daß sowohl das Verblassen der tonalen Reichweite zum Minimum wie auch deren maximale Ausformungen zum System (etwa der Dur-Moll-Tonalität), das heißt: die dialektisch-geschichtliche Bewegung durch die Handhabung des Menschen benenn- und erkennbar wird. Mir scheint dies eine Vereinfachung der Definition von Fétis[1] zu leisten, der 1844 im *Traité* formuliert: „La tonalité se forme de la collection des rapports nécessaires, successifs ou simultanés, des sons de la gamme." (S. 22) Die vereinfachende Verallgemeinerung: Tonal ist alles, was mit Tonbeziehungen arbeitet. Dies bedeutet, ein Ton ist entweder gis oder as beziehungsweise sowohl gis als auch as im Sinne einer enharmonischen Integration. Atonal wäre demnach ein akustischer Ton, der weder gis noch as ist. (Man vergleiche dazu die umfangreichen Schriften von Hermann Pfrogner.[2]) Diese konkrete tonale Ton-Bestimmung kann nur aus einer jeweils bestimmten Gestaltung der Beziehungen zwischen Tönen erkannt werden. Dazu gehören die Beziehungsringe Diatonik, Chromatik, Enharmonik.

Alle drei Genera sind ohne einander nicht denkbar, setzen sich in der Materialdialektik von Quantität und Qualität gegenseitig voraus. Aus Hinzufügungen entstehen neue Qualitäten: f-c-g-d-a-e-h (Siebenerprinzip der Diatonik). Die Töne f-h sind als chromatisches Tritonusintervall Stelle des qualitativen Sprungs in die Chromatik: fis-cis-gis-dis-ais (Zwölferprinzip). Die Fortführung zu eis-his usw. bedeutet Sprung in die Enharmonik (f-eis usw.). Diese Kurzdarstellung, die viele Beziehungsmöglichkeiten, Verwendungskonzeptionen und Probleme außer Acht läßt, soll wenigstens eine Andeutung davon geben, daß Chromatik und Enharmonik ohne Diatonik nicht vorstellbar sind, wohl aber umgekehrt Diatonik für sich alleine.

Derartiges beschreibt allerdings nur eine (mögliche) objektive Naturgegebenheit unserer musikalischen Disposition. Viel interessanter sind der Gebrauch und die in ihm sich äußernden

1) François-Joseph Fétis (1784–1871), belgischer Musikforscher, Musiktheoretiker und Komponist, eine der großen Leitgestalten der Musikwissenschaft, verfaßte mit seinem *Traité complet de la théorie et de la pratique de l'harmonie* ein musiktheoretisches Schlüsselwerk, in welchem er zum erstenmal den Begriff Tonalität anwendet und definiert. (Anm. d. Hrsg.)

2) Hermann Pfrogner (1911–1988), österreichischer Jurist, Musiktheoretiker und Musikschriftsteller, erhielt 1958 eine Dozentur für „Problemgeschichte der Neuen Musik" und für musikalische Akustik an der Musikhochschule München, veröffentlichte eine Reihe wichtiger Schriften und Bücher, darunter: *Von Wesen und Wertung neuer Harmonik* (1949), *Die Zwölfordnung der Töne* (1953), *Musik, Geschichte ihrer Deutung* (1954), *Zur Definition des Begriffes Atonalität* (1958). (Anm. d. Hrsg.)

Ausdruckswerte und Gedankengänge eines historisch eingebundenen Menschen und die Reaktionen nachfolgender Generationen aus geschichtlichem Bewußtsein. Das heißt: Tonalität erscheint mir mehr unter dem Aspekt historischer Entwicklungslinien diskutierenswert.

In der neueren Musik spielt der Ton in seiner Einzelqualität eine wichtige Rolle. Ein frühes Beispiel als Vorgriff solcher Tonkomposition findet sich in Schuberts Lied „Letzte Hoffnung" aus der *Winterreise*. Das ganze Lied durchzieht eine Tonachse as-gis (in der C-Dur-Fassung). Schubert steigt mit den dur-moll-tonalen Mitteln ins Innere des temperierten Tastentons und färbt ihn harmonisch durch enharmonische Beziehungen. Diese Tonachse ist der musikalische Ausdrucksspiegel des Ichs des Wanderers und färbt sich dunkel zu as oder hell zu gis je nach Seelenlage des Winterreisenden, der an den Bäumen noch „manches bunte Blatt" hängen sieht, es im Selbstgespräch zu „seinem" Blatte macht, seine Hoffnung daran hängt und beides zum Spielball des Windes werden läßt. Mit dem Blatt würden auch seine Hoffnung und er selbst zu Boden fallen. Die Natur wird zur bloßen seelischen Metapher versubjektiviert, die harmonische Tonachse in Prim- und (fallender) Oktavgestalt als Tonnatur zur Ichnatur, die zwischen den Extremen Hoffnung ja oder nein hin- und her„zittert". Der Tastenton als akustischer Schall ein einziger, schwankt enharmonisch zwischen as und gis, vereinigt auf sich entgegengesetzte Welten und Tonbeziehungen (13. Ton, jenseits der Zwölf), steigt zu a oder fällt zu g.

Die Möglichkeit der enharmonischen Objekt- und Zeitverwischung, da ja Getrenntes akustisch als Eines auftritt, treibt Schubert im Lied „Sei mir gegrüßt" (F-Dur-Fassung) ideologisch und kompositorisch noch weiter. Rückert löst das Problem der Trennung zweier Liebender über die subjektive Vorstellung, die Realität sich selbst schafft, indem er sagen läßt: „Ein Hauch von Liebe tilget Raum und Zeiten, ich bin bei dir, du bist bei mir". Schubert macht den Zeitraum zum Tonraum, Enharmonik bedeutet: getrennte Objekte in der Vorstellung nicht trennen. Dies erreicht Schubert durch die Komposition offener enharmonischer Verwandlung und durch eine (bis auf einen Ton) frappierend genau ausgehörte enharmonische Kurz-Schließung getrennter Tonwelten im Tonraum des gesamten verwendeten Tonmaterials.

Material als Tonraum

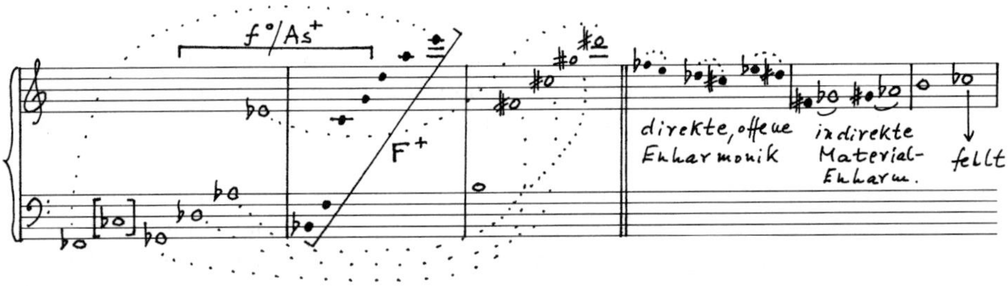

Bis auf das eingeklammerte ces zeigt das Notenbeispiel das gesamte benützte Tonmaterial des Schubert-Liedes im Quintenzirkelaufriß. Die enharmonischen Umgrenzungen der Ton-Welt werden deutlich, von Fes-e über (ces)-h bis es-dis. A² als zwölfter Ton des Zirkels wird von Schubert um sechs Töne überschritten, aber genau an der Grenze es-dis angehalten und enharmonisch geschlossen. Das Kernmaterial von F-Dur (ausgefüllte Notenköpfe) ist so an beiden Zirkelseiten (hohle Notenköpfe) *enharmonisch*-symmetrisch eingerahmt. Als Hinweis komponiert Schubert in diesem Rückert-Lied drei direkte, offene enharmonische Modulationsverläufe (Takte 37–39, 50–51, 67–68), zwei enharmonische Tonbeziehungen liegen nur im Material, eine ist, da ces fehlt, nur imaginativ vorhanden.

Das sind enharmonische Kompositionsfäden als Ausdruck ichabhängig gemachter Außenwelt, kompositorisch mit Tonachsen und harmonischen Tonfarben vielfältig, damals ungeheuer neu, heute noch aufsehenerregend gearbeitet, lassen, wenn man die ideologische Aussagetriebfeder zu solcher Strukturierung historisch dem Vormärz beläßt, sich technisch als eine Form der Vielheit einer Toneinheit beschreiben.

Die Einebnung der Vielfalt des Tonmaterials durch tonale Tonbeziehungen zur „organischen Chromatik" etwa in Weberns 5. *Bagatelle* aus *op. 9* verlangte anstelle der jetzt nicht mehr möglichen enharmonischen Beziehungs-Farbdifferenzierung andere Farbdifferenzierungen, um die Töne musikalisch lebendig vibrieren zu lassen. Mit der Vormärz- beziehungsweise Schopenhauer-Ideologie fällt auch das Bedürfnis, in den musikalischen Ton zu steigen. Webern geht sozusagen vom Ton nach außen und steigt in die Saite und den Quartettklang durch Klangfarben- und Instrumenten-Differenzierung, die jetzt auch für alle Töne einer bestimmten Saite übergreifende Gültigkeit behalten kann. Solche Klangfarbenveränderung hat etwas objektiv Tonmateriales, dem Webern als notwendige Gegentendenz (noch) die poetische Zartheit des ***ppp*** aufmoduliert. Später, in Darmstadt, trat der Material-Aspekt verstärkt ins Denkfeld der Komponisten.

Anton Webern: *Bagatelle Op. 9 Nr. 5*, Takte 1–5, Ausschnitt

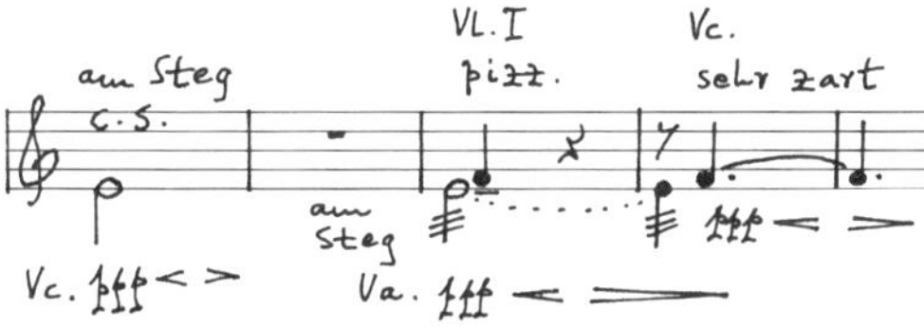

Diese „tonale" Tradition, die aus einer Vielheit in der Toneinheit heraus dachte, schlug in ihr Gegenteil um, als man Tonalität und Einheit gleichsetzte und jetzt Vielheit im Sinne von Verschiedenheit als nicht-tonal verstand wie etwa Nono in den *Varianti*, in denen jeder Ton aus 1–5 gleichen Tonhöhen mit je verschiedener Dauer und Lautstärke zum Prim-Feld komponiert ist. Noch weiter ging Lachenmann in *Air*. Hier wird sogar die Anschlagsbewegung in Richtung Instrument a vom erwarteten Klang getrennt, indem stattdessen Instrument b erklingt.

Die Naturanschauung als Inbegriff von Naturgesetzlichkeit im Naturklang der (physikalischen) Naturtonreihe bindet einen Großteil der Entwicklung der Klangfarbenkomposition an die Gleichsetzung von Natur und Stimmung. Spektralmodulationen im akustischen (!) Inneren der Klangwelt (vergleiche den Ton-*Satz*, linke und rechte Hand, im nachstehenden Beispiel der *Des-Dur-Nocturne op. 27 Nr. 2* von Chopin) bilden das materielle Rückgrat für „Stimmung" als heile, unverdorbene Gegenwelt zur verstädterten Industriegesellschaft oder zum bösen Charakter (vergleiche Wagners *Rheingold*-Vorspiel und die anschließende Zuordnung der durch Mollterz und Vorschläge „verzerrten" Naturtonreihe zu Alberich).

Dieser Ausschnitt zeigt eine vollkommene musikalische Widerspiegelung einer in sich kreisenden Stimmungsidylle, in die Lebensrealität nur als störende einbrechen kann, Gegensätze nicht in dialektischer Einheit gesehen und empfunden werden. Die materielle Basis bildet ein akustisches Kopplungsfeld von Mikro- und Makrostruktur. Das Spektrum von Des, das heißt: Die Teilschwingungen der tiefsten Des-Saite erzeugen den musikalischen Satz als angeschlagene Tastentöne (= Naturtöne 2–10), und diese verstärken wiederum die Teilschwingungen von Des durch deren Mitresonanz. Das eine bedingt und verstärkt das andere. Was innen ist, klingt außen in akustischer Gegenspiegelung. Es ist demnach höchst folgerichtig, den statischen Schönklang sich nur noch in und aus sich bewegen zu lassen, alle Fremdharmonien auszuschalten. Dies läßt sich von Stockhausens *Stimmung* (!), Folke Rabes[3] *Was??* bis zum brutalen Physikalismus Glenn Brancas[4] und vieler anderer Naturklangkompositionen weiterverfolgen. Dazu gehört auch ein Großteil der Klangfelder der Minimal Music. Weiterführende Ergebnisse lassen sich noch nicht absehen. Mir scheint, daß dieser Technik und dem damit verknüpften Begriff „Schönheit" weitgehend eine rückwärtsgewandte Ideologie zugrunde liegt, die das Material nicht aus der Klassenfrage heraus reflektiert (vergleiche dazu Schnebels Titelgebung *Wagner-Idyll* und die Möglichkeit der Politisierung der Minimal-Technik in Rzewskis[5] *Coming together*). Dem entspricht die pseudotonale Zuordnung von schön und häßlich zu Konsonanz und Dissonanz, zu Dreiklang und Cluster (zum Beispiel bei Penderecki und Pärt), so den Unterschied zwischen Schönheit und Schönklang verwechselnd. Dadurch gerät natürlich auch die historische Besonderheit von Naturklangkomposition und analog gemeinter Klangfeldkomposition in schiefes Licht (zum Beispiel in Bergs erstem *Altenberglied* zum Text: „Seele, wie bist du schöner [!], tiefer, nach Schneestürmen [!]. Auch du hast sie, gleich der Natur [!]. Und über beiden liegt auch ein trüber Hauch, eh' das Gewölk sich verzog!"), indem man diese bestimmte Ausformung tonalen Musikdenkens zur Schminke für musikalische Schönheitswettbewerbe verkommen läßt, Naturklang also ideologisch fetischisiert wird.

Tonal viel interessanter ist die Rückgewinnung der Elementarität von Skalen auf neuer musikalischer Stufe. Das oben beschriebene Steigen in die Saite wird etwa bei Helmut Lachenmanns *Dal Niente* für Klarinette zum Steigen in die Möglichkeiten des Produktionsmittels Klarinette/Finger/Lippen/Zunge/Lunge etc. Die enharmonische Spaltung aus einer Einheit heraus ist hier umgedacht zu „Pianissimo an der unteren Hörschwelle", „Klappengeräusch ganz zart", „Tonhöhe scheint (!) gerade noch durch", Töne „platzen" als „überraschende Einblendungen herein" (Anmerkungen in der Partitur). Aus Schuberts Hell-Dunkel wird eine perspektivische Vordergrund-Hintergrund-Struktur, Skalenstrecken werden zu fließenden Farben, mit Tönen, Tongruppen und Melodischem punktuell durchsetzt und als Ma-

3) Folke Rabe (* 1935), schwedischer Komponist und Posaunist, Schüler von Karl-Birger Blomdahl und György Ligeti, praktiziert in seiner Produktion offene Verbindungen zwischen unterschiedlichen Musik-Kategorien und setzt sich zum Ziel, das Bewußtsein für verästelte Klangveränderungen zu schärfen. Die Komposition *Was??* für Tonband stammt aus dem Jahr 1967. (Anm. d. Hrsg.)

4) Glenn Branca (* 1948), amerikanischer Komponist. Seine Werke verbinden Elemente der E- und der Rockmusik. Extreme Lautstärken und entsprechende Klangvolumina waren die Kennzeichen seiner ersten erfolgreichen Arbeiten für E-Gitarren und eigens entwickelte Instrumente. Ende der achtziger Jahre trat ein Stilwandel ein: Branca schreibt seither auch Kompositionen in temperierter Stimmung und konventioneller Besetzung und hat den Lautstärkepegel bis zu meditativen Sonoritätsgraden zurückgenommen. (Anm. d. Hrsg.)

5) Frederic Rzewski (* 1938), amerikanischer Komponist und Pianist, Mitbegründer der einstmals vielgenannten Kollektivimprovisations-Gruppe „Musica Elettronica Viva", stellt seine Musik häufig in den Dienst politischen Engagements. In seinen solcherart orientierten Kompositionen der siebziger Jahre, zu denen auch *Coming together* (1972) zählt, greift Rzewski in einer stark emotional gefärbten und deutlich tonal geprägten Tonsprache Elemente von Jazz und Folk-Musik auf. (Anm. d. Hrsg.)

terial neu interpretiert. Auch Diatonik und deren chromatische Tonhöhenfärbung werden als Feld-Farbe zu neuem Strukturmittel (vergleiche auch Stockhausens *Klavierstück X*).

Helmut Lachenmann: *Dal Niente*, 1. Zeile

Lachenmanns Kinder-Klavierstück *Hänschen klein* elementarisiert die chromatische Tonleiter durch deren ausschließliche Verwendung. Die benachbarten Tastentöne werden nicht zu ausgehörten harmonischen Beziehungsgruppen komponiert, sondern als einander (relativ) fremd gegenüberstehende Glieder einer Tastenton-Kette behandelt, indem ihre musikalische Gliederung allein dem Dauern- und Rhythmusgenerator „Hänschen klein" überantwortet wird, der sich rigoros, im ***fff***, aufmoduliert.

Diese Technik, mit benachbarten Tönen, Skalenausschnitten, vollständigen oder übervollständigen (*Hänschen klein* reicht von c^5 bis A_2) Tonleitern zu arbeiten, hebt Elemente tonaler Beziehungen dadurch in neue Sphären des musikalischen Verstehens, daß die Erfahrungen der vergangenen neueren Musik, von Webern bis Darmstadt, in spezifischer, schöpferischer Weiterbildung dialektisch negiert werden, also nicht durch einfaches Neinsagen zum geschichtlichen Leichnam erklärt sind. Die tonalen, direkten Beziehungen sinken in den Subwirkungsbereich. Im Vordergrund steht die Behandlung stufenweise benachbarter Töne als Tonräume. Dadurch kann Neues zwischen ihnen schwingen.

Besonders exemplarisch drückt sich dies in Louis Andriessens[6] *Hoketus* aus.

Louis Andriessen: *Hoketus*, Teil E, 1. Zeile

Das Tonraumdenken wird hier zur kompositionstechnischen Verteiler-Struktur. Zwei gleichbesetzte Instrumentalgruppen wechseln sich von Achtel zu Achtel hoquetusartig ab, Ton wird von Ton durch Staccatissimo-, Pausen- und Raum-Artikulation getrennt, Tonräume werden in die Klangabstrahlung links-rechts als akustische Bühnenräume noch weiter aufgespalten.

Obwohl Andriessens Komposition von der Rockmusik beeinflußt ist (Besetzung: 2 Panflöten, 2 Klaviere, 2 elektrische Klaviere, 2 Baßgitarren, 2 Paar Congas), gibt es Gemeinsam-

6) Louis Andriessen (* 1939), niederländischer Komponist, Schüler unter anderem von Luciano Berio, interessiert sich besonders für Wechselwirkungen zwischen Musik, Gesellschaft und Politik. Er operiert in seiner Handschrift häufig mit der Umsetzung verschiedenartigster Einflüsse, die er bis an die Grenze der Unkenntlichkeit transformiert. (Anm. d. Hrsg.)

keiten mit Lachenmanns Klavierstück. Bei beiden spielt Fortissimo eine wichtige Rolle. Die Rigorosität, ja Brutalität des dynamischen Gestus verhindert die Möglichkeit, den Intervallcharakteren nachzulauschen. Besonders die chromatischen Beziehungen sind ihrer subjektiv-seelischen Ausdruckskomponente tristanscher Nacht-Nachwelt völlig entkleidet, ins aufgeklärt Objektive säkularisiert. Nicht von ungefähr spielt in beiden Fällen die Erfindung der Musik aus der Einstimmigkeit eine entscheidende Rolle, in der harmonische Valeurs zur Horizontalität entspannt sind, deren harmonische Verknüpfungsweise im wesentlichen auf dem Tongedächtnis beruht. Tonalität und Einstimmigkeit stehen in neuem Funktionszusammenhang.

In vielen Beispielen derartiger Musik tritt die Beziehungs-Entspannung in einer Form auf, die zu einer anderen als der oben angedeuteten Traditionslinie gehört, zu der von Eric Satie. Musik steht nicht mehr in der Espressivo-Tradition des 19. Jahrhunderts, sondern ist Musik „ohne Grimassen" und „ohne Sauerkraut". Es ist „weiße Musik", manchmal „musique pauvre", entspannt, aber voller Intensität, oft zauberhaft leuchtend, Bewegung im Zuständlichen, dadurch Ton-Raumerlebnis neu und anders ausdrückend, den Hörer atmen lassend.

Eine einstimmige Komposition mit integriertem intervallischen und akkordischen Material ist *String quartet in four parts* von John Cage. Einer diatonisch geführten Oberstimme, die die Einstimmigkeit repräsentiert, treten diatonische und chromatische Präparationen als präfixierte instrumentale Ausführungs-Zuordnungen in verschiedener Dichte gegenüber, die die melodischen und harmonischen Beziehungen auseinanderdriften lassen.

Die Oberstimme (aus I):

ist folgendermaßen harmonisch präpariert:

und so komponiert:

John Cage: *String quartet in four parts*, Takte 1/2, 5/6 und 10/12

Die Satie-Tradition drückt sich im andersartigen Tonfall aus, in der einfachen Rhythmik, der structure-Technik, der durchweg leise gehaltenen Dynamik und einer Entspanntheit, die – trotz übergeordneter melodischer Gestaltbildung – die Töne sie selbst sein läßt, durch Präparation ihre Einzelheit färbt, verstärkt und mit kostbarer Sanftheit ins Klingen bringt.

Das Schlüsselwerk tonaler Einstimmigkeit beruft sich direkt auf Satie. *Cheap Imitation* von Cage ist eine Billig-Imitation von Saties *Socrate*. Tonale Beziehungsfelder emanzipieren sich zu formelhaften Gesten, die dadurch in ihrem Espressivoausdruck sozusagen herabgestimmt sind. Ihrer Diatonik haftet die Zufälligkeit der Verbindung, die gleichwohl immer auch bereits Bekanntes ergibt, der chromatischen Verknüpfung die präzis formulierte Ungerichtetheit an. Es könnte immer auch anders weitergehen, aber es geht doch nur so weiter, wie es kompositorisch durch dezidierte Fragen an das *I Ging* entschieden wurde.

Als Beispiel dafür nur die ersten Takte:

Noch „weißer" ist *Melodie* von Louis Andriessen. In dieser Komposition ist die Rhythmik fast bis zur Isorhythmik vereinfacht. Trotz der ausgedehnten Gesamtlänge bewegt sich die Musik fast ausschließlich im Raum der zweigestrichenen Oktave. Chromatische und Viertelton-Verschiebungen, auch dissonantere diatonische Intervalle sind konzipiert als „Danebenliegen" (ausgehend von Fehlern eines Blockflöte übenden Kindes). Einstimmigkeit ist dementsprechend emphatisches und witzig unterhaltendes Situationsresultat eines mitspielenden Musikerziehers (am Klavier). Virtuosität bleibt außen vor.

Louis Andriessen: *Melodie*

Tonalität und die Genera Diatonik, Chromatik, Enharmonik werden in der politisch engagierten Musik aus der Klassenfrage und dem analytischen Potential des Marxismus neu reflektiert und kompositorisch gedacht. So basiert Eisler auf der objektive(re)n Grundlage diatonischer Intervallqualität. Chromatisches formt sich ihm im Gebrauch für intensivierende Anredegestik zu Spezifischem wie „Eindringlichkeits-Chromatik", „Appell-Chromatik", „Akzent"- oder „Betonungs-Chromatik" (vergleiche dazu Wagners Verwendung beider Genera in den *Meistersingern*). Enharmonik im Sinne Schuberts oder Wagners als subjekt-/objekt- und zeitverwischende Kurzschließung getrennter Welten in der Vorstellung des Individuums kommt nicht vor. Tempo, Metrum, Rhythmik, Dynamik, Aperiodizität, Äquivalenz, Nichtäquivalenz und anderes werden wiedergewonnen als materielle Basis für den Ausdruck eines neuen humanistischen Menschenbildes, funktionstüchtig gemacht zum Partei-Ergreifen für fortschrittliche

Kämpfer, für aufgeklärte, solipsistisch abgespeckte, körperlich-praktisch aktive. Gerade diese Musik ist ein Beispiel dafür, wie altes, abgegriffenes Material durch ein spezifisches, neues Verhalten zum Menschen und seiner dialektischen Beziehung zur Außenwelt historisch neu und zeitgemäß kompositorisch umformuliert wird, Materialverhältnisse durch sich entwickelnde Produktivkräfte gesprengt und schlummernde Traditionen neu beerbt werden.

Besonders das Verhältnis zum Ausdruck hat sich in der Eisenstein-/Brecht-/Eisler-Tradition geändert. Gefühle und Empfindungen wie Angst, Trauer, Hoffnung, Zorn, Sanftheit haben wieder Platz in der Musik, jedoch nicht in tonaler, direkter Wirkung. So ist in Eislers *Lenin-Requiem* Trauer nicht nur traurig, nicht lähmend, sondern – wie Brecht sagt – eine die Gesellschaft fördernde Sache. Solch neue(r) Gefühlston(alität) eröffnet ein weites Feld interessanter, brennend wichtiger Ich-Wir-Kommunikation.

Kommunikation, politisch begründet, spielt – aus dieser Tradition heraus – auch heute wieder eine entscheidende Rolle, zielt auf Einverständnis mit dem (Massen-)Publikum, braucht öffentlichen, nicht nach innen gerichteten Klang, verzichtet weitgehend auf Unvorhersehbares und Merkwürdiges. Dies wirkt umso überraschender, als die meisten Komponisten wichtige Repräsentanten der experimentellen avantgardistischen Musik waren. Das politische Engagement öffnete den Blick für die operativste Form politischer Musiktradition: das Lied. Die Elemente dieser Liedkultur sind von einer ganzen Reihe durch die Praxis begründeter Faktoren bestimmt. Die kollektive Form der Kämpfe bedarf für aufklärende und emotionalisierende Lieder der raschen und leichten kollektiven Ausführbarkeit. Geringer Tonumfang, elementare Rhythmik, einfache, sangbare Intervallbeziehungen, kollektiv akzeptierbarer Ausdruck, bekannte (vergleiche die frühe Technik der Lied-Kontrafaktur) oder leicht behaltbare und nachvollziehbare Melodien (entweder durch kurze Lieder oder die Zuordnung Strophe-Solo/Refrain-Tutti) sind unabdingbare, notwendige Bestandteile praktisch-politischer Kampf-Bedingungen. Die historische Materialreflexion taucht erst im komponierten Massen- und Arbeiterlied auf. Gleichwohl muß auch das technisch und ideologisch professionell komponierte Lied alle Merkmale praktischer Anwendbarkeit, politische Musik im allgemeinen zumindest noch die Versteh- und Nachvollziehbarkeit aus der Arbeiterkultur-Sphäre heraus besitzen.

Eine ganze Reihe Kompositionen von Christian Wolff[7)], Cornelius Cardew[8)], Frederic Rzewski und anderen basiert auf Liedern. Sie integrieren damit wertvolles, historisch gewachsenes, politisches Kommunikationsmaterial via „Lied", darunter auch Tonalität (entweder in systematischer, relativ geschlossener Form wie oft bei Cardew oder im Sinne ge- und zerstreuter Tonalität wie oft bei Wolff und den damit verknüpften, mehr oder weniger traditionell anmutenden Satztechniken und Satzarten), stehen aber andererseits auch voll im Widerspruch zwischen der historischen Eigengesetzlichkeit des weit fortentwickelten musikalischen Materials aus der bürgerlichen Tradition (dazu gehört auch das Problem der kulturellen Aneignung) und der eng begrenzten musikalisch-gedanklichen Ausformung der integrierten Lieder, ihrer

7) Christian Wolff (* 1934), amerikanischer Komponist, ursprünglich Autodidakt, arbeitete in den frühen fünfziger Jahren mit John Cage, David Tudor und Morton Feldman zusammen. Sein politisches Engagement verstärkte sich Ende der sechziger Jahre unterm Eindruck des Vietnam-Krieges und in der theoretischen Auseinandersetzung mit dem Marxismus. Wolff empfing prägende Einsflüsse durch das Gedankengut eines demokratischen Sozialismus, die Anti-Vietnam- und die Anti-Atom-Bewegung. (Anm. d. Hrsg.)

8) Cornelius Cardew (1936–1981), englischer Komponist, zeitweilig Assistent von Karlheinz Stockhausen, auch Schüler von Goffredo Petrassi. Cardew wandte sich zu Beginn der siebziger Jahre dem Marxismus zu, der fortan sein Denken beherrschte und auch für eine grundlegende Wandlung seiner ästhetischen Position bestimmend wurde: Er verwarf seine eigenen frühen Arbeiten, unterzog Cage und Stockhausen einer vernichtenden Kritik und strebte in seinen letzten Jahren ausgeprägt neotonale Faßlichkeits-Ideale an. (Anm. d. Hrsg.)

Eigenständigkeit – einschließlich auch ihrer bürgerlichen Tradition – und ihrer Bedingtheiten. Diese Arbeiten unterliegen auch einem starken Verlust an Operabilität, da sie den vorhandenen Organisationsformen politischer Kommunikation nur in Teilen angepaßt sind.

Die schwierig zu handhabende Dialektik, daß im Schoße der alten Kultur die neue sich entwickelt, bedarf einer genauen Analyse dessen, was von beiden Kulturen absterbenswert und was produktivkräftig ist und bedarf einer exakten künstlerischen Sprachausrichtung auf Zielgruppen, die mit den verschiedenen Machtbereichen der Medien bis zu einem gewissen Grad vorgegeben sind. Ein interessantes Ergebnis solchen Denkens sehe ich etwa in Christian Wolffs *Peace March 3*. Die Töne dieser Komposition, der ein frühes Anti-Atom-Lied zugrunde liegt, sollen „wie unter Druck" gespielt werden. Dadurch wird Tonerzeugung einerseits als Parameter behandelt, andererseits aber die Ausdruckshaftigkeit aus konkreter, politischer Praxis heraus thematisch geboren; Wolff hat dies von Frauen eines Friedenscamps gelernt, die sich vor Aktionen durch Zornesschreie vom Druck zu befreien pflegten.

Die Tonalität dieser politischen Musik hat nur äußerlich Gemeinsamkeiten mit anderen neotonalen Strömungen unserer Zeit, da sie aus ganz anderen Voraussetzungen heraus ihre Funktionsbestimmung erhält. Auch die eben erwähnte Spielanweisung, die das In-Ton-Bringen durch den Spieler regelt, hat in *Peace March 3* politische Bedeutung, trifft sich aber mit allgemeinen Tendenzen der Gegenwartsmusik, nämlich denen zu einer Tonalität der Tongebung.

Die klagende Feststellung von Stephan Kaske in einem Programmheftartikel zur Situation der Computermusik in Deutschland, daß heute nur die wenigsten deutschen Komponisten im elektronischen Medium arbeiten, und die Tatsache, daß Kaske ihnen ein „fast magisch zu nennendes Desinteresse" bescheinigt, hängen sehr eng zusammen mit einem neu sich verstärkenden Interesse an allem, was von Hand gemacht wird. Instrumentaler Widerstand und seine Überwindung, die Erfahrung, daß Tonerzeugung Kraft braucht und dadurch als kostbar empfunden wird, daß Klang nicht nur ausgelöst, sondern durchdringbar und differenziert gestaltbar erlebt werden möchte, gehört zum Programm intensiveren Kommunikations- und Kontaktbedürfnisses, neuer Freude an der menschlichen Fülle solcher Tonerzeugung. Was ist ein Mixer gegen eine Stabpandeira, was ein Generatorglissando gegen einen Lagenwechsel, was das Öffnen eines Potentiometers gegen ein mit Atemluft oder Bogendruck erzeugtes Crescendo, was eine Bandschleife gegen eine gespielte, dauernd zu gestaltende, echte Wiederholung!

Besonders Dieter Schnebel hat diese Beziehungen kompositorisch ausgenützt und weiterentwickelt. In *Maulwerke*, *Körper-Sprache* und anderen Werken benützt er psychisch Gegebenes und Vorhandenes als wesentliches subjektives Agens eines musikalischen Artikulationsprozesses, der ganz neue, aufregende Tonwelten hören und sehen läßt. Solche Aufgaben der Tongestaltung lesen sich etwa in *In motu proprio. Kanon à 7* als Anweisungen wie: „in großer Ruhe", „wie träumend", „stöhnend", „mit Wärme", dies unter anderem in 23 Ausdrucksabschnitten mit zwei umklammernden Null-Teilen: „ohne Audruck – zeitlos" zu Anfang und „ohne Zeitmaß – zeitlos" am Ende. Musik wird zum klingenden Menschen, der sich ins Instrument verströmt wie etwa in *Pan*: „das Sich-Richten-auf-jemanden nun deutlicher; das Wollen – Suchen in den Atemstrom einfließen lassen".

Obwohl es Ansätze zu Tonalitäts-Systematiken gibt wie etwa Walter Zimmermanns[9] Techniken „nicht-zentrierter Tonalität" (deren eingehende Darstellung noch aussteht) oder Klarenz Barlows[10] Theorie zur Tonalität und Metrik, scheint mir der systematische Aspekt eine nur geringe Rolle zu spielen. Normfreiheit und neue Emanzipation von Tonalem in ihr ist das gemeinsam Übergreifende und Trennende. Der Versuch, in diesem flüchtigen und lückenhaften Rundblick Tonalität nicht zur bloßen Tonsystematik verschrumpeln zu lassen, sondern als ein vom Menschen gemachtes, historisch-praktisches Phänomen zu beschreiben, zeigt, daß Komponiertes allemal interessanter ist als Tonalität. Dies ins Stammbuch heimatvertriebener Tonalitätler!

1984

9) Walter Zimmermann (* 1949), deutscher Komponist, studierte 1968–70 bei Werner Heider, 1970–73 im Institut für Sonologie in Utrecht und 1974 in den Vereinigten Staaten. Zimmermann, einer der profiliertesten deutschen Repräsentanten seiner Altersgruppe, lehrt seit 1993 an der Hochschule der Künste Berlin. (Anm. d. Hrsg.)

10) Klarenz Barlow (* 1945), indischer, in Deutschland ansässiger Komponist, studierte 1968–70 bei Bernd Alois Zimmermann, von 1970 bis 1973 bei Karlheinz Stockhausen. Nach mehrfachem Wechsel zwischen Indien und Deutschland lebt er seit 1975 in Köln. Seine langjährige theoretische Auseinandersetzung mit dem Phänomen Tonalität fand 1980 in der Veröffentlichung *Bus Journey to Parametron*, die auch die Basis für Barlows seinerzeit vielgenanntes hochkomplexes Klavierstück *Çoğluotobüsişletmesi* bildet, ihren vorläufigen Abschluß. Barlows meist computergenerierte Musik assoziiert Traditionen und verknüpft sie auf ungewohnte Weise. (Anm. d. Hrsg.)

Erlebniswanderung auf schmalem Grat

Das Hörbarmachen von Zeit und Geschwindigkeit bei Louis Andriessen

De Tijd – Die Zeit

Der Titel der 41minütigen Komposition des Niederländers Louis Andriessen, uraufgeführt 1981 während des Holland-Festivals, regt zu mannigfachen Erwartungen an. Seit Jahrhunderten gibt es Reflexionen über das Phänomen „Zeit" und über Beziehungen zwischen Zeit und Musik. Begriffe wie Tonraum, Struktur und Erlebniszeit, Zeitrichtung, unumkehrbar, rückläufig, psychologischer Hörraum, Makro-, Mikrozeit, Adagio, Presto, Ritardando mögen, als Beispiele unzähliger anderer Benennungen genannt, das Feld verschiedenster Zeitinhalte musikalischer Terminologie andeuten. Wollte ein Komponist solcher Verlockung sich ausliefern – die Fülle müßte unweigerlich in Verlust an Präzision und historischer Konkretheit umschlagen.

Eine in die gesamte musikalische Anlage stark integrierte, jedoch deutlich wahrnehmbare Gesangsspur eines meist einstimmigen Frauenchors durchzieht das ganze Stück. Der Text, in lateinischer Originalsprache, stammt aus den *Confessiones* des Augustinus und bestimmt die Zeitthematik. Die Übersetzung lautet: „Wer wird es (gemeint ist das Herz, Anmerkung des Autors) festhalten, daß es für kurze Zeit stehenbleibe und etwas an sich reiße vom Glanz der immer stehenden Ewigkeit und sie vergleiche mit den nie stillstehenden Zeiten und so erkennt, daß sie unvergleichlich ist: und sehe, daß lange Zeit nur durch viele vorübergehende Vorgänge, die sich nicht gleichzeitig abspielen können, lang wird. Daß aber im Ewigen nichts vorübergehen kann, sondern daß es als Ganzes gegenwärtig ist, während keine Zeit ganz gegenwärtig ist: und sehe, daß alles Vergangene aus dem Zukünftigen weggestoßen wird und alles Zukünftige aus dem Vergangenen folgt und daß alles Vergangene und Zukünftige von dem geschaffen wird und ausgeht, was immer gegenwärtig ist. Wer wird das Menschenherz festhalten, daß es steht und sieht, wie die stehende, weder zukünftige noch vergangene Ewigkeit den zukünftigen und vergangenen Zeiten gebietet. Ist es etwa meine Hand, die dies vermag, oder vermag die Hand meines Mundes durch Reden etwas zu so großem Werk?"

Die augustinische Thematik des qualitativen Unterschieds zwischen stehender Ewigkeit und niemals stehender Zeit und die Beziehung beider, indem die Ewigkeit der Zeit gebietet, verengte Andriessen durch subjektiv-ausschnitthafte Interpretation für seine Komposition nochmals:

Jedermann glaubt, daß ich religiös geworden bin. Aber das ist nicht der Fall. Dieses Fragment von Augustinus ist nicht über Gott, es ist über die Zeit (…) Aber dieses Stück ist sehr wichtig, weil sich die Frage stellt: Wie kann man die Zeit messen? Und das ist nicht eine religiöse, sondern eine philosophische und eine musikalische Frage, die ich mir in diesem Stück gestellt habe, ist eine Frage von Messen und Zählen.

Zum Problem der Widerspiegelung der Ewigkeit-Zeit-Beziehung in der Komposition sagt Andriessen: *Alle Musik ist über Zeit, aber versucht, die Zeit zu vergessen. Aber dieses Stück, glaube ich, versucht durch die Musik die Zeit hörbar zu machen. Und natürlich ist dies ein wichtiger Aspekt auch von meinem Gefühl über das Stück, sucht nach der Beschreibung von Ewigkeit. Aber für mich ist in diesem Stück diese Beschreibung nicht ein metaphysischer Aspekt, sondern eine Erfahrung, die jemand hat, daß man erfährt, daß die Zeit stillsteht.*

Der von Andriessen definierte gedankliche Ausgangspunkt ist klar und verfolgbar in seiner Konzentrierung auf die musikalischen Fragen von Messen-Zählen und Hörbarmachen von Zeit. Ewigkeit im Sinne von Zeitvergessen als Kommunikationsanliegen vieler anderer Musik muß hier zum bloß latent vorhandenen Erlebnis-Kontrast werden. Aufmerksames Zeitverfolgen ist nur möglich bei Erlebniswanderung auf schmalem Grat, auf ständiger Kippe zwischen Zeitwahrnehmen und Zeitvergessen, einer sinnlichen Lust, der, entromantisiert, alles zur Verfügung steht, ohne daß sie die „tiefe, tiefe Ewigkeit“ (Nietzsche) bräuchte.

Solche Gratwanderung ist selbst wieder ein Zeitphänomen. Die Konzeption des Stückes also verdichtet sich zur Rhythmuskomposition (als Messen und Zählen), verknüpft mit einer spezifischen Auswahl modifizierender musikalischer Elemente, die eben diese sinnliche Kontrast-Gratwanderung gestaltend zulassen.

Noch mehr vereinfacht läßt sich das nötige Verfahren zur Erreichung adäquaten musikalisch-materiellen Ausdrucks intendierter Inhaltlichkeit als genau kalkulierte Dosierung von Veränderungsmomenten innerhalb gleicher oder ähnlicher musikalischer Gestalten beschreiben. Um Zeit hörbar zu machen, wird Veränderung eine Mischung aus Erwartung und Überraschung sein müssen. Unverändertes hat dagegen im Sinne von stehender Gegenwart dazu einen beziehungsvollen Gegensatz auszubilden, das heißt: eben gerade so lange unverändert zu bleiben, daß Erwartung und Überraschung von Veränderung möglich bleiben.

Dieses Verfahren läßt sich beispielsweise an der Chorstimme nachweisen. Abschnitt I, original fünf Minuten dauernd, sei hier im Zeitrafferverfahren gelesen oder gespielt, um zu zeigen, wie innerhalb der 34 Anschläge Veränderungen in feinster Dosierung vom Achsenton a^1 aus schrittweise und nach beiden Seiten symmetrisch eingeführt werden.
Das unvorhersehbar Überraschende liegt in den verschiedenen Anschlagsmengen des Achsentones a zwischen den fast schleichenden melodischen Fortschreitungen und in den verschiedenen melodischen Bewegungen in den beidseitigen symmetrischen Umfängen: im unteren Bereich in Halbtönen a-gis-g (insgesamt dreimal) abwärts, das vierte Mal aufwärts; im oberen Bereich – jedoch nur einmal und zeitlich weiter voneinander getrennt – Ganzton-Halbton als Knick a-h-b.

Genaue Wiederholung, veränderte Wiederholung, Nicht-Wiederholung, diese aber in gleichem oder ähnlichem Licht, bleiben die Techniken für alle Chorabschnitte I–IX:

Beispiel 1

Beispiel 1 (Fortsetzung)

Bis Abschnitt VIII schraubt sich dabei die Melodie durch Transposition – als Technik veränderter Wiederholung – immer höher, um in Abschnitt IX wieder etwas tiefer zu sinken. Nicht nur dieses Absinken wirkt gegen Zeit vergessen lassende emphatische Emotion, auch die lange Zeitstrecke von 41 Minuten dämpft das Gärende, das im Zeitrafferverfahren zu auffällig hervortritt.

Zeit zu erfahren dadurch, daß sie immer nahe am Vergessen liegt, drückt sich natürlich auch in Proportion und Länge der Dauern aus. Die Chorspur ist nur von ihrer Gesangsfarbe her selbständig, gehört aber zu einer Rhythmusschicht meist achtstimmiger Akkorde, die durch ein Klangfarbenset, bestehend aus zwei Harfen, Hammondorgel, sechs Violinen, zwei Violen, vier Kontrabässen und Gesang musikalisch hörbar wird. Die Dauer jeder Akkordeinheit beträgt acht Viertel; das entspricht etwa zehn Sekunden. Diese Dauernlänge, die vor allem in ihrer Häufung über ca. 15 Minuten und durch ihre äußerst geringe Laustärke Zeit vergessen lassen könnte, ist sozusagen mit Zeitbewußtmachern konfrontiert: einmal die regelmäßige, quasi skandierende Abwechslung pro Ton und Textsilbe zwischen den beiden Frauenchorhälften mit regelmäßig fortlaufendem, also stets Neues bringendem Text – übrigens unterstützt durch perkussiven Einschwingeffekt bei den Harfen –, dann die Tonerzeugung durch Bogen und Atem, die jedem Akkord die Charakteristik des Zeit*verstreichens* und damit auch der Zeitzumessung innerhalb weniger scharf zu fassender Zeiteinheiten gibt, sowie der Wechsel von einem Akkord zum anderen innerhalb eines sehr ähnlichen musikalischen Ausdrucksfeldes, und schließlich der Akkordaufbau selbst. Die ersten fünf Akkorde des Anfangs

Beispiel 2

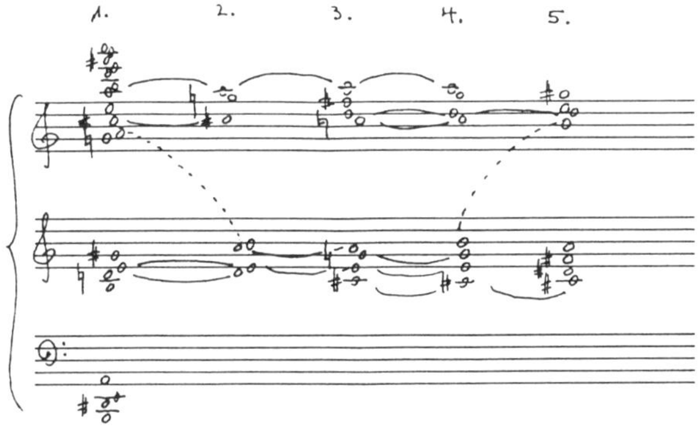

besitzen je als Zusammenklang Eigenständigkeit, die sich in die kontinuumhafte Unschärfe gleichwohl integrieren kann durch die Dauer jedes Akkords und durch das gern verwendete, Nachbartöne ansteuernde Fortschreiten der einzelnen Akkordtöne. Die Sanftheit der Unterschiede resultiert aus der Technik, den folgenden Akkord mehrere gleiche Töne vom vorausgehenden mit übernehmen zu lassen. In Zahlen ausgedrückt bleiben, ohne die oktavversetzten gleichen Töne mitzurechnen,

vom 1. zum 2. Akkord 5 Töne
vom 2. zum 3. Akkord 3 Töne
vom 3. zum 4. Akkord 6 Töne und
vom 4. zum 5. Akkord 3 Töne liegen.

Solche Minimalwahrnehmungen, zwischen Zeitwahrnehmung und Zeitvergessen angesiedelt, jedoch zugunsten der Zeitwahrnehmung angelegt, spiegeln sich sogar im Akkordaufbau selbst wider. Die vorwiegende Achtstimmigkeit setzt sich jeweils aus zwei vierstimmigen Komplexen zusammen, die, einzeln gespielt, leicht ihre Ähnlichkeit untereinander durch gemeinsame Identität mit verschiedenen Möglichkeiten Dur-moll-tonaler Septakkordformen erkennen lassen.

Beispiel 3

Ab Takt 10 sind noch andere Instrumente zu hören. Sie bilden ein zweites Klangfarbenset aus Klavier, Crotales, Vibraphon, Cymbalon und Baßgitarre und konfrontieren den Hörer mit einer zweiten Rhythmusschicht. Die Harmonik dieser Schicht ist nach denselben Prinzipien entwickelt wie die der bereits erläuterten ersten Rhythmusschicht. Der Ähnlichkeit im Akkordaufbau und in der behutsamen Fortschreitung von Akkord zu Akkord stehen Kontrast der Klangfarben und Tongestalten gegenüber. Der Sprung zur neuen Klangfarbencharakteristik läßt Zeit hörbar werden in Relation zu ihrem Neuheitsgrad. Den dunkleren, langgezogenen, mit Bogen und ruhig fließendem Atem gleichmäßig ausgehaltenen Tönen der ersten Schicht stehen jetzt geschlagene, hell-perkussive Akkordfarben gegenüber. Die Tonerzeugungs-Energie – in der ersten Schicht gleichmäßig auf die Gesamtheit des Tons verteilt – wird in den perkussiven Tonformen gleichsam im Kopf des Tones durch den Anschlag zu schnellem und hartem Einschwingvorgang derart zusammengepreßt, daß für den Rest der Töne nur noch geringe und rasch abfallende Ausschwingenergie übrig bleibt.

Ebenso verschieden ist die Rhythmusstruktur dieser zweiten Klangfarbenset-Kette. Der gleichmäßigen Dauernfolge der ersten Schicht steht jetzt eine paarige Kurz-Lang-Gestalt gegenüber, die sich selbst über Minuten hinweg nach und nach von 12–24 Vierteln zu 2–5 Vierteln verkürzt.

Etwa an dieser Stelle, Takt 87, setzt ein drittes, ebenfalls perkussives Klangfarbenset akkordischer Struktur ein. Hier verstärkt sich der repetitive Anteil: Nach zwölf Akkorden wiederholt sich dieselbe Kette wieder. Die Zeit scheint kürzer gerastert, Set II und III schieben sich in den Vordergrund, Set I pausiert.

Die bisher angesprochenen Beispiele umfassen das gesamte Kompositions-Repertoire. Im weiteren Verlauf modifiziert Andriessen die angedeuteten Techniken nur noch durch Veränderung rhythmischer Abstände, Steigerung der Lautstärke und Verdichtung durch Kombination gleichzeitig ablaufender rhythmischer Klangschichten. Das folgende Beispiel, das etwa in der dreißigsten Minute liegt, ist der Höhepunkt dieser Entwicklung.

Schicht I mit Chor, Hammondorgel, Streichern, jetzt zusätzlich noch mit Holzbläsern, zwei Klavieren, Cymbalon und Vibraphon hat ihre kürzeste Rhythmusfolge 5♩ – 4♩, der Chor gleichzeitig seinen melodischen Höhepunkt (Abschnitt III) erreicht. Vier weitere Schichten kommen hinzu:
Vier perkussiv artikulierende Trompeten im paarigen Rhythmus 5 ♪ – 10 ♪,
Harfe I + Xylophon im regelmäßigen Abstand von 15 ♪,
Harfe II + Baßgitarren im regelmäßigen Abstand von 18 ♪,
vier Kontrabässe, wie die Trompeten perkussiv artikulierend, im paarigen Rhythmus 6 ♪ –12 ♪.
Alle fünf Schichten sind außerdem gegeneinander versetzt, die Dynamik bereits bis zum Forte angewachsen, das ab hier bis zum Schluß des Stücks dominiert (Beispiel 3).

De Tijd ist kein augustinisches Stück, nimmt Zeit auch nicht praktisch im Sinne handelnder, konkret eingreifender Menschen, verengt Zeit zu spezifisch musikalischer, gewinnt aber gerade durch diese Reduzierung den beachtlichen Reichtum konzentrierter Genauigkeit.

De Snelheid

Drei Jahre nachdem Louis Andriessen *De Tijd* geschrieben hatte, komponierte er 1983 *De Snelheid*, „Schnelligkeit“ oder „Geschwindigkeit“, das in San Francisco vom dortigen Symphony Orchestra uraufgeführt wurde.

Die Verallgemeinerung von Zeit ist hier nun konkretisiert zu einer bestimmten Zeitauffassung mit entsprechender Zeitgliederung, indem sie als Geschwindigkeit wahrgenommen werden soll, gestische Bewegungsimpulse im Vordergrund stehen. Nun gibt es sehr viel verschiedene Musik, in der „Tempo“, widergespiegelt etwa in der Schlaggeschwindigkeit eines Dirigenten oder eines Metronoms, und Tempo-Farbe als Anschlagsdichte der Klangereignisse pro Grundschlag eine inhärente Rolle spielen, als nicht weiter zu beobachtende Natur des musikalischen Ausdrucks erscheinen. Es kann also nicht ausreichen, im Sinne eines Adagio, Andante oder Presto zu komponieren, sondern es bedarf einer spezifischen Materialdisposition und -komposition, soll „Geschwindigkeit“ als selbständige musikalische Gedankenschicht aus der Musik herausleuchten, sich vom natürlichen Schein zum bewußten und bemerkbaren Parameter emanzipieren, soll spontane und direkte Ganzheit musikalischer Ausdrucksgestalten durch sie differenzierenden Materialausdruck gleichsam aufklärend säkularisiert werden.

Beim Hören des Anfangs der Komposition hatte ich die spontane Vorstellung eines Läufers, der mit klingenden Sohlen, akustisch hergestellt durch Woodblock und Tempelblock, durch eine musikalische Landschaft läuft, die als eine Laufstrecke beschreibbar, an ihren Rändern durch akustische Bauten aus Klangschlägen gerastert ist. Abstrakte Tempogliederung wird so einerseits zur Laufgeschwindigkeit, die durch ihre körperliche Assoziierbarkeit dem Hörer ein deutliches Gefühl für tachometrische Schnelligkeit ermöglicht, andererseits vorstellbar wird als zurückgelegte Wegstrecke, da dem gleichmäßigen Setzen der Füße ein großräumiger Zeitraster gegenübersteht, nämlich die sich verändernden Klangbauten an den Laufbahnrändern, die allein es gestatten, sich vom Läufer erreichte Teilziele vorzustellen. Das eine dient zur musikalischen Orts-Orientierung des anderen. Die Relativität von Zeit wird erst dadurch zu einem konkreten Zeit- und Geschwindigkeits-Empfinden für den Hörer. Orchestrale Klanggestalt und -richtung, Form und Länge des Stücks werden zu einem sinnvollen Weiterdenken und -verstehen des gedanklichen Ausgangspunktes von *De Snelheid*. Alle erfundenen Element-Glieder funktionieren innerhalb eines lebendigen Organismus, so daß keines dem anderen nur äußerlich und aufgesetzt erscheint.

Offenbar ist die Struktur des menschlichen Körpers auch für die Aufstellung und Gliederung des Orchesters Vorbild gewesen. Die paarigen Organe unseres Körpers – Ohren, Arme, Beine – sind Modell für Orchester I und II, die mit je zwölf Musikern gleich besetzt sind (Saxophone, Blechbläser, Schlagzeug und Klavier) und sich links und rechts auf dem Podium gegenübersitzen. Ihnen ist die Funktion der klingenden Füße und der Rasterung der Wegstrecke sozusagen am linken und rechten Wegrand zugeordnet. Von Albrecht Dürer wissen wir, daß den einmaligen Körperteilen wie Nase, Mund, Geschlechtsteil in der Zeichnung besondere Charakteristik zuzuteilen ist. Dementsprechend gibt es in *De Snelheid* ein drittes Orchester, das sich keilförmig von vorn nach hinten zwischen die klanggleichen Orchester I und II schiebt und eine eigene Klangcharakteristik hat: drei Flöten, zwei elektrische Harfen, Baßgitarre, Hammondorgel, Bass Drum, zwei Tomtoms und Streicher. Die Perkussionsschläge, die im 1. Partiturbeispiel zu sehen sind, gliedern die gesamte Partitur in zehntaktige Abschnitte. Diese bleiben zunächst imaginär, da nur zwei Schläge zu hören sind, die jeweils ungefähr an der gleichen Stelle liegen und erst gegen Ende des Stücks zu einer Vielzahl von Anschlägen über die Gesamtheit dieser Zehner-Zeitstrecken verdichtet werden.

Beispiel 4

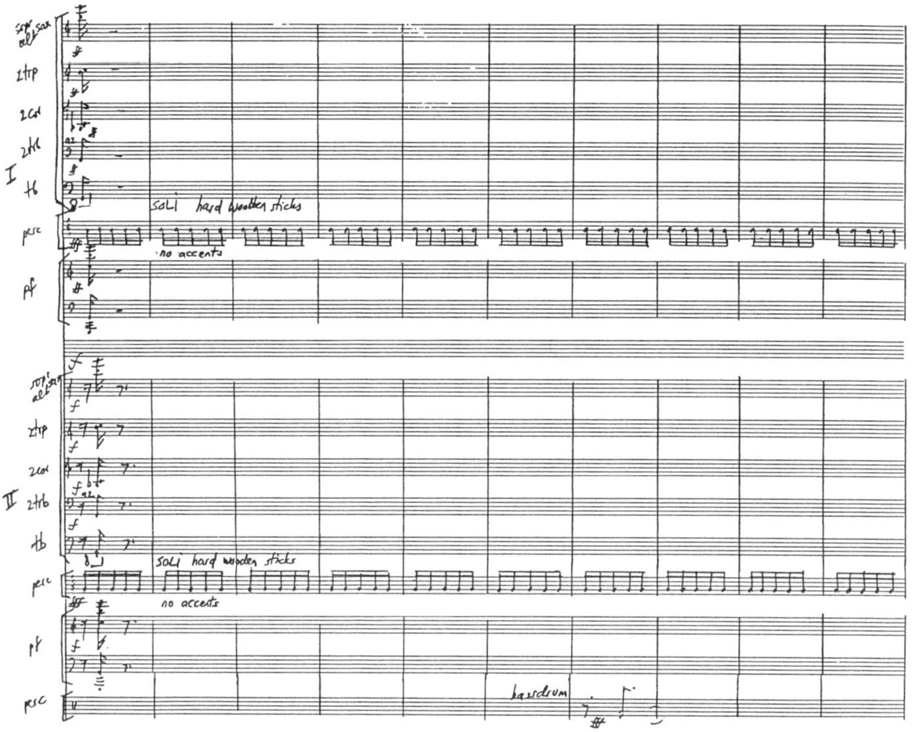

Aus den Gliedern dieses Orchesterkörpers lassen sich die Zahlen 1, 2 und deren Summe 3 gewinnen. Führt man dieses Prinzip weiter, ist die nächste Zahl als Summe aus 2+3 = 5, die nächste aus 3+5 = 8. Es ergibt sich die Fibonacci-Reihe 1 2 3 5 8 13 usw. Diese Reihe drückt gleichzeitig eine bestimmte Geschwindigkeitsqualität aus, da die natürliche, organische Beschleunigung nach denselben Proportionen verläuft. Ein herabfallender Tischtennisball zum Beispiel beschleunigt nach den Fibonacci-Zahlen.

Louis Andriessen legt über die bereits erwähnten zehntaktigen Zeitstreifen das eigentliche Temponetz, das für den klingenden Läufer bestimmend ist. Der Sohlenklang links-rechts wird von beiden seitlichen Orchestern I und II entweder synchron oder Schlag um Schlag alternierend gespielt und zieht sich durch die gesamte Länge des 18minütigen Stücks. Nur kurz vor dem Ende der Komposition gibt es eine knappe Rast-Pause. Die Laufcharakteristik bleibt pro Formabschnitt konstant. Das repetitive Läufermodell erhält seine Bestimmungen aus Modell-Länge, Anschlagszahl, Tempo, Akzenten und Links-Rechts-Verteilung. Mit diesen Zeitstufen ist zugleich die Hauptgliederung des Stücks gegeben. Sie besteht aus elf Tempo-Formfeldern.

Geschwindigkeit differenziert sich in der Formanlage nach außen zu einer groß angelegten Beschleunigung der Bewegung, deren Kurve nur am Ende einen Gegen-Knick aufweist und wieder ins Anfangs-Tempo mündet. Nach innen differenziert sich Geschwindigkeit zu einer Montage verfeinerter, sich aneinander reibender Zeitströme. Die elf Teile der Komposition sind in zwei Haupt-Teile zu je fünf Unterteilen gegliedert. Der elfte Teil ist eine Art Coda, die das Anfangstempo wieder aufgreift.

Der Fibonacci-Zahl 5 gesellen sich noch andere Fibonacci-Zahlen hinzu. So ist die höchste Tempostufe von 704 Anschlägen in der Minute im achten Formteil erreicht. Die beiden Hauptteile entfalten ihre fünf Unterglieder ebenfalls in der Fibonacci-Proportinon 3:2. Der Anordnung der Taktvorschriften 5 𝅘𝅥𝅯 6 𝅘𝅥𝅯 5 𝅘𝅥𝅯 6 𝅘𝅥𝅯 5 𝅘𝅥𝅯 , dies bedeutet 3×5 𝅘𝅥𝅯, 2×6 𝅘𝅥𝅯 , entsprechen Anschlagstempi pro Minute, die sich zu drei Schienen von 1, 2 und 2 Tempi ordnen lassen, nämlich 230, 276/275, 396/400. Die geringen Unterschiede bleiben im Verhältnis zur Gesamtdauer der Teile unerheblich. Der zweite Teil hat die Taktvorschriften 8 𝅘𝅥𝅯 /$^{2}/_{4}$ 6 𝅘𝅥𝅯 8 𝅘𝅥𝅯 6 𝅘𝅥𝅯 6 𝅘𝅥𝅯 und die Coda 5/4. Dies bedeutet 2×8, 3×6. Einschließlich der Coda also drei verschiedene Taktvorschriften. Die zugeordneten Tempi, wieder in Sechzehntel-Anschlägen pro Minute angegeben, ordnen sich als 528/528, 704, 330, 552 und 184 (als Viertel der Coda) zu fünf verschiedenen Größen und beziehen so die Coda als Teil, der über die 10 als doppelte 5 hinausgeht, mit ein. Taktvorschriften, Tempi und Länge der Teile reiben einander durch Verschiedenheit der Zuordnung. Die Dauern der einzelnen Teile von 29 bis 240 Takten sind alle verschieden, lassen sich aber aufgrund ihrer Unterschiede zu fünf Paaren mit wenig Differenz und einer Länge, nämlich dem Maximum von 240 Takten, ordnen.

Die Elfteiligkeit der Läuferstruktur bleibt auch für alle übrigen musikalischen Phänomene bindend. Die Hauptcharakteristiken richten sich nach diesen Teilen, auch wenn sie mehrere Teile übergreifend durch Ähnlichkeit aneinanderbinden. *De Snelheid* ist ein Muster an Sparsamkeit, Einfachheit und in die Tiefe gedachter Komplexität der Elementauswahl und Elementführung.

Im ersten Teil entfaltet sich bereits das gesamte Material. Aus den perkussiven Sechzehnteln des Läufers gewinnt Andriessen das bändermarkierende Element „Akkord“. Linkes und rechtes Orchester I/II spielen genau denselben Akkord, der ebenfalls immer nur ein Sechzehntel dauert und zwei bis fünf Anschläge haben kann. Die erkennbare Verdichtung durch Häufung der Anschläge und Hinzufügung neuer Akkorde in Teil II setzt sich in Teil III fort.

Dieser paarigen Gleichheit steht, unserem Körpermodell entsprechend, ein Drittes gegenüber, ein Akkord mit neuer Harmonik in Orchester III. Diesen drei Richtungspunkten ist die 1 als Sechzehntel-Anschlag zugeordnet, die 2 als zwei verschiedene Akkorde. Die nächsthöheren Fibonacci-Zahlen bestimmen die Akkordstruktur selbst.

Akkord I hat 5 Töne: 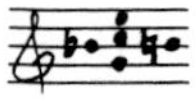 und Akkord II hat 5 Töne: 

Die Summe dieser zehn Töne vereinfacht sich zu acht verschiedenen Tönen, da zwei davon beiden Akkorden gemeinsam sind. Ihre Zusammensetzung aus Dreiklängen, Septakkorden und chromatisierenden Zusatztönen bleibt für das ganze Stück bestimmend. Darüber hinaus bilden diese acht Töne selbst eine paarig angelegte Links-Rechts-Symmetrie der Tonabstände: g-as-b-h-c

e-es-des-c-h

Dieser Fibonacci-Körper bleibt auch das Denkmodell für die Exposition eines dritten Materials. Die klingenden Läuferzahlen des Schlagzeugs in den Orchestern I/II ergänzen sich paarig mit den perkussiv komponierten Akkorden, wie Füße und Hände Paare bilden, aber doch auch unabhängig voneinander gebraucht werden können. Ihnen gegenüber steht eine neue, besondere Charakteristik, nämlich „Melodie“, die auch tatsächlich dem Orchester III zugeteilt ist. Das Funktionieren der Organe aus einer individuellen Einheit heraus spiegelt sich in der Harmonik wider, da Akkorde und Melodie aus den gleichen harmonischen Sphären entwickelt sind. Ihre Verschiedenheit liegt in ihrer Zeitgestalt. Was der Akkord vertikal zusammenfaßt, entfaltet die Melodie horizontal.

Das melodische Element faßt die Teile I-III zusammen und trennt durch sein Verschwinden in IV und V die erste Hälfte der Komposition in die Proportion 3:2. Ein vorläufiger Materialhöhepunkt ist im fünften Teil angelegt. 35 verschiedene Akkorde werden in Orchester I und II zu Ketten geformt, die immer länger und durch immer weniger Pausen getrennt werden. Die jeweils neuen Akkorde erscheinen nach und nach. Ihnen sind entweder Anläufe vorgeschoben wie 2 3 4 / 2 3 4 5 / 3 4 5 6 7 oder paarige Repetitionen vorangestellt wie zum Beispiel 9 14 9 14 9 14 9 14 20 9 21 9 12 20 14 21 22 23. Orchester III hat eine eigene Akkordstruktur aus 15 verschiedenen Akkorden, die zusammen mit den erwähnten 35 fünfzig Akkorde = 5×10 ergeben. Meistenteils ist diese Akkordkette zweigliedrig angelegt. Durch die Zuordnung längerer Dauern stellt diese Struktur eine Art Mitte zwischen „Akkordschlag" und „Melodie" dar. Diese Mitte als dritte Charakteristik lebt von der wahrnehmungspsychologischen Tatsache, daß einem Läufer Einzelmomente von Dingen, die er am Rande sieht, echoartig noch in seinen Sinnen haften bleiben, Vielzahl der Ereignisse und Unschärfen der Wahrnehmung einem zur exakten Beobachtung nicht mehr fähigen, angestrengten Körper entsprechen.

Nach diesem ersten Hauptteil bringt der gesamte zweite Teil der Großform der Komposition, also die Zeitfelder VI-XI, keine neuen Elemente oder Elementverknüpfungen mehr. Im wesentlichen arbeitet Andriessen mit dem gleichen Material, führt aber den Prozeß der Annäherung der Elemente weiter und damit auch die Verwischung der ursprünglich sehr scharf angelegten Unterschiede. *De Snelheid* füllt sich immer mehr durch größere Dichte der Akkorde, Verbreiterung der Akkorddauern, Anhebung ihrer Lautstärke im Orchester III bis zum Fortissimo – wie schon in Orchester I und II – und eine immer größere Annäherung der drei Orchestergruppen zu einer tuttiartigen Gleichheit der musikalischen Ereignisse. Im letzten Teil, „pesante", „tutta forza", „mit aller Kraft", pendeln auch die Akkorde im gesamten Orchester gleichsam wie schwer gewordene Beine in ihren Außenstimmen: im Baß zwischen C und Des, in der höchsten Stimme zwischen f und ges. Die Laufkraft reicht nur noch zum Tempo des Laufbeginns von *De Snelheid.* Aber in ihr liegt die ganze Anstrengung des zurückgelegten Weges. *De Snelheid* ist eine in Spiralen aufwärts geführte Läuferbahn, der Hörer aber Läufer und Beobachter zugleich.

1984/85

Anhang

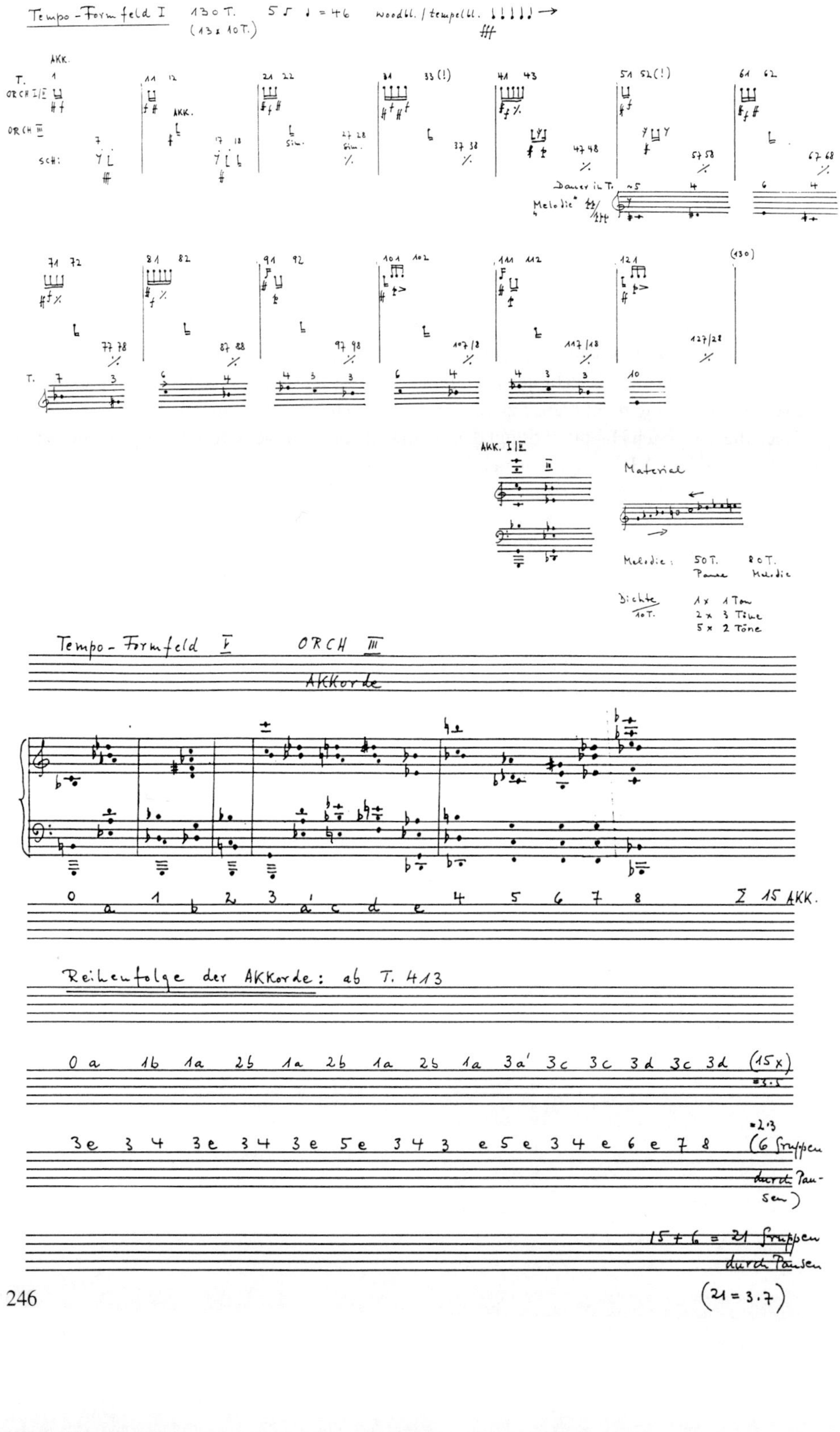

Tempo-Formfeld I 130 T. (13 x 10 T.)
woodbl. / tempelbl.
AKK.
ORCH I/II
ORCH III
SCH:
sim.
Dauer in T.
Melodie
AKK. I/II
Material
Melodie: 50 T. Pause 80 T. Melodie
Dichte 10 T.
1 x 1 Ton
2 x 3 Töne
5 x 2 Töne
Tempo-Formfeld V ORCH III
Akkorde
Σ 15 AKK.
Reihenfolge der Akkorde: ab T. 413
0 a 1b 1a 2b 1a 2b 1a 2b 1a 3a' 3c 3c 3d 3c 3d (15 x)
=3·5
3e 3 4 3e 3 4 3e 5e 3 4 3 e 5 e 3 4 e 6 e 7 8
=2·3
(6 Gruppen durch Pausen)
15 + 6 = 21 Gruppen durch Pausen
(21 = 3 · 7)

Tempo-Formfeld V 5 F ♩. = 80 136 T.
AKKorde ORCH I/II
Σ 35 AKK
Reihenfolge der AKKorde: ab T. 404
(Pause)
= 8 Gruppen

Prophetische Unbedingtheit

Zu Helmut Lachenmann

Es ist für mich Ehre und Vergnügen zugleich, vor Ihnen über den Komponisten Helmut Lachenmann sprechen zu dürfen,[1] einen Mann der jetzigen mittleren Generation, dessen kompositorisches Denken – nach einem Studium bei Johann Nepomuk David[2] – zuvörderst von Darmstadt und seinem Lehrer Luigi Nono geprägt ist, der aber niemals bei solcher Prägung stehen blieb, sondern sich stets mit dem, was er selbst in jeweiligen Momenten der Gegenwart sieht oder umgekehrt, was man an ihn heranträgt sehen zu sollen, kritisch in Wort und Komposition auseinandersetzt, und der eine Komponistenpersönlichkeit ist, deren Wandel voller Widerspiegelungen sich aus ihnen nachvollziehbar miterklärt, und die Position für ein Komponieren bezieht, das voller Entscheidungen und daher auch voller Wertungen ist und so kommunikative Qualität ins Werk setzt.

Lachenmanns Musik werden alle diejenigen gern haben, die des Komponisten Einsicht ins Notwendige als Chance zum Ausbau ihrer Freiheit im Hör- und Denkdialog sehen und die wissen, daß das Aphrodisiakum expressiver Unschuldsduselei wenig ist im Vergleich zur Ausdrucksgewalt reflektierter, erarbeiteter beziehungsweise erschaffener Reinheit von Wertungen in einem sinnlichen Erkenntnisprozeß, dem gerade so etwas wie musikalischer Schock oder anderes Ähnliches aus der emotiven Trickbox als das Sprachlos-Mittelmäßigste völlig fremd ist.

Gleichwohl hat Lachenmanns Musik auch Podiumswirksamkeit, vor allem aber den angespannten Affekt von Unerbittlichkeit, von Schärfe gezielten Ausdrückens und entschiedenen Klingens.

Die Auseinandersetzung mit dem Phänomen der figuralen Spielweise als tonalem Relikt führt nicht zu nonfigurativer Musik, sondern Lachenmann preßt sozusagen Figürliches soweit zusammen, bis es zum potenziert-elementaren Impuls verdichtet ist und läßt dann auch relativ schnelle Klangfolgen als aus solchen Impulsen zusammengesetzt erscheinen. Gerade in *Salut für Caudwell* (1977) kann man dies gut hören. Der Dichte-Eindruck jedes Klangpunktes verstärkt sich durch die Möglichkeit, jeden Impuls als Ergebnis einer gesonderten Spezialjustierung aufzufassen. Ich sehe so auch die Materialdisposition wie in einem Fadenkreuz angeordnet: rechte Hand / linke Hand, beide mit Finger, rechte auch mit Plektron / linke auch mit Gleitstahl, rechts Anschlag von 1–6 Saiten / links auf und ab fahren, quasi „sägen" mit Gleitstahl, rechts Tupfen auf die Saite mit Plektron / links Tupfen mit Gleitstahl.

Auf der Koordinate der Saiten vom Wirbel übers Griffbrett bis zur Aufhängung: rechts versetzbare Anschlagstellen verschiedener Heftigkeit, Wischstrecken / links versetzbare Barré-Griffe verschiedenen Drucks von Normal- bis Flageolett-Druck (das heißt je nach Lage Flageolett-Ton oder „erstickter" Ton), Barré-Glissando-Strecken usf. Dies ist gleichzeitig ein leicht nachvollziehbarer instrumentalnaturalistischer Einstieg von der Erzeugerebene aus in die

1) Nicolaus A. Huber hielt diese Ansprache am 29. April 1987 in der Akademie der Schönen Künste München anläßlich eines dort veranstalteten Doppelporträts Huber/Lachenmann, in welchem von Lachenmann *Salut für Caudwell* und *Ein Kinderspiel*, von Huber *Darabukka* und *Traummechanik* aufgeführt wurden. (Anm. d. Hrsg.)
2) Johann Nepomuk David (1895–1977), österreichischer Komponist, Organist und Chorleiter, war nach autodidaktischen Studien von 1920–1923 Schüler u. a. von Joseph Marx in Wien. Ab 1924 war er zehn Jahre lang Organist und Leiter des Bach-Chors in Wels (Oberösterreich), wurde dann Kompositionslehrer am Leipziger Konservatorium, ab 1939 auch dessen Direktor, ging 1945 in gleicher Eigenschaft an das Mozarteum Salzburg und übernahm 1948 eine Professur für Komposition an der Musikhochschule Stuttgart, die er bis 1963 innehatte. (Anm. d. Hrsg.)

Klangebene. Genauso führen allgemeine Gitarren-Konnotationen, die hohe Kultur der Sololiteratur einerseits, der Gebrauch als bloßes Begleitinstrument zu Bänkelsang und politischem Lied andererseits, zu zwei wichtigen Ebenen des Stücks: der Einfügung eines Textes in hohe Kunstmusik. Das philosophische Thema dieses Prosatextes von Caudwell[3] ist die Kunst selbst. In seiner zerhackten, neutral zu lesenden, doch noch verständlichen Staccato-Phonemisierung ist er durch und durch infiltriert von der Impulsgestik der vorangehenden Musik, durchdringt aber seinerseits die nachfolgende Musik mit seinem semantischen Tonfall, determiniert sie zu einer selbstreflexiven Klangrede voll Sprech-, ja Körperrhythmus.

Das Ich mag gebrochen sein, die Musik ist es nicht. Der Text mündet aus einem Doppelpunkt – „dann werden wir sagen:" – in die Musik. Diese läßt nach und nach immer mehr Klang durch, mündet ihrerseits in fluide und harte Akzentfelder, Gleitstahlvibratobänder und „kurz und scharf" ver- beziehungsweise gewischte E-Dur- und Es-Dur-Akkorde (die zweite Gitarre ist einen Halbton tiefer gestimmt): Gitarren-Rudimente in neuer Positivität eines selbst – wie auch immer – geschaffenen Paradieses. Aus dem Fadenkreuzpunkt justierter Materialien startet ein *Salut für Caudwell*, der zum Besten gehört, was für zwei Gitarren geschrieben worden ist.

Lachenmann versteht es, musikalische Gedanken innerhalb eines Stückes in ihre Extreme, sie bis an den Rand ihrer Möglichkeiten zu treiben. Dies macht ihre Präzision und ihre Vielfalt aus. Es ist eine Musik, die eher prophetische Unbedingtheit ausstrahlt als verstehende Güte oder Wärme, aber sie kennt den Klang unprätentiöser Zu- oder Hinwendung. Dies besonders in *Ein Kinderspiel* (1981) für Klavier, das ja eine „Demonstration am Kindermodell" (Theodor W. Adorno, siehe Partitur) für Erwachsene und Musik für Kinder, von Kindern zu spielen, ist.

Solchem Grundgedanken folgend hat jedes der sieben Klavierstücke eine plastische Überschrift, eine entsprechende musikalische Material-Analogie und ein strikt durchgehaltenes Kompositionsprinzip (ähnlich der Bachschen Choralvorspiele).

Das Materialrepertoire ist aus elementaren Phänomenen neuer Musik genommen: Nr. 7 *Schattentanz*: eine Rhythmuskomposition; Nr. 6 *Glockenturm*: Glockenanschlag als Tastenanschlag mit stummem Nachgreifen, Glockenintervalle generieren als kombinierte Intervallzirkel Ein-, Zwei- und Dreiklänge; Nr. 5 *Filterschaukel* führt von einem zehntönigen Clusterklang zu 27 verschiedenen geringertönig gesiebten Akkorden und zurück; Nr. 4 *Falscher Chinese* mischt Sekund- und Skalenschaukeln auf weißen Tasten mit Schwarzer-Tasten-Pentatonik im Kinderliedrhythmus, den Ausdruck bis zu einer Art Fieberwahn steigernd; ähnlich Nr. 3 *Akiko*: fünftönige phrygische oder dorische Weiße-Tasten-Skalen werden durch fünf schwarze Tasten chromatisiert; Nr. 2 *Wolken im eisigen Mondlicht* überträgt die einzelnen Metaphern in neun sehr hohe Töne mit 146 Anschlägen und 72 ausgefeilten Wolkenpedalisierungen.

Meine besondere Vorliebe aber gilt Nr. 1 *Hänschen klein*: Vom höchsten bis zum tiefsten Ton erobert man sich in chromatischen Schritten die 88-Tasten-Totale des Klaviers. Die physische Klaviatur als Tastenleiter prägt sich langsam um in eine psychische Klaviatur als Tonleiter. Das Gehen auf der Tastenstraße erobert sich nach und nach auch so etwas wie Tonbeziehungen. Doch das Ich bleibt ziemlich unausgeprägt, Chromatik als seelischer Ausdruck findet nicht statt. Der Halbton ist kein sich beziehendes, sondern Absenkungs-Intervall, benachbarte Töne

3) Christopher Caudwell, 1907 in London geboren, 1937 im Spanischen Bürgerkrieg gefallen, schrieb Gedichte und Romane, wurde aber berühmt als materialistischer Literatur- und Kulturtheoretiker. Posthum erschienen die Bände *Illusion and Reality* (1937) und *Studies in a Dying Culture* (1938). Als die Bücher in den sechziger und siebziger Jahren auf deutsch erschienen – zunächst in der DDR, dann in der BRD (*Bürgerliche Illusion und Wirklichkeit* 1966, 1971; *Studien zu einer sterbenden Kultur* 1974) – belebten sie eine Zeitlang die linke Ästhetik-Debatte. (Anm. d. Hrsg.)

werden zu benachbarten Ton-Räumen. Artikulation und Lautstärke, vor allem aber das Rhythmusprogramm schaffen jene nötige Rigorosität: Es ist der Rhythmus von „Hänschen klein", der als Zeitfolie über die Chromatik gelegt ist, das heißt Halten und Gehen nur nach seiner eigenen, der Liedform-Struktur bestimmt.

In Iannis Xenakis' *ST/4–1* ist eine ähnliche chromatische Skala über vier Oktaven eher ein Zurechtrütteln sonst gestreuten Materials, das heißt: Musik geht kurzfristig in Material über. Hier aber haben wir umgekehrt eine Material-Führung in die kompositorische Ton-Welt, die selbst Komposition ist.

Diese Stücke sind zudem in Lachenmanns Œuvre eine gewisse Ausnahme, da er, im Unterschied zu sonst, bei den Strukturbildungen mit wenig Tönen auskommt.

Ein chinesisches Sprichwort, das sagt, es sei besser, einmal zu sehen als fünfmal zu hören, soll hier umgewandelt werden: Es ist besser, einmal zu hören als fünfmal zu reden.

Ich ende und danke Ihnen!

1987

Zum 80. Geburtstag von Günter Bialas

Ihrer Aufforderung, über Günter Bialas als Lehrer und Freund zu schreiben, komme ich gerne nach. Denn: Ich hatte das Glück, Schüler von Bialas sein zu dürfen. Er war ein ausgezeichneter Lehrer und ist für mich bis heute, bei meiner eigenen Unterrichtstätigkeit, anzustrebendes Vorbild geblieben.

Seine vielen Schüler, die alle anders komponieren, beweisen, daß Bialas nie an einer Gemeindebildung interessiert war – wir alle sind seine Freunde geworden. Ich glaube, dies ist Bialas' Denkmodell für Freiheit und Führung, für persönliche Wertsetzung und Geltenlassen. Ich hatte immer das Gefühl totaler Freiheit bei genauer Absteckung der Weggrenzen und ein damit verbundenes inneres Wohlgefühl, da Bialas einen nie wie ein von oben kommender Ei-Schneider retardierend zurechtstutzte, sondern „mitging" und so ein kritisches, aber sicheres Selbstvertrauen förderte.

Dieser Freiheitsdialektik entsprachen bestimmte Methoden: Trennung der handwerklichen Schulung in Satztechnik, Orchestration, Analyse und kompositorische Strukturierung, gleichzeitige Entwicklung aller Bereiche. Ich kann mich an keine Ton-für-Ton-Analyse erinnern, wohl aber daran, daß durch seine Schwerpunktanalysen immer Begeisterungsschübe auf mich zukamen (zum Beispiel der Schluß von Bruckners *7. Symphonie*, erster Satz oder Strawinskys Vorschlagstechniken im *Sacre*), und sowohl dadurch wie durch die Methode Vorspielen (der eigenen Arbeiten) – Hören – Besprechen jener Grad an Orientierung, aber nicht Fixierung zustande kam, der von vornherein dazu antrieb, kompositorische Techniken nicht nachzuahmen, sondern selbst zu finden.

Bialas war und ist alles andere als akademisch, ein Mann mit außerordentlichem künstlerischen Geschmack, Können und enormer Informiertheit. Dies macht(e), jenseits aller stilistischen Unterschiede, die Kraft seiner Autorität aus. Er hat mich (und natürlich auch andere) über seinen Unterricht hinaus gefördert, zum Beispiel ins Elektronische Studio zu Josef Anton Riedl geschickt, er hat wesentlichen Anteil daran, daß ich noch ein Jahr zu Luigi Nono nach Venedig gehen konnte, er hat Verbindungen geschaffen. Wieviele Lehrer gibt es, die so frei sind?!

Bialas kennt heute noch meine Kompositionen und besucht Aufführungen. Ich bin froh, daß er trotz aller Sorgen, die ich ihm wahrscheinlich manchmal bereitet habe, so jung geblieben ist.

März 1987

Dieter Schnebels *B-Dur-Quintett:*

I Choralvariationen

B-Dur-Quintett aus der Werkreihe TRADITION (1975/...) emphatisiert durch seine Titelsetzung, was gemeint ist: „Eine neue Musik, welche Linien zum Vertrauten zieht und ebenso die Grenzen des Vertrauten in unbekanntes Terrain erweitert".[1] So ist „Quintett" zwar Anspielung auf die Gattungstradition, erweist sich aber in der Hauptsache als „zeitgenössisch" interpretierbare Besetzung von „fünf" Instrumentalisten, deren Strukturfunktion sie in 2:2:1 (Violine I/Violoncello: Violine II/Viola beziehungsweise Klarinette/Baßklarinette: Klavier) proportioniert und somit kompositorisch-thematisch begründet. „B-Dur" als Bezeichnung einer Tonart reduziert seinen Realitätsgehalt bei Durchsicht des Satzes auf das Allgemeinere und Reichere von bloßen „tonalen Beziehungen". Zwar sind für den ersten Abschnitt Ⓐ zwei Be vorgezeichnet, diese Vorzeichen beziehen sich jedoch nur auf die Töne b und es, nicht auch auf ein entsprechendes B-Dur-Tonartgefüge, nirgends ist eine Dur-Terz zu finden.

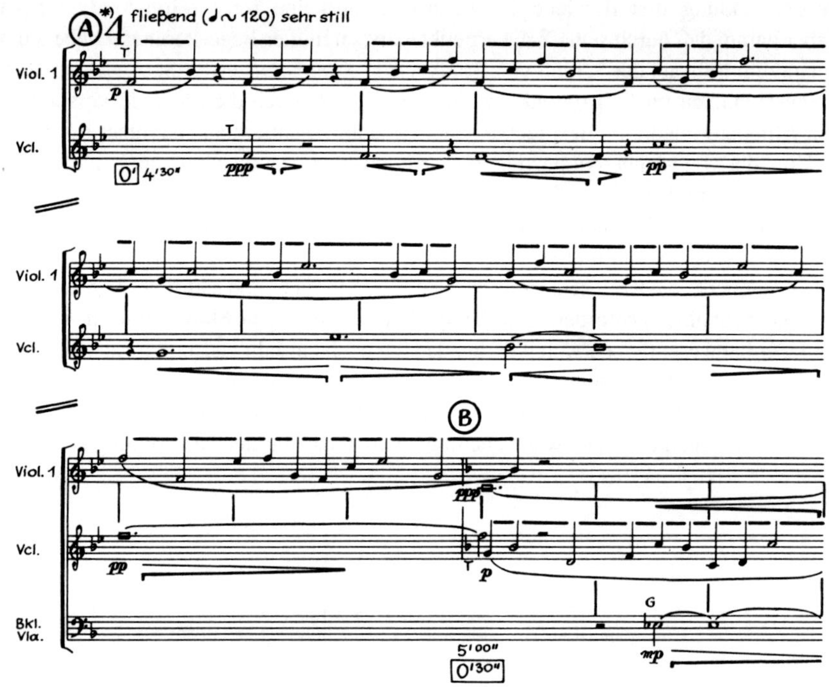

Stellt die Musik den Titel bloß, so versucht der Titel über die Musik auszusagen, daß sie nicht einfach als alte Musik restaurativ gedacht ist, sondern daß mit Normen tonaler Tradition historische Verkrustungen des Avantgardismus negiert werden sollen und mit Normen avantgardistischer Tradition tonales Hören zeitgenössisches Erlebnis wird. Es zeigt sich ein musi-

1) Musik-Konzepte, Bd. 16: *Dieter Schnebel*, München 1980, S. 131.

2) Der Buchstabe gibt die in der Partitur gleichlautend bezeichneten Strukturen an. Die von mir beigefügte Zahl erleichtert das Erkennen der Position.

kalisch-kompositorisches Bild, in dem der historische Stand komplexen Musik-Denkens dadurch gewahrt bleibt, daß Schnebel die zur Verfügung stehenden „modernen“ technischen Möglichkeiten, mit Tönen umzugehen, voll ausnützt – natürlich innerhalb der Konzeption des Stückes –, gleichzeitig aber das Tonmaterial ins Vertraut-Tonale verschiebt und dadurch das Tonhöhen-Medium so verändert, daß Tonalität insistentes, ja geradezu als polemisch zu empfindendes Experimentierfeld zeitgenössischen Komponierens wird.

Der Pointierung des Titels entspricht ein frappierend einfaches Material in Ⓐ$_1$[2]: f^1-g^1-b^1-c^2-es^2-f^2. Es ist eine regelmäßige Reihe von sechs Tönen, streng oktavlagenfixiert, in einer Großsekund-Kleinterz-Progression angeordnet. Solch äußeres Material-Understatement, das man durchaus in Tradition von Satie und Cage sehen kann, verlangt inneres Gewicht. Es ist keine Komplexität des Notenbildes, eher Vielfalt innerer Beziehungen und Möglichkeiten des Hörens.

Die ganze Struktur Ⓐ$_1$ ist in acht Gruppen gegliedert, deren organischer Aufbau sich nicht nur aus der steigenden Zahl der Anschläge ergibt, sondern darüber hinaus durch eine genaue Fibonacci-Organik in seinem Wachstums- und Aderngefüge bestimmt ist. Ausgang: 2, 3 (mit Viertelpause am Ende); erstes Aderngefüge: 4 8 8 $\Sigma = 20$), zweites Gefüge: 5 5 10 $\Sigma = 20$). Vier Mengen, nämlich 2, 3, 5, 8 (plus die Verdoppelungen 4 und 10) ergeben nicht nur aperiodisch schwebende Gruppen, sondern auch die ansteigende Dichte durch ihre Kombination zu zwei dreigliedrigen Gefügen ab Gruppe III. Mit ihrem gleichgerichteten Zahlenanstieg verlaufen sie zwar parallel und ermöglichen durch ihre stufig angelegte Verwobenheit den regelmäßigen Anstieg, haben aber gleichzeitig inverse, gleichsam kreisläufige Element-Anordnungen: Die Wiederholung trifft einmal auf die höchste Zahl (8) am Ende des einen und einmal auf die niederste Zahl (5) am Anfang des anderen Gefüges ($\underrightarrow{4\ 8\ 8}$ / $\underleftarrow{5\ 5\ 10}$). Analog zur Dichte unterscheiden sich die Gruppen IV und V (steigende Länge) sowie VI und VII (fallende Länge) um ein Viertel als Punkt hinter einer Halben.

Tonfolgen machen in ihrer Zahlenanordnung die stetige Permutation leicht nachvollziehbar. Das Verhältnis zwischen den Gruppen mit und ohne neu auftauchende Töne teilt die Struktur in 5:3. Von den Gruppen, die keine neuen Töne enthalten, sind die Gruppen IV und VIII Zusammenfassungen vorhergehender Tonverbände, wogegen in VII der Ton 1 fehlt. Das ergibt die Proportion 2:1. Die melodische Progression des jeweils ersten Erscheinens der Töne führt tiefer ins Material: 1 3 4 6 2 5 zeigt $^{1-3}\ \overline{_{4-6}}\ ^{2}\ _{5}$, also f^1-b^1 und c^2-f^2 als Quartrahmen, deren jeweils fehlender Ton 2, 5 = g^1, es^2 eine Spiegelstruktur des Materials offenbart: f^1-f^2, g^1-es^2, b^1-c^2. Dieses umgekehrte Hören der großen Sekunden und kleinen Terzen in der Melodie der Erst-Töne verstärkt sich in der variativen, polyphonen Überlagerung der Töne, die länger als ein Viertel sind. Die Konstellationen b^1-c^2-g^1 und c^2-b^1-es^2 sind im Umkehrungsverhältnis angelegt, ebenso f^2-es^2 und f^1-g^1 (vergleiche die Klammern, Kreuze und Kreise im unteren Teil des folgenden Beispiels). Sie gehorchen derselben Spiegelachse.

Gruppen	I	II	III	IV	V	VI	VII	VIII	
Zahl der Anschläge	2	3	4	5	5	8	8	10	(Summe = 45 A.)
Länge der Modelle	3 ♩ 𝄽 (4 ♩)	3 ♩ 𝄽 (4 ♩)	4 ♩	6 ♩	7 ♩	12 ♩	11 ♩	14 ♩	

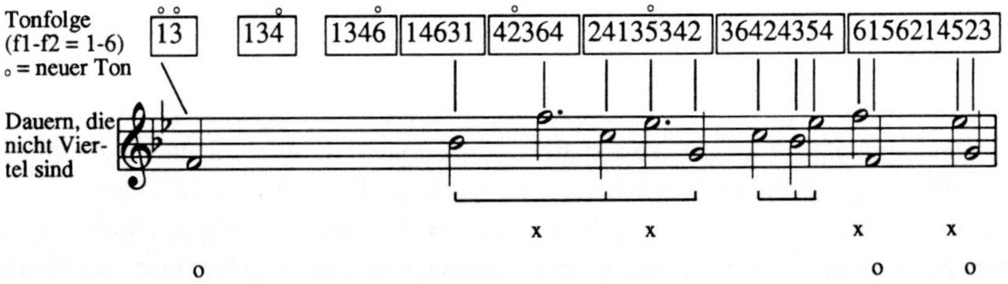

Die Folge der Töne in der zweiten Stimme (Notenbeispiel S. 252, Violoncello) ergibt eine weitere Umkehrung mit wieder anderen Tonfolge-Konstellationen: f^1-c^2-g^1 und es^2-b^1-f^2. Die beiden Gruppen enthüllen ihre Symmetrie, wenn man sie von außen nach innen liest, als Krebsumkehrung gleicher Achsenlage. Ja selbst bis zum Einzelton, als sechsfache Polyphonie weitergedacht, erweist sich diese symmetrische Teilung als verfolgbar:

f1	𝅗𝅥 ♩♩♩♩♩𝅗𝅥 ♩	6 ♩ / 2 𝅗𝅥	8 Anschläge	10 ♩ Dauer	
g1	♩♩𝅗𝅥 ♩♩𝅗𝅥	4 ♩ / 2 𝅗𝅥	6 Anschläge	8 ♩ Dauer	=30 ♩
b1	♩♩♩𝅗𝅥 ♩♩♩♩𝅗𝅥 ♩	8 ♩ / 2 𝅗𝅥	10 Anschläge	12 ♩ Dauer	=25 ♩ =19 ♩
c2	♩♩♩♩♩𝅗𝅥 ♩𝅗𝅥 ♩♩♩	9 ♩ / 2 𝅗𝅥	11 Anschläge	13 ♩ Dauer	=16 ♩
es2	𝅗𝅥. 𝅗𝅥 ♩𝅗𝅥	1 ♩ / 2 𝅗𝅥 / 1 𝅗𝅥.	4 Anschläge	8 ♩ Dauer	=30 ♩
f2	♩♩𝅗𝅥. ♩𝅗𝅥 ♩	4 ♩ / 1 𝅗𝅥 / 1 𝅗𝅥.	6 Anschläge	9 ♩ Dauer	

10 ♩ + 9 ♩ = 19 ♩, 8 ♩ + 8 ♩ = 16 ♩, 12 ♩ + 13 ♩ = 25 ♩. (16 + 3 = 19; 19 + 6 = 25; 6 = 2 x 3)

Dieser quasi körperlichen Tonraumspiegelung entsprechen psychische, spiegelhafte Gegenüberstellungen. Schon Satie wußte, daß der Vierteldauer als kompositorisch gesetztem Wert ihr Gegenteil gegenüberstehen muß, um sich bestätigt zu sehen. Dieser psychische Erlebnisspiegel ist zum einen die Verdoppelung – aus ♩ wird 𝅗𝅥 – und zum anderen die Minus-Plus-Symmetrie des Gegenüberstehens: 𝅗𝅥–♩=♩, 𝅗𝅥+♩=𝅗𝅥.

Tradition I
Eric Satie: *Messe des Pauvres* (ca. 1895)

Einige Bausteine aus dem Kyrie:

Die Bausteine Saties zeigen die gleiche Identitätstechnik der Viertelnote durch ihre Gegenüberstellung mit Halber und punktierter Halber. Alle möglichen Kombinationen von Vierteln mit den beiden anderen Dauern kommen dabei zur Anwendung, sogar mit Halben allein. Die Sonderstellung der Plus-Symmetrie aber bestätigt sich durch Fehlen einer Reihungskombination nur aus punktierten Halben. Sie ist die Dauer des äußersten Kreises, in dem sich ein Viertel ichbestätigt sehen kann. Entsprechend gibt es bei Schnebel unter den 13 (nach 8 nächsthöhere Fibonacci-Zahl!) längeren Dauern von Ⓐ$_1$ nur zwei punktierte Halbe.

Zum erwähnten psychischen Tonraum gehören auch die Schattenbildungen von Identitäten. Das sind zum einen die auskomponierten Nachwirkungen einzelner Melodietöne durch konkret weiterklingendes Aufgreifen im Violoncello, zum anderen der Dynamik-Schatten ***ppp*** beziehungsweise ***pp*** im Verhältnis zu ***p***, der durch Crescendo und Decrescendo Relief gewinnt, und letztendlich die Zeichen T für tonhafte Klangfarbe und ┌──── beziehungsweise ────┐, wodurch T zu G als geräuschhafte Klangfarbe übergehen und von ihr wieder zu T zurückkehren kann.

Tradition II
Luigi Nono: *Canti di vita e d'amore* (1962), II Djamila Boupachà

Dieses Sopransolo ist ein Gesang der Hoffnung auf eine bessere Zukunft, in dem aus dem chromatischen Tongefüge pentatonische, zumindest diatonische Intonationen herausragen, die als Metaphern für Wärme, Zartheit, kindhafte Unschuld des Sehens interpretierbar sind.

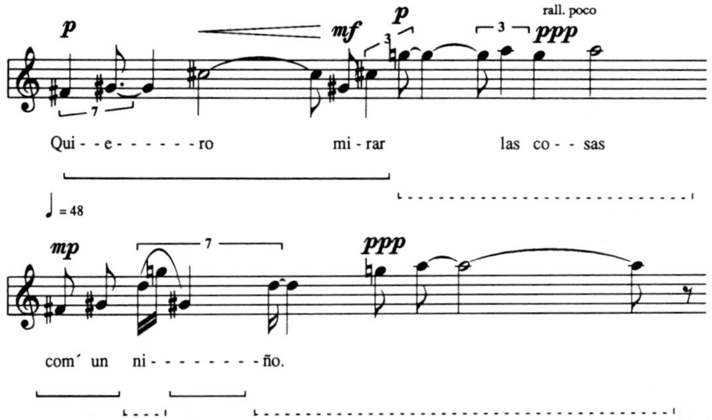

Zum Beispiel hier: fis-gis-cis und d-g-a sind, empirisch gesehen, diatonische Gebilde in Krebsumkehrung. In der kompositorischen Tiefenstruktur aber sind die sechs Töne aus der Überlagerung zweier Ganztonreihen[3] zusammengesetzt: fis-gis-d und cis-g-a. Nono benützt eine politisch motivierbare, diatonische Tradition, die er aber historisch aus der zwölftönigen Chromatik heraus authentisiert.

Während Nono die diatonischen Pendelschläge nur kurzfristig anlegt und die Wirkung des chromatischen Netzes nie dem Gehör entschwinden läßt, macht es Schnebel dem Hörer viel schwerer, indem er mit diatonischen Tonfeldern größeren Beziehungsausmaßes anfängt und sie zu ganzen Strukturen und Strukturkomplexen verfestigend augmentiert. Wie geht es weiter? Saties Bausteine sind in der Anlage flach linear, auch wenn bestimmte Anordnungen als spiralförmig verstanden werden können,[4] sind weniger offen und „fließend".[5] Schnebels Abschnitt Ⓐ$_1$ ist eine „gewölbte" Tonraum-, Klang- und Farbkomposition, die in ihren acht Gruppen als gleitender, final sich füllender Prozeß angelegt ist. Dementsprechend reagieren die Abschnitte Ⓑ$_2$ – Ⓓ$_4$ symmetrisch entwölbend, wieder füllend usw. wie ein musikalisches Atemobjekt, das im Tonraum verschiebbar ist, aber seiner Vergangenheit nie entrinnen will.

Tonmaterial:

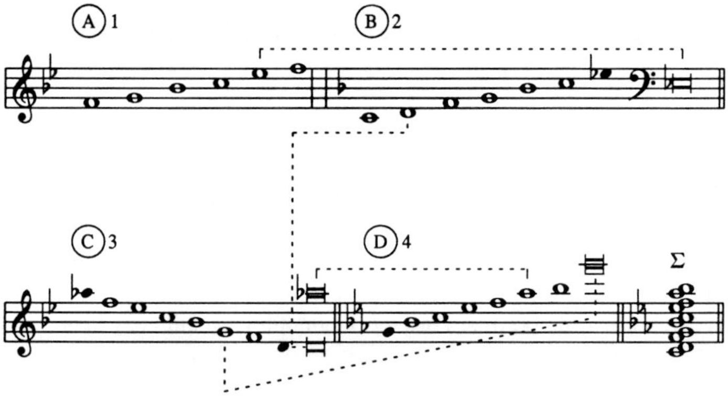

3) Vergleiche dazu besonders Satz I der *Canti di vita e d'amore.*

4) Gerd Zacher: *Beobachtungen an Erik Saties Messe des pauvres,* Musik-Konzepte, Bd. 11: *Erik Satie*, München 1980, S. 52

5) Vergleiche die Spielanweisung in der Partitur.

Ⓑ$_2$ ist mit dem angegebenen Tonmaterial KU[6] von Ⓐ$_1$, f^2 spiegelt sich in c^1, es^2 in d^1 usw. Tongruppe VIII mit ihrer größten Dichte von zehn Anschlägen erweist sich jetzt nicht mehr nur als angefülltestes Stadium des organischen Gruppenprozesses, sondern ist gleichzeitig (stockhausenscher) signalhafter Hinweis, die KU hören zu können. Hier die sich ergebenden Beziehungen der ersten vier Strukturabschnitte, wenn man sich das Spiegelverhältnis des Skalenmaterials von Ⓐ$_1$ und Ⓑ$_2$ (Quarte abwärts f^1/c^1) zu Ⓒ$_3$ und Ⓓ$_4$ (Quarte aufwärts f^2/b^2) für das erste Paar aufwärts und für das zweite Paar entsprechend abwärts notiert vorstellt. (Ⓓ$_4$ müßte dann in der Tonmaterialtabelle von b^3 an abwärts verlaufen):

			Materialkorrespondenz:
Ⓐ$_1$: Ⓑ$_2$	= G : KU	} ↓	$f^2/es^2:c^1/d^1$
Ⓑ$_2$: Ⓒ$_3$	= G : K		$c^2/b^1:f^2/es^2$
Ⓐ$_1$: Ⓒ$_3$	= G : U		$f^1/g^1:f^2/es^2$
Ⓒ$_3$: Ⓓ$_4$	= G : KU	} ↑	$f^1/g^1:b^2/as^2$
Ⓑ$_2$: Ⓓ$_4$	= G : U		$c^1/d^1:b^2/as^2$
Ⓐ$_1$: Ⓓ$_4$	= G : K		$f^1/g^1:b^1/c^2$

So viel Spiegelung braucht Elemente des Weitertreibens. Solche sind:

1. Die wandernden Materialien. Die vier Oktavausschnitte der Großsekund-Kleinterz-Folge in den Abschnitten Ⓐ$_1$– Ⓓ$_4$ sind so angeordnet, daß das Ausgangsmaterial von sechs Tönen (f^1-f^2) nach und nach um je zwei Töne nach oben und unten symmetrisch auf insgesamt zehn erweitert wird (siehe Σ am Ende der Tonmaterialtabelle). Läßt man die Oktaven weg, ergibt sich die vollständige Ausformung des Siebenerprinzips es-f-g-as-b-c-d. Der Tritonus d^1-as^2 als dialektisches Sprungintervall zur chromatischen Zwölfersphäre rahmt Ⓒ$_3$ ein (Quartenzirkel: d-g-c-f-b-es-as, 1. und 7. Ton: Tritonus d-as). Der achte Quartenzirkelton des ist zu d stammtonchromatisch (⟶ Zwölferprinzip). In jedem Abschnitt treten Töne als konzeptionelles Echo oder Vorecho hinzu (•, □). Sie erweitern gleichzeitig oktavig die Tonraumbreite.
2. Der sich steigernde Klangsatz bis zum vierstimmig hinzutretenden Klangkontinuum in Ⓒ$_3$ und der nur zwei Viertel umfassende Klaviereinsatz als überraschende Erstfarbe zu Beginn von Ⓓ$_4$. Erst ab Ⓔ$_5$ wird das Klavier durchgehend den Klang mitbestimmen.
3. Das Tempo. Ab Ⓒ$_3$: „fließender (etwas rascher als Tempo I) poco espressivo".
4. Die Dynamik, die sich vor allem bis Ⓒ$_3$ steigert.

Schnebel reagiert auf die relative Abgeschlossenheit der ersten vier Strukturen durch die Setzung einer neuen kompositorischen Satzstruktur in Ⓔ$_5$ und Ⓕ$_6$, faßt beide Teile unter einem neuen Tempo zusammen – „zurückhaltend (etwas langsamer als Tempo I) zart und weich, aber espressivo" –, läßt die Harmonik nach beiden Seiten symmetrisch weitergleiten und nimmt den dynamischen Spannungsbogen wieder, aber noch unter den Ausgangspegel von Ⓐ$_1$ sinken lassend, zurück. Sie erweitern gleichzeitig oktavig die Tonraumbreite (zum Beispiel: es^2 = zwei Oktaven höher als es, g^1 = zwei Oktaven tiefer als g^3). Ein solch weitergleitender Prozeß läßt Neuheit als Zusammenhang verstehen. Diese erfährt ihrerseits ihre Rechtfertigung durch ihr positionelles Zusammenfallen mit einem bestimmten Prozeßpunkt.

Die neue Satzstruktur besteht in einem Wechsel zu relativ kurzgliedrigen, faßlichen Tonkonstellationen, die in einer Art Webern-Technik polyphon korrespondierend (K, U) gesetzt sind. Sie geben dabei ihre Oktavlagen-Fixierung auf – diese bleibt nur im Klavier als eigentlichem Materialträger erhalten – und analysieren das Tonmaterial in neuer Weise durch seine lineare Entfaltung als Quart- und Quintketten. Die folgende Materialtabelle bringt dement-

6) G = Grundgestalt, U = Umkehrung, K = Krebs, KU = Krebsumkehrung.

sprechend noch die Töne in Großsekund-Kleinterz-Entfaltung und die Beziehung zu den jetzt zum ersten Mal auftauchenden chromatisierenden, somit intervallisch komplizierenden Tönen jenseits des Siebenerprinzips, in Quartketten-Darstellung:

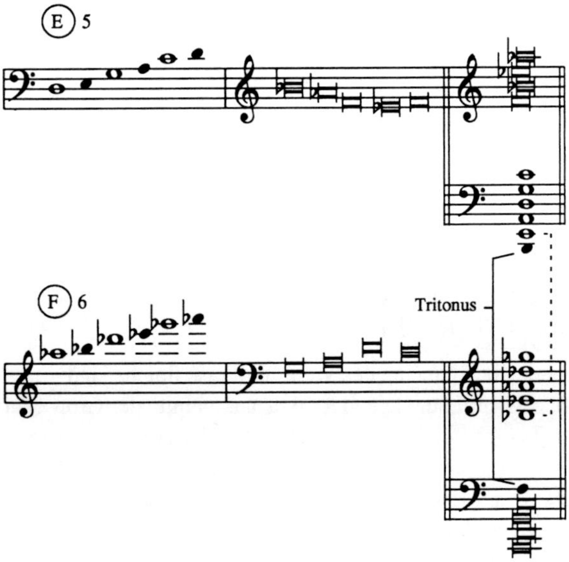

Die Materialaufstellung zeigt die Spiegelbeziehungen der jeweils neun benützten Töne und die Tritonusbeziehung sowohl des Gesamtmaterials als auch des jeweils tiefsten beziehungsweise höchsten Tones (d und as) sowie eine interessante Rolle von h und f. Denn in Ⓔ$_5$ taucht kein h auf, es hat nur eine lückenfüllende Rolle als Verbindung zum ges ≙ fis in Ⓕ$_6$. Dort fehlt korrespondierend das f in der Quartenreihe. Schnebel läßt die Musik aus diesen Großbeziehungen direkt zu Beginn von Ⓖ$_7$ in den Tritonus hineinlaufen, farblich getrennt in Klavier eis(f)-h und Quartett as(gis)-d. Die akustische Darstellung der beiden Tritoni durch Forte und Pfundnoten beziehungsweise Crescendo zu Forte und Tonrepetitionen, beschleunigt bis zum Tremolo, zeigt, daß der Materialprozeß hier an einer entscheidenden Wende angekommen ist: bei den Ringen enharmonischer Beziehungen.

Tatsächlich sind die Teile Ⓖ$_7$ – Ⓚ$_{10}$ eine formale Reaktion darauf als *Mittelteil.* Ⓛ$_{11}$ und Ⓜ$_{12}$ korrespondieren mit Ⓔ$_5$ und Ⓕ$_6$ und Ⓝ$_{13}$ – Ⓠ$_{16}$ mit Ⓐ$_1$ – Ⓓ$_4$. Dem „erregten“ Ausdruck der Tritoni bei Ⓖ$_7$ entspricht dann auch der „bebende“ Ausdruck drei Mensuren vor dem korrespondierenden Ⓛ$_{11}$ mit einem Triller um gis(a)-d(cis) und dem dazu symmetrischen Tremolo im Klavier c-d-es-f-g-gis-b.

Der Ton f und das ergänzende h erscheinen als Schlußtöne in Ⓠ$_{16}$, schließen den Kreis zum Anfangston f in Ⓐ$_1$ und stellen sich als Teil eines Schlußpendels dar:

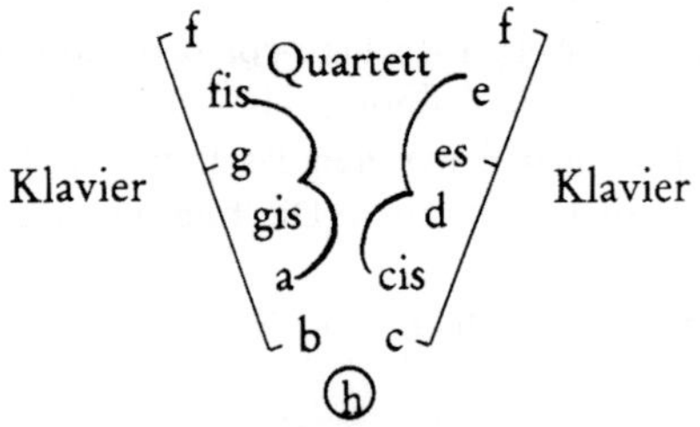

Nebenbei: Die drei Kreuze des Mittelteils und die zwei Be des Anfangs- und Schlußteils ergeben als Pendel gesehen eine lückenlos sich ergänzende zwölftönige Allintervallfolge!
Bis Ⓛ$_{11}$ reicht übrigens auch das Materialgleiten, deutlich im Klavier erkennbar:

Durch die Verwischung der Oktavlagen, selbst im Klavier, bleibt das Hauptcharakteristikum der vier Drei-Kreuze-Mittelstrukturen Ⓖ$_7$ – Ⓚ$_{10}$ die intervallische Klangkomplizierung innerhalb des Zwölferprinzips. Es bleibt also bei der bloßen Berührung der enharmonischen Beziehungswelt. Diese entäußert sich in den vorgeschriebenen „starken dynamischen Schwankungen" dieser Teile.

In Ⓖ$_7$ differenziert Schnebel das Material in geradezu hintersinniger Weise und läßt die angedeuteten enharmonischen und neu entstehenden Subaspekte „schwelgerisch, molto espressivo" (Partitur ab S. 11, vorletzte Mensur) ins Hörfeld treten. Der gemeinten Stelle gehen drei kristallin-polyphone Felder voraus, die in ihrer thematischen Struktur und in ihrer Symmetriesubstanz folgende Gestalten ergeben:

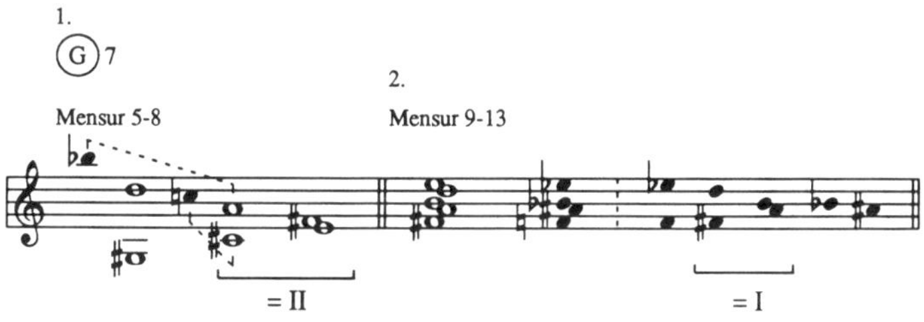

Entscheidende, gleichstrukturierte Symmetriekerne sind gleichlaufend mit den ersten drei Akkorden der „schwelgerisch"-Stelle! Ist die Quartenfolge vorher spiegelbildlich,

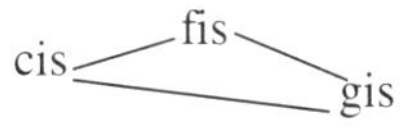

so ist sie in der Akkordfolge zu fis-cis-gis gereiht angeordnet, da der Spiegel der Akkorde gleich anschließend folgt.

Das Notenbild der Partitur zeigt in diesen und den folgenden Strukturen die musikalisch-kompositorische Qualität in beeindruckender 1:1-Übertragung, so daß – im Unterschied zu

Struktur Ⓐ$_1$ – die Anwendung einer vereinfachenden Analysemethode als Zusammenfassendes gerechtfertigt ist. Die kontinuierliche, vierstimmige Polyphonie ist leicht ablesbar. Ihr folgt in jedem Strukturteil eine Art kommentierender Abschnitt, dessen Symmetrieachse immer gleichbleibend gis-d ist (Ⓗ$_8$ „ohne Ausdruck = fahl“, Ⓘ$_9$ „flüchtig“, Ⓚ$_{10}$ „bebend“). Das oktavlagengenau notierte folgende Material bezieht sich immer auf die polyphonen Hauptzüge, deren Töne anders liegen als die ihrer nachgesetzten Kommentare:

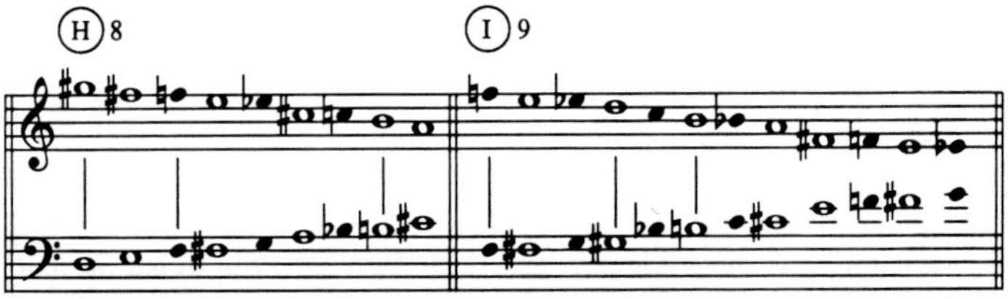

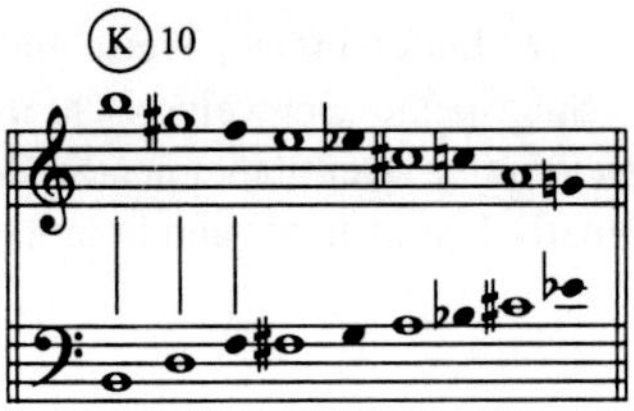

Beide spiegelgeordneten Linienzüge werden durch die polyphone Thematik linear abgerufen und zeigen den Grad der Chromatisierung an. Er zeigt sich linear durch hervorstechende ***sf***-Markierungen halbtöniger Melodie-Ausbuchtungen.

Tradition III
Ludwig van Beethoven: *Klaviersonate As-Dur op. 26*

Der dritte Satz, eine *Marcia funebre*, organisiert durch sein langsames Tempo und den stereotypen Rhythmus das Zeitmaß von Schritten und Schrittlängen. Piano, Moll, tiefe Lage nehmen Rücksicht auf Trauer, eher Trauer im Sinne eines allgemeinen Trauer-Zeremoniells. Die Musik paßt zu allen Anlässen solcher Art wie eine „Einrichtung“, ein Kleid, eine Bühnenausstattung. Das Genre reproduziert das trauerfeierliche Environment, das Klavier ist Ersatz für Militär-Blasorchester und Rührtrommel. Innerhalb des organisierten Netzes legt Beethoven innenweltsensible Felder mit Hilfe einer ausgefeilten Crescendo-Komposition an:

Teile:	*1a*: 4T.		*b*: 4T.		*2a*: 4T.		*b*: 4T.	
	2	2	2	2	2	2	2	2
	p	***p***	*cresc.* (6♩)	***p***	*cresc.* ***sf*** (3♩)	***f***	***p***	*cresc.*/***p*** (5♩)

Die Crescendi, die nach und nach alle Teile erfassen, führen weg vom Operativen des Genres: Es *psychisiert* sich, gerät in subjektiven Ausdruck. Dieser findet seine erste schmerzlich-klagenden Ausformung in den folgenden Takten 17–20. Zur Betonung läßt Beethoven vom ***pp*** (sic!) bis zum ***ff*** in einer dreimaligen Katabasis ausholen. Die Tritonusbeziehung as (Anfang) – h ($\hat{\approx}$ ces, Takt 9) – d (Takt 16) bis hin zum Akkord d-as-f-ces (es sind übrigens die Schnebelschen Tritoni!) in den Takten 17–20 zeigt Anschluß und Entfernung des Rollenspiels der Musik. Aus Klage wird Schrei im Crescendo zu ***f*** und ***ff***, durch eine schneidende Groß-sext-Anabasis im augmentierten Marschrhythmus von fes^1 zu des^2, von des^2 zu b^2 in Takt 28, bis ces^3 ***ff*** in Takt 29 gesteigert und hochgeschraubt. Das Verfahren der Crescendo-Verknüpfung mit Tief-Hoch-Lage gestattet Beethoven im übernächsten Takt (Takt 31) die perfekte Deckungsgleichheit beider Rollen. Die Musik ist einerseits ungerührtes Zeremoniell des Trommelwirbels (Rhythmus), andererseits durch die Aufmodulation des dynamischen Subjektmodells ***p**-cresc.-**f**/**ff*** stärkster Aufschrei. Seine Härte (Dur!) wird durch das einzige Decrescendo erst im vorletzten Takt des Satzes zum ***pp*** (sic!) beruhigt, mit dem der Schlußakkord, in der gleichen Lage wie der Anfangsakkord, jetzt aber verdurt, endet. Tief-Hoch in Takt 31 zeigt die dramaturgisch wichtige Beziehung der Mitte zu Anfang und Schluß und die Rollenzuordnung.

Wie verhält sich nun Dieter Schnebel zum Genre? Der erste Satz des *Quintetts* trägt ja den Titel *Choralvariationen*. Dies mag sicher eine Anspielung auf die kontrapunktische Kunstfertigkeit polyphoner Choralbearbeitungen sein, auf die zurückgreifende akzentnegierende Mensurierung anstelle eines Taktstrichmetrums, auf die Gliederung in Material-Strophen, ähnlich einer Choralphantasie mit aneinandergereihten Bearbeitungsverfahren, auf die auf weite Strecken zu findende isometrisch wirkende Rhythmik gesanglich konzipierter Stimmen oder auf die oftmaligen historischen Schwierigkeiten derartiger Verfahren, mit jeweils zeitgenössischen Techniken verknüpft zu werden, oder auf ihre Tonalität. Während aber bei Beethoven der Trauermarsch ein Genre ohne Anspielungen auf dieses Genre ist, sind die erwähnten Möglichkeiten bei Schnebel nicht mehr als eben nur „Anspielungen auf". Diese Distanzierung oder „Bespiegelung" gibt den Weg frei für anderes.

Führt man sich die wenigen angeführten Details dieser Analyse zusammengefaßt vor Augen, so liegt doch allen Verfahren erkennbar *ein* Gedanke zugrunde, dem sie zu dienen haben, der Materialgedanke. Das Materialdenken als solches, nicht das Benützen von Material, sondern das kompositorische Feiern von Material ist durchaus zeitgenössisches Denken. Ich interpretiere: Material als Choral, dessen Weihe und emphatische Erhabenheit, ja Geistigkeit als Darstellungsmethode. Wie man sie zu hören hat, bezeichnet Schnebel in der Partitur sehr eindrucksvoll als Vortragsanweisungen: sehr still, fließender *poco espressivo*, zurückhaltend zart und weich – aber *espressivo*, erregt, bewegter, quellend, schwelgerisch, *molto espressivo*, wie nachdenklich, ohne Ausdruck – fahl, mit Wärme, etwas gezwungen, bebend, ausschwingend, geheimnisvoll, fließend mit Ausweichungen, *molto rubato* – still und quasi meditativ, 𝄐.

Anfangs war vom Understatement des Materials die Rede. Dies wollte sagen, daß seine wahre Bedeutung als kleinste Menge einer skalierten chromatischen Zwölfer-Totale erst nach und nach evident wird. Im Mittelabschnitt, wo das Material in die Sphäre der Vollständigkeit gelangt, zeigt Schnebel dieses Verfahren, indem er als Mittel für die zeigende Verfremdung dem Klavier die Rolle der strukturumrahmenden und -grundierenden Penta- beziehungsweise Diatonikdarstellung gibt, dem Quartett die entsprechenden und die zusätzlich chromatisierenden Töne – immer Sforzato.

Das Material wird in je eigenen Apparaten „gefeiert“: Klavier-, Quartett-, Sforzato-Apparat. Die dynamischen Annäherungsgrade zwischen den Apparaten, ihr Konsonieren und Schweben sind akustisches Sinnbild des musikalischen Zeigens von Materialkommentaren.

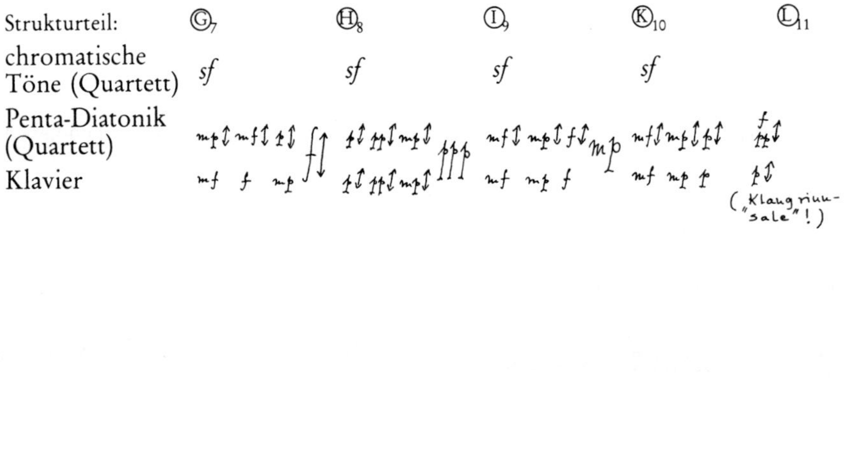

B-Dur-Quintett S. 10, Zeile 2

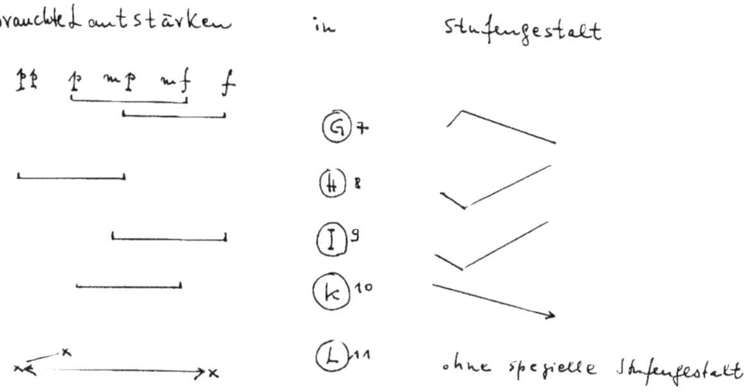

Man hat sich dem *B-Dur-Quintett* oft mit den Kategorien Wohlklang und Schönheit zu nähern versucht und feststellen müssen, daß man in diesen Denk- und Kommunikationskategorien auch nicht so recht zuhause ist. Man war von Schnebel eher avantgardistischen Wohlklang gewöhnt, aber solche tonalen Stolpersteine …! Ich habe im Mai dieses Jahres die Uraufführung von *Raumklang X* gehört. Es war Musik von gewaltiger, persönlicher Authentizität, gerade in ihren tonalen Elementen. Nicht nachahmbar als „Stil", vertritt sie für mich *die* Position unserer unmittelbaren Gegenwart, zumindest einer ihrer gewichtigen Sphären. Kein Komponist kann heute *so* tonale Intervallkonstellationen und Tonfigurationen denken, mit solcher inneren Offenheit, solcher Kraft. Dafür war das *B-Dur-Quintett* wichtiges Vorgeflecht mit seinen vielen sanften Anführungszeichen. Und es hat sich für mich bestätigt, was Schnebel 1980 den zweifelnden Interviewern Heinz-Klaus Metzger und Rainer Riehn antwortete: „Ah, nix zurück!"[7)]

Mai 1988

7) Heftreihe Neue Musik Nr. 1: *Dieter Schnebel*, herausgegeben vom Kulturforum der Stadt Bonn, 1980, S. 23.

Intention und Wirkung[1)]

Zur Situation der Neuen Musik

Krisen können uns nichts anhaben.

Glasnost und Perestroika bestätigen: Unser Weg ist der richtige.

Selbst unsere Trauer ist aufgedunsen und protzig,

unsere Mäßigung hungert nicht.

In Südamerika kann ein Gitarrist ermordet werden. Man nimmt ernst, was er zu sagen hat.

Aber mir geht es gut! Ich lebe vom Wohlstand des Aktionismus.

Das Politische, das Fragmentarische, das Absurde, die Unterhaltungsmusik, die Massenindustrie, die Rhythmuskomposition, die Oper, die Postmoderne, das Ikonoklastische, das Nichtreflektive, New Age, Anything goes: weil niemand uns zuhört.

Kommunikative Betulichkeit läßt Motivation verrotten.

„Alles geht" fragt nicht, was geht nicht.

Pluralismus fragt nicht, was brauchen wir.

In einer Zeit der Orientierungslosigkeit gibt es nur eine Gewißheit, die eigene Unsicherheit mit aller Kraft voranzutreiben.

Das war der Mut Arnold Schönbergs.

Ich wünsche ihn für uns alle, fragend nach den neuen Quellen unserer Urteilskraft.

17. 11. 1989

1) Der Titel „Intention und Wirkung" stammt nicht von Nicolaus A. Huber. Er bezieht sich auf eine Diskussionsrunde, die unter dieser Benennung im Spätjahr 1989 im Rahmen einer mehrtägigen Konzertveranstaltung mit Neuer Musik in Essen und Dortmund stattfand. Huber arbeitete dafür dieses Statement aus. (Anm. d. Hrsg.)

Antwort auf eine Umfrage zu Mozart

Mozart hat für mich keine Bedeutung, aber ich schätze seine Experimentalitäten, zum Beispiel: *ein* Mal übertriebene Mannheimer Dynamik (*KV 309*), Stil- und Gestenmixturen, politische Musik durch Eigenzitate textgebundener musikalischer Gedanken in textloser Musik (zum Beispiel Streichquartett), ein Meister langer Töne, eine Fundgrube von Körper-Rhythmen und -Tempi, seinen Einfluß auf Hanns Eisler, seine Direktheit.

Bedeutung für mein kompositorisches Schaffen vielleicht: oft unübliche Art Mozarts, musikalischen Zusammenhang herzustellen. Seine Musik verlangt häufig die Herstellung eines eigenen Analyserepertoires, vieles stimmt, und die Antwort auf das Warum ist oft schwer und führt zu äußerst interessanten Randzonen musikalischer Elemente.

1991

Zu Olivier Messiaens Tod

„Wie rasch Vergangenheit zustande kommt.“

Max Frisch[1] formuliert Bedenkenswertes, meint nicht ein irritierendes Flüchtigkeitsgefühl davon, wie rasch doch Zeit vergehen könne, nicht objektivierte Zeitbetrachtung als solche, sondern eher eine Vorstellung von Vergangenheit als gewertetes Produkt menschlicher Tathandlung, die vielleicht Vergangenheit allzu rasch zustande kommen läßt durch Vorurteile, Beschränkungen, Fetischisierungen, Verachtungen.

Ich erzähle:

Im April 1967 traf ich Luigi Nono in Venedig zu einem Gespräch, da ich bei ihm studieren wollte. Unter vielen Fragen quer durch die Musikgeschichte stellte er auch die Frage nach meinem Verhältnis zu Messiaen. Ich antwortete, daß Messiaen für mich und meine Generation gar keine Bedeutung mehr habe, anders als für seine Generation. Darauf Nono: „Messiaen ist für mich nie wichtig gewesen“. – Ich erinnere mich noch gut des Bedeutungsgefühls, mit solchen Urteilen in der *richtigen* Gegenwart zu leben.

Noch 1974 hat Boulez – trotz fundiertester Bemerkungen – Messiaen nur unter dem Blickwinkel des Eklektizisten sehen können. Sein Maßstab war die Wiener Schule, sie repräsentierte den richtigen Gang der Geschichte. Messiaen mußte man sich dann eben als Außenseiter vorstellen, als eine etwas „ausgefallene“ Komponistenpersönlichkeit.

Dementsprechend:

Erst über Bert Brechts Rhythmustheorie und Hanns Eislers Elastizitätstechniken, die ich in den frühen siebziger Jahren studierte, begann Messiaen für mich wichtig zu werden. Seine Rhythmustechniken zeigen ja mehrere Seiten kinetischer Ordnung, von isolierten *durées* zu *personnages rythmiques* zu *mode de valeurs*, von Fixiertem zu Unscharfem und zu Freiheiten quasispontaner Quantelungsverfahren, mit denen er in rhythmische Modelle verändernd eingriff. Er benützte das Additive, das Divisive, die Ungebundenheit metrischer Vielheit und verband damit auch Formen, die trotz ihrer Durchglühtheit das Formelement des „Übergangs“ nicht kennen, das Expressionistisch-Psychische vermeiden mittels rechtwinklig zueinander stehender Strukturblöcke, die zwar entwickelt werden können, aber eben das ausdruckshaft Entwickelnde vermeiden.

Heute würde man Messiaen statt einen Eklektizisten wohl einen Universalisten nennen. Er konnte der ihm ja weit entfernten proletarischen Kultur Impulse geben, und er beherrschte die Kunst zu erben, von anderen Kulturen zu lernen, Wichtiges in die Musik zu bringen, und dies ohne den geringsten Anflug von Kulturkolonialismus oder geschmäcklerischem Exotismus.

Lange vor Cages *Cheap Imitation* hat Messiaen in *Les corps glorieux* oder in seinem *Quatuor pour la fin du temps* europäische Harmoniktradition zur Einstimmigkeit relativiert, dabei Oktaven ein „natürliches“ Oben und Unten oder neuartige energiegestauchte, blitzscharfe Massewirkungen abgewonnen oder das *Solo*spiel (hier der Klarinette) als konzeptionelle *Ein*stimmigkeit interessant verstehbar gemacht.

Selbst Messiaens Schematismen im Befolgen einer einmal eingeschlagenen Regelmäßigkeit (ein gefundenes Fressen für Analyseheinis!), oft aufgrund einer Art von hyperrealistischem Mystizismus oder einer gewissen parameterchromatischen Naivität entstanden, höre ich heute

1) Max Frisch: *Montauk*, Frankfurt a. M., 1981, S. 165

eher als „rational operations" (man vergleiche Tom Johnson[2]), um auf quantitativem Wege aus dem Nahbereich der Wahrnehmung ins Unscharfe und weiter ins Unübersichtliche, gar Unendliche zu gelangen (dies war ja zum Beispiel auch die angestrebte Thematik in meiner Komposition *Herbstfestival* für vier Schlagzeuger). Messiaen selbst empfand gegenüber diesen Verfahren in seinem Vortrag auf der Brüsseler Weltausstellung 1958[3] „die Schwäche der menschlichen Wahrnehmung (…) als hinderlich". In seinem *Livre d'orgue* hatte er sich mit seinen *Soixante-quatre durées*, wie er selbst sagt, „einen Schritt vorwärts gewagt"! Ja, mit Messiaens Reprisen kann man ins Innerste rationalen und irrationalen musikalischen Hörens gelangen, über Hörerweiterungen nachdenken.

Über das eben Erwähnte nachsinnend, bewegt mich am meisten die so zeitnotwendige Erfahrung, daß Gegenwart und Vergangenheit, bloße Geschichte und Geschichtliches fließende, ja flüssige Grenzen haben. Das schwierige Geschäft der Negation der Negation der Negation bestimmt den Verlauf und die ständige Änderung dieser Grenzen. Die erkennbare Freiheit in Messiaens Universalismus, trotz größter Authentizität, zeigt ja auch die Gefahren in den heute herrschenden Rezeptionsgewohnheiten. Denn wir haben dafür unsere Apparaturen! Ihr Funktionieren ist an die Stelle einer emanzipierten Qualitätsauffassung getreten. Eine solche Apparatur ist auch die sogenannte Akzeptanz großer Persönlichkeiten (oft toter, alter oder jubiläumsfähiger). Im ambivalenten Für und Wider ersticken wir die Möglichkeiten des freien Umgangs. Wir fesseln die Werte, machen solch herdentriebgeborene Akzeptanz zum elektrischen Stuhl bornierter Exekutionen. Aus ehemals schöpferischen Gründen werden nachvollzogene Vorurteile.

In diesem Sinne denke ich:
Wenn man sich mit Musik beschäftigt, soll man Messiaen studieren, aber nie an ihn denken!
Was ist Messiaenisch, und was hat er in die Musik gebracht??!!!

20. Mai 1992

2) Tom Johnson (* 1939), amerikanischer Komponist und Musikkritiker, Schüler u. a. von Elliott Carter und Morton Feldman, vertritt in Frühwerken eine minimalistische Ästhetik, arbeitet seit den späten siebziger Jahren auf der Basis von logischen Prozessen, vorhersehbaren Sequenzen und systematischer Organisation, schreibt in konsequenter Anwendung logisch-rationaler Prinzipien eine vom Willen des Komponisten unabhängige und in dieser Beziehung Cage nahestehende Musik. (Anm. d. Hrsg.)

3) Musik-Konzepte, Bd. 28: *Olivier Messiaen*, München 1982, S. 5

Gedanken zum Tod von John Cage

Die Impulsphantastik Luigi Nonos gehörte zum Unvollendeten und Unvollendbaren seiner kompositorischen Arbeit. Durch ihr Ausbleiben west nun in den Objekten selbst Unwiederbringliches. Musikalisches Denken als konzeptionelles Denken und als Konzeption von dialektischer Lebenssicht akzentuiert zwangsläufig das *Neue* immer auch als den gerade fortgeschrittensten Punkt, als die sozusagen allerwahrhaftigste Wahrheit innerhalb der Kette möglicher relativer Wahrheiten. Der Tod schneidet hier tatsächlich mitten ins Leben, ins per se Unabgegoltene.

John Cage hat es verstanden, seine einzelnen Kompositionen vor dieser funkelnden Umweltdynamik im Großen und Ganzen zu schützen, seine vielfältigen Aussagen von Feuerwerkskonzepten weg, die für ihn ja zu sehr Ego-Methoden, mit Werturteilen behaftete Annahmen oder Ablehnungen waren, hin zum ausgeglicheneren Ganzen zu lenken – so wie kürzlich der koreanische Komponist Park In-Ho zu mir sagte: „Buddha ist Einer, aber er hat viele Namen".

Cage schätzte Kunst ohne Bedeutungszentren. Seine Werke haben daher das ruhige, aber hartnäckige Leben von Steinen.

Cages Tod – es sei mir erlaubt, ihn als *chance operation* zu interpretieren, mittels derer die Dauer seines Lebenswerkes bestimmt wurde. Dieses jetzt wahrnehmbare Ende zum Anfang bringt die Stabilität des Seienden, Möglichkeit zur Übersicht, die Ruhe des Innehaltens, um dieses Riesenwerk durchmessen zu können, verlorengegangene Aufmerksamkeiten wiederzufinden, der linearen Uraufführungs-Hektik das Höhepunktlose entgegenzusetzen.

Cage war nicht am Leidenschaftlichen von Zeit interessiert, sondern an Zeit*längen*, das heißt: am kleinsten gemeinsamen Nenner von Seiendem. Aber Cage war der leidenschaftlichste Wahrnehmer und Zuhörer, den ich kenne! So hat mich das Erstaunen über die Bandbreite der Veränderung seiner Augenfärbungen beim Demonstrieren des Klanges eines mit Wasser gefüllten Glases im Fernsehen (noch dazu nur in schwarz/weiß) zur Konzeption meiner *Augen-Musik* angeregt. Und als ich in Witten, während Grete Sultan die *Etudes Australes* spielte, neben ihm saß, konnte ich auch live diese vibrierende Hör-Intensität beobachten.

Nonos Stille-Konzeption dagegen erwächst aus kontrastierender Expressivität der kompositorischen Intention selbst. Schon im 7. Teil des *Canto sospeso* schieben sich die kurzen Dauern (1, 2 und 3♪) als „himmlische", schöne Welt hoher Klänge von Celesta, Marimba, Harfe und anderen Instrumenten zwischen die langen (12, 8 und 5 ♪), die Gegenwart des grausamen Addio-sagen-Müssens repräsentierenden Dauern. Dieses *Sospeso*-Modell kehrt sich in der späteren *Fragmente-Stille*-Konzeption, ohne grundsätzliche Veränderung des Prinzips, um. Aus den Einschüben werden die gewichtigen Fermatentürme „für träumende Räume", „für plötzliche Ekstasen", „für unaussprechliche Gedanken", „für ruhige Atemzüge" und „für die Stille des zeitlosen Singens". Stille ist hier nicht das einfach in die Musik dem Klang gleichberechtigt Eingefügte, Entspannte, sondern Möglichkeit zur großen aufrührerischen Aussage. Die kollektive, politische Seite bleibt immer mit inbegriffen.

Für Cage ist Stille im wesentlichen das Aufgeben jeglicher Absicht.

Beide Komponisten sind in gewisser Weise leicht nachzuahmen.

Volle Bäuche aber kompensieren nicht leere Köpfe und umgekehrt!

Nono war ein Suchender, Cage ein Fragender. Wie kann man beide imitieren, ohne selbst zu suchen, ohne selbst zu fragen?

Um 1912, dem Geburtsjahr von Cage, hatte Marcel Duchamp bereits viele seiner wichtigsten Objekte gemacht. Wie hat Cage von ihm gelernt, wie von Satie, ja wie von Mozart?
Der berühmte Steingarten des Ryoanji-Tempels ist an zwei Seiten von bemerkenswerten Mauern eingefaßt. Sie sind aus Ton, der vorher in Öl gekocht worden war. Im Laufe der Zeit drang das Öl nach außen und bildete die eigenartigsten Farb- und Formmischungen.

Obwohl Cage nie von diesen Mauern sprach – sie könnten vielleicht gerade deswegen ein Beispiel sein!

3. Oktober 1992

Für Heinz-Klaus Metzger

zum 60. Geburtstag

Lieber Heinz-Klaus,
bei der Analyse der Zahl Deiner erreichten Jahre bin ich auf eine frappierend jugendliche Quersumme gestoßen: 6, nur noch vergleichbar mit 51 42 33 24 15 6.

Wollte man Dich und die anderen Quersummer als MATERIAL nehmen, dessen Spältigkeiten einzig diese Summe gemeinsam wäre, dann hätten wir eine wahrhaft anarchic harmony.

Dein diesbezüglicher Scharfsinn zeigte sich schon in jungen Jahren, als Du einen in Freiburg von Erich Doflein[1] angeschlagenen C-Dur-Vierklang sofort als Septakkord c-e-g-*his* erkanntest. Und später:

Als in Venedig *Harakiri* (eine in Stuttgart unbekannte Komposition von mir[2]) aufgeführt wurde, wußte der Kritiker damals sofort, daß dieses Stück nicht den erwarteten Tonwerten entspräche, denn neben Rainer Riehn habe nur Heinz-Klaus Metzger geklatscht. (Ich vermute wegen des notierten *ges* als Hauptton und den in der siebenten Minute hinzutretenden Tönen fis.)

Wer so viel vom Ton versteht, kann auch zur „Krise der Figur" etwas sagen. Und Deine Ausführungen zu Jan Morthensons[3] nonfigurativer Musik haben mich sehr beeindruckt, beeinflußt und bestärkt.

Nun, da Dir die Zukunft noch katastrophaler erscheint, wünsche ich Dir und uns, daß Du als Supercommander enharmonischer Weltraumkapseln den nächsten Quersummenzirkel erreichen möchtest

105	p	d
	o	e
114	c	c
	o	r
123	a	e
	p	s
132	o	c
	c	.
141	↓ o	.
		.
150 ⟶	bocca chiusa e ***ppp***	

1992

(1) Erich Doflein (1900–1977), deutscher Musikpädagoge, -kritiker und -schriftsteller, bemühte sich vor allen Dingen um eine Vertiefung der Privatmusiklehrer-Ausbildung und im Zusammenhang damit um die Bereitstellung künstlerisch möglichst hochstehender Unterrichtsliteratur aus Vergangenheit und Gegenwart. (Anm. d. Hrsg.)

(2) Nicolaus A. Huber trug diesen Gratulationstext innerhalb einer Geburtstagsfeier für Heinz-Klaus Metzger vor, die am 10. Oktober 1992 im Rahmen der Tage für Neue Musik Stuttgart im Robert-Bosch-Saal Stuttgart veranstaltet wurde. Die Bemerkung in Klammern spielt auf die Kontroversen um *Harakiri* an (siehe S. 387–401). (Anm. d. Hrsg.)

(3) Jan Morthenson (* 1940), schwedischer Komponist, studierte unter anderem 1960/61 bei Ingvar Lidholm, entwickelte unter dem Einfluß von György Ligeti einen „nonfigurativen Stil", der sich ausschließlich auf Klang und Dynamik konzentriert. (Anm. d. Hrsg.)

Die Oper

Vorbemerkung des Herausgebers: Im Juli 1993 veranstaltete die „Neue Zeitschrift für Musik" eine Enquête, zu der sie acht Komponisten einlud, die damals allesamt mit musiktheatralischen Projekten umgingen: Hans-Jürgen von Bose, Manuel Hidalgo, Adriana Hölszky, Nicolaus A. Huber, Wolfgang Rihm, Dieter Schnebel, Hans Zender und Walter Zimmermann. Die Fragestellungen lauteten wie folgt:

1. Seit dem 25. September 1967, als das Hamburger Magazin „Der Spiegel" ein Interview abdruckte, das der damals zweiundvierzigjährige Pierre Boulez den Redakteuren Felix Schmidt und Jürgen Hohmeyer gab, haben sich die darin geäußerten Thesen – gemessen an der Fülle der bis heute entstandenen Opern/Musiktheater-Stücke – nicht zum Maßstab gegenwärtigen Opernschaffens erhoben.

Welchen Äußerungen Boulez' stehen Sie nahe, und wie sind oder wären sie für Ihre musiktheatralische Arbeit bedeutsam?

2. Ist für Sie ein zukünftiges Musiktheater ohne Gesang – im Sinne von dramatisierten Protagonisten, die den Handlungstext „herunter"singen – denkbar und anstrebenswert?

3. Gemessen an der insgesamt eher musikalisch ungebildeten bürgerlichen Zuhörer- und Zuschauerschaft der Opernhäuser (vergleiche Boulez) relativiert sich die Komponistensehnsucht, für solche Häuser überhaupt noch ein Werk zu schreiben.

„Große" Oper ist immer abhängig vom Publikumserfolg. Die Mechanismen, die einen solchen begünstigen, liegen auf der Hand. Darüber hinaus sind die Kosten für die Realisierung einer neuen Oper heute aufgrund der gesamtwirtschaftlichen Situation kaum mehr zu tragen, obschon immer noch suggeriert und „gerechtfertigt" wird, Oper erfülle sowohl die künstlerischen als auch die gesellschaftlichen Bedürfnisse.

Muß nicht aus Einsicht in diese tradierten Zusammenhänge der Komponist heute sich dazu bewegen, einen Beitrag zu leisten (gegen die Herrschaft des Opernbetriebs), damit Musiktheater kraft der ihm innewohnenden künstlerischen Konzeption nach anderen, neuen Aufführungsstätten strebt, die das Gigantomanische nicht nötig haben?

4. Gibt es Vorbilder in der Geschichte der Oper (des Musiktheaters), die Sie bei Ihrer eigenen musiktheatralischen Arbeit bestimmen, begleiten oder stimulieren?

5. Arbeiten Sie zur Zeit an einem musiktheatralischen Projekt oder beabsichtigen Sie, an einem zu arbeiten?

Hier die Antwort Nicolaus A. Hubers:

Die Oper ist ein Phantom, ein Fetisch – wie Charles Bukowskis *Fuck Machine*.[1] Sie hat ihre Reize: gute Auftragshonorare, Spezialberichte in Presse, Rundfunk, Fernsehen, anschließend vielleicht ein CD-Kassettchen, auch einen großen Apparat von Möglichkeiten, gute Künstler, Volkstümliches, Anrüchiges, Abenteuerliches, Schwieriges. So viel „Bühne" gibt eine ganze Menge Gründe, zu- und nicht zureichende, sich verführen zu lassen! Wie sagt Boulez? „Ich will – ob ich werde, ist noch ungewiß." Ja, wem geht es nicht so?!

Es ist leicht, natürlich auch unabdingbar, eine Menge schlechte Zensuren auszuteilen. Wo aber (bedingt durch die Inkompetenz der *Spiegel*-Gesprächspartner) „diskutable Opern",

1) Charles Bukowski (1920 – 1994), amerikanischer Schriftsteller von kompromißlosem Naturalismus, der in oft obszöner Fäkalsprache das Abseitige und Niedrige thematisiert, wie Bukowski es in jahrelanger sozialer Randexistenz selbst kennengelernt hatte. *Fuck Machine* entstand 1977. (Anm. d. Hrsg.)

„Entwicklung des modernen Musiktheaters", Begabung und Kompetenz von Komponisten, Qualität einzelner Opernwerke, Verhinderungen durch den Apparat und dessen Betriebsamkeits-Charakter und anderes Mögliche in einen thematischen Topf geworfen werden, bleibt von vielen (akzeptablen) Meinungen wenig, was man „geäußerte Thesen" nennen könnte. Immerhin: Boulez setzt für seinen Opernflirt eine grundlegende Ausgangsthese: „... eine moderne Oper muß (...) eine strukturelle Mischung von Technik, Ästhetik und Dramaturgie sein". Dies ist ein emanzipatorischer Satz, dessen Moderne und Freiheitsmöglichkeiten mir sehr nahe stehen.

Emanzipation aber der Teilsphären bedeutet deren qualitative Vergrößerung zur Gleichberechtigung und deren quantitative Zurechtrückung zur Organismusfähigkeit. Gerade die quantitative Seite der Elemente erweist sich in diesem Zusammenhang als wichtige operable Größe für die unverwechselbaren, spezialthematischen Einzelmischungen. Denn die wichtigen Gleichberechtigungs-Erfahrungen in der seriellen Musik zeigen uns die Möglichkeiten, Elemente ins Riesige vergrößern oder zum Kleinsten, Negativen, ja bis zur Nichtanwesenheit schrumpfen lassen zu können.

Die Wahlfreiheit steigt dadurch enorm, und jedes Vorhandensein der Elemente kann jeweils als Vorurteil befragt werden. Das heißt: Emanzipation zum gleichberechtigt Bedeutenden schließt das Nicht-vorhanden-sein-Müssen ein. Ja- und Nein-Entscheidungen sind gleichermaßen schon Differenzierungen eines Projekts.

Begreift man aber das Vorhandensein von Musik oder Text oder Bühne oder Vorhang oder Licht usw. für ein bestimmtes musiktheatralisches Projekt als Vorurteil, dann beantwortet sich Frage 2 von selbst. Musiktheater wird ohne und mit Gesang, ohne und mit einem den Handlungstext „herunter"singenden Protagonisten möglich sein. Nur die alte Plumpheit: hie Text, hie Musik wird es nicht mehr geben können, denn der Sinn solcher jetzt qualitativer Entscheidungen äußert sich allein in der (zwangsläufig andersartigen) Quantität und deren Position im Zeitverlauf.

Läßt man in seiner Vorstellung und in seinen Denkmodellen nach und nach die revolutionären Befreiungsbewegungen der Elemente zu, sich verstärken, neue eröffnen, wird man am Ende auf ganze Wolken von Elementen stoßen.

Ja, da kann es durchaus auch sein, daß man ohne das Gigantomanische, ohne die Maschinerie des großen Hauses nicht auskommt. Freie Entscheidungen werden auch frei von Ideologisierungen sein. Vielleicht hat man sogar Erfolg bei Intendanz, GMD und Publikum wie Berg mit *Wozzeck*. Jedenfalls denke ich, daß Musiktheater, derart flexibel verstanden, meist außerhalb dieser Häuser stattfinden wird, vor allem dort, wo Musik und dort, wo Theater gemacht werden kann, auch dort, wo man für wichtige Themen gesellschaftlich relevante Publikumsgruppen findet.

Es liegt auf der Hand, daß zur Vorbereitung einer Entscheidung alles in der Geschichte der Oper und des Musiktheaters Vorbild sein kann, vielleicht sogar muß. Es gehört einfach zum kompositorischen Geschäft des schöpferischen Transzendierens und Enttabuisierens.

Besondere Eindrücke habe ich erfahren...
... zum Beispiel von Peter Handkes *Das Mündel will Vormund sein.*[2] Es ist ein stummes Theaterstück. Erst am Ende werden in einer Art akustischer Befreiungshandlung aus psychischer Unterdrückung Teller zertrümmert. Ein ganzes Schauspiel als Vorbereitung zum Verständnis dieser Charakterklangfarbe!

2) Peter Handkes Bühnenstück *Das Mündel will Vormund sein* entstand 1969. (Anm. d. Hrsg.)

... zum Beispiel in Peter Brooks[3] Inszenierung von Shakespeares *Der Sturm*. Die stürmische Landung zu Beginn wird von einem Geiger auf der Bühne, aber außerhalb der gekennzeichneten Spielfläche „dargestellt" (Glissandi, kleine Crescendi). Aber die Musik ist keine Illustration, ist vielmehr entmaterialisierte bewegte Stoffkulisse.
... zum Beispiel in Gertrude Steins[4] *Doctor Faustus lights the lights*, Regie Bob Wilson[5]: Die Musik von Hans Peter Kuhn, „an sich" eher mittelmäßig, verwandelt sich durch die genaue Dosierung ihrer theatralisch nötigen Komplexität, um sich in ein Kontinuum von Elementen einzuschmiegen, in Musik, die höchsten Ansprüchen genügt. Sie ist stark, deckt nicht zu, läßt Raum, zerstört nicht den Text, läßt ihm seine Musik. Sie bringt, wie Wilson sagt, Bescheidenheit oder Respekt auf. Es ist eine der wichtigsten quantitativen Kategorien: Raum lassen, Raum haben. Im Musiktheater, speziell in der Oper, gibt es deswegen zu viel Musik. Sie erstickt das Theater, zerstört den feinen und freien Fluß von Ausdruck und Gefühlen, Leidenschaften, Intentionen. Sie ist der Tod von Gefühlen, weil sie eher aufspießt und verstärkt als läßt!

Deshalb habe ich gerade ein Projekt abgeschlossen (*Eröffnung und Zertrümmerung*), das mit Video (drei parallel laufende Geräte) arbeitet. Video ist wie die Musik des live-Ensembles in sich stabil, von eigener Gestalt, hat bewegte Bilder, flexible Montagefähigkeit, kann ohne Handlung dramaturgisch durchstrukturiert sein, dokumentarisch, gewohnt real, ist mit der Musik jederzeit gezielt-kommunikativ synchronisationsfähig. Realität auf der Bühne ist (nur), wie Achim Freyer[6] sagt, Realität der Bühne. Mit diesen Steifheiten habe ich noch meine Schwierigkeiten.

1993

3) Peter Brook (* 1925), englischer Regisseur von Weltruf, als dessen „Markenzeichen" die „maximale Ökonomie bei der Verwendung minimaler Elemente" (Neue Zürcher Zeitung 1990) gilt. (Anm. d. Hrsg.)

4) Gertrude Stein (1874 – 1946), amerikanische Schriftstellerin, lebte ab 1902 in Paris und scharte dort einen Kreis von Malern und amerikanischen Schriftstellern um sich, zu denen auch John Dos Passos und Ernest Hemingway zählten und deren Stil sie nachhaltig beeinflußte. (Anm. d. Hrsg.)

5) Robert (Bob) Wilson (* 1941), amerikanischer Theater-, Opernregisseur, Bühnenbildner und Lichtkünstler, entwickelte einen Inszenierungsstil, der auf äußerst langsamen Bewegungen und symbolistisch verschlüsselter Bildersprache beruht. (Anm. d. Hrsg.)

6) Achim Freyer (* 1934), deutscher Maler, Bühnenbildner, Kostümbildner, Theater- und Opernregisseur von großer Einfallskraft und weitreichender Ausstrahlung. (Anm. d. Hrsg.)

Mund und Atem als Material und Sinn

Ich beginne mit Mozart: In der berühmten *Cavatine* des Figaro (I,3 – 1786) verspricht dieser, sich gehörig mit dem Grafen anzulegen. In vier Stanzen (die fünfte ist gleich der ersten) führt uns Da Ponte durch ein Wechselbad von Stimmungen, Erregungen und taktischen Absichten. Aus der Tanz- und Reitschule wird schließlich eine Fechtschule des Lebens, aus der Figaro seine Taktikbilder der kurzzeitigen Schläge aus dem Hinterhalt gewinnt.

Mozart, der bereits 1777 aus Mannheim an seinen Vater schrieb, daß er „Gesinnungen und Gedanken durch Töne ausdrücken" könne (er schreibt interessanterweise nicht von Gefühlen), läßt sich ganz direkt auf den Text ein: Aus „ballare" gewinnt er als musikalischen Grundriß das „höfische" Menuett (vergleiche dazu die Dreifach-Schichtung der sozial abgestuften Tänze in *Don Giovanni* I,21 von 1787), aus „il chitarrino le suonerò" die geniale Instrumentationsidee, zwei Hörner mit einem Prim- und Oktavunisono-Pizzicato der Streicher zu mischen, Ständchen und stechende Hiebe in einem.

Mozart treibt aber den Gedanken- und Gesinnungsausdruck noch weiter, indem er etwas ganz Selbstverständliches zum sinnspendenden Material der Komposition verfeinert: Figaros Mund. Natürlich, der Mund sagt (Worte), singt (den Text), spricht aus und – – verbirgt, verbirgt als Zeichen der Schläue, des geschickten Vorgehens, ist also nicht immer der getreue Melder dessen, was im Inneren vorgeht. Mozart macht die Musik zum Zeichen der inneren Vorgänge. Daraus ergibt sich für die *Cavatine* über die fünf Stanzen hinweg eine eigene Mundzeit beziehungsweise -geschwindigkeit und eine eigene Musik-, das heißt: Instrumentalzeit beziehungsweise -geschwindigkeit.

Der Beginn des Stückes, ohne jegliches Vorspiel, ist absolut synchron komponiert. Diese oft als Merkwürdigkeit hingestellte Synchronität zwischen Stimme und Orchester enträtselt sich aber in unserem Interpretationsgefüge als Ausgangspunkt verschiedener Zeitebenen von Mund und Instrumenten, in welchem beides, Erregung und Sagen, absolut synchron korrespondiert. Noch am Schluß der ersten Stanze fügt Mozart zweimal das Wort „si" („ja") hinzu, wobei zwar die rhythmische Korrespondenz zum ersten Teil bleibt, aber das Orchester auf dieser Viertelnote bereits pausiert und einen ersten Schritt, noch kaum wahrnehmbar, in Richtung teilsynchroner und asynchroner Zeitschübe macht. Die Umbildung musikalischer Gestalten ist dementsprechend weder thematische Arbeit noch einfache Variation, sondern nötige Bezugnahme zur Darstellung eines komplexen Entfaltungsprozesses:

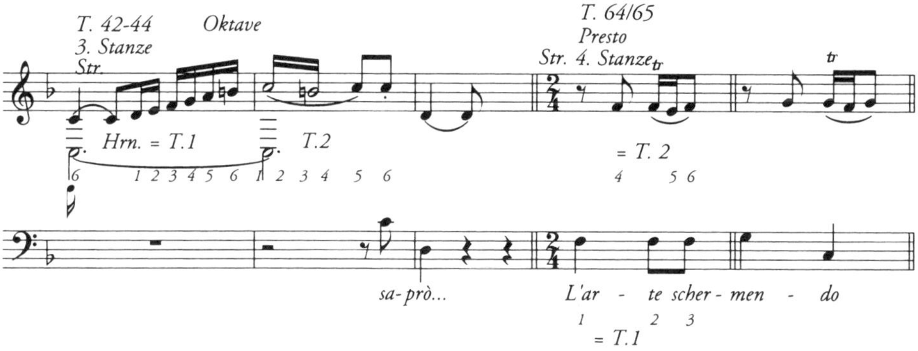

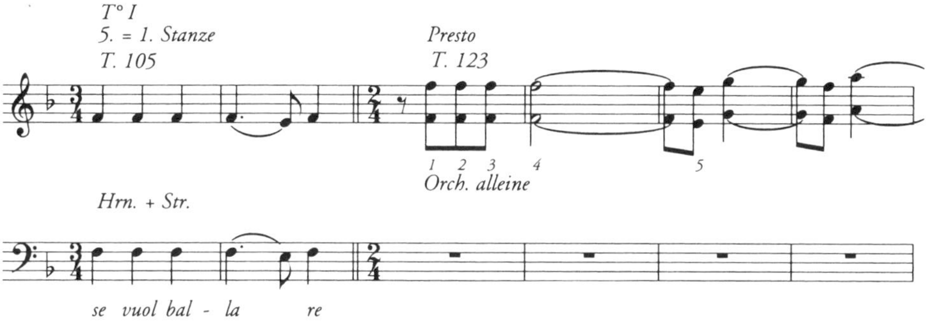

Das Zurückbleiben des Mundes steigert sich, korrespondierend zur instrumentalen Entfaltung und Verselbständigung bis zur dritten Stanze, in der Figaro zunächst fünfmal nur „saprò ..." sagt/singt. Der Mund fängt noch an, spricht aber nicht weiter. Erst beim siebenmaligen „ma piano, piano, piano..." holt der Mund wieder auf und gerät im Presto der vierten Stanze (der 3/4-Takt ist zu einem 2/4-Takt gestaucht, das zweitaktige Modell zu einem eintaktigen geworden) zu einer höheren Synchronität II, die bei der wiederholten ersten (= fünften) Stanze (Tempo I, Takt 105 ff.) zu einer Synchronität $I^{(II)}$ wird.

Figaro geht in Takt 123 ab. Das Schluß-Presto als rein orchestraler Teil bezieht sich auf Teile der vierten Stanze. Figaro geht hier als Sagender/Singender ab, aber sein Gedanke und sein Entschluß sind noch da im Orchester als Töne ohne Text und als Bühne ohne Figaro bis zum Ende in Takt 131.

Diese eben angedeuteten Synchronitäten erklären auch Mozarts überraschende Tonartendisposition. Bereits im Presto (= 4. Stanze) kehrt Mozart zur Ausgangstonart F-Dur zurück. Presto – Tempo I (= 5. = 1. Stanze) – Presto (Orchester) sind die potenzierten, komplexeren Synchronitäten. Die Rückkehr zur Ausgangstonart ist also nur scheinbar vorzeitig, denn im F-Dur des Anfangs erlebten wir die Ausgangssynchronität I und nach der verschiedenzeitlichen Entwicklung im F-Dur des 1. Presto die Synchronität II. Später, in der zweiten Szene des zweiten Akts singt dann Figaro, auftretend, seine Melodie aus dem Presto (= 4. Stanze) auf die vielsagenden Silben „La, la, la...", eine Art kommentierenden Nachtrags zum Schluß-Presto der *Cavatine*.

Mozart hat mich nie beeinflußt. Ich wollte dieses Beispiel erwähnen, weil ich es interessant finde, zu sehen, wie schon in früherer Zeit der Mund als Apparatur verstanden werden konnte, die in sich differenzierbar war und in einen Zusammenhang mit der Artikulation der ganzen (eigentlichen?) Wahrheit und der wie auch immer halben Wahrheit gebracht wurde.

Die Emanzipation des Atems als musikalisches Material bekam ihren Sinn für mich über Entdeckungen in der Literatur der Psychologie im Umfeld des von mir damals (um 1970) so genannten „kritischen Komponierens".

Das aus Mozarts *Cavatine* herauslesbare Denkmodell, daß das Innere nicht lügt, der Mund aber bis zur Falschheit zu artikulieren fähig ist, erfährt eigentlich nur eine tiefer gehende Differenzierung: Der Atem ist jetzt das seelisch Echte, das nur wenig verfälschbare Elementare, Wesenskern psychischer Disposition. Demgegenüber ist das Instrumentalspiel, ist die Emanzipation von Klangfarben und Geräuschen zu ungeheurer Vielfalt, ist die Welt des Strukturierens und Artikulierens überhaupt – dem Menschen zunächst als äußerlich – nur über ihre psychischen Dispositionsbeziehungen in ihrem wahren Wesen als befrag- und analysierbar hingestellt.

Dies ist der Atemhauch, der in meiner Tonbandkomposition *Aion*[1] (1968–72) einem bestimmten Klang Leben einhaucht, und dies ist der Atem des Komponisten in der 14. Minute, der in seiner Emotionalität die voraufgegangenen 13 Minuten, gepreßt zu einer 2′40″ dauernden Intensität des Musikerlebnisses, in ihrer archetypischen Paßform gleichsam wie ein Lügendetektor abfrägt – ein indirekt atmendes Klarsein. Denn im Atem brodelt es, heißer Atem bedeutet größte Nähe, vegetatives Atmen offenes Selbstsein, allein nach dem Gesetz des Atmers, aber immer Brücken der Erkenntnis bildend zwischen dem Inneren des Ichs des Einen und des zuhörenden Anderen.

Mein Orchesterstück *Nocturnes* ist ganz und gar ein Atemstück. Es trägt den erklärenden Untertitel „Die Nacht ist tief an Geflüster und Widerhall" (aus: Ramón del Valle-Inclán: *Tyrann Banderas*). Ich schrieb damals (1984/85) in einer Einführung: „Gebunden an eine Matrix sehr privater Erlebnisse, ist das Atmen selbst etwas einmalig Individuelles, aus dem Inneren Kommendes und gleichzeitig auf die Außenwelt Reagierendes und Einwirkendes. Rhythmus und Klang des Atmens verrät und verbirgt zugleich, steht zwischen Innen und Außen, ist Nacht-Metapher für Konspiration und verborgenes Handeln. Die Kette vom einfachen, naturalistischen Atemstoß bis zum Pfeifen und den vielen instrumentalen Atem-Intonationen bildet weiterführende Ringe nach außen zu den beiden umrahmenden *Bagatellen*. Die erste *Bagatelle* ist ein einstimmiger (natürlich rein instrumentaler) melodischer Gesang (!), die zweite *Bagatelle* montiert verbergendes Pianissimo mit kämpferisch gedachtem Tanzrhythmus zweier brasilianischer Modelle: 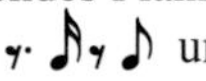 und  quasi als Atemstöße in nach außen gehender música popular."

Hier ist der Atem nicht als Geräusch integriert, sondern vielmehr Vorbild in seiner akustischen Impulsgestalt und Metapher für die zugrunde liegende Idee, mit Verständlichkeitsgraden am Rande eben dieser Verständlichkeit zu arbeiten. Man könnte sagen, daß das, was in Mozarts *Cavatine* aus dem szenischen Geschehen heraus eher nur enthalten ist, in meinen *Nocturnes* zum alleinigen Thema wurde, reine Instrumentalmusik als sinnheischende Klangatmung.

In *Seifenoper OmU*[2] (1989) und in Nr. 1 und 2 meiner *Drei Stücke für Orchester, mit Atmer/Sänger und obligatem Klavier* (1990/91) ist das Atmen direkt integriert.

1) Vergleiche hier auch Nicolaus A. Hubers Referat über *Aion*, S. 50 ff. (Anm. d. Hrsg.)

2) OmU = *O*riginal *m*it *U*ntertitel

Szene IV meiner *Seifenoper* heißt „Die schönen Akkorde in Versform". Es handelt sich um eine Kette von zwölf ***pppp***-Akkorden, die in drei Strophen sich mit ihrer schon ziemlich abgegriffenen „Schönheit" (sie sind alle drei- bis vierstimmige Ausschnitte aus möglichen Tristanakkordformen) verschiedenen Formen von Nichtbeachtung gegenübersehen. Erst werden sie von einigen Mitspielern „ablehnend" oder „überheblich" verlacht, dann zur akustischen Kaum-Hörbarkeit verurteilt, aus der sie sich schließlich mit zwölf Crescendoformen zu befreien suchen. Ihr Rhythmusmodell moduliert sich aber plötzlich in Szene V – „Emphatische Erschöpfung" – auf eine synchrone Tutti-Atmung, „immer mit größter Anstrengung", ***ffff***, von 66 Atemstößen in einer komplex ausstrukturierten gleichen Zahl von insgesamt je 33 Ein- und Ausatmungsimpulsen auf, die die Ausführenden aufs äußerste fordert. In einem gleich anschließenden nächsten Stadium müssen die Musiker in hektischem Tempo vom Impuls des Einatmens sofort zum Impuls des Blasens und Streichens ihrer Instrumente übergehen.

Das Stehen am Rande eines Seifenopern-Ausdrucks in IV schlägt in V um in bittersten Ernst. Doch diese totale Echtheit des angestrengten, rhythmischen Atmens hat in ihrem Spektrum immer noch Anteile pseudodramatischer Keucher von soapoperas, wenngleich die Akkordtöne sich in Keucher wie inmitten einer brennenden Eiswüste verwandelt haben. Erst im nächsten beschriebenen Stadium werden die Musiker selbst gleichsam zu „schönen Akkorden". Denn die nötige Anstrengung zerrt und beansprucht die Spieler (im Idealfall!) dermaßen, daß ihr Gerade-so-Sein ganz ungeschützt aufleuchtet. Man könnte sagen, daß die Musik und ihre Funktion, die in Mozarts *Cavatine* noch den Instrumenten anvertraut ist, jetzt direkt in der Person des Spielers selbst sich materialisiert hat. Atem und Anstrengung sind so das Werkzeug enharmonischer Blickrichtungs-Verwandlungen.

Nr. 1 meiner *Drei Orchesterstücke* trägt den genauen Titel „Annäherung an ein Wollknäuel mit Abschied der kleinen Trommel und Kommentar des Atmers", Nr. 2 heißt „Tote Metren" (mit gesungenem Text von Heinz Schneeweiß). Der „Abschied der kleinen Trommel" vollzieht sich als Solo der kleinen Trommel über einem brausenden Orchesteruntergrund. Das rhythmische Material folgt dem „Dachau-Lied".

1976 benützte ich in meinen *Gespenstern* die Melodie des Dachau-Liedes. 14 Jahre später, in den *Orchesterstücken*, jetzt (nach 14 Jahren) als Réplique darauf und als Abschied des Instruments, das so viele Jahre wichtiger Bestandteil fortschrittlicher Kampfmusik war, von einer sich nunmehr als verbraucht herausstellenden Bühne, benutzte ich nur noch den Rhythmus wie ein übriggebliebenes Knochengerüst dieses selben Dachau-Liedes, dessen Text soviel edles Leid und Hoffnung ausdrückt.

Zu einer Quinte fis^1-cis^2 kommentiert der Atmer wenig später in ähnlicher Rhythmusstruktur den Abschied der kleinen Trommel. Dieser entpuppt sich als ziemlich gespenstisch, denn diese Trommel verabschiedet sich ja als bloßer Klang. Hat sie keinen Spieler? Für wen spielt(e) sie eigentlich, in wessen Namen?

Natürlich, der Atmer verschweigt, er atmet nur, dies aber „heftig", „marcato", manchmal mit „gepreßtem Hals", dies am Ende so stark, daß röchelnde Stimmanteile mit dazu kommen. Währenddessen erzeugt Schlagzeug II „immer sehr heftig" mit einem Kloreiniger (aus Gummi) 14 aufsetz- und abziehpneumatische Explosionsgeräusche. Der Kommentar des Atmers erstickt. Das ist sein Kommentar!

Auch in „Tote Metren" bleibt dem Atmer wenig Ausdrucksraum. Zerstörte, zerfallende Natur ringsum läßt Einfälle sich nur noch in irgendwelchen Hinterhöfen tummeln, die Komposition erlaubt innerhalb eines gleichbleibenden (toten) 3/4-Metrums (= 1,85" Länge) nur ganz geringe Verschiebung:

Das sind Atemstöße einer Moderne, in der keine postmoderne Ersatzschönheit mehr Illusionen simulierend west. Aber immerhin zuckt das Zwerchfell noch.
Welch ein Weg von Mozarts *Figaro*, drei Jahre vor Ausbruch der französischen Revolution, zum Ende unseres 20. Jahrhunderts!

April 1994

Variations – zur Situation der Neuen Musik

Krisen können uns nichts anhaben.
Das Verschwinden des Sozialismus bestätigt: Unser Weg ist der richtige.
Selbst unsere Trauer ist aufgedunsen und protzig,
unsere Mäßigung hungert nicht.

Allerdings:
Wir sind auch gerne wieder etwas grob
beim Engerschnallen der Gürtel!
Aber mir geht es gut!

1989 schrieb ich:
„... mir geht es gut! Ich lebe vom Wohlstand des Aktionismus. Das Politische, das Fragmentarische, das Absurde, die Unterhaltungsmusik, die Massenindustrie, die Rhythmuskomposition, die Oper, die Postmoderne, das Ikonoklastische, das Nichtreflektive, New Age, Anything goes: weil niemand uns zuhört.
Kommunikative Betulichkeit läßt Motivation verrotten.
‚Alles geht' fragt nicht, was geht nicht.
Pluralismus fragt nicht, was brauchen wir."

Aber 1995:
Wir wissen, was wir brauchen!
Wir brauchen Kultur,
die abgespeckte,
die im flotten marktgeschneiderten
Massenanzug.
Es wird auch wieder zugehört,
vorweggehört,
gewußt: weg da!
überflüssig wie ein Kropf!

Wie geht es mir?
Ich fühle mich wohl inmitten der vielen Initiativen zahlreicher, geringgeförderter Ensembles, Einzelmusiker, kleiner CD-Labels, manchmal auch – der Orchester. Ich beschäftige mich ausschließlich mit Themen der Musik.

Das Unsichere bleibt nicht unsicher. Ich denke immer noch an Arnold Schönbergs Mut. Es geht mir gut.

Aber wo sind die neuen Quellen unserer Urteilskraft?

Januar 1995

Vom körperlichen Grund in *Beds and Brackets*

In meiner kompositorischen Arbeit gibt es viele Aspekte des Körperlichen. Ihre Einbeziehung hat mir stets bei dem Versuch geholfen, bestimmte Probleme und Fragestellungen zu bewältigen.

In *Anerkennung und Aufhebung* für vier Filme und Klangquellen (1972) bezog ich das Mienenspiel in 300 notierten Muskelkombinationen zu stummem, sichtbarem Instrumentalspiel und verschiedenen, rein akustischen Profilabtast-, Energie- und Porträtklangstücken mit ein, um in einer Art Lehrstück auf die Abhängigkeit des einen vom anderen hinzuweisen.[1]

Die später von mir entwickelte Technik der „Rhythmuskomposition" ging von einem ganzheitlichen Weltbild aus, in dem Kopf und Körper nicht getrennt sein sollten.[2] Sie gab auch den Erscheinungsformen des Tones neue, vorwärtstreibende Qualität: Tonhöhen wurden primär als Rhythmusträger verwendet, und ihrer traditionellen harmonischen und melodischen Gestaltbildungsfunktion wurde eine neue Dimension hinzugefügt. Die Idee des aktivierenden Körperrhythmus führte auch zu einer genau kalkulierten Tempogestaltung als Ausdruck eines bestimmten, gesetzten Menschenbildes.

Alle diese Konzeptionen und Werkausformungen dienten der kritischen Befreiung, der aufgeklärten Entfaltung, gehorchten dem Prinzip der Hoffnung auf Erkenn- und Veränderbarkeit der Welt durch Ich und Wir. Aber die Zeit hat sich radikal geändert! Jean Baudrillard[3] spricht von einem Verschwinden der Geschichte.[4] Er gebraucht zum einen das Bild von der die Anziehungskraft überwindenden hohen Fliehgeschwindigkeit, bei der alle Ereignisse durch einen „totalen Verbreitungs- und Zirkulationsschub" in einen „Hyperraum der Simulation" geschleudert und so ihrer nötigen Wachstumszeit (telekommunikativ) beraubt werden, und zum anderen gebraucht er das physikalische Bild vom schwarzen Loch, dessen große Dichte nichts mehr entweichen läßt, Ereignisse also keine Geschichtskraft mehr entfalten können. Das schwarze Loch ist die „schweigende Mehrheit" mit ihrer „gewaltigen Gleichgültigkeit", die alles schluckt. Wir akzeptieren die fortschreitenden Verwüstungen unseres Körpers durch unzählige (mediale) „Körperprothesen". In solcher Totalvernetzung ist das emphatische „Wir"-Sagen obsolet geworden.

Zur entsprechenden Totalfreisetzung gehören die Macher, die Simulierer, die Vernetzer der Interessengruppen. Ein besonders markantes Simulationsbeispiel war die hergestelle Medien-Pseudowirklichkeit des Golfkrieges und die vorher inszenierte Supersimulation zur Beeinflussung der UNO-Abstimmung.

Was ist sicher? Wem kann man noch trauen? Wo sind die Plätze für Identität? Welches Handeln ist möglich?

Was Baudrillard und andere beschreiben, ist ja auch ein Lebensbündel von Gefühlen, Trieben, Verhaltensmustern, Reaktionen usw. Man sucht nach (privaten) Freiräumen, wo eigenes Leben noch wuchern kann, wo Identitäten, gewachsene Subjekt-Echtheiten sich noch ausbilden, zumindest festmachen lassen. Ich vermeine, hier eine Ursache zu sehen für das neuerliche Bedürfnis nach Expressivität, Lust am Vibrato, Intensität des Augenblicks, auch der des Fragmentarischen wie in Nonos *Streichquartett* oder für die Anziehungskraft der Shortstories von

1) Vergleiche hierzu Nicolaus A. Huber: *Kritisches Komponieren*, S. 40 ff.

2) Vergleiche Nicolaus A. Huber: *Über konzeptionelle Rhythmuskomposition*, S. 214 ff.

3) Jean Baudrillard (* 1929), französischer Soziologe und Gesellschaftstheoretiker, steht im Ruf, einer der radikalsten Kulturkritiker und damit auch Begründer eines neuen Denkens der Modernität zu sein. (Anm. d. Hrsg.)

4) Jean Baudrillard: *Das Jahr 2000 findet nicht statt*, Berlin 1990; ders.: *Videowelt und fraktales Subjekt* in: *Philosophien der neuen Technologie*, Berlin 1989, S. 113–131; ders.: *Die Illusion des Endes*, Berlin 1994.

Charles Bukowski.[5] In ihnen funktioniert Leben auf dem kleinsten Alltagsnenner, aber mit der größten Unberührbarkeit.

Diesen Bereich der Überschau- und Bestimmbarkeit mit so wenig „TELE-" wie möglich habe ich „Nahbereich" genannt. Die Pflege und Entfaltung des Ich-Kerns, die Versicherung des Nahbereichs bezeichne ich seit kurzer Zeit als neue Definition von Tonalität.

Auf diesem „Nahbereich" basiert *Beds and Brackets*.[6]
Die Einbeziehung des Körpers in diesen Zusammenhang hat dementsprechend auch einen anderen (hoffentlich zureichenden) Grund als in den oben erwähnten Beispielen. Gleichzeitig zeigt dies, daß das Einbeziehen des Körpers viele Möglichkeiten der Ausdifferenzierung hat und sein Modell als Parameter sich, über die Physiologie der Sinne weit hinausgehend, als sprachfähig erweist – dies jenseits der bekannten Körpersprache.

Beispiel 1

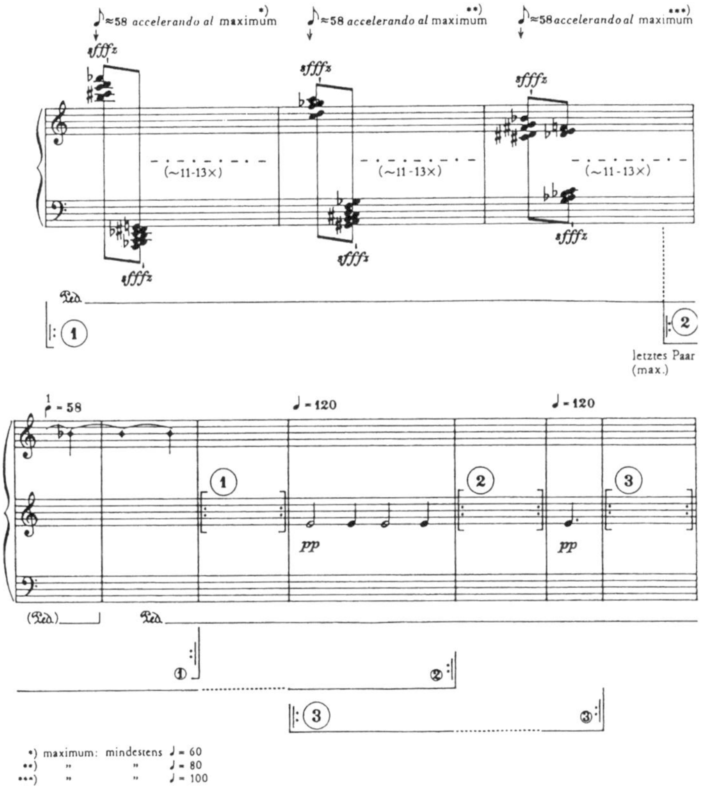

5) Siehe S. 271, Anmerkung 1
6) Nicolaus A. Huber: *Beds and Brackets* (1990), Edition Breitkopf 9075. Alle Seitenangaben beziehen sich auf diese Ausgabe.

Derartiger Nahbereich als Verstehensmodell von *Beds and Brackets* schließt zwangsläufig Elementarität ein, braucht zudem aber genügend Differenzierungsringe, um das Modell verstehbar zu machen und so zwar der Kompositionstechnik das Spezielle des Stücks zu garantieren, jedoch die Musik nicht zum bloßen akustischen Abziehbild zu degradieren und verkommen zu lassen.

Das Nahbereichsmodell in *Beds and Brackets* hat mehrere Konstituenten: die Reichweite beider Arme, das Paarige, das Alleinige, die Entsprechung von R(echts) = hoch und L(inks) = tief sowie deren Vertauschung, die Abmessungen der Flügelklaviatur, die in etwa der praktikablen pianistischen Reichweite entspricht (die Mitte einer 88-Tasten-Klaviatur liegt exakt zwischen e^1 und f^1 vor dem Körper), die Schwere der spielenden Organe (Arm, Hand, Finger) und ihre Art des Durchmessens des Tastenraumes, die Transformierung der Raumidee in musikalische Erlebnisräume und Distanzräume verschiedenster Art.

Beispiel 1 zeigt den Beginn von *Beds and Brackets*: drei Akkordpaare, die in drei verschieden großen Bögen die Klaviatur durchmessen. Der jeweils erste Paarakkord hat fünf (2+3), der zweite jeweils sieben Töne (4+3); Quersumme 2+4 beziehungsweise 3+3 ist immer 6. Die linke Hand spielt auch hoch, die rechte auch tief. Dieser Bewegungs-Entwurf ist wie ein Motto für das ganze Stück. Er erzeugt durch die vorgeschriebene Maximallautstärke, die häufige Wiederholung der Akkordpaare, deren Accelerando und das Gewicht (+ Geschwindigkeit) der Organe, die der Pianist bewegen muß (es kostet seine ganze Kraft und Konzentration!), die nötige Emphase für das Sich-*Hineinbegeben* und das sich der Musik versichernde *Hineinbewegen* in den sich aufschaukelnden Klang (Pedalisierung!) von Extrempunkten aus.

Thematisierung sorgt für mögliche Bewußtwerdung des Wahrgenommenen. Die jeweils hohen und tiefen Akkorde der drei Paare haben identischen Intervallaufbau. Dieser sagt: Es sind drei Bögen. Aber Bogen ist noch nicht identifizierbarer Raum. Erst die Verkleinerung der Bögen sagt etwas über Extreme, Reichweiten und perspektivische Raumbildungen durch lebendig Bewegtes aus. Erst die Graduierungen differenzieren das, was Mitte ist (Körper des Spielers + Tonlage) und was von ihr aus an zusätzlichen Hoch-Tief-Bewegungen Raumklang erzeugt, als Raumgestalt angelegt ist. Die Transposition der Akkorde gehorcht spiegelbildlicher Gegenläufigkeit: Töne, die chromatisch aufwärts folgen, bewegen sich lagenmäßig abwärts und umgekehrt.

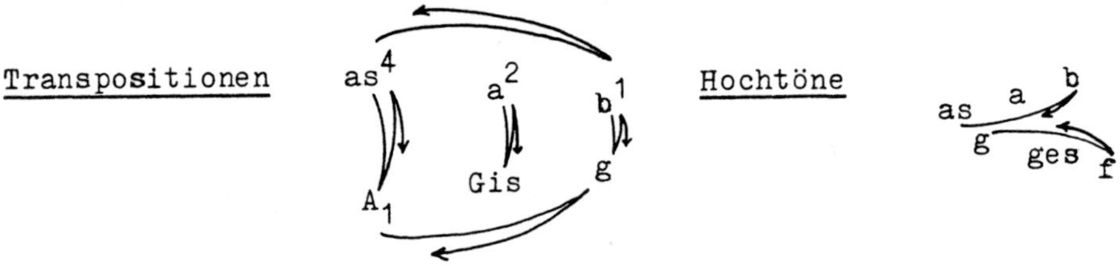

Diese erste Materialcharakteristik erscheint im Stück an verschiedenen Stellen, insgesamt sechsmal: neben Partiturseite 1 auf Partiturseite 2: in drei Schüben, diesmal in der Bewegung noch extremer: R spielt den höchsten und tiefsten, L spielt den zweithöchsten und -tiefsten Ton usf. (Eine vereinfachte Handverteilung RL LR RL ... wird man sofort hören: Die Vereinfachung macht aus Tonpaaren, die getrennte Schwungphrasen bilden sollen, leittönige Halbtonpaare, die um ein Achtel verschoben sind); Partiturseite 3: im ersten Schub mit einer neu erklingenden Tonachse cis^2, im zweiten Schub ohne dieses cis^2, aber mit Hoch-Tief-Vertauschungen der Akkorde und Aufgabe der Paarbildung; Partiturseite 4: Die letzten Akkorde von Seite 3 werden hier zu strukturellen Gittern in hoher Lage (1+5). Ihnen entspricht auf Partiturseite 5 die Akkordfolge in tiefer Lage (5) mit steigender Dichte von 2 zu 5; Partiturseite 10/11: wieder Akkordpaare (5) mit originalen und vertauschten Lagen.

Die Verengung der Bögen und die resultierenden Transpositions- und Hochtonfächer führen zu einer zweiten Charakteristik.

Auf der Partiturseite 6 ist ihre maximale Form zu finden: die Skalenbewegung in chromatischer Tonfolge über die Totale der 88 Tasten in beide Richtungen. Die beiden Hände spielen hier auch in ihnen entgegengesetzten Lagen. Durch wandernde Fingersätze verändert sich die Abwechslungsgeschwindigkeit beider Hände und die Repetitionsgeschwindigkeit des Hand*paares* LR ⟶ LR ... Die Fingersätze sind:

1. frei wählbar,
2. 2 1 / 1 2 ⇄
3. 3 2 1 / 1 2 3 ⇄
4. 4 3 2 1 / 1 2 3 4 ⇄
5. 5 4 3 2 1 / 1 2 3 4 5 und ⇄
6. wieder frei mit ausbrechender Weiterführung.

Ist die Abtastung hier beweglich phrasierend und abfärbend, so ist in den beiden Parallelstellen auf den Partiturseiten 4 und 7, beide nur in Abwärtsrichtung, die Handabtastung auf den kleinsten Nenner gebracht. Jeder Ton wird mit demselben 3. Finger der rechten beziehungsweise linken Hand gespielt, die Hand wandert im gleichen punktuellen Abstand mit. Die Chromatik ist nun zu einem Modus von acht Tönen gefiltert, die den Intervallkrebs der Akkordtöne von Takt 2 bilden (vergleiche auch Beispiel 1).

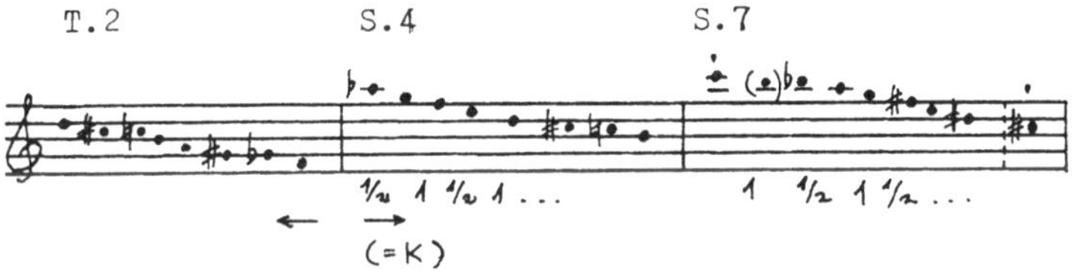

Der zweite Skalenmodus auf Seite 7 ist durch eine Vertauschung von Halb- und Ganztonschritt abgefärbt. Dem wieder gleichbleibenden Fingersatz gesellt sich als Erneuerung die chromatische Aufwärtsbewegung bei absteigender Lagenzuordnung, wie sie in den Takten 1–3 schon zu finden war. Der signalisierende Martellatokeil sitzt auf c, cis usw. bis g. Die Arpeggios ergänzen den noch fehlenden chromatischen Raumteil mit ihren vier Tönen gis-h. Sie sind ein Bindeglied zwischen total synchronem Akkord und total horizontal verlaufender Skalenfolge.

Zur letzten, dritten, Charakteristik: Dem Pedalhallraum – das Pedal bleibt bis auf wenige Ausnahmen liegen, was Kinder so gerne haben –, der an wenigen markanten Stellen zugunsten klarer, diskreter Klangeinstellung unterbrochen wird, entspricht die Ausformung eines Strukturtyps, dessen Ausgangsform folgendermaßen aussieht: 

Verallgemeinert heißt das, einer Klangumgebung massigeren Charakters steht die Vereinzelung eines Tones gegenüber. (In meinen Skizzen hatte ich notiert, aus dem Klangwust „den Ton retten"!) Zu Beginn der 2. Zeile auf Seite 1 der Partitur taucht dieser Typus zum ersten Mal auf.

Der Einzelton macht im Verlauf des Stückes mehrere gut hörbare Ausformungs-Stadien durch:

Einzelton mit rhythmischem Profil (S. 1, 2, 3 und 9, 10, 11);
Einzelton in intervallisch wirkender Verknüpfung (S. 10);
Einzelton in melodischer Gestaltfolge (S. 2/3, 5, 9, 10, 11).
Alle diese Stadien sind aus sehr verwandtem Tonmaterial gebildet:

Vgl. besonders die drei großen Zentren dieser Charakteristik auf den Seiten 1-3, 5 und 9-11.

Der zeitliche Ablauf des Stückes entfernt sich oder verwirrt zeitweise die Nahbereichswahrnehmung durch Wiederholungen eigener Art. In der Partitur zeigen numerierte Klammern (*Brackets*) das jeweilige Notentextfragment an, das an einer *anderen* Stelle (mit der gleichen Nummer versehen) in den musikalischen Verlauf eingeschoben werden soll, und zwar so, als würde es zum *ersten Mal* erklingen. Es geht hier also nicht um psychisch-dynamische Weiterspinnung, sondern um eine live simulierte (!) Wiederholung von Vergangenem, als wäre es gar nicht vergangen.

Dieser Fremdkörper im Nahbereich zieht andere nach sich, in denen das Stück und das Instrument, wenigstens in Teilen, verlassen oder „weggerückt" werden. Spezielle Klangentfernungen markieren diese Ausweitungen:

„Statement“ (Rhy) zu einem Faustschlag Nonos

Die erste Ausweitung ist das Schließen des Klavierdeckels (S. 7). Der Spieler geht dadurch in Distanz zu Tastatur und Instrument. Auch der Klang verändert sich etwas ins Dunkle und Schwebungsreichere. Dieser Aktion folgt der Klang eines mit einem Streichholz zu fixierenden f¹ (Mitte). Der Pianist steht nun auf, begibt sich zum entgegengesetzten, hinteren Teil des

Flügels und führt mit einer Glasflasche sechs verschiedene Bewegungskombinationen (gerade, eckig, rund) „sehr heftig“ über die tiefen Saiten aus. Danach folgt *Statement* zu einem Faustschlag Nonos (S. 8).[7] Als Stück im Stück bedeutet dieser Abschnitt die größte *kompositorische* Entfernung.

Statement ist auf einem Rhythmus aus dem ersten Satz der *Appassionata* (!) von Beethoven aufgebaut, der in zwei verschieden zerlegten Versionen benützt wird. Einmal metrisch (der Muskelsinn äußert sich als Schwer-Leicht-Gewichtung)

und einmal additiv (der Zählsinn entfaltet seine Zählgeschwindigkeit vom kleinsten Wert aus).

Aus diesen beiden Modellen ist die Rhythmus-Struktur von *Statement* zusammengesetzt.

In der vorgeschriebenen „paarigen“ Ausführung von *Statement* spielt der Pianist zunächst die erste Version neben dem Flügel stehend, in dessen Innerem. Er hat zehn hohe, nicht skalenmäßig verlaufende Klänge auszusuchen. Die Zahl über der Note gibt dann an, welcher Klang in welcher Dauer gespielt werden soll. Die Logik der Zahlen spiegelt den strukturellen Aufbau wider.

Der zweite Durchlauf führt den Spieler wieder zurück an die Tasten. Hier befinden wir uns am elementarsten Punkt des Stückes. Die Kunst der Rhythmusstruktur wird beinahe „erschlagen“ dadurch, daß der Pianist den heftigsten und direktesten Nahkontakt zur Klaviatur einnehmen muß, denn alles ist mit einem beidarmig und ***ffff*** auszuführenden Cluster, ohne Zusatzdifferenzierung, zu spielen.

Dieser Punkt des äußersten Exhibitionismus schlägt um ins extreme Gegenteil (vergleiche Partiturseiten 9–11). Im Folgenden augmentiert der körperliche Nahbereich ein zweites Mal, schlägt um in „Umgebung“ (entweder sind Türen und Fenster zu öffnen, oder ein Tonband simuliert Umgebung, oder beides wird kombiniert). Dem weitesten Raum entspricht die einsamste und zarteste Musik – die Findung des intimsten, konzentrischen Ich-Punktes.

Ich glaube, es ist deutlich geworden: Der Ausgangspunkt „Nahbereich“ definiert, wie Körper des Spielers und Körper des Instruments aufeinander zugeordnet sind. Dies ist kompositorisch verfestigt zu drei aufeinander abgestimmten Hauptcharakteristiken, in denen Nähe durch mannigfache Bewegungsformen (der Töne mit dem Körper und umgekehrt) zu Nähe*bereichen* ausgebaut wird. Nähe ist eben kein Punkt, Nähe ist Raum. Bewegtes Tun und Hören erobern ihn und versichern sich seiner. Zeitsimulation (*Brackets*), Raumsimulation und zeitweises Verlassen des Stücks (*Statement*) vergrößern den Nahbereich und argumentieren für ihn. Das Eigenständige der Komposition beruht darauf, daß dieser so oft erwähnte Nahbereich genau der und *nur* der ist, den wir hören. Der Hörer ist gleichsam an die Körper von Spieler und Instrument angeschlossen. Beide haben ihre Geschichte. Anstelle von „Freisetzung“ (Baudrillard) immer noch Entscheidungsfreiheit!

1995

7) Kurz vor seinem Tod war ich mit Nono zusammen in der Jury eines Kompositionswettbewerbs. Während dieser Tage schlug er manchmal mit der Faust schwere, massige Rhythmen elementarster Proportion auf den Tisch, ***ffff***. Diese Befreiungsschläge hafteten die ganze Zeit während der Arbeit an *Statement* in meinem Gedächtnis. Sie waren ganz aus dem Nahbereich des Machens und Wahrnehmens geboren. Die Uraufführung von *Statement* alleine fand in Moskau während des Gedenkkonzerts für Nono statt. Die Deutsche Erstaufführung spielte Catherine Vickers im Sendesaal des NDR in Hannover.

Kerne und Streuungen in Luigi Nonos *A Carlo Scarpa, architetto ai suoi infiniti possibili*

Die fertiggestellte Reinschrift des Partiturmanuskripts von *A Carlo Scarpa* trägt am Ende das Datum: Venezia 13–12–1984. Mit 71 Takten, 21 durch Doppelstriche gekennzeichneten Abschnitten und einer Dauer von knapp zehn Minuten ist es eines der kürzesten, Übersichtlichkeit suggerierenden Werke Nonos[1]. Es ist dem befreundeten Architekten Carlo Scarpa gewidmet (geboren 1906 in Venedig, gestorben 1978 in Japan) und gleichsam als Motto auch für die Komposition im besonderen „seinen unendlichen Möglichkeiten".

Dieses Widmungsmotto deutet auf Differenzierungs- und Kombinationsreichtum hin. Die Musik von *A Carlo Scarpa* macht aber im Gegensatz dazu eher den Eindruck von kosmischen Würfen elementarer Klangmateriebrocken, eher den einer musikalischen Kette lapidarer, ja roher und bleierner Klangblöcke, die noch dazu durch mannigfache Pausen voneinander getrennt sind. Erst im sekundären Erkennen liegen dann die Differenzierungen und die mit ihnen verbundenen Streuungen und „Unendlichkeiten".

Bereits die Organisation der Klangmaterie als solcher (man nennt das gewöhnlich Orchesterbesetzung) gehorcht diesem Prinzip. Drei Holzbläserfarben (4 Flöten/auch 3 Piccoloflöten, 3 Klarinetten, 3 Fagotte), drei Blechbläserfarben (3 Trompeten, 4 Hörner, 4 Posaunen) und vier Streicherfarben (je 8 Violinen, Violen, Violoncelli, Kontrabässe) ergeben zusammen die Summe 10. Ihnen gegenüber stehen eine perkussive Gruppe von vier Farben (Celesta, Harfe, 2 Röhrenglocken, 2 Pauken) und sieben verschieden hohe Triangeln. Das bedeutet eine Kern-Ordnung im Sinne der Zahl 21: $3+3+4=10$, $4+7=11$, $10+11=21$. Zählt man die sieben Triangeln als *eine* Grundfarbe, dann pendeln die thematischen Zusammenfassungen von der Zahl 21 weg zur $15=10+4+1$, also einer anderen Fibonaccizahl im Sinne von $(2\times5)+(1\times5)=3\times5=15$. Dies besagt, daß zur gleichen Zeit Eindeutigkeit und Nicht-Eindeutigkeit besteht.

Solche Differenzierungen ins Offene betreffen auch die Aufgaben der Gruppen. Die erwähnte perkussive Gruppe besteht zum Gutteil aus Tonhöheninstrumenten. Umgekehrt zieht diese gemischte Perkussionsgruppe die Streichergruppe von Tonhöhen- weg zu Perkussionsaufgaben, die als *crini* und *legno battuti* beziehungsweise *Pizzicati* im ganzen Stück eine äußerst wichtige Rolle spielen.

Ich kenne keinen Komponisten, der Klänge von solcher Schwere und Massigkeit komponiert hat wie Nono in seiner letzten Schaffensperiode. Diese innere Dichte findet sich besonders ausgeprägt im *Prometeo* und in *A Carlo Scarpa*. Sie ist umso bemerkenswerter, als sie nichts zu tun hat mit Dichte des Satzes, der Töne, nichts mit dem Mulmigen, Undurchhörbaren von Tiefen, nichts mit Ereignisarmut. Der Eindruck resultiert eher aus der zeitlupenartigen Langsamkeitsdichte seiner Klänge, denen Nono mit Battuti und Pizzicati konzentrisch gebündelte Kräfte mit hoher Geschwindigkeit beizumischen versteht. Diese geschlagenen und gerissenen Klänge, die sich bis zum Kondukt Mahlerscher Prägung ausformen können, ergeben mit den schweren, oft auch schwermütigen Klängen ein Energie-, Zeit- und Geschwindigkeitsbild, wie wir es nur in der „großen Natur" wiederfinden können, die ohne den Preis der eigenen biologischen Vernichtung nur aus großer Distanz beobachtbar ist und gerade dadurch den (menschlichen) Zeiteindruck möglich macht: zum Beispiel die unvorstellbare Masse von Sternen und ihre hohe Geschwindigkeit bei extrem verminderter Wahrnehmungsmöglichkeit durch unsere

1) Der Autor geht davon aus, daß dem interessierten Leser die Partitur (Ricordi, Milano) vorliegt und eine Aufnahme zur Verfügung steht. CD Astrée/Auvidis E 8741, SWF-Sinfonieorchester Baden-Baden und Freiburg, Leitung: Michael Gielen. Es wird empfohlen, in der Partitur die Abschnitte 1–21 zu numerieren.

Entfernung davon oder die vernichtende Kraft und Geschwindigkeit der Druckwelle einer Atomexplosion, bei der sich gleichzeitig ein Staubpilz in langsamerer Eigenzeitlichkeit formt – festgehalten auf weltbekannten Film- und Fernsehbildern.

In *A Carlo Scarpa* ist dies zu einem Verstehensmodell spezifiziert, das ich – auch als Ausdruck der Trauer und Reflexion über Leben und Tod des Architekten – den „eingesperrten Klang" nennen möchte.

Die länger gehaltenen Töne, das eigentliche harmonische Klingen, wird häufig durch solche Perkussionsschläge eingerahmt, oft fahren sie auch noch mitten in den Klang. Wie kein anderer versteht Nono dieses bedrückende Einsperrmodell als kompositorischen Ausdruck seiner neuen Zeitprojektion so zu benützen, daß dieses Schlagmodell zwar spezifische Zeitlichkeit entwickelt, aber nie wie ein strukturell oder gar formal sich auswirkendes stetes Anfangen und Schließen wirkt, das es nicht mehr erlauben würde, die Teile und Blöcke in ein energetisch fließendes Verhältnis zum Ganzen zu setzen. Das Modell hat als solches sehr starken Ausdruck, aber den Differenzierungen der rhythmischen Schlagpositionen und auch dem Wiederholungsmoment des Modells als Modell im Zusammenhang ist das gefühlsmäßige Eingehen auf ihr jeweiliges Sosein entzogen. Es ist also vom jeweiligen Ortsausdruck emanzipiert, deshalb im ganzen Stück in diesem Sinne gleichberechtigt, haarscharf, unsentimental.

Diese Zeitlichkeit gibt Freiheit für konstruktive Streuung. Die quantitative Verteilung ist beim Hören, weil nicht dauernd spezifisch gefühlsgesteuert, überraschend und nicht sofort durchschaubar. Ihre Gesamtorganisation ist nur elementar, im Sinne einfacher Ja-Nein-Entscheidung verstehbar:

battuto/Pizz.	ja		nein	Horizontalsummen der Abschnitte		
in Abschnitt	1 2 3 4 5		6 7	7		
	8 9 10 11		12	5	8	
	13 14		15	3		
	16		17	2		
	18		19	2		13
	20		21	2		
Vertikalsummen-Proportion	14	:	7 (2:1)	Vertikalsumme: 21 (= 3×7 = 8+13)		

Eine zweite Schlagschicht ist den sieben Triangeln zugeordnet:

Triangel		ja		nein			Horizontalsummen der Abschnitte
in Abschnitt		1 2 3		4			4
	8	5 6 7		8			4
		9 10		11 12		2	4
		13		14	5		2
	6	15 16 17 18		19			5
		20		21			2
Vertikalsummen-Proportion	14		:	7 (2:1)			Vertikalsumme: 21

Die vorhin beschriebene zweifache Zählmöglichkeit der Triangeln als *eine* Gruppe oder als *sieben* Instrumente erhält durch diese Tabellen weiteren Sinn. Die Zahl 21 wird sowohl nach Fibonacci geteilt (dazu gehören auch die üblichen Verdoppelungen und Halbierungen einzelner Zahlen) als auch in 3×7. In der Fibonacci-Reihe 1 2 3 5 8 13 21 ist 21 auch die siebente Zahl.

Die battuto-Ereignisse haben Geschwindigkeit durch die Geschwindigkeit des Schlages selbst. In Abschnitt 17 ist der Triangelklang gehäuft, in Abschnitt 20 als seinem Maximum auch mit Tremolo zu hören. Nono entwickelt daraus eine schnelle rhythmische Impulsfolge als weitere Schicht. Bereits in Takt 1 spielt die 1. Flöte Flatterzunge, die 1. Solovioline denselben Ton Tremolo. Dies ergibt eine dritte Bewegungsorganisation:

Flatterzunge/ Tremolo	ja		nein	Horizontalsummen der Abschnitte	
in Abschnitt	1 2 3		4	8 (6+2)	
	5 6 7		8		13
	9 10		11	5 (3+2)	
	12		13		
	14		15 16 17 18 19	8 (6+2)	8
	20		21		
Vertikalsummen-Proportion	11	:	10 (vergleiche Organisation des Instrumentalklangs)	Vertikalsumme: 21 (= 8+13)	

Das hier in den Fibonaccizahlen 5 8 13 organisierte Bewegungsflimmern ist auch Modell für die Ordnung der verwendeten Lautstärken:

fff ff f mf mp — 5] 13
p pp ppp p^4 p^5 p^6 p^7 ***p*** possibile (al limite di audibilità) — 8]

Hier bitte ich den Leser, die Lektüre der Analyse zu unterbrechen, um die Komposition – wenigstens ein Mal – zu hören und dem bisher Erläuterten nachzuspüren – – – – – – – – !

Obwohl die bislang erwähnten Materialien in ihrer elementaren Eindeutigkeit sehr faßlich sind, ist es doch ziemlich schwer, vom gepeitschten Fortissimo-Schlag bis zum Tremolo im fünffachen Piano mit fast ausschließlicher Klangfarbenwirkung eine Orientierung über die zeitlichen Ausbreitungen zu finden und zu behalten. Das fast gleichbleibende Tempo – es gibt nur den Wechsel zwischen Viertel = 30 und Viertel = 60 –, das *nicht* als Ausdruck energetischer Gefühlsverläufe komponiert ist, erschwert eher die Übersicht.

Als Hommage an Carlo Scarpa hat Nono als Trägerfrequenzen die beiden Anfangsbuchstaben des Namens: C und S, die im Deutschen auch zwei Töne bezeichnen, genommen und allein aus ihnen das gesamte Stück aufgebaut[2]. Die beiden Einflußbereiche von Es und C haben eine klare Folgestruktur:

2) Vergleiche Nicolaus A. Huber: *Luigi Nono: Il canto sospeso VI a/b. Versuch einer Analyse mit Hilfe dialektischer Montagetechniken*, Seite 118 ff. dieses Bandes.

Beispiel 1: Folgestruktur der Sphären Es und C

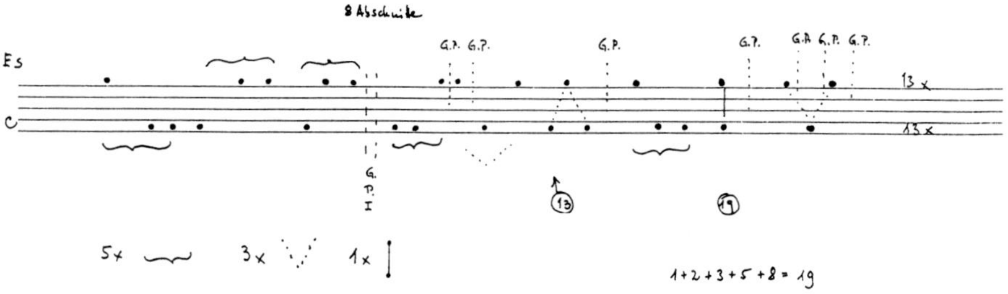

Die Graphik zeigt ein Ineinandergreifen der beiden Sphären im Sinne der Bachschen Schnitt-Technik[3]. Zwei Dreiergruppierungen spielen die Hauptrolle. Sie sind durch verschiedene Spiegelungen und Permutationen aufeinander bezogen. Bis auf *eine* Tutti-Gleichzeitigkeit in Abschnitt 19 (als Summe von Fibonacci 1+2+3+5+8) handelt es sich um eine Art makromelodischer Tonfolge, bei der sich die horizontalen Gesetzmäßigkeiten – jede Tonschicht taucht dreizehnmal auf – mit den melodischen Direktfolgen von Schicht zu Schicht durchdringen. Sie sind in Figurenfamilien mit den Häufigkeiten 5 und 3 übersichtlich aufgegliedert und durch acht Generalpausen zusätzlich in acht Abschnitte geteilt. Die Generalpause folgt immer dem Klang.

Nono verbreitert die Es- und C-Schicht auf sieben Oktavlagen – wir erinnern uns an die sieben Triangeln und an die Teilung der 21 in dreimal sieben.

Beispiel 2: Oktavlagen-Struktur

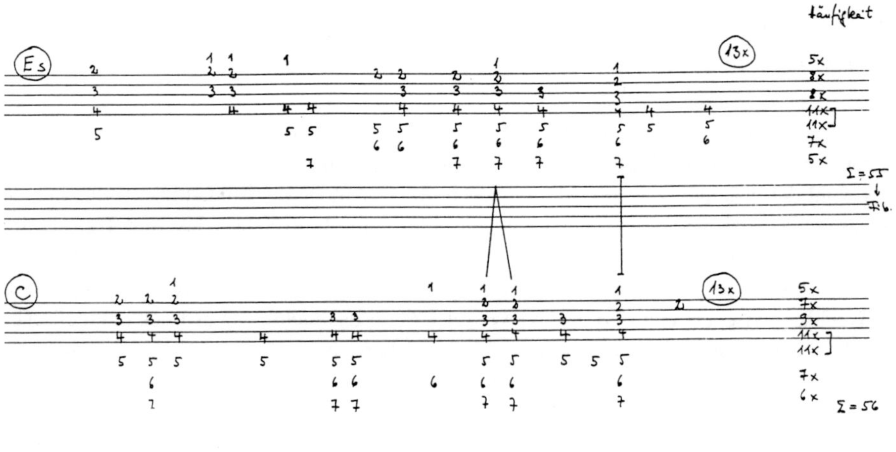

Diese Tabelle zeigt, wann und in welchen Oktavlagen (1 = es^4/c^4, 7 = Es_1/C_1) die beiden Frequenzsphären abgerufen werden. Die durchgezählten Häufigkeiten der einzelnen Oktaven ergeben uns schon bekannte Zahlen. Trotzdem, denke ich, sind gerade hier die Verwacklungen,

3) Vergleiche Nicolaus A. Huber: *Die Kompositionstechnik Bachs in seinen Sonaten und Partiten für Violine solo und ihre Anwendung in Weberns op. 27/II*, Seite 21 ff. dieses Bandes.

die kleinen Unebenheiten, das Entscheidende an Nonos Absicht, nicht alles „aufgehen“ zu lassen, Schönheit zu vitalisieren. Die eine Summe ist eine Fibonacci-Zahl, nämlich 55, die andere, 56, liegt knapp daneben, ist aber in 8×7 auflösbar. Der Vergleich beider Häufigkeitskolumnen pro Oktave ergibt nicht-rückführbare Unterschiede: 5/5, 8/7↓, 8/9↑, 11/11, 11/11, 7/7 (Ausgleich in der Mitellage), 5/6↑, also jeweils um 1.

Vergleicht man die Kolumnen von Beginn des Stückes an, sind bestimmte Fortschreitungsabsichten erkennbar. So zum Beispiel als Motto-Exposition von Es und C in den Takten 1 und 2 gleiche Oktavlagen. Dann: Ergänzungen in der Tiefe, Ergänzungen in der Höhe, Schnittmengen, Auslassungen, Tutti, Verdünnungen. Fast allen Säulen kann man aber nachweisen, daß die Ordnungszahlen der Oktavlagen Summenspiegel von außen nach innen bilden:

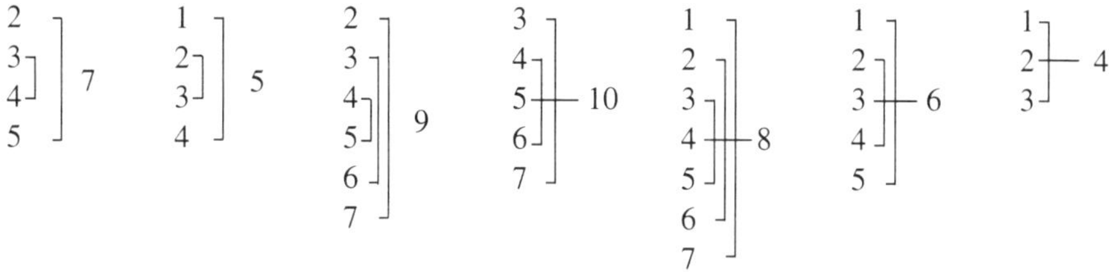

Es sind insgesamt sieben solcher Summengabeln mit verschiedenen Teilern, zum Beispiel:

8 = 1   7   7 = 1   6   usw.
2   6   2   5
3   5   3 4
4 4

Man findet hier genug Thematik. Wichtiger scheinen allerdings die Unvorhersehbarkeiten zu sein, die in der stets überraschenden Abfolge, in einigen unsymmetrischen Ausschnittbildungen und in Oktavlagen-Ausschnitten liegen, welche keinem Summenspiegel mehr zuzuordnen sind. Die Oktavlagen-Anordnungen 1 4 5 oder 2 5 6 der Es-Schicht etwa lassen sich den Summengabeln „6“ und „8“ zuordnen, verzerren aber die Symmetrie, da der Mittelpunkt beziehungsweise die paarige Zuordnung fehlt. Die Anordnung 4 5 7 scheint mir als Ausschnitt einer symmetrischen Summenanordnung gar nicht mehr identifizierbar zu sein.

An dieser Stelle sei dem Leser wiederum empfohlen, die Analyse beiseite zu legen und über das neu Gesagte beim abermaligen Hören musikalisch zu reflektieren – – – – – – – – !

Bis jetzt wurde auf die Tonhöhenkonzeption nur in ihrem elementarsten Kern eingegangen. Die Töne Es und C sind aber lediglich in der perkussiv gebrauchten Gruppe, in Harfe/Celesta/Röhrenglocken/Pauken akustisch wirklich die Frequenzen von Es und C. In den übrigen Instrumenten stellen sich die Töne Es und C jedoch als ein differenziertes Feld von 14 beziehungsweise 16 verschiedenen Tonhöhen dar, die frequenzmäßig, in ihrer bloßen Akustik unterschiedlich hoch klingen, in ihrer musikalischen Bedeutung aber *gleich* behandelt, also von Es oder C aus konzipiert und verständlich sind. Es handelt sich in *A Carlo Scarpa* um mikrotonal in Sechzehnteltöne aufgespaltene Ton*felder*.

Als ich 1967/68 bei Nono in Venedig studierte, zeigte er mir bei Fritz Winckel eine Stelle, die ihn zur Bewältigung des Problems Einheit angeregt hatte[4]. Winckel berichtet, daß Töne von einer Zehntelsekunde Dauer mit einer Frequenzbanderweiterung von 20 Hz, also +/–10 Hz, unabhängig von der Oktavlage gehört werden. Ist dies beim Kammerton a^1 +/– ein Viertelton, so beträgt die Abweichung bei G in der großen Oktave schon beinahe einen Ganzton.

Der konzeptionelle Hörraum der Musik kann grundsätzlich in zwei verschiedene Räume geteilt werden, in den oktavengegliederten und in den oktavenlosen Hörraum. Für letzteren ist Stockhausens *Elektronische Studie II* mit der Frequenzfolge von $\sqrt[25]{5}$ ein herausragendes Beispiel. Wenn man nämlich den Proportionsabstand 1:5 übereinanderlegt, bis wieder Oktavenidentität erreicht ist, hat man auch schon die höchsten Frequenzen der menschlichen Hörgrenze erreicht.

In der sogenannten klassischen Vokalpolyphonie Europas, in welcher der harmonische Verlauf bekanntlich nach *Intervallen* gesteuert wurde, war die Oktave einfach ein Intervall mit einem bestimmten (auch akustischen) Intervall*wert*, aus dem die Anwendungsregeln entwickelt wurden.

In der Dur-Moll-Tonalität hat die Oktave eine ganz neue Bewertung erfahren. Sie war jetzt zwar immer noch ein (besonders zu Verdoppelungen herangezogenes) Intervall, aber vollkommen in die nächsthöhere Einheit „Dreiklang" eingeschmolzen, der nun das kleinste, nicht mehr teilbare Grundelement der Harmonik war. Die Oktavtöne galten jetzt in jeder Registerlage als harmonisch funktionsidentisch. Auch in Umkehrungen wie zum Beispiel im Sextakkord e^1-g^1-c^2 ist in der Tonart C-Dur das c^2 immer noch Grund- und Tonikaton. Die Oktave ist dabei das akustisch gar nicht hörbare Steuerintervall des Umkehrungsvorgangs. Eine Fülle von Frequenzen konnte also in Oktavverhältnissen im gesamten Hörraum ihre unterschiedlichsten Wirkungen entfalten, ohne dabei ihre harmonische Identität aufgeben zu müssen. Ob hoch oder tief, eine Tonika blieb eine Tonika.

Wagners Mischklangtechnik im Sinne seiner besonderen Unisono-Instrumentation etwa im *Tristan*, aber thematisch, also einem Leitgedanken folgend, vor allem im *Parsifal*, war ein wichtiger historischer Schritt von der Oktave zur Einzigartigkeit der Prim, die dann in der Musik mit „zwölf nur aufeinander bezogenen" Tönen wenigstens für die Dauer eines Zwölftonverbands das alleinig erlaubte (Tonwiederholungs-)Intervall wurde.

Webern hat in seiner 5. *Bagatelle* aus *op. 9* für Streichquartett die Prim aber offenbar schon als eine Einheit empfunden, die problematisch, weil tonal gehört, war, und die deshalb einer besonderen kompositorischen Behandlung unterworfen wurde. Diese 5. *Bagatelle* ist insofern bemerkenswert, als sie fast nur mit Ton*schritten* arbeitet und in Schritten expandiert. Webern verändert jeden Ton, der später wieder aufgegriffen wird, in den möglichen anderen Parametern. Die Gleichberechtigung und Selbständigkeit greift in die Prim ein. Sie wird dynamisch, farblich oder in der Dauer aufgespalten und zur Vielfalt hin verändert.

Bekanntlich treibt Nono in seinen *Varianti* diese Spaltung der Einheit noch weiter, indem er das Phänomen der Verdoppelung in der Prim einer differenzierten seriellen Dichtekonzeption

4) Fritz Winckel: *Phänomene des musikalischen Hörens*, Berlin 1960, S. 52f.
Fritz Winckel (geb. 1907), deutscher Akustiker, arbeitete in der ersten Hälfte der dreißiger Jahre an der Entwicklung elektrischer Musikinstrumente bei der Rundfunkversuchsstelle der Berliner Musikhochschule, danach bis 1945 an der Entwicklung elektrischer Meßinstrumente und Regelgeräte. Nach Promotion und Habilitation wurde Winckel 1957 Professor an der Technischen Universität Berlin, an der er ein elektronisches Studio gründete, lehrte auch an der Freien Universität Berlin sowie zeitweise an amerikanischen Hochschulen. Daneben ist er mit einer großen Zahl wissenschaftlicher Publikationen hervorgetreten. (Anm. d. Hrsg.)

unterwirft. Von da aus und von der Anregung in Fritz Winckels Buch her wird die Grundkonzeption in *Per Bastiana Tai-Yang Cheng* von 1967 als weiterer Schritt verständlich. Register werden dort in Zonen, diese wieder in drei Bereiche mit zusätzlicher Scordatur geteilt, um so Verdoppelungen und Einheiten in statistische Klangbänder zu transformieren, die Nono dann ein gewünschtes ständiges Werden und Fließen gestatten.

In *A Carlo Scarpa* bleibt Nono in der oben angedeuteten Tradition „Problem Einheit", findet aber eine ganz neue, dem stoßartigen Ausdruck dieser Musik adäquate Lösung, indem er von Es und C als Kerntönen ausgeht und sie spiegelbildlich in Sechzehnteltönen höher und tiefer mikrotonal ausdifferenziert. Verblüffenderweise ist diese Konzeption, viele Tonhöhen in der Bedeutung nur einer einzigen zu handhaben, sehr der Technik ähnlich, mit der die Dur-Moll-Tonalität chromatische Intervalle in das harmonische System zu integrieren versteht. Bekanntlich haben chromatische Intervalle ja keinen Grundton. Um sie in das zentrierende Bezugssystem, Rückführung der Dreiklangstöne auf deren Grundton, Beziehung der Einzelgrundtöne auf einen Tonikagrundton usw., verstehbar einbinden zu können, werden chromatische Intervalle durch einen genialen Schachzug wie diatonische behandelt. So kann c-gis eine hochalterierte Quinte c-g sein, c bleibt demnach der Grundton, gis ist ein „gemeintes g", jedoch in alterierter Form. Wir haben hier in ähnlicher Weise zwei verschiedene Töne für einen einzigen gemeinten, von dem aus die Harmonik berechenbar bleibt. Solche Alterationsbeziehungen von Tönen, hoch oder tief, eignen sich hervorragend zur Widerspiegelung von Gefühlen vorwiegend du-bezogener Provenienz, wie wir sie zum Beispiel im *Tristan* so gernhaben: Sehnsucht, Lust, Wildheit, Aufbäumen, Zusammensinken, Einsamkeit, sich (über Enharmonik) ins Gegenteil verwandeln und so fort.

Nonos Harmonik dagegen ist nicht psychisch-energetisch im tonal-psychischen Sinne. Die Sechzenteltöne sind nicht mehr alteriert und haben keine Alterationsspannung zu einem Kernton. Sie sind zu bloßen Frequenzen in einem bestimmten Tonfeld geworden. Ihre Beziehung braucht daher das Messen, die Zahl als Ausdruck zugeordneter Mengen, die Spiegelung als gegenseitige Erklärung.

Beispiel 3 zeigt alle von Nono in der Partitur verwendeten Töne und ihre Notation sowie deren Varianten in eine Oktavlage gelegt. Plus bedeutet höher, Minus bedeutet tiefer. Auslassungen in der Sechzehntelton-Progression sind eigens gekennzeichnet.

Trotz der thematischen Summen der Töne: 14 (= 2×7) und 16 (= 2×8) ist das Gesamtbild der Töne alles andere als regelmäßig. Vom jeweiligen Null-Kern ausgehend ist beiden Schichten ein Strukturband bis +6 und bis –5 ohne Lücke gemeinsam. Außerhalb dieses analogen Bandes, sozusagen an den Peripherien des Materials, trifft man verschiedenste Unregelmäßigkeiten an: Es-Feld: Zwischen +6 und +12 (das übrigens nur in Takt 10 auftaucht) klafft eine Lücke von fünf Sechzehnteltönen. Auf der gegenüberliegenden Seite fehlt nur –6. Nicht ganz einsehbar, zumal –7 nur in Takt 1 auftritt! Immerhin lassen sich die 14 Töne plausibel in 2×7 ordnen: –7 bis 0 / +1 bis +12. C-Feld: Die Plusseite ist ohne Lücke, der Minusseite fehlt –8, ebenfalls nur als Unregelmäßigkeit verstehbar. Die Nachbartöne –9/–10 gibt es nur in den Takten 36/38, –7 nur in den Takten 36/38 und 53/54. Unbeschadet dieser Unschärfen lassen sich auch diese 16 Töne ordnen, in –10 bis –1 = 9 Töne und 0 bis +6 = 7 Töne. Diagonal begriffen gibt diese Ordnung übergreifenden Sinn:

Es: 7 ← → 7
C: 9 ← → 7 ⟶ 14 ⟶ 16

Beispiel 3

(T. 10)
Anschluß Es-Sphäre
← 14 Töne
← 16 Töne
7 oktave
Σ 14+16 = 30 Töne
von C aus
+ 12/16 von es aus

Derartig verworfene Feldränder erinnern mich an die berühmte Tempelanlage in Nikko (Japan). Dort gibt es eine perfekt symmetrisch angelegte Schnitzerei. Nur an einer Stelle ist ein Fehler eingebaut, „damit die Götter nicht neidisch werden“, will sagen, daß das Nicht-Perfekte, das Unregelmäßige zur Sphäre des Menschen gehört.

In der unteren Zeile von Beispiel 3 sind alle dreißig Töne von –10 bis +12 in eine durchlaufende Reihe gebracht. Diese weist Lücken auf: [1] und [1] sowie [10] und [5]. Die ununterbrochenen Tonfolgen ergeben die Mengen 2 14 12. 2+14 = 16 = 2×8, 14+12 = 26 = 2×13. 1 2 5(10) 8(16) 13(26) sind Fibonacci-Zahlen. Die Summe der drei Zahlen 2+14+12 = 28 bildet dagegen das Vierfache der thematischen Zahl 7. Selbst wenn man davon ausgeht, daß die Partitur Fehler enthält (die übrigens auf der CD auch aus den Stimmen alle gespielt werden), bleibt diese wunderbar schräge Konstruktion bestechend und ganz im Sinne Nonos.

In einem letzten Überblick zeigt Beispiel 4, wie die im vorherigen Beispiel numerierten Töne in den 21 Abschnitten der Komposition in welchen Oktavlagen vertreten sind.

Nono, der bereits in seinem Streichquartett *Fragmente – Stille. An Diotima* (1979/80) wieder Oktaven benützt hat und ihnen neue Wirkungen entlockte, hat in *A Carlo Scarpa* eine Oktavenkomposition ganz eigener Art geschaffen. Der mikrotonal verschrägte Oktavklang ist laut einer Mitteilung des koreanischen Komponisten Koo Bonu, die ich im Herbst 1995 von ihm in Seoul erhielt, von traditioneller koreanischer Musik angeregt worden, die Nono während eines Aufenthaltes in Korea hörte. Es handelt sich um Zeremonialmusik Chongmyo-jeryeak, Munmyo-jeryeak und, wie ich persönlich vermute, besonders um Haeryong[5].

Auf dem Strukturplan dieses Beispiels stehen ganz oben die Nummern der 21 Abschnitte. Zwischen den Sphären Es und C sind die Taktzahlen und die Tempi eingetragen. Die Nummern der Mikrotöne stehen jeweils in der Oktavlage, in der sie in der Partitur auftauchen. Ihre Anordnung von links nach rechts zeigt an, welche Töne *überhaupt* in diesem Abschnitt in einer Oktavlage erklingen, nicht unbedingt ihre tatsächliche zeitliche Verteilung auf die Instrumente in der Komposition.

Der erste Blick auf diesen Strukturplan zeigt die Fülle der Verschiedenheit der einzelnen Abschnitte. Jeder Block hat eine ganz eigene, nicht wiederholte Klangkombination. Die Komposition dieser Schicht ist den „unendlichen Möglichkeiten“, die Nono an Scarpa so schätzte, am nächsten. Deshalb entspricht es wahrscheinlich auch den objektiven kompositionstechnischen Tatsachen, daß ich kein übergreifendes System der Anordnung gefunden habe, sondern nur Prinzipien.

Ein Prinzip ist die spiegelbildliche symmetrische Anordnung, sowohl horizontal in *einer* Oktavlage als auch vertikal. Ein gutes Beispiel für horizontale Symmetrie ist Abschnitt 21/C: +–1/+–2/+–4. Diese sechs Töne in der c^3-Lage sind folgendermaßen angeordnet: Gruppe I (3 Flöten/3 Violinen): +4 –4 +1, Gruppe II (3 Klarinetten/3 Violinen): –2 +2 –1, also Halbierung der Sechs in zweimal drei. Aber die Symmetrie +–1 ist klangfarblich auseinandergenommen. Die zeitliche Anordnung packt die +–1 in die Mitte und ergibt folgende Spiegelung rhythmischer Aufeinanderfolge:

Gruppe I:	+4	–4	+1	–4	+4
	|	↘	↘	↗	|
Gruppe II:	–2	+2	–1	–2	+2

5) Die genannten Stücke sind als Takes 1–3 auf einer CD zu finden: Korean Traditional Music Vol. I (Court Music Highlights SKCD-K-0004).

Beispiel 4

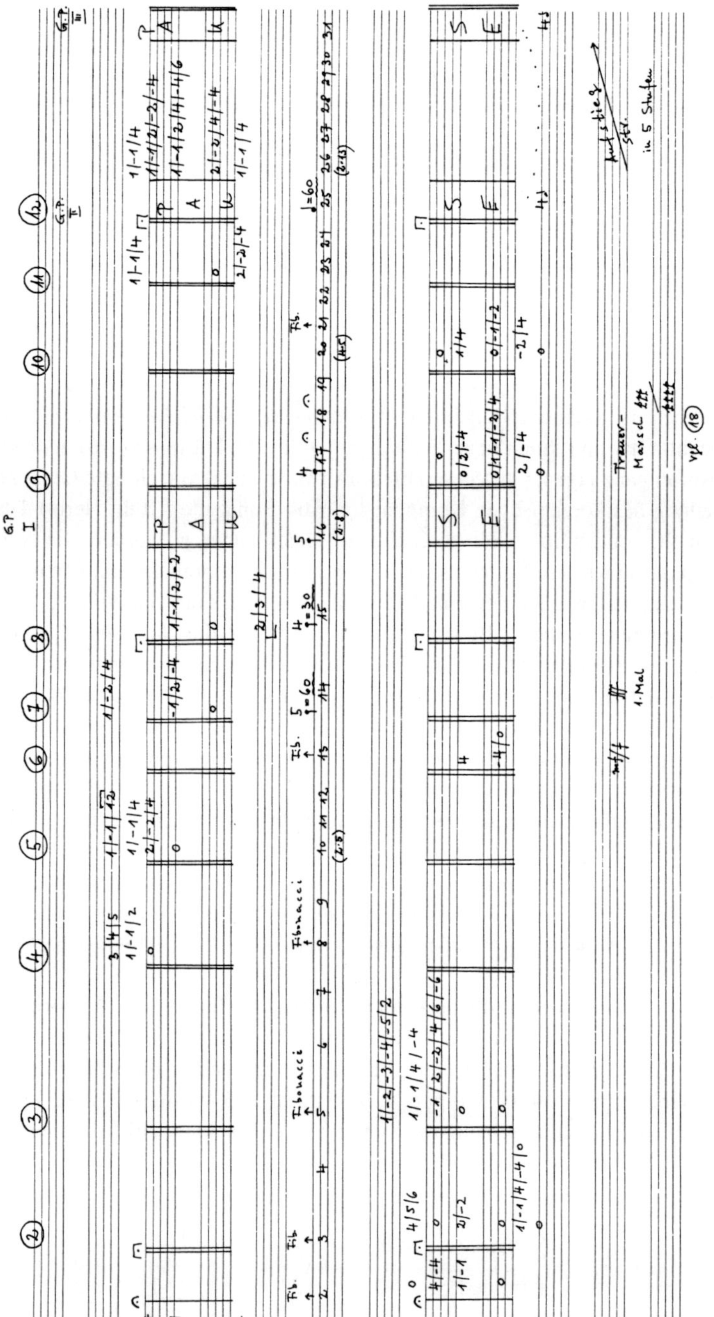

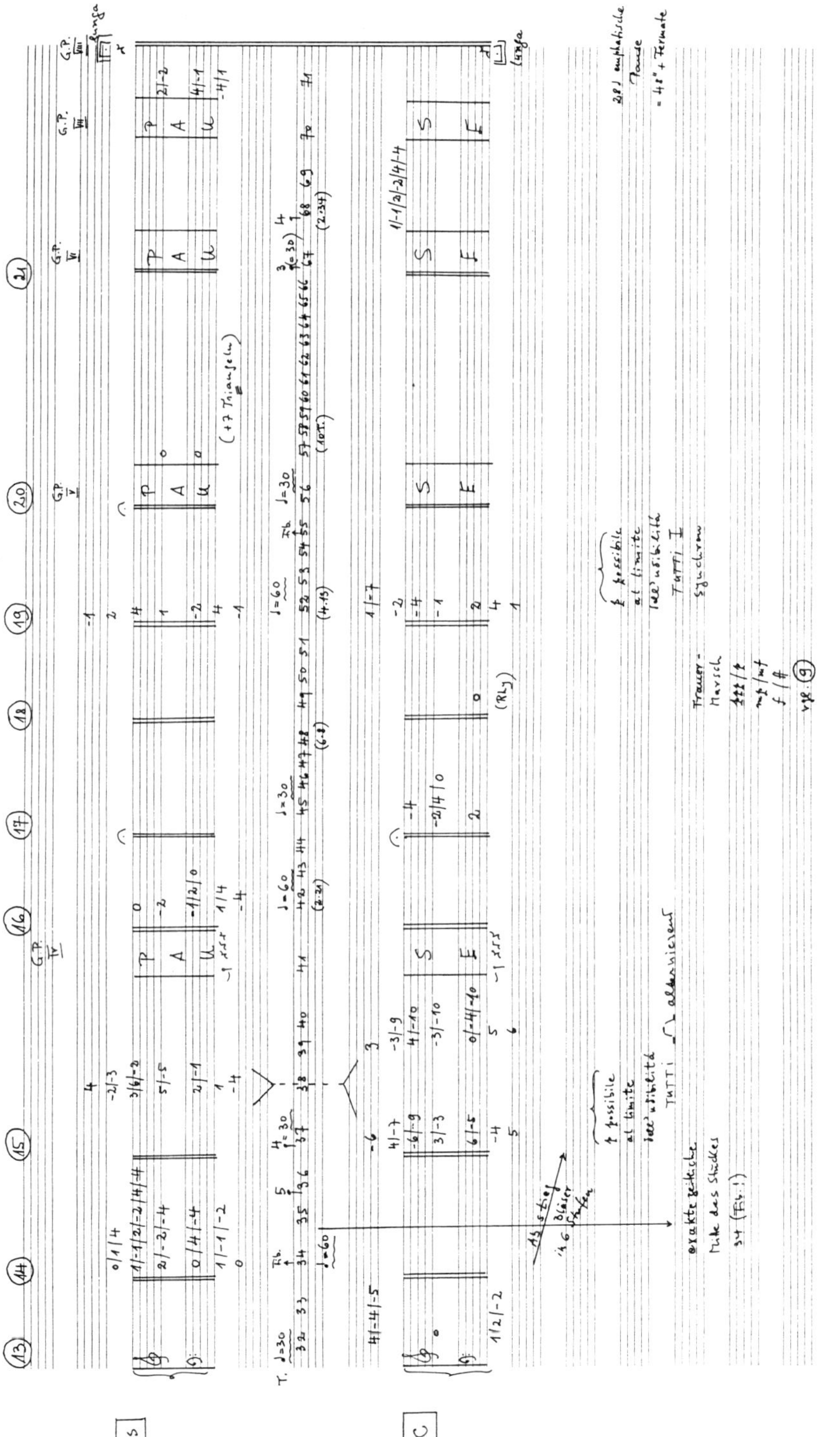

In Takt 71/*Es* sind dieselben Zahlen gebraucht, also alle Intervalle gleich weit transponiert. Die Veränderung bezieht sich jetzt aber auf die Oktavlagen als einer Mischung aus horizontaler Symmetrie +2/–2 und vertikaler Symmetrie +4 /–1
–4/+1.

Als stellvertretendes Beispiel für *Teil*symmetrie in vertikaler Struktur möchte ich Abschnitt 19/*Es* anführen: +1 steht in der Mitte, an den beiden Außenrändern jeweils –1. In diesen Spiegel sind zwei nur teilgespiegelte Paare eingeschoben: +2 +4 / –2 +4 (!). Im selben Abschnitt 19/*C* ist die Verteilung zunächst regelmäßig symmetrisch +1 –1 (Mitte) +1 und mit dem genau gespiegelten Einschub –2 –4 / +2 +4 auch fast genau symmetrisch zur C-Säule angelegt. Aber Nono stört die symmetrische Es-Säule durch –7 in es^4-Lage. Man kann diese Störung vom Gesamtkonzept her voll akzeptieren. Es wäre allerdings auch möglich, einen Irrtum Nonos anzunehmen. Nono könnte das c^3 in den Violinen 7/8 fälschlich im Baßschlüssel als es^1 gesehen haben (zwei Hilfslinien!), denn ohne Vorzeichen Be wäre der Ton als +1 mit den Violinen 5/6 Spiegel zu den Violinen 3/4/1/2. Oder er könnte im Schreibzusammenhang des Be-vor-Es-Setzens irrtümlich auch Be vor das c^3 gesetzt haben. Bliebe immer noch die Unregelmäßigkeit in Kontrabässen und Hörnern (Es +4), die als Schreibirrtum schon weniger erklärbar wäre. Wie dem auch sei, ich finde die Partiturfassung am interessantesten. Denn die Absicht des ungenauen Transponierens ist zum Beispiel in Takt 1/*Es* und Takt 2/*C* ganz deutlich.

Gleiche Zahlen bedeuten ja immer das Intervall der kleinen Terz (+ – Oktaven). Vergleicht man aber Takt 1 mit Takt 2, dann sind von den vier besetzten Oktavlagen nur die oberen beiden regelmäßig transponiert 0 und +4/–4. Der Konstellation +1/–1 in *C* Takt 2 geht aber –7 (!)/–1 in *Es* Takt 1 voraus. Man sieht hier eine verblüffende Ähnlichkeit mit der Ausnahme in Abschnitt 19. Zudem ist das zweite Pizzicato im Solo-Kontrabaß Takt 1 eindeutig +4, zumal die gleichzeitige Pauke ihre Dynamik von ***ppp*** zu ***p*** dem Kontrabaß angleicht und durch den zusätzlichen Akzent auf die Absicht eines Vierteltonbandes deutlich hinzuweisen scheint.

Neben symmetrischen, teilsymmetrischen und verzerrten Mischungen spielen für die Klangkomposition noch andere Charakteristiken eine Rolle.

In Abschnitt 9/*C* sind fünf Oktaven besetzt. 0 geht durch vier Oktaven, +2/–4 durch zwei Oktaven. Wir haben hier einen Klang, der durch diese Schnittmenge in seiner eigenen Sphäre und durch die Zusätze, hier + –1/–2/+4 – und natürlich auch dadurch, wo diese Zusätze hingelegt sind, ganz eigen, in Richtung auf „mehr oder weniger oktavig" charakterisiert ist.

Geht man von Schnitt*zahlen* aus, kann man den Grad des Terzanteils zwischen Es- und C-Schicht und den Grad der Klangverschiebung *in* der Transposition, das heißt: die Ähnlichkeit, leicht erkennen und als Komponist steuern.

Darüber hinaus geht es bei der Zusammenhangsfindung auch um die Menge als solche, also darum, wie viele Töne in einem Block oder in einer Oktavlage zu hören sind. In dieser Dichtefrage hat Nono sehr bewußt Unterschiede zwischen benachbarten und nicht-benachbarten Tönen gemacht: zum Beispiel 2/3/4 in Abschnitt 8 oder in Abschnitt 19, in dem besonders viele benachbarte Töne auf der Plus- und auf der Minus-Seite clusterartig benützt werden. Jedoch die bevorzugten Töne im ganzen Stück sind 0/+–1/+–2/+–4. Sie beherrschen ab Abschnitt 16 sogar ausschließlich die Harmonik; einzige Ausnahme ist der oben besprochene Ton –7 in Abschnitt 19.

Schwerpunkte besonders geringer Dichte liegen für C in Abschnitt 18, für Es in Abschnitt 20, dem mit zehn Takten überhaupt längsten Teil.

Auf dem Strukturplan (Beispiel 4) sind in der Zeile der Taktangaben alle Fibonaccizahlen und mögliche Multiplikationen gekennzeichnet. Ihnen sind, wenn auch in sehr verschiedener

Weise, bestimmte Ereignisse zugeordnet. 1 2 3 5 8 10(2×5) 13 16(2×8) 20(4×5) fallen mit Takt- beziehungsweise Doppelstrichen zusammen. 26(2×13) markiert die auffallende Anabasis der Streicher, 34 die korrespondierende Katabasis der Bläser. 42(2×21), 48(6×8), 52(4×13), 55, 68(2×34) gehören wieder zu Doppelstrichen. Ana- und Katabasis umschließen den 13.(!) Abschnitt, und in Takt 34(!) ist die exakte zeitliche Mitte des Stückes.

Die thematische Sieben hinterläßt ebenfalls formale Spuren. In Abschnitt 7 taucht zum ersten Mal ***fff*** auf, in Abschnitt 14 die abschließende Katabasis. Im letzten Drittel sind auch die beiden einzigen Tuttistellen „an der Grenze der Hörbarkeit" und die beiden nackten Null-Stellen der C- und Es-Schicht (Abschnitte 18/20). Die besonderen Ereignisse in den Abschnitten 7 und 9 sowie in 12 und 14 umrahmen 8 und 13. Die Summen von 7+14 und 9+12 ergeben wiederum 21.

Wie bereits oben erwähnt, skandieren acht Generalpausen diese Musik als emphatische Pausen, die für das aktivste und intensivste Hören gedacht sind. Ihre Längen wie ihre Häufigkeit sind ebenfalls thematisch. In Sekunden gerechnet:

I	II	III	IV	V	VI	VII	VIII
10″	4″	4″	6″	8″	6″	8″	2″=1 Viertel + corona lunga
	8″		14″		14″		

Man wird sich beim Hören dieser Musik eher für die Vielfalt entscheiden. Dennoch glaube ich, daß das Verstehensmodell „Kerne – Streuungen" diesem Stück gerecht wird. Das Elementare ist genuiner Ausdruck dieser Komposition. Aber: Das Elementare als das Einfache wird komplex gedacht und in Differenzierungen zerstäubt, die gerade durch ihre Nicht-Wiederholungen und ihre intendierten Unübersichtlichkeiten eine Fliehkraft erzeugen, die an der Grenze des Auffaßbaren in die Unendlichkeit der letzten Fermatenpause führt: „PER CONTINUARE A ASCOLTARE PRESENZE-MEMORIE-COLORI-RESPIRI", wie am Ende der Partitur steht. Oft vereinfachen wir unsere Methoden der Wahrnehmung, indem wir zu komplizierte Verhältnisse reduzieren und uns hinentscheiden zu „Abwechslung macht Spaß". Ja, und was Spaß macht, ist einfach angenehm.

Aber *A Carlo Scarpa* ist sperrig. Für mich ist es gerade deswegen so interessant. Man kann sich beim Hören an so viele verschiedene Richtungen, Wege, Augenblicke binden. Eine in Teilen erfahrbare Übersichtlichkeit suggeriert, daß das Stück doch vollständig durchdringbar sei.

Ich hoffe, Sie haben jetzt immer noch Lust, diese Komposition zu hören – – – – – !

1996

Darabukka – ein Versuch über Bedeutung

Darabukka wurde von Herbert Henck am 14. März 1977 in Paris uraufgeführt. Die Komposition fiel in das Jahr 1976. Dem vorausgegangen war eine von mir äußerst radikal projektierte Zeit „kritischen Komponierens“[1] etwa von 1968–72. Dialektische Methoden versuchend, ging es mir nicht nur um Sprachreinigung, sondern um ein grundsätzliches Infragestellen und Zerreißen von Abhängigkeiten im musikalischen Produzieren und Hören, Abhängigkeiten, die ich entdeckte und als Musik, die *über* Musik handelte, dialektisch metasprachlich wie auch immer reflektierte.

Solche Stücke waren *Harakiri* (über Implikationen von „Crescendo“), *Aion* (über unsere Klangstruktur- und Kompositionsstrukturtypen und -techniken und deren „bornierte“ Abhängigkeit von archetypischen psychischen Dispositionen), *Anerkennung und Aufhebung* (Lukács) (über regressive Bedingtheiten des musikalischen Ausdrucks durch Muskel- und Mienenspiel).

Alle diese Stücke riefen Skandale hervor, aber keine ernsthaften Diskussionen, eher irritiertes Kopfschütteln. Man war ja auch nicht darauf eingestellt, eigene Strukturen zu verändern, man wollte wenn, dann die Gesellschaft verändern, war schnell „frustriert“, lieber „antiautoritär“. „Mach kaputt, was dich kaputt macht!“ Vielleicht waren mein Ichstruktur-Radikalismus (Ichstruktur natürlich als die unserer „Gattung“ gedacht) und der verbreitete damalige Ich-Naturalismus zwei Seiten der selben Medaille, ein Bedürfnis-Fetischismus, dessen adäquater Ausdruck im Grunde nur die Ich-Performance sein konnte. Das war auf jeden Fall spannend und interessant, schöpferisch, hart, unterhaltend, aggressiv und amüsant, aber nicht kommunikativ im Sinne eines politischen gesellschaftlichen Wir-Gefüges, in dem „Sinn“ vorhanden, abfragbar und entwickelbar und beides so auch verstehbar war.

Die Uraufführung meiner *Schauplätze der Revolution* bei den Wittener Tagen für neue Kammermusik 1974 war dann in etwa meine letzte Aufführung in einem bürgerlichen Konzertsaal (bis 1977). Unter großen inneren Schwierigkeiten vollzog ich damals einen stilistischen Wandel in Harmonik und Rhythmik (durch Einbeziehung von Diatonik und metrisch gebundenen Rhythmusmodellen) hin zu einer Art Songstil mit kleinen theatralischen Elementen. Diese Umdeutung von „Avantgarde“ und die politische Eindeutigkeit spalteten das Wittener Publikum in zwei ziemlich genau gleich große antagonistische Teile von heftigen Buhrufern und dröhnend Applaudierenden. Mich trieb diese Umorientierung in die (in der Akzeptanz als stimmiger empfundene) Praxis der operativen Arbeiterkultur und zum nötigen Studium ihrer Traditionen und Elemente. Erst mit *Darabukka* kehrte ich zu „Komposition“ und „Konzert“ zurück.

Zum kommunikativen Verstehen von
Bedeutung gehören der Selbstbezug
in der Fremdreferenz,
die Beweggründe der Formulierungen
im zeitgebundenen Sprechakt,
die Materialwahl als bewußte
Tätigkeit.

Ich erinnere mich, daß mein damaliger ideologisch-kultureller Ausgangspunkt die Theorie der „zwei Kulturen“ war. Da aber die zweite, die Arbeiterkultur, im Schoße der ersten (der sogenannten bürgerlichen) Kultur entsteht, gibt es keine homogenen und keine isolierten Klassen-

1) Vergleiche dazu Nicolaus A. Huber: *Kritisches Komponieren*, S. 40 ff.

kulturen. Dies schloß kulturellen Dogmatismus aus! Begriffe wie „kulturelles Erbe", „kulturelle Aneignung", „Unabgegoltenes" in der Vergangenheit (Ernst Bloch) oder die Frage: „Auf welches Erbe verzichten wir?" wurden zu dialektischen, schöpferischen Entdeckungsfeldern. Meine Beschäftigung mit Brecht, Eisler, Eisenstein, Majakowski, der Liedkultur, den Liedermachern und ganz besonders mit den Klang-, Rhythmus- und Ausdruckskulturen der verschiedensten Folkloren (deren Pflege übrigens immer zur Tradition der Arbeiterkultur gehörte), sowie meine Prägung durch die Erfahrungen mit meinen früheren „Metakompositionen" brachten mir jetzt neue Verfügbarkeit und Freiheit kompositorischen Handelns. Alles erwies sich wieder als wohltuend offen.

Darabukka hat als Hauptmaterial Rhythmus und Taste (cis^1). Die cis^1-Taste wird unter den technischen und musikalischen Bedingungen eines Klaviertones wie die Membran einer Trommel behandelt und kann so zum Träger von Rhythmus werden. Dabei können ihm die Tonhöhenfähigkeiten zur Harmonik- und Melodiebildung entzogen werden – er *ist* eine Trommelmembran.[2)]

Elemente der Avantgarde beider Kulturen, ihr Mitgedachtes und Weitergetriebenes, verbinden sich hier dialektisch zu neuer Authentizität im Kontext einer (zumindest in Teilen) nachvollziehbaren Gegenwartsdefinition.

Darin liegt Bedeutung!

Nono hat immer größten Wert auf diesen Aspekt der historisch-dialektischen Materialanalyse gelegt. Leider spielt diese Art von Bedeutung für den Genuß des Hörens bis heute so gut wie keine Rolle. Mit dieser Kultur der Bedeutung und dieser Kultur der Gefühle befindet man sich eben an Rändern des musikalischen Hörens. Aber sie sind voller Substanz und Eigentlichkeit. Anders erlebt man mögliche „Zeitlosigkeit" in ihrer dümmsten Form.

Verstehen schließt
Mißverstehen nicht aus.

Als ich mich 1969 mit der inneren Polyphonie J.S. Bachs in seinen *Violinsonaten* und *-partiten* beschäftigte,[3)] speziell der seiner Einstimmigkeit, machte ich eine aufregende Entdeckung, die mich auch heute noch beschäftigt und anregt. Die *Courante* seiner *d-moll-Partita* fängt mit zwei a^1-Anschlägen als Auftakt und Oberstimme des darauf folgenden d-moll-Akkordes an. Neugierig auf das kompositorische Warum dieser auffallenden Setzung zu Anfang verfolgte ich auf gut Glück die Spuren dieses Tones und kam zu einem verblüffenden Ergebnis. Beispiel 1 soll dies zeigen.

Zu Beginn der Skizze stehen die drei benützten a-Oktavlagen. Die ihnen nachfolgenden Punkte geben die Häufigkeit und die genaue Reihenfolge ihrer Verschachtelung an, die in beiden Formteilen einer Dreigliederung von je verschiedener Taktlänge zugeordnet werden kann (vergleiche dazu die gleiche thematische Summe von jeweils 18 Takten und den Spiegel in den Taktzahl-Unterschieden: 1. Teil: 6^{+4} 10^{-2} 8, 2. Teil: 12^{-4} 8^{+2} 10). Am Ende jedes Teiles steht im Beispiel die Zahl der Anschläge.

Die Mittelschicht ist jeweils bevorzugt und zeigt in ihrer Dreier-Anlage je eine charakteristische Ausnahme. Im ersten Teil gibt es in der Mitte ein a^1 zuviel (7), am Ende eines zu wenig (5). Das fehlende a^1 kann aber am Schluß die Virtualität des ersten Obertons zum tiefen a als gehörsmäßig ergänzbare Nachbarton-Auflösung des Leittons gis^1 für sich geltend machen (eine

2) Vergleiche dazu Nicolaus A. Huber: *Über konzeptionelle Rhythmuskomposition*, S. 214 ff.

3) Nicolaus A. Huber: *Die Kompositionstechnik Bachs in seinen Sonaten und Partiten für Violine solo und ihre Anwendung in Weberns op. 27/II*, S. 21 ff.

Beispiel 1

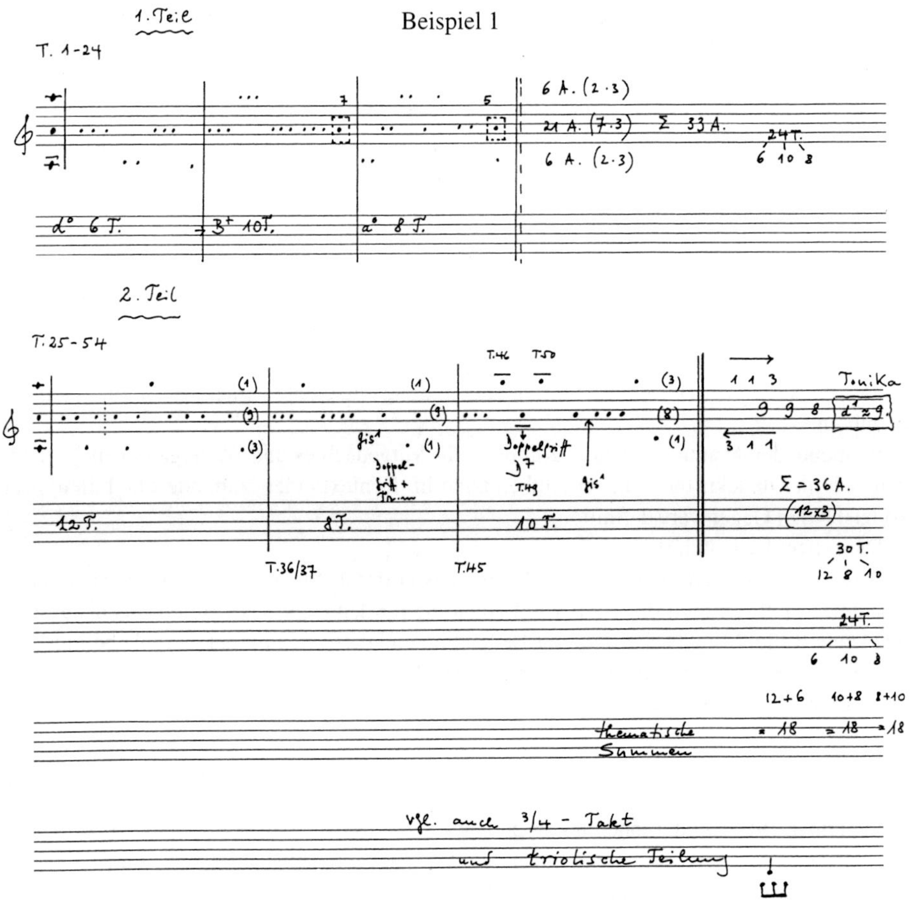

satztechnische Erklärung von Ernst Kurth für derartige Kadenzseptimensprünge!). Diese Korrespondenz stört nicht das Thematische der Drei. Im zweiten Teil fehlt am Schluß überhaupt ein a¹-Anschlag (8 statt 9). Er ist jetzt virtuell in der Schlußtonika d¹ aufgehoben und zeigt die harmonische Pendelbewegung – a¹ als Quinte der Tonika / als Prim der Dominante / als Quinte der Tonika – in zwei genau plazierten, abgestuften Verschwindungen(!) des a¹.

Die beiden Außenlagen sind sparsamer und übersichtlicher einander zugeordnet. Je drei Anschläge in je zwei Abschnitten sind anfangs alternierend tief – hoch, am Schluß übereinandergeschichtet disponiert. Im zweiten Teil sind die Außenlagen sogar spiegelbildlich verteilt. Mögliche thematische Deutung:

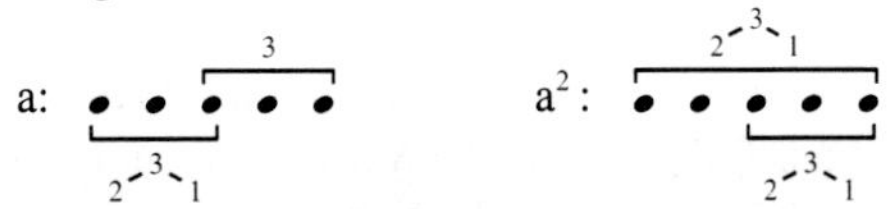

Diese wenigen Hinweise mögen genügen, um einen Einstieg in die Ton- und Rhythmuswelt der Bachschen *Courante* zu finden.[4] Welche Schlüsse kann man daraus ziehen?

4) Später habe ich Ähnliches noch in vielen anderen Werken sehr verschiedener Komponisten und Epochen entdeckt. Die *Courante* blieb aber für mich immer das interessanteste Modell.

1. Obwohl die verschiedenen a-Töne in den harmonischen, melodischen und rhythmischen Verlauf des Stücks eingebettet (übrigens: pro Formteil je 9 nur vorwiegend identische Funktionen integrieren das a, in jedem Teil völlig gleich, fünfmal akkordeigen und viermal akkordfremd) und aus ihnen heraus direkt verständlich sind, ist ihren verschiedenen Wertigkeiten noch zusätzlich eine selbständige, autonome a-Strukturierung gegenübergestellt. Ihre Basis ist eine tonschichtgebundene „horizontale Schnitt-Technik" mit einer eigenen zeitlichen und zahlenmäßigen Thematik des Auftauchens. An einigen Stellen drängt das Zerschneiden (dazwischen sind ja ununterbrochen Tonbewegungen, das Stück hat keine einzige reale Pause) und das Anknüpfen an den Schnitt in den direkten Hörbereich wie zum Beispiel in den Takten 16–24 das lagenisolierte a/gis an a – gis – a.

2. Die Zahl der Anschläge (es handelt sich nicht um Repetitionen) ist thematisch.

3. Wir haben hier einen Hör-„Rand" im Sinne einer Hyper-Substruktur, die nicht nötig wäre für den (üblichen) musikalischen Zusammenhang, aber dadurch besagt, daß das Direkte für das Besondere die Spezialstrukturierung braucht.

Bedeutung im kulturellen Erben und
Entdecken von Unabgegoltenem
braucht den Standpunkt der
Gegenwart.
Altes wird *neu.*
Diese dialektische Transformation
ist wesentlicher Bestandteil der „Mitteilung".

Das Direkte in *Darabukka* ist die cis[1]-Taste. Für die Materialentwicklung heißt das – Bach umdeutend – das Einfache, Simple komplex denken und durch das kompositorische Milieu komplex absichern. Dazu einige Überlegungen:

Für Jeden scheint klar: Wenn man eine cis[1]-Taste einmal anschlägt, hört man einen Ton; schlägt man sie mehrmals an, eine Tonwiederholung oder eine Repetition (dieser Ausdruck zeigt's noch primitiver). Dazu bemerkt Hermmann Pfrogner:[5] „Über die Prim finden sich in der gängigen Fachliteratur kaum irgendwo bemerkenswerte Ausführungen, denn daß ein Ton als solcher wiederholt wird, dünkt anscheinend nicht großer Rede wert."[6] Allerdings taucht bereits in der Kontrapunktlehre des 14./15. Jahrhunderts die Bezeichnung „Prim" für einen Ton auf, in dem sich zwei verschiedene Stimmen als Stimmkreuzung oder Schluß- und Anfangsklang treffen. Etwa so:

Beispiel 2

5) Hermann Pfrogner (1911–1988), österreichischer Jurist, Musiktheoretiker und Musikschriftsteller, erhielt 1958 eine Dozentur für „Problemgeschichte der Neuen Musik" und für musikalische Akustik an der Musikhochschule München, veröffentlichte eine Reihe wichtiger Schriften und Bücher, darunter: *Von Wesen und Wertung neuer Harmonik* (1949), *Die Zwölfordnung der Töne* (1953), *Musik, Geschichte ihrer Deutung* (1954), *Zur Definition des Begriffes Atonalität* (1958). (Anm. d. Hrsg.)

6) Hermann Pfrogner: *Lebendige Tonwelt*, München/Wien 1976, S. 241

Dies weiterdenkend, kann man sich den Ton als *Intervall* vorstellen, mit gleichem oder ähnlichem Klang, aber verschiedener Bedeutung, und zu einer simultanen und sukzessiven Bewegungsmöglichkeit befähigt: eine Art Innenwelt/Innenbewegung  und eine Stülpung nach außen 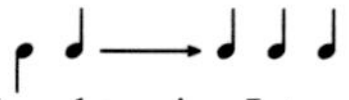 als rhythmisch entfaltbare Sukzessivität. Pfrogner interpretiert weiter: „Von den vier Intervallen Prim, Oktave, Quinte und Quarte kommt ohne Zweifel der Prim, der schrittweisen Tonwiederholung, wiederum die prinzipiellste Bedeutung zu. Schauen wir auf die ‚Ich'-Gesetze, die die Musik ja enthält, so legt in der tonwiederholenden Prim sich aufs nachdrücklichste dar: das in jedem Augenblick *Sich-Neuschaffen* des Ich, aber nicht minder auch der *Ich-Faden*, die *Ich-Kontinuität*, das Leben des Ich in der *Erinnerung* (…) So gesehen ist die Prim der Beginn jeglicher *intervallischen* ‚Ich'-Orientierung. Sie ist erlebnismäßig der entscheidende Vollzug geglückter menschlicher Kommunikation im *urtümlichsten Verhältnis von mir zu mir selbst*."7)

Pfrogner bezieht also die Prim in den „Umgang mit Tonbeziehungen" ein. Und ich finde gerade die Prim als melodisches Intervall, nämlich als „schrittweise Tonwiederholung", 1:1, ohne diastematische Differenz, eine interessante, wenn auch schwierige Hörmöglichkeit.

Der Titel *Darabukka* weist ja nicht nur darauf hin, daß das Klavierstück eine Rhythmus-Komposition ist. Der hohe und tiefe Doppelklang der arabischen Vasentrommel, der beim Abdecken des offenen unteren Endes den tiefen Anteil allmählich verliert, gibt auch den Hinweis auf die Spaltung des cis^1 in eine Zweiheit, deren Intervallik in der akustischen Struktur des cis^1-Klanges und der des Klaviers als Saitenaggregat liegt. Die Wahl der Taste in der Mitte der Klaviatur erweist sich im Materialkonzept als sinnvoll:

Beispiel 3

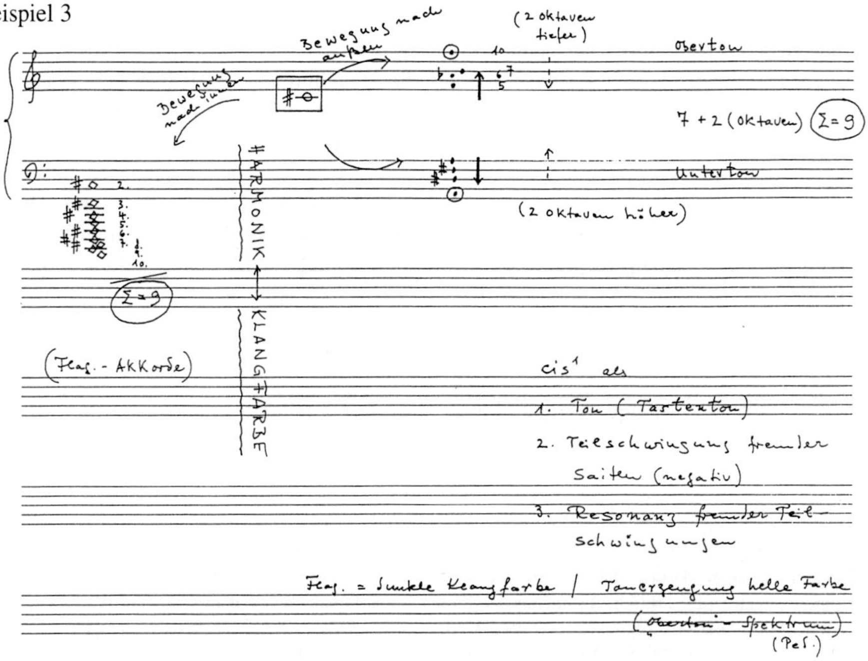

7) Pfrogner, a. a. O., S. 240/41; vergleiche auch die angeführten Beispiele S. 522 ff.

Es gibt also einmal eine Bewegung ins Innere des Klanges mit deutlichen Klangabfärbungen (Primen!) durch die stummen Tasten der Untertonreihe bis zum 10. Teilton als der tiefsten Klaviertaste (mit cis^1 ist 10 als 2×5 eine thematische Zahl), und eine Bewegung nach außen durch Verwandlung von cis^1-Klangkomponenten in neue Tastentöne, das heißt um zwei Oktaven spiegelbildlich versetzte Töne der Ober- und Untertonreihe. Ohne Oktaven (f^2 und A) ergeben sich mit dem cis^1 sieben Töne. Das ist die thematische Hauptzahl des Stückes.

Die intervallischen Verknüpfungsmöglichkeiten ↕ und ⟷ lassen also

1. cis^1 als Ton, Tastenton und Taste weiterhin als gültiges Element bestehen, machen ihn
2. zur Teilschwingung fremder Saiten (stumme Tasten/negativ),
3. zur Resonanz fremder Teilschwingungen (stumme cis^1-Taste/positiv) und entwickeln aus seinem Spektrum
4. Harmonik durch acht zusätzlich angeschlagene Tastentöne. Das ergibt eine letztendliche Summe von 18 Tasten.

Die Bachsche Mehrstimmigkeit in der Einstimmigkeit hat die interessante Voraussetzung, daß nie polyphone Gleichzeitigkeit besteht, alle inneren Stimmen sich nur im ineinandergefügten Nacheinander der Realstimme aufeinander beziehen und interpretieren können. Dieser bei Bach meist sehr flüssig gehaltene *strukturelle* Vorgang, verknüpft mit der oben gezeigten a-Struktur, die ja ein Gerüst für das *ganze* Stück ist, dazu ihre verdünnte Schichtigkeit und nötige Mengen- und Zahlenendlichkeit im Schnittverfahren, lassen verstehen, warum in *Darabukka* auf besondere Weise Struktur und Form zusammenfallen. Denn *Darabukka* besteht in der Hauptsache aus drei verschiedenen, sich abwechselnden Charakteristiken, die sich bei jedem Auftauchen verändern (wie die Bachschen *Innenstimmen*), aber als *Charakteristiken* wie die Bachsche *a-Struktur* funktionieren. Das Stück ist also eine fünfzehnminütige Hoquetusstruktur aus drei Charakteristiken, die ein stets frei handhabbares Umschalten von einer Schicht zur anderen und ein dauerndes sich gegenseitiges Interpretieren ermöglicht. Die Husserlsche Beschreibung von Zeit als Bewußtseinsstrom: Urimpression = da, wo man gerade ist / Retention = die Spanne der Erinnerung / Protention = Vorblick als Erwartung des nächsten, findet in dieser Technik ein Maximum an Möglichkeiten des erkennenden und empfindenden Hörens.

Die drei Charakteristiken müssen demnach plastisch sein, in hohem Grade unterscheidbar und veränderbar. Deswegen sind sie in der Hauptsache durch die im vorhergehenden Notenbeispiel gezeigte Tonmaterialgliederung gekennzeichnet, erst in zweiter Linie durch zugeordnete Tempi und Bewegungsabläufe:

A: Taste cis^1 + andere angeschlagene Tasten
bewegliche Dichte 1–7, bewegliche Tonhöhenwahl
in den Dichten
mehr lyrisch ♩ = 60 100 ♩. = 40 ♪. = 120 (4)

B: Taste cis^1 + subharmonische Flageolett-Färbung
9 verschiedene stumme Tasten, <>-Dichten 1–6
(<>-Rhythmus 1–5). Die Flageolett-
Farbakkorddichten unterliegen den
Rhythmusmodellen (Hochheben stummer Tasten, bis
zu sechsstimmige Primen!), die Tempi unterliegen
stark den Einflüssen von *A* und *C*: ♩ = 60 63 96 116
♩. = 48 60 88 96 (8)

C: Taste cis[1] allein

mehr virtuose Tasten- und Fingerbewegung

♩ = 50 60 96 ♩. = 80 99 96 100

♪. = 180 10 ♬ Anschläge/sec. aus dem Unterarm (9)

Die fast ausschließlich quantitative Kennzeichnung der Charakteristiken macht *A*, *B* und *C* sehr leicht voneinander unterscheidbar und erlaubt gleichzeitig eine hohe Flexibilität der jeweiligen Klangbilder, die in *C*, das ja nur aus cis[1] besteht, in komplexeren virtuosen beziehungsweise artistischen Ausführungsrhythmus umschlägt.

Nachstehende Graphik zeigt nun die Folge der aneinandergeschnittenen Charakteristikteile, die Zahlenendlichkeit ihrer Häufigkeit (die thematische 7) *und* zwei zusätzliche Einschübe *D* und *E*, die der Grund*struktur* ein gewisses *formales* Gewicht verleihen. Beide Einschübe haben das Motto „sich vom cis[1] entfernen". In *D* werden alle Tasten, die sonst nur stumm gedrückt werden, angeschlagen (positiv). In *E* schlagen das „rein" Rhythmische, der interpretierbare Ich-Kern in der Prim (vergleiche Pfrogner oder auch Scelsi, dessen Arbeiten mir damals unbekannt waren, oder den Personalton der Hopi-Indianer) und das Verständnis des Tones als intervallische 1:1-Beziehung zwischen Tönen um in Beziehungen zwischen Menschen, was signalhaft angedeutet wird in der rhythmischen Intonation von „El pueblo unido jamás sera vencido" (5 als 2+3 und aufmodulierter Trommelrhythmus, Partitur S. 12[8)]). Der Militärputsch und die Ermordung des Präsidenten Allende am 11. September 1973 gaben dem „unido" aus der Hymne der „Unidad Popular" eine ganz andere Bedeutung der Dialektik von Einheit und Vielheit als je eine Prim sie zu fassen vermöchte.

Beispiel 4

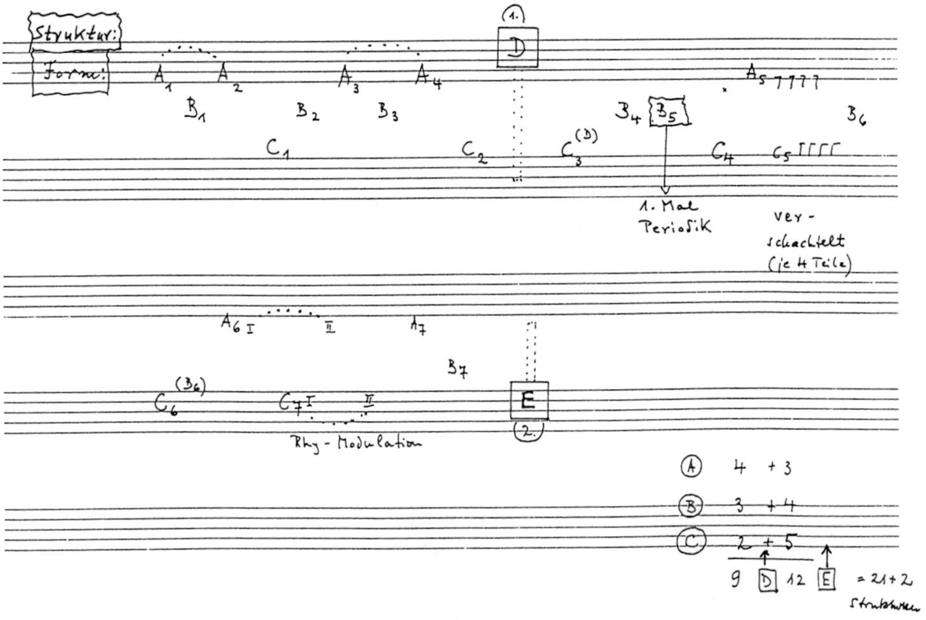

8) *Darabukka*, Partitur, Breitkopf & Härtel, BG 1303.

Wie ich versucht habe, das akustische Resonanzsystem klanglich nicht im abgebrauchten Naturverständnis von Reinheit, unberührter Schönheit und Unschuld stimmungspoetizistisch verkommen zu lassen, so sollte auch die Ich-Beziehung mit Außen konfrontiert werden. Die Positionierung von *E* am Ende des Stückes gibt dem besonderes Gewicht.

Das oben angesprochene quantitative Bauprinzip zur Unterscheidung der Charakteristiken gestattet nicht nur größtmögliche, Wiederholung vermeidende Freiheit in Wahl und Kombination der Elemente und durch derartiges Plus und Minus zum cis^1, das ja allen drei Charakteristiken gemeinsam ist (nur gegen Ende, Partitur S. 11 Mitte, ist das cis^1 kurzzeitig ausgespart), jederzeit möglichen unvorhersehbaren Charakteristikenwechsel, sondern auch eine qualitative Offenheit für Tempi, für Ausdruck, Lautstärken usw., so daß die verwendeten rhythmischen Modelle, oder besser gesagt: Modellfelder, mit all ihren Verwandlungsparametern *über* das gemeinsame cis^1 jederzeit in *A*, *B* oder *C* auftauchen können oder daß umgekehrt auch ein Charakteristikenwechsel während eines Rhythmusmodells, wiederum jederzeit, möglich ist. Das heißt: Die Charakteristiken sind vom Rhythmus zeitlich und ausdrucksmäßig unabhängig. Dementsprechend ist in *Darabukka* auch der Tastenrhythmus unabhängig vom Finger- und Handrhythmus des Ausführenden konzipiert. „Das Einfache, Simple komplex denken und durch das kompositorische Milieu komplex absichern" bezieht sich nicht zuletzt darauf: Ton cis^1, Prim cis^1:cis^1 = 1 Hand/1 Finger etc., 2 Hände/Finger, L.H.:R.H. Man könnte also alle bisher beschriebenen Konstituenten von *Darabukka* zusammengefaßt als offene Systeme sehen, die durch Energiezufuhr des Spielerapparates ins dynamische Fließgleichgewicht gebracht werden. Das zweite cis^1 wird durch einen anderen Finger vom ersten cis^1 in seinem Anderssein deutlicher verschieden, viele Finger bilden größere Bögen und Prim-Phrasen, *ein* Finger für mehrere cis^1-Anschläge enthüllt in größtmöglicher Deutlichkeit Disziplin und Ethos im Ausdruck der auf die Tasten bezogenen Muskel- und Fingerbewegung, synchrone Anschlagsgewichtungen beider Hände, mit mehreren Fingern, sind hörbare Primen im Klang. Der Körper bekommt kompositorisches Gewicht, Schwer und Leicht bringen bloßen Dauernfolgen ein metrisches Bezugsgefüge, das vom alten „Takt" völlig befreit und zu technisch und inhaltlich neuen Möglichkeiten emanzipiert ist.

Alle denkbaren Techniken werden zur Fingerfarb-Instrumentation des Tastenrhythmus herangezogen:

Klavier-Technik

1. FINGER	einzeln	a) gereiht	1 2 3 4 etc.
(Zahl der Finger)		b) nicht gereiht	1 2 4 3 4 2 3 1 etc.
	mehrere, Finger„akkorde"		1 1 Faust 2 2 3

2. HANDGELENK
3. FINGER-HANDGELENK-Kombination

1. – 3.: 1 Hand, L. *oder* R.

4. L.H.- *und* R.H.-Kombination a) synchron („Akkord“)

1	1 etc.
2	2
–	3
3	–
	1
	2
	3

b) alternierend: periodisch
aperiodisch

5. ARM + l./r. Pedal

z. B.:

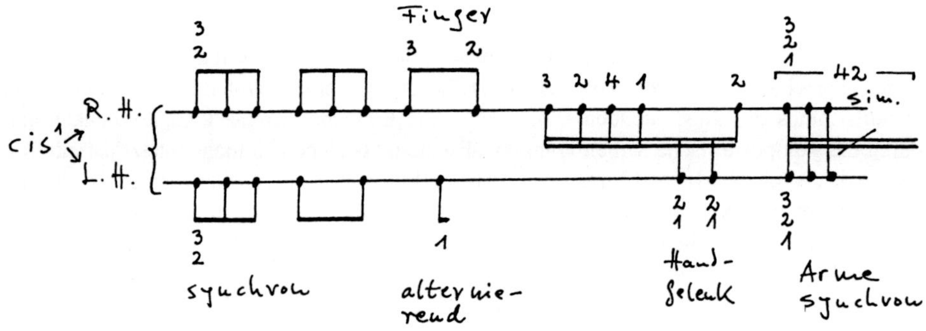

Rhythmus als Proportions*darstellung* ist etwas Körperliches, Rhythmus als Proportions*gefüge* ist etwas Geistiges. Dies macht manchmal das emotionale Verstehen schwer.

Grundsätzlich ist in der „Rhythmus-Komposition“ jede Beziehung als eine aus drei Parametern kombinierte verstehbar: Länge des Modells, Zahl der Anschläge, Proportion der Anschläge und Dauern *im* Modell. Dazu kommen noch Eingriffe wie etwa Teilung, Liquidation, Einschübe, Auslöschungen, Ineinanderschiebungen, Reihungen, Divisionen, Additionen usw.

Bevor abschließend einige Beispiele aus *Darabukka* analysiert werden, möchte ich die Mengen-Thematik, ausgedrückt in Zahlen, kurz darstellen:

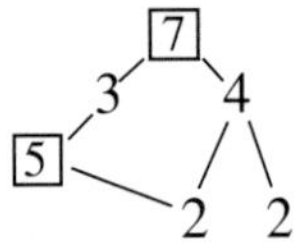

Einzelmaterial 2 3 4 5 7
6

3+*1* = 4 3–*1* = 2 ⟶ 1 als vagierende Zahl

Zahlen haben etwas Abstraktes. Aber ohne das Konkrete, glaube ich, gäbe es gar keine Zahlen. Sie sind für das Erkennen unabdingbar. Freilich haben Zahlen als Ausdruck von Mengen, mit denen verknüpft sie selbst konkret werden, eine geheimnisvolle Beziehung zu ihrem Gegenstand. Jede Veränderung der Zahl verändert auch den Gegenstand. Ihrer Eigenschaft, *Summe* sein zu können, verdankt das Gegenständliche die Möglichkeit, fast bis zur Unkenntlichkeit verteilt oder zerstreut zu werden, ohne den Disziplinsadel seiner (thematischen) Summe zu verlieren. Ihrer weiteren Möglichkeit der Emanzipation von dem Gegenstand, durch den sie als Zahl erst existent geworden ist, das heißt: ihrer Möglichkeit, andere Gegenstände in ihren Zahlenbann zu ziehen, verdankt unser Bewußtsein die Fähigkeit zu vielfältigen, zusammenhangsvollen Gegenstands*verknüpfungen*, in denen uns die Zahl und die entstandenen Zahlenverknüpfungen Signale geben können, wie etwas zu verstehen ist oder sein könnte. Das Konkrete ist vielfältig zusammengesetzt und bestimmt. Die Zahl ist es damit auch, selbst wenn wir uns von ihr als feste Größe entfernen, an ihrer Ungenauigkeit Spaß haben oder darin die größere Wahrheit sehen. Schelling spricht vom Rhythmus als einer Verwandlung des Zufälligen in Notwendigkeit, wodurch das Ganze nicht mehr der Zeit unterworfen sei, sondern sie in sich selbst habe. Dies kann ein sehr rätselhaftes Erlebnis sein:

Beispiel 5

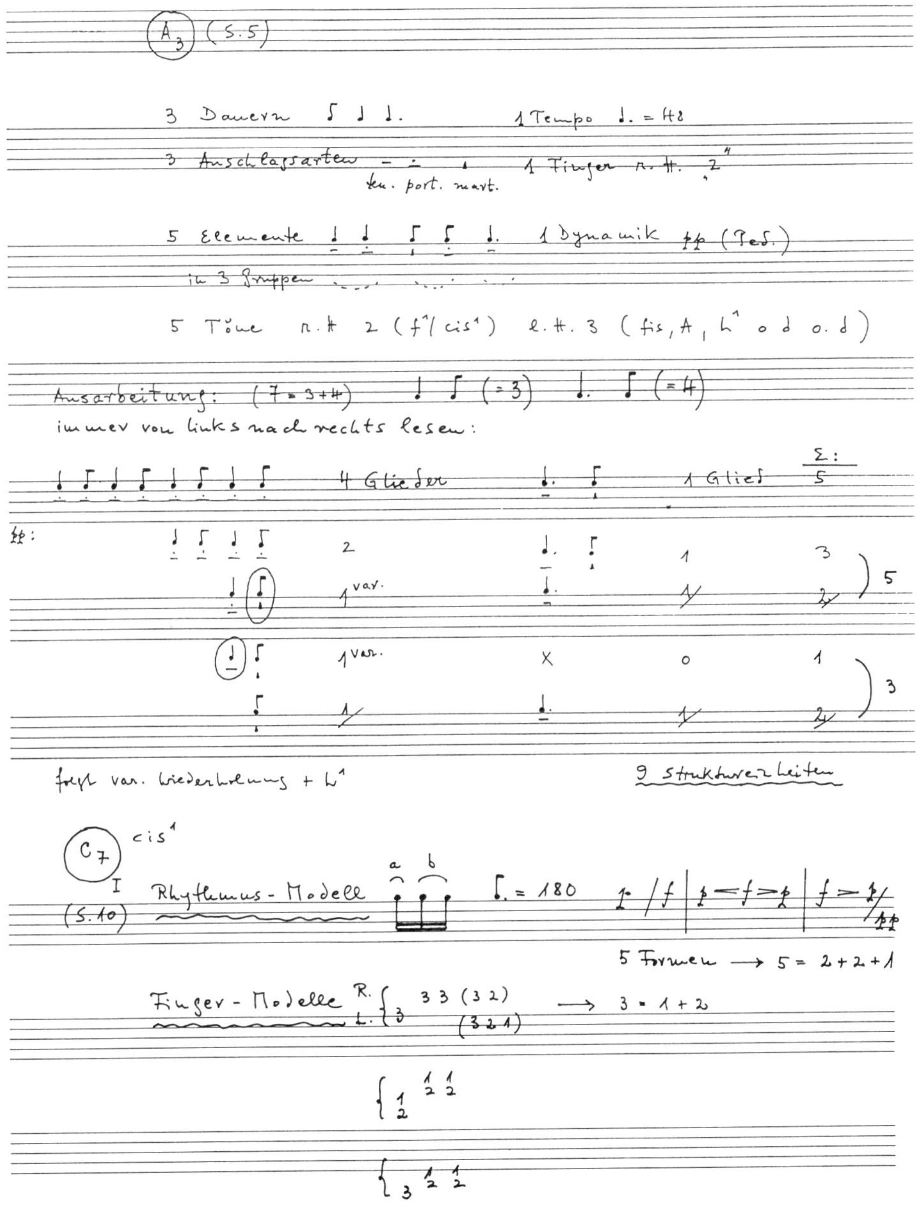

Diese Beispiele, obwohl aus dem Zusammenhangsverlauf des Stückes herausgelöst, zeigen, daß persönliche Anlässe, private Zufälligkeiten, stimmige Konzeptionen und Materialausformungen dem Stück unzweifelhaft anhaften, die Komposition als solche aber damit keineswegs zusammenfällt. Ob man sogar eine Takt-für-Takt-Analyse vornimmt, die im Rahmen eines solchen Artikels ziemlich unsinnig wäre, aber doch eine ganz andere Dimension von musikalischer Bedeutung, die sozusagen in der autonomen Sphäre der Musik selbst liegt, enthüllen würde und zeitliche Anordnung, Aufeinanderfolge und Länge von Teilen, Lautstärken, Geschwindigkeiten, Verknüpfungsirritationen, Artistik, Wiederkehrendes, Prozeßhaftes und vieles mehr heranziehen könnte für ein detaillierteres Benennen und Werten genuin musikalischen Verlaufs, oder ob man den Vorgang der klingenden Gewichtung und Sinngebung durch einen Interpreten noch mit heranzieht, wodurch die Möglichkeiten von Schrift und Papier endgültig an ihrem Ende wären: Immer kann sich die Komposition als Objekt jedwedem Bedeutungs- und Gefühlsgefüge entziehen, bleibt verschiebbar im Bedeutungsstreckennetz, das sich Individuen (einschließlich des Autors), Kulturkreise und Epochen immer wieder paradigmatisch zurechtbauen.

Ich glaube, das Bewußtsein würde sich selbst als Fähigkeit des Menschen aufgeben, wenn es sich nicht dauernd an der Dialektik von relativer und absoluter Wahrheit abarbeiten würde. Insofern steigen wir nie in denselben Fluß.

Auch ein Ton sei eine Welt!

August 1997

Zur Gattung Streichquartett

Offener Brief

Liebe Gisela Nauck,[1]
in Ihrem Brief fragen Sie mich, ob meine beiden Streichquartette als „Auseinandersetzung mit der Gattung Streichquartett" intendiert gewesen seien. Dazu eine kleine Anekdote: 1967 oder 1968 erzählte mir Nono, daß er ein Treffen mit dem LaSalle-Quartett gehabt hätte. Es ging um einen Auftrag, und er war voll zweifelnden Hin- und Her-Überlegens, ob so etwas statthaft sei. Ich sagte damals: „Was! Ein Streichquartett! So was Bürgerliches!" Nono lächelte sphinxisch und double bound: „Ich habe zugesagt." – Mehr als zehn Jahre später entstand dann daraus sein berühmtes Streichquartett *Fragmente – Stille. An Diotima*. Das LaSalle-Quartett spielte 1980 in Bonn die Uraufführung.

Edgard Varèse wiederum haßte Streicher zeit seines Lebens. Sie waren ihm Synonym für romantischen (Vibrato-)Klang schlechthin, unbrauchbar für das 20. Jahrhundert. – Inzwischen sitzen Streichquartette schon in Helikoptern!!

Will sagen, manchmal gibt es Zeiten, da wünscht man gerne vieles in den Orkus und wirft gerne alles in einen Topf.

Mein aus der damaligen Reaktion herauslesbares *Gattungs*denken war nichts anderes als eine Vereinfachung der Vielfalt zur „Gattung", damit sie als Knüppel für ihre eigene Vernichtung dienen konnte. Da diese Vereinfachung aber keine zusammenfassende, sondern eben bloß eine vereinfachende war, haben sich die wirklichen kulturellen Lebensprozesse um solch Dogmatisches wenig bekümmert. Gott sei Dank auch ich nicht!

Denn subjektiv hat mich Streichquartett als Gattung ansonsten nie interessiert. Meine beiden Quartette entstanden in offeneren Zeiten: das erste (veröffentlichte), *Informationen über die Töne e-f*, etwa 1966, als ich noch mitten im Kompositionsstudium bei Bialas war, das zweite, *Doubles, mit einem beweglichen Ton*, zu Beginn des Jahres 1987, als viele Denkkategorien schon obsolet geworden waren.

Ich erinnere mich, daß 1966 das neue *Streichquartett* von Lutosławski für mich ein mächtiger Komponierimpuls war, 1987 dagegen eine vielfältigere Musiklandschaft, etwa „das Blasse" bei Cage, Feldman oder Beethoven. Streichquartette übrigens (zum Beispiel von Cage) waren auch darunter.

Der Begriff „Gattung" ist zwar per se ein abstrakter, aber ich denke, dermaßen unpräzise und schwammig schon in seiner Abstraktheit, daß die Methode, vom Abstrakten zum Konkreten aufzusteigen, als eine Art des Denkens, sich das *Konkrete* anzueignen oder gar daran zu messen, gar nicht funktionieren kann. Und eine Definition, die die Gattung als Summe der traditionellen Elemente einer Werkgruppe beschreibt, hat ja überhaupt keinen charakterisierenden Inhalt mehr.

Liest man zum Beispiel in Heinrich Helge Hattesen: *Emanzipation durch Aneignung*, Kassel 1990, auf den Seiten 17–36 die vielen zitierten Bemerkungen zur Gattung des Streichquartetts von Hegel, Ferdinand Hand, Friedrich Theodor Vischer bis hin zu Rezensionen Robert

1) Gisela Nauck (* 1953), deutsche Musikwissenschaftlerin und Musikschriftstellerin, studierte von 1972 bis 1976 Musikwissenschaft an der Humboldt-Universität Berlin, war danach bis 1987 Redakteurin bei der Zeitschrift *Musik und Gesellschaft*, von der sie sich wegen inhaltlicher und ideologischer Differenzen trennte, ist seither freiberuflich tätig, gründete 1988 zusammen mit Armin Köhler die Zeitschrift *Positionen. Beiträge zur neuen Musik*, promovierte 1995 an der Technischen Universität Berlin. (Anm. d. Hrsg.)

Schumanns und Arbeiten von Ludwig Finscher und Carl Dahlhaus, dann findet man darin natürlich viel Kluges und Treffendes, aber fast alle dort bemühten Attribute lassen sich genauso in anderer Musik finden. Höchste Eigenwilligkeit, ungenormte Gestaltungsprinzipien, höchste Differenzierung sind auch Merkmale der *Hammerklaviersonate op. 106* von Beethoven, der *Vier Stücke für Geige und Klavier op. 7* von Webern oder der *Elektronischen Studie I* von Stockhausen. Selbst das Dialoghafte, der vierstimmige Satz als Ausgangsmodell vollkommener Setzkunst, der reflexive Charakter – selbst dies könnte vielleicht in all den aufgezählten drei Beispielen nachgewiesen werden.

In Anbetracht des Prozesses mannigfaltiger Emanzipationen in unserem ausgehenden Jahrhundert kann die Vermischungstendenz in den verschiedenen Versuchen, die Gattung Streichquartett zu beschreiben, nicht mehr zur erklärenden Aufhellung des Sachverhalts genügen. Der Gebrauch von Kategorien wie Komposition, konzeptionelle Gedankenwelt einzelner Streichquartette, Praxisimpulse von Ensembles, Besetzung, Beschaffenheit und Möglichkeiten der Instrumente selbst, Klang und Klangerzeugung führt durch unkonzeptionelle Kombination zu Unschärfen und zu Berührungspunkten, die aufgrund ihrer unspezifischen Anderweitigkeit das Besondere unzureichend beschreiben. Zugespitzt könnte man sagen: Die Frage nach der Gattung ist schon die falsche Antwort.

Sie fragen weiter, ob die Gattung unter zeitgenössischen kompositorischen Intentionen sich zur (bloßen) Komposition für vier Streichinstrumente gewandelt habe. Ich sage ja und präzisiere: für zwei Violinen, Viola und Violoncello.

Damit wären wir wieder beim Streichquartett.

Auch der Ikonoklast lebt im Aspik der Auren.

Gründe, mich für diese Besetzung zu entscheiden, waren:
für das Streichquartett *Informationen über die Töne e-f*:

1. die klangliche Anschmiegsamkeit der Instrumente und ihre in differenzierten Graden ausprägbaren Individual-Unterschiede (einzeln/zusammen)

2. die Überschneidung großer Frequenzbereiche zur Ausnützung verschiedenster Expressivitäten für e und f

3. ihre Verwischung bis hin zum totalen und chaotischen Glissando

4. ihre Verwischung in den subinstrumentalen Bereich durch eine ungewöhnlich tiefe Scordatur eines zweiten(!) Violoncellos, dessen Saiten durch ihre resultierende Schlaffheit die Töne e und f nicht mehr exakt artikulieren können und in hohen Lagen dies nur mit stumpfer Heiserkeit tun

5. die einzelne Saite nur als *Länge* verstehen zu können, über die hin der Halbtonabstand (e-f) stufig und stufenlos multiplizierbar und auf große (Saiten-)Strecken augmentierbar ist.

Für *Doubles, mit einem beweglichen Ton*:

1. Dem Quartett liegt das Gedankenprinzip zugrunde, Nichtzusammenhang trotz Faßlichkeit aufzubauen. Dazu sind Entitäten nötig, die sich zwar unterscheiden müssen, aber als Doubles nicht die Veränderungsbeziehungen von Varianten eingehen dürfen. Dazu waren die Klangdispositionsmöglichkeiten einer Streichquartettbesetzung besonders geeignet (siehe oben Punkte 1. und 2.), dies bis hin zu vier b^1 in vier Instrumenten, die keine Verdoppelung mehr bilden, sondern sich zwillingsartig (x2) *gegenüber*stehen.

2. Der dazu unter anderem nötige weiche Einschwingvorgang verflüssigt und verfeinert auch die Herauslösungsprozesse der Doubles aus (zum Beispiel synchronen) Entitäten und ermöglicht anschmiegsame Körperränder der Entitäten.

3. Die Verfeinerung der Doublebildungen bezieht die Bogengeschwindigkeit in ihren möglichen speziellen Kombinationen mit Dauer, Bogengewicht und Lautstärke als unverwechselbare Zeitgestaltung von Tönen mit ein.

Das heißt, die angestrebten engen Beziehungen zwischen dem musikalischen Grundgedanken und der Wahl des Instrumentariums zur Darstellung ebendieses Gedankens erweisen sich für mich als konzeptionelle Kombination, die besagt: Sowenig beide thematischen Gedankengänge spezifische Streichquartettgedanken sind, sosehr sind beide Kompositionen doch Streichquartette!

Mit diesem kleinen Überschuß im Schlußsatz verbleibe ich, sehr herzlich grüßend,
Ihr
Nicolaus A. Huber

22. November 1997

Erfahrungen mit Fortschritt

Der Fortschritt hat seine Handlanger. Fortschrittssüchtige, Fortschrittsgläubige, Fortschrittsmächtige, Fortschrittstüchtige – Fortschrittsdogmatiker, Fortschrittsgewinnler, sogar Fortschrittskritiker. Selbst ein so gewaltiger Satz wie der von Karl Marx: „Das Konkrete ist konkret, weil es die Zusammenfassung vieler Bestimmungen ist",[1] nimmt sich dagegen wie reinste Unschuld, geradezu wirklichkeitsnaiv aus.

Das reibungsloseste Verhältnis zum Fortschritt bildet sich wohl aus, wenn man Fortschritte sehen und beobachten kann, etwa im Heilungsprozeß einer schmerzenden Wunde, in Leistungen, die sich verbessern oder in Bauvorhaben, die ihrem Ende entgegengehen. Solche gerichteten Bewegungen vom Niederen zum Höheren sind uns ganz alltäglich. Jeder freut sich über fortschreitende Verbesserungen von Mißständen, über technische, wissenschaftliche oder medizinische Fortschritte, zumindest über die nützlichen, die bequemlichkeitsfördernden, die wissenserweiternden. Manche aber machen Angst, erzeugen Widerspruch, sind zerstörerisch: zum Beispiel Waffen.

Führte die Überlegenheit der Waffen von Spaniern und Portugiesen über die der amerikanischen Urbevölkerung wirklich zu einer höheren Form des Seins? War da der objektive Geist vielleicht nicht doch eine Spur zu objektiv?

Ist ein Seiendes, auch wenn es noch so vielmals begründet ist, ein *notwendiges* Sein, das sein *soll*, nur weil es ist?[2]

Erlaubt Radikalität des Erfassens der Wirklichkeit auf dem Wege des Denkens einen ebenso radikalen Entwurf für die Zukunft im Sinne eines Fortschritts, den man nicht einfach sieht und pflegt, sondern der einer ist, für den man agitieren muß, der Fronten schafft, Wunden reißt, Leistungen zu Unleistungen macht, zerstört?

In Lexika und Büchern führt der Fortschritt als Terminus der Geschichtsphilosophie ein wunderbar ruhiges, überlegtes Leben. Dort ist er Benennung eines stetigen oder revolutionären Prozesses, zum Beispiel von Unwissenheit zur Aufklärung, von Unfreiheit zur Freiheit, von Abhängigkeit zur Selbstbestimmung, von Ausbeutung zur klassenlosen Gesellschaft. Bloß erkennende Betrachtung weicht hier einer weit offeneren, schöpferischeren Weltaneignung als Forschung, Entdeckung und Analyse, als menschliche Praxis, die alle Wissenschaften mit einbezieht, den Gang des Denkens dem wirklichen historischen Prozeß stets korrigierend anpaßt. Sogar vom Negieren als Kunst ist hier die Rede.

Wir *wollen* wissen! Erkennen und Handeln ist lustvoll!

Ja, der Fortschritt braucht für seine Existenz neben seinen Handlangern zuvörderst die, die ihn entdecken, alte Schranken niederreißen, die im Sein des Realen wie der Utopie enthaltenen *Möglichkeiten* eines Seins – in welchem Vorschein auch immer – finden und zeigen.[3]

Jedoch: Wissen wir genug über Fortschritt, seine Gesetzmäßigkeiten, Geschwindigkeiten und Möglichkeiten?

1) Marx/Engels: *Werke*, Berlin 1971, Band 13, S. 632

2) Vergleiche Vittorio Hösle: *Die Krise der Gegenwart und die Verantwortung der Philosophie*, München [3]1997, S. 63–71

3) Vergleiche Ernst Bloch: *Experimentum Mundi*, Frankfurt a. M. 1976

4) Vergleiche Richard Rorty: *Eine Kultur ohne Zentrum*, Stuttgart 1993, besonders S. 48–71

Steckt nicht hinter dieser doch so dialektisch-beweglich gemeinten Theorie die alte abendländische Abbildstatik?[4] Ist der Fortschritt, zumindest bei so geschichtsmächtigen und übergreifenden Massen-Entwürfen, wie sie der Marxismus darstellt(e), nicht ein Hochgeschwindigkeitszug zwischen Vergangenheit und Zukunft, dem eine Abbild-Theorie nicht mehr zuzuliefern vermag als dumme Bremser, falsche Kontrolleure, überforderte Lokführer und dürftige Speisewägen?

Ein Abbild, selbst eine (dialektische) Abbild*folge* taugt mit ihrer inhärent geringen Paßgeschwindigkeit – und das ist auch ihr Wirklichkeitsgehalt – nicht zum Fortschrittsentwurf für ein Gebilde, das aus unzählig verschiedenen, unabhängigen und verschiedenzeitigen Bewegungen sowie aus den unübersehbar vielen Gründen und Ursachen dafür gefügt ist, so wie das in einer komplexen menschlichen Gesellschaft der Fall ist. Und Marx mag diese Geschwindigkeits-Disproportion sehnsüchtig gespürt haben, wenn er in seinen Analysen immer wieder von wirklichen Bewegungen spricht.

Die Eigenzeitlichkeit des aus der Wirklichkeit gewonnenen Analysebildes reicht aber mit seiner Geschwindigkeit in hervorragender Weise dafür aus, um in Abbildern unabgegoltene Entwurfspotentiale, Neues eben wieder für *Bilder* zu finden, die ihrerseits wieder Abbilder werden können.

Ich meine, Kompositionen sind solche zeitadäquaten Bilder!

Zu Hause, im Arbeitszimmer, hat der Fortschritt seine wunderbar schöpferische Idylle. Hier ist ihm Langsamkeit[5] angemessen, avantgardistische Radikalität, unbegrenzte Lust am Finden. Der Januskopf, der die Vergangenheit sieht, weil sein Auge gleichzeitig in die Zukunft gerichtet ist, ist nicht ein *Geschwindigkeits*modell des Fortschritts, sondern das seiner Gegenwart als dauernde Unruhe.

Fortschritt ist vielleicht eher etwas Kommunikatives, etwas zum Nehmen, nicht zum Verordnen, Zwingen und Unterdrücken.

Fortschritt ist etwas Chaotisches, ein Freiheitssensibelchen.

Was nun aber Fortschritt *heißt*, wissen am ehesten immer seine Handlanger.

3. März 1998

5) Vergleiche Milan Kundera: *Die Langsamkeit*, Frankfurt a. M. 1998

II. GESPRÄCHE

Die Erfahrung Brecht – ein hilfreiches Erbe

Gespräch mit Albrecht Dümling[1)]

Mit Brecht kam ich zum erstenmal als Schüler 1958 in Berührung, als ich den alten Film *Die Dreigroschenoper* mit Rudolf Forster als Mackie Messer sah. Einige Jahre später konnte ich dann auch die *Beggar's Opera* mit der Musik von Pepusch, die ja als Vorlage zur Brechtschen *Dreigroschenoper* gedient hat, ebenfalls als Film sehen. 1963/64 schrieb ich meine pädagogische Abschlußarbeit über Brecht/Weills *Dreigroschenoper*. Die genauen Beweggründe dazu sind mir entfallen; jedenfalls fand ich faszinierend, wie mit den Genres des Kabaretts und der Unterhaltungsmusik menschliche Verhaltensweisen verdeutlicht und interpretierbar gemacht wurden. Ich las damals alle wichtigen Stücke von Brecht, auch den *Dreigroschenroman* und die Schriften zum Theater.

Das epische Theater, der V-Effekt, die geforderte Raucherhaltung des Publikums, die Konstatierung und Ablehnung der Rauschgiftfunktion bürgerlicher Kulturapparate und der Darstellungstechnik des Gefangennehmens des Zuschauers, des Identifizierens von Zuschauer und Held, Brechts Art zu singen und vieles andere eröffneten mir neue Betätigungsfelder. In diesen Techniken sah ich die Möglichkeit zu größerem Reichtum der Verknüpfungen und zu menschenwürdigerer Kommunikation. Ich muß dazu sagen, daß ich damals völlig unpolitisch war und deshalb nur bestimmte Schlüsse gezogen habe. Meine kompositorische Beschäftigung mit langen Tönen oder langen musikalischen Ereignissen überhaupt hatte unter anderem auch die Funktion der „Entreizung", wie ich es damals nannte, des Vermeidens der direkten Wirkung und des Nichtbedienens darauf gerichteter Erwartungshaltungen. Das kann man sehen in meinem Streichquartett *Informationen über die Töne e-f* von 1965/66 bis hin zu *Epigenesis III, Versuch über Sprache* und den Stücken der Phase des kritischen Komponierens wie *Aion*, *Anerkennung und Aufhebung* für vier Filme und Klangquellen oder *Harakiri* für Orchester (etwa zwischen 1969 und 1972).

Brechts Lehrstückgedanke, der mehr vom Selbstmachen als vom Vorführen ausgeht, wird in meiner *Augenmusik* aufgegriffen, in der die Vorführung als Ergebnisprotokoll der Bewußtseinsarbeit der Ausführenden aufgrund des Stückes aufgefaßt wird und darüber hinaus Menschen nicht mehr nur als Musiker, sondern in umfassenden Beziehungen angesprochen werden.

Durch die Beschäftigung mit Marx, Engels, Lenin, aber auch mit Lukács[2)] und Kosik[3)] seit etwa 1969, durch das Studium der Werke Eislers etwa seit 1973 und der Geschichte des Proletariats und seiner Kultur sowie durch meine praktische Kulturarbeit hat Brecht eine neue Bedeutung bekommen. Erst diese Erfahrungen haben mir ein auf den Füßen stehendes Verhalten

1) Albrecht Dümling (* 1949), deutscher Musikwissenschaftler, Verfasser des Buches *Laßt euch nicht verführen. Brecht und die Musik*, Autor der Ausstellung *Entartete Musik. Eine kommentierte Rekonstruktion*, in der Editionsleitung der Hanns-Eisler-Gesamtausgabe.

zur Außenwelt aufgebaut. Brechts Erfahrungen erhielten für mich als handelnden Komponisten einen neuen politischen Sinn als hilfreiches Erbe proletarischer Kultur von hohem Niveau und als Reservoir von für die musikalische Komposition auch heute noch fruchtbar anwendbaren Techniken.

Einige solcher Techniken sind:
- Äquivalent/Nichtäquivalent
- Aperiodizität
- spiralartige Gedankenführung
- Brechts Bemerkungen über den Rhythmus
- Kontrast als Verblüffung mit vorwärtstreibender Bedeutung
- das Gestische in der Musik
- Komplexes einfach auszudrücken, ohne zu entstellen und zu primitivisieren
- ungeschminkter Sprachgebrauch ohne ornamentalen Narzißmus

Ich habe von diesen Techniken zum Beispiel in *Schauplätze der Revolution, Darabukka* für Klavier, *dasselbe ist nicht dasselbe* für kleine Trommel allein, *Gespenster* für Orchester und Tonband und in den Orchesterstücken *Lernen von, Morgenlied* und *Sphärenmusik* Gebrauch gemacht. Ein spezielles Eingehen auf Art und Funktion kann nur eine Analyse leisten. Jedenfalls dienen diese Techniken einem parteilichen Standpunkt und sind meiner Meinung nach jetzt Brecht adäquater angewandt als vordem.

Bei den genannten Werken handelt es sich fast ausschließlich um Instrumentalwerke. Hast Du auch Brecht-Texte vertont? Wie kam die Textwahl zustande, und wie sehr ist man als Komponist dabei auf einen bestimmten „Brecht-Stil" fixiert?

Vertont habe ich die Brecht-Gedichte *Viele sind für die Ordnung, Wer zu Hause bleibt, wenn der Kampf beginnt, Gegen den Krieg, Wenn das bleibt, was ist, seid ihr verloren.* Die Textwahl ist beeinflußt worden durch die Themen der Kulturprogramme, die ich damals mit der Schauspielgruppe „Dampfmaschine" im Ruhrgebiet gemacht habe. Im Orchesterstück *Gespenster* habe ich dann die Vertonung des Liedes *Wer zu Hause bleibt, wenn der Kampf beginnt* als dritten Teil mit dem Titel *Lied* verwendet.

Musikalisch implizieren Brecht-Texte keinen bestimmten Brecht-Stil, jedoch eine sehr große Plastizität der Gedankenführung, die sich kompositorisch gut mit- oder gegenvollziehen läßt. Brecht hat viel von Rhythmus und dialektischer Montage verschiedener Gedankenspiralen verstanden; dies kommt der musikalischen Komposition sehr entgegen.

2) Georg Lukács (1885 – 1971), ungarischer Literarhistoriker und Philosoph, war während der ungarischen Räterepublik 1919 Volkskommissar für Unterrichtswesen, lebte danach im Ausland, übernahm 1945 eine Professur in Budapest. Lukács gilt als führender Vertreter kommunistischer Literaturwissenschaft und Literaturkritik. Werkauswahl: *Geschichte und Klassenbewußtsein* (1923); *Lenin* (1924); *Goethe und seine Zeit* (1947); *Der junge Hegel* (1948); *Der russische Realismus in der Weltliteratur* (1949); *Deutsche Realisten des 19. Jahrhunderts* (1951); *Beiträge zur Geschichte der Ästhetik* (1954).

3) Karel Kosik (geb. 1927), tschechischer Philosoph, führender intellektueller Kopf des „Prager Frühlings", lehrte von 1990 bis 1992 an der Prager Karls-Universität. Hauptwerk: *Die Dialektik des Konkreten* (deutsch Frankfurt a. M. 1986).

Brecht hatte ein starkes Interesse für die Wirkungen von Musik. Wieweit soll ein Komponist sich überhaupt dafür interessieren?

Die Wirkung von Musik ist natürlich von starkem Interesse für den Komponisten. Dabei ist die Dialektik von folgenden Punkten zu beachten:

1. Es gibt verschiedene Höreinstellungsmöglichkeiten; ein Kunstwerk hat immer mehrere Hörschichten als Angebot.
2. Das Angebot kann nur funktionieren, wenn genügend Intonationsbildhaftigkeiten vorhanden sind.
3. Der Komponist kann die Entscheidungen über das ausreichende Maß an Komplexität und Deutlichkeit von Angebot und Intonationsbildhaftigkeiten nur aus seiner eigenen Erfahrung treffen.
4. Die am deutlichsten angelegte Hörschicht sollte am deutlichsten die objektiven kollektiven Bedürfnisse widerspiegeln.
5. Die künstlerische Widerspiegelung ist selbst ein schöpferischer Akt der aktiven Beeinflussung, das heißt: Erwartung und Angebot fallen meist nicht zusammen.
6. Eine Ästhetik, die von der Wirkung ausgeht, ist als verfehlt, weil unkontrollierbar, abzulehnen. Komponisten müssen von Inhalten und deren adäquater Darstellung ausgehen. Ist beides objektiv einsehbar und zu rechtfertigen, stellt sich die Wirkung von selbst ein, beziehungsweise die Wahrscheinlichkeit der Wirkung, natürlich subjektiv verschieden je nach Hörer und seinen Erfahrungen, ist sehr hoch.

Wieweit war dabei Brechts Einstellung zu den Institutionen des bürgerlichen Musikbetriebs, vor allem seine Ansicht, daß der Kunstproduzent von den Apparaten beherrscht wird, von Bedeutung? Für Brecht war der eigentliche Qualitätsmaßstab von Kunst, wie er einmal schrieb, seine Angemessenheit an den Apparat. Ist das heute auch noch so?

Brechts Äußerungen zum Apparat sind insofern richtig, als der Kunstproduzent nicht über ihn verfügt und ihm dadurch in gewisser Weise ausgeliefert ist. Aber es wäre ein großer Fehler, den Apparat als einen monolithischen Fetisch zu sehen, ohne zu erkennen, daß auch in den Medien Klassenverhältnisse sich widerspiegeln, die sich je nach Situation in verschiedenen Machtgewichtungen zeigen. Die Gefahren des Apparats dürfen nicht dazu führen, den Kampf um die Medien aufzugeben. Man muß sich um die schwierige Beherrschung der Dialektik, daß das Neue im Schoß der alten Gesellschaft entsteht, unablässig bemühen, sonst ist die Gefahr der Isolation und der daraus resultierenden Unwirksamkeit groß.

Im übrigen ist unsere Kulturfront breitgefächert; verschiedene Apparate stehen uns zur Verfügung, nicht zuletzt die Gewißheit, daß der Kampf jedes fortschrittlichen Kollegen, nicht nur der Kulturschaffenden, auf den Apparat zurückwirkt. Sicherlich wird bei uns durch den gesellschaftlichen Gebrauch der Apparate Fortschrittliches neutralisiert, ins Gegenteil verkehrt, unwirksam gemacht, als minderwertig beurteilt oder überhaupt unterdrückt. Das zeigt aber nur den Charakter des Kampfes und gibt keine Begründung, diese Auseinandersetzungen als unmöglich und verunreinigend hinzustellen. Das heißt: Die Benützung des Apparats darf nicht als schädlich für die Werke hingestellt werden, denn nur durch diese Praxis oder eine bestimmte Seite der politischen Praxis können die Apparate verändert werden.

Zu allen diesen Antworten ist zu sagen, daß bis auf die speziellen Techniken Brechts, die ich vorhin schon aufgezählt habe, die also politisch gut anwendbar sind, die Beeinflussung durch Brecht sehr indirekt war. Es geschah also nicht in dem Sinne: Man studiert etwas und wendet es dann in bestimmter Art und Weise an. Eigentlich sind mir erst durch die Rückbesinnung aufgrund der Fragen bestimmte Dinge aufgegangen, habe ich gesehen, daß viele Spuren meines Denkens schon vor meiner politischen Arbeit etwas mit der Brechtschen Ästhetik zu tun hatten.

Ein Nachtrag noch zu Brechts Kritik an der Institution Konzert und ihren primär kulinarischen Gefühlswirkungen: Ich glaube, daß in diesem Gedanken richtige Elemente sind, daß aber die Behandlung genauso sein muß wie bezüglich des Apparats, denn „kulinarische Gefühlswirkungen" als Begriff implizieren eine Art von Steckenbleiben. Man verharmlost damit die Existenz kritischer Elemente in den Werken des 19. und 20. Jahrhunderts, die doch auch als Stadien der Erarbeitung einer realistischen Kunst zu sehen sind. Das Konzert ist eine bestimmte Form der Rezeption, und diese sagt zunächst nichts aus über die Möglichkeit oder Unmöglichkeit, praktische Schlüsse für das Handeln zu ziehen. Dies ist vielmehr eine Frage des inhaltlichen Angebots der Stücke und des politischen und klassenmäßigen Umfelds, in dem ein Rezipient im Alltag außerhalb des Konzertsaals lebt und tätig werden kann. Verabsolutierungen sind undialektisch. Selbst die kulinarische Gefühlswirkung könnte vorwärtstreibenden Charakter haben. Ich glaube, man darf das Schöpferische in den Zuhörern nicht unterschätzen. Und ich weiß auch nicht, ob man sich den Besuch eines Konzerts gleichsam in Parenthese oder in Gedankenstrichen vorstellen kann – als gäbe es keine Verbindung nach rückwärts oder vorwärts! Diese Vorstellungen entspringen unter anderem ja auch der Unsicherheit und Vagheit des Kommunikationsaktes. Der Komponist erarbeitet etwas und schreibt dann fast ins Leere oder wird ins Leere gespielt. Die Rückwirkungen oder Auswirkungen auf die Hörer sind kaum kontrollierbar. Vor allem bleiben sie den einzelnen Hörern selbst meist verborgen, weil es sehr feine, vielfältige und verzweigte Rückwirkungen sind – wahrscheinlich sehr häufig nur in kleinsten Spurenelementen. Deren Auffinden in Handlungen, Meinungen und Gefühlsäußerungen ist sehr schwierig.

1984

Schwere und Kraft, die vom Körper kommen

Gespräch mit Reinhard Schulz[1)]

Herr Huber, Sie haben Komposition unter anderem bei Luigi Nono studiert. Was führte Sie zu diesem Komponisten, was sind die wesentlichsten Punkte, die Sie bei ihm gelernt haben?

Der Unterricht bei Nono in Venedig war eigentlich eine Art Aufbaustudium – ich hatte ein Stipendium vom DAAD erhalten. Bei Bialas habe ich das Handwerk gelernt. Bei Nono war für mich wichtig, kennenzulernen, wie diese Generation, die in Darmstadt groß geworden ist, denkt. Besonders beeindruckt hat mich, daß er bei musikalischen Analysen Geschichte als Kategorie heranzog und die Alles-geht-Unverbindlichkeiten als mangelnde Kompositionstechnik aufdeckte. Material- und Kompositionsstruktur standen da auf der Basis einer jeweils speziellen Konzeption, nicht nur die Harmonik betreffend, sondern auch wie mit Rhythmus, mit Akzenten innerhalb eines Rhythmus, wie mit Thematik, Motivik, Spielweisen, Oktavlagen oder Registern umgegangen wird. Das habe ich bei Nono gelernt, und das hat für mich ganz neue Dinge eröffnet. Ich hatte das Gefühl, jetzt eine Methode zu haben, in das innerste Gefüge von musikalischen Formulierungen vordringen zu können. Es war wie ein Eröffnungserlebnis. Als ich dann nach Deutschland zurückkehrte und gedacht habe, viel über Tonalität zu wissen, hat hier eigentlich kaum jemand etwas von dieser Art dialektisch-konzeptionellen Denkens wissen wollen. Nono war übrigens alles andere als ein Dogmatiker!

Daß Nono als Kommunist eine politische Ausrichtung von Musik propagierte, hat Sie nicht interessiert oder beeinflußt?

Das hat eigentlich in den Gesprächen mit ihm kaum eine Rolle gespielt. Im Gegenteil: Er lieh mir die Gesamtausgaben von Gesualdo und Machaut! Aber es waren die Jahre 1968/69 mit ihren heißen politischen und ideologischen Diskussionen. Am meisten hat mich geärgert, daß Nono zu mir sagte: „Was verstehen Sie eigentlich vom Marxismus?“ Ich verstand nichts davon, aber da habe ich begonnen, mich mit Marx zu beschäftigen, ich habe das „Kapital“ gelesen. Von da an begann meine Beschäftigung mit politischem Komponieren oder mit Musik, die die Gesellschaft nicht außen vor läßt. Das war ja damals etwas kreativ Anregendes.

Sie haben vor kurzem ein Stück in Bezug auf Luigi Nono geschrieben?

Das Stück *Statement zu einem Faustschlag Nonos* ist aus doppeltem Anlaß geschrieben. Die Zeitschrift „MusikTexte“ hat um Stücke zum Tod Nonos angesucht. Wenig vorher, 1989, war ich mit Nono in einer Jury „Forum junger Komponisten“ beim WDR zusammengewesen. Wir hatten uns hier nach zwanzig Jahren wieder ausgesöhnt, denn wir sind nach dem Jahr Unterricht völlig verkracht auseinandergegangen. Das Versöhnen war schon deshalb gut, weil es einfach eine kindische Art ist, so etwas so viele Jahre weiterzutragen. Nono war schon schwer krank, und er litt an der hohen Zahl der Partituren, vor allem aber daran, was in den Partituren drinstand und an der Zeit, die das seinem Leben kostete. Nono hat manchmal ganz schwer mit der Faust auf den Tisch geschlagen, es waren sehr elementare rhythmische Proportionen: ein verquerer punktierter Rhythmus oder mit Verhältnissen, die nicht so genau festlegbar

1) Reinhard Schulz (* 1950), deutscher Musikwissenschaftler, in München ausgebildet (Musikwissenschaft, Soziologie, Philosophie, Theaterwissenschaft), arbeitet als Musikkritiker und Musikschriftsteller für diverse Tageszeitungen und Rundfunkstationen sowie als Redakteur für die „Neue Musikzeitung“ Regensburg. (Anm. d. Hrsg.)

waren. Diese Art von Schwere kenne ich nur von ihm. Besonders in seinen letzten Stücken haben ja die Klänge eine fast bleierne Schwere, und diese Schwere kam wirklich aus seinem Körper – eben wie auch diese Faustschläge. Ihre elementaren Rhythmen waren dann der Ausgangspunkt für mein *Statement*. Als Rhythmusmodell habe ich einen Takt aus der *Appassionata* von Beethoven benutzt. Am Schluß des Stücks – so etwas habe ich noch nie gemacht – werden die ganzen Rhythmen nur als Cluster gespielt. Diese Art von Cluster erhält ihren musikalischen Wert über den Eindruck von Schwere, und der Pianist müßte am Ende ganz schwindlig sein vor Anstrengung. Man muß viel Wucht und Gewicht auf die Tasten legen, damit die richtige Charakteristik dieser Gravitation entsteht, die ich da bei Nono gesehen und gehört habe.

Schon vorhin kam zur Sprache, daß Sie sich als politischer Komponist verstehen. Können Sie diesen Anspruch definieren?

Heute, so glaube ich, ist es schwer, ein politischer Komponist im emphatischen Sinn zu sein. Damals aber kamen die Anregungen aus der Gesellschaft, aus der Beschäftigung mit Marx, Engels und Lenin, deren Schriften ja zu dieser Zeit leicht zu bekommen waren. Auch habe ich mich für Brecht interessiert, Eisler-Noten waren auf einmal zu haben, ebenso Analysen der Merkmale der Arbeiterkultur, etwa der Weimarer Republik oder der Pariser Commune. Damit habe ich mich also theoretisch beschäftigt, und die Kulturmerkmale haben mich künstlerisch sehr beeindruckt, ich habe das auch als eine Art Erfrischung in Bezug auf den sogenannten Darmstädter Avantgardismus gesehen, dem ich ja doch sehr verbunden war. Ich habe dann auch nach und nach unter schweren Kämpfen bestimmte Dinge aufgegeben und Elemente, die ich neu kennengelernt habe, in meine Musik eingelassen; Elemente zum Beispiel, die mit Körperrhythmus, mit rhythmisch-metrischen Formen zusammenhängen. Ich habe damals mit Schauspielern zusammengearbeitet, die mit Liedern von mir auf Tournee gingen und auf Plätzen und in Kneipen oder großen Hallen auftraten. Ich fand das eine tolle Geschichte, nicht allein in den etablierten Institutionen zu verweilen – es war für mich eine ganz neue Art von kommunikativem Ernst in dem, was wir machten. Dann aber hat mich das doch nicht mehr befriedigt, weil die technischen Voraussetzungen sehr gering waren. Ich habe wieder richtige Stücke komponiert, etwa 1976/77: *Gespenster* für Orchester und Tonband und *Darabukka* für Klavier. Ich glaube, daß man den Stücken die Prägung durch meine „operative Phase“ anhört. Das hielt ziemlich lange an. Heute aber, glaube ich, ist diese Kultur zu Ende. Im Januar dieses Jahres wurden von mir in Stuttgart drei Orchesterstücke uraufgeführt. Das erste davon heißt *Annäherung an ein Wollknäuel mit Abschied der kleinen Trommel und Kommentar des Atmers*. Der „Abschied der kleinen Trommel“ ist ein Ende-Statement. Sie spielt Rhythmen aus dem Dachau-Lied, und das Dachau-Lied kommt wiederum als Melodie auch in den *Gespenstern* von 1976 vor. Das soll zeigen, daß diese Art von Kultur – die kleine Trommel war ein wichtiges Instrument der Arbeiterkultur – zu Ende ist und daß auch die Werte, die realisiert werden sollten, so nicht zu realisieren sind. Wir müssen neu nachdenken.

In welche Richtung soll man denn jetzt nachdenken? Oder bleibt uns nur noch die Resignation?

Zunächst: Es gibt nur noch ein System. Wie nun bestimmte Richtungen, in die die Produktionsverhältnisse oder Produktionsweisen gehen und die damit verbundenen Widersprüche einzuschätzen sind, das kann ein Komponist nicht beantworten. Es wäre schön, wenn wir vonseiten der Soziologie, der Philosophie etc. ernstzunehmende Versuche, unsere Zeit zu verstehen, geliefert bekämen. Bis jetzt habe ich nur wenig gefunden. Ich habe kürzlich von

Baudrillard[2] *Das Jahr 2000 findet nicht statt* gelesen. Da sind zwei Hypothesen aufgestellt. Zum einen: Die modernen Medien eröffnen jedem Ereignis einen Simulationsraum mit grenzenloser Flugbahn und einer derart hohen Geschwindigkeit, daß ihm als geschichtlichem Ereignis das für den Menschen als Referenten nötige organische Wachstum abhanden kommt. Zum anderen: Die „schweigende Mehrheit" ist eine schluckende Mehrheit, so wie schwarze Löcher aufgrund ihrer Dichte das Licht schlucken, das heißt, daß die Zeit zu langsam vergeht und auch hier Geschichte nicht mehr stattfinden kann. Ich kann mich mit diesen fesselnden Hypothesen nicht ganz anfreunden, ich denke, sie sind nur eine Teilwahrheit, und ich hoffe weiter, daß Geschichte als bewußt vollzogener Akt gestaltbar ist und Weg und Schutz zum besseren Verstehen und Handeln bleibt. Die Komponisten haben ja immer noch mit Leuten zu tun, die im Alltag stehen. Der Alltagsbereich hat eine große Kraft. Die Studenten zum Beispiel haben früher gegen die „Bildzeitung" einen Kampf fast auf Leben und Tod geführt. Ich kenne inzwischen eine ganze Menge von Bildzeitungslesern; es gibt da ein starkes Leben des Alltags, einen sehr stabilen Ich-Kern. Die Infiltration ist wohl ziemlich überschätzt worden. Auf eine solche Art von Alltagsanalyse, wo also der „Nahbereich" der einzelnen Leute eine Rolle spielt, würde ich eigentlich warten. Das kann ein Komponist nicht leisten. Ich habe zwei große Vorbilder: Das eine ist Schubert mit seinem außerordentlichen gesellschaftlichen Gehör und das andere Schönberg, der sein Gehör als Orientierungsinstanz setzte in einer Zeit, als er kein Bewußtsein von dem hatte, was er tat oder tun mußte. Man muß also eine Art von Leitsystem in sich spüren können – ob es dann funktioniert, ist eine andere Geschichte. Es gibt für mich zur Zeit wenig Hilfe von außen.

Also Vertrauen auf das Hören. Wie bemißt sich das? Aus der innermusikalischen Stimmigkeit des Klangs oder aus dem Bezug auf etwas außer ihm Liegendes?

Diese Art von Hören hängt, so glaube ich, mit kommunikativen Auren zusammen, die bestimmte Klänge oder Ereignisse in den Kompositionen haben. Aus der *Winterreise* ist zum Beispiel eine sehr tiefgründige und existentielle Reaktion auf die Metternichzeit herauszuhören. Das hängt mit der Möglichkeit des Sprachcharakters von Klängen zusammen. Komponieren ist nicht einfach eine Sache von akustischer Struktur, sondern auch eine Sache von Denkstruktur und von der Interpretation des Klangs. Das sind bestimmte Auren, die spontan auf ihre Zeit, als deren mögliche Widerspiegelungen, beziehbar sind. Marx unterscheidet bekanntlich das rohe Gehör vom menschlichen Gehör.

An Ihren Kompositionen fällt ein starkes Gewicht des Rhythmischen mit ganz statuarischen Momenten auf. Daneben die Betonung der körperlichen Seite: Lautstärke etwa bemißt sich am Noch-Hörbaren oder an der Schmerzschwelle, auch wird der Interpret manchmal in extreme Zonen des Machbaren, an äußerste Grenzen getrieben. Was ist hiermit intendiert?

Die Beschäftigung mit dem Rhythmischen kommt natürlich von Eisler und Brecht. Brecht hat ja Rhythmustheorien in Bezug auf die Sprache entwickelt, um das Einlullende zu vermeiden: mit Äquivalenzen, Nicht-Äquivalenzen, Binnen-Äquivalenzen – also alle möglichen Entdeckungen, die sehr viel mit Musik zu tun haben. Daneben sind meine Erfahrungen mit den Politrevuen zu nennen. Ich habe bei diesem Publikum immer festgestellt, daß nur bestimmte Tempi in Frage kommen. Es sind Tempi, die den Körper erfassen. Es sind natürlich auch die

2) Jean Baudrillard (* 1929), französischer Soziologe und Gesellschaftstheoretiker, steht im Ruf, einer der radikalsten Kulturkritiker und Begründer eines neuen Denkens der Modernität zu sein. (Anm. d. Hrsg.)

Tempi, die man aus der afrikanischen Musik kennt, also ungefähr von 90 bis 180, was darunter oder darüber liegt, geht aus der Körperrhythmus-Sphäre hinaus. Die politischen Inhalte haben sich damals am sichersten reproduziert, wenn körperlich aktiv mitgemacht werden konnte. Dann kam ich zu den vielfältigen Möglichkeiten von „schwer" und „leicht", zu metrisch bestimmten Rhythmusverbänden. Wenn man davon „emanzipiert", zum Beispiel „schwer" und „leicht" als Gewichtfrage des Interpreten sieht – also der Bogen hat ein Gewicht, die Hand hat ein Gewicht usw. –, dann kommt man zu Dingen, die über die relativ enge metrisch formulierte Rhythmuskonzeption der Dur-Moll-Tonalität weit hinausreichen. – Zur Belastung des Interpreten: *Vor und zurück*, ein Stück für Oboe solo, ist nur bei tollster Konstitution durchhaltbar. Da gibt es bestimmte Reserven, die ein Interpret fallen lassen muß, weil die Anstrengung ihn völlig verzerrt. Mich hat immer schon diese besondere Art der Klangfarbe interessiert, die mit der Person des Ausführenden zu tun hat, also eben mit der Art und Weise, wie jemand etwas erzeugt. So war es immer für mich ein befriedigendes Erlebnis bei Orchesteraufführungen. Wenn man als Komponist für Orchester schreibt, denkt man alles aus seiner eigenen Klanggebungsvorstellung. Dann hört man diese achtzig Musiker spielen – und alle bringen ihre eigene Geschichte mit. Nicht nur, wo sie gelernt haben oder wie gut sie ihr Instrument beherrschen, sondern auch was sie vom Charakter her sind und welche Erlebnisse sie hatten. Das ergibt eine Vielfalt, die mit *einem* Musiker niemals zu erzeugen wäre. Es ergibt einen direkten Zugang zum Menschen.

Also Sie rechnen direkt mit diesen Komponenten?

Ja, aber ich bin in letzter Zeit etwas vorsichtiger geworden, denn diese Hyper-Intensität kann man einfach nicht von jedem Alter oder von jeder Situation verlangen.

Gereizt hat also die äußerste Anspannung des Interpreten?

Ja. Dadurch kommt etwas in die Musik, was man sonst nicht hört. Natürlich gibt es auch bei Bach solche Stellen, aber seine Musik ist nicht daraufhin konzipiert.

Hat sich die Art Ihres Komponierens in den letzten Jahren einschneidend geändert? Bei vielen Komponisten ist ja zwischen 1970 und 1980 ein deutlicher Bruch zu bemerken – hin zum Introvertierten, zum Sensibleren, manchmal auch zum Gefälligeren.

Also das Introvertierte spielt keine Rolle bei mir. Das ist für mich etwas Solipsistisches. Der vorhin angesprochene Nahbereich ist für mich die neue Definition von Tonalität. Aber was Tonalität betrifft, also auch die Neuentdeckung von diatonischen Intervallen – das ging eigentlich über die Arbeiterkultur. Bei Eisler gibt es zum Beispiel ein sehr strenges Konzept von Diatonik und Chromatik, das war eine Methode für mich, wo ich eine gewisse Spekulativität im Material behalten, aber gleichzeitig Intervalle benützen konnte, die früher für mich „geoutet" waren.

Was heißt Spekulativität im Material?

Also zum Beispiel: Bei Eisler setzt Chromatik ein, wenn er intensiv jemanden ansprechen will, oder wenn es um Appelle geht. Die chromatischen Verschiebungen zeigen eine Art von Intensität. Chromatik heißt hier Intensivierung, das ist für mich etwas Spekulatives. Genauso wie es von Frescobaldi ein Stück gibt, in dem alle Vorhalte – entgegen der Regel – nach oben aufgelöst werden. Das finde ich spekulatives Umgehen mit einem Phänomen. Ich wollte nur sagen, daß die Wurzeln für unsere gegenwärtige Vielfalt zeitlich sehr weit zurückgehen und an verschiedenen Orten gewachsen sind.

Wenn Sie ein neues Stück schreiben, wie gehen Sie da vor?

Ich fange das Komponieren an und versuche das, was ich gemacht habe, zu analysieren und in seinen Phänomenen zu verstehen. Wenn ich denke, daß ich mit dieser Art von Verständnis umgehen kann, dann arbeite ich dieses Verstehen der Phänomene wie ein Modell in die Höhen, Tiefen und Breiten so aus, daß es immer mehr für einen Hörer als solches konditioniert wird.

Was heißt dies: konditioniert für einen Hörer?

Nun ja, man analysiert ein bestimmtes Verstehens-Modell heraus, von dem man denkt, daß es auf verschiedenen Stufen transformiert wieder auftaucht, dann muß ein solcher Prozeß im Stück auch verschiedene Ebenen der Deutlichkeit haben. Das heißt: Das Material muß auch ganz elementar zugegen sein. Das Elementare ist in sich selber ja eine geballte Kraft von großen musikalischen Wirkungsmöglichkeiten.

Welches neue Stück wird demnächst von Ihnen zu hören sein?

Meine nächste Uraufführung wird im April in Witten sein: *Mit etwas Extremismus*, als Beitrag zu einem *Variations II*-Projekt von John Cage. Das hat mir viel Vergnügen gemacht, denn ich habe mich an die Vorlage von Cage überhaupt nicht gehalten. *Variations II* ist 1962 entstanden, und ich habe gestaunt, wie zurückliegend dieses Denken ist. Die ganzen Parameter werden aufgelistet – und sie stehen sich völlig fremd gegenüber. Das psychische Heraushören von einem Ereignis aus dem Vorhergehenden, was bei mir in der Komposition ganz wichtig ist, wäre auf diese Weise gar nicht zu bewerkstelligen gewesen. Gleichzeitig aber habe ich an gewissen Stellen, wo ich unentschieden war, die Zufallsverfahren von Cage angewendet – also für kleine Strukturen. Und ich habe bemerkt, daß die Daten, die ich da bekommen habe, der Musik einen gewissen Adel geben. „Mit etwas Extremismus" ist ein Zitat von Cage. In seiner „Rede an ein Orchester" in La Rochelle sagte er ungefähr folgendes: „Spielen Sie alles mit etwas Extremismus, als würden Sie im Wald sein und Dinge hören, die Sie noch nie gehört haben". Es ist eine Art von Spielanweisung für mein Stück.

Sie stehen im Gespräch, Nachfolger von Wilhelm Killmayer an der Münchener Musikhochschule zu werden. Sie haben Ihre Bereitschaft an einige Bedingungen, was die Ausstattung der Hochschule betrifft, geknüpft. Wie sehen Ihre Vorstellungen diesbezüglich aus? Wie stellen Sie sich einen „idealen" Kompositionsunterricht vor?

Ich bin geprägt von der Folkwang-Hochschule, wo ich seit langem arbeite, weil das, was wir dort unterrichten, von mir mitgestaltet wurde und ich aus Erfahrung voll hinter diesem Modell stehen kann. Dann habe ich immer noch das Vorbild Günter Bialas, der ein hervorragender Lehrer war. Ich glaube, daß es günstig ist, die verschiedenen Stoffgebiete methodisch zu trennen. Die Studenten haben das ganze Studium hindurch Analysen, wo sie Konzeptionen kennenlernen, nicht um sie nachzuahmen, sondern um in Möglichkeiten kompositorischen Denkens eingeführt zu werden. Dann gibt es die handwerklichen, satztechnischen Unterrichtseinheiten und schließlich Einzelunterricht. Das eigentlich Neue für München wäre die Möglichkeit des doppelten Kompositionsunterrichts (in welcher Mischung auch immer) in dem, was terminologisch nicht sehr exakt Instrumental- und Vokalkomposition und elektronische und Computer-Komposition genannt wird. Ich selbst arbeite nicht mit dem Computer, aber ich finde ihn heutzutage für die Ausbildung der Studenten sehr wichtig. Da müßten auch in München die Bedingungen (Studios, Computer nebst einem künstlerischen Leiter und einem Techniker) dafür geschaffen werden, denn es schult auch das Denken für das instrumentale Komponieren. Es hat in Essen nie Probleme zwischen den einzelnen Richtungen gegeben, es gibt teilweise auch fruchtbare Zusammenarbeit. Das müßte auch in München möglich sein, es ist einfach was ganz Normales.

Sie würden aber nicht in diesen elektronischen Techniken unterrichten?

Nein, das muß der künstlerische Leiter machen. Der Student studiert die Fächer parallel und kann nach einem Pflichtanteil je nach seiner Begabungslage die Schwerpunkte selbst setzen. Aber ein paar Studio-Pflichtsemester gehören unbedingt zur heutigen handwerklichen Ausbildung eines jungen Komponisten. Übrigens gibt es auch einige interessante Möglichkeiten, in großen Zentren im Ausland zu arbeiten und Aufträge zu bekommen. Dazu gehört als zweites die Einrichtung eines Ensembles für Neue Musik mit einem ständigen Leiter. Die Musiker sollen professionell mit allen technischen und interpretatorischen Seiten in Bezug auf klassische und gegenwärtige Neue Musik vertraut sein, so daß sowohl die Kompositionsstudenten sich Ratschläge in Bezug auf instrumentale Techniken holen können, als auch umgekehrt die Studenten, die dort spielen, Teilunterweisungen von der komponierenden Seite empfangen können und vielleicht auch Seminare für ihre Instrumentalkollegen in Techniken und Interpretationen zur Nachwuchsförderung geben. Die Literatur des 20. Jahrhunderts und der Avantgarde sollte als etwas ganz Normales empfunden werden, wobei man dann auch anfängt, Qualitätsurteile in Bezug auf gut und schlecht gespielt beziehungsweise komponiert zu entwickeln.

Also die Musikhochschule als offene, als sich gegenseitig unter die Arme greifende Arbeitsstätte?

Ja, das wäre schön.

1992

Hören – Eine vernachlässigte Kunst?

Gespräch mit Karl-Heinz Blomann und Frank Sielecki[1)]

Herr Huber, ist für Sie Hören eine vernachlässigte Kunst?

Für mich ist Hören insofern eine vernachlässigte Kunst, als in der Neuen Musik schon seit vielen Jahrzehnten und immer wieder neues Hören, oder neues Beziehungshören, das heißt: neues Verstehen gefordert wird, aber von der Industrie unserer Musikkultur her eigentlich hundertfünfzig Jahre Hören genügen; und zwar noch dazu in einer sehr einseitigen Form, nämlich normalerweise als Wohlgefallen oder Hören von Fehlern oder industrielles Hören, ich denke an Stars, „Klassik", Highlights, kurz: Phrasenhören. Also ich würde sagen: ziemlich schmal und wenig Geschichte des Hörens.

Was bedeutet für Sie Hören?

Hören allgemein bedeutet für mich Verstehen, empfindendes und geistiges Verstehen von Musik, von bestimmten Absichten in der Komposition, auch schöpferisches Heraushören. Aber Hören hat auch – gerade zum Beginn der seriellen Musik und der elektronischen Komposition der fünfziger Jahre – eine ganz wichtige Rolle gespielt unter dem Aspekt der Hör-Physiologie, weil man ja alles seriell festlegen wollte. Man hat gemerkt, daß die Reiz-Empfindungs-Verhältnisse nicht linear sind, daß zum Beispiel bestimmte höhere Frequenzen bei bestimmten dB-Zahlen viel lauter empfunden werden als tiefere Frequenzen, das heißt also: Man hat sich von einer ganz anderen Art und Weise des Hörens, eben des experimentellen, laborartigen Hörens, wiederum zur Komposition zurückbegeben, um eine Art von musikalischem Hören, das rückbezogen ist auf das physikalische Hören, wieder in neuem Sinne möglich zu machen.

Diese Anregungen gingen sogar so weit, daß man einzelne Sachverhalte interpretiert hat, ohne daß sie eine direkte, logische Umsetzung gewesen wären. Zum Beispiel weiß ich, daß die Differenzierungen eines Tones in verschiedene Frequenzen, also zum Beispiel in Sechzehntelton-Abstände oder Viertelton- oder Achtelton-Abstände, bei Luigi Nono angeregt worden sind von einer Bemerkung in Fritz Winckels[2)] Buch *Phänomene des musikalischen Hörens*, das damals wegen der seriellen Kompositionsweise eben auch so ein wichtiges Buch war. Er schreibt dort von der Tonerkennungszeit. Wenn ein Ton eine Zwanzigstelsekunde dauert, dann ist das Erkennungsvermögen plus/minus 20 Hertz. Und zwar ist es völlig gleichgültig, ob das ein tiefer oder ein hoher Ton ist. Das heißt: Bei der Höhe ist die Abweichung relativ schmal, bei der Tiefe kann diese schon eine große Sekunde oder sogar noch mehr betragen, wenn die Frequenzen niedriger und die Abweichungen dementsprechend proportional größer sind. Aus diesem Phänomen heraus hat Nono dann – ja, ich sag' mal: seine Vielfalt des Unisono oder des Primen-Komponierens entwickelt, die nun mit der Tonerkennungszeit einer Zwanzigstelsekunde gar nichts mehr zu tun hatte. Es ist nur noch die „Streuung" übernommen worden, obwohl natürlich auf der anderen Seite – auch von den Bedürfnissen solchen Hörens her – in der Geschichte der Komposition selbst die eigentlich entscheidenden Entwicklungen dahin

1) Frank Sielecki und Karl-Heinz Blomann waren die Herausgeber eines im Wolke-Verlag erschienenen Buches mit dem Titel „Hören – Eine vernachlässigte Kunst?", in welchem das hier nachgedruckte Gespräch publiziert wurde. (Anm. d. Hrsg.)
2) Siehe Hinweis auf S. 292.

stattgefunden haben. Es war also nicht nur Fritz Winckel. Immerhin stammte von ihm die auslösende technische Anregung.

Wie gehen Sie mit störenden Geräuschen um?

Wann denn?

Zum Beispiel wenn Sie jetzt hier im Garten sitzen und sich ausruhen wollen.

Da stört mich überhaupt nichts. Es gibt hier eine ganze Menge von Geräuschen (hört). Geräusche stören ja nur dann, wenn man denkt, daß sie die Konzentration für irgend etwas schwächen, egal ob man sich ausruhen will, über etwas nachdenkt, oder konzentriert an etwas arbeitet, zum Beispiel eine Analyse macht. Eigentlich ist es bei mir nicht so wie bei Cage. Er hat vieles überraschenderweise wundervoll gefunden. Es ist ja bekannt, daß er in einer Wohnung in New York gewohnt hat, in die der Verkehr relativ laut eindrang. Aber er fand das schön, es hat ihn nicht gestört. Also ich bin eher für Ruhe. Mich stören Geräusche, wenn ich zum Beispiel etwas hören will, bestimmte Informationen haben will, die von Geräuschen unliebsam gestört oder zugedeckt werden.

Cage würde wahrscheinlich versuchen, das zu integrieren.

Ja, man kann sich darauf einstellen, aber Cage hat nicht alles integriert, zum Beispiel Dinge, die disziplinlos waren, hat er schwer integrieren können. Er hatte Auswahlkriterien.

Glauben Sie, daß es eine Frage der Haltung zu den Geräuschen ist, oder daß es grundsätzlich so ist, daß Geräusche stören?

Ach nein, es geht ja nicht nur um Geräusche, sondern man empfindet zum Beispiel auch Musik unter Umständen als Geräusch. Es geht einfach um akustische Informationen, die wirken, wie wenn jemand käme und mir eins über den Kopf schlüge. Das wäre ja auch eine Störung, nicht? Es geht also nicht um eine bestimmte Art von Akustik, sondern darum, wie man sie empfindet. Ich höre oft und konzentriert allen möglichen Geräuschen zu.

Aus welchem Bedürfnis heraus hören Sie Musik?

Normalerweise höre ich Musik als Information in vielfältigem Sinne. Meine eigenen Stücke höre ich auch hin und wieder an, um entweder neue Dinge herauszuhören, oder um herauszuhören, wie groß mein Abstand geworden ist, was ja nicht uninteressant ist, und manchmal höre ich bestimmte Musik gezielt immer wieder, um neue Sachen zu entdecken. Das ist eigentlich das Hauptkriterium.

Information hat ja einen hohen Verwertungsaspekt, einen großen rationalen Kern. Wenn Sie Ihr Hören im Spannungsfeld zwischen Denken und Emotionalität einordnen sollen, was ist für Sie da wichtig?

Immer das Spontane. Also die Emotionalität ist am stärksten, sie führt ja eigentlich das Hören, welcher Art sie auch immer sein mag. Und gleichzeitig glaube ich, wenn ich jetzt gesagt habe, das Emotionale interessiert mich, dann oft auch – ich würde mal sagen: im Sinne von Ausbeutung. Es gibt bestimmte Dinge, die fesseln mich. Da denkt man sich: Die kannst Du irgendwann brauchen; ob jetzt gleich für das nächste Stück oder vielleicht sogar für überhaupt kein Stück, das ist dann eine zweite Frage. Es handelt sich oft um diese Art von spontanem Gefesseltsein von etwas, was mit Stil, historischem und persönlichem, überhaupt nichts zu tun hat. Was das rein informative Hören betrifft: Darunter verstehe ich eher ein Hören, bei dem ich Musik von irgendwelchen Komponisten anhöre, ohne daß es mir überhaupt gefällt. Ich höre sozusagen nur ab, damit ich weiß, was macht der. Ich bin ja auch als Kompositionslehrer gezwungen, gewisse Informationen zu haben, die jetzt nichts mit meinen persönlichen Zielrichtungen und Vorlieben zu tun haben, sondern nur mit dem einfachen Registrieren dessen, was es gibt.

Gibt es Dinge in Kompositionen, über die Sie sich ärgern, wenn Sie Kompositionen abhören?

Meistens nicht. Es läuft eigentlich so ab: Wenn die Stücke schlecht sind, kennt man eigentlich alles schon. Und es ist für mich ja auch gegeben, daß ich im Kompositionsunterricht sehr viele Dinge sehe, die zwar vom Ausdruck des Studenten her authentisch gefunden worden sind, aber objektiv nur Allgemeinheits-Charakter haben, daß also von dieser Tätigkeit her es bei mir eine ganz schöne Konfrontationsmenge gibt von – ich sag' mal: elementaren Allgemeinplätzen. Wenn ich die dann wieder finde, ermattet mich das eher, als daß es mich ärgert. Und ich weiß auch nicht, warum man sich ärgern soll. Man kann sich höchstens mal ärgern im Sinne von Konkurrenzdenken, daß irgendwelche Leute sehr akzeptiert sind vom Publikum oder von bestimmten Medien oder Organisationsformen – vielleicht ja genau deswegen, weil sie so oder so arbeiten, und das ist eigentlich eher kulturpolitisch als inhaltlich ärgerlich.

Was bedeutet Lautstärke für Sie?

Was Lautstärke bedeutet – das kann ich so überhaupt nicht sagen. Es gibt einfach keinen Ton ohne Lautstärke und auch die Cagesche Stille ist ja so definiert, daß sie zwar ereignislos ist vom Klangverlauf des Stückes her gesehen, also zum Beispiel seinem Instrumentarium oder seinem spezifischen Klangrepertoire, aber nicht Stille ist ohne Klang überhaupt. Totale Stille gibt es gar nicht, und wenn man nur seinen eigenen Kreislauf hörte. Insofern, glaube ich, kann man sagen: Alles hängt mit Lautstärke zusammen. Wenn Sie jetzt Entwicklungen von Lautstärken meinen, dann würde ich sagen, daß man aufgrund der Lautstärke-Komposition in den Stücken, sehend oder hörend, relativ leicht erkennen kann, auf welchem Niveau der Ausdruck eines Komponisten steht. Zum Beispiel besonders gefährdet sind Crescendi oder Fortefortissimi am Anfang. Man muß sofort schauen: Wie geht etwas weiter? Fängt der Komponist so an, wie das „Stück" anfangen soll, oder macht er nur Tamtam, um in Richard-Strauss-Art das Publikum ans Werk zu fesseln, Lautstärke sozusagen als bloße Werbung einzusetzen. Dann gibt es, durch die Mannheimer Schule entwickelt – auch schon vorher von Philipp Emanuel Bach –, Lautstärken, die nicht eigentlich der Ausdruck der Töne sind, sondern gerade umgekehrt nur sie selbst sind. Wenn man die Lautstärken wegläßt und sich nur die Töne ansieht, denkt man sich die Lautstärken total anders als vorgeschrieben. Man merkt, daß in dieser Epoche schon beides „montiert" ist, daß also Lautstärken gegensätzlich zu dem, wie man sie eigentlich erwarten würde – zum Beispiel in einem Menuett von Stamitz –, benützt werden, um wirklich Überraschungen, parameterpolyphone Kontraste und Unterschiede zu schaffen. In der seriellen Musik, oder auch wenn man nicht mehr seriell komponiert im Sinne der Emanzipation der Lautstärken, glaube ich, daß die Lautstärken für mich dann am bedeutendsten sind, wenn jedes Piano jederzeit auch ein Fortissimo sein kann, oder umgekehrt jedes Fortissimo auch ein Piano. Natürlich, wenn Piano an einem bestimmten Platz steht, steht es an diesem Platz, aber im Sinne der Emanzipation und der Gleichberechtigung ist es nicht mehr dieses romantische Ausdruckswesen oder gar Ausdruckscrescendo von einem Ton, der durch seine Lautstärke sozusagen seinen Atem in uns verströmt. Das kann mal vorkommen, aber an sich, vom Fühlen und Denken her, ist es eher Anfang 19. oder beginnendes 20. Jahrhundert.

*Es gibt ja ein Reihe von Stücken bei Ihnen, in denen Sie sehr eruptiv mit **fff** oder **ffff** arbeiten. In den* Doubles *gibt es zum Beispiel nach ca. drei Vierteln des Stücks einen „Ausbruch". Was bedeutet dieser sehr abrupte Dynamik-Wechsel für Sie?*

Wenn ich so zurückdenke, glaube ich, daß es aus dem Bedürfnis kommt, Zusammenhang nicht herzustellen, und zwar im Sinne des „Übergangs", also das was, glaube ich, so typisch ist für Wagner, daß man also selbst die Akkorde oder die Harmonien nur stufenweise verbindet, so daß sie eigentlich eine Art von verwaschenem Eindruck geben und man vielleicht verschiedene Akkorde bekommt, auch mit verschiedenen Grundtönen, daß aber eigentlich diese Art der Berechnung gar nicht mehr stimmt, sondern Harmonik mehr im Sinne eines fließenden Kontinuums gedacht ist. Das zweite ist, daß auch die sogenannten Übergänge, die man in der Sonatenhauptsatzform zum Beispiel zwischen dem ersten und zweiten Thema oder später zwischen analog gemeinten Feld-Kontrasten finden kann, sozusagen wie eine Art kunstvoller Fremdenführer sind. Das eine ist dem anderen gegenüber fremd gesehen. Dies bedeutet für mich, daß man die Welt nicht als Ganzheit wahrnimmt und die einzelnen Phänomene nicht als emanzipiert in dem Sinne, daß sie wirklich jederzeit auftreten können. Wenn ich von einem – ich möchte sagen – geometrischen Klangraum ausgehe, wo ich zwar Positionen bestimmen kann, aber grundsätzlich die Positionen frei austauschbar oder permutierbar sind, dann ist das schon sehr früh in antiromantischen Haltungstechniken erkennbar. Denken Sie an den *Sacre* von Strawinsky, wo das blockartig kontrastierende Nebeneinanderstellen genauso wie bei Satie eine antiromantische Haltung ist und sozusagen nicht im selben Gefühl bleiben will, sondern die Welt aus Kontrasten zusammenbaut, die sich nicht fremd gegenüberstehen, sondern gegenseitig für sich argumentieren zu irgendeiner Art von Musikvorstellung, die dann spezialisiert in einem Stück zu erkennen ist. Und jetzt gibt es natürlich auch Möglichkeiten – ich möchte es nennen: des kompositorischen Verstärkens. Wenn zum Beispiel Beethoven in seinem *Trauermarsch* aus der *Sonate op. 26* im Piano den *Trauermarsch* beginnen läßt, ist es die Lautstärke des Genres, ist es also eigentlich keine komponierte Lautstärke, sondern eine vom Genre direkt übernommene. Er verstärkt jetzt dieses Piano zu einer kompositorischen Lautstärke durch eine Fülle von Ausdrucksmaßnahmen. Es gibt Crescendi, es gibt einen Mittelteil, der geht – glaube ich – bis Fortissimo, so daß plötzlich das, was am Anfang nur von außen gesetzt ist und spontan akzeptiert wird, nachträglich durch die Argumentation innerhalb der Komposition eine kompositorische Lautstärke wird, der immer mehr Inhalt zugeordnet ist durch die spätere Verarbeitung. Und so kann zum Beispiel für eine geringe Lautstärke, etwa ein dreifaches Piano, durch ein plözliches Fortissimo, das vielleicht nur einmal auftaucht im Stück, so argumentiert werden, das sehr Leise inhaltlich und in der Auffassung geschärft wird.

Hat für Sie die Musik „am Rande des Verstummens", die sich sozusagen nur noch in Minimalgeräuschen bewegt, inhaltlich etwas damit zu tun, nicht zu wissen, wie es weitergeht?

Gar nicht. Ganz im Gegenteil. Natürlich kann man aus allem eine akademische Masche machen, weil es technisch leicht ist, nur in einer geringen Lautstärke Musik zu schreiben, oder alles sehr laut. Aber von allen Kompositionen, die Bedeutung haben, würde ich eigentlich denken, daß das sehr Leise eine neue Art von Raum-Hören ist, das heißt also eine ganz neue Art, den Raum mit einzubeziehen. Ich denke dabei nicht an die Aufmerksamkeit, die wird natürlich auch erhöht, sondern an das Sich-ausbreiten-Können in einem Raum, was ja über die Medien eigentlich überhaupt nicht geht, weil die Lautsprecher eher ein eigener Raum sind und eher im Widerspruch zum normalen Raum, in dem man hört, stehen, und ich habe auch festgestellt, daß sich eine Art von Zähigkeit des Klanges entwickeln kann – also im Sinne des rein akustischen Wahrnehmens, nicht von Zusammenhangsbildung –, als eine Klangkomposition, die vorher einfach gar nicht möglich war im Sinne des bewußten Komponierens. Es gibt einige frühe Beispiele, wenn man jetzt einmal Tonsatz oder Instrumentation auch betrachtet, zum Beispiel in der *Ersten Sonate* von Ives. Im ersten Satz gibt es Lautstärken, die umrandet sind, alles ***ppp***'s, das heißt, die soll man so spielen, daß man sie eigentlich nicht hört. Sie gehören nicht zum „normalen Tonsatz", sondern sind Zusätze, die zwar informatorisch hineingesetzt werden, aber Ives interessiert hier sozusagen nicht das, was man hört, sondern was man nicht hört, sozusagen eine – jetzt mit Lautstärken gearbeitete – Umkehrung von bestimmten Phänomenen. Dies erweitert, können ganz verschiedene Dinge – zum Beispiel Straßenmusik, Kirchenmusik, alle möglichen Musiken – zusammenkommen, und man horcht nicht mehr nur immer: Was läßt er aus, also was höre ich nicht?, sondern: Was höre ich? Die Fragmente, die Reste, sind plötzlich entscheidend, und da gehören eben bestimmte Mischungen dazu, und so denke ich auch, daß in der modernen Orchesterbehandlung die Technik des Komponierens von bestimmten Dingen, die eigentlich durch andere überdeckt werden, eine neue Klangrolle bilden kann, und ich vermute noch wird. Das ist ein ziemlich schwieriges Gebiet. Es gibt so einige Ansätze, etwa im *Violinkonzert* von Ligeti, und ich selbst habe das auch ausprobiert. Es ist ziemlich schwierig, ja, aber ich würde sagen, das ist etwas, wo sozusagen das ganz Leise – jetzt auch im Sinne, daß es verdeckt wird und nicht nur einfach leise im Sinne des Nicht-ganz-klar-hören-Könnens ist – eine Rolle spielt, jetzt aber mit Klar-hören-Können, wo also das Verschwommene, das Geheimnisvolle, als raffinierte akustisch-kompositorische Mischung eine neue Rolle spielt, die es früher gar nicht gegeben hat.

Ist es so zu verstehen, daß sich durch das Leise in der Musik das Verhältnis zwischen Objekt- und Subjektzentrierung zugunsten der Subjektzentrierung verschoben hat?

Das kommt auf die Musik an. Ich habe jetzt eigentlich ein bißchen von stilistischem Verstehen gesprochen, eigentlich nicht vom spezifischen Wertverstehen, wie das zu verstehen ist. Ich glaube, da muß man noch mal unterscheiden, denn die Vielfalt des Hörens ist ja das Entscheidende. Diese Vielfalt des Hörens kommt überhaupt nur durch das Hören, wie es das Tatsächliche oder das Gemeinte wahrnimmt. Denn so viele Lautstärken gibt es nicht, so viele Töne gibt es nicht. Also das Repertoire ist beschränkt. Die Aussagefähigkeit des Materials ist das Entscheidende für die Möglichkeiten der Vielfalt. Auch der Komponist hört hinein oder heraus. Cage befragt die Dinge.

Hat Kunst beziehungsweise Musik für Sie Erkenntnischarakter?

Ja. Ich sag' jetzt einfach mal, ja. Der eine Erkenntnischarakter läuft natürlich über das Handwerkliche, ich meine: das kompositorische Handwerk. Erkenntnischarakter ermöglicht auch Zeiten, Epochen zu verstehen. Dies ist mit Sicherheit auch eine Verengung. Denn ich denke, daß zum Beispiel bestimmte Vorstellungen, die wir vom 19. Jahrhundert haben oder von der Klassik, also vom Beginn des 19. Jahrhunderts in Wien, daß diese wesentlich über die Stücke dieser Zeit kommen und nicht so sehr über den damaligen wirklichen Lebensraum, denn den können wir gar nicht mehr nachvollziehen, der ist total verlorengegangen. Daß dadurch ein Verstehen kommt, das ist vielleicht falsch, aber trotzdem ist es für uns gefügte Tradition. Es kann sein, daß wir nur eine Art halbsimuliertes, viertel- oder drittelsimuliertes Gebilde da denken, verstärkt natürlich durch Literatur, durch Malerei, durch Aussagen usw., aber trotzdem nicht ein direktes Verstehen haben wie das ein Zeitgenosse haben kann. Also es sind sozusagen Erkenntnisse, die trotz aller Gegenwart gleichzeitig historischer Art sind. Das dritte ist – ich würde nicht Erkenntnis sagen, aber ich glaube, es sind Aufbausituationen, Gefühle hat man ja viele. Wenn mir ein Ziegelstein auf den Kopf fällt, habe ich auch Gefühle, aber das kann ja nicht der Sinn von Kunst sein. Der Sinn von Kunst ist ja, daß sie die Struktur von Gefühlen, die Führung von Gefühlen, ja sogar das Weitertreiben von Gefühlen beinhaltet und ermöglicht, und zwar über die Kategorien Zusammenhang und Strukturierung. Ich glaube, daß im Sinne der Kultur, also eines Aufbaus der Kultur der Gefühle durch Hören, ein Erkenntnischarakter des Verstehens jenseits des Logischen aufgebaut wird. Was dann spontan, aber ich glaube auch beim Komponieren nicht immer bewußt, eine Rolle spielt.

Hat für Sie Avantgarde-Musik einen höheren Erkenntniswert als zum Beispiel eine volkstümliche Hitparade?

Also eine volkstümliche Hitparade hat für mich kaum Erkenntniswert, weil ich meistens alles schon kenne – also ich würde mal ja sagen. Es gibt gute Folklore! Ihre Ausformungen haben einen hohen Erkenntniswert, aber natürlich immer auch vom Standpunkt der Bedürfnisse der Gegenwart aus gesehen, weil sonst, glaube ich, Arbeiten mit Tradition oder das Studieren von Tradition ziemlich uninteressant ist. Zum Beispiel, was wir vorhin besprochen haben: Das Kontrastieren bei Strawinsky oder auch bei Bartók kommt aus der Folklore. Ja, das ist nicht einfach nur eine Anti-Haltung gegen das Romantische, ich meine damit eine bestimmte Gefühlsfortführung, womit ich jetzt global das Romantische bezeichne, sondern das kommt wirklich auch aus (nationalem) Interesse an der Folklore. Oder zum Beispiel Expressivitäten: Wenn Sie in die Generation schauen, die nach mir kommt, ich meine jetzt Trojahn, Wolfgang Rihm usw., bei der ja die Expressivität eine bestimmte Rolle spielt, dann kann man eigentlich gerade aus der Folklore lernen, daß diese Musik meist hohe Expressivität hat, aber überhaupt keine romantische. Das heißt also: Man kann zum Beispiel lernen, daß „Expressivität" verschiedene Formen hat, nicht nur die subjektivistische. In der Folklore, finde ich, kann man verblüffende Hinweise für das Verhältnis von Alt und Neu bekommen. Ja, was heißt Wiederaufgreifen von Expressivität! Man überlegt sich, wieso ein Vibrato auf dem Cello, etwa in der vierten Lage, also in einer schönen Tenorlage, jetzt plötzlich wieder eine Art romantischer Expressivität bekommt – wieso eigentlich Leute heute das gerne hören wollen. Man kann nicht sozusagen nur das Gegenmodell im Auge haben, sondern muß vielleicht aus der Akzeptanz dieser neoexpressiven Modelle – nicht nur durch einen guten Komponisten, sondern auch durch die Leute, die das hören wollen – wiederum auf bestimmte Defizite und Bedürfnisse der Gesellschaft schließen. Ich würde sagen, daß die Erkenntniswerte durch Vergleiche kommen, also zum Beispiel andere Lösungen von Lautstärken, von Accelerando usw., die nicht die romantischen Expressivitäten haben, und dann umgekehrt: Wieder-Benützen von romantischen Expressivitäten, fragen: Ist es avantgardistisch, ist es zeitgenössisch, ist es hoffnungslos nur 19. Jahrhundert? Das kann sich gegenseitig anregen, so daß ich die Gegenüberstellung von Avantgarde und Hitparade oder Folklore nicht machen würde, weil ich meine Arbeit immer als zeitgenössisch verstehe. Aber das ist kein fester Begriff, und seit einigen Jahren weiß man, daß es überhaupt kein fester Begriff gewesen ist, sondern es erschien nur so.

Die Postmoderne hat der Moderne das Festhalten an absoluten Werten, an Hierarchien vorgeworfen – umgekehrt wird die Postmoderne der Beliebigkeit bezichtigt. Wie gehen Sie damit um?

Wenn man Postmoderne so versteht, daß man nichts Neues mehr findet, alles eigentlich schon gemacht worden ist, und daraus die Konsequenz zieht, daß alles, was ich kenne, ich noch einmal mache, und dann vielleicht noch vereinfacht über Zitate ... In Kanada gibt es eine richtige Schule, zum Beispiel Brian Cherney[3]. Wenn Sie das anschauen, weiß man: Aha, das kommt von Schubert, das kommt daher usw. Es ist nicht einfach nur Zitat im Sinne von aneinandergeklebten Collage-Bausteinchen, sondern es ist ein Versuch, kompositorisch damit zu arbeiten. Pousseur hat in *Votre Faust* ja immerhin noch Personalstile als geistiges Entwicklungsbild des 19. Jahrhunderts komponiert. Nun, diese Postmoderne reizt mich nicht. Wenn man aber Postmoderne als etwas versteht, bei dem man nicht mehr alles aus einem Zentrum heraus entwickelt denken kann, sondern dezentriert denkt, dann – würde ich sagen – ist es eine sehr interessante Sache, weil es sozusagen eine neue Art von Emanzipation bedeuten würde. Nicht nur die Töne sind gleichberechtigt, nicht nur Unabhängigkeit, nicht nur Gleich-Gültigkeit, sondern sogar Dezentriertheit. Also wie kann ich den musikalischen Zusammenhang herstellen im Sinne von: Nichts ist wirklich Zentrum, Alles bezieht sich – ich weiß nicht wie – so aufeinander, daß Jedes Zentrum sein kann. Natürlich macht man beim Hören Schwerpunkte. Wie gesagt, das finde ich eine interessantere Art von Postmoderne. Und inzwischen gibt es auch bessere philosophische Arbeiten und fundierteres Nachdenken über neuere Möglichkeiten, die nicht mehr mit den bekannten Avantgarde-Emanzipationen zusammenfallen. Eigentlich war es ja nie „fest", waren es nur Lösungen, und ich glaube nicht, daß es hierarchische Gebilde waren. Man mußte einfach mit den entdeckten Emanzipationen immer irgendwie umgehen. Es sind dann für den Musikwissenschaftler oder für den Studenten oder den mittelmäßigen Komponisten Schablonen daraus geworden, die vielleicht hierarchische Ausstrahlung hatten, aber im Grunde genommen wollte man eigentlich nie, daß solche Systeme eine hierarchische Ausstrahlung haben sollten, sondern es waren Beispiele, um zu lernen, Stadien.

Wie hat sich im Verlauf Ihrer musikalischen Entwicklung Ihr Hören verändert?

Ich hoffe, es hat sich verbessert. Und ich denke, daß durch das Komponieren und durch das Hören und auch durch den Austausch mit Hörern die Substanz – denn das Hören ist ja nicht einfach nur ein physikalisches –, das heißt also die Betrachtung von dem, was man hört, und auch welche emotionalen Bilder oder welche bewußten Bilder oder, ich weiß nicht, Blutkreislaufbilder, also Körperbilder oder irgendwelche anderen Bilder das Hören in einem hervorruft, und wie man diese nun wiederum schöpferisch versteht, daß also in diesem Sinne die Substanz, denke ich, sich erhöht hat.

Auch Einschätzungen haben sich bei mir durch das Hören verändert. Zum Beispiel fand ich in früherer Zeit Boulez einen ziemlich traditionellen Komponisten, ich meine jetzt nicht die *Structures I*, aber eigentlich fast alles sonst. Heute geht es mir umgekehrt, ich finde, daß Boulez

3) Brian Cherney (* 1942), kanadischer Komponist, studierte in Toronto Komposition und Musikwissenschaft und nahm bei den Darmstädter Ferienkursen 1966 und 1969 an Kompositionskursen von Ligeti, Stockhausen und Kagel teil. In seinen Jugendwerken der frühen sechziger Jahre orientierte sich Cherney an seinem Lehrer John Weinzweig und an Bartók, dann verarbeitete er Einflüsse von Ligeti, Crumb, Lutosławski, Messiaen und Carter. In einem dritten Stadium entwickelte er kanadischen Quellen zufolge einen beziehungsreichen und poetischen Personalstil auf der Basis einer kohärenten harmonischen Sprache. Viele seiner Kompositionen enthalten tonale Zitate oder Anspielungen. (Anm. d. Hrsg.)

– es hängt vielleicht mit dieser „Postmoderne" zusammen – ein äußerst interessanter Komponist ist, das heißt also: Ich höre sozusagen bestimmte Rauhigkeiten, die es in einigen Werken, sagen wir mal: in *Punkte* von Stockhausen gab, oder auch in bestimmten Abschnitten in den *Gruppen*, nicht mehr als so interessant – die waren für mich früher viel interessanter – wie dieses wahnsinnig ausgefeilte, mit äußerster akribischer Intelligenz durchgearbeitete musikalische Schaffen von Boulez. Also da gibt es schon Änderungen. Ein bißchen auch, glaube ich, bei Berio. Seine *Chemins*, in denen er ja mit seinen *Sequenze* arbeitet, höre ich lieber als damals die *Sequenze* selbst. Die waren für mich damals alle ziemlich, ja zu tonal. Diese hergebrachten Figuren! Deswegen werden sie auch so häufig gespielt, weil ein Instrumentalist sich emotional gar nicht umstellen muß und die wenigen Umstellungen für ihn furchtbar leicht zu erkennen sind, zum Beispiel das Abrupte, das Punktuelle. Das sind emotionale Bilder, die kann man irrsinnig leicht lernen und braucht deswegen auch eigentlich keine große Reife, um diese Sachen zu spielen. Aber die späteren Kompositionen, die ja die Fortführung von Beriohaftem sind, finde ich gerade wegen der Figur und wie er mit Figuren umgeht, heute spannend und neu im Hören für mich.

Hat die Zeit bei Nono Ihr Hören verändert?

Im Sinne der Substanzerfahrung bestimmt. Wir haben uns ja verkracht wegen eines Fortissimos, was ja ein schöner Anlaß ist. Es ging um ein Fortissimo in *A floresta*, wo einerseits die Folterschreie fortissimo sind – es geht um den Vietnamkrieg – und andererseits das junge Leben vom Sopran verkündet wird, fortissimo. Ich habe damals in meiner vereinfachenden Art und Weise beides abstrahiert – ein Fortissimo mit diesem Klang und ein Fortissimo mit jenem Klang war für mich ein und dasselbe. Es ging leider nicht in Richtung Aufklärung, sondern in Richtung Streit, weil es eben ein Stück von ihm selbst war. Es war schwer für mich, die Unterschiede zu sehen und wie sie gegenübergestellt sind, denn ein Fortissimo, wenn es zum Beispiel sehr hoch ist, braucht natürlich auch eine gewisse Brutalität vom Körper her, eine bestimmte Kraft, aber nicht nur Kraft, sondern es benötigt eine Art Bündelung, die – sagen wir mal – in Richtung Brutalität gehen kann. Ich habe auch sehr viel gelernt von den Nonoschen Handbewegungen, in denen ich die Crescendi zum Fortefortissimo in *Il canto sospeso* (zeigt die Bewegung) mit ihrem bestimmten Brutalismus sofort wieder erkannt habe. Das hat mich dazu gebracht, viel differenzierter zu hören, und ich glaube, Nono kam in den achtziger Jahren auch zu einer viel differenzierteren Art, mit den Inhalten bei Lautstärken umzugehen. Durch die Lektüre von Wilhelm Reich[4)] (Charakterpanzerung usw.) ist für mich alles, was mit Druck zu tun hat, mit Unbeweglichkeit, mit Sadismus, mit Brutalität usw., ist dies alles etwas gewesen, was man aus der Musik hinauswerfen muß. Das hat etwas mit Lautstärke zu tun, aber nicht nur. Es ist nicht nur eine Sache von Leise oder Laut oder von mittlerer Lautstärke, sondern es ist ein komplexeres Hören. Jemand strengt sich an mit seinem Körper, um ein Fortissimo zu produzieren, bedeutet einfach etwas anderes, als wenn sozusagen Fortissimi auftauchen, die zum Beispiel durch Folter herausgepreßt werden, denen vielleicht ganz, ganz ähnliche Körperhaltungen oder Stimmbandhaltungen zugrunde liegen. Ja, das war die Frage bei Nono.

4) Wilhelm Reich (1897–1957), österreichischer Psychoanalytiker, war 1929 Leiter des Wiener Seminars für psychoanalytische Therapie, ging 1939 in die Vereinigten Staaten. Seine Gedanken wurden in den sechziger Jahren von der Neuen Linken aufgegriffen. Werkauswahl: *Die Funktion des Orgasmus (1927); Charakteranalyse (1933); Die Massenpsychologie des Faschismus (1933); Dialektischer Materialismus und Psychoanalyse (1934); Die sexuelle Revolution (1945).* (Anm. d. Hrsg.)

Das heißt aber nicht, daß Sie Fortefortissimo negativ konnotieren?

Das wären wirklich Vereinfachungen durch Abstrahierungen. Von Marx gibt es ja den schönen Satz, daß das Konkrete vielfältig ist in seiner Bestimmung, gerade weil es konkret ist, während das Abstrakte nur eine Methode des Denkens ist. Das heißt: Das Abstrakte vereinfacht im Grunde und läßt die Vielfalt aus. Dadurch kann man mit dem Abstrakten leichter umgehen. Aber es ist eben auch eine Vereinfachung gerade auch der Vielfalt des Ausdrucks und der Vielfalt des erkennenden Hörens.

Sie haben in den siebziger Jahren eine Reihe von Stücken geschrieben, die sich ganz programmatisch mit Filmmusik, also mit Film in der Musik, beschäftigt haben: Anerkennung und Aufhebung …

Nein, nein, das hat mit Filmmusik gar nichts zu tun, sondern das ist eigentlich ein Stück über Tonalität. Ich habe nämlich Tonalität damals definiert als etwas, was mit Archetypen zu tun hat. Darüber gibt es auch ein Tonbandstück (*Aion*). In *Anerkennung und Aufhebung* ging es mir eigentlich darum, durch die muskulären materiellen Voraussetzungen Ausdruck hervorzubringen, also diese direkten Wirkungen, dieses Beheimatetsein jetzt als Tonalität zu begreifen, nicht Tonalität als bloße Tonbeziehungen. Dadurch mußte ich alles trennen. Ich wollte ursprünglich eigentlich eine Plastikfolie benutzen, hinter der jemand steht und bestimmte Muskelproduktionen oder -kombinationen macht und aufgrund dieser Kombinationen Musik hervorbringt. Ich hab' das dann getrennt in die sieben Muskelringe, es sind, glaube ich, 300 Muskelkombinationen, die muskulär aufgeschrieben sind. Es gibt auch keine Rücksicht auf den Ausdruck dieser Muskeln. Jedes Bild ist in seiner Einstellung gleich lang. Es gibt nur Komplexitäten dadurch, daß bestimmte Muskelkombinationen gehalten werden und andere dazukommen. Das ist nur das Sehen von etwas! Gleichzeitig gibt es dann auch instrumentale, organische Bedingungen: Man sieht einen Bogen, man sieht eine Saite, man sieht Spannungen usw., das heißt also: Nicht nur die Muskeln haben Spannungen, es sind nicht nur die Spannungen des Hervorbringens, sondern die werden auf die Spannungen, die die Instrumente ja selber auch haben, noch aufmoduliert. Es handelt sich um eine komplexe Tonalität von Ausdrucksbeeinflussungen.

Sie nennen in den Titeln Ihrer Stücke aus den siebziger Jahren – zum Beispiel Aion für Tonband und Gerüche, Anerkennung und Aufhebung *und* Augenmusik *– programmatisch andere Sinne. Welche Bedeutung hatte das Hören damals im Verhältnis zu den anderen Sinnen?*

Das war für mich eigentlich alles Hören. Als Komponist hört man bevorzugt, ein Maler wird vielleicht bevorzugt sehen, auch wenn er hört. Es ging damals besonders darum: Wie ist das Menschenbild? Damals fand ich das eine Einseitigkeit, daß ein Mensch als Produzierender oder als jemand im kommunikativen Kontakt mit einem Produkt immer sozusagen nur von einer Seite her thematisch angesprochen wird. Gerade dieses Tonalitätsdenken – das kam ja auch von Nono –, ich würde sagen, das ist eine große Hörerweiterung gewesen. Tonalität war für mich etwas, was abzuschaffen ist. Das war erst einmal die Basis, da habe ich gar nicht weiter drüber nachgedacht. Das war für mich das Altmodische, und eben auch ein altmodisches Menschenbild. Will ich Tonalität abschaffen, reicht es nicht aus, der Tonalität Töne nur zu entreißen, sondern ich muß auch meine Psyche, meine psychischen Bilder und alles, was davon abhängt, der Tonalität entreißen. So war damals mein Denken. In dem Moment, wo ich sage: Tonalität ist eine Sache des Menschen überhaupt, alles, aus was er besteht, ist sozusagen tonal durchdrungen, geprägt, dann muß ich natürlich auch mit allem arbeiten können, je nachdem, wie der thematische Aspekt ist. Es war jedenfalls nicht dieses oberflächliche Multimedia: Jetzt mache ich mal ein bißchen visuell, dann mache ich das usw., was ja damals ziemlich üblich war – natürlich auch mit guten Arbeiten –, sondern es war der Versuch, von einem ganzheitlichen Menschenbild auszugehen, aber eben die Musik betreffend. Insofern, glaube ich, ist es Hören gewesen.

Nur ist einfach sehr auffällig, daß in den siebziger Jahren programmatisch die anderen Sinne in Ihren Titeln angesprochen werden ...

Ja, da war also einerseits die Multimedia-Sache, dann Theatergruppen, Straßentheater, die Performances, Selbstverletzungen als einmalige künstlerische Aktion, denken Sie an Günter Brus[5], und die Verfügbarkeit der verschiedenen Medien, und andererseits – auch durch Nono angeregt, aber natürlich auch durch die Studentenbewegung – diese intensive Beschäftigung mit Marxismus und eben das „kritische Komponieren“ – das war ja das Motto für mich damals –, so daß also das, was als Umgebung um mich herum war, für mich zu einem speziellen Konglomerat wurde, worüber ich nachdenken und kritisch komponieren wollte. Vieles war damals sehr beliebig. Es gab unglaubliche Phantasie von sehr vielen verschiedenen Leuten, die gar keine Künstler waren, die aber tolle Dinge machten. Man kann sich heute gar nicht mehr vorstellen, was da alles gefunden und erfunden worden ist. Es war eine irre schöpferische Zeit auch in der Öffentlichkeit. Öffentlichkeit war auf der Straße, im Keller, als Subkultur usw. Aber die Aufgabe von jemand, der das professionell macht, ist ja, daß er aufgrund seiner Professionalität Zeit genügend hat, in die Sachen tiefer einzudringen, und so verstand ich eigentlich meine Arbeit – auch *Augenmusik*. In *Harakiri* ging es um Crescendo, in *Anerkennung und Aufhebung* und *Aion* um diese spezielle Aufhebung von Tonalität. Es sollte immer neuer Wein in neuen Schläuchen und nicht neuer Wein in alten Schläuchen sein. Alles sollte erneuert werden, aber am Schluß ist man natürlich, wenn man so undialektisch denkt wie ich damals ...

Abstrakte Negation ...

Ja genau, also man müßte sich mutieren! Das habe ich dann auch, glaube ich, rechtzeitig erkannt, so Mitte der siebziger Jahre. Man stößt an eine Mauer, und dann ist auch nicht mehr das Hören da. Man rennt einfach nur, na ja, man wird eher blind und nicht hellhörig. Ich vermute, daß ich es rechtzeitig erkannt habe.

Gibt es beziehungsweise gab es für Sie richtiges und falsches Hören?

Das richtige Hören, glaube ich, ist in dem Moment falsch, wo in Stücken vielleicht Richtiges aus einer Stelle, aus einem Strukturteil herausgehört wird, aber eigentlich im Stück selber so nicht argumentiert wird. Dann wäre es zwar ein falsches Hören in Bezug auf das Stück, aber bestimmt kein falsches Hören in bezug auf Anregung durch das Stück. Ansonsten ist falsches Hören einfach alles, was nicht nachweisbar ist. Ich kann eine Tonhöhe falsch hören, ich kann eine Lautstärke falsch hören. Ich kann natürlich irgendwie etwas falsch wahrnehmen, aber im Sinne von falsch Verstehen sind dann alle Kriterien auf das Hören als falsches anwendbar, wenn

5) Günter Brus (* 1938), österreichischer Aktionskünstler aus dem Kreis des Wiener Aktionismus. Sein konsequentes Interesse am menschlichen Körper wurde von ihm ab Mitte der sechziger Jahre in provokativ-autoaggressiven Selbstbemalungs- und Selbstverstümmelungs-Aktionen dargestellt – einschließlich tabuisierter Fäkalausscheidungen – und durch Foto- und Filmaufnahmen dokumentiert. *Die Zerreißprobe* (München 1970) war Brus' letzte Aktion. Seitdem äußert er sich hauptsächlich als Zeichner in einer vergleichsweise mild-sarkastischen und teilweise poetischen Weise (*Bild-Dichtungen* 1979). (Lexikon der Kunst, Freiburg/Basel/Wien 1987)

das Verstehen nicht nachweisbar ist. In dem Moment, wo ich schöpferisch bin, kann alles richtig sein. Das ist, glaube ich, der große Unterschied und der große Vorteil zur Musikwissenschaft. Wir Komponisten können vieles falsch verstehen, zum Beispiel in der Analyse, wir müssen es nicht historisch absichern, sondern wir können es schöpferisch benützen. Der Musikwissenschaftler braucht eine andere Art von Genauigkeit – wissenschaftliche Vorsicht, die Absicherung mit Quellen usw., das brauchen wir alles nicht.

Würden Sie an dem Experten bei Adorno festhalten – das heißt, in der Lage zu sein, die Stücke beim ersten Hören als Struktur wahrzunehmen?

Nein, gar nicht. Ich glaube, daß das ein äußerst dummes Hören ist. Die musikalische Struktur ist auf geheimnisvolle Weise im Klang aufgehoben. Es gibt sogar Stücke, wenn man die analysiert, erfährt man zwar etwas über die Stücke, wenn man sie aber dann analytisch hört im Sinne der durchgehörten Struktur, zerfallen sie total. Ich glaube, das ist kein gutes Hören. Ich denke aber andererseits, daß bestimmte Dinge des Kombinatorischen in der seriellen Musik, die ein umwälzendes Denken bedeutet haben, noch längst nicht wirklich in das Hören eingegangen sind, weil die Rezeption, auch von der Öffentlichkeit her, wann wo was gespielt wird, äußerst schwach ist, ja zum Teil sogar unterbrochen, so daß ein erkennendes Hören, oder ich sage jetzt mal: artistische Fähigkeiten, sich nicht weiter ausgebildet haben. Also insofern kann man vielleicht strukturelles Hören als Mangel noch bejahen. Messiaen hat in seinem Stück *Soixante-quatre durées* bemängelt, daß sehr lange Dauern, die sich vielleicht nur durch ein Zweiunddreißigstel unterscheiden, also die Proportion eigentlich so klein ist, daß man denkt, beide haben dieselbe Dauer, also bemängelt, daß das Gehör nicht fein genug sei, um sozusagen auch in diese Unterschiede vorzudringen. Oder zum Beispiel solche utopischen Dinge: Stockhausen hat das Geräusch-Hören in Darmstadt einmal so erklärt, daß wir nur deshalb Geräusch als Geräusch hören, weil unser Gehör nicht in der Lage ist, den Grundton, also sozusagen die Periodizität, wahrzunehmen. Er meinte nicht Grundton im Sinne von tonalem Grundton, sondern im Sinne eines spektralen Grundtones. Wenn wir den hören könnten, würden wir sozusagen auch das Periodische wahrnehmen können. Unser Ohr ist noch zu klein. Also da kann man alle möglichen Dinge bedauern, die noch nicht stattgefunden haben, oder auch noch nicht weiter getrieben worden sind, aber daß das Struktur-Hören ein musikalisches Hören ist, das glaube ich nicht. Bestimmte Aspekte der Struktur – das glaube ich schon, auch um bestimmte Sachen verfolgen zu können, aber das Struktur-Hören im Sinne einer sportlichen Ohrgymnastik, das ist eher was für das Labor, für Musikstudenten, um bestimmte Hörweisen zu lernen, aber es ist kein musikalisches Hören.

Adorno hat es, glaube ich, anders gemeint – die Konstruktion hören zu können, war für ihn die Eintrittskarte, um dem Stück emotional gerecht zu werden und um so Erkenntnisse zu erlangen.

Das glaube ich eben nicht. Das kann eine sein. Also wenn Sie zum Beispiel die ersten Takte von *op. 24* von Webern, also des *Konzerts*, nehmen, diese viermal drei Töne, ich weiß nicht, ob das musikalisch so günstig ist, wenn man sie kompositionschemisch hört und dadurch sozusagen eine Eintrittskarte eo ipso haben soll zu diesem Stück, ich glaube es nicht, und gerade heute, ich glaube es nicht. Früher waren die Hörschwerpunkte ganz anders als heute, und ich denke schon, daß dieser Satz von Adorno sehr situationsbezogen ist. Es gibt natürlich strukturelle Daten, die sehr wichtig sind für ein verstehendes Hören, das ist aber – ich glaube – noch mal etwas anderes.

Angst vor Neuer Musik, können Sie sich das vorstellen?

Ja, das habe ich oft erlebt, kann aber dazu nichts sagen. Ich weiß nur, daß Leute, die ich gekannt habe, oder die ich noch kenne, Angst vor Neuer Musik haben, weil sie denken, die ist dissonant oder unübersichtlich usw., eigentlich also nicht Angst haben, sondern einfach nicht gerne hinhören. Sie würden sich solche Niveaus wie bei ihrem Musikhören zum Beispiel auf dem Gebiet der Literatur aber nie und nimmer gefallen lassen. In der Literatur würden sie sofort sagen: Käse oder Quatsch, aber in der Musik, da ist offenbar irgend etwas anderes, Archaisches angesprochen im Menschen, wo das Niveau häufig von vornherein viel tiefer und nur wenig ausdifferenziert ist. Mehr weiß ich dazu nicht. Ich gehe zwar öfters mit Leuten um, die Angst davor haben, aber ich glaube auch nicht, daß das heute alles so schlimm ist. Am meisten Angst vor Neuer Musik haben die Redakteure im Fernsehen, und dann im Rundfunk, dann kommen die großen Labels wie Sony, die haben Angst. Das ist eher eine subjektivierte Marktfrage als eine künstlerische.

Hören – Gehorsam – Hörigkeit. Gibt es für Sie Verbindungen?

Gehorsam und Hörigkeit? Ich kann mit der Frage nichts anfangen. Ich hoffe, daß ich weder gehorsam noch hörig bin.

Erfordert Neue Musik ein neues Hören?

Ich möchte diese Frage so auch nicht beantworten, weil ich denke, daß sie einseitig gestellt ist. Die Neue Musik fördert Erweiterungen des Hörens, ich kann aber auch mit „älterem Hören" sehr viele Neue Musik hören, weil die Neue Musik nicht traditionslos ist.

Wissen Sie, wer Ihre Musik hört?

Nein.

Interessiert Sie das?

Das hat mich interessiert, als ich meine Polit-Revuen machte. Weil die Rückkoppelung, die direkte Wirkung sehr wichtig war, sowohl was Tonhöhen betrifft als auch Tonhöhen im Verhältnis zu Texten, aber auch Frequenzbereiche: In unseren Revuen saßen Industriearbeiter, die haben die hohen Töne des Klaviers nicht mehr gehört, also konnte man mit diesen Lagen auch nur beschränkt umgehen. Ausdrucksmäßig war das Material beschränkt. Das hat mich sehr interessiert. Jetzt interessiert mich eigentlich nur, wenn jemand etwas über Stücke von mir sagt, woraus ich Rückschlüsse ziehen oder etwas lernen kann. Ansonsten ist die Kommunikation ziemlich anonym. Selbst beim Publikum: Wenn zum Beispiel ein Stück besonders viel Beifall bekommt, dann hört man nachher meist die schlechtesten individuellen Meinungen darüber und umgekehrt. Der Beifall selber ist kein Gradmesser. Er widerspiegelt offenbar eine ganz andere Situation als die persönliche Meinung. Es scheint ein Sich-distanzieren-Müssen von diesem Kollektiv des einhelligen Beifalls zu geben. Wie das psychologisch im einzelnen Hörer ist, weiß ich nicht, aber den Widerspruch habe ich oft festgestellt.

Wie hören Sie Ihre eigene Musik im Spannungsfeld zwischen Moderne und Postmoderne?

Ich definiere das Spannungsfeld so, wie der Untertitel oder der Teil eines Untertitels eines Orchesterwerks von mir lautet, nämlich *mit Abschied der kleinen Trommel*. Der Abschied von der Moderne war für mich verknüpft mit Abschied vom dezidiert politischen Komponieren, wie auch immer das ausgesehen hat. Ich versuche, mich in meinen Stücken wieder gedanklich oder kompositorisch auf Dinge zu konzentrieren, die vielleicht mehr mit „Musik" zu tun haben, also mehr fachlicher, innermusikalischer, kompositorischer Art sind. Ich bin längst nicht mehr so verstört, so perplex über diesen Schnitt, der mich da, und ich glaube auch: viele andere, getroffen hat. Ich sehe eigentlich eher das Lernen. Daß das, was so unverrückbare Lebensziele waren, die die Darmstädter Avantgarde-Diskussionen wesentlich mitformuliert haben, doch nur Lösungsversuche sind, Avantgardismus nur eine bestimmte Art von Modernität war, sehr stark geprägt von der Nachkriegssituation. 1945 war ich fünf Jahre alt. Diese entsprechenden Empfindungen und künstlerischen Sehnsüchte waren sehr stark in mir. Daß es nur eine Art der Konzeption ist, bedeutet auch, daß man sich davon befreien kann. Ich merke das auch im Unterricht. Ehemalige Studenten sagen zu mir: „Früher hätten wir das nicht machen dürfen." Sie haben demnach einiges von dem immer noch als Regel verinnerlicht, das doch nur eine Konzeption sein sollte. Es gibt interessante historische Schritte: Gleichberechtigung (der Töne), Unabhängigkeit, was ein viel größerer Schritt ist als Schönberg oder Webern ihn getan haben, und Gleichgültigkeit, aber nicht im pejorativen Sinne, sondern gleich-gültig. Wenn man sich zum Beispiel *Cheap Imitation* von Cage anschaut, in der rhythmischer Ausdruck von und mit alten Tonhöhenverhältnissen, also zum Beispiel eines Sextakkordes, einer Oktave usw. zu finden ist, die beide in einer avantgardistischen Komposition überhaupt nicht möglich gewesen wären, dann ist dies jetzt möglich, weil nicht mehr aus einer Wurzel heraus gedacht wird. Aber es ist nicht im tonalen Sinn oder im altmodischen oder im traditionellen Sinne gedacht, sondern im Sinne der Gleich-Gültigkeit. Das heißt: Es gibt keine Zentren! Sie können im Sinne eines großen Parameter-Zuordnungsraums gleich gültig nebeneinanderstehen. Es funktioniert natürlich nur, wenn diese Gleich-Gültigkeit selbst durch den Verlauf des Stückes formuliert ist, also nicht einfach in Tonalität zurückgefallen wird. Dann kommt durch die Postmoderne das fragmentarische Denken, durch Nonos *Streichquartett* – denke ich – als erstes emphatisch formuliert in die Musik, auch eine Emanzipation der einfacheren Intervalle wie Oktave, Quinte, Quarte. Ich nenne das Diatonik – es hat mit Tonalität bestimmt gar nichts zu tun. Diesen Intervallen eignet auch die Berührungsmöglichkeit mit irrsinnig kleinen Intervallen, zum Beispiel Sechzehnteltönen, grob gesagt: den Möglichkeiten der Mikrotonalität. Eine fragmentarisch gesehene Welt braucht wieder einen besonderen Instinkt, womit der Komponist sich schöpferisch bewegen kann.

Ist Gehörbildung von existentieller Bedeutung?

Gehörbildung ist eine Art von Üben, und ich glaube, man kommt auch nicht ganz ohne Übungen aus. Aber zum Beispiel bei uns, an der Folkwang-Hochschule, ist Gehörbildung – unabhängig von diesen Übungen – erkennendes Hören, also analytisches Hören, und zwar eben über das Hören und nicht über das Lesen, wie das eher in Analyse der Fall ist. Über das Hören wird das Erkennen von Gestalten usw. geschult, und dafür brauche ich als Voraussetzung natürlich auch ein Hören, das weiß: Aha, das ist eine Quinte, das ist auch eine Quinte, das ist transponiert usw. Diese mehr sportliche Art, mit Hören umzugehen, verlangt entsprechendes Training. Das heißt: Falsch – Richtig ist bestimmt unabdingbare Voraussetzung, aber natürlich überhaupt kein musikalisches Hören, und noch längst kein verstehendes.

Wie sollte eine Musikerziehung sein, damit sie das Ziel der Öffnung für Neue Musik erreicht?

Eine moderne Musikpädagogik – stelle ich mir vor – sollte eigentlich alles abbauen, was mit Urteilen zusammenhängt, die Vorurteile sind, das heißt also zum Beispiel nicht denken, alles, was 19. oder 18. Jahrhundert ist, ist gleichsam Natur von Musik, das Neue dagegen von vornherein etwas Unnatürliches oder Widernatürliches (man kennt diese Bezeichnungen ja aus verschiedenen Diktaturen), etwas Gemachtes, was der Erklärung bedarf. Man sollte erkennen, daß alles auf Konzeptionen basierte. Der Satz von Schönberg: „Die haben früher auch alles schreiben können, aber sie haben es nicht getan" trifft dies genau. Das Gebundene an der jeweiligen Bestimmtheit einer Konzeption impliziert auch Freiheit. Dann, glaube ich, kann man auch bestimmte allgemeine Elemente, die in aller Musik, unabhängig von ihren historischen und stilistischen Ausformungen vorhanden sind, auch so etwas wie große Überblicke erkennen, so daß man vielleicht genügend Material hat, auch das, was in zwanzig Jahren, in zehn oder fünf Jahren sein wird, ebenfalls verstehend zu rezipieren oder verstehend schöpferisch zu beantworten.

Wie lehren Sie das Hören von Musik?

Kompositionsunterricht ist bei uns an der Folkwang-Hochschule ein gebündeltes Hauptfach. Das eine ist die Analyse. Hier, finde ich, kommt der Person des Lehrers: wie er an ein Stück herangeht, welches Stück er auswählt usw., eine wirklich große Rolle zu. Die andere getrennte Disziplin umfaßt alles, was mit Tonsatztechniken zu tun hat. Das sind meist Übungen an erkalteten stilistischen Modellen, um das Handwerk zu schulen und Fertigkeiten zu erwerben. Das dritte ist die eigentliche kompositorische Ausbildung. Sie findet – zumindest bei mir ist es so – im Einzelunterricht statt. Da ist zunächst wichtig die Entwicklung der Emotionalität. Das heißt: Alle Vorschläge, die ich mache, sehe ich als Vorschläge zur Erweiterung der Expressivität des Studenten; diese, nicht im romantischen Sinne, sondern im Sinne von Machen heißt: Alles, was ich mache, ist Ausdruck. Nicht schmal bleiben, entwickeln können, das Innere, die Vorstellungen weiten. Dies zielt auf Identität zwischen den objektiven und subjektiven Kategorien der Komposition im Studenten ab. Dazu gehört auch die Schulung des Hörens im Sinne des „Heraushörens". Ich verlange schon längst nicht mehr, daß man mit prädisponiertem Material ankommt. Umgekehrt: Der Student soll komponieren und dann aus dem Komponierten herauslesen: Wie habe ich gehört? Einerseits ist damit Identität sowie Subjektivität erreichbar, andererseits auch eine nicht vorhersehbare, etwas labyrinthische, freie Art des stetigen, selbstinterpretatorischen Definierens von schon Gemachtem. Natürlich brauche ich bestimmte Materialien, wenn ich etwas komponiere. Aber je mehr ich sozusagen hörend interpretiere, was ich gemacht habe, im Sinne des Heraushörens von etwas, um so unzureichender werden die materialen und strukturalen Anfangs-Gedankengänge. Oft auch müssen meine Studenten selber spielen, wenn ihre Möglichkeiten dazu ausreichen oder die Faktur der Komposition es erlaubt. Sie müssen spielen, und ich stelle Fragen wie in einer Gehörbildung. Obwohl sie selber alles lesen und selber spielen – es ist ihnen eigentlich alles bekannt –, werden sie aber aufgrund meiner Fragen sozusagen getrieben, weiter in das Emotionale oder das Sinnliche von ihren Sachen einzusteigen. Ich würde sagen, in dieser Methode ist Zukunft, Subjektivität, Identität und Erweiterung durch einen Lehrer aufgehoben. Der Student muß sich total öffnen können, keine Tabus bilden, keine Unehrlichkeiten. Umgekehrt: kein Puschen von Stücken zu irgendeiner Qualität, die nicht stimmt in Bezug auf das gerade erreichbare, normal spontane Niveau eines Studenten – eine bessere Methode kenne ich nicht. Allerdings steckt in der Offenheit des Reifezustandes und des Selbständigkeitsstadiums auch Brutalität. Aber diese psychische Radikalität braucht der (junge) Komponist.

Lärmverschmutzung – was wäre die Konsequenz des Komponisten?

Ohne Ornament zu arbeiten. Das heißt alles, was gedanklich beziehungsweise musikalisch-gedanklich in einem Stück beabsichtigt ist, nicht zuzudecken. Die größte Lärmverschmutzung ist die Motivationsverrottung im Umgang mit Kunst. Zum Beispiel Verkehrslärm, überhaupt Lärm als solcher ist keine Lärmverschmutzung. Den kann ich nämlich auch völlig unverschmutzt benützen, oder gerade das Beschmutzende benützen.

Adorno schreibt abschließend in vers une musique informelle: *„Musique informelle könnte eine Flexibilität des Rhythmus gewinnen, von der man bis jetzt noch nichts sich träumen läßt." Würden Sie das für Ihre konzeptionellen Rhythmuskompositionen verwirklicht sehen?*

Der Aufsatz von Adorno – soweit ich mich erinnern kann – ist ja eine Aufarbeitung seiner eigenen Traditionalität. Das betrifft unsere Zeit so gar nicht mehr, höchstens noch historisch. Ich denke, daß man, wenn man Rhythmus als Konzeption sieht, eigentlich alles, was je konzeptionell benützt worden ist, auch tonale Konzeptionen von Rhythmus, einbeziehen kann – wenn man eben etwas vom Einbeziehungs-Umfeld versteht. Konzeption ist ja nicht nur eine materielle oder logische Angelegenheit, sondern ist Verständnis von etwas, was wozu dient. Man kann aufgrund von Kenntnissen und blitzartigen Erkenntnissen alles so schmieden, wie man es für sein Stück braucht. Und ich glaube, daß wir in einer Zeit leben, in der bestimmte Dinge zerschlagen worden sind wie das Ei des Kolumbus. Der hat ja nicht versucht, das Ei aufzustellen und wie die Anderen innerhalb derselben Logik zu bleiben, sondern er hat das Ei zerstört. Und so denke ich, daß man sogar *vers une musique informelle* von Adorno heute vielleicht etwas umdeuten könnte.

Da wäre die Frage, inwieweit das Zerschlagen des Eis wiederum eine abstrakte Negation ist.

Ich glaube, es war eine konkrete Negation einer abstrakten, aber schlau gedachten Aufgabe, weil es abstrakt bleibt, diesen Gedanken der Aufgabe zu lösen. Sie ist ja nicht konkret zu lösen. Genauso hat Alexander den Gordischen Knoten durchgeschlagen, weil er sich nicht auf die Fragestellung eingelassen hat; sondern er hat sich nur auf das Ergebnis eingelassen, und dann andere Mittel benützt – das finde ich eigentlich ein gutes Beispiel für nicht-logischen Fortschritt, für jetzt.

1996

III. WERKKOMMENTARE

Spektrale für Klavier (1964)

Spektrale besteht aus drei Sätzen. Den ersten Satz brachte ich zur ersten Stunde meines Kompositionsstudiums bei Günter Bialas. Noch im Herbst 1964 komponierte ich den dritten Satz, anschließend den zweiten. Alle Sätze sind Auseinandersetzungen mit Formen: Sonatenhauptsatzform, spukhaftes Scherzo, Verknüpfung von Adagio und Rondo. Besonders im ersten Satz ist durch ein vorab zudiktiertes Zeitgerüst für die Formteile alles sozusagen in Anführungszeichen gesetzt. Obwohl chromatisch, gibt es keine Reihen mehr, nur Intervallkonstellationen, die mir damals viel mehr Flexibilität garantierten. 1965 spielte ich die Uraufführung in Darmstadt. Als ich wenig später das Stück in der Münchener Musikhochschule spielte, beschwerte sich das Bayerische Kultusministerium, die Komposition wäre zu modern! In diesem Konflikt drohte Bialas mit der Niederlegung sämtlicher Ehrenämter, stand auf meiner Seite. Immerhin hatte ich dann nur noch Aufführungen außerhalb der Hochschule. Ich glaube, man wird in *Spektrale* viele Spuren zu meiner späteren Musiksprache finden können.

1997

Rituale für Orgel (1965)

Dieses Stück habe ich ziemlich am Anfang meines Kompositionsstudiums bei Günter Bialas geschrieben. Es hat noch stark hervortretende „satztechnische" Elemente, handelt aber in vier Sätzen von verschiedenen Ritualen der Orgel beziehungsweise des Orgelspiels. 1. Satz: Das Ritual des Registrierens, 2. Satz: Das Ritual des Kanons in einer komplizierten und virtuosen Form, 3. Satz: Das Ritual der Triosonate beziehungsweise des Trios, 4. Satz: Das Ritual der aleatorischen Improvisation und des tiefen Pedaltones C.

1991

Informationen über die Töne e-f für Streichquartett (1965/66)

Das Tonhöhenmaterial meines Streichquartetts *Informationen über die Töne e-f* besteht zur Hauptsache aus diesen Tönen e und f. Andere Tonhöhen, die hinzukommen, dienen nur dazu, e und f durch eine bestimmte Umgebung ein bestimmtes Licht zu geben. Durch die ständige Präsenz der beiden Töne (in verschiedenen Lagen, Dauern, Farben, Lautstärken) ist man gezwungen, nachdem eine Art Entreizung eingetreten ist, die Töne neuartig zu hören und sich ihrem Wesen reiner zu nähern: Sie kommen in ihre „Epiphanie" (Thomas von Aquin, Joyce).

1967

Parusie.
Annäherung und Entfernung für großes Orchester und Tonband (1967)

„Parusie" ist ein Begriff Platonischer Philosophie und bedeutet Gegenwart der Idee in den Dingen, das heißt, wir können einen bestimmten Stuhl trotz seiner Verschiedenheit von anderen Stühlen als Stuhl erkennen, weil unsere Seele früher die Idee des Stuhles geschaut hat und sich daran zurückerinnert. Die Idee in (meiner) *Parusie* ist ein Bewegungsprinzip: „Annäherung und Entfernung".

Dieses Prinzip strahlt seine Kraft in alle Parameter aus. Im Tonhöhenbereich resultieren daraus Satztechniken wie Kanon und Heterophonie, Spielweisen wie Glissando, Triller und Tremolo.

Auf die Musikgeschichte übertragen ergeben sich historische Annäherungen und Entfernungen, die das ganze Stück durchziehen.

Dabei wird eine ganze Skala der Deutlichkeit vom echten Zitat bis zur bloßen Analogie gebraucht: direktes Zitat (gut erkennbar – schwer erkennbar) – nachkomponierte Techniken und Spielweisen als Zitat. In der Mitte des Stücks erscheinen aus Weberns *op. 9 Nr. 5* die Takte 1–7. Dieses deutlichste und einzig echte Zitat ist der Schlüssel der gesamten Zitatebene. Zwar entfernen sich die Intervalle in dieser Streichquartett-Bagatelle nach und nach voneinander, haben also ein gleiches Bewegungsprinzip wie das für *Parusie* gewählte, jedoch wird durch die exponierte Stellung und die Realisation über einen eigenen Lautsprecher die Fremdheit betont. Sie ist nur verständlich, wenn die Zitatebene des Stücks erkannt wird. Eine Fülle schwer erkennbarer Zitate reicht von Robert Franz' *Es hat die Rose sich beklagt* bis zu einzelnen Tönen, etwa dem Subkontra-B aus Weberns *Orchesterstücken op. 6* im Kontrafagott oder dem kleinen f der Pauke aus Beethovens Scherzo der *9. Symphonie*. Diese vereinzelten Töne sind im Grunde kein Zitat mehr, nur noch als Analogie verständlich.

1968

Traummechanik für Klavier und Schlagzeug (1967)

Der Titel *Traummechanik* gibt Hinweis auf die Kompositionstechnik. Nicht nach seriellen Ordnungen, sondern nach „Prinzipien" ist die Musik komponiert. Die Prinzipien sind aus Mechaniken des Traums abgeleitet. Es handelt sich also nicht um Traummusik, und die Prinzipien haben auch nicht dieselbe Bedeutung wie in der Traumwirklichkeit, sondern sind lediglich Mechaniken, die in der Musik eigene Bedeutung gewinnen, obwohl unsere Disposition zu bestimmten Regeln der Traummechanik sicher auch dem Verstehen der Musik dienlich ist.

Die verwendeten Mechaniken sind: übertrieben – untertrieben
gefesselt – befreit – natürlich
transponiert

Sie sind in verallgemeinerter Form vom Traum übernommen, der ja mit sogenannten Deckfiguren arbeitet und dabei auch die während des Traumes gerade geschehenden natürlichen Ereignisse (zum Beispiel kalte Füße, brennendes Licht, Motorengeräusch etc.) miteinbezieht und in die Traumwirklichkeit eintransponiert.

Darin drücken sich Verhältnisse und Beziehungen zwischen sinnlichen Phänomenen aus. Nach diesen Prinzipien sind Klangfarben-, Ton-, Strukturcharakteristik-Beziehungen und anderes mehr komponiert. Es ist eine Musik, bei der die Spannung aus einem Verhalten des gerade Erklingenden zu etwas (x… y…) entsteht. Sie braucht Phantasie.

1967

Epigenesis I für vier Blockflötenspieler (1967/68)

Epigenesis I, das erste Stück, das ich 1967/68 während meines Studiums bei Luigi Nono schrieb, basiert auf der von Michael Vetter entwickelten Blockflötentechnik. Der Titel bedeutet: Entwicklung einer Struktur aus Merkmalen der ihr vorausgehenden. Dieses Prinzip gilt sowohl für den Zusammenhang unmittelbar aufeinander folgender Strukturen als auch von einer Struktur zu ihrer zeitlich entfernten, verwandelten Wiederholung im Sinne einer Bogenform. Durch Veränderung der Reihenfolge der Wiederholungsstrukturen werden die Bögen unterschiedlich lang. Das Beziehungsprinzip des Entwickelns ist verschieden komponiert, zum Beispiel: „Skelettieren" einer Struktur, „Ergänzen", „Verborgenes hervorholen", „Ins Gegenteil verkehren". Dies bezieht sich jeweils auf verschiedene Parameter und Parametermischungen. Die Strukturähnlichkeiten bauen sich nach und nach bis zur völligen Verschiedenheit ab (das ist die Struktur, in der der Flötenton mit der Stimme des Bläsers – als einmaliges Material – moduliert wird). Einschübe unterbrechen den Formverlauf. Sie stehen im Abstand von großen Terzen (f, cis, a), stellen so das Hauptelement der Tonhöhenorganisation in Makrostufen dar und fassen sonst gestreut auftauchendes Material (zum Beispiel Klangfarben, Artikulationen) brennpunktartig zusammen.

1983

Epigenesis III für 14 Streicher und Schlagzeug (1968)

Das Werk versucht Beziehungen zwischen menschlichen Sozialverhaltensweisen und analogen Verhaltensweisen von Tönen oder analog möglichen Manipulationen eines einzelnen Tones darzustellen. Die Strukturen der Parameterverhältnisse sind nach folgenden Prinzipien gebaut: Vier Gruppen: I (= Individuum) mit Dichte 1, G (= Gruppe) mit den Dichten 2 3 4 5, KG (= komplexe Gesellschaft) mit den Dichten 6 7 9 10 12, M (= Masse) mit den Dichten 8 11 13 14. Diese vier Gruppen sind bestimmt durch fünf Prinzipien: Anomie, Führerprinzip, Herrschaft, organisierte Verbundenheit, innere Verbundenheit. Die Prinzipien haben drei Energiemodelle: rituell, normal, dynamisch. Das ergibt $4 \times 15 = 60$ Kombinationen, die auf die musikalische Sprachebene transponiert sind. Hier ist außerdem zum ersten Mal konsequent die Technik Bachs, einstimmige Linien in Hoquetuspolyphonie anzulegen, auf die Gesamtform übertragen. Dadurch fallen Form und Struktur zusammen. Die Bachsche Technik ist eine horizontale Schnitt-Technik mit dem Aspekt direkter Bezogenheit innerhalb der kompositorisch angelegten Schichten. Sowohl diese Art von Schnitt-Technik als auch alle verwendeten Kompositionsmittel und Materialien lassen sich in direkte Beziehung zu sozialen Prinzipien setzen. Kann Musik also gefährlich sein?

1970

Aion für vierkanaliges Tonband und Gerüche (1968/72)

Bis auf ganz wenige Ausnahmen erscheint in *Aion* jedes akustische Ereignis nur ein Mal. Ihr Bedeutungszusammenhang bündelt sie zu bestimmten Schichten und zu thematischen Spannungssteuerungen archetypischer Energieverläufe.

Der Archetypus ist ein an sich unbewußtes psychisches Gebilde, das aber Wirklichkeit besitzt, unabhängig von der Einstellung des Bewußtseins. Psychische Energien verknüpfen sich mit sinnlichen Vorstellungen. C. G. Jung spricht von Imagofähigkeit. Er nennt Archetypen „funktionelle Dispositionen", entsprechend den „patterns of behavior". Ich entdeckte, daß Tonalität auf solchen funktionellen Dispositionen unserer Psyche beruht. *Aion* ist ein Stück über die energetischen Elementargeheimnisse der Tonalität, ihres (veralteten? noch nicht besiegten, unbesiegbaren?) Libidoreichtums.

Beziehungsnetz der thematischen Schichten:

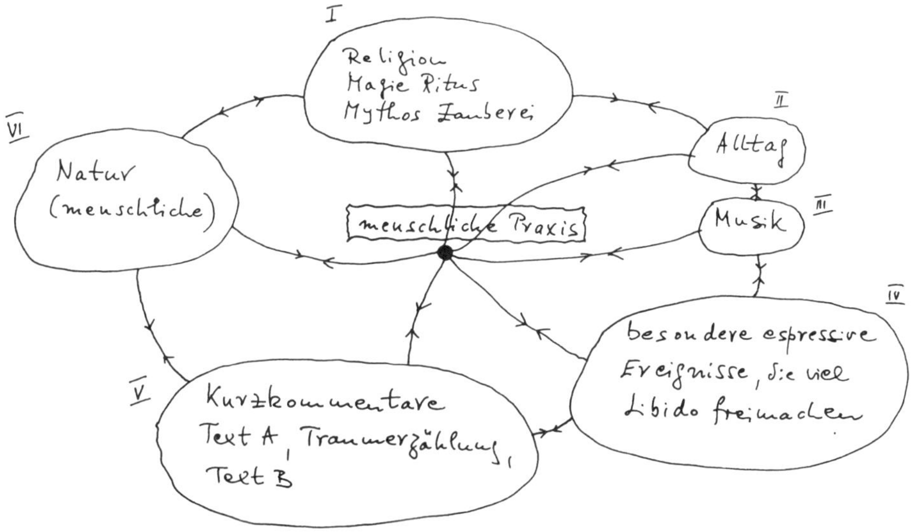

Wie ist *Aion* zu hören?
Die Komposition, bereits 1968 entworfen, war jedenfalls als akustisches Arbeitspapier gedacht.

1990 neuformuliert

Versuch über Sprache für 16 Solostimmen, chinesisches Becken, Hammondorgel, Kontrabaß und zweikanaliges Tonband (1969)

Vier verschiedenartige Texte – ein logischer (Karl Marx), ein lyrischer (Hölderlin), ein Volkslied (Goethe) und ein griechisches Fragment (Sappho/Alkaios) – werden in Bezug auf Musik abgetastet. Das Stück hat keinen Werkcharakter im alten Sinne. Alles, was zu hören ist, ist Beispiel des Abtastprozesses. Die Struktur ist möglichst kahl gelassen, auf Buntheit und Reizwirkung wurde keine Rücksicht genommen. Je bekannter das klingende Resultat ist, desto interessanter in Bezug auf den Zusammenhang von Musik und Sprache. Komplexeres Ausnutzen würde nur Chor, Instrumente und elektronisches Studio als solche bestätigen, Musik aber keineswegs klarer machen, sondern verdecken.

1970

Verwendete Texte:

I

Sah ein Knab ein Röslein stehn,
Röslein auf der Heiden,
War so jung und morgenschön,
Lief er schnell, es nah zu sehn,
Sah's mit vielen Freuden.
Röslein, Röslein, Röslein rot,
Röslein auf der Heiden.

(Johann Wolfgang von Goethe)

II

Der Teil des Arbeitstages, der bloß ein Äquivalent für den vom Kapital gezahlten Wert der Arbeitskraft produziert, galt uns bisher als konstante Größe, was er in der Tat ist unter gegebenen Produktionsbedingungen, auf einer vorhandenen ökonomischen Entwicklungsstufe der Gesellschaft. Über diese seine notwendige Arbeitszeit hinaus konnte der Arbeiter zwei, drei, vier, sechs usw. Stunden arbeiten. Von der Größe dieser Verlängerung hingen Rate des Mehrwertes und Größe des Arbeitstages ab. War die notwendige Arbeitszeit konstant, so dagegen der Gesamtarbeitstag variabel.

(Karl Marx: *Das Kapital*, Stuttgart 1962 I/4,10 S. 204)

III

Ihr wandelt droben im Licht
Auf weichem Boden, selige Genien!
Glänzende Götterlüfte
Rühren euch leicht,
Wie die Finger der Künstlerin
Heilige Saiten

(Friedrich Hölderlin)

IV

[Λάτως] τ̣ε kα̣ὶ Δί̣ [ος] πάϊ [.]
]..ε...[.] ἔπιθ̣' ὀϱγία̣ν[
[Γϱύνηα]ν̣ ὐλώδη<ν> λίπων
]. ε̣ν̣ χϱη̣[σ]τ̣ ή̣ϱιον
].[ ]. ευμεσ̣[..].[.]ων
]....[.....]

(Fragment, nicht gesichert, Alkaios oder Sappho. Fragment: Alc. 99LP., 10–15)

Harakiri für kleines Orchester und Tonband (1971)

In *Harakiri* etabliert sich das akustische Ereignis nicht selbst unmittelbar als Musik. Insofern ist es keine Musik. Dadurch, daß zu Hörendes und Musik sich nicht mehr decken, ist es schwer gemacht, das, was Elemente der Musik darstellen soll, selbst als Musik mißzuverstehen.

Es geht um Darstellung verschiedener Grade von Aktivität. Diese müssen voneinander isoliert sein, um nicht durch Strukturbildung mißverstanden zu werden. Der lange, ausgehaltene Ton bekommt eine neue Bedeutung. Er ist selbst Ergebnis einer Aktivität, die ihn aus dem gewohnten Energiegefüge Durchmesser – Spannung für 440 Hz/sec. – spezifisches Gewicht etc. ausbrechen läßt (die a^1-Saite wird 2 1/4 Oktaven tiefer gestimmt).

Verschiedene Grade von Aktivitäten (Tremolo, Oktave, Quinte, Doppeloktave mit schneller Innengliederung, Crescendo) lassen diese mehr oder weniger „schmutzig" erscheinen: weil sie pseudokonkreten Reiz-Bedürfnissen nachgeben, weil sie uns Arbeit ersparen, die wir leisten sollten, weil sie Entfremdungserscheinungen sind, die die Spaltung unserer – zum Beispiel – Crescendo-Tätigkeiten in verschiedene Sphären ausnützen, um *ihr* Schäfchen ins Trockene zu bringen. Am Ende schlägt Spannung in Naturentladung um. Sind Hörer fein heraußen? Soll gemachter Platzregen uns gefallen, weil er von Schwüle befreit?

1971/72

Anerkennung und Aufhebung (Georg Lukács) (1971/72)

Die Komposition *Anerkennung und Aufhebung* hat fünf Schichten, denen als Thema die künstlerische Untersuchung der Abhängigkeit von Reiz und Ausdrucksbedingungen zugrunde liegt. Zum Zwecke der distanzierten Zeigehaltung mußten die verschiedenen Ebenen getrennt, die direkte Wirkung verfremdet und gleichzeitig die Eigenbedingungen der jeweiligen Ebene verstärkt werden. Sieht man als Hauptphänomen der bürgerlichen Kunst den rein subjektiven (heute isolierten und isolierenden) Ausdruck an und als direkte Äußerung das Mienenspiel (und Brechts Vorsicht demgegenüber), so ist es notwendig, diesen Produktionsbedingungen im instrumentalen Bereich (dem angeblich mienenspiellosen!) auf die Spur zu kommen.

Die erste Schicht besteht aus 300 Muskelkombinationen (Auge, Blickrichtung, Stirn, Mund, Hals, Brust, Arme, Bauch, Beine), die, paarweise kombiniert, durch Mehrfachüberlagerung und Energiekomposition, das heißt: mit musikalischen Mitteln, größere Ausdrucks-Reichhaltigkeit erhalten. Die Mienen stellt kein Schauspieler dar, sondern ein Musiker, der auch seinen Körper (als Interpret) genau kennt. Das Ausdrücken von wütend, ablehnend, starr, sadistisch, elegisch, süßlich usw. wird auch auf die Instrumental-Aktionen (insgesamt 41) aufmoduliert. Sie bilden die zweite Schicht der tonlosen, nur optisch rezipierbaren Sekundenfilme, die in Schwarz-Weiß auf drei Leinwände links und rechts von der Hauptprojektionsfläche (Mienenspiel, Schicht I, in Farbe) projiziert werden. Instrumente haben wie unsere Körper ebenfalls bestimmte „organische" Bedingungen, auf die ein Ausdrucks*wille* mit einer bestimmten Tendenz und Energie einwirkt. Das zeigt ähnliche und verschiedene Produktionsbedingungen unseres Ausdrucksbedürfnisses. Die Instrumental-Aktionen sind stumm, weil, ausgehend von akustisch bekannten Aktionen, der Ausdruckswille und die organischen Bedingungen *gesehen* werden sollen (Bogendruck/Saite, Finger – Vibratodruck. Mienenspiel/Musikeraktion usw.). Das Auge hilft dem Ohr und umgekehrt.

Die dritte Schicht ist eine Text-Schicht, die über das sinnlich Erfaßbare reflektiert – fragend und behauptend. Wie Text-Tafeln werden diese Texte, in verschiedenen Dauern und Häufigkeitskombinationen auf alle vier Filme verteilt, eingeblendet. Zu diesem visuellen Komplex kommt noch das „Einfärben" hinzu, das heißt: Gleiche oder ähnliche Ausdrucksfelder in Miene und Instrumental-Aktion sind gleich eingefärbt (grün, rot, gelb etc.).

Die vierte Schicht bringt umgekehrt *akustische* Ereignisse als „Vertikalstücke" innerhalb des mehr abrollenden Zeitverlaufs von Schicht I und II, die jetzt akustisch das Ohr, „wissend" vom Auge (wie das Auge vom Ohr lernt), mit der gleichen Thematik fordern. Mienenspiel ruft automatisch beim Partner Mienenreaktion hervor, deshalb als erstes Vertikalstück ein „Resonanzstück". Anstelle von Mienen bringen Schallschwingungen mit *ihren* Bedingungen jetzt nicht Mienenreaktionen, sondern Schall-Mitschwingreaktionen hervor, wieder unter den Bedingungen der betreffenden Materialien. Resonanz hat hier also eine Interpretation als Phänomen bekommen.

Das zweite Stück ist ein „Schreibenergiestück", bei dem sich der Charakter der drei schreibenden Personen in Bezug auf Aufgabe (Schreiben von Notentexten verschiedener Komplexität) und Befehl („so genau wie möglich", „so schnell wie möglich", „ohne besonderen Zwang") als akustische Haltung äußert. Das ist ein Versuch, mit Menschen-Klangfarbe zu komponieren.

Ein „Papier-Schneide-Energie-Stück" hat zum Thema das Hören der Verhältnisse von Papierart – Scherenart – Schnittart – Schneidender.

Ein Pick-up-Stück tastet mit einer Pick-up-Nadel verschiedene Profile verschiedener Materialien ab (Miene – Oberflächen- und Härteprofil).

Direktere Reizschichten (= fünfte Schicht) kommen auf den Seh-Hörer zu als tiefer Brumm, als Wind, als Husten (der aber noch personellen Bedingungen des Hustenden unterliegt).

Wie sensibel und hellhörig ist man am Ende geworden?

Circa zehn Menschen werden Blockflöten in den Mund gehalten, und diese müssen bis zur Erschöpfung Kniebeugen machen und so laut wie möglich in die Flöten blasen. Der Atem schreit in die Flöten als Folterwerkzeuge. Diese Aktion ist *nicht* sichtbar, nur zu hören. Anschließend wird der Erholungsprozeß gezeigt. Die Trennung der Vorgänge in beide Medien und das visuelle Unterdrücken der Folterszene gibt Gelegenheit zu lernen, was man gelernt hat. Wie würde man einen solchen Klang beurteilen, wenn man nicht wüßte, wie er erzeugt ist? Wie roh ist unser Gehör? In welchem Maße ist das Flöten-Ereignis abgeschwächt durch vorsichtiges, sparendes Verhalten der Bläser? – Man hört hier keine Musik als Komposition, sondern Menschen und ihre Vielfältigkeit, um über Musik etwas zu lernen.

1972

Gespenster für großes Orchester, Sänger/Sprecher und Tonband (1976)

Gespenster hat mit dem gleichnamigen Theaterstück Ibsens den Kontrast zwischen Alt und Neu sowie den Deutlichkeitsgrad in der Darstellung dieser Auseinandersetzung gemeinsam. Zwei Kulturen stoßen aufeinander. Aber die erste hat einiges abzugeben, bestimmte ihrer Elemente eignen sich zur *Intonationsbildhaftigkeit*. „Leben dort keine Arbeiter?" ist mehrdeutig: In *Tutti* spielt jeder Orchestermusiker so leise und so lange (den ganzen Atem drangebend) wie möglich, solistisch, einen nur ihm zugeschriebenen Ton. Der präzis verströmende Atem (der Bogen gilt als Atem des Streichers) und die Konzentration auf das Leise erzeugen den

Anspruch des Kostbaren, sind ein Gesang, zart und selbstsicher, für die vielen ermordeten fortschrittlichen Demokraten. Durch das Elementare dieses Vorgangs, die Verknüpfung von Ton-Komposition und (Lebens-)Atem entsteht eine Zurücknahme des Rhythmischen, das aber gerade dadurch als zweite Schicht besondere Plastizität bekommt und im Laufe des Stücks immer wichtiger – bis zur Verselbständigung – wird. Zwischen diesen beiden Extremen steht die Harfe als vermittelnder Ausgangspunkt mit ihrem idealen Saitenspannungsgrad, der, genau zwischen starr und schlaff liegend, eine elastische Flexibilität des Harfentons verursacht, von dessen Klang-Charakter man als einem vorbildlichen lernen kann.

Mit ihrem genau komponierten Glissando weist die Harfe auf den *Vorspruch* hin mit seinem gleichsam im Rohzustand liegenden Material und auf das *Lied* am Ende, das in seiner Harmonik besonders ausgefeilt an die Tradition der Arbeiterkultur anknüpft, was die Behandlung von Diatonik und Chromatik in ihrer Beziehung zum Inhalt betrifft. Die Mechanik der Harfe mit ihrer Möglichkeit der Halbton-Verschiebung entspricht dem so genau, daß die gesamte Harmonik von *Vorspruch, Tutti, Lied* daraus abgeleitet werden kann.

Der Brecht-Text des *Liedes* sowie das „Dachau-Lied" (mit dem Zitat, das über dem KZ-Eingang stand: „Arbeit macht frei!") sind Zeugnisse aus der Zeit des Faschismus. Peter Maiwalds Geschichte vom Arbeiter B. weist in Vergangenheit und Zukunft. Am Ende von *Tutti* stehen zwei kurze „Porträt"-Klänge: „Menschenklang"-Farben von Personen, die diesen geschichtlichen Abschnitt erlebt haben. Was denken Ihre Ohren (die der Zuhörer)!?

1977

Darabukka für Klavier (1976)

Darabukka ist eine arabische Vasentrommel – heute vorzugsweise vom fahrenden Volk gebraucht –, die zwei Klänge erzeugt: einen hohen und einen tiefen (+ hohen). Durch Abdecken der unteren Öffnung verschwindet der tiefere Klang, und der höhere bleibt allein übrig. Diese Eigenschaften sind auf das Klavier übertragen: 1. Die Taste wird wie eine Trommel behandelt, und alle möglichen Finger- und Handkombinationen werden zur Rhythmus-Instrumentation herangezogen. 2. Durch subharmonische Teilschwingungen wird der Tastenton zusätzlich klanglich aufgebrochen. Ihre Klangfarben unterliegen den Rhythmusmodellen. 3. Ich habe dieses Stück von verschiedenen Volks-Musiken gelernt, und am Ende erklingt eine Solidaritäts-Klangaktion für das Volk von Chile: „El pueblo unido jamás sera vencido!" – „Das Volk wird niemals besiegt werden, wenn es einig ist."

In *Darabukka* wird mit drei verschiedenen Struktur- und Klang-Charakteren gearbeitet. Unter den vielen Techniken der Rhythmuskomposition ist vielleicht die der rhythmischen Modulation am interessantesten: Durch Umdeutung *einer* Dauer kann von einem Modell x zu einem Modell y übergeleitet werden.

1976

Lernen von für großes Orchester (1977)

Dieses Orchesterstück gehört zu der Reihe meiner Rhythmus-Kompositionen wie *Darabukka* für Klavier und *dasselbe ist nicht dasselbe* für kleine Tromel. Das Medium Orchester ermöglicht eine größere Zahl von Kombinationen. Dem Stück liegt folgendes Rhythmusmodell zugrunde:

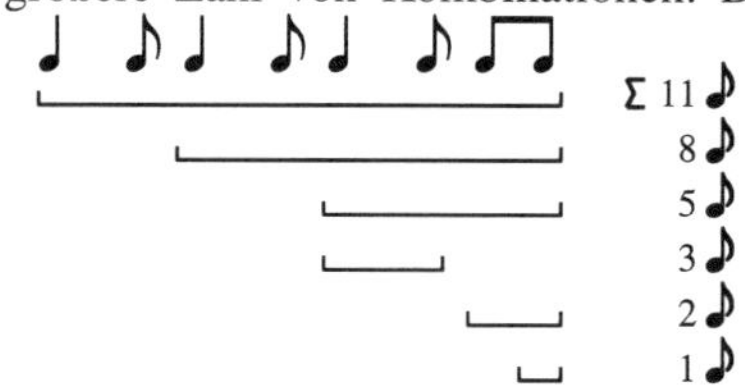

(als vagierende Dauer)

Daraus entwickelt sich der Rhythmus der Form- und Strukturteile:

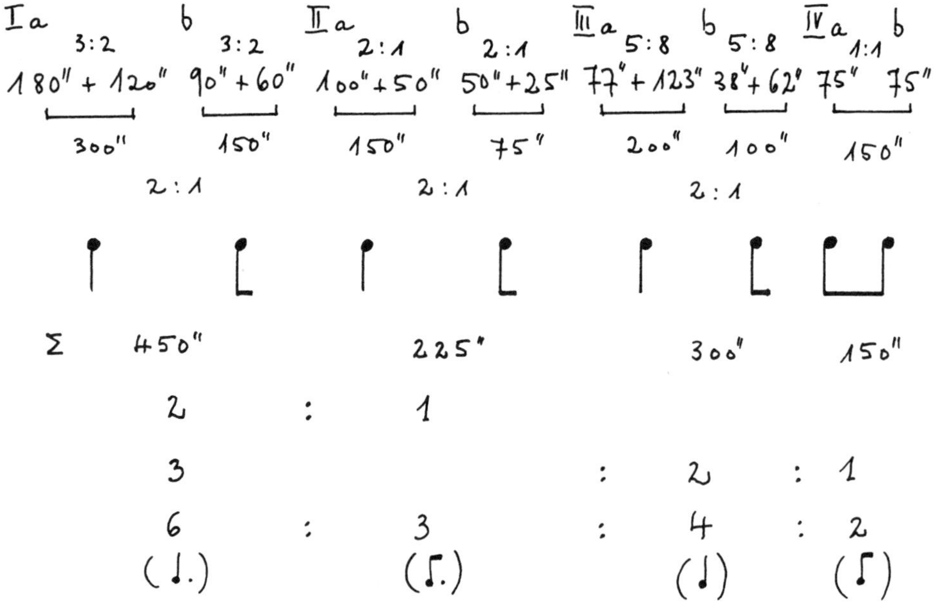

Innerhalb dieser Teile wird das eigentliche Rhythmusmodell mit verschiedenen Techniken komponiert: Vergrößerung, Verzerrung, Aufspaltung, Einsätzen, als Klangfarben- und Artikulationsrhythmus, Verwischung zu bloßen Anschlagsmengen und ähnliches.

Die Harmonik baut sich auf Großterzteilung, das heißt Drittelung des Quintenzirkels, auf. Diese symmetrische Harmonik ermöglicht es besser als eine durch asymmetrische Teilung aufgebaute, Tonhöhen als Rhythmusträger identifizierbar zu machen. Vorbeiziehende Volksfest-Rhythmuszüge, einbezogene „sprechende" Rhythmen und andere Elemente geben der Musik konkreten historischen Rahmen, aus dessen forderndem Anspruch die Komposition, Stellung beziehend, keinen Augenblick entläßt. Widmung: „Zum Jahrestag des 11. September".[1]

20. Dezember 1978

1) 11. September 1973, Militärputsch in Chile durch General Augusto Pinochet, Bombardierung der Moncada und Ermordung des gewählten Präsidenten Salvador Allende.

dasselbe ist nicht dasselbe für kleine Trommel (1978)

Innerhalb der Reihe meiner Rhythmusstücke (*Darabukka* für Klavier oder *Morgenlied* für großes Orchester) bildet die Komposition für kleine Trommel ein Gegenstück. Das Spannungsmoment: Tonhöheninstrumente werden wie Rhythmusinstrumente behandelt, fällt weg. An die Stelle dieses inneren Kontrastes tritt die Spannung des verschiedenen Gebrauchs der Trommel zu relativ vielen gleichbleibenden Behandlungselementen. Obwohl erst zu Beginn des 19. Jahrhunderts entwickelt, ist die kleine Trommel innerhalb einer alten und vielschichtigen Trommelkultur zu sehen. Verschiedene Seiten des Reichtums dieser Kultur, sowohl gesellschaftlichen Gebrauch als auch Vielfalt von Spieltechnik und Ausdruck betreffend, sind kompositionstechnische Grundlage. Dies jedoch nicht in bloß zitierender Art und Weise – das wäre ungeschichtlich –, sondern im Gegenteil: Das Fortschrittliche, soweit ich es in unseren gesellschaftlichen Verhältnissen sehe, ist voll und ganz auffindbar, denn „dasselbe ist nicht dasselbe“.

1978

presente für Posaune solo (1979)

Presente gehört zu meinen Rhythmuskompositionen. In diesem Stück versuchte ich, von musikalischen Allgemeinplätzen wie Fanfare, Jazzfloskel auszugehen, sie aber in ihren Proportionen ernst zu nehmen. Der Fanfarenrhythmus zu Anfang ist für die ganze Komposition strukturgebend:  . Er besteht aus vier Anschlägen auf eine Gesamtlänge von vier Vierteln. Die Proportion 3:1 von Anschlagsmenge zu Zeitdauer ist dabei kreuzweise angeordnet. Das heißt: Die Proportion der Anschlagszahlen 1:3 spiegelt sich in der Zeitlänge als 3:1 (Viertel). Alle Strukturen bestehen aus vier Gliedern. Entsprechend der Triole auf Zählzeit 4 ist das vierte Glied als ausbrechend und vorwärtstreibend komponiert. Innerhalb der vier Formteile mit den Charakteristiken *Fanfare – Jazzfloskel – Melodie – Lied* bildet das *Lied* (es handelt sich um das „Moorsoldatenlied“) die entsprechende Ausnahme: Aus dem Allgemeinplatz wird etwas, das die Allgemeinheit angeht und fordert. Der Schlußton des Liedes wird in alle vier Winde und Himmelsrichtungen geblasen. Er schließt die Material- und Bedeutungskette vom politischen Lied zur Tonrepetition zur Fanfare zur Rhythmuskomposition.

1979

Morgenlied für großes Orchester (1980)

Die Komposition *Morgenlied* für großes Orchester gehört zur Reihe meiner Rhythmus-Kompositionen, Tonhöhen werden darin primär zu Rhythmusträgern. Dem Stück liegt der Rhythmus der cubanischen Guaracha zugrunde:

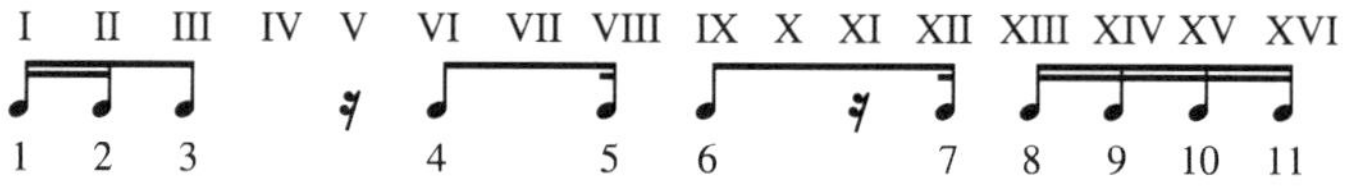

Aus diesem Modell ist das ganze Stück entwickelt. Die 16 Sechzehntel der Gesamtdauer des Modells vergrößern sich zu 16 Teilen der Gesamtform. Die Anschlagsmenge 11 bedingt die Gliederung jedes dieser Teile in 11 Einheiten zu wieder je 11 Untereinheiten (Tempo-Grundschlag). Innerhalb dieses Zeitgerüsts, das das auf ca. 16 Minuten vergrößerte Rhythmusmodell ist, sind die verschiedenen Charaktere und Gestalten im Mikrobereich ebenfalls aus dem Proportions- und Anschlagsrepertoire des Modells entwickelt (zum Beispiel auch die Tempostufen). Von dieser ziemlich starren, gleichsam zudiktierenden Zeitkorsett-Architektonik heben sich verschiedene Ausdruckshaftigkeiten von Rhythmuskomposition ab, wie zum Beispiel elastisch, gespenstisch, vorwärtstreibend, drohend, aufheizend, befreiend, disziplinierend, einkreisend (so häufig bei Alban Berg), versteifend und anderes.

Solche Ausdruckshaftigkeiten können nicht nur individuell, sondern auch gesellschaftlich fortschrittliche Funktionen haben.

An zwei herausragenden Stellen schlägt der Rhythmuspuls in „Melodie“ von Liedern um. Das erste ist ein heute noch in Frankreich überall bekanntes Lied der Résistance. Das zweite, von Dieter Süverkrüp, gab durch seinen Text dem Stück den Titel:

„Wenn dieser Morgen kommt
und dieser Tag (in Vietnam),
wird manches andre Volk
nach seinen Herren sehen,
ist großer Zorn noch übrig.“

Beide Lieder bilden zusammen mit dem Guaracha-Modell und der kompositorischen Verarbeitung und Anlage eine politisch verstehbare Einheit gezielter Emotionalität.

16. April 1981

Morgenlied: Akzentverteilung

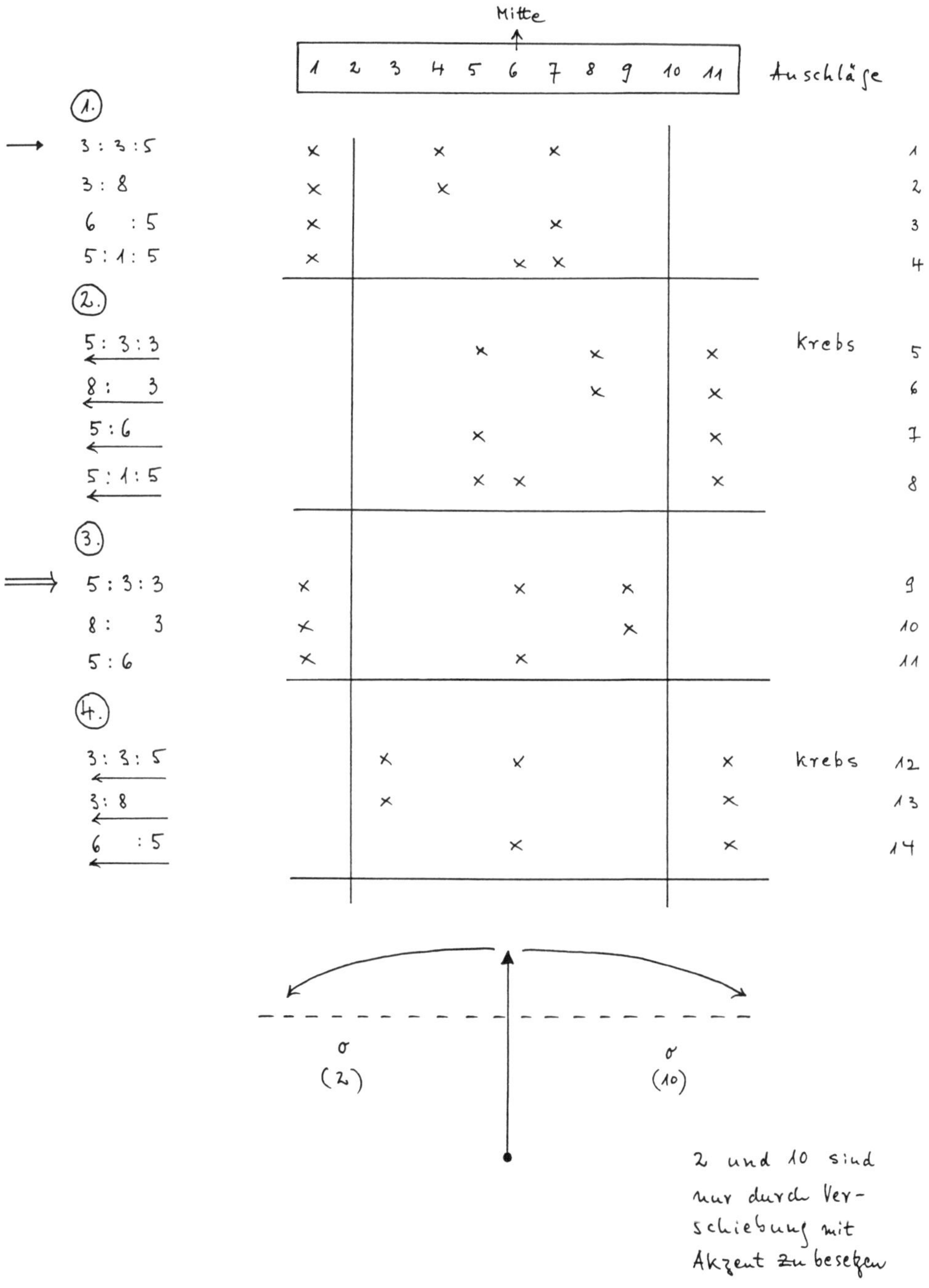

Morgenlied: Tempo – Struktur

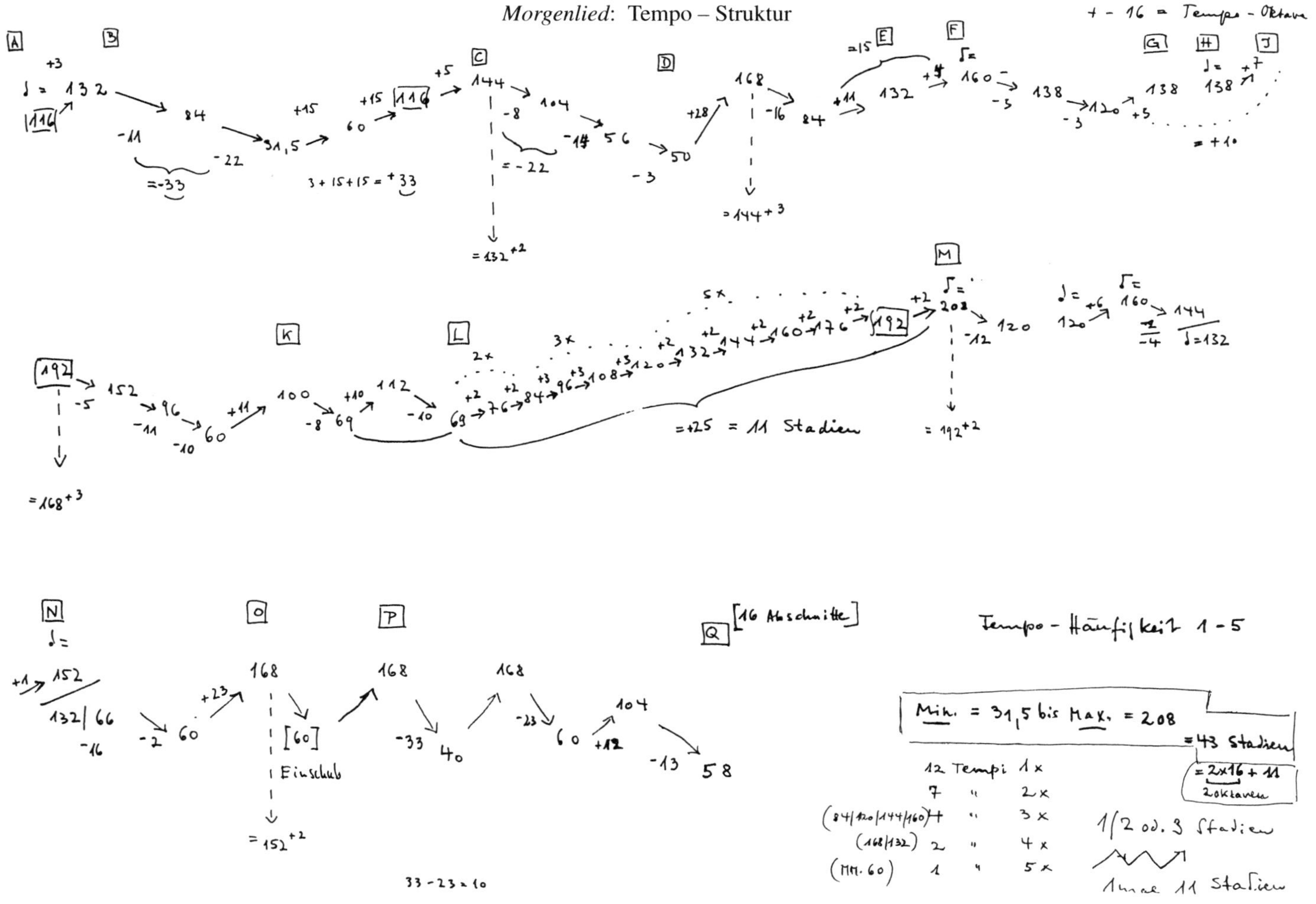

Morgenlied: Strukturplan Teil A

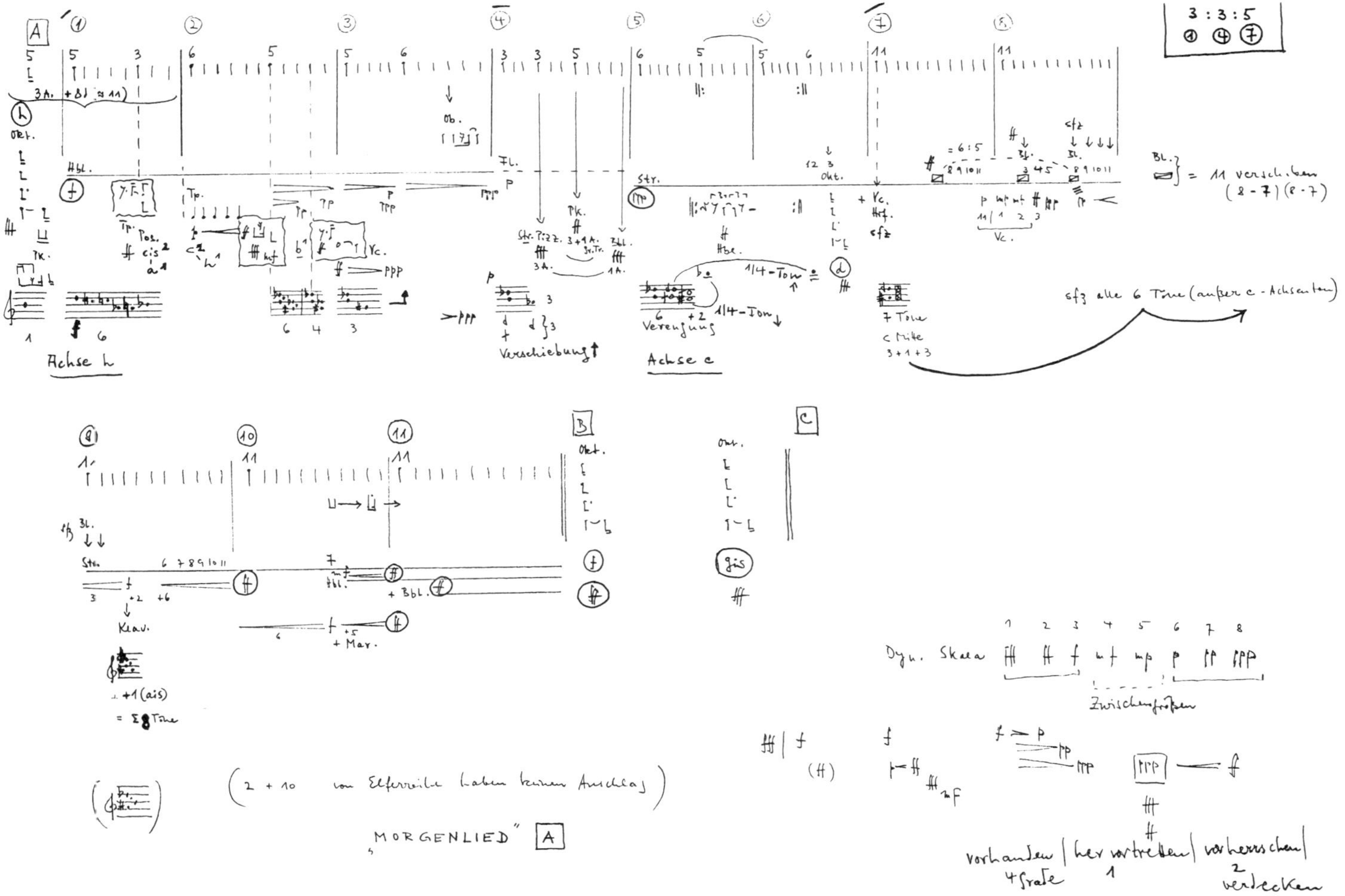

Solo für einen Solisten für Violine (1980/81)

Solo für einen Solisten gehört zur Reihe meiner Rhythmusstücke für Tonhöheninstrumente. Alle Verschiebungen und prozessualen Aperiodizitäten sind aus dem „paarigen, gleichen Anschlag“ des Anfangs erlebbar. Die benützten Bogentechniken, Fingerdruckarten, Klangfarben, Lautstärken, ja sogar das rhythmisch genau vorgeschriebene Vibrato, zum Beispiel

dienen zur zeitlich und emotional vielfältigen Darstellung ununterbrochener Prozesse. *Solo für einen Solisten* weist auf die außerhalb des Instruments liegenden Genre-Einschübe hin: Genre I „Kalinka“ (gepfiffenes Volkslied), Genre II Rhythmus mit den Füßen (quasi „Steppen“). Genre III ist die Melodie des Liedes *Die Frauen von Cuà* von Carlos Mejia Godoy, das durch die vorher gleichsam abstrakt auftauchenden Klang- und Rhythmustechniken emotional interpretiert wird. Umgekehrt werden diese rückwirkend inhaltlich konditioniert. Das Lied erzählt von Menschen, die in Nicaragua unter der Somozadiktatur verschwunden sind, gefoltert und geschändet wurden.

Der Refrain lautet: Ay! Ay! Niemanden habe ich vorbeigehen sehen
die schwarze Nacht verschluckt
den Tränenstrom.
Ay! Ay! Die Heimat weint
die Schreie, die man dort hört
klingen wie Schreie bei einer Geburt!

Aus dem Folkloristischen von Genre I und II wird das politische Lied des fortschrittlichen Volkes von Nicaragua.

1983

Sphärenmusik für großes Orchester (1981)

In meinem Stück ging ich von folgenden Material-Sphären aus: Schlag (Rhythmus) / Ton – Melodie – Feld. Jede Ebene ist so komponiert, daß sie fortwährend zwischen verschiedenen Kommunikationsarten und -intensitäten changiert, eine Ebene in die andere eindringt, sich aufmoduliert, Schnittpunkte und Grenzfälle mit anderen Ebenen bildet. Solche Kommunikationsarten und -intensitäten, in die sich der Hörer den jeweils konkreten Einzelsphären gegenüber versetzt sieht, sind zum Beispiel: einem musikalischen Objekt bloß gegenüberstehen / lyrische Ich-Identifikation / expressiv oder deklamierend auf einen zukommen (es gibt zum Beispiel mehrere „Ton-Gedichte“ mit Reimen) / zur Formel erstarrt sein (Marsch-Genre) / bewußte Subjekt-Objekt-Beziehung (Polit-Genre) und anderes.

Der Begriff Sphäre will die Überschneidungen und qualitativen Umformungen andeuten. Der deklamierte sprechende Ton ist gleichzeitig die reduzierteste Melodie (sie steckt hauptsächlich im Ton*fall*), Melodie ist gleichzeitig die präziseste Formulierung eines Feldes, ein Feld kann so „blaß“ sein wie ein bloßes akustisches Objekt. Man kann das Hörerlebnis von einem gemeinsamen Punkt her entfalten, wo Haupt- und Nebensache zusammenfallen, der vieles oder wenig beinhaltet wie das weiße Licht oder das „schweigende Gedicht in Weiß“.

1981

Sechs Bagatellen für Kammerensemble und Tonband (1981)

Die *Sechs Bagatellen für Kammerensemble und Tonband* sind Dieter Schnebel gewidmet. Besonders die Atmosphäre seines Sprechens und Denkens in einem Interview mit Heinz-Klaus Metzger und Rainer Riehn (Heftreihe „Neue Musik“ Nr. 1: Dieter Schnebel, Kultur Forum Bonn Center) hat mich zur nötigen inneren Freiheit geöffnet, zu schreiben, was ich schon längst gerne schreiben wollte, nur auf mich horchend.

Der Titel *Bagatellen* geht demgemäß auch nicht auf die *Bagatellen* Weberns zurück (die ja aus einer Situation radikaler Sprachreinigung gearbeitet sind), sondern auf Beethoven.

Nr. 2 *Mit Süße und Herbheit* ist unschwer mit *op. 111/II* in Verbindung zu bringen. Die sehr interessante Lautstärkenkomposition habe ich in eine eigene gewandelt, die eine politische Genre-Atmosphäre aufmoduliert.

Die Denktechnik der Beethovenschen *Bagatelle op. 119/X*, die nur *eine* Zeile lang ist und nur aus *einem* frappierend einfachen musikalischen Gedanken besteht, findet sich wieder in Nr. 1 *Ouvertüre* (das ganze Stück ist ein gedehntes Ouvertüren-Rhythmusmodell: ), dem erwähnten Nr. 2 und in Nr. 3: *Traum-Mechaniks Wirren.*

Das Modell des ersten Taktes (h-b-a-gis) stammt aus meiner *Traummechanik.* Der Zusatz *Wirren* bezieht sich einmal auf Schumanns *Traumes Wirren* (aus den *Phantasiestücken op. 12*), in dem in den Takten 5–7 eine transponierte Fassung meines Modells (es-d-des-c) vorkommt, zum anderen auf die Verarbeitungstechnik. In *Traummechanik* ostinat behandelt, erfährt das Modell hier dauernde und überraschende Veränderungen in Klangfarbe, Rhythmus, Dynamik, Intervallen (Dehnungen und vierteltönige Stauchungen), Lagen (sehr tief, sehr hoch) und Melodie (am Ende werden aus den vier chromatischen Tönen vier gleiche Töne). Das ganze Stück basiert auf Einstimmigkeit. Zugleich drückt sich hier ein anderer Bezug zu Beethovens *Bagatellen* aus, in denen sich Anklänge an andere („große“) Werke finden (zum Beispiel an die *Neunte Symphonie*).

In Nr. 5 *A hardedged Adagio* werden statt einem zwei musikalisch verschiedene Gedanken blockartig nebeneinandergestellt. Der Titel zeigt eine Analogie zur Bildenden Kunst: Der erste Teil ist eine Kette von zwölf solistischen, einfachen Klang„block“-Ereignissen, sozusagen rechtwinklig aneinandergefügt.

Nr. 4 *Tango* und Nr. 6 *Romanze* gehören zu den Genres, die in politischer Kunst Tradition haben. Im *Tango* taucht auch eine völlig gegensätzliche Interpretation des vom Ensemble zu sprechenden Goethe-Gedichtes „Über allen Wipfeln ist Ruh’“ auf. „Ruhe“ ist nicht der persönliche, trostbringende ewige Todesfrieden (vergleiche Schuberts Lied), sondern eine schreckliche Friedhofsruhe, die uns droht. Die „Vögelein“ sind Galgenvögel, die endlich schweigen sollten, und das von mir hinzugefügte Fragezeichen nach „Balde ruhest du auch?“ möchte den nötigen Kampf für ein friedliches, schöpferisches *Leben* ausdrücken.

Auch die *Romanze* geht auf eine politische Form, die der alten spanischen Romanze zurück, die Volkshelden besingt und noch nicht süßliche Liebesgeigen-Romanze geworden ist. Die Struktur der Musik ist der literarischen Assonanzreimtechnik der alten Romanze verpflichtet. Die Helden *unserer* Tage sind die, die sich mit all ihren Fähigkeiten für den Frieden einsetzen.

Paßt hier nicht der Satz, den der Verlag Peters an Beethoven schrieb, als dieser ihm die *Bagatellen op. 119* anbot: „Ihre Stücke sind des Preises unwert, und Sie sollten es unter Ihrer Würde halten, die Zeit mit solchen Kleinigkeiten, wie sie jeder machen könnte, zu verbringen"? Versucht man nicht auch unsere Friedensbewegung vielschichtig – privat und öffentlich – zu bagatellisieren?

1982

Vor und zurück für Oboe solo (1981)

Vor und zurück ist aus einem Rhythmus-Modell der 13. *Diabelli-Variation* von Beethoven entwickelt: 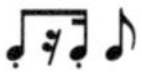 (bei Beethoven: ). Daraus sind alle rhythmischen Verhältnisse nach den einzeln veränderbaren Kategorien a) Länge des Modells, b) Zahl der Anschläge, c) Proportion der Dauern abgeleitet. Die verschiedenen spieltechnischen Möglichkeiten der Oboe hinsichtlich der Dynamik, der Klangfarbe (Alternativgriffe für einen Ton), der Klangcharakteristik, der Register, der Artikulationen und deren vielfältige Mischung sowie die einkomponierte körperliche Anstrengung des Interpreten färben und „instrumentieren", ebenfalls dem Rhythmus-Modell gehorchend, drei Ausdruckscharakteristiken. Diese knüpfen in stets veränderter Reihenfolge aneinander an und bilden dadurch, daß sie bei jedem Auftauchen kompositorisch neu formuliert sind, die Form des Stückes als eines fortlaufenden, spiralartigen Prozesses. Neben diesem „Vor und zurück" gibt es auch ein historisches: Aus Beethovens Rhythmusmodell wird ein Stück mit fortschrittlichen Elementen unserer Zeit.

1981

Aus Schmerz und Trauer für Saxophon (1982)

Aus Schmerz und Trauer ist in einer Zeit großer seelischer Krise entstanden. Die private Situation spiegelt sich in einer Reihe von Verschlüsselungen wider, wie sie ähnlich auch Alban Berg in seinen Stücken verwendet hat. Trotzdem, glaube ich, ist die Komposition keine rein privaten Ausdrucks. „*Aus* Schmerz und Trauer" benennt ja auch mehr die Situation als den puren Inhalt: keinesfalls also eine bloße Trauermusik. Objektivere, allgemein verständlichere musikalische Bildhaftigkeiten, die ich aus der Beschäftigung mit Folklore und Arbeiterkultur entwickelt habe, sind für die Auswahl des Materials ebenso wichtig. Die Kompositionstechnik meiner letzten Stücke, nicht von festen, unveränderlichen Größen auszugehen, sondern innerhalb leicht erkennbarer Ausdrucks- und Materialcharakteristiken (Ton, Melodie/Linie, Akkord/Mehrklang) dauernd zu verändern, umzubilden, ineinanderzuschieben, ist hier noch weiter entwickelt. Komposition wird ein fließender Prozeß, vorangetrieben durch Kontraste und deren gegenseitige Beeinflussung.

1982

Turmgewächse für Harfe (1982/83)

Der Titel *Turmgewächse* meines Harfenstücks deutet eine Mixtur verschiedener Inhalts-Auren an: Sich im Turm schützen, sich im Turm vergraben, im (elfenbeinernen) Turm gefangen sein, den „Türmer", der „zum Sehen geboren, zum Schauen bestellt" ist (Goethe, *Faust*) und ähnliches. In der Mitte der Komposition taucht fragend Hölderlins zweite Strophe aus *Hälfte des Lebens* auf:

> Weh mir, wo nehm ich, wenn
> Es Winter ist, die Blumen, und wo
> Den Sonnenschein
> Und Schatten der Erde?
> Die Mauern stehn
> Sprachlos und kalt, im Winde
> Klirren die Fahnen? (letztes Fragezeichen von mir!)

Sie ist Kontrast zur ersten Strophe, deren wunderbare Schilderung lebendiger, funktionierender Beziehungen (Das *Land* hängt mit gelben Birnen und voll mit wilden Rosen in den *See*, die holden *Schwäne*, trunken von *Küssen*, tunken ihr Haupt ins heilignüchterne *Wasser*) zum Sehnsuchtsausdruck auf rein musikalischer Ebene sublimiert ist. Den sieben Zeilen der Strophe(n) entspricht die allgemein thematische Rolle der Zahl Sieben. Aus den drei möglichen Tonhöhenstellungen jeder der sieben Harfensaiten sind sieben Tonfolgeschichten, je eine für eine Saite, so entwickelt, daß sie aufgrund ihrer Pedal- und Intervallbewegungsformen zu 3, 2 und 2 miteinander verwandt sind. Sie bestimmen, sozusagen in einer siebenstimmigen Pedalpolyphonie, die Harmonik in ihrem vertikalen Klangcharakter und in ihrer horizontalen Fortschreitung. Dem ist ein siebengliedriger Lautstärkekreis zugeordnet, aus dem immer Segmente der Proportion 3:4 bei wandernden Ausgangswerten gebildet werden:

zum Beispiel ***p mf pp*** = Segment ***pp*** – ***mf*** (3) und ***mf*** – ***pp***(4)
mp p pp ppp = Segment ***ppp*** – ***mp***(3) und ***mp*** – ***ppp***(4)

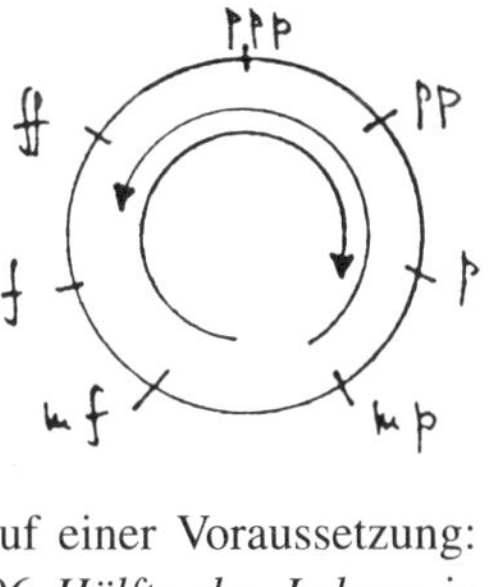

Der Weh-Ruf Hölderlins beruht auf einer Voraussetzung: „*Wenn* es Winter ist". So spricht Hölderlin in einem Brief von 1796 *Hälfte des Lebens* in Verbindung mit seiner freudigen Erwartung des (politischen) Friedens an. Sehnsucht und Verzweiflung sind nicht auf Schmachten und Jammern reduziert.

1983

Trio mit Stabpandeira für Viola, Violoncello und Kontrabaß (1983)

Trio mit Stabpandeira ist für das trio basso mit der Besetzung Viola, Violoncello, Kontrabaß geschrieben. Tempo-, Dauern- und Hülldauern-Proportionen sind von der „natürlichen Beschleunigung“ abgeleitet, die die bekannten Fibonacci-Zahlen ergeben: 1 2 3 5 8 13 21. Diese sieben Werte beziehen sich auf die Komposition der Dauernproportion in additiver horizontaler Gestalt, wie beispielsweise ♪ ♪. ♩ ♬ ♬ 𝅗𝅥 = 2 3 5 1 8, auf Anschlagsmengen – im gegebenen Beispiel sind es fünf Anschläge –, auf zehn (2×5) rhythmische Ketten, die das Rückgrat des ganzen Stückes bilden. Die Hülldauern als Tempo-Grundschläge folgen denselben Proportionen: ♩ = 40

= 80

= 120 (auch = 60)

= 200

= 320

= 520 als ♩ = 130

Die Fibonacci-Werte unterteilen aber auch divisiv, sozusagen in vertikaler Gestalt, die jeweiligen Hülldauern im Sinne von Zeit-„Falten“:

usw.

Die additiven Werte schwanken zwischen verschiedenen kleinsten Grundeinheiten (zum Beispiel ♬, ♪, ♩,), so daß eine mehrfach modifizierte, flimmernde Zeitgestalt als Grundlage für wechselnden musikalischen Ausdruck resultiert. Bestimmte sich ergebende Berührungspunkte der Zeitgliederungen schaffen einerseits Bezüge, liegen aber auf einer anderen Zeitkurve (je nach Grundeinheit, Tempo, ob divisiv oder additiv) und haben dadurch eine eigene Zeitfarbe. Die Differenzierung der Tonhöhen ist bis zu Achteltönen getrieben. Innerhalb einer kleinen Terz ergeben sich so 13 Tonwerte:

Viola

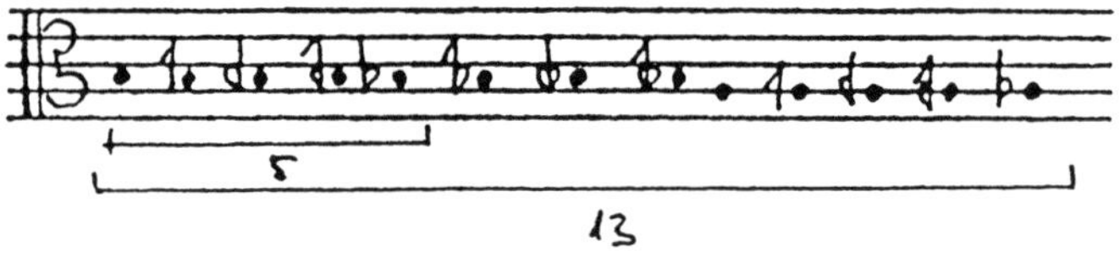

Der Achteltonabstand liegt, vom temperierten Halbton = 100 Cent aus gerechnet, bei 25 Cent, etwas größer als das pythagoräische und syntonische Komma. Er ist, da von Tonachsen als Bezugspunkten aus komponiert, deutlich hörbar. Weitere Differenzierungen, etwa die genau vorgeschriebenen Vibratoausschläge oder die rhythmische Innengliederung durch Bogendruck-Akzente bei beibehaltener Strichrichtung (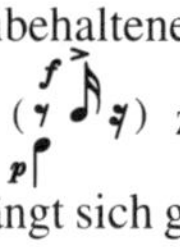) zeigen an, daß auch dieses *Trio* zu meinen Rhythmuskompositionen gehört. Es verfängt sich gegen Ende in einem Sirenensignal (ABC-Alarm im Verteidigungsfall) und schließt mit einer Stabpandeira-Intonation in einer eigenen, neuen Tempozeit.

1983

Nocturnes. Stück für Orchester mit zwei Bagatellen (1984)

Nocturnes ist ein Atemstück. Der Untertitel „Die Nacht ist tief an Geflüster und Widerhall" stammt aus dem Roman „Tyrann Banderas, Roman des tropischen Amerika" von Ramón del Valle-Inclán (1866–1936). Gebunden an eine Matrix sehr privater Erlebnisse (ähnlich der *Lyrischen Suite* von Alban Berg), ist das Atmen selbst etwas einmalig Individuelles, aus dem Inneren Kommendes und gleichzeitig auf die Außenwelt Reagierendes und Einwirkendes. Rhythmus und Klang des Atmens verrät und verbirgt zugleich, steht zwischen Innen und Außen, ist Nacht-Metapher für Konspiration und verborgenes Handeln in vielen lateinamerikanischen Romanen. Die Vielfalt von Atemimpulsen im Hauptstück schwingt auf einer einfachen rhythmischen Struktur: 3 3 5 / 3 3 / 3 3 5 (= 28), 5 5 3 / 5 5 3 / 5 5 (= 36) und wieder 3 3 5 / 3 3 / 3 3 5 (= 28), aus der eine Vielzahl verschiedener neuer Mengen für Detailstrukturen gewonnen wird. Die Kette vom einfachen, naturalistischen Atemstoß zu Pfeifen und den vielen instrumentalen Atem-Intonationen bildet weiterführende Ringe nach außen zu den beiden *Bagatellen* am Anfang und Ende. Die erste *Bagatelle* ist ein einstimmiger melodischer Gesang, bestehend aus dem gesamten Tonmaterial der ersten *Bagatelle* aus Webern *Opus 9*, jedoch gereiht vom höchsten bis zum tiefsten Ton. Dieses Verfahren gestattet eine Verknüpfung von melodischer Intervallqualität und Vereinzelung des Tons zu (40) gereihten Ton-Räumen. Die zweite *Bagatelle* montiert verbergendes Pianissimo mit kämpferisch gedachtem Tanzrhythmus zweier brasilianischer Modelle:  und : Atemstöße in nach außen gehender música popular.

1985

Der Ausrufer steigt ins Innere für Violoncello (1984)

Der Ausrufer, neutral Verkündender und Einladender, der öffentlich Sprechende, doch aus sich heraus nichts Sagende, steigt ins Subjekt-Innere, bläht sich auf, läßt dessen Privatheit und Abgeschlossenheit zerplatzen, verwandelt die Mittel seines Metiers: Ruf, Rhythmus, Tempo vom Neutral-Allgemeinen ins Subjekthaft-Besondere, steigt empor: nun ausrufendes Ich voller innerer Intensität. Die materielle Darstellungsebene sind 4 Saiten + Bogen / 4 Finger + Daumen (4+1 = 5). Die feststehenden Maße sind gleichzeitig die Außengrenzen für Möglichkeiten im Inneren: Streckendurchmessungen (bis zur Achtelton-Teilstrecke und einem Achtel Bogenlänge), Spaltung in Teilschwingungen, vorgeschriebene Bogengeschwindigkeit und anderes. Tempo, Dauer, Rhythmus bewegen sich, gegeneinander verschoben kombiniert, auf einem Achsensystem, dessen Proportionen divisive Zeitfalten im Inneren der Hülldauern (1, 1 / 2, 1 / 3 usw.) sowie additive Zeitentfaltungen nach außen (1, 2, 3 usw.) bilden und sowohl die Tempoverhältnisse wie auch die Hülldauern selbst erfassen (MM = 7,5 12 20 30 60 usw.). Der Punkt des Emporsteigens gegen Ende ist ein fünfzeiliges gereimtes Stufen-Tongedicht.

1984

La Force du Vertige für Flöte, Klarinette, Violine, Violoncello und Klavier (mit Schlagzeug) (1985)

Schwindel ist eine merkwürdige Konfrontation mit sich selbst und seinen Möglichkeiten. Sartre nennt ihn: nicht so sehr Angst, in die Tiefe zu fallen, als vielmehr sich hinabzustürzen. Und André Glucksmann interpretiert ihn weiter: Schwindel als Furcht vor dem anderen Ich, das man einen Augenblick später sein werde.

Von seinen Möglichkeiten weg zu anderen Möglichkeiten seiner selbst gezogen zu werden, zu stürzen, war das experimentelle Stadium meines Gefühls während der Komposition. Man wird dies im Ausdruck der einzelnen Texturen, der Lautstärkenkomposition, der oft leicht verschobenen Intervallidentitäten hören können. Dies ist vielleicht besonders stark ausgeprägt in einer Textur in der ersten Hälfte des Stückes: „verfolgende Figuren", die ich erst nach der Niederschrift psychisch abschütteln konnte.

Mitten im Hochgefühl des Schwindels eine Kehrtwendung zum Radikalitätsprinzip (gegen das reaktionäre Buch gleichen Titels „La Force du Vertige" von Glucksmann): Besser als Schwindel ist die Tat! Aber es ist das *weiche* Wasser, das im zitierten Friedenslied den Stein bricht!

28. Oktober 1985

Auf Flügeln der Harfe für Akkordeon (1985)

Auf Flügeln der Harfe bezieht sich zum einen auf ein Liebesgedicht von Heinrich Heine mit dem ähnlichen Titel „Auf Flügeln des Gesanges", zum anderen auf den gedanklichen Ausgangspunkt der Komposition, zunächst nicht vom Akkordeon, sondern von der Harfe aus zu denken, um so ein Stück zu schreiben, das zwar die Möglichkeiten des Akkordeons ausnutzt, aber gleichzeitig häufig zu hörende Typisierungen meidet.

Die grundlegende Denkfigur ist das Harfenbisbigliando, dessen tonrepetitive Gestalt sich bis zum „Ton" und zur „Melodie" horizontal verfestigt und entfaltet und bis zum Akkord vertikal übereinanderschiebt und einebnet. Dementsprechend verflüchtigt sich das ***pppp*** zum tonlosen Luftgeräusch und treibt das ***fff*** zum gepreßten Überdruckton, ist das zart Schwebende bis zu einer nur mit äußerster Anstrengung des Spielers erzeugbaren Balgrepetition getrieben.

Die Expressivität des lufterzeugten Tones rührt von einer sehr differenzierten Lautstärkekomposition her und von einer zeitlichen Trennung des Balg- und Tastenrhythmus. Die repetitiven Schwingungssysteme bewegen sich linear (1 2 3 4 5 usw.) oder in „organischer" Fibonacci-Reihung (1 2 3 5 8 usw.), dies in horizontal additiver und in zusammengestauchter divisiver Innengliederung übergeordneter Hüll-Dauern. Auch die Form ist eine ununterbrochene Zeitreihung von 47 Achtel-Längen, die in sich in immer neuer Weise gegliedert sind: Akkordeon und Komposition als breathing box.

1985

Demijour für Oboe, Violoncello und Klavier (1985/86)

Demijour (Zwielicht):	Beleuchtung durch zwei verschiedene Lichtquellen. Störung der Farbstimmung des Auges.
Dämmerung:	Besondere Helligkeit durch spezifische Streuung des Sonnenlichts nach Sonnenuntergang oder vor Sonnenaufgang.

In
Zwielicht von Eichendorff/Schumann
gerinnt das Dämmerig-Unentschiedene zu menschlichen Beziehungssituationen, die in sich die Drohung zur katastrophalen Wende tragen: „Hast ein Reh du lieb vor andern, laß es nicht alleine grasen", „hast du einen Freund hienieden, trau ihm nicht zu dieser Stunde"; und dementsprechend die Warnung: „Hüte dich, sei wach und munter!"

„Hüte dich"

mit dieser Schlußwarnung als dreisilbiger musikalischer Deklamationsgestalt beginnt mein Stück. Es entstand in einer Lebenssituation, in der das Lied für mich eine wertvolle Hilfe war, vor allem auch in elementaren Einzelheiten, die in meine Komposition einflossen: die zarten, schwebenden Möglichkeiten der großen Sexte, vagierende Ostinatofragmente als mélodie fixe, Spaltungen aus einer Einheit heraus als Frequenzstreuung nach unten und oben, Dauernstreuung nach links und rechts als rätselhafte Spiegelungen oder Unschärfen von Klang- und Intervallkonturen und nicht zuletzt Schumanns Gliederung des Warnrufes: 8 Silben in 3 und 5, diese wieder in 1 und 2 beziehungsweise 2 und 3.

1986

Vier Stücke für Orchester und Tonband (1986)

Die *Vier Stücke für Orchester und Tonband* sind von mir als musikalische Cartoons gedacht.

Schon in *Banlieue/Schauplätze der Revolution* haben die Karikatur des Generals Trochu und die Haltung der Louise Michel auf dem Bild ihrer Verhaftung die Bombastik beziehungsweise den stolzen Stimmcharakter des Sängers zu steuern versucht (er muß beim Singen die Haltung von Louise Michel einnehmen).

Das Faszinierende an der Karikaturtechnik ist für mich die Methode der Darstellung. Entweder werden charakteristische Merkmale übertrieben, oder sie erfahren bezeichnende Verwandlungen (zum Beispiel die Wirbel eines Rückgrats werden durch Geldstücke ersetzt). Die Auswahl der überzeichneten und collagierten Details sowie die Art ihrer Gestaltung und Zusammensetzung markieren die Brandpunkte der Kritik und wirken gleichzeitig lustvoll auf den erkennenden Betrachter. Solche Techniken lassen sich auch ohne weiteres innerhalb der fließenden Spezifik musikalischer Zeit denken, da ihnen Bewegung innewohnt.

Cartoons sind nicht immer witzig oder lustig. Sie sind oft böse, fratzenartig, manchmal einfach nur zeigend.

Anstatt Unterschriften tragen meine *Vier Stücke* Überschriften: 1. Prélude, 2. Olympische Operation, 3. Metafüßig, 4. Réplique.

1988

Air mit ‚Sphinxes' für Kammerensemble (1987)

Während meiner Arbeit an *Air mit ‚Sphinxes'* hörte ich von der Pianistin Catherine Vickers Schumanns *Carnaval* und daraus zum ersten Mal live im Konzert „Sphinxes", jene seltsamen drei Melodien No. 1, No. 2, No. 3 zu vier, drei und vier Anschlägen aus insgesamt nur fünf Tönen. Wegen ihrer musikalischen Dunkelheit werden sie leider fast nie gespielt. Catherine Vickers tauchte die Töne in den Resonanzklang eines in der Tiefe stumm gedrückten Clusters und brachte dadurch die Sphinxen in ihre volle Rätselhaftigkeit: das Rätsel der Umgebung, das Rätsel der Länge als Melodieton, das Rätsel der Wiederholung, der Permutation und nicht zuletzt das Rätsel des eigenen Baus, der Körperglieder der Sphinxen. Sphinxisch – das ist das Hohe, Tiefe, Breite und Volle, ohne breit, tief, hoch und voll zu sein; sphinxisch – das sind die 77 Melodietöne meiner *Air*; sphinxisch – das ist nicht nur das Rätsel der Umgebung, sondern das ist Umgebung als Rätsel. Ist das *Air mit ‚Sphinxes'*?

1987

Doubles, mit einem beweglichen Ton für Streichquartett (1987)

Double, ursprünglich eine alte barocke Bezeichnung für die diminutionsverzierte Wiederholung eines Tanzsatzes, bedeutet für mein Streichquartett – zu *Doubles* pluralisiert –, die Musik schwerpunktmäßig aus dem Prinzip der veränderten Wiederholung heraus zu denken. Dies geschieht nicht aufgrund fester, immer wieder auftauchender Charakteristiken (wie etwa in *Darabukka*), sondern innerhalb viel elementarerer, deshalb beweglicherer und freierer Kompositionsphänomene.

Wiederholung schafft Anteilnahme, Aufmerksamkeit, fügt zusammen, ja trennt sogar, wenn sie im Sinne von Anführungszeichen auftaucht. Wiederholen fordert zum Vergleich heraus, fördert das Hören auf Unterschiede, das heißt: trennt und schärft die Veränderungsleistung der einzelnen Parameter in ihrer Montage, zum Beispiel: gleicher Ton / verschiedene Dauer / immer gleiche Bogenlänge / verschiedene Bogengeschwindigkeit

oder: Ein Ton als ausgehaltener harmonischer Wert steht seiner rhythmischen Binnengliederung gegenüber.

Immer aber ist das Verhältnis von Bleiben und Verändern nur auf die verschiedenen Parameter oder auf Schnittmengen verteilt erlebbar. In einer einzigen Ausnahme kann eine Parameterdimension sich selbst variieren: Es ist der Mitteltton des gesamten Tonraumes, der, in Sechzehntelton-Stufen beweglich, sich harmonisch identisch wiederholen, aber akustisch verschieden hoch klingen kann.

In Analogie dazu ist der Tempo-Raum nach den Skalengraden des Metronoms als Spiegelwiederholung konzipiert:

40 60 80 92 [100] 108 120 160 240

50 58 69 76 84 116 126 138 168 200

Und noch einige Doubles: ein Poprhythmus, ein Discorhythmus, ein Teil eines südafrikanischen Liedes „Iza kunjatel'i Afrika“ und „Es ist ein Schnitter, heißt der Tod … Hüt' dich schön's Blümelein“ (ein europäisches Flugblattlied).

1987

Go ahead, Musik für Orchester mit Shrugs[1] (1988)

„Go ahead“ war zunächst eine Aufforderung an mich selbst, mit einer für mich neuen Aufgabenstellung fertig zu werden und in solch großen, mehrchörig aufgespaltenen Raumdimensionen denken zu lernen (die Kölner Philharmonie als Uraufführungsort faßt immerhin 2500 Sitz-

1) Zum Stichwort „Shrug“ äußert sich Nicolaus A. Huber in einem Brief an den Herausgeber wie folgt: „Man könnte sagen, daß es sich dabei um eine Art Sinnschwanken handelt. Denn einerseits muß die strukturelle Operation gezielt logisch ausgerichtet, andererseits aber die Gesamtanlage der Grund- und Ausgangsstruktur so beschaffen sein, daß sich die einzelnen (logischen) Operationsresultate (zum Beispiel bestimmte Tonfolgen) als vom Sinn der sie verursachenden Logik nicht erfaßbar erweisen. Insofern bewegt sich das Hören (‚achselzuckend‘) auf schmalstem Grat, geringfügig hin- und hergerissen zwischen zukunftsorientierter Logik und Klang- beziehungsweise Tongestalten, die sich nur im Jetzt erfüllen, aber doch nicht ganz … Der Shrug zelebriert dieses Verhältnis.“

plätze). Ich habe dann mit einigen Musikern einen Nachmittag lang in der Philharmonie ein akustisches Orts- und Strukturprogramm durchprobiert, um Vorstellungen entwickeln zu können für Musik, die nicht nur von einem Punkt, sondern gleichzeitig von verschiedenen Punkten aus ihr Tönen entfalten kann.

Das Orchester ist in sieben Gruppen geteilt: Hauptorchester auf dem Podium vorne, Septett (3 Holzbläser/4 Streicher) vorne oben über dem Podium, Trio (Blechbläser) hinten links oben, Streichquartett hinten rechts oben, drei Schlagzeuggruppen im Dreieck verteilt: Podium, linker und rechter Seitenbalkon oben (vordere Hälfte). Die Abstände und Winkel dieser sieben Gruppen sind modifizierbar.

Raum ist 1. *Schallort* – mit einem Tonwanderungsprogramm verschiedener Richtungen und Längen sowie verschiedener Geschwindigkeiten und Qualitäten der sukzessiven, teilsimultanen und simultanen Berührungen.

Raum ist 2. *Erinnerung* – strukturell und formal durch ein sich kettenartig fortpflanzendes architektonisches Drillingssystem $a\ x\ a'\ x'\ a''$ usw. ins kompositorische Werk gesetzt.

Raum ist 3. auch *Einschließendes* und *Zusammenfassendes* als elementare Orientierungs- und Vergleichskategorien.

Ohne Raum als Kategorie des Daseins gäbe es keine Begegnung. Sie wird dadurch spannend. Entfernung entdeckt Entferntheit, Erinnerung ergibt Sinn-Ferne und Sinn-Nähe, Entfernung hat Ausrichtung.

Zu *Go ahead* gehören auch „Shrugs“. Ich las damals ein Interview mit Marcel Duchamp. Er wurde gefragt, was er vom Happening halte. Er hielt nicht viel davon, fand aber bemerkenswert, daß das Happening die Langeweile in die Kunst eingeführt habe, was die Malerei nicht könne. Sofort fragte ich mich: „Und was hast du in die Musik eingeführt?“ Nun, zumindest die Shrugs, das ist das achselzuckende Hören (nicht der achselzuckende Hörer!).

24. Juli 1988

Töne suchen einen Autor (1988) WoO[1)]

ist 1989 für Wilfried Brennecke zu dessen Verabschiedung von den Wittener Tagen für neue Kammermusik geschrieben. Es ist ein kurzes Stück, dessen vier verschiedene Notationssymbole eines ausarbeitenden Autors bedürfen, auf dessen Phantasie die Klangwelt der Musik angewiesen ist. Grundsätzlich einstimmig, läßt die Vorlage nur hoquetusartige Klangpolyphonie zu. In der Mitte verbreitern sich die Frequenzen von 2 zu 11 Tönen mit einer logischen Anschlagshäufigkeit: 21 ... 321 ... 4321 ... 7654321 ... 77654321 ... 77777654321 ... 67777765432 ... 56777776543 ... 12345677777. Nach soviel ins Unübersichtliche führender Anschlagseligkeit Freude über Nahes: Isoldes Liebestod und expressive Komik einer Windmaschine.

1995

1) Dazu Nicolaus A. Huber in einem Brief an den Herausgeber: „WoO = Werk ohne Opuszahl bezieht sich auf eine *Bagatelle* Beethovens für Klavier WoO 56, in der Tonleitern als ‚geheimes Gerüst‘ eine Rolle spielen, zum Beispiel Takte 1–8: c-H-A-G-f^2-e^2-d^2-c^2 etc. Gleichzeitig ist es eine Anspielung auf das Unfertige (das Stück bedarf des instrumentalen Arrangements) und auf die ‚Gelegenheitsarbeit‘.“

Clash Music. Solo für ein Beckenpaar (1988)

Wer liebt nicht die zauberhafte Welt der mechanischen Musikinstrumente, ihr mechanisches Musik*theater* mit Trommeln und Becken, die mit Schlägeln wie von unsichtbarer Hand bewegt zum Rhythmus getrieben werden, oder mit lebensgetreu nachgebildeten Figuren, deren Finger sich im Klangtempo bewegen, die mit ihren Augen blinzeln, lächeln und sich sogar verbeugen können?

Sich als solche Figur zu verkleiden und auf einem so gutmütigen Instrument wie einem Beckenpaar ein Solo zu spielen, war meine Idee für *Clash Music.*

Sie sollte überall dazwischenpassen, gleichzeitig voller mini-theatralischer Assoziationen sein und sich der Verkleidungsidee überhaupt nicht anpassen. Expressivität verrät.

Februar 1988

Herbstfestival für vier Schlagzeuger (1989)

…, und selten lärmet
Der Schall durchs offne Feld, …
…, die Lüfte wehen
Die Zweig und Äste durch … (Friedrich Hölderlin: *Der Herbst*),

eine insistierende herbstliche Klanglandschaft, Ausgangspunkt für *Herbstfestival.* Es war schwer, in die rhythmischen Verwebungen der äußerst leisen Ereignisse einzudringen, vor allem eines davon als „Anfang" zu bestimmen. Ich versuchte mit der Stoppuhr künstliche Zeitausschnitte zu markieren, um die enthaltene Polyphonie besser studieren zu können. Aber Struktur und Erlebnisart dieser Herbstklänge deckten sich überhaupt nicht mit meinen kompositorischen Wiedergabebedürfnissen. Die auf mich zukommende Klangnatur mußte in eine Musiklandschaft von Fellen, Hölzern, Metallen und klangerzeugenden Bewegungen transformiert werden.

Das Stück ist wie ein Gedicht in Zeilen aufgegliedert. Die Zeilenketten sind so angelegt, daß trotz logischer Folge der Farbsets sozusagen ins Unübersichtliche gezählt wird. Aufgrund der Nichtproportionalität von Zeilenlänge und Ereignisdichte pro Zeile entsteht aus der sich steigernden Pressung eine polyphone Ineinanderschiebung, die sich auf ihrem Höhepunkt zugleich aus Poly- in Monochromie gewandelt hat. Aus solcher Fluidität wächst die neunzehnminütige Crescendostruktur der Komposition. Sie läßt Entfernung in eigenartig erlebbare Musik-Nähe umschlagen. Die Komposition verzichtet auf aufrüttelnde Reklame für ihre Klangereignisse. Sie braucht offenes, entspannt-aufmerksames, zulassendes Hören.

Die Sagen, die der Erde sich entfernen,
Vom Geiste, der gewesen ist und wiederkehret,
Sie kehren zu der Menschheit sich, und vieles lernen
Wir aus der Zeit, die eilends sich verzehret.

(Friedrich Hölderlin: *Der Herbst*)

1989

Seifenoper (OmU)[1] für Ensemble (1989)

Soap opera: problemfreie (?), gefühlsbetonte (?) Fortsetzungen in loser (?) Folge: Klangzauber, Stöhnen auf Tonbühne, Rauschen, die schönen Akkorde – in Versform, emphatische Erschöpfung, Réplique, Go ahead, Les Adieux, „Jake!", Schnulze, and now: „Ganz zum Überfluß meinte Eusebius noch Folgendes; dabei sprach aber viel Seligkeit aus seinen Augen." Untertitel, die verweisen, verweisen aufs Klangproduzieren, aufs empirisch Hörbare, auf Formperspektiven, auf Anspielungen, auf Szenisches. Der musikalische Verlauf freilich läßt keine Austauschbarkeit zu, lebt von Verbindlichkeit und Strenge: eine elementar aufgebaute Akkordkette und eine für alle Parameter zuständige, operable Maßstabstruktur:

9 ———————————————— 9

4 (2 2) 5 (3 2) 3 (2 1) 3 (33 → 18:15, 11 → 6:5)

Beide fungieren ähnlich wie Monteverdis Ostinati in seinen sogenannten Ostinato-Arien: als feste musikalische Bühnenrahmen, von denen aus Gestisches sich entfalten kann. Nicht schon zuviel für unsere Kulturindustrie?

1990

Beds and Brackets für Klavier (und Tonband) (1990)

In *Beds and Brackets* gibt es ein Stück im Stück: *Statement zu einem Faustschlag Nonos.*

Kurz vor seinem Tod war ich mit Nono zusammen in einer Kompositionswettbewerbs-Jury. Während dieser Tage schlug er manchmal mit der Faust schwere, massige Rhythmen elementarster Proportion auf den Tisch. ***ffff*** Diese Befreiungsschläge hafteten die ganze Zeit während der Arbeit an *Statement* in meinem Gedächtnis. Sie waren ganz aus dem Nahbereich des Machens und Wahrnehmens geboren.

Solcher Nahbereich menschlicher Sinnenwelt ist auch musikalisches Ausführungs- und Hörmodell des übrigen Stückes. Die jeweiligen Töne werden aus der 88-tastigen Klaviatur aufgrund von Bewegungsentwürfen abgerufen, deren Streckenmaße und Geschwindigkeiten, multipliziert mit den jeweils zu bewegenden Organ(gewicht)en, Ton und Harmonik charakterisieren.

Der horizontale, zeitliche Verlauf des Stückes verwirrt zeitweise die Nahbereichswahrnehmung durch Wiederholung. In der Partitur zeigen numerierte Klammern das jeweilige Notentextfragment an, das an einer anderen Stelle in den musikalischen Verlauf eingeschoben werden soll, und zwar so, als würde es zum ersten Mal erklingen. Es geht also nicht um psychischdynamische Weiterspinnung, sondern um eine live simulierte Wiederholung von Vergangenem, als wäre es gar nicht vergangen. Derartige horizontale Bewegungsentwürfe betonen an Wiederholung eher das Fremde, Sprengende, nicht das Zusammenhangschaffende.

1) OmU = *O*riginal *m*it *U*ntertiteln

Gegen Ende augmentiert der körperliche Nahbereich, schlägt um in „Umgebung“: Läuft da nicht ein Radio, ein Fernseher, ein Kühlschrank? Geht da nicht ein Wind draußen? Fährt nicht ein Auto? Spielen da nicht Kinder?

Tonbänder sind nur eine schwache Simulation! Im Optimalfall sollen Fenster und Türen des Konzertsaales geöffnet und wieder geschlossen werden.

Das Stück ist der Pianistin Catherine Vickers gewidmet.

1990

Drei Stücke für Orchester mit Atmer/Sänger und obligatem Klavier (1990/91)

I *Annäherung an ein Wollknäuel mit Abschied der kleinen Trommel und Kommentar des Atmers*
II *Tote Metren* für Ensemble und Bariton
III *Statement zu einem Faustschlag Nonos* für Klavier

„... die effektive Dimension hat unvermeidlich eine subjektive Grundlage. Sie ist eine Sache der Approximation und deshalb des Auflösungsgrades.

Dieser vage Eindruck wird dadurch bekräftigt, daß ein Wollknäuel von 10 cm Durchmesser, gewickelt aus einem 1 mm dicken Faden (in versteckter Form) verschiedene effektive Dimensionen besitzt.

Einem Beobachter, der weit genug entfernt ist, erscheint das Knäuel als eine nulldimensionale Figur: ein Punkt. (...) Mit 10-cm-Auflösung betrachtet, ist das Knäuel eine dreidimensionale Figur. Mit 10-mm-Auflösung ist es ein Wirrwarr von eindimensionalen Fäden. Bei 0,1-mm-Auflösung wird jeder Faden zur Säule, und das Ganze wird wieder eine dreidimensionale Figur. Bei 0,01 mm löst sich jede Säule in Fasern auf, und das Knäuel wird wieder eindimensional usw. ...“[1].

Die meisten Gestalten in meinem Stück sind wie dieses Wollknäuel, und die musikalisch-kompositorische Entfaltung der Gestaltbeziehungen ist das Projekt dieser Musik, die als Zeitkunst Notwendigkeit und Freiheit gibt, dem Beobachter seine Entfernung zu diktieren, ihm, dem immer gleich weit entfernten, Approximationen und Auflösungsgrade vorzugeben. Inmitten von Dimensions- und Erkenntnistremoli, versuchend, Klarheit über die gesellschaftlichen Macht- und Wertebewegungen zu bekommen, eine eindeutige Positionsfixierung: ein (für mich?) herzzerreißender Abschied der kleinen Trommel mit einem Kommentar des Atmers auf Rhythmusfragmenten des „Dachau-Liedes“. Aber in welcher effektiven Dimension befinden wir uns??

1991

1) Benoît Mandelbrot: *Die fraktale Geometrie der Natur*, Basel 1987, S. 29/30.

„*Mit etwas Extremismus*" und einer Muskel-Coda für Oboe, Klarinette, Posaune, Schlagzeug, Violine, Violoncello und Kontrabaß sowie 5 Schachteln, 5 Schubladen, 5 Cassettenrecorder, Naturgegenstände (1991)

Als ich die Anleitung zu Cages *Variations II*[1)] gelesen hatte, war mir klar, daß ich keine Version machen würde – ich war eigentlich ziemlich überrascht und entsetzt über die Zeitgebundenheit der Vorlage. Diese Art der Parameterskalierung steht ganz im Bann seriellen Denkens, und eine Ausarbeitung wäre langweilig, sogar eine Zwangsjacke für mich gewesen. Es sieht nur so aus, als wäre mit diesem Programm alles möglich. Die Vorlage bietet die größte Freiheit eher zur größten Striktheit, ähnlich einer Gummizelle, die zwar nachgibt, einen aber dennoch gefangen hält.

Bei meinem Komponieren geht von den Tönen etwas aus, sie können nicht nur für sich selbst sein, mit isoliert gedachten Tönen kann ich nicht umgehen. Mich interessiert mehr der Übergang von einem Ton zum anderen, und dabei spielt das Erleben und Reagieren eine Rolle. Cages Stück dagegen ist viel zu isolationstransparent, es trägt nicht die Meinung oder den Gedankengang des Autors, es trägt nur dessen Fragen, die aber nicht meine Fragen sind.

Dennoch fand ich es einmal interessant, mich mit dem Projekt zu beschäftigen und meine Musik solch einem Denken zu öffnen. Ich habe daher einen Wurf gemacht, ihn ausgemessen und die Maße dann übertragen. Allerdings haben sie überhaupt nichts mit den Parametern von Cage zu tun. Ich habe alle Zahlen benützt, aber meine Komponierweise beibehalten.

„Mit etwas Extremismus" ist ein Zitat aus der Rede von Cage an ein Orchester, wo er sagte: „Wenn Sie Klänge zu machen haben, spielen Sie sie mit etwas Extremismus, als ob ... Sie einen solchen Klang noch nie angetroffen hätten." Auch die Töne hier sollen mit so einem Ausdruck gespielt werden.

Es sind verschiedene Welten in dem Stück, die in gewissem, sich kommentierendem Widerspruch zueinander stehen, zum Beispiel tritt ein ekstatischer Rhythmus aus Skrjabins *5. Sonate* auf, der hier von einem Becken gespielt wird und in die Ausrufe „Mit Ekstase, mit Gefühl, mit Ausdruck" mündet. Oder „das Ruhe ausstrahlende Berühren" von Naturmaterialien. Oder die Rasseln und Ketten, die gleichsam als Klangstriche über den Bühnenboden gezogen und schließlich aufgehängt werden – das waren die Linien von den Folien, die mich sehr gestört haben und die ich so aus der Welt geschafft habe. Dann gibt es fünf Schubladen, in denen Cassettenrecorder mit Aufnahmen meiner eigenen Musik sind. Die werden zu bestimmten Zeitpunkten angeschaltet, die Schubladen verschieden weit geöffnet, wieder geschlossen und schließlich die Musik ausgeblendet.

Am Schluß habe ich ein kleines Bömbchen in das Cage-Projekt gelegt, nämlich ein Paukensolo mit einem großen, expressiven Crescendo. Anschließend gibt es eine Muskel-Coda mit einem Körpertremolo, einem Zittern aufgrund von Anstrengung. Die Spieler sollen im Ekstaserhythmus von Skrjabin ausgesuchte Muskelposen machen. Das muß etwas mit Gefühl, Ausdruck, Ekstase zu tun haben. Muskeln in Öl, schöne Körper, so etwas müßte es sein. Bis zum Schluß ist die Muskelstellung zu halten, mit ganz aufgeblasenem Brustkorb, dann ausatmen,

1) Die Partitur der *Variations II* (1961) von John Cage besteht aus sechs Transparenten mit je einer geraden Linie und fünf Transparenten mit je einem Punkt, dazu einer Anweisung, wie mit diesem Material zur Ausarbeitung der indeterminierten Komposition umzugehen ist. Dies war eine Bezugs-Vorgabe für ein Konzert bei den Wittener Tagen für neue Kammermusik am 25. April 1992 mit Arbeiten mehrerer Autoren, darunter auch der zur Rede stehenden Komposition von Nicolaus A. Huber.

und schon ist der Muskelprotz wie eine leere Tüte. Ich fand es nötig, so etwas in das Cage-Projekt einzufügen. Ich glaube, mein Stück spiegelt Cage-Verehrung wider, aber von jemandem, der sich doch nur beschränkt auf Cage einlassen kann.

1992

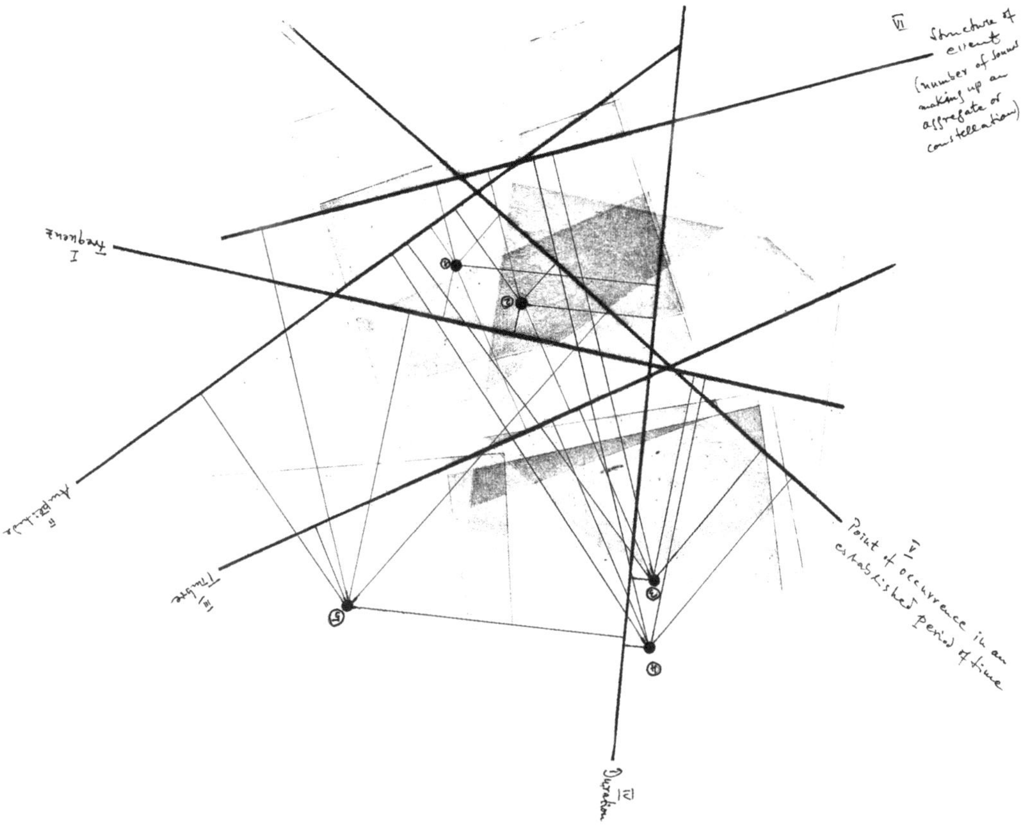

Wurf Nicolaus A. Hubers (John Cage: *Variations II*) mit den Senkrechten von den Linien zu den Punkten.

Offenes Fragment für Sopran, Flöte, Gitarre und Schlagzeug (1991)

Offenes Fragment fragmentiert den einen zugrunde liegenden Text – ein spätes Gedicht von Hölderlin: *Der Winter* – in gesungene Fragmente und in textlose Klangzeilen, die ihren Fragmentcharakter aus der Textlosigkeit und aus der gleichen Silbenzahl der Hölderlinverse gewinnen.

Der hellen, glänzenden, großräumig erlebten Natur Hölderlins, die menschenleer ist, aber ihre Erhabenheit durch einen von außen auf sie schauenden Betrachter erhält, habe ich eine andere Natur entgegengesetzt: Fragmente aus Kitty Kelleys *Unauthorized Biography of Frank Sinatra* (1986). Es ist eine Natur des Alltags, der Gewalt und Hysterie.

Diese fünf Fragmente schieben sich, mit eigener charakteristischer Klanglichkeit, in die acht Zeilen des Gedichts.

Diese Fragment-zu-Fragment-Technik ergibt eine nicht final angelegte Komposition, bleibt selbst ein offenes Fragment, zwischen dessen Bruchstücken die Ohren des Hörers eigene Standpunkte zu finden haben. Fragmente ins Offene!

1991

Friedrich Hölderlin: *Der Winter*

Das Feld ist kahl, auf ferner Höhe glänzet
Der blaue Himmel nur, und wie die Pfade gehen,
Erscheinet die Natur, als Einerlei, das Wehen
Ist frisch, und die Natur von Helle nur umkränzet.

Der Erde Rund ist sichtbar von dem Himmel
Den ganzen Tag, in heller Nacht umgeben,
Wenn hoch erscheint von Sternen das Gewimmel,
Und geistiger das weit gedehnte Leben.

Kitty Kelley: *His Way*

The shame that Frank
carried over his mother's
abortion business
intensified when he
moved to Garden Street. (S. 34)
Dolly loved to sing
and managed to do so
at political beer parties
every Sunday night. (S. 35)
I'm flying high, Kid. (S. 79)
the dozen girls we hired
to scream and swoon
did exactly as we told them.
But hundred more we didn't hire
screamed even louder. Others squeald,
howled, kissed his pictures with
their lipsticked lips. It was wild,
crazy, completely out of control. (S. 75)

I've still got scars all over my
head from that fight, and if you put
a nickel in them, they will all play
Sinatra's songs… The air was
volatile and violent around him
all the time. (S. 403)

Eröffnung und Zertrümmerung für Ensemble live, Tonbänder und Video- oder Filmprojektionen (1992)

Das Visuelle und das Musikalische sind zu Beginn der 14 Abschnitte, die zeitlich genau fest gelegt sind, aus einer Einheit heraus entworfen und aufeinander zugeordnet. Bis zum 6. Teil gibt es in der Partitur noch relativ genaue thematische Angaben für die visuelle Schicht, ab dem 7. Teil nur noch Zeitangaben und das genaue Timing der Musik. Beide Sphären laufen in ihrer Tendenz scherenförmig auseinander. Die Musik wird immer abstrakter und am Ende zum spektrenlosen Sinuston dekomponiert. Die Sehschicht fängt abstrakt an und wird im Laufe der Zeit immer konkreter – auch unabhängiger und selbständiger. Beide Medien besinnen sich am Ende auf ihre eigensten Möglichkeiten – allerdings in der Interpretation der jeweiligen Autoren.

Die musikalische Anfangsstruktur beinhaltet alle thematischen Elemente, die im weiteren Verlauf fadenartig auskomponiert werden, immer mehr auf sich selbst angewiesen sind. Zu den 12 Elementfeldern kommen noch zwei weitere hinzu, die Zahl 14 bestätigend:

1. Cluster (Repetition)
2. cis^1
3. Rhythmuslinie (21 Anschläge 19 Pausen 42″+3″)
4. H in Baßlage
5. „absteigende“ Linie
6. Baßcluster ----------➤ Streicher d^1-g^1 Achtelton
7. Instrumentenakkord
8. Ton as ----------➤ a b h/c des d es e f fis g (= Sinus)
9. Flageolett (Klavier)
10. Glissando
11. Beckenschlag (zehnmal, wie akustische „Bildwächter“)
12. „Wind“ s < > + Pause
13. Hölderlin I. II. III. IV. Interpretation
14. Sinuston

Beispiel Rhythmuslinie, gereiht und als Summe zu lesen:

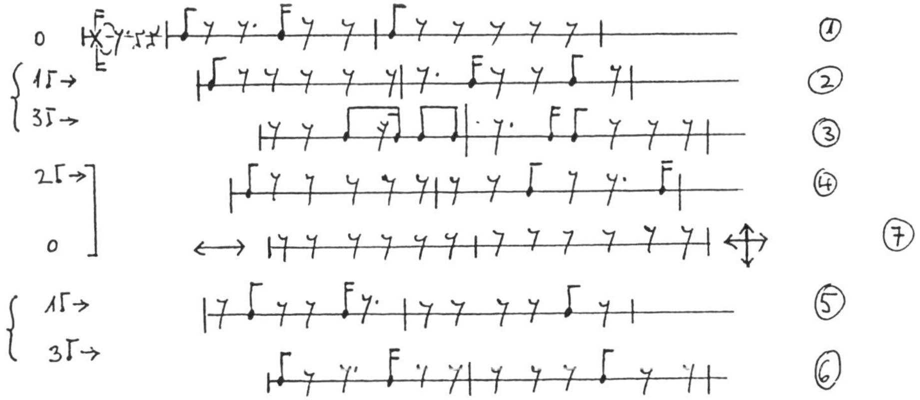

Friedrich Hölderlin: *Der Herbst*

Die Sagen, die der Erde sich entfernen,
Vom Geiste, der gewesen ist und wiederkehret,
Sie kehren zu der Menschheit sich, und vieles lernen
Wir aus der Zeit, die eilends sich verzehret.

Die Bilder der Vergangenheit sind nicht verlassen
Von der Natur, als wie die Tag' verblassen
Im hohen Sommer, kehrt der Herbst zur Erde nieder,
Der Geist der Schauer findet sich am Himmel wieder.

In kurzer Zeit hat vieles sich geendet,
Der Landmann, der am Pfluge sich gezeiget,
Er siehet, wie das Jahr sich frohem Ende neiget,
In solchen Bildern ist des Menschen Tag vollendet.

Der Erde Rund mit Felsen ausgezieret
Ist wie die Wolke nicht, die Abends sich verlieret,
Es zeiget sich mit einem goldnen Tage,
Und die Vollkommenheit ist ohne Klage.

Das Stück kann auch ohne Visuelles, nur als Musikstück gespielt werden.

1993

An Hölderlins Umnachtung für Ensemble (1992)

Bei der kompositorischen Arbeit an diesem Stück bin ich von Klangproduktions-Feldern ausgegangen. Das heißt: Gleiche Merkmale lassen Verschiedenartiges als Glieder von Ketten erscheinen. Zum Beispiel das Produktionsfeld „tupfen" bringt Pizzicato, Bleistiftpunkte, Becken ***pp***, Klaviersaiten *getupft* hervor. Diese können durch Pedal nachklingen. „Nachklingen" führt zu Bleistiftstrichen, zu Tonpunkteglissandi der Harfe, zu kurzen, zu langen Akkorden, zu Akkordketten, zu melodischen Tonaggregaten usw.

Dieses allgemeine, von der Linguistik angeregte Verfahren hat mich besonders dadurch gefesselt, daß es im Kontext des musikalischen Verlaufs immer ganz präzise und spezifizierte Gestalten hervorbringen läßt. Gleichzeitig zerrannen mir diese Gestalten, indem einzelne Töne, Melodien, Harmonik-Ketten, auch Verborgeneres wie Spitzen- oder Tieftöne von Akkordfolgen usw. sich aus ihrem „normalen" Kontext herauslösten und in seltsam berührender Fremdheit wiederholten.

Genau dies ist – übrigens innerhalb einer exakten Zahlen- und Maßkalkulation – Verrücktheit, Leben und Arbeiten Hölderlins im Tübinger Turm gewesen. Sein Beispiel schöpferischer Umnachtung hat mich bei der psychischen Bewältigung der oben beschriebenen Techniken und Gestaltprobleme gestärkt und mir zur Entschiedenheit verholfen.

Wer den Ausdruck dieses Stückes als Spieler und Hörer ganz verstehen will, sollte unbedingt noch die beiden folgenden Berichte kennenlernen, denn die Widmung „An Hölderlins Umnachtung" (es gibt im Stück auch ein „Akustik-Porträt") bedeutet das Gegenteil poetischer Gemütlichkeit.

„Heute war ich wieder bei ihm, einige Gedichte, die er gemacht hatte, abzuholen. Es waren zwei, unter denen keine Unterschrift war. Zimmers Tochter sagte mir, ich solle ihn bitten, den Namen H. drunter zu schreiben. Ich gieng zu ihm hinein und that es, da wurde er ganz rasend, rannte in der Stube herum, nahm den Sessel und setzte ihn ungestüm bald da-, bald dorthin, schrie unverständliche Worte, worunter ‚Ich heiße Skardanelli‘ deutlich ausgesprochen war, endlich setzte er sich doch und schrieb in seiner Wuth den Namen Skardanelli darunter. Ich gieng nun gleich wieder und obgleich er mich mit den Händen heftig fortwinkte und dazu fluchte, machte ich, ohne mich aus der Fassung bringen zu lassen, anständige Verbeugungen.“ (Theodor Schwab 1841)

Landgräfin Caroline von Hessen-Homburg schreibt ihrer Tochter, der verheirateten Prinzessin Marianne von Preußen, nach Berlin: „Der arme ‚Holterling‘ wurde heute morgen abgeholt, um zu seinen Eltern zurückgebracht zu werden; er hat alle Anstrengungen unternommen, sich aus dem Wagen zu stürzen, aber der Mann, der sich um ihn kümmern sollte, riß ihn zurück. ‚Holterling‘ schrie, die ‚Harschierer‘ würden ihn entführen und versuchte es noch einmal und kratzte dabei jenen Mann derart mit seinen enorm langen Fingernägeln, daß er ganz blutig war.“ Vermutlich schrie er: Häscher! (11. September 1806, Übersetzung des französischen Originalbriefs durch die Redaktion des Verlags Schirmer/Mosel)

1992

Ohne Hölderlin für Kontrabaß und Klavier und mindestens zwei Tische (1992)

Im Gegensatz zu mehreren Kompositionen der letzten Jahre (*Herbstfestival, Go Ahead, Offenes Fragment, An Hölderlins Umnachtung*) kommt dieses Stück „ohne Hölderlin“ aus, distanziert sich auch von einer Art Hölderlin-Mode.

Mein Problem war viel kleinerer Natur, nämlich zwei derart verschiedene Klangkörper wie Kontrabaß und Klavier so zu behandeln, daß ein Klangganzes entsteht, in dem die jeweiligen Klanganteile sich gegenseitig sinnvoll begründen. Zum Klang gehört natürlich auch seine Struktur.

Dieses Anliegen der Einheit beziehungsweise Annäherung und der Gewinnung sich verzweigender Selbständigkeiten kann man gut aus dem beigegebenen Beispiel erkennen, dem ich meine Analyse-Lesart anfüge. Alle Strukturen gewinnen ihre Daseinsautorität aus der Taktstruktur, den direkt erkennbaren Rhythmen, der Zahl der Anschläge usw.

Das Stück steht eindeutig auf der musikalischen Denkbasis organisch sich entwickelnden Zusammenhangs. Allerdings ist dieser so transparent komponiert, daß das Einzelne völlig gleichberechtigt erlebt werden kann wie in einer Melodie die Intervalle, im Intervall die Töne, im Ton sein Klang, im Klang seine Lautstärke, in der Lautstärke ihre Kurve, in der Kurve die Dauer usw. Nur am Schluß in der Tisch-Coda verdichtet sich Transparenz zur äußersten Heftigkeit, zum Knall.

4. März 1993

First play Mozart für Flöte solo (1993)

First play Mozart ist nicht mehr (wie meine anderen Solostücke seit 1976) in der Technik der „Rhythmuskomposition“ geschrieben. Seit langem beschäftigt mich, innerhalb der Fragen des Zusammenhangs, das Thema der Wiederholung: Wiederholung als „gestreute“, nicht als form- und zusammenhangbildende, eher als Mittel, Entfernungen, ja Fremdheiten aufzubauen.
Um meinem Titel zu folgen und Sie gleichzeitig zum phantasievollen Hören meines Stückes zu verlocken, möchte ich anstelle einer direkten Einführung den Beginn von W. A. Mozarts *Figaro-Ouvertüre* hierher setzen:

1. Die unregelmäßige Taktzahl dieser Phrase resultiert aus der regelmäßigen Verdoppelung der drei Schübe: 1+2+4 Takte (Σ = 7!)
2. Jeder Schub-Beginn knüpft direkt an das Ende des vorherigen an. Dadurch wird die Entfernungslänge noch spürbarer.
3. Die Figuren-Gliederung zeigt das System von Wiederholung und Wegführung in eigener Modifikation:

   I: a II: b b a III: b c b c d e

   a verschwindet nach drei Takten; aus zweimal b in II wird zweimal bc in III.
   Im zweiten Schub ist a in die Endposition versetzt, in III verschwinden am Ende bc *und* a; d ist zwar Krebs-Umkehrung von b (Takt 5), e dagegen ist völlig neu (selbst die besten Orchester haben an dieser Stelle auch immer technische und musikalische Schwierigkeiten).
4. Dies macht eine andere Deutung möglich. Da es nur zwei Dinge gibt, die gleichbleiben, nämlich die regelmäßige Aufeinanderfolge von Achteln und einem Viertel (4 ♪ 1 ♩ / 12 ♪ 1 ♩ / 24 ♪ 1 ♩), ist a in Takt 3 nur scheinbar eine Wiederholung von a aus Takt 1, eine Täuschung, die explizit gegen Zusammenhang gerichtet ist. Vielmehr gelangen wir in der Proportion 1 : 3 : 6 zu immer längeren Achtelstrecken, die alle drei auch jeweils auf Zählzeit 1 beginnen und mit einem Viertel enden. Aber dieses Endviertel kann man als emphatische Wiederholung kaum mehr gelten lassen …

Ist es nicht herrlich – so viele Wege zu hören!!

26. August 1994

En face d'en face für großes Orchester und Tonband (1994)

Der Titel meines Orchesterstückes *En face d'en face,* etwa „gegenüber von gegenüber" meinend, geht auf ein Darstellungsprinzip der alten ägyptischen Malerei und Reliefkunst zurück. Ihre Dichte der Darstellung wird durch Vermeiden des zufälligen, einheitlichen Augenblickseindrucks gewonnen. Die Verknüpfung der einzelnen Teile, zum Beispiel eines menschlichen Körpers, geschieht auf spezielle Art und Weise. Das Bild gibt nicht wieder, was das Auge sieht, sondern mutet durch die Technik der Versetzung einer Gruppe von Körperteilen (Auge, Oberkörper, Nabel) um 90° gegenüber den anderen Teilen dem Betrachter ein komplexeres Sehen zu. Diese simultane Profil- und Frontalansicht erlaubt eine höhere Vollständigkeit, die sich nicht an die Zeitgrenzen der einmaligen Blickerfassung hält. Die Künstler des Kubismus benützten diese Verfahren wieder und trieben sie weiter zu maximalen Möglichkeiten der Aufsplitterung und Vervielfältigung (natürlich im Dienste ihrer künstlerischen Anliegen).

Ein Gesicht im Gesicht als Gesicht ist eine wunderbare Vorstellung.

In der Musik wäre das nächstliegende Mittel der Wiederholung als Wiedererkennbares jedoch zu primitiv und kurz gedacht. Die Technik, mit der in meinem Stück musikalische und orchestrale Komplexität organisiert ist, ist wohl am besten mit dem Begriff der „Mehrfachdarstellung" eines Gedankens/Gedankengangs zu beschreiben. Dieses Prinzip ist ineinandergeschoben, verwoben, getrennt, zeitlich ge- oder verstreut, in verschiedenen Graden der Annäherung und Entfernung usw. leicht vorstellbar, das heißt auch faßlich. Kann man darin keine Haupt- und Nebensachen mehr ausmachen, kein Verschmelzendes, kein Erzählendes etc., dann taucht ein neues Hören auf: Sonst Zusammenhängendes steht sich jetzt plötzlich nur noch gegenüber. Derartige Fremdheit bedingt: Das Gegenüberstehende sieht sich gegenüber dem Gegenüberstehenden. Eine Aufführung mit Tonband läßt dies am elementarsten erahnen. Das gesamte Stück wird in 16 Teile getrennt und diese werden übereinandergeschichtet. Diese simultane Stückpressung wird wieder in zwei Hälften geteilt, die wie zwei Shrugs (Stücke des „achselzuckenden Hörens") dem eigentlichen (live-)Stück, gleichsam als zwei Riesenfermaten, vor- und nachgestellt sind.

November 1995

Don't fence me in. Trio für Flöte, Oboe, Klarinette in B (1994)

Don't fence me in ist für das Holzbläsertrio des ensemble recherche geschrieben. Während der Arbeit habe ich an folgende Möglichkeiten gedacht, dem Stück einen Titel zu geben:

Vom Bleiben der Klänge
Vom Bleiben in den Klängen
Vom Bleiben im Klang
„Daran, rief ich, erkenn' ich sie, die Seele der Natur, an diesem stillen Feuer, an diesem Zögern in ihrer mächtigen Eile." (Hölderlin: *Hyperion II,1*)
„... es ist den Glücklichen so lieb, dies Zögern..." (*Hyperion II,1*)
con Luigi Dallapiccola $^{\text{Nono}}\times$ N. A. Huber
mit Luigi Dallapiccola hoch Nono mal N. A. Huber
Entgleisung
Don't fence me in

26. August 1994

Disappearances für Klavier (1995)

Was macht das Klavier aus und nach dem Anschlag des Pianisten (und umgekehrt)? Dies ist Thema von *Disappearances*. „Verschwinden" braucht Empfindlichkeit für Zwischenzeiten als lebhaft gefühlte, als bewußte Dauer. Jeder einzelne Klavierklang hat seine natürliche oder rhythmisch zudiktierte oder auskomponierte Klangverlaufsgestalt. Jeder Klavierklang hat aber auch ein Klang*leben* im ganzen Stück. „Verschwinden" heißt also fragen, fragen nach dem ersten Klingen, nach der Struktur des Verschwindens – des Untertauchens, des Wiederauftauchens, des Wiederabgerufenwerdens, des letzten Erscheinens, fragen nach den inneren Geschwindigkeiten. „Verschwinden" heißt auch bei etwas bleiben, in einem anderen Klang aufgehen, als kaum wahrnehmbarer Klang einen Hauptklang färbend beeinflussen, das Hören von der Notenkopf-Einsatzrhythmik wegführen.

Der Zeitgeist
Die Menschen finden sich in dieser Welt zum Leben,
Wie Jahre sind, wie Zeiten höher streben,
So wie der Wechsel ist, ist übrig vieles Wahre,
Daß Dauer kommt in die verschiednen Jahre;
Vollkommenheit vereint sich so in diesem Leben,
Daß diesem sich bequemt der Menschen edles Streben.
24. Mai 1748 Mit Untertänigkeit
Scardanelli.

Am Ende des Stückes wird „Verschwinden" äußerste menschliche und politische Bitterkeit. Eine rezitativisch angelegte Trillerstimme intoniert litaneiartig Wortrhythmen aus Paul Celans Gedicht TENEBRAE. Menschen, die in Unmenschlichkeit, Folter, Konzentrationslagern, Gaskammern verschwinden, erbittern sich zu blasphemischer Aggressivität:

Zur Tränke gingen wir, Herr.
Es war Blut, es war,
was du vergossen, Herr.
Es glänzte.
Es warf uns dein Bild in die Augen, Herr.
Augen und Mund stehen so offen und leer, Herr.
Wir haben getrunken, Herr.
Das Blut und das Bild, das im Blut war, Herr.
Bete, Herr.
Wir sind nah. (Auszug aus Paul Celan: TENEBRAE)

1996

To „Marilyn Six Pack" für großes Orchester (1996)

1962 starb Marilyn Monroe. Noch im selben Jahr machte Andy Warhol seine bekannten Serigraphien (Siebdrucke), darunter auch *The Six Marilyns (Marilyn Six Pack)*. Mein Titel bezieht sich auf das dort und in einer Reihe anderer Themen benutzte Verfahren der bifokalen, eigentlich eher multifokalen Bildkomposition, bei der mehrere gleichgewichtige, oft auch völlig identische Bilder zu *einem* Bild gehören. Seit meinem Streichquartett *Doubles, mit einem beweglichen Ton* aus dem Jahr 1987 beschäftige ich mich mit neuen Möglichkeiten struktureller Wiederholung, bei der, im Sinne dezentralen Komponierens, die Kategorien Gleichberechtigung, Unabhängigkeit und Gleich-Gültigkeit nicht außer Kraft gesetzt werden. Deswegen hatte ich neue, interessante Anregungen, als ich 1990 in einer Warhol-Retrospektive in Köln eine ganze Reihe seiner Serigraphien wiedersah. Geht man von *medialen* Möglichkeiten aus, dann können in der Musik die Ebenen nicht integriert werden. Der Aspekt der Wiederholung als Nicht-Zusammenhang würde verloren gehen.

Deshalb ist *To „Marilyn Six Pack"* eigentlich ein Projekt, das aus drei Stück-Sphären zusammengesetzt ist.

1. Die Partiturvorlage live gespielt, *Original*.

2. Die Aufnahme des Orchesterstücks, die durch eine Filterbank von acht Filtereinstellungen geschickt wird, die acht verschiedene Übertragungslautsprechertypen – von sehr gut bis sehr schlecht – repräsentieren und durch ihre *mediale Melodik* den Informations- und Kommunikationsgehalt des Stücks erheblich beeinflussen. Die original-zeitliche Struktur der Komposition bleibt dabei voll erhalten.

3. Das Original in einer zeitgefalteten Version (*mediale Reproduzierbarkeit*):

Die original-zeitliche Struktur des Stückes (17′30) wird auf Tonband in drei Teile von jeweils knapp sechs Minuten geteilt; A: Takte 1–68 / B: Takte 69–140 / C: Takte 141–239 (Ende).

Diese drei Teile werden übereinandergeschichtet und eventuell durch geringfügiges Nachregeln ausbalanciert. Die neue zeitliche Struktur (knapp 6′) wird wiederum in acht verschieden lange Abschnitte geteilt, die dann acht Schleifen unterschiedlicher Länge ergeben:

1.) 21″ 3.) 34″ 6.) 55″ 8.) 89″
2.) 23″ 4.) 37″ 5.) 38″ 7.) 61″

Die Einsatzabstände betragen 3″ / 2,5″ / 2″ / 1,5″ / 1″ / 0,8″ / 0,3″.

Die einzelnen Loops sollen zudem bei jeder Wiederholung um den Bruchteil einer Sekunde versetzt werden, um die regelmäßige Fibonacci-Selbstähnlichkeit der Abstände zu stören. Die Loops sollen zudem um +/–10 Cents gegeneinander verschoben sein und *können* in verschiedenen Reihenfolgen pro Wiederholung einer Filtereinstellung 1–8 (siehe oben) unterworfen werden.

Gesamtdauer dieser Schleifensummen: 8″ oder 13″.

Möglichkeiten der Aufführung:

1. Das Orchester spielt das Stück live (= 1.).

2. In der Pause wird die Filterversion (= 2.) über 1, 2, 3, 5 oder 8 Lautsprecher(paare), die selbst dem System von sehr gut bis sehr schlecht gehorchen können/sollen und an verschiedenen Orten aufzustellen sind, als Klangumgebung wiedergegeben, das heißt: ohne jede Aufdringlichkeit (sehr geringer Pegel). Nach der Konzertpause wird das Stück vom Orchester live gespielt. Nach dem gesamten Konzert soll die Schleifenversion (= 3.) in fanfarenartiger Lautstärke über die gleichen Lautsprecher wie die Filterversion in Foyer und Gängen das Publikum hinausbegleiten.

3. Die Filterversion tritt an die Stelle des live gespielten Originals. In diesem Fall sitzt das Orchester entweder vollständig auf der Bühne (ohne zu spielen), oder die Instrumente sind wie ein Instrumentenorchester, ohne Musiker, arrangiert. Die Filterversion wird eingespielt, darf aber im Raum keine direkte Abstrahlung haben. Das heißt: Das Stück muß klingen, wie wenn es von außen nach innen dringen würde. Man kann auch an eine Art Echo-Orchester denken, indem zum Beispiel unter dem Fußboden, wo das Publikum sitzt, Minirecorder für eine (nicht naturgetreue) diffuse Klangwelt dieser Einspielung sorgen und ähnliches.

4. Die Wiedergabe der Filterversion in einem schmuddeligen Apparat wird Teil eines *mixed media tableaus* wie etwa von Edward Kienholz (zum Beispiel *The Wait, The Back Seat Dodge, 38, Sollie 17, Roxy's* etc.). Ein solches Tableau könnte auch die Schleife integrieren. In diesem Fall könnte das oben in der zweiten Aufführungsmöglichkeit beschriebene Pausen- und Fanfaren-Environment entfallen.

26. Mai 1996

„Als eine Aussicht weit ..“ für Flöte, Viola und Harfe (1996)

Wenn Außenwelt manipulierbar, Realität simulier- und ersetzbar wird, Krisen die Öffentlichkeit verwüsten, intensivieren sich die Werte des Privaten, möchte man Nahbereich und Innenwelten nicht der Antastbarkeit preisgeben. Das Ich bleibt gern im Übersichtlichen, entfernt sich höchstens eine Aussicht weit.

Symbolhaft: Hölderlin im Turm, Durchmessen des langen Gangs mit gewaltigen Schritten, stundenlanges Verweilen vor der immer gleichen Landschaft, die doch ununterbrochen sich ändert, Reinheit statt Schönheit.

…, die Felder stehn
Als eine Aussicht weit

…, und selten lärmet
Der Schall durchs offne Feld,

Der ganze Sinn des hellen Bildes lebet
Als wie ein Bild,
(!)

„Als eine Aussicht weit ..“ ist in der Musik materialisierbarer, viel komplexer und näher beobachtbar – – – der Sprengung offener!

7. September 1996

Mit Erinnerung für Fagott solo (Baßsaxophon/Baßklarinette) (1996)

Die farblichen und spieltechnischen Möglichkeiten des Fagotts sind zwar vielfältig, aber doch eher innerhalb eines schmalen Rahmens wirksam. Ich denke, das Fagott ist ein „strenges Instrument“. Dementsprechend ist mein Stück primär aus struktureller Kombinatorik heraus entwickelt. Instrumentalmöglichkeiten behalten den asketischen Charakter von strukturellen Rollen und entfalten sich in polyphoner Vielschichtigkeit, oft bis zu vier Stimmen, die hoquetusartig ineinandergeschoben sind. Die formale Entfaltung nutzt „Erinnerung“ als Vergleichskraft zwischen musikalischen Gestalten bis zur verblüffenden Wiederholungswirkung nichtzusammenhängenden Charakters. Aber es gibt auch „Erinnerung“ an einen kirgisischen Maultrommelspieler, an Satie, an Cage – – – sanfte und strenge Menschen. Das Fagott ist ein schönes Instrument!

4. Mai 1996

Covered with Music für Sopran, Flöte, Akkordeon, Schlagzeug und Kontrabaß (1997)

Jeder kennt *The Large Glass, the Bride Stripped Bare by her Bachelors, Even* (272,5 × 175,8 cm), an dem Marcel Duchamp acht Jahre lang, von 1915 bis 1923, arbeitete und es doch unvollendet ließ. Dazu veröffentlichte er 1934 *The Green Box*, in der sich eine Menge Texte, Berechnungen, Fotos und Skizzen als Vorstudien zum *Großen Glas* befinden. Obwohl André Breton von einer zynischen und mechanistischen Interpretation der Liebe sprechen zu können glaubte, ist neben der beeindruckenden Genauigkeit der verschiedenen konzeptionellen Ideen eher das Dunkle, das nicht direkt Deutbare, das eigentlich Entscheidende an dieser Arbeit.

Da gibt es die beiden Gläser – das obere die Braut, das untere die Junggesellen –, neun *Malic Moulds*, eine *Chocolate Grinder*, einen *Milky Way*, *Oculist Witnesses* (mit fünf konzentrisch angeordneten Kreisen), neun *Shots* etc.

Auch in meiner Komposition gibt es Oben und Unten sowie deren Zusammentreffen (*Path of Illuminating Gas*) bis hin zu zwei gegenschlagenden Beckentellern, eine Zweiteilung in Metall-Instrumente und andere, „neun" Taktabtastungen, „lautlose" Fenster usw. Vor allem aber ist der Text, den der Sopran singt, wunderbar anschmiegsam. Er braucht keine „Deutung", erfüllt in jedem Augenblick des Auftauchens seinen Sinn; kann also musikalisch auseinandergezogen, in einen übergeordnet determinierten Verlauf eingepaßt werden.

The Bride accepts this stripping
by the bachelors, since she supplies
the love gasoline to the sparks of this
electrical stripping; moreover, she
furthers her complete nudity by adding to
the 1st focus of sparks (electrical stripping)
the 2nd focus of sparks of the desire-magneto.
Blossoming.

Die Braut akzeptiert dies Entkleiden
durch die Junggesellen, seitdem sie den
Liebeskraftstoff liefert zu den Funken dieses
spannungsgeladenen Entkleidens, mehr noch, sie
treibt ihre vollständige Nacktheit voran, indem sie
dem ersten Funkensprung (spannungsgeladenes
Entkleiden) den zweiten des Begierde-Magnetzünders
hinzufügt.
Aufblühen.
(Marcel Duchamp: Text aus *The Green Box*)

Ich bevorzuge jedoch ein Hören ganz ähnlich dem Verstehen, das Gloria Moure in ihrem Marcel-Duchamp-Buch anspricht: „The Large Glass thus seems to be a celebration of the pre-Socratic paradox of reality (if it exists, it is not comprehensible; and if it is, it is inexpressible)." (Gloria Moure: *Marcel Duchamp*, New York 1988, S. 19)

24. März 1997

78-79. *The Bride Stripped Bare by her Bachelors, Even (The Large Glass)*, 1915-23.
Oil paint, varnish, lead foil, lead wire and dust on two glass plates (cracked), each mounted between two glass panels in a steel and wood frame, 272.5 × 175.8 cm.
Philadelphia Museum of Art,
The Louise and Walter Arensberg Collection.

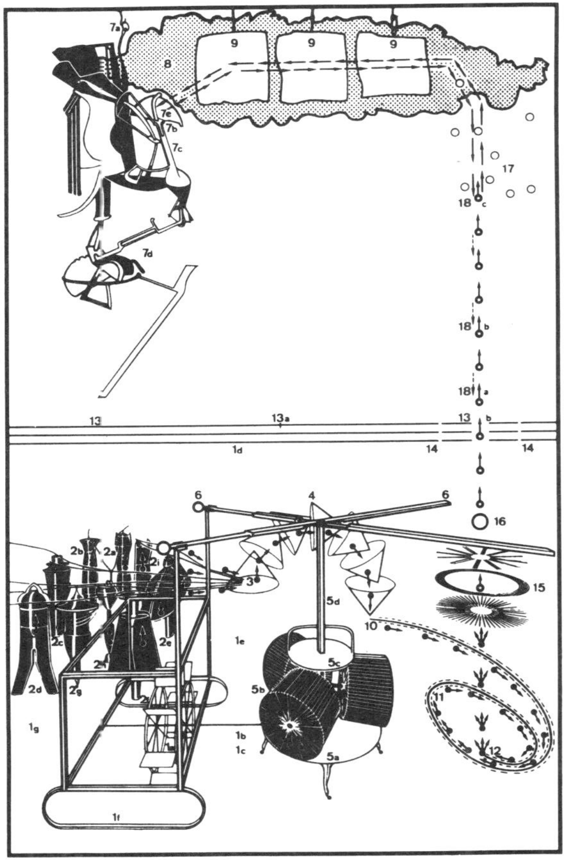

Key to the *Large Glass* (including elements not executed):

1 Chariot or Sleigh
  (a) Water-mill wheel
  (b) Pinion
  (c) Trap-door to basement
  (d) Pulley
  (e) Revolution of the bottle of Bénédictine
  (f) Runners
  (g) Sandow
2 Nine Malic Moulds/Cemetery of Uniforms and Liveries
  (a) Priest
  (b) Delivery boy
  (c) Gendarme
  (d) Cavalryman
  (e) Policeman
  (f) Undertaker
  (g) Servant/Flunky
  (h) Busboy/Waiter's assistant
  (i) Station-master
3 Capillary Tubes
4 Sieves or Parasols
5 Chocolate Grinder
  (a) Louis XV chassis
  (b) Rollers
  (c) Necktie
  (d) Bayonet
6 Scissors
7 The Bride/*Pendu femelle*
  (a) Suspension ring
  (b) Mortice joint
  (c) Stem
  (d) Wasp
8 Milky Way
9 Draught Pistons
10 Region of Butterfly Pump
11 Toboggan or Planes/Slopes of flow
12 Crashes or Splashes
13 Horizon/Bride's garment
  (a) Vanishing point of perspective
  (b) Region of 'Wilson-Lincoln' effect
14 Boxing Match
15 Oculist Witnesses
16 Magnifying glass
17 Nine Shots
18 Handler of Gravity
  (a) Trivet
  (b) Rod
  (c) Weight

•→ path of Illuminating Gas
→ Bride's instructions

After Jean Suquet, *Miroir de la Mariée* (Flammarion).

„..... *in die Stille*" für Violoncello solo (1998)

Immer wieder stelle ich beim Hören und beim Beobachten von Hörhaltungen in Proben und Konzerten fest, daß wir uns im Zeitalter der Medien so an das Hören über Lautsprecher (Schallplatte, CD, Video, Radio, Fernsehen etc.) gewöhnt haben, daß durch die Alltäglichkeit solcher Klangbilder das Empfinden für die Qualität RAUM fast verkümmert ist. Lautsprecher simulieren RAUM bereits *in* ihrer Sende-Information. Ihre Fähigkeit, Räumlichkeit aus dem realen RAUM, in den sie ihren Klang abstrahlen, zu gewinnen, ist dagegen äußerst gering. Umgekehrt scheint es in der Natur des Instrumentalklangs zu liegen, vollkommen im RAUM aufgehen zu können, gerade in ihm das Neue, Einmalige seines Klingens zu finden und mit ihm erst das Klangleben aufbauen zu müssen.

Im Prozeß des „..... in die Stille"-Gehens hat der Cellist Töne und Klänge zu realisieren, die bis zum siebenfachen Piano reichen. Dies sollen jedoch keine Lautstärken sein, die eine bloße Erweiterung der Lautstärkenskala ins Unhörbare sind, sondern eher die Realisierung einer besonderen Form von RAUM-KLANG. Die Wirkung des Instruments als Ort der Abstrahlung verringert sich dadurch zugunsten eines Klangs, der sozusagen nur noch im RAUM alleine, wie „insistierend", vorhanden zu sein scheint. Es ist die schwebende Präsenz einer Beinahe-Lautlosigkeit wie etwa im Goethe-Vers „In allen Wipfeln spürest du/kaum einen Hauch".

Je lautloser, desto präsenter!

27. Juli 1998

Modell im Rückspiegel für großes Orchester (1998)

Modell im Rückspiegel braucht zunächst einmal ein MODELL. Dieses ist ganz einfach: $x < y > x$ bzw. $x < y$ und $y > x$ oder $y > x < y$. Die beiden Größen x und y können dabei allerdings nicht nur als Lautstärken gelesen werden, sondern auch als (instrumentale) Farbgrade, als Dichtestadien, Spielweisen, Frequenzbereiche usw. Verfestigt sich dieses plastische Modell zu charakteristischen Ereignissen oder gar zu Strukturen, besetzen sie eindeutige Punkte oder Orte im musikalischen Formverlauf. Zeit kommt so ins vergleichende Spiel!

Der RÜCKSPIEGEL wiederum beläßt das Auge (Ohr) in seiner Blick-(Hör-)Richtung, holt dabei aber einen zurückliegenden „späteren" Gegenstand nach vorne, verdoppelt sozusagen seine Wirklichkeit auf eigenartige Weise und läßt auf diese erkennende Beobachtung Reaktion zu, ein Sich-dazwischen-Schieben oder bloßes Dazwischen-Sein des Ichs. Der Rückspiegel ist selbst ein Zeitmodell.

Darin liegt für mich die Hauptemotionalität dieses Orchesterstückes, auch in Bezug auf mögliche historische Ausdrucksgehalte eines solchen Modells.

Das Mannheimer Crescendo galt als „rauschend". Die Mannheimer Dynamik insgesamt war eine der ersten Emanzipationen der Lautstärken vom doch noch weitgehend üblichen Daherkommen ihrer Träger, der Tonhöhen. Mein Stück ist eine Hommage aufs Erspüren von Verfestigung und Entäußerung, Bilden – Auflösen – Weiterbilden. Übrigens: Auch die kleine Trommel, die sich im ersten meiner 3 Orchesterstücke von 1991 „verabschiedet" hatte, kehrt hier wieder zurück – – – in welchem Rückspiegel??

22. November 1998

Lob des Granits (Goethe: Fragmente in einem Satz) für Sopran, Violoncello, Klavier und Schlagzeug (1999)

Für Goethe war der Granit (naturwissenschaftliches) Symbol des Bestehenden. Nicht Starrheit interessierte ihn, sondern die Verschränkung von Entwicklung und Ursprung. Entwicklung sah Goethe als Metamorphose. Webern beschäftigte sich intensiv mit diesem Versuch, Wachstum und Fortpflanzung aus einem „inneren Modell", einem „geheimen" oder „beweglichen Gesetz" heraus (Botanik) zu verstehen. Goethe kennt drei Arten der Metamorphose: die regelmäßige, die unregelmäßige (rückschreitende) und die zufällige (durch Einwirkung von außen). Gleichzeitig sieht er der zentrifugalen Metamorphose, dem Wachstum ins Unendliche, ein Gegengewicht in der Natur gegenüber, den „Spezifikationstrieb" als zentripetale Kraft, als „das zähe Beharrlichkeitsvermögen dessen, was einmal zur Wirklichkeit gekommen". Goethe nennt das auch „Charaktere"! Damit ist zugleich das Tonleben in meiner Komposition beschrieben.

Goethe war Neptunist. Er haßte alles Vulkanische. Meine Textfragmente versuchen die ganze Bandbreite anzudeuten: von der Leidenschaft bis zum „Sehen".

Die Erfülltheit der Goetheschen Sprache verleiht seinen Texten unaufbrechbare granitene Härte. Sie strahlt besonders durch kontrastierende oder übertriebene Behandlung, bleibt wunderbar unirritierbar. Am offensten dagegen ist Goethe in seiner Silben-, Wort- und Phrasentechnik. Seine Vorliebe für die 3 (6, 9 etc.) und für das +1 oder –1 als Größe der Unregelmäßigkeit gab der Meister mir großzügig weiter.

7. März 1999

ACH, DAS ERHABENE ... (G. Benn)
betäubte fragmente
für zwei verschränkte Chöre à 36 Stimmen (1999)

reflektiert durch die Zusammenstellung von Texten Gottfried Benns (meist früheren) und solchen von Hölderlin (späte Gedichte) und ihre „Geworfenheit" einen Existentialismus, der in seinen bekannten früheren Formen nach dem Ersten Weltkrieg sowohl, wie 1945 nach dem Zweiten Weltkrieg, wie ich glaube, eine viel konturhaftere Gewinnung war, da neben den Wertezerstörungen auch reale Zerstörungen, Kriegstrümmer zu bewältigen waren. Der nötige Wiederaufbau der Sachen beeinflußte und half den damaligen neuen Wertebildungsversuchen durch ihre greifbar ausstrahlende Konkretheit.

Die (friedliche) Implosion des Sozialismus, der (friedliche) Wertezerfall der Moderne, ihr noch-Sein, aber ohne Anziehungskraft, läßt Grundbefindlichkeit eher als ratlose zurück. „Tat" (Goethe) bleibt minimal. Konsensverwässert schwimmt sie im schönen, zugegeben behaglichen Schein. Ihrer Minimalität sind Winzigkeiten zuhanden. Mögliche Adjektive wie „expressiver" Existentialismus, „vergeßlicher" oder auch „optimistischer" Existentialismus und vieles mehr zeigen eher, daß unsere Identitätsfindungen sich relativ „sorg"loser Strohhalme bedienen. Auch die „Fermaten" der achtziger Jahre reichen nicht mehr.

Ja , und trotzdem *sind* wir ...!

Verwendete Texte und ihre Reihenfolge:

Das Erdenrund ist so geschmückt, (Hölderlin: *Der Herbst*)
Brustkrank in jener Form
mit Blutungen und Narbenbildung,
[die sich] (Benn: *Chopin*)
sich … frohem Glanz
lange hinzieht,
stiller Tod
lärmet
Der Schall durchs offne Feld, wärmet
Den Tag des Herbstes mild,
stinkt auch als saures Aas herum
(Benn: *Fleisch*)
O strömt euch aus! O blüht euch leer!
Als eine Aussicht weit, die Lüfte wehen
das weit gedehnte Leben. (Hölderlin: *Der Winter*)
Das Hirn verwest genauso wie der Arsch!
Pracht umschwebet,
lebet (Hölderlin: *Der Herbst*)
Noch diesen Streifen Licht!
So gänzlich fort –
so nimmermehr.

1999

IV. POLEMIK

Auseinandersetzung um *Harakiri*

Jürgen Habakuk Traber/Friedrich Christian Reininghaus: Chronologie eines Kompositionsauftrags

Qualitätsmaßstäbe für Musikstücke konfrontierten schon immer Auftraggeber und Arbeitnehmer, Ausführende und Auf-Hörende mit Sach-, Sprach- und augenscheinlich auch Gewissensfragen. Ein Kennzeichen kompositorischer Qualität *heute* wird jedenfalls darin liegen, solche Fragen zu provozieren. Muß ein Komponist heute, wenn er irgendeine Chance auf dem von scharfer Konkurrenz geprägten internationalen Markt haben soll, „Erfolgsstücke" schreiben? Stück: Das heißt nach wie vor „Werk". Das muß geschrieben werden; mögen *in* der Komposition überlieferte oder neu entstandene Zwänge mit errungenen oder zu erkämpfenden Freiheiten Konflikte ausstehen: Auf den äußeren Rahmen des „Werks" kann nicht verzichtet werden, ob die Komposition nun Werk-Stück oder Stück-Werk ist. Qualität kennt ihre Grenzen: Sie muß im Ansatz „Originalität" aufweisen, sie muß „kompositorische Potenz" erkennen lassen, sie darf es sich nicht „bequem machen", nicht allzu konkret werden. Denn es gilt: „Ästhetisch ist Natur nur in ihrer Negation zu retten", Normen und Leitbilder werden sichtbar, was heute für ernste Musik *noch* Qualität heißt: Strukturspiele, Satztechnik, Handwerk oder sichtbar ordentliche Fleißarbeit; und dann noch: Verschleiern, daß gearbeitet wurde.

Zum Selbstbewußtsein kann man die, die heute über Qualitätsmaßstäbe *verfügen,* nur beglückwünschen. Ein Fall der Praxis mit der Neuen Musik, der symptomatisch und aktuell zugleich scheint, wird im folgenden durch Brief- und Presseausschnitte dokumentiert.

15.8.70: Der Redakteur Dr. C teilt dem Komponisten N in einem Brief den Beschluß über einen Kompositionsauftrag für den Sender S mit.

16.12.70: Dr. W, Programmchef Musik beim Sender S, erteilt offiziell den Auftrag an N: „Wir bieten Ihnen dafür ein Honorar von DM 3.000,–, wovon wir Ihnen DM 1.500,– als Ausarbeitungshonorar überweisen, sobald Sie mir die Annahme des Auftrags bestätigt haben. Der Rest wird Ihnen nach Ablieferung der Partitur bezahlt."

19.12.70: N sagt eine Komposition für ein kleines Orchester und präpariertes Tonband zu.

31.3.71: Dr. C fordert für den Vorprospekt den Titel des Werkes an.

2.4.71: Der Komponist antwortet.

Juni 1971: Der Vorprospekt der Konzertreihe MuZ des Senders S erscheint. Er kündigt unter anderem für Februar 1972 ein Konzert mit dem Stück *Harakiri* des Komponisten N an.

14.6.71: Der Verlag des Komponisten N liefert an den Sender S eine Partitur von *Harakiri.*

10.11.71: Redakteur Dr. C in einem Brief an den Komponisten N: „Ich kann nicht verhehlen, daß ich über Ihr Stück nicht gerade entzückt bin. Nicht, daß ich die Risiken einer Aufführung scheuen würde – Helmut Lachenmanns *Kontrakadenz* ist der Gegenbeweis –, aber was in Ihren *Informationen* auskomponiert wurde, ist in *Harakiri* zur bloßen kompositorischen Entlastung abgesunken. Dieser Gestus des Es-sich-bequem-Machens hat in der Tat keine Zukunft. Wenn schon Komponieren nach Ihrer Meinung unmöglich geworden ist, dann muß solche Unmöglichkeit komponiert werden: Nicht ist ihr auszuweichen."

13.11.71: Komponist N an Redakteur Dr. C: „Sie werden doch nicht glauben, daß *Harakiri* gegen das Komponieren geht. Auch der Vergleich mit meinem Streichquartett (*Informationen*) ist völlig fehl am Platze. Ich bin sehr stolz, der Länge eines Tones eine neue Funktion erschlossen zu haben. Allerdings muß man ein dialektisches Bewußtsein haben. Zum Gestus des ‚Sich-bequem-Machens' ist zu sagen: Wer macht es sich bequem? Es ist natürlich leichter, das Messer zu kaufen, als Harakiri zu machen. Da steht nun der Komponist in gleicher Reihe mit seinen Mitmenschen. Das finde ich besonders schön und ehrlich. Lachenmanns *Kontrakadenz* habe ich gehört. Ich verstehe nicht, welches Risiko da einzugehen war. Mein Stück ist nun sicher kein Erfolgsstück für Beifallsstürme oder gar Kritiker, aber es bietet erhebliches Material für Praxis. Sollten Sie Schwierigkeiten bekommen, so täte es mir leid. Ich habe an solche nicht gedacht, denn sie liegen in Wahrheit woanders. Ich wünsche uns allen ein radikales Bedürfnis."

13.11.71: Aus dem Programmtext, den N an Dr. C geschickt hat: „In *Harakiri* etabliert sich das akustische Ereignis nicht selbst unmittelbar als Musik. Insofern ist es keine Musik. Dadurch, daß zu Hörendes und Musik sich nicht mehr decken, ist es schwergemacht, das, was Elemente der Musik darstellen soll, selbst als Musik mißzuverstehen. Es geht um Darstellung verschiedener Grade von Aktivität. Diese müssen voneinander isoliert sein, um nicht durch Strukturbildung mißverstanden zu werden. Der lange, ausgehaltene Ton bekommt eine neue Bedeutung. Er ist selbst Ergebnis einer Aktivität, die ihn aus dem gewohnten Energiegefüge (...) ausbrechen läßt."

Aus der Partitur von *Harakiri*: „Ein sanftes Crescendo belebt, macht Innerliches noch innerlicher. Crescendi und Decrescendi verbinden, schaffen Übergänge. Nach langer, geballter Konzentration kündigt ein Crescendo den Aufbruch an, den Aufbruch nach außen, zur Aktivität. Die Konturen werden schärfer, man rüstet sich zur Auseinandersetzung mit anderem als sich selbst (...) Lohnt der Aufwand eines Crescendo? Crescendopraxis steckt in Krieg und Frieden, in Arbeit und Erholung, im Morden und Schonen, in Sonnenaufgang und Sonnenuntergang, in Unterdrückung, in Stimmungen, in Freude, im Zugrunderichten...

Crescendi sind nicht wertfrei.

Musik verheimlicht ihre Gefährlichkeit, mystifiziert ihren Gebrauch.

Unter dem Schutz von Struktur sollte man mit Crescendi, die nur sie selbst sind, keinen Staat mehr machen!"

26.11.71: Dr. C wiederholt seine Einwände vom 10.11. und beklagt das Aufgesetzte von Ns Deutungen: „Zudem scheinen mir diese Erklärungen doch sehr anfechtbar: Die Gleichsetzung von Krieg und Frieden mit Sonnenauf- und -untergang soll doch wohl heißen, daß Krieg und Frieden wie Naturereignisse hinzunehmen seien. Nicht umsonst kommt Natur in Ihrem Stück selbst zu Wort. Dabei ist Natur kaum noch als unmittelbare (...) zu erfahren. Ästhetisch ist sie zudem nur in ihrer Negation zu retten, nicht durch den Positivismus eines Donnerschlags."

Weiter teilt Dr. C mit, daß *Harakiri* vom Programm abgesetzt wurde, sagt jedoch eine Produktion zu. Außerdem hat er Einwände gegen die Interpretation des Textes („Es klingt etwas arg nach Weinheber") – nur gegen die Interpretation?

27.11.71: Komponist N an Redakteur Dr. C: „... eines muß gesagt werden: Es geht eben *nicht* um kompositorische Probleme. Da hätte ich dann wirklich die Sache falsch angefaßt. Daß aber menschliche – gesellschaftliche – Probleme sich in Musik widerspiegeln, davon handelt das Stück sehr präzise. Ich habe nur versucht, daraus kein Alibi zur Selbstentschuldigung werden zu lassen. Das scheint offenbar gelungen. Komposition ist mir wirklich egal, und überzeugen will ich auch nicht den, der keine Bereitschaft hat (...) Ihre Naturdeutung weicht insofern ab, als ich an Archetypen denken muß, als sogenannte – noch! – allgemein menschliche Voraussetzung menschlicher Praxis und damit unserer durchschaubaren Abhängigkeit! (...) Der

Text ist ebenfalls nicht authentisch interpretiert, weil es nicht um Komposition geht (...) Es soll wirklich nichts erspart werden, bitte, bitte keine Kompositionen mehr!!! Abschließend noch eines: Was im Text erscheint, ist aus der ‚Musik' vorher nicht draußen gelassen (...) Kompositorische Probleme sind allesamt Scheinprobleme, sie sind *unsere* Probleme, *da* ist die Wirklichkeit. Das Stück ist keine Flucht, es fordert Harakiri. Warum sollen Frau R (die Sprecherin), Herr Dr. C, Herr N da besser dastehen, nur weil einer liest, der andere denkt, der dritte für die Realisierung verantwortlich ist. Je weniger uns *Harakiri* abnimmt, je mehr es uns auferlegt, desto besser ist es. Es *darf* nichts *im Stück* ausgetragen werden! Wird im *Kapital* von Marx die Revolution ausgetragen? Wozu also Natur ‚retten'? Der Donnerschlag ist dialektisch, doch nicht positivistisch, wo wären sonst seine listigen Beziehungen?"

16.12.71: Redakteur Dr. C an Verlagskaufmann W: Dr. C teilt W die Absetzung von *Harakiri* mit. In diesem Zusammenhang fällt er klare Werturteile: „Die Qualität dessen, was Herr N als Kompositionsauftrag abgeliefert hat, ist leider nicht so beschaffen, daß ich eine Aufführung für vertretbar halte." Obwohl der Dirigent, der die Produktion übernehmen sollte, abgelehnt hat, „bleibe ich weiter bemüht, einen Dirigenten zu finden, der sich dieses Stückes erbarmt. Ich fürchte jedoch, daß das Ende des Ärgers mit *Harakiri* noch nicht abzusehen ist."

23.12.71: Verlagskaufmann W an Redakteur Dr. C: „Ich muß in diesem Zusammenhang erwähnen, daß Sie per Lieferschein am 14.6.1971 eine Partitur erhielten, und Ihre ablehnende Stellungnahme mit dem 16.12.1971 datiert ist."

27.12.71: Verlagskaufmann W an Komponist N: In einem Telefongespräch hat „Herr Dr. C expressis verbis erklärt, daß rein objektiv der Ihnen erteilte Auftrag nur bedingt ausgeführt sei und die abgelieferte Arbeit – ich zitiere wörtlich – ‚schlecht sei'.

... (Es sind) Äußerungen wie ‚in einer halben Stunde daherkomponiert' und ähnliche gefallen. Ich habe Herrn Dr. C darauf aufmerksam gemacht, daß (...) nach meiner persönlichen Auffassung Sie den gegebenen Auftrag de jure erfüllt haben und (...) nunmehr der Sender S aus bekannten Gründen Bedingungen des Auftrags, nämlich unter anderem öffentliche Vorführung des Werkes, nicht mehr akzeptiert.

Es steht zu vermuten, daß Ihnen die zweite Rate des Auftragshonorars nicht ausgezahlt wird, und es ist sicher, daß der Sender S bestenfalls eine Produktion von *Harakiri* übernimmt."

4.1.72: Programmchef Musik Dr. W an Komponist N: „Die Ursache der Meinungsverschiedenheit scheint mir darin zu liegen, daß Sie der Ansicht sind, die Zeit des Komponierens sei vorbei (...), während wir einen Auftrag für eine Komposition gegeben haben. Es erhebt sich in diesem Zusammenhang die Frage, ob Sie nicht besser daran getan hätten, unter diesen Voraussetzungen den Auftrag zurückzugeben. Daß Sie keine Komposition abliefern wollen, unterscheidet Sie letzten Endes nicht von denen, die das nicht können. Die Eindämmung der Produktivkräfte fällt zusammen mit deren Abwesenheit.

Unser Auftrag entsprang der Kenntnis von einigen Ihrer Kompositionen (...), die eine überdurchschnittliche kompositorische Potenz erkennen lassen. Was Sie ablieferten, bleibt nicht nur hinter Ihren früheren Werken weit, zu weit zurück, sondern ist als Ansatz nicht einmal originell, wenn man an Komponisten wie Giacinto Scelsi denkt. Eine Lösung unserer Meinungsverschiedenheiten würde sich dann abzeichnen, wenn Sie sich bereit erklärten, *Harakiri* von Grund auf neu zu ‚komponieren', wobei wir auf dem Titel nicht insistieren würden. In der vorliegenden Form jedoch können wir das Stück nicht akzeptieren, weder für eine öffentliche Aufführung, noch für eine Produktion."

6.1.72: Zusammenfassende Antwort des Komponisten N an Programmchef Musik Dr. W: „Meine Partitur ist natürlich eine Komposition, aber eben wie ich sie dem heutigen Stand entsprechend für richtig halte: meine Art, zu komponieren. Gar nichts ist uns gedient mit entfremdeten Stücken, aus denen sich jeder elegant zurückziehen kann. Als Vehikel dienen Struktur, Satztechnik, Handwerk und anderes mehr (...) Lange Töne sind, auch wenn sie lang sind (na und?), genauso verschieden im Zusammenhang wie kurze. Der lange Ton der 13 Violinen hat eine Funktion zu erfüllen. Alles, was im Text zu lesen ist, ist exakt komponiert (...) Allerdings können die Probleme im Stück (welch schreckliches Wort) nicht ausgetragen, sondern nur dargestellt werden. Austragen müssen sie schon die Menschen. Von Eindämmung der Produktivkräfte, wie Sie sich erlauben zu bemerken, kann dabei keine Rede sein. Ganz im Gegenteil bedarf es dazu besonders starker Produktivkräfte, solche Radikalität aufzubringen, wie sie *Harakiri* verlangt. Das braucht seine Zeit und läßt sich nicht so hinschludern, wie Sie zu denken scheinen. Ich halte *Harakiri* für richtiger als meine früheren Stücke(!). *Harakiri* erschöpft sich *nicht* im Schriftbild der Partitur. Ich unterscheide mich von denen, ‚die das nicht können', dadurch, daß ich es kann, aber gerade deswegen einen kritischen Blick für die Probleme habe. Davon interessieren mich die echteren. Außerdem glaube ich die Musikproduktion so aufmerksam zu beobachten, daß ich selbst über meine Originalität ganz gut informiert bin.

Ich habe *Harakiri* nach Erteilen Ihres Auftrags komponiert (...) Als Auftraggeber sollten Sie bedacht haben, daß es eine Komposition von *mir* sein wird. Von mir aus halte ich die Bedingungen objektiv für erfüllt. Dies erwarte ich auch von Ihnen."

13.1.72: Programmchef Musik Dr. W an Komponist N: „Zu Ihrem Selbstbewußtsein kann ich Sie nur beglückwünschen. Unter diesen Voraussetzungen kommen Sie auch gar nicht erst auf die Idee, unseren Kompositionsauftrag nicht erfüllt zu haben. Erst recht nicht darauf, Ihre abgelieferte Partitur umzuarbeiten.

Trotz all Ihrer Beteuerungen halten wir die Bedingungen eines Kompositionsauftrags objektiv für nicht erfüllt. Dennoch wollen wir (...), sofern Sie es wünschen, die zweite vereinbarte Rate an Sie überweisen. Sollte es Ihnen indessen nicht nur um das leidige Geld gehen, so frage ich Sie zunächst, ob Sie gegebenenfalls Ihr Stück selbst bei uns dirigieren würden, und last not least verweise ich auf unseren schon gemachten Vorschlag, das Stück durch eine Umarbeitung uns schmackhaft zu machen (...) Ich hoffe, wir bringen dann unsere wenig erfreuliche Angelegenheit schnell vom Tisch, so oder so."

19.1.72: Verlagskaufmann W drückt Redakteur Dr. C sein Befremden darüber aus, daß trotz einer festen Produktionszusage das Material zu *Harakiri* an den Verlag zurückgeschickt wurde: „Nun allerdings wird die ganze Angelegenheit mysteriös..."

19.1.72: Verlagskaufmann W an Komponist N: „Ich bin nachgerade empört, und zwar einmal über die Sache selbst und zum anderen über die Art, wie hier offenbar von einer ganz bestimmten Person vorgegangen wird. Hinzu kommt, daß offenbar von S aus Gerüchte laufen, die zumindest den Sachverhalt nicht eindeutig darstellen."

23.1.72: Der Komponist N bittet um Überweisung der zweiten Rate des Honorars und stellt im Sinne seines Briefes vom 6.1. richtig: „Da die Partitur bereits im Juni 71 bei Ihnen vorlag, kommt (zur Nichteinhaltung des Vertrages, J.H.T. + F.C.R.) noch eine offenbar bewußte Verzögerung des Falles *Harakiri* (dazu), wie er sich jetzt darstellt (...) Gleichwohl bin ich mir über die eigentlichen Hintergründe noch nicht klar."

1.2.72: Antwort an Komponist N, unterschrieben von Programmchef Musik Dr. W, Diktatzeichen von Redakteur Dr. C: „Die Beantwortung meiner Frage, ob Sie die Produktion Ihres Stückes selbst übernehmen, ist völlig unabhängig davon, wo sich zum gegenwärtigen Zeitpunkt das Material befindet (...) Unverständlich ist, daß Sie immer noch an den ‚eigentlichen Hintergründen‘ herumrätseln, wo wir lediglich in der Ablieferung eines einzigen Tones samt philosophischem Kommentar eine ungenügende Erfüllung unseres Kompositionsauftrags gesehen haben.“

4.2.72: Konzert des Senders S in S: *Harakiri* von N wird nicht nur nicht aufgeführt, sondern von Redakteur Dr. C sowohl in der das Konzert einleitenden Rede als auch im Text des Programmheftes ignoriert.

6. und 7.2.72: Die lokalen Tageszeitungen SZ und SN gehen in ihren Konzertberichten mit keinem Wort auf Ns *Harakiri* ein.

28.2.72: Kurzbericht über das Konzert vom 4.2. im Sender D in K: „Angekündigt war für den Abend noch die Uraufführung von Ns *Harakiri*; (...) man hat dieses Stück vermißt. Die Gründe, die man vor und hinter den Kulissen für die Ablehnung von *Harakiri* erfahren konnte, wechselten – je nach Stellung des Fragers. Einmal hatte sich der Dirigent geweigert; das andere Mal war *Harakiri* technisch unspielbar; zum dritten war die Komposition ihre dreitausend Mark nicht wert; zum vierten die Potenz des Komponisten nicht ausgeschöpft; und schließlich war das ganze Stück nur aufgebauschtes Gerede, viel Lärm um einen einzigen Ton. *Harakiri*, ein akustisches Provokationsmodell mehr als ein Konzertstück herkömmlicher Art, hat schon vor der Uraufführung eine ihm wesentliche Funktion erfüllt: Es hat provoziert. Daß das bislang nur einem kleinen Kreis von Rundfunk- und Verlagsleuten vorbehalten blieb, ist als bedauerlich zu verbuchen.“

Soviel aus dem, was den „Fall *Harakiri*“ schriftlich dokumentiert. Bleiben Fragen. Bleibt eine Einschätzung und notwendige Kritik.

Warum brauchen ein Programmchef Musik und ein Rundfunkredakteur, zwei Doctores der Musikwissenschaft, zum Lesen und Bewerten „*einer* Note samt philosophischem Kommentar“ mehr als ein halbes Jahr?

Was sind sie denn, die Maßstäbe der „Originalität“, die eine Rundfunkanstalt ihrem musikalischen Publikum schuldig zu sein meint?

Mozart hat die Ouvertüre zu *Don Giovanni* in einigen Nachtstunden vor der Generalprobe „runterkomponiert“; was würde es heißen, wenn ein Komponist tatsächlich in wenigen Stunden, die zur Niederschrift des Notentextes einfach benötigt werden, ein Stück von Rang aufs Papier brächte? – – –

Daß N „immer noch an den ‚eigentlichen Gründen‘ herumrätselt“, ist dem nicht gar so unverständlich, der das Konzert am 4. Februar in S besucht hat. Angesichts des Aufwandes, der um die *zero*-Musik von H, dem komponierenden Abteilungsleiter des Senders B, gemacht wurde, verflüchtigt sich die Überzeugungskraft der Argumente, mit denen *Harakiri* abgewiesen wurde. Kaum eines läßt sich finden, das für die *zero*-Schaustellung nicht potenziert zuträfe. Daß in *zero* in 35 Minuten 223mal der immergleiche 7/4-Takt exekutiert wird, ist weder „originell“, noch zeugt es von „überdurchschnittlicher kompositorischer Potenz“. Die eher konservativ gestimmte Lokalpresse hat das aufmerksam – wenn auch generalisierend – registriert: „Unter dem halben Dutzend Verfertigungen, die ich von ihm in Bremen und Donaueschingen, Hannover und Stuttgart hörte, war auch nicht eine einzige, die irgendeinen Sinn oder Unsinn offenbarte; denn Unsinn als ernstgemeinte Provokation, gar als subtile Anti-Kunst, ist halt doch viel schwerer zu produzieren als das Normal-Sinnvolle“ (S in SZ vom 7.2.).

H ließ vor der Uraufführung seines *zero* eine programmatische Erklärung hören. Diese forderte auf, die Nuancen der Wahrnehmung der immergleichen Vorlage zu testen. Sie versuchte, dem Stück gutzuschreiben, was sie dem Hörer abverlangte. Daß, was zu sagen sei, komponiert wäre, läßt sich also kaum behaupten. Was von H als Begleittext ins Programmheft beigegeben worden war, hatte mit dem Stück nichts zu tun; allenfalls vielleicht noch, daß auch die Ansammlung von Gegensatzpaaren („Anfang … zero … Ende, Material … zero … Idee, Teil … zero … Ganzes“ etc.) Aufhebens um alles oder nichts, also null und nichts war.

Eine grundsätzliche Überlegung allerdings bleibt angesichts der Widersprüchlichkeit, die den dokumentierten Stellen zu entnehmen ist, bestehen: Philosophischen Rang, wie er Ns Kommentar immerhin zugebilligt wurde, hatten Hs Direktiven und Rechtfertigungen in keiner Faser. Das allerdings gegen N ins Feld zu führen, vermag nur eine eingefleischte Denk-Feindschaft, wie sie zum Verhalten gegenüber musikalischer Avantgarde-Produktion sich allerdings recht gut reimt.

Über jene in *zero* „komponierte“ Langeweile – welche „kompositorische Entlastung“ liegt denn hier vor? – mit ihrer naiven Brutalität und ihrer brutalen Naivität sollte schließlich – noch im Konzert! – diskutiert werden. Daß diese ganze Aufwendigkeit, die einen einzigen aleatorischen 7/4-Takt zu einem mehr als einstündigen Dreiakter aufblies, eine Verlegenheitslösung, Zeitstrategie sei, wurde von Dr. C, der moderierte, aufs schärfste dementiert. Nachher war es so gewollt: „Der H muß doch seine Erfahrungen machen können, wie so was wirkt“. Bleibt so zentral also die Frage nach den Qualitätsmaßstäben, nach welchen Avantgarde-Musik im Musikbetrieb aufs Schild gehoben oder abgelehnt wird. Geht es am Ende gar nicht um einen kaum zu fassenden Fetisch „Qualität“ oder „Originalität“ – nach welchen Spielregeln werden dann hinter dem Vorhang die Karten gespielt?

Gegen Ns Text bestanden am Rande, und Dr. C hat das im Ansatz treffend formuliert, berechtigte Einwände. Für die Ablehnung aber spielten sie praktisch keine Rolle. Aber auch mit *zero* mochte sich niemand identifizieren. Bei ihm redete man sich mit dem experimentellen Charakter der Konzertreihe heraus, in der man gerade jenen Stimmen Raum geben müsse, die nicht in die eigenen Erwartungen und Bevorzugungen lautstark einfielen. Wie ernst man es mit dem experimentellen Charakter auch bei Verbal-Adorniten meint, stellt der Fall *Harakiri* bereits wieder außer Frage. Dem Augenschein nach gibt es klarere Kriterien dafür, was mit dieser unklaren Vokabel zu rechtfertigen ist und was nicht, als die, die in der aufgebrochenen Kontroverse ausgesprochen wurden. Der Verdacht drängt sich allerdings auf, daß nichts anderes gemeint ist als modernistisch kolorierter Spielcharakter von Kunst, den dieselben Personen, die über die Werturteile *verfügen*, andernorts als „Produkte verdinglichten Bewußtseins“ ächten.

Was *Spiel* ist, demonstriert der Harlekin. Daß er Narreteien verbreitet, ist seine Rolle, daß Kinder und Narren Wahrheiten sprechen, ist nicht nur sprichwörtlich. Es soll so sein. Ärger bereitet, wenn einer seine Narrenfreiheit allzu wörtlich nimmt. Wenn er zuviel sagt. Wenn er gar noch zu verstehen gibt, daß er ein Harlekin ist: Er verletzt die Spielregeln. Er hat mit Sanktionen zu rechnen. Dafür wurde an N ein Exempel statuiert: Was nun eigentlich „komponieren“ heute noch heißen kann, das konnte man ihm nicht positiv und auch nicht präzise negativ bestimmen. Trotzdem hielt man einen Kompositionsauftrag „objektiv für nicht erfüllt“. So bleibt für die Berufung auf die Kategorie der handwerklichen Gründlichkeit nur die Bezugnahme auf ein „Einverständnis“. Dieses wird nicht weiter hinterfragt; soviel aber ist sicher: Seiner Erfüllung verdankt sich das Leben der heute florierenden E-Musik-Avantgarde überwiegend.

Daß „Widersprüche im Werk ausgetragen“ werden sollen, ist längst schon zum sinnleeren moralischen Topos geworden. Daß ihre Ästhetisierung sie für reglementiertes Konsumverhalten gefügig und genießbar macht, ist aus dem Mund namhafter Komponisten bekannt. Helmut Lachenmann, der N als Vorbild vorgehalten wurde, hat das überdeutlich formuliert. Daß diese Ästhetisierung geschehe, ist Forderung an die Avantgarde, damit sie funktioniert. Daß sie funktioniert, ist ihr Lebensprinzip. Wer daran rührt, ein Outlaw. Der Vorgang um *Harakiri* ist ein charakteristisches Stück Kunstpolitik. Man sollte sich in Zukunft nicht an jenen Vordergründigkeiten aufhalten, die es mit dieser Dokumentation erst wegzuräumen galt.

Clytus Gottwald: Viel Lärm um nichts

Bevor das, was – wie die Apologeten von *Harakriri* sagen – „im Ansatz" nur formuliert werden konnte, weitergeführt werden soll, müssen zur Dokumentation selbst einige Korrekturen angebracht werden.

1. Die Äußerung, das Stück sei in einer halben Stunde daherkomponiert, stammt nicht vom Redakteur, sondern vom Dirigenten M (um im mystifizierenden Sprachgebrauch der Verfasser zu bleiben), der zunächst die Produktion machen sollte.

2. Daß ein Rechtsanspruch darauf bestehe, daß eine bestellte Arbeit, sei es literarischer oder musikalischer Art, auch gedruckt oder gesendet werden muß, ist ein Irrtum. Entgegen dem sonst üblichen Brauch, bei einer Nichtveröffentlichung ein Ausfallhonorar zu zahlen, wurde dem Komponisten das volle Honorar ausbezahlt: auch das eine Dokumentation, des Sachverhalts nämlich, daß man die Meinung des Komponisten, er halte seinen Auftrag für erfüllt, respektiere, sie sich aber nicht zu eigen machen konnte, und daß der Rundfunk an seiner ursprünglichen Absicht festhalte, von dem Stück eine Studioproduktion zu machen. Diese Produktion ist zudem mit dem Dirigenten L fest vereinbart und wird kurz nach Erscheinen dieses Textes abgeschlossen sein.

3. muß noch ergänzt werden, daß bei den Telefonaten mit dem Verlag von einem Angebot von anderer Seite, die Aufführung des Stückes zu machen, mehrfach die Rede war. Dem wurde selbstverständlich nichts in den Weg gelegt. Das Werk, das es nicht sein will, besteht darauf, den Weg aller Werke zu gehen, den „normalen" Verwertungsprozeß. Es ist die Frage, ob die in dieser Zeitschrift praktizierte Uraufführung dem Stück nicht mehr Ehre angedeihen läßt, als wenn es ein Redakteur, mit dem Etikett „Provokationsmodell" versehen, der Produktionsmaschinerie überantwortet.

Harakiri besteht aus zwei Teilen, einem instrumentalen und einem, der über Lautsprecher eingespielt wird. Der instrumentale Teil seinerseits besteht aus einem einzigen Ton, dem großen *Ges*, das 13 Violinen auf der zweieinviertel Oktaven heruntergestimmten a-Saite zu spielen haben: Dieses *Ges* hat eine Dauer von elf Minuten. An drei Stellen begleiten andere Instrumente für wenige Sekunden den Einzelton: von 2′12″ bis 2′25″ die übrigen Streicher, bei 3′12″ die Harfe mit *des* (die „offene Quinte"), von 6′35″ bis 6′56″ Bläser und Streicher (wieder mit *fis*). Von 9′50″ bis 11′05″ wird das omnipräsente *Ges* vom ***ppp*** bis zum ***fff*** crescendiert. Im Augenblick, da das Crescendo seine größte Expansion erreicht, ertönt über Lautsprecher ein lauter Donnerschlag, der durch Regenrauschen abgelöst wird. Aus dem einminütigen Regenrauschen tritt schließlich eine Frauenstimme hervor, die in dunkler Feierlichkeit das eben Erlebte exegetisiert.

Der Kommentar, den die Verfasser ihrer Dokumentation beigaben, ist nicht frei von Unstimmigkeiten und Widersprüchen. Über den Zweifel, den sie dem ästhetischen Urteil gegenüber hegen, ist an anderer Stelle ausführlich verhandelt worden. Es würde gewiß den Raum dieses Beitrags überschreiten, wollte man auch diese Kontroverse hier noch einmal aufrollen. Doch wird dadurch der Widerspruch im Kommentar der Verfasser nicht geringer. Der Vorwurf, über das Stück von N ästhetisch geurteilt zu haben, soll dadurch glaubwürdiger werden, daß man seinerseits durchaus handfest über das Stück *zero* von H urteilt, daß man sogar nicht einmal zögert, Pressestimmen als Autorität anzurufen. Andererseits konzedieren die Verfasser dem von C formulierten Urteil im Hinblick auf die Nschen Texte, es sei „treffend". Aber eben nur am Rande. Zudem habe es bei der Ablehnung des Stückes nur eine unerhebliche Rolle gespielt. Urteil wird auf diese Weise nicht zu einer funktionalen, sondern sogar zu einer taktischen Kategorie entstellt. Zudem soll diese Hilfskonstruktion durch eine zweite abgestützt werden, nämlich jene, daß der Eindruck erweckt wird, bei Ns Text handele es sich um einen jener Kommentare, mit denen Komponisten ihre Werke eben so versehen. Ns Text ist aber Bestandteil des Stückes. Das haben die Verfasser der Apologie zwar gewußt. Aber man behalf sich mit dem kleinen Trick, daß man die besonders aufschlußreichen Passagen aus dem Text bei obigem Abdruck mit Hilfe von drei harmlosen Punkten ausklammerte. Die inkriminierenden Passagen seien deshalb hier als Nachtrag eingefügt:

„Ein solches Crescendo öffnet wie eine klingende Quinte. Fortissimo-Schläge als Höhepunkt erlösen von der angehäuften Spannung, saugen unsere Spannung auf durch Identifikation mit ihr, geben uns Gelegenheit zur Befreiung von uns selbst, ersparen uns ‚Unerträgliches' (Anführungszeichen vom Autor). Decrescendi lassen ersterben oder bereiten durch vorübergehende Entspannung neue Crescendi vor. Auch Decrescendi können Crescendi sein. Mit beiden rufen wir uns in Erinnerung. Lohnt der Arbeitsaufwand eines Crescendos?"

Der im Briefwechsel schon angeklungene Vergleich solcher Texte mit jenen Weinhebers wurde von dem Musikwissenschaftler Dr. P in S noch verschärft. Unter Anspielung auf ein ehedem berühmtes Buch kommentierte er: „Auf den Marmorklippen". Wenn je der Versuch, das Stück aufzuschlüsseln, Erfolg haben soll, dann hat er an diesem Teil anzusetzen.

Daß Crescendi „nicht wertfrei" seien, fällt ganz bestimmt unter das Verdikt der Verfasser, ein Topos zu sein. Niemand wird es bestreiten. Auch das nicht, daß diese Einsicht Rückwirkungen aufs Komponieren haben sollte. Aber schon im Briefwechsel wurde der Finger auf jene Sätze gelegt, in denen N definiert, was nach seiner Meinung in der Crescendo-Praxis sich alles angesammelt habe: „Crescendo- und Decrescendo-Praxis steckt in Krieg und Frieden, in Arbeit und Erholung, in Alltag und Feiertag, im Morden und Schonen, im Sonnenaufgang und Sonnenuntergang, in Unterdrückung, in Stimmungen, in Freude, im Zugrunderichten."

Die bereits zitierte Gleichsetzung von Krieg und Frieden mit Sonnenaufgang und Sonnenuntergang oder mit bourgeoisen Dichotomien wie Arbeit und Erholung verklärt den historischen Ballast des musikalischen Materials, ja den Ablauf von Geschichte zum natürlichen. Zwar beteuert der Komponist: „Musik verheimlicht ihre (der Crescendi) Gefährlichkeit, mystifiziert ihren Gebrauch. Unter dem Schutz von Struktur sollte man mit Crescendi, die nur sie selbst sind, keinen Staat mehr machen!" (Die Komponisten würden also mit allerlei Veranstaltungen wie der Erfindung von Strukturen das „Historisch-Natürliche" des Materials immer wieder verschleiern.) Aber die Entmythologisierung, die N durch Abschaffung von Struktur vorschwebt, geht selbst über in Mythologisches. Das Crescendo-Decrescendo gibt nun bei ihm wirklich preis, was N via Schlußansprache hineinsteckte: Sonne, Krieg und Frieden, Mord und Totschlag. Und es gibt solches frei, ohne daß Struktur als Arbeit des menschlichen Geistes Kritik daran üben würde: Crescendo wird zum Mythos.

Von daher fällt ein bezeichnendes Licht auf den Rest des Stückes. Anstatt sich mit der im Material eingelassenen Geschichte kompositorisch-kritisch zu befassen, läßt N das Material selbst sprechen. Aber auch hier holt ihn die Dialektik, die N als Voraussetzung zum Verständnis der Sache deklariert, wieder ein. Der Auseinandersetzung mit der Geschichte des Einzeltones ges versucht er dadurch zu entrinnen, daß er dessen Crescendo in Natur überführt. Zwar hat der Donnerschlag mit dem anschließenden rauschenden Regen im Zeitalter der Gruselfilme längst das Mythische dem Kommerz geopfert. Gleichwohl will Ns Wendung Mythisches heimholen: Der Schlag soll – wie der Schlußtext verrät – „erlösen". Wer den Mythos herbeiruft, ruft auch Bann und Schrecken zurück, die den Mythos begleiteten. Der Schrecken, den Menschen sich gegenseitig bereiten, wird so umgebogen zum mythischen, „existentiellen". N spricht in seiner Korrespondenz selbst von Archetypen als allgemein menschliche Voraussetzung menschlicher Praxis und damit „unserer Abhängigkeit". Nur so kann der Komponist der Geschichte ausweichen, die er selbst gerufen hat.

Nicht anders ist aus Geschichte auszubrechen als durch Regression. Das Urerlebnis des Einzeltones, das schließlich transzendiert im Natur-Mythischen, ist nichts weiter als die Chiffre einer neu aufziehenden Barbarei. Getreu den Parolen einer bestimmten Vergangenheit verschreibt N „Befreiung von uns selbst". In veralteten Kommentaren über Kirchenmusik kann man heute noch lesen, deren Wesen bestehe darin, „die Menschen über sich hinaus zu führen". Solche Befreiung von uns selbst verheißt Überwindung gesellschaftlicher Antinomien durchs Aufgehen im Kollektiven. Unnötig daran zu erinnern, zu welchen Formen von Brutalität solche irrationale Gemeinschaft fähig ist. Darüber verliert der Versuch, Ns Gewitter als Pendant zum Königssee der Hotelbildmaler auf die leichte Schulter zu nehmen, sein Triftiges. *Harakiri* zieht seine Unwahrheit daraus, daß es Befreiung – N würde sagen: Erlösung – im atavistisch Unfreien verheißt. Blind wie das Schicksal, das es nachahmt, widerruft *Harakiri* Freiheit als ephemere, die zergeht vor totaler Abhängigkeit. Anstatt solche Zusammenhänge zu durchschauen, verkündet N stolz, seine Crescendo-Praxis als mit dem Weltlauf im Einklang stehende Neue Musik hat von je die Kraft aus dem Einspruch gegen den Weltlauf gezogen. Daß sie ihn nicht zu ändern vermochte, gereicht ihr kaum zur Ehre. Zur Schande würde es ihr aber gereichen, wenn sie anfinge, den fauligen Kadaver der Gemeinschaftsideologie neu zu beleben. Die Autoritäten, die sie als natürliche anbetet, würden die erhoffte Rettung des Subjekts mit dessen Abschaffung beantworten.

N hält wenig von Emanzipation. Seine dem Stück vorgegebene Spielanweisung liest sich wie eine fürstliche Kapellordnung: „Alle Musiker sollen so bescheiden und präzise wie möglich spielen. Jede unnötige Bewegung, die die Konzentration auch nur im geringsten stören könnte, ist zu vermeiden." Den Musikern eines Orchesters zu erklären, der Gang der Neuen Musik, durch den auch ihre Emanzipation betrieben werden sollte, verlange neuerdings nicht nur Konzentration, sondern eine neue Devotio moderna, mag auf sich nehmen, wer will.

Die Geringschätzung kompositorischer Arbeit koinzidiert mit jener der realen. Nicht umsonst spielt der Begriff Arbeit bei Ns Antipoden Helmut Lachenmann eine zentrale Rolle. Nicht nur sind dessen Partituren Ergebnisse langwieriger Arbeitsprozesse – und damit Dokumente der Solidarisierung mit den Arbeitenden –, sondern Lachenmanns Musik möchte solche Arbeit samt ihren Widerständen zur Sprache bringen. Die vorzeitige Suspendierung von Arbeit, so sehr sie auch ihr Recht aus der Utopie einer befreiten Gesellschaft ziehen mag, hat ihr Unrecht in der Gegenwart daran, daß sie von jenen praktiziert wird, die andere für sich arbeiten lassen.

Daß die *Harakiri*-Apologeten angesichts von Hs *zero* sich nicht zu mehr aufzuraffen vermögen als zu einer Sammlung von Kritiker-Klischees, fügt sich bruchlos dem Jargon ein, mit dem die Verteidigung von Gemeinschaftsideologie und Konzerninteressen plausibel gemacht werden soll. Langeweile und Naivität scheinen als Kategorien gerade gut genug, um das Aufkommen von Reflexion zu unterdrücken, mit deren Hilfe allein man sich dem Phänomen nähern könnte. Auch hier gilt es – ähnlich wie im Fall der unterschlagenen *Harakiri*-Texte –, die Aufklärung zu leisten, um die sich die Aufklärer herumzumogeln gedenken. Dabei ist der Fehler der *Harakiri*-Apologeten zu vermeiden, der darin besteht, eine Sache zu einem Provokationsmodell zu fetischisieren, ohne zu fragen, wodurch solche Provokation geleistet wird. Ein Hakenkreuz heute ist schließlich auch eine Provokation. Zudem rekurrieren meist jene auf den Fetisch Provokationsmodell, die darüber nur schwadronieren, anstatt selbst, sei es komponierend, sei es das so Komponierte interpretierend, an solchen Modellen konkret zu arbeiten.

Ohne Zweifel reflektiert *zero* bestimmte industrielle Produktionsmethoden, vornehmlich jene des Fließbandes. Der in gleichen Abständen anbrandende, nur minimal sich verändernde Klang aus Gesungenem und Gespieltem wird selbstverständlich von jener Langeweile eingeholt, die als Kategorie dem Urteilenden Niveau attestieren und ihn gleichzeitig des Nachdenkens entheben soll. Die Monotonie der industriellen Arbeit, so unverstellt wie in *zero* ausgesprochen, verletzt in ihrer „naiven Brutalität und brutalen Naivität" den Kanon höherer Kunst, die darauf abgerichtet ist, solche Monotonie durch Abwechslung vergessen zu machen. Aber *zero* hat seine gesellschaftliche Wahrheit nicht nur darin, daß es sich dem erbarmungslosen Einerlei des Arbeitsalltags ohne größere ästhetische Brechungen und Vermittlungen stellt. Jedem Sänger und Spieler steht ein fest umgrenzter Materialvorrat zur Verfügung, aus dem er seine Kombinationen abzuleiten hat. Jedoch vermögen solche subjektiven Entscheidungen nichts über den Ablauf des Ganzen, der, obwohl er von den Musikern und Sängern produziert wird, sich über deren Köpfe hinweg abspielt. Diese Ohnmacht, als Einzelner nicht mehr in den Gang des Ganzen verändernd eingreifen zu können, erzeugt Wut, die sich jedoch nicht gegen die realen Verhältnisse kehrt, sondern gegen den Komponisten, der solche Ohnmacht ohne Beschönigung zur Sprache bringt. Die von den Verfassern als überflüssig abgetane Diskussion nach der *zero*-Aufführung lieferte dafür die Beweise. Dabei hat *zero* gegenüber *Drumming* von Steve Reich zum Beispiel den Vorzug, daß es jeder Identifikation durch den Hörer sich verweigert. Es biegt das Immergleiche nicht demagogisch zum Narkotikum und damit zum Instrument von Beherrschung um. Vielmehr stört es durch die Schmerzhaftigkeit seines Ablaufes jenes Klima von Meditation, in dem Anpassung ans Übermächtige und Abwesenheit von Besinnung zusammenfallen.

Mag sein, daß andere Redakteure die Sache kaum der Rede wert befinden und ein Stück wie *Harakiri* auf den Produktionsplan ihres Orchesters setzen. Schließlich verschlingt der Betrieb alles, am Ende sogar die Redakteure selbst. Aber es ist in diesem Zusammenhang daran zu erinnern, daß sie sich dadurch dem anähneln, wovon manche Verlage und manche Komponisten träumen mögen: von Übersetzungsmaschinen in den Funkhäusern, die möglichst reibungslos alles in den Verwertungsprozeß überführen. Das Lamento ist groß, wenn solche Reibungslosigkeit einmal aussetzt, und noch größer, wenn es sich nicht um einen unbekannten jungen Mann handelt, sondern um einen Hochschullehrer und Vizepräsidenten einer bedeutenden Vereinigung für Neue Musik, dessen Stück auf dem Wege zur Verwertung hängenbleibt. Aber die Anwälte klagen sich an durch das, was sie verteidigen. Das Exempel, das sie statuieren, soll andere Redakteure einschüchtern, den Finger auf die Regression des Fortschritts zu legen. Ihre Attacke gegen Denkfeindschaft sistiert das Denken selbst. Die Abdankung von Komposition setzt sich in eins mit der Abdankung kritisch-kompositorischer Arbeit am geschichtlichen Material; der Kritik an Komposition droht die Kritiklosigkeit des Unkomponierten. So fällt das Ende von Komposition, das *Harakiri* als Fortschritt propagiert, zusammen mit dem, was der Titel so schön einbekennt, dem irrationalen Zwang zum Suicidium: „Das Stück ist keine Flucht, es fordert Harakiri" (N), besonders jenes des Denkens. Der Widerstand gegen solche Barbarei sollte nicht nur Sache der neuen Musik sein. Auf ihn sollte auch dann nicht verzichtet werden, wenn seine Möglichkeiten sich darin erschöpfen, daß das Stück lediglich aus dem Programm eines öffentlichen Konzertes gestrichen werden kann. – In der *Ästhetischen Theorie* stehen diese Sätze: „Nicht undenkbar, daß die Menschheit der in sich geschlossenen, immanenten Kultur nicht mehr bedarf, wenn sie einmal verwirklicht ist, heute droht falsche Abschaffung der Kultur, ein Vehikel von Barbarei. Das ‚Il faut continuer', der Schluß des *Innommable*, bringt die Antinomie auf die Formel, daß Kunst von außen her unmöglich erscheint und immanent fortgesetzt werden muß. Neu ist die Qualität, daß Kunst ihren Untergang sich einverleibt; als Kritik des herrschaftlichen Geistes ist sie der Geist, der gegen sich selbst sich zu wenden vermag."

Nicolaus A. Huber: Apropos „Viel Lärm um nichts"

Entgegen den Unterstellungen, die mir aufgrund des Textes von *Harakiri* gemacht werden, möchte ich versuchen, noch einmal das Problem sachlich anzugehen.

Der erste Teil des Textes befaßt sich mit verschiedenen Quantitäten von Crescendo, die zu verschiedenen Qualitäten werden. Die Diktion des Textes verrät, daß es sich um eine *Reportage* handelt: Was stellt die Musik in *Harakiri vor* dem Text dar. Es handelt sich aber nicht nur um diese spezielle Musik, sondern um ein allgemein gebrauchtes Mittel, von dem einige Aspekte konkret *gezeigt* werden. Die Zeitabfolgen der Ereignisse in *Harakiri* sind genau darauf abgestellt, daß Erwartung sich nicht voll erfüllt, aber doch insoweit, daß sowohl Distanz als auch entsprechendes Erlebnismaterial für den Hörer als Reflexionsgegenstand entstehen kann. Die Uraufführung in Darmstadt hat die Richtigkeit der Zeiten bestätigt.

Der Text benützt dabei Ausdrücke wie „innerlich", „beleben", „ersterben" usw., die mit ihrer romantisch-bürgerlichen Aura heraufbeschwören, was wir ja längst überwunden zu haben glauben: leider nur literarisch, nicht in unserer Lebenspraxis. Die Wortwahl trägt dem Rechnung, sie ist ein Abbild unseres Widerspruchs zwischen dummem Musikhören (in bestimmter Hinsicht!) und oberflächlich allergischer Reaktion gegen ein Vokabular, das sich nur sprachpolitisch als nicht mehr brauchbar, also als rückschrittlich darstellt, dessen menschliche Wirklichkeit aber unvermindert weiter existiert – die Leninsche „bittere Wahrheit". Nur mangelndes dialektisches Bewußtsein (das ist etwas anderes als Angelesenes über Dialektik), einhergehend mit intellektuellem Ausdrucks-Schiebertum, kann Ursache für ein Mißverstehen der taktischen Position dieses Textes sein, ihn festlegend auf niederes Niveau – unter bewährter Isolierung der vorangehenden Musik, da wenige Ereignisse ja sowieso nichts sind – oder gar als Aufforderung, das tun zu sollen, was er feststellt. Der Fortissimo-Schlag „soll" eben *nicht* erlösen. Wie wäre denn sonst die Frage nach dem Sinn des Crescendo-Arbeitsaufwandes verständlich!

Musik isoliert Energien, mit denen sie arbeitet, von einer *deutlichen* Praxis, das heißt: Instrumente wirken (in diesem Fall) verschleiernd. Deswegen ersetzt ein naturalistischer Donnerschlag Instrumentalaufgabe. Dies *zeigt* den Mechanismus der Energietransposition, die, musikalisiert, namenlos und interesselos wird. Auf solche Schwäche von Musik deutet die Aufzählung einiger dialektischer Begriffspaare. Ihre Wirklichkeit hat mit musikalisiertem Crescendo die menschliche Praxis als gemeinsame Wurzel, nur jeweils unter anderen Bedingungen. Gerade aber im Interesse bürgerlicher Gesellschaft liegt eine Musik, die so kultiviert und so interesselos wohlgefällig keinem utilitären Zweck dient, weil nicht sein kann, was nicht sein darf.

Daß die organische Verankerung solchen Verhaltens Identisches zu Naturvorgängen aufweist (Spannung – Entspannung – Schwüle – Regen zum Beispiel) und auch archetypische Libido-Symbole solche Beziehungen deutlich ausdrücken (man vergleiche dazu mein *Aion*), heißt noch lange nicht, daraus eine schicksalhafte Zwangsläufigkeit herleiten zu wollen. Zur Unterstützung zitiere ich aus Engels' *Anti-Dühring*: „Nicht in der geträumten Unabhängigkeit von den Naturgesetzen liegt die Freiheit, sondern in der Erkenntnis dieser Gesetze und in der damit gegebenen Möglichkeit, sie planmäßig zu bestimmten Zwecken wirken zu lassen..." Je *freier* also das Urteil eines Menschen in Beziehung auf einen bestimmten Fragepunkt ist, mit desto größerer *Notwendigkeit* wird der Inhalt dieses Urteils bestimmt sein. Engels bezieht sich auch ausdrücklich auf Hegel.

Abschließend noch einige kurze Bemerkungen: Der Komponist Helmut Lachenmann ist nicht mein Antipode, sondern mein Freund. Wenn Lachenmann die Probleme von anderer Seite her angeht, kann man das gesellschaftlich doch nur als *Hilfe* auffassen. Aus dem „Antipoden" wird dann – wenn schon „pode" – ein „Isopode". Sich aber auf *seine* Kosten als risikofreundlich herauszustellen, zeugt von derselben Profilneurose wie der Versuch, sich auf Kosten anderer, angeblich angepaßter, verschlingungsfreudigerer Redakteure als Held aufzuspielen. Es geht nicht um Reibungslosigkeit, sondern um die *Art* der Reibung.

Wenn Musiker „bescheiden" spielen sollen, dann ist damit gemeint, sie sollten nicht aus den Ereignissen, die sie präzise zu spielen haben, durch falsche Gesten (ich nenne das „Menschenfarbe") *mehr* machen wollen, als sie sind, vor allem keinen subjektiven Ausdruck hineinprojizieren. Was das mit Fürstenkapellen zu tun hat, versteht nur böser Wille. Devotio moderna ist reaktionäres Jägerlatein.

Das scheinmarxistische Kauderwelsch, welches sich hinter dem Satz von der (offenbar naturgesetzlichen) Solidarisierung der Arbeitenden (arbeiten Kapitalisten nicht?) mit den Arbeitern und dem Monotonie-Parallelismus von *zero* und Fließbandarbeit (wie schön affirmativ, wenn alle am Fließband stehen, wenigstens im Konzert) sowie überhaupt dem Begriff von Arbeit (die ja bei *Harakiri* angeblich fehlt) verbirgt, läßt mich, den notorischen „Geringschätzer von Arbeit", der echten Ausbeuterlust erliegen und einen Lieblings(?)-Satz Gottwalds, dabei seinen Mehrwert verschlingend, zitieren: Ich möchte gerne „den (Generals(?))-Finger auf die Regression des Fortschritts (sic!) legen".

Clytus Gottwald: Harakiri – zum letzten Mal

Carl Dahlhaus schrieb, nachdem er die Kontroverse gelesen hatte: „... der Schlüssel zu dem Stück von Huber, das kein Stück mehr sein will, ist der literarische Text, und der ist unsäglich." So konzentrieren sich Kritik und Apologie des Huberstückes *Harakiri* auf diese seine schwächste Stelle, aus der alles, was musikalisch sich abspielt, seine Rechtfertigung empfangen sollte. Was an Hubers Entgegnung auf meine, wie er es nennt, Unterstellungen zunächst auffällt, ist, daß, wenn die Kritiker der Gesellschaft sich der Kritik stellen müssen, die Gemütlichkeit sehr bald aufhört. Huber retiriert, ohne auf meine Argumente sich im Ernst einzulassen, auf die Position des oberlehrerhaften Bescheidwissers, der auf Argumente, die sich aus seinem Gesangbuch heraus nicht verifizieren lassen, mit Wut antwortet. Anstatt der Dialektik seines Stückes nachzuhorchen, transferiert er diese von einem Mittel der Erkenntnis zu einem Glaubenssatz dadurch, daß er sie substantiell von der bloß angelesenen unterscheidet: Dem verstaubten Buchwissen ist der Gnadenstand dialektischer Unmittelbarkeit superior. Damit korrespondiert das Geblök vom intellektuellen Schiebertum. Selbstredend besitzt diese Parole jene anheimelnde Ungenauigkeit, die eine Komplizenschaft mit jenen ermöglicht, denen das Wort Intellekt nur in Verbindung mit dem Adjektiv zersetzend geläufig ist. Andererseits etikettiert das Diktum Intellekt mit dem Verdacht des Kriminellen, auf den ein moralisch gesundes dialektisches Bewußtsein nicht mit Argumenten, sondern mit Empörung antwortet. Die Parole vom intellektuellen Schiebertum belegt nach Geist und Buchstaben jedoch genau das, was in meinem Beitrag zu *Harakiri* herausanalysiert wurde: den blinden Fleck des Irrationalismus, das Moment von Barbarei.

Den Apologeten Reinighaus und Traber war es bei Hubers Text selbst nicht geheuer: „Gegen Hubers Text bestanden am Rande, und Gottwald hat das im Ansatz treffend formuliert, berechtigte Einwände. Für die Ablehnung aber spielten sie praktisch keine Rolle." So konzedierten sie das Zutreffende meiner Argumentation, versuchten jedoch das Zugeständnis im gleichen Atemzug zu bagatellisieren mit der Behauptung, daß dies administrativ bedeutungslos geblieben wäre. Nach Hubers Erwiderung eröffnet sich ihnen der gewiß unbequeme Aspekt, daß sie verteidigten, was sie nicht verstanden. Da auch ihnen offensichtlich dialektisches Bewußtsein nicht schon an der Wiege gesungen wurde, sondern nur rudimentär als Angelesenes verfügbar blieb, mangelte es ihnen an der Einsicht, daß der Hubersche Text nicht bedeutet, was er ausplaudert. Sollte er doch nur jene „romantisch-bürgerliche Aura heraufbeschwören", die zwar literarisch bereits abgeschafft sei, in der „Lebenspraxis" jedoch munter fortlebe.

Solche Interpretation mag verblüffen: Nachdem ich in meiner Kritik an Hubers Text das gemeinschaftsideologische Telos herausgearbeitet hatte, erklärt man dieses flugs zur Absicht: „Die Wortwahl trägt dem Rechnung", daß der Jargon nach wie vor intakt ist. Unverständlich bleibt dabei, daß dieser zentrale Gesichtspunkt, der doch dem Komponisten wie seinen Anwälten von Anfang an geläufig sein mußte, in der Traber-Reininghausschen Apologie völlig fehlt. Dafür hatte man die inkriminierenden Partien des Textes schamhaft ausgeklammert, da man ihre Rechtfertigung scheute. Dies mag im Verein mit dem von Traber-Reininghaus formulierten Vorbehalt gegen den Huberschen Text den Schluß nahelegen, Hubers Interpretation letzter Hand sei eine solche der letzten Stunde, als sich nämlich die Schlinge schloß, die sich Huber leichtsinnig selbst um den Hals legte. Doch auch bei dieser, Hubers letzter Argumentation bleibt der schlichte Pleonasmus, daß etwas heraufbeschworen wird, dessen „menschliche Wirklichkeit aber unvermindert weiterexistiert", was also auch ohne Hokuspokus da ist. Ich bin nicht befugt, einem Kompositionslehrer Unterricht im Komponieren zu geben. Aber wie man mit Sprache komponieren kann, so, daß Sprache das ausspricht, was sie wortreich verschweigt, das wäre zum Beispiel bei jenem Komponisten zu lernen, der bei der Troika Traber-Reininghaus-Oehlschlägel besonders schlecht angeschrieben ist, an Hans Ottes *Alpha-Omega*, von Kagel und Schnebel ganz zu schweigen.

Huber hat aber die „taktische Position" seines Textes nicht nur durchs Eingeständnis von dessen Uneigentlichkeit preisgegeben, sondern Hand an ihn selbst gelegt. Bei der Neufassung des Stückes, die beim Süddeutschen Rundfunk produziert wurde, hat er – wohl als Folge meiner Kritik – den Text akustisch mit Parolen übermalt. Er schreibt:

„Die Parolen 1–6 sollen mit erhobener Faust von den ausführenden Musikern laut gerufen werden, wobei ein Chorführer den Text allein vorruft, dann der ganze Musikerchor ihn wiederholt. Dies geschieht am besten live während der Aufführung. Lehnen die Musiker dies ab, ist der Vorgang über Band einzuspielen. Der Beginn fällt auf das Wort ‚unsere' des Schlußtextes: ‚saugen unsere Spannung auf...'

Kampf den intellektuellen Schiebern / Kampf dem interesselosen Wohlgefallen / Kampf dem subjektiven Ausdruck / Kampf den Ausbeutern menschlicher Rückständigkeit / Kampf dem Empirismus / Kampf den fertigen Werken / Enteignet die Musikbesitzer.

Der siebte Ruf wird vom Chor zweimal gerufen. Die Tonhöhe der Stimme soll möglichst hoch sein, der Klangcharakter scharf und präzise! Das Ende der Rufe fällt in den Abschnitt der dialektischen Begriffspaare des Schlußtextes: ‚steckt in Krieg und Frieden...‘."

Ohne Schwierigkeit ist zu bemerken, daß die Parolen die Essenz dessen darstellen, was Huber in dieser Nummer von „Melos" publiziert. Ob sie das nun meinen, was sie sagen, wird vielleicht erst in langer Diskussion zu erschließen sein. Sollte jedoch Huber die letzte Parole ins Stammbuch seines Verlegers geschrieben haben, so bleibt ihm bei einer etwaigen Replik des so Beschenkten immer noch die Möglichkeit, zu erklären, das sollte doch nur die Aura jenes linken Jargons heraufbeschwören, der literarisch noch immer nicht überwunden sei. So dürfte der Verlagsfrieden gerettet sein. „Wirklich freies Arbeiten, zum Beispiel Komponieren, ist gerade zugleich verdammtester Ernst, intensivste Anstrengung." Auch dieser Satz ist angelesen. Er stammt von Karl Marx. Und er provoziert die bange Frage, ob man als Komponist nicht besser daran täte, seinen Scharfsinn aufs Komponieren zu lenken als darauf, das bei Abwesenheit solchen Scharfsinns Komponierte nachträglich zu verteidigen.

Harakiri – der Text

„Ein sanftes Crescendo belebt, macht Innerliches noch innerlicher. Crescendi und Decrescendi verbinden, schaffen Übergänge. Nach langer, geballter Konzentration kündigt ein Crescendo den Aufbruch an, den Aufbruch nach außen, zur Aktivität. Die Konturen werden schärfer, man rüstet sich zur Auseinandersetzung mit anderem als sich selbst. Ein solches Crescendo öffnet wie eine klingende Quinte. Fortissimo-Schläge als Höhepunkte erlösen von der angehäuften Spannung, saugen unsere Spannung auf durch Identifikation mit ihr, geben uns Gelegenheit zur Befreiung von uns selbst, ersparen uns ‚Unerträgliches‘. Decrescendi lassen ersterben oder bereiten durch vorübergehende Entspannung neue Crescendi vor. Auch Decrescendi können Crescendi sein. Mit beiden rufen wir uns in Erinnerung. Lohnt der Arbeitsaufwand eines Crescendo?

Crescendo- und Decrescendo-Praxis steckt in Krieg und Frieden, in Arbeit und Erholung, in Alltag und Feiertag, im Morden und Schonen, im Sonnenaufgang und Sonnenuntergang, in Unterdrückung, in Stimmungen, in Freude, im Zugrunderichten...

Crescendi sind nicht wertfrei
Musik verheimlicht ihre Gefährlichkeit,
mystifiziert ihren Gebrauch.

Unter dem Schutz von Struktur sollte man mit Crescendi, die nur sie selbst sind, keinen Staat mehr machen!"

Harakiri – Nachwort des Komponisten

Der Abdruck des Schlußtextes von *Harakiri* am Ende der dokumentierten *Auseinandersetzung* macht zwar Sinn, zeigt aber gleichzeitig in auffälliger Weise doch wieder die Unvollständigkeit dessen, was *Harakiri* als Gesamtprojekt real sein sollte und offenbart noch einmal den desolaten Zustand eines Musik-Verstehens, wenn Sinn, Gehalt, Wirklichkeit der Musik (und der Komposition) als auf diesen beziehungsweise einen Text reduzierbar erscheinen.

1998, im Jubiläumsjahr von Brecht, gibt es wieder einige zaghafte Ansätze zu einer neuerlichen, verständigeren Diskussion seiner *Lehrstücke*. Rückwirkend sehe ich *Harakiri* sowohl als geplanten Entwurf als auch mit seinem Rezeptionsschicksal ganz in der Tradition, zumindest in der ausgeprägten Beinflussungs-Sphäre der Brechtschen Lehrstücktheorie stehen. Damit war für mich auch ein weg vom „Material"-Avantgardismus und ein hin zu einem (menschlichen) „Sein"-Avantgardismus verknüpft, jedoch mit parallelen Themen:

- Verlassen des Werkcharakters eines sakrosankten Kunstwerks zugunsten einer Art Werk als Versuchsanordnung
- Durchbrechen der traditionellen Scheidung von Komponist-Ausführenden-Publikum, wobei alle bleiben und tun, was sie professionell sind und können, aber in Bezug auf die Gemeinsamkeit des Themas und der darin gestellten Aufgaben untrennbar und ununterscheidbar (geworden) sind
- Durchführung des Themas auf verschiedenen Ebenen, etwa einer Spielebene, einer Kommentarebene, einer metasprachlichen Musikebene, einer Direkte-Wirkung-Ebene usf.; keine Ebene kann für sich alleine ausreichen, die Verarbeitung durch den Rezipienten ist multi- und transmedial
- der hohe Lehrwert für die Darsteller.

Am 28. Juni 1998 wurde in Bochum unter dem Stichwort „Revolution" (1848/1998) *Harakiri* wieder aufgeführt. Es war ein Konzert, das – als eine Art Live-Dokumentation gedacht – die frühen siebziger Jahre und deren (musik-)politische Ansätze zeigte.

Atmosphäre und Situation waren sehr verschieden von früher. Alle Beteiligten waren entspannter, offener und konzentrierter, vieles war selbstverständlicher geworden. Statt eines adhoc-Ensembles (wie noch in Darmstadt) spielten jetzt Musiker der Bochumer Symphoniker. Die Proben waren bemerkenswert sachlich, konzentriert, aufs erkennende Hören orientierbar, die Scordatur (a-Saite zweieinviertel Oktaven tiefer auf Ges) kein Problem. Obwohl die Erlebniszeiten des Stückes sich stärker radikalisiert hatten – das Lange länger, die Ereignisse ereignishafter und plötzlicher wirkten –, sah ich dasselbe Leuchten auf den Gesichtern der besten Musiker wie schon in Darmstadt, aber zusätzlich ein größeres, musikalischeres Verstehen beim Hören des Schlußtextes. Die darstellenden Musiker wußten, wovon gesprochen wurde. Der Text behielt *seine* Substanz, weil die vorherige Musik und der (Um-)Bruch in die Natur als Donner und Regen die nötige Spurentiefe musikalischen und metamusikalischen Empfindens und Verstehens hinterlassen hatten. Auch im Einführungsgespräch stieß ich auf nachdenkliche Empfangsbereitschaft für ein Programm, das sich der Emanzipation der Musik auch von triebmäßigen Abhängigkeiten verschrieben hat, Gefühlen zusätzliche Vernunft, Inhaltlichkeit und Kritikfähigkeit erobern möchte.

Also alles o.k.? Nein, es bleibt bei den kleinen Beobachtungen inmitten desaströser Ausbeutung unserer Primitivitäten durch die Beherrscher der Medien und deren Handlanger.

Harakiri blieb extrem, bleibt sonderbar. Eine Peepshow eigener Art.

15. Juli 1998

V. BIBLIOGRAPHISCHE HINWEISE

EV = Erstveröffentlichung

Karlheinz Stockhausens „Ensemble" – Ein Bericht: Manuskript für den Bayerischen Rundfunk, ausgestrahlt am 19. Juni 1968 – EV in diesem Band

Zu „Ensemble 1967" – EV (auszugsweise) in Rolf Gehlhaar: *Zur Komposition „Ensemble"*, Darmstädter Beiträge zur Neuen Musik, Band 11, Mainz 1968

„Traummechanik" und „Parusie": Manuskript für den Hessischen Rundfunk Frankfurt, gesendet 1969 – EV in diesem Band

Die Kompositionstechnik Bachs in seinen Sonaten und Partiten für Violine solo und ihre Anwendung in Weberns op. 27/II – EV: Zeitschrift für Musiktheorie, 1. Jahrgang 1970, Heft 2

Soll man heute noch Beethoven spielen? Manuskript für den Hessischen Rundfunk, ausgestrahlt Silvester 1970 im Rahmen einer zyklischen Sendung aller Beethoven-Symphonien, denen jeweils ein Statement eines zeitgenössischen Komponisten voranging – EV in diesem Band

Kritisches Komponieren – EV: Neue Musik. Sondernummer zum Kunstprogramm der Olympischen Spiele, hrsg. von Josef Anton Riedl, München 1972

Der Komponist Günter Bialas – EV: Musica 26 (1972), Kassel

Zu „Aion": Vortrag für den Westdeutschen Rundfunk Köln, gehalten am 7. und 10. Juni 1972 innerhalb der Konzertreihe „musik der zeit" – EV in diesem Band

Über einige Beziehungen von Politik und Kompositionstechnik bei Nono: Vortrag für Tage der politischen Musik Bonn, gehalten im Sommer 1974 – EV: Programmbuch Luigi Nono, Stuttgart 1992

Film- und Multimedia-Komponist (Josef Anton Riedl): Manuskript für den Deutschlandfunk, ausgestrahlt am 4. Juni 1975 – EV: MusikTexte 3 (1984), Köln

Gedanken zum Hören und Auffassen von Alban Bergs Violinkonzert: Einführung für ein Arbeitersinfoniekonzert mit der Dresdner Philharmonie am 26. November 1978 in Offenbach, am 2. Dezember 1978 in Düsseldorf und am 3. Dezember 1978 in Duisburg, veranstaltet von der DKP – EV: Eiserne Lerche, Dortmund 1978

Über John Cage (Offener Brief an Hans Rudolf Zeller) – EV: Cage Box, hrsg. vom Kulturamt der Stadt Bonn 1979

John Cage: „Cheap Imitation" – EV: Neuland-Jahrbuch Band 1, Köln 1980

Zu Fritz Büchtger – EV: Neue Musik in der Bundesrepublik Deutschland. Dokumentation 1975–77, Bonn 1979

Über „Gespenster" – EV: Neuland-Jahrbuch Band 2, Bergisch Gladbach 1982

Luigi Nono: Il Canto sospeso VIa, b – EV: Musik-Konzepte Band 20, Luigi Nono, hrsg. von Heinz-Klaus Metzger und Rainer Riehn, München 1981

Ist Komponieren lehrbar/lernbar? Antwort auf eine Rundfrage der Zeitschrift Musica – EV: Musica 35 (1981), Kassel

Beispiele konzeptioneller Einstimmigkeit: Manuskript für den Deutschlandfunk, ausgestrahlt am 3. November 1982 – EV in diesem Band

Zu Weberns Kammerorchester-Bearbeitung seiner sechs Stücke für Orchester op. 6 – EV: Musik-Konzepte Band 36, Schönbergs Verein für musikalische Privataufführungen, hrsg. von Heinz-Klaus Metzger und Rainer Riehn, München 1984

Günter Bialas: Introitus-Exodus für Orgel und Orchester – EV: Melos 46 (1984), Heft 2, Mainz

Einige Anmerkungen zum Problem Komponist und Gesellschaft: Vortrag, gehalten in Gent im September 1981 auf einem Symposion „Komponist und Gesellschaft" – EV: Interface 12 (1983), Heft 1/2

Über konzeptionelle Rhythmuskomposition: Manuskript für den Deutschlandfunk, ausgestrahlt am 7. Dezember 1983 – EV: MusikTexte 2 (1983), Köln

Politische Musik – Rhythmuskomposition – EV: Programmheft Rheinisches Musikfest 1987, Köln, unter dem Titel „Reflexion über Rhythmus"

Gedanken zum Umfeld der Tonalität: Manuskript für den Deutschlandfunk, ausgestrahlt am 11. Juli 1984 – EV: MusikTexte 5 (1984), Köln

Erlebniswanderung auf schmalem Grat (Louis Andriessen): Manuskript für den Deutschlandfunk, ausgestrahlt am 17. Juni 1981 (1. De Tijd) und am 9. Januar 1985 (2. De Snelheid) – EV: MusikTexte 9 (1985), Köln

Prophetische Unbedingtheit (Helmut Lachenmann): Vortrag, gehalten am 29. April 1987 in der Bayerischen Akademie der Schönen Künste München – EV: MusikTexte 20 (1987), Köln

Zum 80. Geburtstag von Günter Bialas – EV: Musica 41 (1987), Kassel

Dieter Schnebels B-Dur-Quintett – EV: SchNeBel 60, Hofheim 1990

Intention und Wirkung – EV: Up to Date I/90, Wiesbaden 1990

Antwort auf eine Umfrage zu Mozart – EV: Die Welt, Hamburg, 16. Januar 1991

Zu Olivier Messiaens Tod – EV unter dem Titel „Messiaen studieren, aber nie an ihn denken": MusikTexte 45 (1992), Köln

Gedanken zum Tod von John Cage – EV: MusikTexte 46/47 (1992), Köln

Für Heinz-Klaus Metzger – EV in diesem Band

Die Oper – Antwort auf eine Rundfrage der Neuen Zeitschrift für Musik – EV: a. a. O. Nr. 4/1993, Mainz

Mund und Atem als Material und Sinn – EV in Wolfgang Rüdiger: „Der musikalische Atem", Aarau 1995

Variations – zur Situation der neuen Musik – EV: „Eine Sprache der Gegenwart“ – musica viva 1945–1995, hrsg. von Renate Ulm, Mainz/München 1995

Vom körperlichen Grund in „Beds and Brackets“ – EV: Musik & Bildung 5/1995, Mainz

Kerne und Streuungen in Luigi Nonos „A Carlo Scarpa“ – EV in englischer Sprache: Contemporary Music Review 18 (1999), Edinburgh; deutsch, leicht verändert, in diesem Band

„Darabukka“ – ein Versuch über Bedeutung – EV: Musik als Sprache/Sprache als Musik, Wien 1997

Zur Gattung Streichquartett (Offener Brief an Gisela Nauck) – EV: Positionen 34 (1998), Berlin

Erfahrungen mit Fortschritt – EV: Musik-Konzepte Band 100, Was heißt Fortschritt?, hrsg. von Heinz-Klaus Metzger und Rainer Riehn, München 1998

Die Erfahrung Brecht – ein hilfreiches Erbe – EV in Albrecht Dümling: „Laßt euch nicht verführen“. Brecht und die Musik, München 1985

Schwere und Kraft, die vom Körper kommen – EV: neue musikzeitung 41 (1992), Heft 2, Regensburg

Hören – eine vernachlässigte Kunst? – EV in „Hören – eine vernachlässigte Kunst?“, hrsg. von Karl-Heinz Blomann und Frank Sielecki, Hofheim 1996

Einführung zu „Spektrale“ – EV: Booklet der CD Koch-Schwann/Aulos 3-1817-2

Einführung zu „Rituale“ – EV: Programmheft eines Konzerts in Essen 1991

Einführung zu „Informationen über die Töne e-f“ – EV: Programmheft Allgemeines Deutsches Musikfest München 1967

Einführung zu „Parusie – Annäherung und Entfernung“ – EV: Programmheft Internationale Ferienkurse für Neue Musik Darmstadt 1968

Einführung zu „Traummechanik“ – EV: Programmheft Tage für Neue Musik Hannover 1968

Einführung zu „Epigenesis I“ – EV: Programmheft Wittener Tage für neue Kammermusik 1983

Einführung zu „Epigenesis III“ – EV: Programmheft Allgemeines Deutsches Musikfest Hannover 1970

Einführung zu „Aion“ – EV: Programmheft musik der zeit III Köln 1972

Einführung zu „Versuch über Sprache“ – EV: Programmheft Internationale Ferienkurse für Neue Musik Darmstadt 1970

Einführung zu „Harakiri“ – EV: Programmheft Internationale Ferienkurse für Neue Musik Darmstadt 1971

Einführung zu „Anerkennung und Aufhebung (Lukács)“ – EV: Programmheft Kulturolympiade München 1972

Einführung zu „Gespenster“ – EV: Programmheft Weltmusikfest der Internationalen Gesellschaft für Neue Musik (IGNM) Bonn 1977

Einführung zu „Darabukka“ – EV: Programmheft IRCAM „Passage du XXe Siècle: Atelier le soliste contemporain“

Einführung zu „Lernen von“ – EV: Programmheft Tage für Neue Musik Hannover 1979

Einführung zu „dasselbe ist nicht dasselbe“ – EV: Programmheft Wittener Tage für neue Kammermusik 1978

Einführung zu „presente“ – EV: Programmheft Frühjahrstagung für Neue Musik und Musikerziehung Darmstadt 1980

Einführung zu „Morgenlied“ – EV: Programmheft Musik im 20. Jahrhundert Saarbrücken 1981

Einführung zu „Solo für einen Solisten“ – EV: Programmheft Wittener Tage für neue Kammermusik 1983

Einführung zu „Sphärenmusik“ – EV: Programmheft zu einem Konzert des Radio-Sinfonieorchesters Berlin 1982

Einführung zu „Sechs Bagatellen“ – EV: Programmheft Niederländisch-Deutsches Musikfest im Deutschlandfunk Köln 1982

Einführung zu „Vor und Zurück“ – EV: Montepulciano 1982

Einführung zu „Aus Schmerz und Trauer“– EV: Programmheft Saxophon-Kongreß Nürnberg 1982

Einführung zu „Turmgewächse“ – EV: Programmheft Wittener Tage für neue Kanmmermusik 1983

Einführung zu „Trio mit Stabpandeira“ – EV: Programmheft Tage Neuer Musik Bonn 1984

Einführung zu „Nocturnes“ – EV: Programmheft Donaueschinger Musiktage 1985

Einführung zu „Der Ausrufer steigt ins Innere“ – EV: Programmheft Stuttgarter Tage für Neue Musik 1985

Einführung zu „La Force du Vertige“ – EV: Programmheft Musiques actuelles Nice-Côte d'Azur/M.A.N.C.A., Nice 1986

Einführung zu „Auf Flügeln der Harfe“ – EV: Programmheft eines Konzerts von Mie Miki am 27. März 1986 in Tokio

Einführung zu „Demijour“ – EV: Programmheft eines Konzerts des Aulos-Trios am 14. Januar 1987 im Gewandhaus Leipzig

Einführung zu „Vier Stücke für Orchester und Tonband“ – EV: Programmheft Musik im 20. Jahrhundert Saarbrücken 1988

Einführung zu „Air mit ‚Sphinxes‘ “ – EV: Programmheft eines Konzerts am 5. Mai 1988 im IRCAM Paris

Einführung zu „Doubles, mit einem beweglichen Ton“ – EV: Programmheft Rheinisches Musikfest Köln 1987

Einführung zu „Go ahead“ – EV: Programmheft des Konzerts musik der zeit vom 25. Mai 1989 in der Kölner Philharmonie

Einführung zu „Töne suchen einen Autor“ – EV: Programmheft der Berliner Reihe „ex negativo“ für das Konzert vom 28. Januar 1995

Einführung zu „Clash Music“ – EV: Programmheft Conlon Nancarrow-Tage im WDR Köln 1988

Einführung zu „Herbstfestival“ – EV: Programmheft eines Konzerts vom 25. Oktober 1989 in Freiburg

Einführung zu „Seifenoper (OmU)“ – EV: Programmheft Schleswig-Holstein Musikfestival 1990

Einführung zu „Beds and Brackets“ – EV: Programmheft Klang-Aktionen München 1991

Einführung zu „Drei Stücke für Orchester mit Atmer/Sänger und obligatem Klavier“ – EV: Programmheft Stuttgarter Tage für Neue Musik 1992

Einführung zu „Mit etwas Extremismus“ – EV: Programmheft Wittener Tage für neue Kammermusik 1992

Einführung zu „Offenes Fragment“ – EV: Programmheft eines Konzerts des Ensembles „l'art pour l'art“ vom 15. November 1991 in Hamburg

Einführung zu „Eröffnung und Zertrümmerung“ – EV: Programmheft Wittener Tage für neue Kammermusik 1993

Einführung zu „An Hölderlins Umnachtung“ – EV: Programmheft 2as jornadas de arte contemporânea Porto 1993

Einführung zu „Ohne Hölderlin“ – EV: Programmheft Musik im 20. Jahrhundert Saarbrücken 1993

Einführung zu „First play Mozart“ – EV: Programmheft eines Konzerts von ORF Graz am 2. November 1994

Einführung zu „En face d'en face“ – EV: Programmheft eines Konzerts des Philharmonischen Staatsorchesters Hamburg vom 11. Februar 1976

Einführung zu „Don't fence me in“ – EV: Programmheft Insel-Musik Berlin 1974

Einführung zu „Disappearances“ – EV: Programmheft Klang-Aktionen München November 1996

Einführung zu „To ‚Marilyn Six Pack'“ – EV: Programmbuch Donaueschinger Musiktage 1996

Einführung zu „Als eine Aussicht weit..“ – EV: Programmheft Stuttgarter Tage für Neue Musik 1997

Einführung zu „Mit Erinnerung“ – EV: Programmheft Klang-Aktionen München November 1996

Einführung zu „Covered with Music“ – EV: Programmheft Biennale Neue Musik Hannover 1997

Einführung zu „..... in die Stille“ – EV: Programmheft Ars Nova Nürnberg 1998

Einführung zu „Modell im Rückspiegel“ – EV: Programmheft Mannheimer Akademie für Tonkunst 1999

Einführung zu „Lob des Granits“ – EV: Programmheft eines Konzerts des Ensembles „Phorminx“ 1999

Einführung zu „Ach, das Erhabene ...“ – EV in diesem Band

Chronologie eines Kompositionsauftrags (Jürgen Habakuk Traber/Friedrich Christian Reininghaus) – EV: Melos, Heft 4/1972, Mainz

Viel Lärm um Nichts (Clytus Gottwald) – EV: Melos, Heft 4/1972, Mainz

Apropos „Viel Lärm um Nichts“ (Nicolaus A. Huber) – EV: Melos, Heft 6/1972, Mainz

„Harakiri“ – zum letzten Mal: (Clytus Gottwald) – EV: Melos, Heft 6/1972, Mainz

Nachwort des Komponisten (Nicolaus A. Huber) – EV in diesem Band

VI. CHRONOLOGISCHES WERKVERZEICHNIS

U = Uraufführung, V = Verlag

MUSIK FÜR VIOLINE ALLEIN („Schwarze Partitur“) (1962)
V: Manuskript

SPEKTRALE für Klavier (1964)
U: 1965 Darmstadt (Nicolaus A. Huber)
V: Manuskript

MIMUS für zwei Hörner, zwei Trompeten, zwei Posaunen, Baßtuba, Schlagzeug und Klavier (1965)
U: 1967 Hannover (Klavier: Peter Roggenkamp; Ad hoc-Ensemble, Leitung: Werner Heider)
V: Bosse Regensburg

SONATE für Violine solo (1965)
U: 1966 München (Herbert Hechtel)
V: Manuskript

RITUALE für Orgel (1965)
U: 1968 München (Martin Derungs)
V: Breitkopf & Härtel

ZWEI CHÖRE nach Paul Celan (1965)
U: unbekannt
V: Breitkopf & Härtel

INFORMATIONEN ÜBER DIE TÖNE E-F für Streichquartett (1965/66)
U: 1967 München (Westphal-Quartett)
V: Bärenreiter

CHRONOGRAMM für Klarinette, Violine, Violoncello und Klavier (1966)
U: 1968 Madrid (Ad hoc-Ensemble, Leitung: Arturo Tamayo)
V: Bosse Regensburg

VON... BIS... für Viola, Harmonium, Klavier und Schlagzeug (1966)
U: 1968 München (Herbert Hechtel, Nicolaus A. Huber, Irmgard Huber, Michael W. Ranta, Leitung: Helmut Lachenmann)
V: Bärenreiter

PARUSIE – ANNÄHERUNG UND ENTFERNUNG für großes Orchester und Tonband (1967)
U: Juli 1968 Frankfurt a. M. (Radio-Sinfonieorchester Frankfurt, Leitung: Hermann Michael)
V: Bärenreiter

TRAUMMECHANIK für Schlagzeug und Klavier (1967)
U: 1968 Hannover (Siegfried Fink, Peter Roggenkamp)
V: Bärenreiter

EPIGENESIS I für vier Blockflötenspieler (1967/68)
U: 1968 Wien
V: Bärenreiter / Zen-On

EPIGENESIS II für einen Blockflötenspieler und Tonband (1967/69)
U: 1969 Witten (Michael Vetter, Nicolaus A. Huber)
V: Bärenreiter; Tonband: beim Autor

EPIGENESIS III für 14 Streicher und zwei Schlagzeuger (1968/69)
U: 1970 Hannover (Rheinisches Kammerorchester, Leitung: Thomas Baldner)
V: Bärenreiter

AION für vierkanaliges Tonband und Gerüche (1968/72)
U: 7. Juni 1972 Köln (Realisation: Studio für Elektronische Musik des WDR,
Nicolaus A. Huber/Peter Eötvös)
V: Manuskript

VERSUCH ÜBER SPRACHE für 16 Solostimmen, chinesisches Becken, Hammondorgel, Kontrabaß und zweikanaliges Tonband (1969)
U: 27. August 1970 Darmstadt (als Tonband; NDR-Chor, Leitung: Helmut Franz,
Zuspiel-Tonband: Institut für Sonologie Utrecht, Realisation: Nicolaus A. Huber / Jaap Vink)
V: Bärenreiter

VERSUCH ZU „VERSUCH ÜBER SPRACHE“ für improvisierende Musiker und Tonband (1970)
U: 1970 Bonn (Tonband und Ensemble für Neue Musik Josef Anton Riedl)
V: Bärenreiter

HARAKIRI für kleines Orchester und Tonband (1971)
U: Juli 1972 Darmstadt (Ad hoc-Orchester, Leitung: Bernhard Kontarsky)
V: Bärenreiter

ANERKENNUNG UND AUFHEBUNG (Georg Lukács) für vier Filme, drei zweikanalige Tonbänder und verschiedene Spiegel ad lib. (1971/72)
U: 1972 München (Bayerischer Rundfunk, eine Woche lang während der Kulturolympiade)
V: Bärenreiter

„BANLIEUE“ für Sprecher / Sänger, Sprechchor, Klangrequisiten, Tonband, Gitarre, Synthesizer und Schlagzeug (1972/73)
1. Sprechchor (ideologische Grundlagen) U: 1974 Bonn (Studenten der Folkwang-Hochschule Essen)
V: Bärenreiter

2. Augenmusik U: 1973 Stuttgart (Studenten der Folkwang-Hochschule Essen, Videos: Gabriele Müller, Gerhard Stäbler), V: Bärenreiter
3. Schauplätze der Revolution U: 1974 Witten (Sprecher/Sänger: Reinhold Ohngemach) V: Manuskript

GESPENSTER für großes Orchester, Tonband und Sprecher/Sänger mit einem Text von Bertolt Brecht und einem Zitat von Peter Maiwald (1976)
U: 18. Mai 1977 Bonn (SWF-Sinfonieorchester, Leitung: Ernest Bour, Sprecher/Sänger: Reinhold Ohngemach)
V: Breitkopf & Härtel

DARABUKKA für Klavier (1976)
U: 14. März 1977 Paris (Herbert Henck)
V: Breitkopf & Härtel

LERNEN VON für großes Orchester (1977)
U: 26. Januar 1979 Hannover (Orchester des NDR Hannover, Leitung: Lothar Zagrosek)
V: Breitkopf & Härtel

DASSELBE IST NICHT DASSELBE für kleine Trommel (1978)
U: 22. April 1978 Witten (Toni Röder)
V: Breitkopf & Härtel

PRESENTE für Posaune (1979)
U: 29. März 1980 Darmstadt (Armin Rosin)
V: Breitkopf & Härtel

MORGENLIED für großes Orchester (1980)
U: 31. Mai 1981 Saarbrücken (Rundfunk-Sinfonieorchester Saarbrücken, Leitung: Hans Zender)
V: Breitkopf & Härtel

SOLO FÜR EINEN SOLISTEN für Violine (1980/81)
U: 22. April 1983 Witten (Janos Negyesy)
V: Breitkopf & Härtel

SPHÄRENMUSIK für großes Orchester (1981)
U: 19. März 1982 Berlin (Radio-Sinfonie-Orchester Berlin, Leitung: Jacques Mercier)
V: Breitkopf & Härtel

SECHS BAGATELLEN für Kammerensemble und Tonband (1981)
U: 2. Oktober 1982 Köln (Schönberg Ensemble, Leitung: Reinbert de Leeuw)
V: Breitkopf & Härtel

VOR UND ZURÜCK für Oboe (1981)
U: Juli 1982 Montepulciano (Burkhard Glaetzner)
V: Breitkopf & Härtel

AUS SCHMERZ UND TRAUER, Solo für Altsaxophon oder Klarinette in B (oder Bassetthorn) (1982)
U: 9. Juli 1982 Nürnberg (Bernd Konrad)
V: Breitkopf & Härtel

TURMGEWÄCHSE für Harfe (1982/83)
U: 22. April 1983 Witten (Karin Schmeer)
V: Breitkopf & Härtel

TRIO MIT STABPANDEIRA für Viola, Violoncello und Kontrabaß (1983)
U: 10. April 1984 Bonn (trio basso)
V: Breitkopf & Härtel

NOCTURNES, Stück für Orchester mit zwei Bagatellen (1984)
U: 20. Oktober 1985 Donaueschingen (SWF-Sinfonieorchester, Leitung: Kazimierz Kord)
V: Breitkopf & Härtel

DER AUSRUFER STEIGT INS INNERE für Violoncello (1984)
U: 16. Mai 1985 Stuttgart (Werner Taube)
V: Breitkopf & Härtel

LA FORCE DU VERTIGE für Flöte (auch Piccolo), Klarinette, Violine, Violoncello und Klavier (mit Schlagzeug) (1985)
U: 6. Februar 1986 Nizza (Ensemble Kaléidocollage)
V: Breitkopf & Härtel

AUF FLÜGELN DER HARFE für Akkordeon (1985)
U: 27. März 1986 Tokio (Mie Miki)
V: Breitkopf & Härtel

DEMIJOUR für Oboe, Violoncello und Klavier (1985/86)
U: 14. Januar 1987 Leipzig (Aulos-Trio)
V: Breitkopf & Härtel

VIER STÜCKE für Orchester und Tonband (1986)
U: 12. Mai 1988 Saarbrücken (Rundfunk-Sinfonieorchester Saarbrücken, Leitung: Myung-Whun Chung)
V: Breitkopf & Härtel

AIR MIT „SPHINXES“ für Kammerensemble (1987)
U: 5. Mai 1988 Paris (Ensemble Modern, Leitung: Jukka-Pekka Saraste)
V: Breitkopf & Härtel

DOUBLES, MIT EINEM BEWEGLICHEN TON für Streichquartett (1987)
U: 5. Juni 1987 Köln (Saarbrücker Streichquartett)
V: Breitkopf & Härtel

GO AHEAD, Musik für Orchester mit „Shrugs“ (1988)
U: 25. Mai 1989 Köln (Kölner Rundfunk-Sinfonieorchester, Leitung: Zoltán Peskó)
V: Breitkopf & Härtel

TÖNE SUCHEN EINEN AUTOR für variable Besetzung mit obligater Windmaschine (1988)
U: 21. April 1989 Witten (EMI-Ensemble)
V: Breitkopf & Härtel

CLASH MUSIC für ein Beckenpaar (1988)
U: 7. Oktober 1988 Köln (Nicolaus A. Huber)
V: Breitkopf & Härtel

SEIFENOPER (OmU) für Ensemble (1989)
U: 1. Juli 1990 Salzau (Ensemble Neue Musik „Hanns Eisler“)
V: Breitkopf & Härtel

TOTE METREN für Kammerensemble und Baßbariton (1989)
U: 8. September 1989 Frankfurt a. M. (Scharoun-Ensemble, Bariton: Thomas Quasthoff)
V: Breitkopf & Härtel

HERBSTFESTIVAL für vier Schlagzeuger (1989)
U: 25. Oktober 1989 Freiburg (Freiburger Schlagzeugensemble, Leitung: Bernhard Wulff)
V: Breitkopf & Härtel

STATEMENT ZU EINEM FAUSTSCHLAG NONOS für Klavier (1990)
U: 1990 Moskau
V: Breitkopf & Härtel

BEDS AND BRACKETS für Klavier mit zu öffnenden Türen und Fenstern oder Tonband (1990)
U: 30. Januar 1991 München (Catherine Vickers)
V: Breitkopf & Härtel)

DREI STÜCKE für Orchester mit Atmer/Sänger und obligatem Klavier (1990/91)
U: 31. Januar 1992 Stuttgart (Junges Philharmonisches Orchester Stuttgart,
Leitung: Manfred Schreier)
V: Breitkopf & Härtel

„MIT ETWAS EXTREMISMUS“ und einer Muskel-Coda für Oboe, Klarinette, Posaune, Schlagzeug, Violine, Violoncello und Kontrabaß sowie fünf Schachteln, fünf Schatullen, fünf Schubladen, fünf Cassettenrecorder, Naturgegenstände (1991)
U: 25. April 1992 Witten (Ensemble Modern)
V: Breitkopf & Härtel

OFFENES FRAGMENT für Sopran, Flöte (auch Piccolo), Gitarre und Schlagzeug (1991)
U: 15. November 1991 Hamburg (Ensemble „l’art pour l’art“)
V: Breitkopf & Härtel

ERÖFFNUNG UND ZERTRÜMMERUNG für Ensemble und Tonbänder (und Video- oder Filmprojektionen ad lib.) (1992)
U: 23. April 1993 Witten (Musikfabrik Nordrhein-Westfalen, Leitung: Jürg Wyttenbach; Videos: Klaus Armbruster)
V: Breitkopf & Härtel

AN HÖLDERLINS UMNACHTUNG für Ensemble (1992)
U: 31. Oktober 1993 Porto (Musikfabrik Nordrhein-Westfalen, Leitung: Johannes Kalitzke)
V: Breitkopf & Härtel

OHNE HÖLDERLIN für Kontrabaß und Klavier und mindestens zwei Tische (1992)
U: 20. Mai 1993 Saarbrücken (Michinori Bunya, Thomas Löffler)
V: Breitkopf & Härtel

FIRST PLAY MOZART für Flöte (1993)
U: 2. November 1994 Graz (Roswitha Staege)
V: Breitkopf & Härtel

EN FACE D'EN FACE für großes Orchester und Tonband (ad lib.) (1994)
U: 11. Februar 1996 Hamburg (Philharmonisches Staatsorchester, Leitung: Gerd Albrecht)
V: Breitkopf & Härtel

DON'T FENCE ME IN, Trio für Flöte, Oboe und Klarinette (1994)
U: 25. November 1994 Berlin (ensemble recherche)
V: Breitkopf & Härtel

TO „MARILYN SIX PACK" für Orchester (auch als Projekt für Orchester und Tonband) (1995)
U: 18. Oktober 1996 Donaueschingen (Orchestre National de France, Leitung: Lothar Zagrosek, Tonband: Experimentalstudio der Heinrich-Strobel-Stiftung des Südwestfunks, Realisation: Nicolaus A. Huber)
V: Breitkopf & Härtel

DISAPPEARANCES für Klavier (1995)
U: November 1996 München (Catherine Vickers)
V: Breitkopf & Härtel

„ALS EINE AUSSICHT WEIT.." für Flöte, Viola und Harfe (1996)
U: 2. Februar 1997 Stuttgart (Sabeth-Trio)
V: Breitkopf & Härtel

MIT ERINNERUNG für Fagott (eventuell Baßsaxophon oder Baßklarinette) (1996)
U: November 1996 München (Wolfgang Rüdiger)
V: Breitkopf & Härtel

BAGATELLE MIT KLOSPRÜCHEN für Flöte (oder Klarinette), Klarinette, Violoncello, Gitarre (oder Harfe) und Schlagzeug (1996)
U: 6. Mai 1996 München (Ensemble „l'art pour l'art")
V: Breitkopf & Härtel

COVERED WITH MUSIC für Sopran, Flöte, Akkordeon, Schlagzeug und Kontrabaß (1997)
U: 23. Mai 1997 Hannover (Ensemble „that")
V: Breitkopf & Härtel

SEIN ALS EINSPRUCH für acht Solostimmen (1997)
U: 12. Februar 1998 Stuttgart (Neue Vocalsolisten Stuttgart, Leitung: Manfred Schreier)
V: Breitkopf & Härtel

„..... IN DIE STILLE " für Violoncello solo (1998)
U: 8. November 1998 Fürth (Werner Taube)
V: Breitkopf & Härtel

MODELL IM RÜCKSPIEGEL für Orchester (1998)
U: 29. März 1999 Mannheim (Staatsorchester Mannheim, Leitung: Jun Märkl)
V: Breitkopf & Härtel

LOB DES GRANITS für Sopran und drei Instrumente (1999)
U: 26. Mai 1999 Frankfurt a. M. (Ensemble Phorminx)
V: Breitkopf & Härtel

ACH, DAS ERHABENE ... (G. Benn)
betäubte fragmente
für zwei verschränkte Chöre à 36 Stimmen (1999)
U: 30. Januar 2000 Köln (Chöre des WDR und des SWR, Leitung: Rupert Huber)
V: Breitkopf & Härtel

VIER POLITREVUEN
Don Quichotte und Sancho Pansa in den Irrungen und Wirrungen der westlichen Demokratie (1976)
Hanna und Paul (1977)
Faust, der Tragödie unbekannter Teil (1978/79)
Staatszirkus (1980)

Texte: Therese Angeloff, Peter Maiwald
Interpreten: Theatergruppe Dampfmaschine
Uraufführungsdaten unbekannt
V: „pläne" Dortmund

VII. DISKOGRAPHIE

Air mit ‚Sphinxes'
Ensemble Aventure
CD col legno AU 31821

An Hölderlins Umnachtung
Musikfabrik Nordrhein-Westfalen, Leitung: Johannes Kalitzke
CD CPO 999 259 – 2

Auf Flügeln der Harfe
Teodoro Anzellotti (Akkordeon)
CD pläne, Edition V, 88663
CD Koch-Schwann 3 – 1356 – 2H1

Stefan Hussong (Akkordeon)
CD „Perspectives. 25 Years Gaudeamus Foundation"

Mie Miki (Akkordeon)
CD Klavins Music 019

Aus Schmerz und Trauer
Markus Weiss (Altsaxophon)
CD BV HAAST 9407

Beds and Brackets
Catherine Vickers (Klavier)
CD col legno AU 31821
CD Koch-Schwann AULOS 3 – 1817 – 2

Kristine Scholz (Klavier)
CD Alice musicproduction ALCD 011

Clash Music
Percussion Group the Hague
CD GLOBE 5086

Nicolaus A. Huber
CD 70 Jahre Folkwang-Hochschule Essen
Undine 40249726

Darabukka
Kristine Scholz (Klavier)
CD Alice musicproduction ALCD 011

Catherine Vickers (Klavier)
CD Koch-Schwann AULOS 3–1817–2

dasselbe ist nicht dasselbe
Edith Salmen (kleine Trommel)
LP Harmonia Mundi DMR 1022–24

Martin Schulz (kleine Trommel)
LP pläne 88504

Demijour
Christian Hommel (Oboe), Young-Chang Cho (Violoncello), Catherine Vickers (Klavier)
CD col legno AU 31821

Der Ausrufer steigt ins Innere
Michael Bach (Violoncello)
CD Telos Records, TLS 018

Disappearances
Catherine Vickers (Klavier)
CD Koch-Schwann AULOS 3–1817–2

Don't fence me in
Martina Roth (Flöte), Christian Hommel (Oboe), Walter Ifrim (Klarinette)
CD ars musici AM 1224–2

ensemble recherche
CD in Vorbereitung

Doubles, mit einem beweglichen Ton
Pellegrini-Quartett
CD BV HAAST 9407

En face d'en face
Philharmonisches Staatsorchester Hamburg, Leitung: Gerd Albrecht
CD col legno WWE 1 CD 20032

Ensemble (Karlheinz Stockhausen),
Ausarbeitung Klarinette von Nicolaus A. Huber
Ensemble Hudba Dneska, Klarinette: Juraj Bureš, Tonbänder: Nicolaus A. Huber
LP Wergo WER 60065

Epigenesis I
Wiener Blockflötenensemble
LP Teldec 6.42521 AW

Eröffnung und Zertrümmerung
Musikfabrik Nordrhein-Westfalen, Leitung: Jürg Wyttenbach
CD Dokumentation Wittener Tage für neue Kammermusik 1993
CD Telos Records TEL 018 (Musik-Fassung ohne Video-Akustik)

First Play Mozart
Martin Fahlenbock (Flöte)
CD in Vorbereitung

Go ahead
Kölner Rundfunk-Sinfonieorchester, Leitung: Zoltán Peskó
CD Koch-Schwann 350374

Herbstfestival
Schlagquartett Köln
CD BV HAAST 9407

Informationen über die Töne e-f
Pellegrini-Quartett
CD BV HAAST 9407

La Force du Vertige
Ensemble Kaléidocollage
CD ADDA 590049

Ensemble Aventure
CD ars musici AM 1224–2

Ensemble Avance
CD Telos Records TLS 018

Lied („Wenn die Feinde mächtig sind“)
Chöre live, Bert-Brecht-Chor Essen
LP pläne, Dortmund, 88240
(Musik-Cassette MC 88242)

Lieder (Politrevuen 76, 77, 78/79)
Theatergruppe Dampfmaschine
LP pläne, Dortmund, 88184

Lob des Granits
Ensemble Phorminx
CD EMI 7243 8 26 189 2 8

Mit Erinnerung
Wolfgang Rüdiger (Fagott)
CD ars musici AM 1224–2

„Mit etwas Extremismus“
Ensemble Modern
CD Dokumentation Wittener Tage für neue Kammermusik 1992

Musik für Violine allein
Anna Lindae (Lindal)
CD content SAK 4610–3

Nocturnes
SWF-Sinfonieorchester, Leitung: Kazimierz Kord
CD col legno AU 31821

Offenes Fragment
Renate Brosch (Sopran), Martina Roth (Flöte), Bärbel Libera (Gitarre), Victoria Ifrim (Schlagzeug)
CD ars musici AM 1224–2

Parusie – Annäherung und Entfernung
Sinfonieorchester des Bayerischen Rundfunks, Leitung: Bruno Maderna
LP Harmonia Mundi DMR 1016–18

Politrevuen 76 und 77
Theatergruppe Dampfmaschine
LP pläne, Dortmund, ohne Nummer

presente
Michael Svoboda (Posaune)
CD Telos Records, TLS 018

Sechs Bagatellen
Ensemble Modern, Leitung: Peter Eötvös
LP Harmonia Mundi HM 713 D

Seifenoper (OmU)
ensemble recherche
CD in Vorbereitung

SEIN als Einspruch
Neue Vocalsolisten Stuttgart, Leitung: Manfred Schreier
CD col legno WWE 1 CD 20031

Spektrale
Catherine Vickers (Klavier)
CD Koch-Schwann AULOS 3–1817–2

To „Marylin Six Pack"
Orchestre National de France, Leitung: Lothar Zagrosek
CD col legno WWE BCD 20008

Traummechanik
ensemble recherche
CD in Vorbereitung

Trio mit Stabpandeira
trio basso
CD Koch-Schwann 310040

Versuch über Sprache
Georg Gregor (Hammondorgel), Georg Nothdorf (Kontrabaß), Max Lindner (Schlagzeug), Chor des NDR Hamburg, Leitung: Helmut Franz
LP DGG 2561110

Von... bis...
Nicolaus A. Huber (Harmonium), Irmgard Huber (Klavier), Herbert Hechtel (Viola), Michael W. Ranta (Schlagzeug), Leitung: Helmut Lachenmann
LP DGG 2/654062

Vor und zurück
Christian Hommel (Oboe)
CD ars musici AM 1224–2

Matthias Arter (Oboe)
CD col legno WWE 1 CD 20009

VIII. REGISTER

Adenauer, Konrad 57
Adorno, Theodor W. 337
vers une musique informelle 341
Alkaios 345
Allende, Salvador 306, 350
Anders, Günther
Sein oder Nichtsein 57
Andriessen, Louis XI, 236–247
De Snelheid 242–247
De Tijd 236–241
Hoketus 144, 229
Melodie 232
Augustinus
Confessiones 236

Bach, Carl Philipp Emanuel 142, 211 f., 329
Bach, Johann Sebastian 13, 55, 72, 73, 79, 249, 290, 303, 305, 324, 344
Messe h-moll: Crucifixus 196
Kantate „O Ewigkeit, du Donnerwort" 78
Sonaten und Partiten für Violine solo XI, 21–37, 301
Partita d-moll 28 f., 34 f., 301
Partita E-Dur 26 f.
Partita h-moll 13, 22 f., 32 f.
Sonate a-moll 27 f., 29 f.
Sonate C-Dur 21, 32
Sonate g-moll 23 f., 32
Barlow, Klarenz 235
Bartók, Béla 332
Baudrillard, Jean
Das Jahr 2000 findet nicht statt 280, 323
Beethoven, Ludwig van 39, 53, 76, 91, 142, 213, 312
Bagatellen für Klavier op. 119: Nr. 10 357, 358
Diabelli-Variation Nr. 13 358
Klaviersonate As-Dur op. 26 260, 330
Klaviersonate f-moll op. 57 („Appassionata") 286, 322
Klaviersonate A-Dur op. 101 115
Klaviersonate B-Dur op. 106 („Hammerklavier") 114 f., 313
Symphonie Nr. 3 Es-Dur („Eroica") 91
Symphonie Nr. 5 c-moll 73 f.
Symphonie Nr. 6 F-Dur („Pastorale") 79
Symphonie Nr. 9: Scherzo 18, 357
Benn, Gottfried 385, 386
Berg, Alban 72–80, 145, 156, 352, 358
Altenberglieder op. 4: 1. Lied 228
Lyrische Suite 361
Violinkonzert XI, 72–80
Wozzeck 8, 72, 272
Berio, Luciano
Chemins 334
Sequenze 334
Berlioz, Hector
Symphonie fantastique 79, 196
Bialas, Günter IX, X, XI, 43–49, 95, 167-202, 248, 312, 321, 325, 342
Der gestiefelte Kater oder Wie man das Spiel spielt 167, 196
Die Geschichte von Aucassin und Nicolette 47, 48
Introitus-Exodus X, 167–207
Klavierkonzert 43–49
Biber, Heinrich Ignaz Franz
Sieben Partiten 21
Bloch, Ernst 301, 315
Experimentum Mundi 172, 213
Blomann, Karl-Heinz 327
Bose, Hans-Jürgen von 271
Boulez, Pierre XI, 50, 52, 55, 95, 266, 271, 333, 334
Improvisations sur Mallarmé 14
Le marteau sans maître 57
Structures pour deux pianos, premier livre 14, 333
Brahms, Johannes 52, 73
Branca, Glenn 228
Brecht, Bertolt IX, 82, 99, 100, 105, 213, 219, 233, 266, 301, 317–320, 322, 323, 347, 401
Dreigroschenoper 317
Dreigroschenroman 317

Gedichte:
Viele sind für die Ordnung 318
Wer zu Hause bleibt 98, 318, 349
Gegen den Krieg 318
Wenn das bleibt, was ist 318
Breton, André 382
Brook, Peter 273
Bruckner, Anton 5, 53, 91, 142
Symphonie Nr. 7 E-Dur 6, 91, 251
Brün, Herbert 67
Brus, Günter 336
Büchner, Georg
Leonce und Lena 67
Woyzeck 62
Büchtger, Fritz 95 f.
Bukowski, Charles 281
Fuck Machine 271
Burney, Charles 212
Bussotti, Sylvano 95

Cage, John XI, 6, 23, 50, 67, 81–83, 84–94, 95, 253, 268 f., 312, 325, 328, 329, 331, 381
Cheap Imitation 81, 84–94, 231, 266, 339
Etudes Australes 268
Fontana Mix 65
Rede an ein Orchester 81
Rozart Mix 65
String quartet in four parts 230
Tacet 4´33˝ 223
The Seasons 141, 142
Variations II 370 f.
Cardew, Cornelius 233
Caroline, Landgräfin von Hessen-Homburg 375
Celan, Paul
Tenebrae 379
Chalupt, René 57, 84
Cherney, Brian 333
Chopin, Frédéric
Klaviersonate b-moll 142
Nocturne Des-Dur op. 27 Nr. 2 227
Prélude Nr. 14 142
Cowell, Henry 89
Tageschronik 81
Cunningham, Merce 84

Dahlhaus, Carl 313, 398
David, Johann Nepomuk 248
Debussy, Claude 22
Dessau, Paul
Die Verurteilung des Lukullus 102
Dickens, Charles 83
Dimitroff, Georgi 212
Doflein, Erich 270
Duchamp, Marcel 366
The Large Glass 382
The Green Box 382
Dümling, Albrecht 317
Dürer, Albrecht 242

Eichendorff, Joseph Freiherr von
Zwielicht 363
Eisenstein, Sergej Michailowitsch 83, 99, 133, 233, 301
Montage 1938 128
Über den Bau der Dinge 130, 138
Eisler, Hanns IX, 72, 95, 99, 103, 140, 213, 232, 233, 265, 266, 301, 322, 323, 324
Lenin-Requiem 76, 233
1. Wiegenlied für Arbeitermütter 103
Engels, Friedrich 65, 318, 322, 398

Feldman, Morton 312
Finscher, Ludwig 313
Flesch, Carl 22
Franke, Herbert W. 67
Franz, Robert
Es hat die Rose sich beklagt 18, 343
Frescobaldi, Girolamo 324
Freud, Sigmund 9
Freyer, Achim 273
Fricken, Ernestine von 141
Frisch, Max 266

Gesualdo da Venosa, Carlo 321
Glucksmann, André
La force du vertige 362
Godoy, Carlos Mejia 356
Goethe, Johann Wolfgang von 40, 166, 385
Das Heidenröslein 346
Faust 359

Schriften zur Botanik und Wissenschaftslehre 166
Über allen Wipfeln ist Ruh' 357, 384
Goldschmidt, Harry 105
Gottwald, Clytus (Dr. C) 387–401
Griffith, David Wark 83
Gropius, Walter (Tochter Manon) 72

Händel, Georg Friedrich 114
Hand, Ferdinand 312
Handke, Peter
Das Mündel will Vormund sein 272
Hattesen, Heinrich Helge
Emanzipation durch Aneignung 312
Haydn, Joseph 213
Hegel, Georg Wilhelm Friedrich 65, 312, 398
Heine, Heinrich
Auf Flügeln des Gesanges 362
Henck, Herbert 300
Herder, Johann Gottfried von 166
Hidalgo, Manuel 271
Hiekel, Jörn Peter XII
Hiller, Lejaren F. 67
Hölderlin, Friedrich 378, 381, 385, 386
Gedichte:
Der Herbst („Die Sagen, die der Erde sich entfernen") 374
Der Herbst („Das Glänzen der Natur") 386
Der Winter („Das Feld ist kahl") 372, 386
Hälfte des Lebens 359
Hyperions Schicksalslied 346
Hölszky, Adriana 271
Hösle, Vittorio 315
Hohmeyer, Jürgen 271
Huber, Nicolaus A. (Komponist N) 271, 387–401
Ach, das Erhabene ... 385
Aion XI, 42, 50–56, 276, 300, 317, 335, 336, 345
Air mit ‚Sphinxes' 364
„Als eine Aussicht weit .." 381
Anerkennung und Aufhebung 42, 280, 317, 335, 336, 347
An Hölderlins Umnachtung 374, 375
Auf Flügeln der Harfe 362
Augenmusik 268, 336
Aus Schmerz und Trauer 358
Beds and Brackets XI, XII, 280–286, 368
Clash Music 367
Covered with Music 382
Darabukka XI, 214, 223, 300–311, 318, 322, 349, 351, 365
dasselbe ist nicht dasselbe 318, 350
Demijour 363
Der Ausrufer steigt ins Innere 361
Disappearances 378
Don't fence me in 378
Doubles 312, 313, 330, 365, 379
Drei Stücke für Orchester 276, 277, 322, 369
En face d'en face 377
Epigenesis I 344
Epigenesis III 55, 317, 344
Eröffnung und Zertrümmerung 273
First play Mozart 377
Gespenster X, XI, 82, 97–117, 277, 318, 322, 348
Go ahead 365, 375
Harakiri XII, 48, 300, 317, 336, 347, 387–401
Herbstfestival 267, 367, 375
„..... in die Stille" 384
Informationen über die Töne e-f 6, 312, 313, 317, 342
La force du vertige 362
Lernen von 318, 350
Lob des Granits 385
Mit Erinnerung 381
„Mit etwas Extremismus" 325, 370f.
Modell im Rückspiegel 384
Morgenlied 218, 318, 352
Nocturnes 276, 361
Offenes Fragment 371f., 375
Ohne Hölderlin 375
Parusie. Annäherung und Entfernung XI, 8ff., 343
presente 351
Rituale 342
Schauplätze der Revolution 76, 300, 318

Sechs Bagatellen 357 f.
Seifenoper (OmU) 276, 368
Solo für einen Solisten 356
Spektrale 342
Sphärenmusik 318, 356
Statement zu einem Faustschlag Nonos 286, 321
Töne suchen einen Autor 366
To „Marilyn Six Pack" 379
Traummechanik XI, 8 ff., 343, 357
Trio mit Stabpandeira 360
Turmgewächse 214, 359
Versuch über Sprache 317, 345
Vier Stücke für Orchester und Tonband 364
Vor und zurück 219, 324, 358
Husserl, Edmund 305

Ibsen, Henrik
Gespenster 97, 348
Ives, Charles Edward
Klaviersonate Nr. 1 331

Jaffé, Aniela 54
Johnson, Tom 267
Jung, Carl Gustav 9, 50 ff., 345

Kagel, Mauricio 67, 399
Kaske, Stephan 234
Kelley, Kitty
Unauthorized Biography of Frank Sinatra 372
Kienholz, Edward
Roxy's 380
Sollie 380
The Black Seat Dodge' 38 380
The Wait 380
Killmayer, Wilhelm 325
Kluge, Alexander
Unendliche Fahrt 67
Koenig, Gottfried Michael 67
Kortner, Fritz 67
Kosik, Karel 317
Krapp, Edgar 167
Kren, Kurt 67
Kristl, Vlado
Die Utopen 67
100 Blatt Schreibblock 67, 68
Kubelik, Rafael 167
Kuhn, Hans Peter 273
Kundera, Milan 316
Kurth, Ernst 38, 302

Lachenmann, Helmut X, 50, 248–250, 388, 392, 395, 398
Air 50, 227
Dal niente 228
Ein Kinderspiel („Hänschen klein") 229, 249
Salut für Caudwell 248 f.
LaSalle-Quartett 312
Lenica, Jan
Adam II 67, 68
Lenin, Wladimir Iljitsch 318, 322, 397
Ligeti, György 23, 50
Violinkonzert 331
Liszt, Franz 142
Variationen über „Weinen, Klagen" (Bach) für Orgel 196
Lombardi, Luca
Gespräch über Bäume 144
Luckhardt 77
Lukács, Georg 42, 300, 317, 347
Lutosławski, Witold
Streichquartett 312

Machaut, Guillaume de 321
Mahler, Alma 72
Mahler, Gustav 73, 287
Symphonie Nr. 2 („Auferstehungs-Symphonie") 80
Mainka, Jürgen
Musikalische Betroffenheit/Zum Begriff des Gestischen 99
Maiwald, Peter 82, 105
Majakowski, Wladimir Wladimirowitsch IX, 99, 100, 301
Mandelbrot, Benoît
Die fraktale Geometrie der Natur 369
Marianne, Prinzessin von Preußen 375
Marie Antoinette, Königin von Frankreich 79

Marx, Karl 40, 97, 315, 316, 318, 321, 322, 323, 335, 400
Das Kapital 345, 346, 389
Meier, Dieter 67
Mendelssohn Bartholdy, Felix
Symphonie Nr. 4 A-Dur („Italienische“) 18
Messiaen, Olivier 266 f.
Force et agilité des corps glorieux 143, 144, 266
Les corps glorieux 266
Livre d'orgue: Soixante-quatre durées 267, 337
Quatuor pour la fin du temps 266
Metzger, Heinz-Klaus 263, 270, 357
Michel, Louise 364
Monteverdi, Claudio 367
Morthenson, Jan 270
Moure, Gloria 382
Mozart, Wolfgang Amadeus 39, 53, 265
Die Hochzeit des Figaro: Cavatine des Figaro 274–278, 376
Don Giovanni 274, 391
Requiem 55

Nauck, Gisela 312
Neefe, Christian Gottlob 213
Nekes, Werner 67
Neumann, E.
Ursprungsgeschichte des Bewußtseins 55
Nietzsche, Friedrich 237
Nono, Luigi IX–XI, 50, 57–66, 248, 251, 266, 321, 334, 335, 344, 369
A Carlo Scarpa X, XI, 287–299
A floresta 66, 334
Canti di vita e d'amore:
Djamila Boupachá 255
Sul ponte di Hiroshima 57, 58, 60, 66, 255 f.
Fragmente – Stille. An Diotima 268, 280, 295, 312, 339
Intolleranza 65
Il canto sospeso XI, 57, 107, 118–139, 268, 334
Per Bastiana 293
Prometeo 287
Varianti 60, 227, 292

Oehlschlägel, Reinhard 399
Otte, Hans (Komponist H.) 391, 392, 394, 395, 396, 398

Pärt, Arvo 228
Penderecki, Krzysztof 228
Pfrogner, Hermann 50, 303 f., 306
Pinochet, Augusto 350
Platon 14, 343
Nomoi 228
Pousseur, Henri 67
Votre Faust 333
Pudowkin, Wsewolod
Über die Montage 128

Rabe, Folke 228
Ravel, Maurice
Klavierkonzert G-Dur, 3. Satz 48
Reich, Steve 396
Reich, Wilhelm 103, 334
Reininghaus, Friedrich Christian 387, 399
Reitz, Edgar 69
Filme: Geschwindigkeit 67, 69 f.
Kommunikation 67, 68
Unendliche Fahrt 67
Riedl, Josef Anton 67–75, 95, 251
Filmmusik:
Adam II 67, 68
Die Utopen 67
Geschwindigkeit 67, 69 f.
100 Blatt Schreibblock 67, 68
Impulse unserer Zeit 68
Kommunikation 67, 68
Unendliche Fahrt 67
Paper Music 70
Riehn, Rainer 263, 270, 357
Rihm, Wolfgang 271, 332
Rousseau, Jean-Jacques 79
Rorty, Richard 315
Rückert, Friedrich 226
Es hat die Rose sich beklagt 18
Sei mir gegrüßt 226

Rzewski, Frederick 233
Coming together 228
Les Moutons de Panurge 143

Sappho 345
Sartre, Jean-Paul 362
Satie, Eric XI, 81, 84–94, 230, 253, 330, 381
Messe des Pauvres 254 f.
Socrate 81, 84–94, 231
Vexations 141
Scelsi, Giacinto 306, 389
Schaeffer, Pierre 67
Schelling, Friedrich Wilhelm 309
Schleuning, Peter
Die freie Fantasie 211
Schmidt, Felix 271
Schneeweiß, Heinz 277
Schnebel, Dieter IX, XI, 67, 271, 357, 399
B-Dur-Quintett 252–263
In motu proprio 234
Körper-Sprache 234
Maulwerke 234
Pan 234
Raumklang X 263
Wagner-Idyll 228
Schönberg, Arnold 39, 52, 53, 72, 76, 145, 146, 264, 279, 323, 339, 340
Schopenhauer, Arthur 15, 227
Schubert, Franz 52, 226, 228, 232, 323, 333, 357
Die Winterreise 103, 226, 323
Klaviersonate B-Dur op. posth., 1. Satz 113 f.
Sei mir gegrüßt (Lied) 114, 226
Schulz, Reinhard 321 f.
Schumann, Robert 52, 53, 142, 312, 363
Carnaval 141, 364
Phantasiestücke op. 12: Traumes Wirren 357
Zwielicht (Lied) 363
Schwab, Theodor 375
Sielecki, Frank 327
Skrjabin, Alexander
Klaviersonate Nr. 5 370
Soyfer, Jura
Dachau-Lied 117
Spahlinger, Mathias IX
Srul, Esther 119
Stamitz, Johann Wenzel 329
Stehura, John 67
Stein, Charlotte von 166
Stein, Gertrude
Doctor Faustus lights the lights 273
Stenzl, Jürg
Luigi Nono. Texte – Studien zu seiner Musik 124
Stockhausen, Karlheinz 1, 6, 7, 50, 67, 257, 337
Elektronische Studien I und II 292, 313
Ensemble 1–7
Gesang der Jünglinge 57
Gruppen für drei Orchester 334
Klavierstück X 229
Kontakte 9
Punkte für Orchester 334
Stimmung 228
Strauss, Richard 39, 329
Strawinsky, Igor
Le Sacre du Printemps 251, 330
Süverkrüp, Dieter 352
Sultan, Grete 268
Szmolyan, Walter
Die Konzerte des Wiener Schönberg-Vereins 145
Neues über den Schönberg-Verein 145

Thiers, Louis Adolphe 77
Thomas von Aquin 342
Tolstoi, Leo Nikolajewitsch
Anna Karenina 130
Traber, Jürgen Habakuk 387, 399
Trochu, Louis Jules 364
Trojahn, Manfred 332

Valle-Inclán, Ramón del
Tyrann Banderas 276
Varèse, Edgard 312
Verdi, Giuseppe
Aida 52, 53, 54
Vetter, Michael 344

Vickers, Catherine 286, 364
Vischer, Friedrich Theodor 312
Vötterle, Karl 167
Voigt, Elli 139

Wagner, Richard 53, 73, 232, 330
Das Rheingold 79, 227
Die Meistersinger von Nürnberg 232
Parsifal 292
Tristan und Isolde 292
Warhol, Andy 379
Webern, Anton XI, 40, 55, 57, 72, 95, 145–166, 229, 257, 339
Sechs Stücke für Orchester op. 6 18, 146
Sechs Stücke für Orchester op. 6: Revidierte Fassung 146f., 150
Sechs Stücke für Orchester op. 6: Kammerorchesterfassung 145–166, 343
Vier Stücke für Geige und Klavier op. 7 313
Sechs Bagatellen für Streichquartett op. 9 18, 227, 292, 343, 357, 361
Streichtrio op. 20 14
Konzert für neun Instrumente op. 24 337
Variationen für Klavier op. 27 XI, 14, 36–38
Zweite Kantate op. 31 14
Wehmeyer, Grete
Eric Satie 84
Weill, Kurt
Dreigroschenoper 317
Weinheber, Josef 394
Whitney, Familie 67
Wilhelm, Richard 84
Wilson, Robert 273
Winckel, Fritz 292, 293, 328
Phänomene des musikalischen Hörens 327
Wolf, Hugo 52
Wolff, Christian 233
Peace March 234

Xenakis, Iannis 250

Zacher, Gerd
Beobachtungen an Eric Saties Messe des Pauvres 256
Zeller, Hans Rudolf 81
Zender, Hans 271
Zimmermann, Walter 235, 271
Zukofsky, Paul 84